世界传世藏书

【图文珍藏版】

世界大百科

马博⊙主编

线装书局

目　录

自然百科

世界大百科

自然百科

马博⊙主编

导　读

　　你知道世界上总共有多少种动物和植物吗？你去过动物园吗？动物园中的动物还有哪些你所不知道的趣事呢？除了我们经常看到的动物之外，神秘的大自然还孕育了哪些千奇百怪的动物呢？你知道几种植物？其实除了这些植物之外，大自然还有很多千姿百态的植物。

　　再将新鲜的目光望向空气、望向河水、望向桌子，你看到了什么呢？其实在我们肉眼看不见的世界里，还存在着成千上万个微生物。你的一根手指上，甚至就生存了上亿个细菌。人类无法医治的各种癌症、艾滋病，和几年前流行的"非典"，都是由这些看不见的生物造成的。除了这些对人类有害的细菌外，世界上还有大量的有益菌，它们是人类的朋友，帮我们净化污染、保护人体。这些细菌虽然卑微到我们看都看不见，其生命力却极其顽强，与我们又有千丝万缕的联系，因此我们不能忽视或者小看它们。

　　再将好奇的目光投向未知的事物。大自然是丰富神秘的，它还有无数的谜题等着我们去解开。你知道百慕大三角洲现象吗？真的有外星人吗？真的有雪山野人吗？真的可以穿越时空吗？太阳真的会熄灭吗？地球总有一天会消失吗？这些谜题都等待着我们去解开。

　　人类与大自然的关系十分微妙。大自然给我们提供了生存所需要的一切，给我们带来了各种意想不到的奇观。同时，又给人类制造了大量威胁我们生命的自然灾害，比如说地震、海啸、洪水等。人类在依赖大自然、改造大自然的同时，又在破坏大自然、危害大自然。现在环境问题越来越严重，"温室效应"越来越明显，洪涝灾害频繁发生，各种奇怪的传染病肆虐。现在，是时候好好保护我们的地球、爱护我们的家园了。

　　古时候，形容一个人博学，会称赞他"上知天文，下知地理"。其实无论是天文还是地理，都是自然的一部分。除了天文地理之外，空气、山脉、河流、动物、植物、微生物等等，都属于大自然的范畴。

　　读这卷《自然百科》，其意义不仅在于增长知识、"上知天文，下知地理"上，更重要的是让读者了解人类与大自然的密切关系，然后开始好好保护环境，从我做起！

自然史话

认识我们的地球

我们每天行走在地球上，生活在地球上，在地球上寻找生存所需的食物。假如有一天地球不存在了，人类最终的结局，也最有可能发生的结局就是灭亡。地球是人类居住的星球，它与人类的关系是无可言喻的，那么地球到底是什么？

地球上太阳系九大行星之一（现已八大行星），按离太阳由近及远的次序为第三颗，它有一个天然卫星——月球，二者组成一个天体系统——地月系。地球大约有 46 亿年的历史。地球的寿命还有很长。

地球内部可以看作由三个同心层组成的，即地壳、地幔和地核三层。地壳的厚度是不均匀的，大陆地壳平均厚度约 30 多公里，而海洋地壳厚度仅 5~8 公里。地幔是固体状态的，也可分为三层，内部的温度随深度而上升。地核也分为三层，外地核可能是液体。地核虽然只占地球体积的 16.2%，但它的密度相当高，质量超过地球总质量的 31%。

地球外部，有水圈、大气圈，还有磁层，形成了围绕固态地球的外套。磁层和大气圈阻挡着来自空间的紫外线、X 射线、高能粒子和众多的流星对地面的直接轰击。在地球演化早期，原始大气都逃逸了，现在的大气层是新形成的。后来随着地表温度的逐渐下降，气态水经过凝结，

地球

积聚到一定程度后，又通过降雨重新落到地面，于是在地面上形成水圈，从形成至今水圈至少已有 30 亿年的历史了。

1968 年勒皮雄将全球地壳划分为六大板块：太平洋板块、亚欧板块、非洲板块、美洲板块、印度板块（包括澳洲）和南极板块。其中除太平洋板块几乎全为海洋外，其余五个板块既包括大陆又包括海洋。地球上 29% 是陆地，71% 是海洋。全球的陆地可以分为七

大洲:亚洲,非洲,欧洲,大洋洲,南美洲,北美洲和南极洲。全球的海洋可以分为四大洋:太平洋、大西洋、印度洋和北冰洋。

对地球起源和演化的问题进行系统的科学研究,始于十八世纪中叶,至今已经提出过多种学说。一般认为地球作为一个行星,起源于46亿年以前的原始太阳星云。地球和其他行星一样,经历了吸积、碰撞这样一些共同的物理演化过程。

关于地球到底是什么的问题实际上是很难回答的。人类的历史不过300万年左右,而地球的历史有46亿年了,也就是说,人类的历史只占地球历史的大约1700分之一(何况人类的文明史只有6000年左右,更只是历史长河中的短短一瞬间)。因此,人类想要进一步了解地球,还期待人类付出更多的努力。

"大地的支架"山脉

山脉是沿某一方向延伸的山岭系统,一般都由几条或多条山岭组成,因像脉状而称之为山脉。它们排列有序、脉络分明,犹如大地的骨架。构成山脉主体的山岭称为主脉,从主脉延伸出去的山岭称为支脉。几个相邻山脉可以组成一个山系。世界上著名的山脉有亚洲的喜马拉雅山脉、欧洲的阿尔卑斯山脉、北美洲的科迪勒拉山脉、南美洲的安第斯山脉等。

山脉

喜马拉雅山脉为世界上最大的山脉,它的主峰珠穆朗玛峰海拔8844.43米,为世界上最高的山峰。喜马拉雅山脉位于西藏自治区与巴基斯坦、印度等国边境上,东西绵延2400多公里,南北宽约200~300公里,由几列大致平行的山脉组成,呈向南凸出的弧形,在我国境内是它的主干部分。平均海拔高达6000米,是世界上最雄伟的山脉。海拔7000米以上的高峰有40座,8000米以上的高峰有11座,这些山峰终年为冰雪覆盖,藏语"喜马拉雅"即"冰雪之乡"的意思。

安第斯山脉位于南美洲的西岸,是陆地上最长的山脉。安第斯山脉,北起北美洲的特立尼达岛,南抵南美洲南端的火地岛,纵贯南美洲大陆的西部。它经过委内瑞拉、哥伦比亚、厄瓜多尔、秘鲁、玻利维亚、智利和阿根廷七国,长约8900公里,几乎是喜玛拉雅山脉三倍半,这里山势雄伟,绚丽多姿,是世界上最壮观的自然景观之一。安第斯山脉属科迪勒拉山系,这个山系从北美一直延伸到南美,全长18000公里,是世界最长的山系。安第斯山脉有许多海拔6000米以上、山顶终年积雪的高峰。南部山脉中的阿空加瓜山为安第斯山最高峰,海拔6959米,它也是世界上最高的死火山。尤耶亚科火山海拔6723

米,是世界最高的活火山。

由于山脉海拔特别高,在不同的高度上,自然条件差异很大。雪线以下的高山植被呈垂直分布,雪线以上则常年积雪。即使在赤道地区,山脉的峰顶也是白雪皑皑,寒气刺骨。非洲赤道附近的乞力马扎罗山,海拔 5600 多米,顶峰布满白雪,人们称之为"赤道雪冠"。而且,一般来说,山脉所在地区也是地壳运动最为剧烈的地方,火山、地震常在这些地区发生。

"绿色地毯"平原

平原地貌宽广平坦,起伏很小,它以较小的起伏区别于丘陵,以较小的高度来区别于高原。也就是说,在陆地上,海拔一般在 200 米以下,相对比较平坦的地域便是平原。

平原的类型较多,按其成因一般可分为构造平原、侵蚀平原和堆积平原,但大多数形成一般都是河流冲击的结果。堆积平原是在地壳下降运动速度较小的过程中,沉积物补偿性堆积形成的平原。如长江中下游平原就是冲积平原。侵蚀平原,也叫剥蚀平原,是在地壳长期稳定的条件下,风化物因重力,流水的作用而使地表逐渐被剥蚀,最后形成的石质平原。侵蚀平原一般略有起伏状,如我国江苏徐州一带的平原。构造平原是因地壳抬升或海面下降而形成的平原,如俄罗斯平原。

平原

亚马逊平原是世界最大的冲积平原。此平原位于南美洲北部亚马逊河中下游,介于巴西高原和圭亚那高原之间,面积达 560 万平方公里。平原西宽东窄,地势低平坦荡。最宽处 1280 公里,大部分在海拔 150 米以下,平原中部马瑙斯附近只有海拔 44 米,东部更低,逐渐接近海平面。平原是在南美洲陆台亚马逊拗陷基础上,经第四纪上升、成陆后,由亚马逊河干、支流冲积而成。亚马逊平垸地处赤道附近,终年高温多雨,热带雨林广袤(3 万多平方公里)、发育典型,亚马逊平原是世界上最大的热带雨林区,蕴藏着世界五分之一的森林资源。

东北平原、华北平原、长江中下游平原是我国的三大平原,其中最大的平原是东北平原。东北平原位于我国的东三省境内,又分为松嫩平原,辽河平原以及三江平原三部分,是三大平原中面积最大的,达 35 万平方千米。它被誉为黑土地,这里土地肥沃,气候适宜,是我国十分重要的粮食产区。华北平原也称黄淮海平原,是黄河,淮河,海河冲积成的。长江中下游平原,位于四川盆地以东,海拔在 50 米以下,由长江冲积成的,素有"鱼米之乡"的美誉。

世界平原总面积约占全球陆地总面积的四分之一,平原不但广大,而且土地肥沃,水网密布,交通发达,是经济文化发展较早较快的地方。我国的长江中下游平原就有"鱼米之乡"的美称。另外一些重要矿产资源,如煤、石油等也富集在平原地带。

"大地的舞台"高原

　　海拔高度一般在 1000 米以上,面积广大,地形开阔,周边以明显的陡坡为界,比较完整的大面积隆起地区称为高原。高原素有"大地的舞台"之称,它是在长期连续的大面积的地壳抬升运动中形成的。高原与平原的主要区别是海拔较高,它以完整的大面积隆起区别于山地。

　　按高原面的形态可将高原分几种类型:一种是顶面较平坦的高原,如中国的内蒙古高原;一种是地面起伏较大,顶面仍相当宽广的高原,如中国青藏高原;一种是分割高原,如中国的云贵高原,流水切割较深,起伏大,顶面仍较宽广。黄土高原是中国四大高原之一,高原大部分为厚层黄土覆盖。陕西黄土高原地层出露完整,地貌形态多样,是中国黄土自然地理最典型地区。

高原

　　世界上面积最大的高原是在南美洲巴西境内,有块面积占巴西国土一半以上的大高原,叫巴西高原。巴西高原的面积有 500 多万平方公里,除了南极洲的冰雪大高原,它是世界上最大的高原。巴西高原比青藏高原大一倍以上,但它的高度一般只有 600～900 米,最高的邦德腊山也只有 2884 米,比青藏高原低得多,因此巴西高原又被称为"桌状高地"。从地质上讲,青藏高原还很年轻,而巴西高原则很古老,它的表面以变得相当平缓,一些山头也呈浑圆的馒头状。大部分地区属热带草原气候。

　　青藏高原是海拔最高的高原。青藏高原旧称青康藏高原,是亚洲中部的一个高原地区,它是世界上最高的高原,平均海拔高度在 4000 米以上,有"世界屋脊"和"第三极"之称。它的边界,向东是横断山脉,向南和向西是喜马拉雅山脉,向北是昆仑山脉,总面积 250 万平方公里。

　　高原海拔高,气压低,氧气含量少,利用这一低压缺氧环境,可提高人体的体力耐力素质,故其成为体育界耐力训练的"宝地"。另外高原地区接受太阳辐射多,日照时间长,太阳能资源非常丰富。高原区水的沸点低于 100℃,如用普通饭锅煮饭,则会夹生。

"诗意的存在"丘陵

丘陵是平和的,它俯瞰着平原却丝毫不居高自傲,它仰望着高原又没有半点低首下心。丘陵又是无私的,它用双手托举起江河、森林、土地和我们借此存在的生命、感情,而不求任何回报。丘陵更是博大的,它养育了星罗棋布的农舍院落、城市小镇。丘陵就是这样一个诗意的存在。

从地理上说,丘陵一般海拔在 200 米以上,500 米以下,相对高度一般不超过 200 米,高低起伏,坡度较缓,由连绵不断的低矮山丘组成的地形。丘陵一般没有明显的脉络,顶部浑圆,是山地久经侵蚀的产物。

丘陵在陆地上的分布很广,一般是分布在山地或高原与平原的过渡地带,在欧亚大陆和南北美洲,都有大片的丘陵地带。哈萨克丘陵是世界上非常著名的丘陵区,亦称"哈萨克褶皱地"。此丘陵位于哈萨克斯坦中部,东西长约 1200 千米,南北宽约 400~900 千米。海拔 300~500 米,面积约占哈萨克斯坦的五分之一。由于深居内陆,地面又坦荡单调,年降水量仅 200 毫米左右,是典型的大陆性干旱半干旱气候。

我国的丘陵约有 100 万平方公里,占全国总面积的十分之一。山东丘陵,辽东丘陵以及东南丘陵(包括江南丘陵,两广丘陵以及浙闽丘陵)是我国主要的三大丘陵。山东丘陵,位于我国三大半岛之一的山东半岛上,位于山东省境内,邻近海洋,常有来自太平洋的暖湿气流通过,气候温和,环境适宜,著名景点有山东泰山。辽东丘陵,位于我国三大半岛之一的辽东半岛上,位于辽宁省境内,纬度较高,但是却不像东北三省一样的寒冷气候,因为邻近两海,气候适宜,有著名景点千山。江南丘陵,位于我国南部,面积较大,包括江南丘陵,两广丘陵以及浙闽丘陵三部分,有著名景点武夷山等等。中国丘陵地区地貌多样,其中有些奇特秀美,成为举世瞩目的风景区,例如五岳独尊的泰山,怪石陡壁的黄山,飞瀑奇松的庐山,山清水秀的桂林山水等等。

丘陵就是一种高度差在平原和山地之间的地形。各地对丘陵的定义不十分一样。在比较平坦的地方,高度差 50 米就可能可以被称为丘陵;而在山地附近,可能在高度差100 到 200 米以上才会被称为丘陵。不过按相对高度,200 米以上为高丘陵,200 米以下为低丘陵。

"地上的大盆子"盆地

如果从空中往下看,盆地就像一个放在地上的大盆子,有下凹和隆起的部分。这是一种四周高(高原或山脉)、中间低(丘陵或平原)的地形,人们就把这种地形称为盆地。

盆地主要有两种类型。一种是地壳构造运动形成的盆地,称为构造盆地,如我国新疆的吐鲁番盆地。另一种是由冰川、流水、风和岩溶侵蚀形成的盆地,称为侵蚀盆地,如我国云南西双版纳的景洪盆地,主要由澜沧江及其支流侵蚀扩展而成。

世界上最大的盆地是刚果盆地,又称扎伊尔盆地。刚果盆地呈方形,位于非洲中西部,面积约 337 万平方千米,约相当于加拿大的 1/3。它原为内陆湖,因地盘上升和湖水外泄,形成典型的大盆地。地形周高中低,除西南部有狭窄缺口外全被高原山地包围。内部为平原,面积约 100 万平方千米,地势低下,平均海拔 300~500 米,从东南向西北倾斜,多湖泊,有大片沼泽。金沙萨北的马莱博湖海拔 305 米,为盆地最低处。刚果盆地是非洲重要的农业区,盆地边缘有着丰富的矿产资源,拥有仅次于亚马逊河盆地的世界第二大热带雨林,汇聚了极其丰富的物种。这里的大森林被称为地球最大的物种基因库之一。

中国有五个十分有名的盆地,分别为四川、塔里木、吐鲁番、准噶尔、柴达木等盆地,面积都在 10 万平方千米以上。塔里木盆地、准噶尔盆地、柴达木盆地和四川盆地又被称为"中国四大盆地"。其中塔里木盆地是我国最大的盆地,是世界第一大内陆盆地。"塔里木盆地"为维吾尔语的汉译名,意为"无缰之马",位于新疆维吾尔自治区南部。这个盆地是由小行星撞击而成的,从盆地边缘到中心,依次出现戈壁滩,冲积扇平原和沙丘地区,整个盆地呈环状结构。河流从周围高山下注所造成的冲积平原,一般都是绿洲。

盆地主要是由于地壳运动形成的。在地壳运动作用下,地下的岩层受到挤压或拉伸,变得弯曲或产生了断裂就会使有些部分的岩石隆起,有些部分下降,如下降的那部分被隆起的那些部分包围,盆地的雏形就形成了。

荒芜可怕的沙漠

你去过海边的沙滩吗?沙漠和沙滩的表现形态很类似,它们的地表都由一层很厚的细沙状的沙子覆盖着。只不过二者形成的原因不同,一个是水的长期作用,而沙漠则是因为风的长期作用。

沙漠会自己变化和移动,当然是在风的作用下。因为沙会随着风跑,沙丘就会向前层层推移,变化成不同的形态。沙漠地区温差大,平均年温差可达 30~50℃,日温差更大,夏天午间地面温度可达 60℃以上,若在沙滩里埋一个鸡蛋,不久便烧熟了。夜间的温度又降到 10℃以下。由于昼夜温差大,有利于植物贮存糖分,所以沙漠绿洲中的瓜果都特别甜。沙漠地区风沙大、风力强。最大风力可达 10~12 级。强大的风力卷起大量浮沙,形成凶猛的风沙流,不断吹蚀地面,使地貌发生急剧变化。

撒哈拉沙漠是世界上最大的沙漠,也是世界上除南极洲之外最大的荒漠。它横贯非洲大陆北部,东西长达 5600 公里,南北宽约 1600 公里,总面积约 9065000 平方公里,约占非洲总面积 32%,可以将整个美国本土装进去。这里气候条件极其恶劣,是地球上最不适合生物生长的地方之一。20 世纪 50 年代以来,沙漠中陆续发现丰富的石油、天然气等矿产。但是撒哈拉沙漠仍旧人口非常稀少，在阿拉伯语中，撒哈拉意即"大荒漠"。

我国最大的沙漠是塔克拉玛干沙漠，维吾尔语意为"进去出不来的地方"，人们通常称它为"死亡之海"。它位于南疆塔里木盆地中心，整个沙漠东西长约 1000 余公里，南北宽约 400 多公里，总面积 337600 平方公里，面积仅次于非洲撒哈拉大沙漠，故被称为"塔克拉玛干大沙漠"，是全世界第二大流动沙漠。在世界各大沙漠中，塔克拉玛干沙漠是最神秘、最具有诱惑力的一个。塔克拉玛干沙漠流动沙丘的面积很

沙漠

大，沙丘高度一般在 100~200 米，最高达 300 米左右。白天，塔克拉玛干赤日炎炎，银沙刺眼，沙漠旅人常常会看到远方出现朦朦胧胧的"海市蜃楼"。

沙漠给人类带来很大危害，它吞没农田、村庄，埋没铁路、公路等交通设施。据史书记载，我国丝绸之路上的楼兰古城，就是被沙漠吞没的。值得人们警惕的是，有些沙漠并不是天然形成的，而是人为造成的。现在，人类正在千方百计地防沙治沙，如植树造林、植草固沙、设置沙障等，都收到了很好的效果。

"沙海绿地"绿洲

绿洲指沙漠中具有水草的绿地。在干旱少雨的光秃的大沙漠里，往往也可以找到水草丛生、绿树成荫，一派生机勃勃的绿洲。这些绿洲土壤肥沃、灌溉条件便利，往往是干旱地区农牧业发达的地方。

那么绿洲是怎样形成的呢？高山上的冰雪到了夏天，就会融化，顺着山坡流淌形成河流。河水流经沙漠，便渗入沙子里变成地下水。这地下水沿着不透水的岩层流至沙漠低洼地带后，即涌出地面。另外，远处的雨水渗入地下，也可与地下水汇合流到这沙漠的低洼地带。或者由于地壳变动，造成不透水的岩层断裂，使地下水沿着裂缝流至低洼的沙漠地带冲出地面。这低洼地带有了水，各种生物就应运而生、发育、繁衍。因此，绿洲多呈带状分布在河流或井、泉附近，以及有冰雪融水灌溉的山麓地带。

我国新疆塔里木盆地和准噶尔盆地边缘的高山山麓地带、甘肃的河西走廊、宁夏平原与内蒙古河套平原都有不少绿洲分布。在新疆"三山夹两盆"的地理构架中，人们习惯上把横亘中部的天山以南区域称为南疆。我国南疆就有着著名的塔里木绿洲。南疆的人赖以生存的是散布于大漠和戈壁中的绿洲。绿洲就像茫茫大海上的小岛，生活在那里的人们就要有自己一套完整的生活体系。此外，南疆自然景观神奇独特，冰峰与沙漠共存，瀚海与绿洲为邻，自然风貌粗犷，景观组合独特。南疆自古以来就是一个多民族聚居

的地区,维吾尔、塔吉克等民族的艺术和风情绚丽多彩,构成了具有浓郁民族特色的人文景观。

绿洲地区天然降水少,难以满足农作物生长的需要。但这些地区夏季气温高,热量条件充足,只要有充足的灌溉水源,小麦、水稻、棉花、瓜果、甜菜等农作物都能生长良好。

"绿色的陷阱"沼泽

一般来说,在沼泽下面是没有底的泥潭,看过去有如是绿色地毯,只要人一踩上去,就会陷下去。人们称它为"绿色的陷阱"。关于沼泽的科学定义,到目前为止,还没有一个统一的看法。

地球上除南极尚未发现沼泽外,各地均有沼泽分布。我国的沼泽主要分布在东北三江平原和青藏高原等地,苏联的西伯利亚地区有大面积的沼泽,欧洲和北美洲北部也有分布。世界上沼泽主要集中在亚洲,以亚洲西西伯利亚的面积最大,它南北宽800公里,东西长1800公里,这个沼泽区堆积了地球全部泥炭的40%。在欧洲和美洲也有沼泽分布。

生长在沼泽地区的植被大多是喜湿性草本植物,主要有莎草、苔藓和地衣等。沼泽地一般可以生长庄稼。沼泽里的植物茂盛,一般是挺水植物偏多,草的高矮根据不同地理气候条件决定:南方沼泽草比较高,纬度较高地区的草较矮,甚至很大部分是苔藓。沼泽地还是纤维植物、药用植物、蜜源植物的天然宝库,是珍贵鸟类、鱼类栖息、繁殖和育肥的良好场所。另外,沼泽具有湿润气候、净化环境的功能。

沼泽的形成原因基本有两种可能,一种是由湖泊随时间和环境演变成沼泽,另一种是陆地沼泽化。前者主要指,在气候比较湿润的地区,在江河湖海的边缘或浅水地区,因为泥沙大幅度沉积,水面变得越来越浅。天长日久,各种水生植物慢慢繁殖起来。这些植物经过生长、死亡,许多腐烂的植物残体沉积在水面下,慢慢形成泥炭。伴随着水面的变浅,新的植物在泥炭中再次生长出来。当水中的沉淀物增加到一定程度时,就成了水草丛生的沼泽地了。后者只要是指,在森林地区、草甸区、洼地或永久冻土带,地势较低平、坡度平缓、排水不通,地面过于湿润,大量的喜湿性植物开始生殖,使得土壤的通气情况慢慢变坏,而大量的植物死后,由于空气不够,不能进行充分氧化,因而变成黑色的泥炭层、慢慢形成了沼泽。

在1934~1935年期间,红军在二万五千里长征中,曾经走过一片很长的草地,这块草地事实上就是沼泽。

"四面环水的陆地"岛屿

岛屿是四面环水的陆地,它们有的位于河、湖中,有的分布在海里。彼此相距较近的一组岛屿称为群岛。海洋中的岛屿面积大小不一,小的不足1平方公里,称"屿";大的达几百万平方公里,称为"岛"。

根据成因、分布情况与地形特点,岛屿可以分成堆积岛、大陆岛和大洋岛等几种。堆积岛一般分布在河口或离岸不远的地方,由松散堆积物组成,是由河流泥沙堆积而成的。大陆岛原来是大陆的一部分,以后因地壳下沉或海面上升与大陆分离才形成岛屿。它的特点是与大陆的地形特点相似。大洋岛分布在广阔的海洋中,在地质构造上与大陆关系不大。这些岛屿或是由海底火山爆发堆积形成的,如夏威夷群岛;或是由珊瑚礁堆积而成。

夏威夷群岛

全球岛屿总数达5万个以上,总面积为约为997万平方千米,大小几乎和我国面积相当,约占全球陆地总面积的1/15。从地理分布情况看,世界七大洲都有岛屿。其中北美洲岛屿面积最大,达410万平方千米,占该洲面积的20.37%;南极洲岛屿面积最小,才7万平方千米,只占该洲面积的0.5%。世界上最大的岛屿是格陵兰岛,面积达217.56万平方千米。世界上最大的群岛是马来群岛,岛屿数量在两万个以上。世界上海拔最高的岛屿:澳大利亚北边的新几内亚,其海拔高达五千米。它虽然在赤道附近,但它的山峰却常年积雪。

中国共有大小岛屿5000多座,岛屿岸线总长1.4万多公里。我国面积超过1000平方千米的大岛有3个:台湾岛、海南岛、崇明岛。东海约占岛屿总数的60%,南海约占30%,黄、渤海约占10%。台湾岛面积3.578万平方公里,为中国第1大岛。岛上山地占2/3,平原占1/3。台湾岛地质构造上位处西太平洋岛弧带,渐新世至上新世时由地槽回返成为年轻的褶皱带,因而岛上新构造运动强烈,地震活动频繁,第四纪冰期低海面时,台湾岛曾与大陆相连。海南岛面积3.438万平方公里,为中国第2大岛。海南岛地势中央高四周低,水系呈放射状。

此外,岛屿与大陆的标准是相对的。通常人们把澳大利亚大陆定为最小的大陆,这样格陵兰岛就成了世界最大的岛屿。

"海上走廊"海峡

被夹在两块陆地之间,两端连接两大海域的狭窄通道叫海峡。海峡的地理位置特别重要,不仅是交通要道、航运枢纽,而且历来是兵家必争之地。因此,人们常把它称之为"海上走廊"、"黄金水道"。

海峡是指两块陆地之间连接两个海或洋的较狭窄的水道。它一般深度较大,水流较急。由于地理位置特殊,海峡往往都是重要的交通水道。据统计,全世界共有海峡1000多个,其中适宜于航行的海峡约有130多个,交通较繁忙或较重要的只有40多个。海峡是由海水通过地峡的裂缝经长期侵蚀,或海水淹没下沉的陆地低凹处而形成的。一般水较深,水流较急且多涡流。海峡内的海水温度、盐度、水色、透明度等水文要素的垂直和水平方向的变化较大。底质多为坚硬的岩石或沙砾,细小的沉积物较少。通常位于两个大陆或大陆与邻近的沿岸岛屿以及岛屿与岛屿之间。

全世界有上千个海峡,其中著名的约50个。世界上最长的海峡是莫桑比克海峡,长达1670千米。因它既宽又深,可通巨轮,成为南大西洋和印度洋之间的重要通道。头戴两项"世界之最"桂冠的是位于南美大陆和南极洲之间的德雷克海峡。它是世界上最深的海峡,最深处达5248米。同时它又是世界上最宽的海峡,南北宽达9704米,成为世界各地通向南极的重要通道。马六甲海峡,人称东南亚的"十字路口"。英吉利海峡的日通行船只在5000艘左右,成为世界上最繁忙的海峡。直布罗陀海峡是地中海通向大西洋的唯一出口。从霍尔木兹海峡开出的油轮,源源不断地将石油运往欧美各国,被人们称为"西方世界的生命线"。

马六甲海峡

此外还有很多著名的海峡,此处不一一列举了。

我国的主要海峡有3个:沟通东海和南海的台湾海峡,全长380千米;沟通渤海和黄海的渤海海峡,全长115千米;沟通南海和北部湾的琼州海峡,全长70千米。台湾海峡在我国台湾地区与福建省之间,是我国最大的海峡,因它濒临我国第一大岛台湾,人们称它为台湾海峡。台湾海峡,纵贯我国东南沿海,由南海北上,或由渤海、黄海、东海南下,必须经过这里,俗称为我国的"海上走廊"。台湾海峡也具有国际航行价值,东北亚各国与东南亚、印度洋沿岸各国间的海上往来,从这儿经过比较近便。台湾海峡属我国管辖海域。

"河口平原"三角洲

如果你仔细地观察世界地图,会发现在世界各大河的入海处,大都有一个三角洲。如埃及尼罗河入海处,就有一个巨大的三角洲,面积达24000平方千米;美国密西西比河入海处的三角洲,呈鸟足状,面积达26000平方千米;我国的长江、黄河以及珠江入海处,也都有面积很大的三角洲。

三角洲又称河口平原,是由河水从上游携带的大量泥沙在河口堆积形成的。从平面上看,形状像三角形,顶部指向上游,底边为其外缘,所以叫三角洲。三角洲的面积较大,上层深厚,水网密布,表面平坦,土质肥沃。

　　三角洲的主要类型有扇形三角洲、鸟足形三角洲和尖形三角洲。世界上比较著名的三角洲很多，主要有尼罗河三角洲、密西西比河三角洲、多瑙河三角洲、湄公河三角洲、恒河三角洲以及我国的长江三角洲等。三角洲地区不但是良好的农耕区，而且往往是石油、天然气等资源十分丰富的地区。

　　长江三角洲是我国最大的河口三角洲，泛指镇江、扬州以东长江泥沙积成的冲积平原，位于江苏省东南部、上海市及浙江省杭嘉湖地区。面积约为九万九千六百平方公里，人口约7500万，是一片坦荡的大平原。这里岸线平直，海水浑黄，有一条宽约几千米到几十千米的潮间带浅滩。这个都市群汇集了产业、金融、贸易、教育、科技、文化等雄厚的实力，对于带动长江流域经济的发展，连接国内外市场，吸引海外投资，推动产业与技术转移，参与国际竞争与区域重组具有重要作用。

　　当然，也有一些河流的入海口没有形成三角洲。如我国的钱塘江口就没有三角洲。这是因为钱塘江水里的泥沙含量稀少，而且河口是非常宽阔的喇叭口形的江口，涌潮的巨大冲刷力，使泥沙不能沉积下来，即使有些泥沙侥幸留下来，堆积在钱塘江口，也难以加高，只能一般在水面下形成一道水下沙坎，形不成露出水面的三角洲。

“海陆分界线”海岸线

　　海岸线不是一条线，这句话听起来不合逻辑，但的确是海洋学家的一句口头禅。海岸线是指海面与陆地接触的分界线。世界海洋面积巨大，海岸曲折复杂，岛屿星罗棋布，海岸线的精确计算是不可能的。

　　海岸线分为岛屿岸线和大陆岸线两种，但海洋与陆地的不断变化十分复杂。我们暂且假定陆地是固定不变的，海洋只有潮汐变化。海水昼夜不停地反复地涨落，海平面与陆地交接线也在不停地升降改变。假定每时每刻海水与陆地的交接线都能留下鲜明的颜色，那么一昼夜间的海岸线痕迹是具有一定宽度的一个沿海岸延伸的条带。为测绘、统计实用上的方便，地图上的海岸线是人为规定的。一般地图上的海岸线是现代平均高潮线。保证任何时间，实际上的水深都比图上标示的水深更深。舰船按此海图航行绝对不会搁浅。

　　不包括岛屿岸线，印度尼西亚是海岸线最长的国家，海岸线全长54716公里。我们中国就有18000多千米的大陆海岸线和14000多千米的岛屿岸线。从拥有海洋资源的绝对数量来看，的确可以这样说：我国海岸线长度为1.8万公里，居世界第四位；大陆架面积位居世界第五，200海里专属经济区面积为世界第十。广东省是中国海岸线最长、海疆最广的省区。全省海岸线长达8500公里，占全国海岸线的三分之一以上。广东省有岛屿1134个，虽不及浙江岛屿多，但分布之广远非浙江所能及。广东沿海岸有众多的良港。

　　海岸线从形态上看，有的弯弯曲曲，有的却像条直线。而且，这些海岸线还在不断地发生着变化。如我国的天津市，在公元前还是一片大海，那时海岸线在河北省的沧县和天津西侧一带的连线上,经过 2000 多年的演化,海岸线向海洋推进了几十千米。当然,有时海岸线也会向陆地推进。仍以天津为例,在地质年代第四纪中(距今 100 万年左右),这里曾发生过两次海水入津。当两次海水退出时,最远的海岸线曾到达渤海湾中的庙岛群岛,但经过 100 万年的演化,现在的海岸线向陆地推进了数百千米。

"大地明珠"湖泊

湖泊是由水和盛装湖水的湖盆构成的,是由陆地上洼地积水形成的、水域比较宽广、换流缓慢的水体。湖泊称呼不一,在中国各地,陂、泽、池、海、泡、荡、淀和泊等都是湖泊之别称。

湖盆是大自然雕琢而成的。内力作用(如地壳运动、火山活动等来自地球内部的力引起的地质作用)可形成湖盆;外力作用(如流水、风等来自地球外部的力引起的地质作用)也可塑造湖盆。湖盆里积存水就变成了湖泊。

世界湖泊分布很广,中国湖泊众多,面积大于 1 平方公里的约 2300 个,总面积达 71000 多平方公里。另一说法为 2848 个,面积为 83400 平方公里。青海湖面积为 4000 多平方公里,是中国最大的湖泊。西藏的纳木错,湖面高程为 4718 米,在全球湖面积为 1000 平方公里以上的湖泊中,是海拔最高的湖泊。位于白头山上的天池(中国朝鲜界湖),水深达 373 米,是中国最深的湖泊。柴达木盆地的察尔彝盐湖,以丰富的湖泊盐藏量著称于世。

天池

贝加尔湖是世界上最深、蓄水量最大的湖,其最深处达 1637 米,蓄水量占世界淡水总储量的 1/5。此湖位于俄罗斯东西伯利亚南部,整个湖的面积约 31500 平方公里,居世界第 8 位,并最终汇入北冰洋。湖呈长椭圆形,似一镰弯月镶嵌在西伯利亚南缘,景色奇丽,令人流连忘返。

而世界上最大的内陆湖泊并不叫"某某湖",而是叫"里海"。它位于辽阔平坦的中亚西部和欧洲东南端,西面为高加索山脉。整个海域狭长,南北长约 1200 公里,东西平均宽度 320 公里。面积约 38 万平方公里,比北美五大淡水湖加在一起还要大出一倍多。整个里海平均水深 184 米,蓄水量达 7.6 万米,沿途有 130 多条河流注入。人们称里海为"海",不仅是由于它具有一些海的特征,如面积大、水深、常有狂风巨浪、动植物与海洋相近等,而且也由于它过去确实是海的一部分。在地理学上,这一类湖泊被称为"海迹湖"。

世界上的湖泊星罗棋布,像一颗颗晶莹的蓝宝石镶嵌在陆地表面,把地球点缀得更加绚丽多彩。

划破天际的闪电

就在你阅读这篇文章的时候,世界各地大约正有 1800 个雷电交作在进行中。它们每秒钟约发出 600 次闪电,其中有 100 次袭击地球。

那么闪电到底是什么呢?如果我们在两根电极之间加很高的电压,并把它们慢慢地靠近。当两根电极靠近到一定的距离时,在它们之间就会出现电火花,这就是所谓"弧光放电"现象。雷雨云所产生的闪电,与上面所说的弧光放电非常相似,只不过闪电是转瞬即逝,而电极之间的火花却可以长时间存在。因为在两根电极之间的高电压可以人为地维持很久,而雷雨云中的电荷经放电后很难马上补充。当聚集的电荷达到一定的数量时,在云内不同部位之间或者云与地面之间就形成了很强的电场。电场强度平均可以达到几千伏特/厘米,局部区域可以高达 1 万伏特/厘米。这么强的电场,足以把云内外的大气层击穿,于是在云与地面之间或者在云的不同部位之间以及不同云块之间激发出耀眼的闪光。这就是人们常说的闪电。

巨大的电流沿着一条传导气道从地面直向云涌去,产生出一道明亮夺目的闪光。一道闪电的长度可能只有数百千米,但最长可达数千米。闪电的形状有线状闪电、带状闪电、球状闪电、联珠状闪电。闪电的温度,从摄氏一万七千度至二万八千度不等,也就是等于太阳表面温度的 3~5 倍。闪电的极度高热使沿途空气剧烈膨胀。空气移动迅速,因此形成波浪并发出声音。闪电距离近,听到的就是尖锐的爆裂声;如果距离远,听到的则是隆隆声。闪电和雷声虽然同时产生,但是光的传播速度要比声音的传播速度快得多所以打雷时先看到闪电,后听到雷声。

巴西已成为世界上闪电次数最多的地方,每年在巴西记录到 5000 万~7000 万次闪电,每年约有 100 人死于雷击闪电,每年因闪电造成的经济损失达到 1.8 亿美元。而乌干达首都坎帕拉和印尼的爪哇岛,是最易受到闪电袭击的地方。据统计,爪哇岛有一年竟有 300 天发生闪电。而历史上最猛烈的闪电,则是 1975 年袭击津巴布韦乡村乌姆塔里附近一幢小屋的那一次,当时死了 21 个人。

闪电虽然会给人类造成很大的威胁很困扰,它也能给人类带来好处。它可以将空气中的一部分氮变成氮化合物,借雨水冲下地面。一年当中,地球上每一公顷土地都可获得几公斤这种从高空来的免费肥料。

"冰疙瘩"冰雹

冰雹俗称雹子,夏季或春夏之交最为常见,它是一些小如绿豆、黄豆,大似栗子、鸡蛋的冰粒,特大的冰雹比柚子还大。

冰雹是一种从强烈发展的积雨云(这种云也叫冰雹云)中降落下来的冰块或冰疙瘩。冰雹和雨、雪一样都是从云里掉下来的。不过下冰雹的云是一种发展十分强盛的积雨云,而且只有发展特别旺盛的积雨云才可能降冰雹。

雹块越大,破坏力就越大。冰雹降自对流特别旺盛的积雨云中,云中的上升气流比一般雷雨云强。小冰雹是在对流云内由雹胚上下数次和过冷水滴碰并而增长起来的,当云中的上升气流支托不住时就下降到地面。大冰雹是在具有一支很强的斜升气流、液态水的含量很充沛的雷暴云中产生的。每次降雹的范围都很小,一般宽度为几米到几千米,长度为 20~30 千米,所以民间有"雹打一条线"的说法。冰雹主要发生在中纬度大陆地区,通常山区多于平原,内陆多于沿海。中国的降雹多发生在春、夏、秋 3 季,4~7 月约占发生总数的 70%。比较严重的雹灾区有甘肃南部、陇东地区、阴山山脉、太行山区和川滇两省的西部地区。

我国除广东、湖南、湖北、福建、江西等省冰雹较少外,各地每年都会受到不同程度的雹灾。尤其是北方的山区及丘陵地区,地形复杂,天气多变,冰雹多,受害重,对农业危害很大。猛烈的冰雹打毁庄稼,损坏房屋。人被砸伤,牲畜被打死的情况也常常发生。因此,雹灾是我国严重灾害之一。

中国冰雹最多的地区是青藏高原。例如,西藏东北部的黑河(那曲)每年平均有 35.9 天冰雹(最多年曾下了 53 天,最少年也有 23 天);其次是班戈 31.4 天(最多年 48 天,最少年 22 天),申扎 28 天(最多年 37 天),安多 27.9 天(最多年 40 天),索县 27.6 天(最多年 44 天),均出现在青藏高原。

七彩虹霓

夏天雨后,乌云飞散,太阳从新露头,在太阳对面的天空中,会出现半圆形的彩虹。彩虹是气象中的一种光学现象。当阳光照射到半空中的雨点,光线被折射及反射,在天空上形成拱形的七彩的光谱。彩虹七彩颜色,从外至内分别为:红、橙、黄、绿、青、蓝、紫。很多时候会见到两条彩虹同时出现,在平常的彩虹外边出现同心,但较暗的副虹,这就是霓。副虹是阳光在水滴中经两次反射而成。

虹是由于阳光射到空中的水滴里,发生反射与折射造成的。当太阳光通过三棱镜的时候,前景的方向会发生偏折,而且把原来的白色光线分解成红、橙、黄、绿、青、蓝、紫 7 种颜色的光带。下过雨后,有许多微小的水滴漂浮在空中,当阳光照射到小水滴上时会发生折射,分散成 7 种颜色的光。很多小水滴同时把阳光折射出来,再反射到我们的眼睛里,我们就会看到一条半圆形的彩虹。彩虹的色带分明,红的排在最外面,接下来便是另外 6 种颜色。

阳光在水滴内经过一次反射的光综,便形成我们常见的彩虹(主虹)。若光线在水滴内进行了两次反射，便会产生第二道彩虹（霓）。霓的颜色排列次序跟主虹是相反的。由于每次反射均会损失一些光能量，因此霓的光亮度亦较弱。两次反射最强烈的反射角出现50°至53°，所以副虹位置在主虹之外。因为有两次的反射，副虹的颜色次序跟主虹反转，外侧为蓝色，内侧为红色。副虹其实一定跟随主虹存在，只是因为它的光线强度较低，所以有时不被肉眼察觉而已。

空气里水滴的大小，决定了虹的色彩鲜艳程度和宽窄。空气中的水滴大，虹就鲜艳，也比较窄；反之，水滴小，虹色就淡，也比较宽。我们面对着太阳是看不到彩虹的，只有背着太阳才能看到彩虹，所以早晨的彩虹出现在西方，黄昏的彩虹总在东方出现。可我们看不见，只有乘飞机从高空向下看，才能见到。一般冬天的气温较低，在空中不容易存在小水滴，下阵雨的机会也少，所以冬天一般不会有彩虹出现。

虹的出现与当时天气变化相联系，一般我们从虹出现在天空中的位置可以推测当时将出现晴天或雨天。东方出现虹时，本地是不大容易下雨的，而西方出现虹时，本地下雨的可能性却很大。

火山爆发

《黑龙江外传》中有这样一个记载："墨尔根东南，一日地中出火，石块飞腾，声振四野，越数日火熄，其地遂成池沼，此康熙五十八年事。"这里记述的就是黑龙江五大连池火山群中两座火山喷发的情况。

地壳之下100至150千米处，有一个"液态区"，区内存在着高温、高压下含气体挥发份的熔融状硅酸盐物质，即岩浆。它一旦从地壳薄弱的地段冲出地表，就形成了火山。火山出现的历史很悠久。有些火山在人类有史以前就喷发过，但现在已不再活动，这样的火山称之为"死火山"；不过也有的"死火山"随着地壳的变动会突然喷发，人们称之为"休眠火山"；人类有史以来，时有喷发的火山，称为"活火山"。

在地球上已知的"死火山"约有2000座；已发现的"活火山"共有51638座，其中陆地上有516154座，海底火山有5464座。火山在地球上分布是不均匀的，它们都出现在地壳中的断裂带。

中国存在活火山，存在火山灾害的威胁，但人们完全不必为此恐慌。中国火山喷发的可能性很小，几百年才有一次，一个人一生当中未必能遇到火山喷发事件。但也不能麻痹大意，忽视对活火山的监测。目前，火山监测与研究事业正越来越多地受到人们的关注。我国现已有3处活火山受到监测，分别是：吉林长白山天池火山、云南腾冲火山和黑龙江五大连池火山。

除了地球，其他星球也有过，或有着火山活动的痕迹。月球没有火山活动，但仍具有许多曾有火山活动的特征，诸如月海、月谷及拱丘等。金星的表面有90%是玄武岩，地表地形有80%为火山地形，表示在金星表面形成的过程中，火山扮演了非常重要的角色。

观测发现，火星上有一些死火山，包括四座巨大的盾状火山。此外不一而足。

火山喷发的强弱与熔岩性质有关，喷发时间也有长有短，短的几小时，长的可达上千年。火山喷发可在短期内给人类和生命财产造成巨大的损失，它是一种灾难性的自然现象。然而火山喷发后，它能提供丰富的土地、热能和许多种矿产资源，还能提供旅游资源。

"大地的动荡"地震

地球内部缓慢积累的能量突然释放，从而引起的地球表层的振动叫地震。地震是最为严重的自然灾害之一。破坏性地震是指造成人员伤亡和财产损失的地震灾害。一般震级大于 5 级，会造成不同程度地震灾害，通常称为破坏性地震。

地球上每天都在发生地震，一年约有 500 万次，其中约 5 万次人们可以感觉到；可能造成破坏的约有 1000 次；7 级以上的大地震，平均每年有十几次。比如说 1923 年日本关东地震，东京有 73% 的房屋被毁，横滨被毁房屋达 96%，死伤人数达 14.3 万人之多。

有史以来，在我国发生的最严重的地震是唐山大地震。1976 年 7 月 28 日，唐山发生了一场震撼世界的毁灭性大地震，全市建筑顷刻间化为一片废墟。那日，在中国河北省唐山、丰南一带发生了强烈地震，政府宣称强度是里氏 7.8 级，震中烈度Ⅺ度，震源深度 22 公里。有感范围广达 14 个省、市、自治区，其中北京市和天津市受到严重波及，地震破坏范围超过 3 万平方公里。造成 24.2 万人死亡，16.4 万人重伤，倒塌民房 530 万间，直接经济损失 54 亿元。当日分别于河北省滦县和天津汉沽发生两次较强烈余震，余震的震级分别为里氏 6.2 级和里氏 7.1 级。两次余震很大程度上加重了唐山大地震造成的经济损失，并使得很多掩埋在废墟中等待救援的人被继续倒塌的建筑物夺去生命。

地震前，在自然界会发生与地震有关的异常现象，这可称为地震前兆。地下水位升降及变色、变味、翻花、冒泡及温泉水温的突然变化等，都有可能是地震前兆。地震前，兔、猫、鸡、狗、羊、猪及牛、马、驴等大牲畜均有异常反应，大致有狂躁型和忧郁型两种。各种鱼类均有反应，其表现为翻腾跳跃、打漩、狂游、成群漂游水面，有的发出叫声，有的呈昏迷状态，鱼肚朝天，甚至死亡。

地震又可分为天然地震和人工地震两大类。人工地震是由人为活动引起的地震。如工业爆破、地下核爆炸造成的振动；在深井中进行高压注水以及大水库蓄水后增加了地壳的压力，有时也会诱发地震。通常说的地震都是指天然地震。

"流动的泥土"泥石流

泥石流是一种自然灾害。当泥石流发生时，洪流中不仅有大量泥沙石块，也夹杂着洪水或冰雪融水等，它们混合成一股黏稠的泥浆，像脱缰的野马一般，沿陡坡奔腾而下。

泥石流所到之处，良田变荒漠，房屋变废墟，冲毁路基桥梁，给人类的生命财产带来极大的损失。

据统计，全世界每年都要发生近10万次大大小小的泥石流。1970年南美洲秘鲁的安第斯山脉曾发生一次冰川泥石流，3010多万立方米的冰雪泥石一下子冲入一个名叫罗嘉依的城镇，顷刻间，全城被彻底淹埋，3万居民全部遇难。

中国遭到泥石流不同程度危害的省、市、自治区达23个。华北和东北山区称"龙爬""水泡""水鼓"或"石洪"；黄土高原山区称"流泥""流石"或"山洪急流"；川滇山区称"走龙""走蛟"或"打地炮"；西藏高原山区则称"冰川暴发"。

泥石流是山体松动造成的，常常发生在半干旱的山区或高原冰川区。这里地形陡峭，树木植被很少，一旦暴雨来临或冰川解冻，石块吸足了水分，便出现松动，开始顺着斜坡向下移动。随着互相挤压、冲撞，大大小小的泥石夹杂着泥浆水，汇成一股巨大的洪流滚滚而下，于是就出现了泥石流。泥石流的活动强度主要与地形地貌、地质环境和水文气象条件三个方面的因素有关。泥石流常常具有暴发突然、来势凶猛、迅速之特点。并兼有崩塌、滑坡和洪水破坏的双重作用，其危害程度比单一的崩塌、滑坡和洪水的危害更为广泛和严重。

由于工农业生产的发展，人类对自然资源的开发程度和规模也在不断发展。当人类经济活动违反自然规律时，必然引起大自然的报复，有些泥石流的发生，就是由于人类不合理的开发而造成的。近年来，因为人为因素诱发的泥石流数量正在不断增加。

威力无穷的龙卷风

龙卷风是一种伴随着高速旋转的漏斗状云柱的强风涡旋。龙卷风中心附近风速可达100米/秒~200米/秒，最大300米/秒，比台风的中心最大风速大好几倍。它中心气压很低，具有很大的吸吮作用，可把海水或湖水吸离海面或湖面，形成水柱，然后同云相接，俗称"龙取水"。龙卷风的生命史短暂，一般维持十几分钟到一二小时，但其破坏力惊人，能把大树连根拔起，建筑物吹倒，或把部分地面物卷至空中。

龙卷风可以发生在水面上和陆地上。发生在水面上的叫水龙卷，发生在陆地上的叫陆龙卷。火山爆发和大火灾时，容易引起巨大的陆龙卷。由于龙卷风有巨大的吸卷力，常能把海中的鱼类、粮仓里的粮食或其他带有颜色的东西吸卷到高空，然后再随暴雨降落地面，于是就形成"鱼雨""谷雨""豆雨""血雨"甚至"钱雨"等奇怪现象。

龙卷风长期以来一直是个谜，正是因为这个理由，所以有必要去了解它。龙卷风的袭击突然而猛烈，产生的风是地面最强的。由于它的出现和分散都十分突然，所以很难对它进行有效的观测。龙卷风到底是怎样形成的呢？龙卷风是云层中雷暴的产物。空气绕龙卷的轴快速旋转，受龙卷中心气压极度减小的吸引，近地面几十米厚的一薄层空气内，气流被从四面八方吸入涡旋的底部。并随即变为绕轴心向上的涡流，龙卷中的风总是气旋性的，其中心的气压可以比周围气压低百分之十。

美国被称为"龙卷之乡"。美国平均每天有 5 个龙卷风发生,每年就有 1000~2000 个龙卷风。美国的龙卷风不仅数量多,而且强度大。据近 50 年来的统计,美国上空发生龙卷的次数至少增加 35 倍。有时没有龙卷云,但也会发生"龙卷",这种特殊的龙卷称为"无云龙卷",竟占美国龙卷的一半左右。这主要是和美国的地理位置、气候条件以及大气环流特征有关。

我国江苏省每年几乎都有龙卷风发生,但发生的地点没有明显规律。出现的时间,一般在六七月间,有时也发生在 8 月上、中旬。

台风飓风

台风和飓风都是产生于热带洋面上的一种强烈的热带气旋,只是发生地点不同,叫法不同。在北太平洋西部、国际日期变更线以西,包括南中国海范围内发生的热带气旋称为台风;而在大西洋或北太平洋东部的热带气旋则称飓风,也就是说在美国一带称飓风,在菲律宾、中国、日本一带叫台风。

台风经过时常伴随着大风和暴雨天气。台风的水平尺度约几百公里至上千公里,台风中心气压很低,中心附近地面最大风速一般为 30~50 米/秒,有时可超过 80 米/秒。强风引起的巨大海浪,可对海洋船舶造成很大破坏;当台风移近海岸时,狂风可引起大范围巨大的海潮,冲击沿海城镇。台风中心经过的地区常有大或特大暴雨,日雨量可高达 1600 毫米,造成大范围洪涝。

关于台风,在中国早有记载,在刘宋沈怀远所撰的《南越志》中就记述了:"熙安间多飓风。飓者,其四方之风也,一曰惧风,言怖惧也,常以六七月兴。"在此所称的飓风即台风。

每个台风都有自己的名字。中央气象台台风科的有关专家介绍,中央气象台给台风起名是从 2000 年 1 月 1 日开始的。此前,我国一直采用热带气旋编号办法。为了便于各国交流,亚太经社理事会和世界气象组织台风委员会制定了一套统一的台风命名系统,由亚太地区的柬埔寨、中国、朝鲜、美国和越南等十四个国家和地区的成员组织各提供 10 个名字,共 140 个名字,经有关专门会议批准后循环使用。我国为台风组织选用的 10 个名字充分体现了民族风格,它们分别是龙王、悟空、玉兔、海马、海燕、杜鹃、海棠、电母、海神、风神。

台风除了给登陆地区带来暴风雨等严重灾害外,也有一定的好处。据统计,包括我国在内的东南亚各国和美国,台风降雨量约占这些地区总降雨量的 1/4 以上,因此如果没有台风这些国家的农业困境不堪想象;此外台风对于调剂地球热量、维持热平衡更是功不可没。

"雪塌方"雪崩

雪崩,每每是从宁静的、覆盖着白雪的山坡上部开始的。突然间,"咔嚓"一声,勉强能够听见的这种声音告诉人们这里的雪层断裂了。先是出现一条裂缝,接着,巨大的雪体开始滑动。雪体在向下滑动的过程中,迅速获得了速度。于是,雪崩体变成一条几乎是直泻而下的白色雪龙,腾云驾雾,呼啸着声势凌厉地向山下冲去。人们把这种自然现象称作雪崩。也有的地方把它叫作"雪塌方""雪流沙"或"推山雪"。

世界上很多山峰终年都有积雪,山的陡坡上积了很厚很厚的雪。由于受到上面雪的重压,使最下面的雪慢慢开始融化,这就好像加上了润滑油。再加上这些雪是压在山的斜坡上的,特别容易向下滑动。这时只要稍微加上一点儿压力或者震动(比如由声音引起的震动),本来很坚固的雪就会开始移动。霎时,成堆的雪就滚落到山谷里,这就是雪崩。

雪崩是一种所有雪山都会有的地表冰雪迁移过程,它们不停地从山体高处借重力作用顺山坡向山下崩塌,崩塌时速度可以达 20~30 米/秒,具有突然性、运动速度快、破坏力大等特点。它能摧毁大片森林,掩埋房舍、交通线路、通讯设施和车辆,甚至能堵截河流,发生临时性的涨水。同时,它还能引起山体滑坡、山崩和泥石流等可怕的自然现象。因此,雪崩被人们列为积雪山区的一种严重自然灾害。

雪崩的破坏力十分强大,这主要和它的速度有关。高速运动的物体会产生强大的冲击力。人类短跑的世界冠军,不过每秒钟跑 11 米;动物界的短跑冠军猎豹在追捕猎物时出现的闪电般的速度,不过每秒钟跑 30.5 米;十二级的强大台风,不过每秒钟跑 32.5 米。但是雪崩却能够达到每秒钟 97 米的惊人程度。如 1970 年秘鲁的大雪崩,雪崩在不到三分钟时间里飞跑了 14.5 公里路程。也就是说每秒钟平均达到近 90 米的速度。

遇上雪崩的自救法是,冷静下来,让口水流出从而判断上下方,然后奋力向上挖掘。平躺,用爬行姿势在雪崩面的底部活动,丢掉包裹、雪橇、手杖或者其他累赘,覆盖住口、鼻部分以避免把雪吞下。节省力气,当听到有人来时大声呼叫。

"大海的怒吼"海啸

海啸是一种具有强大破坏力的海浪。当地震发生于海底,因震波的动力而引起海水剧烈的起伏,形成强大的波浪,向前推进,将沿海地带——淹没的灾害,称之为海啸。

海啸通常由震源在海底下 50 千米以内、里氏地震规模 6.5 以上的海底地震引起。海啸波长比海洋的最大深度还要大,在海底附近传播也没受多大阻滞,不管海洋深度如何,波都可以传播过去,海啸在海洋的传播速度大约每小时五百到一千公里,而相邻两个浪头的距离也可能远达 500 到 650 公里,当海啸波进入陆棚后,由于深度变浅,波高突然增大,它的这种波浪运动所卷起的海涛,波高可达数十米,并形成"水墙"。

相对受灾现场讲,海啸可分为遥海啸和本地海啸两类。遥海啸是指横越大洋或从很远处传播来的海啸,也称为越洋海啸。例如,1896 年和 1933 年日本三陆外海大海啸,海啸横断太平洋,使夏威夷也遭其害,旧金山、智利都受到了影响。但是,海啸的大多数均属于本地海啸,或称为局地海啸。因为本地海啸从地震及海啸发生源地到受灾的滨海地区相距较近,所以海啸波抵达海岸的时间也较短,有时只几分钟,多者几十分钟。这种情况下海啸预警时间则更短或根本无预警时间,因而往往造成极为严重的灾害。本地海啸在发生前先有较强震感或震灾发生。全球很多伤亡惨重的海啸灾害,都属于近海海底地震引起的本地海啸。

2004年12月26日于印尼的苏门答腊外海发生芮氏地震9级海底地震。海啸袭击斯里兰卡、印度、泰国、印尼、马来西亚、孟加拉国、马尔代夫、缅甸和非洲东岸等国,造成三十余万人丧生。准确死亡数字已无法统计。这次印尼地震引起的海啸没影响我国,一是因为离得远,二是地震海域与我国之间有其他国家的陆地隔开,海啸无法波及到。

我国海岸线很长,受风暴海啸影响比较大,1969年7月28日广东汕头市发生过风暴大海啸,损失严重。但我国大陆被太平洋包围住,东部有日本及沿海众多岛屿形成的屏障,能减少冲击力,我国台湾东海岸比较陡峭,抵御地震海啸的能力较强。

目前,人类对地震、火山、海啸等突如其来的灾变,只能通过观察、预测来预防或减少它们所造成的损失,但还不能阻止它们的发生。

"泛滥的水"洪涝

自古以来,洪涝灾害一直是困扰人类社会发展的自然灾害。我国有文字记载的第一页就是劳动人民和洪水斗争的光辉画卷——大禹治水。时至今日,洪涝依然是对人类影响最大的灾害。

从洪涝灾害的发生机制来看,洪涝具有明显的季节性、区域性和可重复性。如我国长江中下游地区的洪涝几乎全部都发生在夏季,并且成因也基本上相同,而在黄河流域则有不同的特点。同时,洪涝灾害具有很大的破坏性和普遍性。洪涝灾害不仅对社会有害,甚至能够严重危害相邻流域,造成水系变迁。并且,在不同地区均有可能发生洪涝灾害,包括山区、滨海、河流入海口、河流中下游以及冰川周边地区等。

我国洪水灾害主要分布于自辽东半岛、沿燕山、太行山及大巴山到长江以东的海河、黄河、淮河、长江中下游以及珠江地区。从洪水频率上看,长江中下游地区洪涝年份约占总年份的百分之六十,黄淮海平原几乎每年都有程度不同的洪涝灾害。比如说,1998年长江洪水的泛滥更是百年难得一遇的一次大灾难。我国长江连年洪灾给中下游地区带来极大的损失,严重损害了社会经济的健康发展。因此,研究洪涝灾害的成因、类型、特点和防治对策尤为重要。

洪涝仍具有可防御性。人类不可能彻底根治洪水灾害,但通过各种努力,可以尽可能地缩小灾害的影响。洪涝灾害的防治工作包括两个方面:一方面减少洪涝灾害发生的可能性,另一方面尽可能使已发生的洪涝灾害的损失降到最低。加强堤防建设、河道整治以及水库工程建设是避免洪涝灾害的直接措施,长期持久地推行水土保持可以从根本上减少发生洪涝的机会。切实做好洪水、天气的科学预报与滞洪区的合理规划可以减轻洪涝灾害的损失。建立防汛抢险的应急体系,是减轻灾害损失的最后措施。

植物王国

植物的故事

和动物一样,植物们也有很多秘密,植物本身也有很多之最。

陆地上最长的植物是生长在非洲的热带森林里的白藤。那里生长着参天巨树和奇花异草,也有绊你跌跤的"鬼索",这就是在大树周围缠绕成无数圈圈的白藤。白藤也叫省藤,中国云南也有出产,白藤从根部到顶部,达 300 米,比世界上最高的桉树还长一倍呢。

世界上最高的树是杏仁桉树。如果举办世界树木界高度竞赛的话,那只有澳洲的杏仁桉树,才有资格得冠军。杏仁桉树一般都高达 100 米,其中有一株,高达 156 米,树干直插云霄,有五十层楼那样高。在人类已测量过的树木中,它是最高的一株。鸟在树顶上歌唱,在树下听起来,就像蚊子的嗡嗡声一样。

中国最高大的阔叶乔木则是望天树和擎天树。我国著名的云南西双版纳热带密林中,在 70 年代发现了一种擎天巨树,它那秀美的姿态,高耸挺拔的树干,昂首挺立于万木之上,使人无法仰望见它的树顶,其至灵敏的测高器在这里也无济于事。因此,人们称它为望天树。当地傣族人民称它为"伞树"。

距今二十五亿年前(元古代),地球史上最早出现的植物属于菌类和藻类,其后藻类一度非常繁盛。直到四亿三千八百万年前(志留纪),绿藻摆脱了水域环境的束缚,首次登陆大地,进化为蕨类植物,为大地首次添上绿装。三亿六千万年前(石炭纪),蕨类植物绝种,代之而起是石松类、楔叶类、真蕨类和种子蕨类,形成沼泽森林。

古生代盛产的主要植物于二亿四千八百万年前(三叠纪)几乎全部灭绝,而裸子植物开始兴起,进化出花粉管,并完全摆脱对水的依赖,形成茂密的森林。一亿四千五百万年前(白垩纪)被子植物(有花植物)开始出现,于晚期迅速发展,代替了裸子植物,形成延续至今的被子植物时代。现代类型的松、柏,甚至像水杉、红杉等,都是在这时期产生的。

植物从此产生,和他们的故事一起。

"穆斯林头巾"郁金香

郁金香原产于中东,16 世纪传入欧洲。在中东,人们总是将其与穆斯林头巾相联系。由于其花似穆斯林头巾,它的名字在土耳其语中就是"穆斯林头巾"之意。

早在 17 世纪奥斯曼帝国的御花园中,郁金香曾是专门种给皇室贵族观赏的。1863 年被花商引进荷兰经营,他们为了推销产品特自编造了一个故事:古代有位美丽少女住在雄伟的城堡里,有三位勇士同时爱上了她,一个送她一顶皇冠;一个送把宝剑;一个送块金块。但她对谁都不予钟情,只好向花神祷告。花神深感爱情不能勉强,遂把皇冠变成鲜花,宝剑变成绿叶,金块变成球根,这样合起来便成一棵郁金香了。这故事经传开后更加深了人们对它的钟爱,不少人以拥有新奇的品种而自豪。在花市上,商人乘机漫天讨价,甚至要用一头奶牛来换取一颗郁金香。许多荷兰人因栽种郁金香而致富。

郁金香

荷兰的国花就是郁金香,被称为"郁金香之国",荷兰出产的郁金香畅销 120 多个国家,出口量占全世界总出口量的 80% 以上,它和风车、奶酪和木鞋成为荷兰的"四大国宝"。郁金香的原产地是我国的青藏高原,在 16 世纪中,郁金香来到了欧洲,从此以后荷兰人就把郁金香看为黄金,而且把拥有这种花的多少,作为衡量财富的象征。同时以郁金香为国花的还有:匈牙利、土耳其、伊朗等各国。

富有很高观赏价值的郁金香,是当今风行全球的一代名花。它属百合科草本植物,株高盈尺,叶形长圆,每棵有叶 3~5 片,色泽粉绿。它的花蕾从基部伸出,着生于花柄的顶端,单生直立,每朵 6 瓣,花容端庄,色色俱备,活像一个高脚的酒杯,鲜艳夺目,异彩纷呈,细赏之下有如春风扑面,令人心旷神怡。郁金香地下鳞茎非常饱满,繁殖时把地下鳞茎全部栽种于土中,就能够长出郁金香来。目前郁金香多达两千多个品种。美丽的郁金香不仅美化了荷兰,而且畅销欧美各国以及亚洲地区。郁金香的花语是,爱的表白、荣誉、祝福永恒。荷兰人民都喜欢把郁金香作为美丽、华贵而庄严的一种象征。

但是郁金香的花朵有毒碱,过多接触易使人毛发脱落。人和动物在这种花丛中呆上 2 小时~3 小时,就会头昏脑涨,出现中毒症状,严重者还会使毛发脱落,家中不宜栽种。郁金香还有一份特质,大多数的鲜花在被剪下之后就不再生长,而郁金香在花瓶中仍会生长。

"海洋之露"迷迭香

迷迭香原产于地中海沿岸,别名"海洋之露"。因为生长在地中海沿岸面海的断崖上,因此得名。迷迭香的香味浓郁,所以它也有海上灯塔之称,当外出的船迷失方向时,迷航的水手们可以凭借着这浓浓的香气来寻找陆地的位置。

迷迭香是常绿灌木,株直立,叶灰绿、狭细尖状,叶片发散松树香味,自古即被视为可增强记忆的药草。迷迭香为唇形花科多年生芳香植物,它们适应性强,耐旱、耐瘠薄,对土壤要求不严,耐寒性较差。春夏开小花,花色有淡蓝色、紫色、白色、粉红色。

根据一项古老的传说是,迷迭香的花本来是白色的,在圣母玛莉亚带着圣婴耶稣逃往埃及的途中,圣母曾将她的罩袍挂在迷迭香树上,从此以后,迷迭香的花就转为蓝色了。耶稣在逃离犹太前往埃及途中,将洗好的衣服晾晒在迷迭香上,迷迭香因此被赋予许多药效。各种宗教传说,加深了迷迭香神圣的力量,在欧洲,迷迭香被广植于教堂的四周,教徒将它视为神圣的供品,因此迷迭香又被称为"圣母玛利亚的玫瑰"。

迷迭香是一种名贵的天然香料植物,生长季节会散发一种清香气味,有清心提神的功效。它的茎、叶和花具有宜人的香味,花和嫩枝提取的芳香油,可用于调配空气清洁剂、香水、香皂等化妆品原料,最有名的化妆水就是用迷迭香制作的,并可在饮料、护肤油、生发剂、洗衣膏中使用。作为药物可治疗神经性疾患和制作治疗头痛、风湿的药膏。近年又发现还是理想的天然防腐剂。也可作观赏植物地栽或盆栽。

迷迭香的花语是留住回忆。迷迭香被定义为爱情、忠贞和友谊的象征。迷迭香,清新,具有穿透力,有一种干净,清爽的感觉。在莎士比亚的著作《哈姆雷特》中有这样一句名言:"迷迭香是为了帮助回忆,亲爱的,请你牢记在心。"

"百年好合"百合

百合花,是一种从古到今都受人喜爱的世界名花。它原来出生于神州大地,由野生变成人工栽培已有悠久历史。古人视为"百年好合""百事合意"的吉兆。故历来许多情侣在举行婚礼时都要用百合来做新娘的捧花。除了这种好意头之外,它那副端庄淡雅的芳容确实十分可人。

百合又名喇叭筒、百合蒜,属百合科多年生草本植物,是世界名花,也是我国的传统花卉。百合地下鳞茎呈球形,鳞片白色,重重叠叠,紧紧相抱,似百片合成,而得百合之名。原产亚洲,我国种植百合已有千年以上的历史,远在南北朝时即成为宫苑花品。百合花种类很多,花色丰富,花形多变,花期较长(自春至秋),具有浓香,是世界著名花卉之一。全国大部分地区均有栽培。百合有六瓣花瓣,颜色有白、粉红、橙、橘红、洋红或紫百合花朵皎洁无瑕、晶莹雅致,幽香四溢,人们常把她当作纯洁、光明、自由、幸福的象征。百合的花语就是顺利、心想事成、祝福、高贵。仲夏之际,万绿成荫,芳菲渐寂,端庄素雅的百合花,艳丽多姿,品味纯正,点缀在林间草地上,宁静而和谐,颇具观赏性。适庭院栽植布置花境,盆栽观赏,还是重要的切花材料。除此之外还具有较高的营养价值和防病、治病功能。真可谓集观赏、食用与药用于一身。

民间食用百合历史悠久,用百合做菜,更是颇为广泛。唐代诗人王维的"冥搜到百合,真使当重肉"绝句足以说明百合的食用价值所在。百合食法很多,或炒食,蒸煮,或制成各种甜食。用鲜百合炒肉片素而不腻,气香味美;百合与糯米煮粥,则别有风味;而莲子百合羹,更是宴会上的名食。

"百花之王"牡丹

牡丹是中国传统名花,它端丽妩媚,雍容华贵,兼有色、香、韵三者之美,让人倾倒。历史上不少诗人为它作诗赞美。如唐诗赞它:"佳名唤作百花王"。又宋词"爱莲说"中写有:"牡丹,花之富贵者也",名句流传至名。"百花之王""富贵花"亦因之成了赞美牡丹的别号。

牡丹原产我国西北部,秦岭和陕北山地多野生。在我国栽培历史悠久,南北朝时已声成为观赏植物。唐时盛栽于长安,宋时称洛阳牡丹为天下第一,故牡丹又名洛阳花。牡丹有"国色天香"之称,我国人民把又它作为富丽繁华之象征,称之为"百两金"。早在唐朝时期,长安栽植和观赏牡丹之况就极鼎盛,白居易诗曰"花开花落二十日,一城之人皆若狂"就是形容其中盛况。牡丹每年4~5月开花,朵大色艳,奇丽无比,有红、黄、白、粉紫、墨、绿、蓝等色。花多重瓣,姿丰典雅,花香袭人。目前,除洛阳之外,以山东菏泽赵公社牡丹最盛,每逢牡丹盛开之时,五彩缤纷,香艳各异,吸引着全国园艺工作者和无数国际游人。

牡丹是我国人民所喜爱的传统花卉之一,在我国人民心目中享有特殊的地位。作为本民族精神象征,她融进了人们对生活的美丽憧憬和良好祝愿,意寓着中华民族繁荣昌盛,源远流长。牡丹图案象征富贵。牡丹与石头或梅花组成的图案寓意"长命富贵"。鹭鸶与牡丹象征"一路富贵"。白头翁(鸟)与牡丹象征着"长寿富贵"或"富贵姻缘"。牡丹玉兰绘在一起,象征"玉堂富贵"即"富贵之家"之意。牡丹海棠绘在一起寓意"满堂富贵"即老少同贵。牡丹与鱼绘于一图案中,即"富贵有余"。牡丹图案周围饰月季、长春草等,象征"富贵长春"。瓶(平)插牡丹(富贵)其意表示:"富贵平安"。

1986年,我国就举行过一次较大的中国名花评选活动,结果是梅花居首,牡丹紧随其后。而1995年,中国花卉协会再次评选,专家委员会的意见是"一国两花"或"一国四花"(春牡丹、夏荷花、秋菊花、冬梅花)。专家认为,由于意见不一,目前认定牡丹为国花尚定论太早,梅花也有希望成为国花。

"花中之相"芍药

芍药,别名将离、余容、犁食。芍药原产我国北部和西伯利亚,性耐寒冷,喜爱冷凉气候,是我国的传统名花,已有三千多年的栽培历史,是公认的花中之相,与花中之王牡丹齐名。人们认为"今群芳中牡丹为第一,芍药为第二,故世称牡丹为花王,芍药为花相。"

根据用途,芍药可分为药用和观赏两大类。药用类多为原种型、碗型,花色较单调,主要取其根,经加工中药名"赤芍""白芍";观赏类,以观花为主,品种多,色彩十分丰富。按花色分有白色类、红色类、粉色类、黄色类、紫色类。按花型分有单瓣类、千层类、楼子类、台阁类等。另外,按开花迟早分,还有早花种、中花种和晚花种之别。

在我国,芍药至少有两三千年的栽培历史,是我国名花之一,名贵品种很多。如红色类的冠群芳、醉娇红、点妆红、红云映日等;黄色类的金带围、御衣黄、妒鹅黄等;白色类的玉盘托翠、玉逍遥、青崇山峻岭邪路雪等;浅红类的胭脂点玉、金玉交辉、醉西施、怨春红等;紫色类的乌龙捧盛、宝妆成、楼紫等。

芍药又名将离或可离,在古代也被用来赠别情人或友人。晋代牛享曾问崔豹,古代情人将别离时,为什么赠以芍药?崔豹回答说的就是"芍药又名'可离',因此离别时用它赠人。"后以赠芍药作为爱情或离别的典故。不过究竟芍药赠离人在前,还是名将离在前,谁为因谁为果还有待考证。

芍药和牡丹的花非常像,二者最大的区别在于牡丹是灌木,木牡丹质茎,而芍药则是宿根草本,革质茎。其他的区别还有:牡丹叶片宽厚,正面绿色略呈黄色,而芍药叶片狭薄,粮棉均浓绿色;牡丹的花朵着生于花枝顶端,花径一般在 20 厘米左右;而芍药花单生枝顶或近顶端叶腋花径在 15 厘米左右。另外,牡丹一般在 4 说中下旬开花,而芍药则在 5 月上中旬开花,牡丹比芍药早半个月左右开花。

"日本国花"樱花

日本盛产樱花,被誉为"樱花之国",同时樱花也是日本的国花。樱花在日本有一千多年历史,据说曾有一位聪明美丽的姑娘,名叫"木花开耶姬","木花开耶"意即樱花,她从日本的冲绳出发,经九州、关西、关东、到达北海道,把象征爱情和希望的樱花撒遍各地。从此,樱花由南向北依次盛开,永不衰败。

日本有樱花 30 多种类,300 多品种,世界上共有 800 多品种。日本所有公园里,满目都是樱花。樱花,蔷薇科落叶乔木,高 5 米～20 米,花白色稍带有粉红或粉红色,花开满树,大而鲜艳,极为美丽,是重要的园林观花树种,宜植于山坡、庭院、建筑物前。

日本遍植樱花，每年春天，日本全国的樱花由南至北连成一线次第开放，粉红色的花朵堆云聚雾，绵延不断，景象十分壮观，日本人称之为"樱花前线"。每年的三月十五日，是日本的樱花节。这一天，日本的男女老少都要到公园或野外赏樱。在东京的上野公园，这天有花宴、花会、花舞等种种活动。当日本樱花的一个著名品种——"八重缨"在东京的新宿公园盛开时，日本政府还在这里举办"观樱会"招待外国使节和社会名人。樱花绽放最盛时有一种极其灿烂而凄婉的美丽，因为其芳华最盛之日也是花瓣飘零之时。

日本人民之所以如此喜欢樱花，一是喜欢它的纯洁、清雅和高尚，二是喜欢它首先给人们带来了美好的春光，三是喜欢它那毫不迟疑地开落的豪爽性格。在平安幕府时代，武士们将樱花的瞬开瞬落当作他们"视死如归"的气概，认为人生和樱花一样短暂，应在有生之年做出一番轰轰烈烈的事迹。武士们如果失败，就在樱花树下剖腹自尽。樱花是日本民族的骄傲。日本人民认为樱花具有高雅、刚劲、清秀质朴和独立的精神，它同雄伟的富士山一样，是勤劳、勇敢、智慧的象征。

樱花谢世时节，一阵风吹来满树的樱花纷纷飘落，树下便响起一阵欢呼声。日本人称这种缤纷落英为"花雨"。眼看着心爱的花儿随风飘逝，他们不仅没有黛玉葬花的伤感，还以沐浴在这种花雨中为幸福快乐。日本人欣赏的正是樱花这种"轰轰烈烈而生，从从容容而去"的生命态度，这也与日本人拼命实现自身价值的人生观不谋而合。

"香花之首"茉莉

茉莉花属于木樨科、茉莉属，多年生常绿小灌木，原产热带、亚热带地区。茉莉叶色翠绿、花朵洁白玉润、香气清婉柔淑，被人们誉为众香花之首。茉莉花具有极好的观赏价值，同时也具有很高的经济价值。

茉莉花原产我国西部和印度。常绿灌木。枝条细长，略呈藤本状。叶对生，光亮，卵形。聚伞花序，顶生或腋生，有花 3~9 朵，花冠白色，极芳香。花期 6~10 月。性喜温暖湿润，在通风良好、半阴环境生长最好。土壤以含有大量腐殖质的微酸性砂质壤土为最适合。畏寒、畏旱，不耐湿涝和碱土。冬季气温低于3℃时，枝叶易遭受冻害，如持续时间长，就会死亡。

茉莉叶色悯绿，花色洁白，香味浓郁，南方多地栽，布置成花坛或做花篱，盆栽时可点缀阳台、窗台和居室。因为她的香味迷人，很多人会把她当成装饰品一样地别在身上。在婚礼等庄重场合，它也是一种很合宜的庄饰花，因此经常被使用在新娘的捧花上。

茉莉花是我国最重要的茶用香花，用茉莉花与茶叶窨制茉莉花茶，可以使茶叶浓郁爽口，茶吸花香，花增茶叶，茶叶花香融为一体。茉莉花茶不仅为我国人民所喜爱，而且在国际市场上也独树一帜，享有盛名。茉莉花不仅是提取香精的重要原料，还可供药用，具有较高的经济价值。

茉莉花外形清丽，让人很难想象原来她竟然有着如此醇美馥郁的花香。

"入夜便睡"的睡莲

睡莲的习性确实奇特。每天上午八九点钟，睡莲慢慢醒来，渐渐抬起头，迎接着太阳，到中午时分，开放出艳丽的花朵；而在傍晚，随着暮色降临，在一片夜幕掩映下，它就收起花瓣进入梦乡。睡莲也因此而得名。

睡莲为什么时开时合，夜晚它真的入睡了吗？原来，这是阳光搞的把戏，是睡莲对阳光反应特别敏感的缘故。清晨，初升的太阳把睡莲从睡梦中唤醒，闭合着的睡莲花瓣的外侧受到阳光的照射，生长变慢，内侧层背阳，却迅速伸展，于是花儿绽开了。中午时分，花瓣展开成一个大圆盘。而这时的睡莲花内侧层受到阳光照射，生长变慢，外侧层正相反，它的伸展逐渐超越了内侧层，于是就慢慢地自动闭合起来。

睡莲

睡莲的种类很多，约有 40 多种，分布在温带和热带地区。墨西哥有黄睡莲，印度有红睡莲，埃及有白睡莲，美国有一种香气极浓的白色睡莲。我国常见的是白色睡莲。睡莲色泽清丽，花、叶均有清香，品种繁多，有单瓣、重瓣，又有千瓣莲、重台莲等。在家庭中以缸栽或盆栽，适于布置阳台、庭院。睡莲喜阳光充足，通风良好，肥沃的砂质壤土，水质清洁及温暖的静水，适宜水深为 25～30cm。耐寒睡莲在根部土不结冻之处，可在露天越冬。春季萌芽生长，夏季开花，花后果实沉没水中，成熟后裂开散出种子，先浮于水面，而后沉入水底。冬季地上茎叶枯萎。

睡莲是花、叶俱美的观赏植物。古希腊、罗马最初敬为女神供奉，16 世纪意大利的公园多用来装饰喷泉池或点缀厅堂外景。现欧美园林中选用睡莲作水景主题材料极为普遍。我国在 2000 年前汉代私家园林中，已有应用，如博陆侯霍光园中的五色睡莲池。古埃及则早在 2000 多年前就已栽培睡莲，并视之为太阳的象征，认为是神圣之花，历代的王朝加冕仪式，民间的雕刻艺术与壁画，均用它作为供品或装饰品。

炎炎夏日，清风徐来，碧波荡漾，一丛丛美丽的睡莲轻舞花叶，形影妩媚，好似凌波仙子，令人赏心悦目，心旷神怡。此情此景让人不禁联想起"凌波不过横塘路，但目送，芳尘去"，"飘忽若神，凌波微步"等古人的诗句。

"天竺牡丹"大丽花

大丽花又叫大丽菊、天竺牡丹、大理花、西番莲和洋菊，是菊科多年生草本。菊花傲霜怒放，而大丽菊却不同，春夏间陆续开花，越夏后再度开花，霜降时凋谢。它的花形同那国色天香的牡丹相似,色彩瑰丽多彩,惹人喜爱。

大丽花的故乡是墨西哥高原地区海拔 1500 米的地方,它既不耐寒,又畏酷暑,那里气候温凉,有一段低温时期进行休眠。大丽花在我国辽宁、吉林等地气候适宜,生长良好。大丽花具有粗大锤状肉质块根,株高因品种不同而有高低,叶对生,1~3 回羽状分裂,裂片卵形,锯齿粗钝。花长于梗顶。大丽花以长长的花期受人欢迎,从夏到秋,连续发花,每朵花可延续 1 个月,花期持续半年。

从花形看,大丽花有菊形、莲形、芍药形、蟹爪形等,花朵的直径小的似酒盅口大小,大的达 30 多厘米。它们的颜色,不仅有红、黄、橙、紫、淡红和白色等单色,还有多种更为绚丽的色彩。大丽花花瓣有重瓣和单瓣。重瓣的大丽花,有种千瓣花,白花瓣里镶着红条纹,宛如玛瑙,妖艳非凡;而单瓣的品种"红世纪",花瓣虽少,却显得简单朴素,别有一种情趣。

重瓣的大丽花雍容华贵,富丽堂皇,堪同牡丹媲美。但是花儿的构造毕竟同牡丹不同。牡丹花的花心里有大簇的花蕊,而大丽花的花,不能称为"朵",只能叫它"花篮""花盘"。因为它是由无数朵小花排列而成的。这些小花就是大花中的"花瓣",而且它们会随着开放的先后陆续结实。这同它的近亲菊花完全一样,是菊科植物的主要特征。

大丽花的花朵,花瓣排列得十分整齐,不像牡丹花那样大小错综,自然奔放而富有浪漫色彩。当然,大丽花也有花瓣卷曲多变的种类,但比较稀少。

大丽花是墨西哥的国花,绚丽多姿的大丽花象征大方、富丽。今天,它的足迹已遍布到世界各国,成为庭园中的常客,世界著名的观赏花卉。

"暗香袭来"梅花

王安石写过一首《梅花》,是一首难得的饶有特色、脍炙人口的咏梅佳作。"墙角数枝梅,凌寒独自开。遥知不是雪,为有暗香来。"梅花,香色俱佳,独步早春,具有不畏严寒的坚强性格和不甘落后的进取精神,因而历来为诗人们所吟咏,所歌颂。

梅花每株高约 10m,干呈褐紫色,多纵驳纹。小枝呈绿色。叶片广卵形至卵形,边缘具细锯齿。花每节 1~2 朵,无梗或具短梗,原种呈淡粉红或白色,栽培品种则有紫、红、彩斑至淡黄等花色,于早春先叶而开。梅花可分为系、类、型。如真梅系、杏梅系、樱李梅系等。系下分类,类下分型。梅花为落叶小乔木,树干灰褐色,小枝细长绿色无毛,叶卵形或圆卵形,叶缘有细齿,花芽着生在长枝的叶腋间,每节着花 1~2 朵,芳香,花瓣 5 枚,白色至水红,也有重瓣品种。核果近球形,有缝合线,黄色或绿色,被柔毛,味酸,果肉与核粘附不易分离,6~7 月果实成熟。

梅花品种及变种很多,目前品种有 30 多个,其品种按枝条及生长姿态可分为叶梅、直角梅、照水梅和龙游梅等类;按花色花型可分为宫粉、红梅、照水梅、绿萼、大红、玉蝶洒金等型。其中宫粉最为普遍,花粉红,着花密而浓;玉蝶型花紫白;绿萼型花白色,香味极浓,尤以"金钱绿萼"为好。

在我国古代为数众多的花中,国花是国家形象和民族精神的象征。国花具有国家名片的象征意义。梅花是我们中华民族与中国的精神象征,它具有强大而普遍的感染力和推动力。梅花象征坚韧不拔,不屈不挠,奋勇当先,自强不息的精神品质。迎雪吐艳,凌寒飘香,铁骨冰心的崇高品质和坚贞气节鼓励了一代又一代中国人不畏艰险,奋勇开拓,创造了优秀的生活与文明。

有人认为,梅的品格与气节几乎写意了我们"龙的传人"的精神面貌。全国上至显达,下至布衣,几千年来对梅花深爱有加。"文学艺术史上,梅诗、梅画数量之多,足以令任何一种花卉都望尘莫及。"国人赏花,不仅赏花的外表,更欣赏花中蕴含的人格寓意和精神力量。

"光明之花"向日葵

向日葵是俄罗斯的国花。这向往光明之花,给人带来美好的希望。传说古代有一位农夫女儿名叫明姑,被后娘百般凌辱虐待。一次惹怒了后娘,夜里熟睡之际,被后娘挖掉了眼睛。明姑破门出逃,不久死去,死后坟上开着一盘鲜丽的黄花,终日面向阳光,它就是向日葵。向日葵表示明姑向往光明,厌恶黑暗之意,这传说激励人们痛恨暴力、黑暗,追求光明。

向日葵原产于北美洲,明万历年间又由传教士传入中国,西方博物学家也注意到向日葵的向日性,可见自古以来"葵"就和"向阳"紧密联系在一起。可向日葵为何向日呢?原来向日葵从发芽到花盘盛开之前的这段时间,实际上是为了充分利用阳光进行光合作用,刺激细胞生长,向日性实际上是向光性。特别是向日葵的花粉怕高温,如果温度高于30摄氏度,就会被灼伤,因此固定地朝向东方,可以避免正午阳光的直射,减少辐射量的伤害,这样才能顺利地授花传粉,结出丰硕的果实。

向日葵亦称葵花,为1年生草本植物,高1~3米。茎直立,粗壮,圆形多棱角,被白色粗硬毛。叶通常互生,心状卵形或卵圆形,先端锐突或渐尖,有基出3脉,边缘具粗锯齿,两面粗糙,被毛,有长柄。头状花序,极大,直径10~30厘米,单生于茎顶或枝端,常下倾。总苞片多层,叶质,覆瓦状排列,被长硬毛,夏季开花,花序边缘生黄色的舌状花,不结实。花序中部为两性的管状花,棕色或紫色,结实。瘦果,倒卵形或卵状长圆形,稍扁压,果皮木质化,灰色或黑色,俗称葵花子。性喜温暖,耐旱。原产北美洲,世界各地均有栽培。

关于向日葵,另外还有一个凄美的传说,克丽泰是一位水泽仙女,一天,她在树林里遇见了正在狩猎的太阳神阿波罗,她深深为这位俊美的神所着迷,疯狂地爱上了他。可是,阿波罗连正眼也不瞧她一下就走了。克丽泰热切地盼望有一天阿波罗能对她说说话,但她再也没有遇见阿波罗。她只能每天注视着天空,看着阿波罗驾着金碧辉煌的日车划过天空,她目不转睛地凝视着阿波罗的行程,直到他下山。她就这样呆坐着,头发散乱,面容憔悴。一到日出,她便望向太阳。后来,众神怜悯她,把她变成一大朵金黄色的向日葵,她的脸儿变成了花盘,永远向着太阳,每日追随他,向他诉说她永远不变的恋情。

"花中西施"杜鹃花

杜鹃花为"花中西施",又有映山红、山石榴、山踯躅、红踯躅、金达莱等别名。杜鹃花的雅称"山客",与山茶、仙客来、石蜡红、吊钟海棠并称"盆花五姐妹",象征大方。

杜鹃花盛开之时,恰值杜鹃鸟啼之时,古人留下了许多优美的诗句和动人的传说,并有以花为节的习俗。杜鹃花多为灌木或小乔木,因生态环境不同,有各自的生活习性和形状。最小的植株只有几厘米高,呈垫状,贴地面生。最大的高达数丈,巍然挺立,蔚为壮观。杜鹃花分落叶和常绿两大类。落叶类叶小,常绿类叶片硕大。花的颜色有红、紫、黄、白、粉、蓝等色。喜阴凉、湿润、耐寒,多生长在海拔 1000～1400 米的山坡、高山草甸、林缘、石壁和沼泽地。除作观赏,有的叶花可入药或提取芳香油,有的花可食用,树皮和叶可提制烤胶,木材可做工艺品

杜鹃花

等。高山杜鹃花根系发达,是很好的水土保持植物。

黄色杜鹃的植株和花内均含有毒素,误食后会引起中毒;白色杜鹃的花中含有四环二萜类毒素,中毒后引起呕吐、呼吸困难、四肢麻木等。金达莱花也是杜鹃花中的一个品种,学名叫——兴安杜鹃,是朝鲜的国花。属于杜鹃科,喜欢生长在崇山峻岭的陡壁上,叶椭圆形,花为紫色,花期短,可供观赏。在中国东北地区,每年四月下旬冰雪末尽时开始开花,先花后叶。

红色杜鹃花又称"映山红",是杜鹃花中常见的一种,因其花开时映得满山皆红而得名。在隆林江西省赣州市会昌县的西江、凤凰山、庄口、岚山等海拔 500 多米的山区均有分布。映山红素有"木本花卉之王"的美称,古今中外的文人墨客作了许多赞诵映山红的美文诗句,如宋代杨万里的一首"何须名苑看春风,一路山花不负侬。日日锦江呈锦样,清溪倒照映山红。"正颂扬了映山红质朴、顽强的生命力。

中国是杜鹃花的分布中心,约有 460 种,除新疆和宁夏外,各省区均有分布。西藏东南部、四川西南部、云南西北部是最集中的产地,均分别占百种以上,仅云南的杜鹃花品种就占全国品种的一半以上。世界上许多国家从这里引种。

"朝颜"牵牛花

牵牛花,一名草金铃,一名天茄儿。因为花形似喇叭,故俗称"喇叭花"。在日本称之为朝颜,栽培极盛。

牵牛花还有个俗名叫"勤娘子",顾名思义,它是一种很勤劳的花。每当公鸡刚啼过头遍,时针还指在"4"字左右的地方,绕篱紫架的牵牛花枝头,就开放出一朵朵喇叭似的花来。晨曦中人们一边呼吸着清新的空气,一边饱览着点缀于绿叶丛中的鲜花。真是别有一番情趣。

它们为一年生缠绕草本,植物体被毛。叶互生,宽卵形或近圆形,常为3裂,先端裂片长圆形或卵圆形,侧裂片较短,三角形,被柔毛。秋季开花,花序腋生,有1~3朵花,也有单生于叶腋的,萼片5,花冠蓝紫色渐变淡紫色或粉红色,漏斗状,花冠管色淡,雄蕊5,不等长,花丝基部被柔毛。子房3室,柱头头状。蒴果,近球形,种子卵状三棱形,黑褐色或米黄色,被褐色短绒毛。原产热带美洲,我国各地普遍栽培,供观赏。种子为常用中药,黑色者为"黑丑"。米黄色者为"白丑"。入药多用黑丑,具泻水利尿之功效,主治水肿腹胀、大小便不利等症。

牵牛花喜爱爬竿,边爬竿边生长。这是因为植物的生长需要阳光,而只有长得更高更快,才能不被别的植物挡在下面,牵牛花也是这样吧! 它为了能让自己得到阳光,所以总是爬的高高的。牵牛花一定要在清晨开花,葫芦和夜来香的花一定要在晚上开,另外还有许多种花也在特定的时间开放。假如我们调查一下各种植物的开花时间,就可能做出一个由花卉指示时间的钟来。这是由于花卉本身的生物钟特性决定的。

牵牛花有个很好听的日本名字"朝颜"。牵牛花的花期多是夏末。它的花色繁多,其中以紫色的牵牛花最为优雅美丽。数十年前,在很多庭院里都可以看到牵牛花的芳踪。它是一种很平民化又令人感觉亲切的花,正因为它这种平实的特性,所以用来代表平实纯净的爱情,但是,又因为它只在早上开花,很快就凋谢了,也给人一种幻象易逝的感觉。因此,日文中称其为"朝颜"。

"六月雪"满天星

当世驰名的名花,大多在摆设上充当"主角"。但多年来享誉环球的满天星,却是难能可贵的"配角"。在本世纪80年代当插花走上艺术之巅时,满天星跃居世界十大切花之一,同玫瑰、郁金香、康乃馨等名花平起平坐,被国外广大花迷视为一项公平的举措。

满天星,原名为重瓣丝石竹,又名六月雪,原产地中海沿岸。属石竹科多年生宿根草本花卉。为常绿矮生小灌木,其株高约为65~70厘米,茎细皮滑,分枝甚多,叶片窄长,无柄,对生,叶色粉绿。每当初夏无数的花蕾集结于枝头,花细如豆,每朵5瓣,洁白如云,略有微香,有如万星闪耀,满挂天边。如果远眺一瞥,又仿佛清晨云雾,傍晚霞烟,故又别名"霞草"。

满天星初夏白色小花不断,花朵繁盛细致、分布匀称。犹如繁星,朦胧迷人,又好似满树盖雪,清丽可爱,适宜于花坛、路边和花篱栽植,也非常适合盆栽观赏和盆景制作。满天星同样也是插花中必不可少的填充花材,一束花中插入几枝满天星,便平添了几分妩媚之美。

依此特征,满天星的样子恍如白衣修女,朴素无华,这种平凡无奇的装扮,令人一时难以说出它到底美在哪里。据闻盛产油榄的突尼斯姑娘却对它深怀眷恋,经常从野外采回家里插养。有人问她们为何喜欢这种小花。她们答道:"我爱它纯洁朴实,毫不虚伪"。及至19世纪之后,这花逐渐传至世界各国,对它赏识的人不断增加。特别是1935年美国的园艺专家从原来单瓣的品种中选育出一个称为"重瓣丝石竹"的新品种,其容貌很像一粒粒圆滚滚的白珍珠,加上艺术插花热潮又从东、西方蓬勃兴起,人们才真正认识到满天星所表露的非凡风采。

满天星的花语是思念、清纯、梦境、真心喜欢。切花的寿命为8~12天。选花时,尤以选花朵纯白、饱满,盲枝少,茎鲜绿有弹性的为佳。满天星是清雅之士所喜爱的花卉,素蕴含"清纯、致远、浪漫"之意。数百朵玲珑细致、洁白无瑕的小花,松松散散聚在一起,宛若无际夜空中的点点繁星,似雾般朦胧,极具婉约、雅素之美,又如爱人的呼吸般温柔动人。微风吹过,清香四逸,更显温馨。

"母亲的花"康乃馨

每年五月份的第二个星期日是母亲节,在这一天,康乃馨是最受大家欢迎的花了。康乃馨,这种体态玲珑、斑斓雅洁、端庄大方、芳香清幽的鲜花,随着母亲节的兴起,正日益风靡世界,成了全球销量最大的花卉。

康乃馨是土耳其国花,是香石竹的音译名称。它的茎质坚硬,灰绿色,节膨大。叶厚线形,对生。花大,具芳香,单生或成聚伞花序;萼下有菱状卵形小苞片四枚,先端短尖,长约萼筒四分之一;萼筒绿色,五裂;花瓣不规则,边缘有齿,单瓣或重瓣,有红色、粉色、黄色、白色等色。原产于欧洲。然而石竹在我国是一种最平凡最常见的草花,名花谱上向来没有它的位置。

香石竹的出名得益于1934年5月美国首次发行母亲节邮票。邮票图案是一幅世界名画,画面上一位母亲凝视着花瓶中插的石竹。邮票的传播把石竹花与母亲节联系起来。于是西方人也就约定俗成地把石竹花定为母亲节的节花。每当母亲节这一天,母亲健在的人佩戴红石竹花,并制成花束送给母亲。而已丧母的人,则佩戴白石竹花,以示哀思。世上没有无母之人,石竹花也就成了无人不爱之花。石竹花因母亲节而蒙上一层慈母之爱色彩,成为献给母亲不可缺少的礼物。随着改革开放的深入,中外文化的交流,母亲节也渐渐传入中国,香石竹也就真正"香"起来,普通百姓也慢慢接受了好听的洋名字——康乃馨。

作为最常见的送给母亲的花,康乃馨的层层花瓣代表母亲对子女绵绵不断的感情。送花时既可送单支,也可送数支组成的花束,或插作成造型优美别致的插花。不同颜色的康乃馨也代表着不同的情感。红色康乃馨用来祝愿母亲健康长寿;黄色康乃馨代表对母亲的感激之情;粉色康乃馨祈祝母亲永远美丽年轻;白色康乃馨除具有以上各色花的意思外,还可寄托对已故母亲的哀悼思念之情。

古代的人们也很喜欢康乃馨,希腊人称它为"神之花",将它做成象征荣誉的花冠!而且,他们还认为康乃馨的香味有防止酒醉的功效。可见康乃馨从古至今,都很受到人们的喜爱。

"花中君子"兰花

兰花通常分为中国兰和洋兰两种,兰花源产我国,故称中国兰。我们中国人观赏与培植兰花,比之西方栽培的洋兰要早得多。早在春秋时代的二千四百年前,中国文化先师孔夫子曾说:"芝兰生幽谷,不以无人而不芳,君子修道立德,不为穷困而改节"。他还将兰称之为"王者之香"这句话流传至今,足以证明中国兰花在历史文化上所占的地位。

兰花为多年生草本植物。根肉质肥大,无根毛,有共生菌。叶线形或剑形,革质,直立或下垂,花单生或成总状花序,花梗上着生多数苞片。花两性,具芳香。花冠由3枚萼片与3枚花瓣及蕊柱组成。萼片中间1枚称主瓣。下2枚为副瓣,副瓣伸展情况称户。上2枚花瓣直立,肉质较厚,先端向内卷曲,俗称捧。下面1枚为唇瓣,较大,俗称兰荪。成熟后为褐色,种子细小呈粉末粉。兰花是珍贵的观赏植物。据不完全统计,目前全世界有七百多个属、二万多个种,每年还发现和培养出不少新品种。

兰花极具观赏价值,其朴实无华,叶色长青,叶质柔中有刚,花开幽香清远,发乎自然,居"花草四雅"之首。因此人们将兰花尊为"香祖""国香""天下第一香"。兰花原生于深山幽谷之中,不为无人而不芳,不因清寒而萎缩,故有"花中君子"之誉。兰花,叶态优美,花姿娇媚,香馥幽异,是我国名贵花卉之一。所以,我国人民一直非常喜爱兰花,总结积累了不少养兰经验,如每一盆只能种植一棵兰花,"春不出,夏不日,秋不干,冬不湿"。

兰花代表高尚、幽雅。兰叶青翠,花色脱俗,香气清幽,又有"香祖"之誉。自屈原起就被视为高尚人格的象征。《孔子家语》品兰谈及:"与善人交,如入芝兰之室,久而不闻其香,即与之俱化矣"。又云:"芝兰生于深谷,不以无人而不芳;君子修道立德,不为困穷而改节。"因而兰花也被誉为君子,"滋兰树蕙"便是培育英才的代名词。良辰佳时也被誉为"兰"的时光。如"兰时"指良时、春日、春时。"兰夜",指七夕,农历七月,古称"兰月"。

"兰期",泛指相会的良辰。

人们把松、竹、梅称作"岁寒三友",尊称梅、兰、竹、菊为"四君子",兰花便是那"花中君子"。

"花中月老"桂花

桂花别名很多,因其叶脉如圭而称"桂";它纹理如犀,又叫木犀;以其清雅高洁,香飘四溢,被称为"仙友";桂花又被称为"仙树","花中月老"。

桂花通常生长在岩岭上,也叫"岩桂";桂花开花时浓香致远,其香气具有清浓两兼的特点,清可荡涤,浓可致远,因此有"九里香"的美称;黄花细如粟,故又有"金粟"之名;桂花又称为"仙客";花开于秋,旧说秋之神主西方,所以也称"西香"或"秋香";桂花的花朵很小,但香气浓郁,被人称为"金秋骄子";如果你仔细观察,就会发现,桂花的花朵是管状的,由五个小瓣瓣联合组成,叫"花冠管";汉晋后,人们开始把桂花与月亮联系在一起,编织了月宫吴刚伐桂等许多美丽的传说,故亦称"月桂",因此,月亮也称"桂官""桂魄"。丹桂花好生于岩石间,花族开与叶腋,黄色或黄白色,香气极浓。八月桂花香,因此农历八月又称为桂月。

桂花的树冠是圆球形。树干粗糙、灰白色。叶革质,对生,椭圆形或长椭圆形,幼叶边缘有锯齿。花簇生,3~5朵生于叶腋,多着生于当年春梢,二、三年生枝上亦有着生,花冠分裂至基乳有乳白、黄、橙红等色,香气极浓。桂花的品种很多,常见的有四种:金桂、银桂、丹桂和四季桂。果实为紫黑色核果,俗称桂子。桂花原产我国西南和中部,现广泛栽种于长江流域及以南地区,喜温暖湿润的气候,耐高温而不耐寒,为温带树种。桂花叶茂而常绿,树龄长久,秋季开花,芳香四溢,是我国特产的观赏花木和芳香树。

桂花的花神相传为唐太宗的妃子徐惠。徐惠生与湖州长城,自小就聪慧过人,五月大就会说话,四岁就能读论语,八岁能写诗文。因为才思不凡,被唐太宗招入宫中,封为才人。太宗死后,徐惠哀伤成疾,二十四岁就以身殉情。后世就封这位才情不凡的女子为桂花的花神。

"无穷花"木槿花

木槿又名面花、朝开暮落花、篱障花等。夏秋季开花,朝发暮落,日日不绝,人称有"日新之德"。花色有白有紫,有米黄色,也有淡红色,纷披陆离,迎霞沐日,临风招展,光彩秀美,受到历代诗人的赞扬。三千年前的《诗经》中就将木槿花比作美女来歌咏了。唐代李白《咏槿》有"园花笑芳年,池草艳春色。犹不如槿花,婵娟玉阶侧"。

木槿为锦葵科木槿属落叶灌木或小乔木。株高3~6米,茎直立,多分枝,稍披散,树皮灰棕色,枝干上有根须或根瘤,幼枝被毛,后渐脱落。单叶互生,在短枝上也有 2~3 片簇生者,叶卵形或菱状卵形,有明显的三条主脉,而常 3 裂,基部楔形,下面有毛或近无毛,先端渐尖,边缘具圆钝或尖锐锯齿,叶柄长 2~3 厘米;托叶早落。花单生于枝梢叶腋,花瓣 5,花形有单瓣、重瓣之分,花色有浅蓝紫色、粉红色或白色之别,花期 6~9 月。蒴果长椭圆形,先端具尖嘴,被绒毛,黄褐色,基部有宿存花萼 5 裂,外面有星状毛。蒴果 5 室,种子三角状卵形或略为肾形而扁,灰褐色。

木槿盛夏季节开花,开花时满树花朵,花色天公共场所花篱、绿篱及庭院布置。墙边、水滨种植也很适宜。木槿花可食用。花朵调入稀面粉和葱花,入油锅煎,称为"面花",食之松脆可口。木槿花煮豆腐,是为味道鲜美的木槿豆腐汤。木槿嫩叶可食,做汤则味鲜美,也可代茶饮。

韩国国花就是木槿花,由于它花期漫长,从春天到秋天,都能看到她绽放吐蕊,一花凋落,一花又开,因此韩国人称之为"无穷花"。它们强韧无比的生机,正足以表现大韩民族历万劫而弥坚的特性。木槿花洁白的花瓣,代表公正、诚实和廉洁,花蕾心部为粉红色,则代表热情,象征着韩国的民族性。木槿花的花语就是坚韧、永恒、美丽。

"雪山白娘子"雪莲

"耻与众草之为伍,何亭亭而独芳!何不为人之所赏兮,深山穷谷委严霜?"一千多年前,唐代边塞诗人曾经这样吟唱雪莲。

雪莲,又称雪荷花,有通经活血的效果,主要分布在新疆、青藏高原和云贵高原一带。横贯新疆中部的天山山脉,冰峰雪岭逶迤连绵,海拔 4000 米以上是终年积雪地带,被称为雪线。雪莲花就生长在雪线以下海拔 3000 至 4000 米的悬崖峭壁上。雪莲种子在零摄氏度发芽,三到五摄氏度生长。幼苗能经受零下二十一摄氏度的严寒。在生长期不到两个月的环境里,高度却能超过其他植物的五到七倍。它虽然要五年才能开花,但实际生长天数只有八个月。这在生物学上也是相当独特的。

由于生长环境特殊,雪莲三到五年才能开花结果,因此过去一直是十分名贵的中药材。藏族老百姓将雪莲花分为雄、雌两种,据说雌的可以生吃,具有甜味,雄的带苦味。雪莲形态娇艳,这也许也是风云多变的复杂气候的结晶吧!它根黑、叶绿、苞白、花红,恰似神话中红盔素铠、绿甲皂靴、手持利剑的白娘子。它们屹立于冰峰悬崖、狂风暴雪之处,构成一幅雪涌金山寺的绝妙画图。

雪莲为什么能在冰雪覆盖的高山上开放呢?因为雪莲具有十分发达的根系,能常常扎进岩石的缝隙间,吸收水分和养料。它的全身覆盖着丝一般的白色绒毛,仿佛穿着雪白的毛大衣,既可以防寒,又可以减少水分蒸发,还可以反射高山强烈的阳光紫外线,所以雪莲能在冰雪覆盖的高山上开放。

雪莲是一种高疗效药用植物。由于过度采挖,种子发芽率低,繁殖困难,生长缓慢,如不采取有效措施,严加保护,将有灭绝的危险。如果照现在这样速度发展下去,不出 10 年就会灭绝。为了拯救这种罕见的名贵中药材,2001 年,在天山深处的一个谷地,有商家建立了良好的人工种植雪莲的环境。于是现在的雪莲,才可以成为如此大众化的补品。

"沙漠美人"仙人掌

墨西哥素有"仙人掌之国"的名称。仙人掌是墨西哥的国花,相传仙人掌是神赐予墨西哥人的。仙人掌还有"沙漠美人"的美誉。

仙人掌被墨西哥人誉为"仙桃"。我国云南少数民族地区也有把仙人掌果作为水果的习惯。当地有个优美的传说:一只巨大的山鹰叼着一条蛇,为寻找栖身之地,到处飞翔。当山鹰落到一丛开满黄花的仙人掌上后,再也不愿离开。从此,墨西哥人便在这以富有生机的地方建立起自己的家园——墨西哥城。墨西哥国徽上的图案就是以这个传说为依据的。

仙人掌类植物全世界有两千多种,其中一半左右就产在墨西哥。高原上千姿百态的仙人掌在恶劣环境中,任凭土壤多么贫瘠,天气多么干旱,它却总是生机勃勃,凌空

仙人掌

直上,构成墨西哥独特的风貌。什么病虫害都别想侵害它。它全身带刺,具有顽强的生命力,坚韧的性格,有水、无水、天热、天冷都不在乎,在翡翠状的掌状茎上却能开出鲜艳、美丽的花朵,这就是坚强、勇敢、不屈、元畏的墨西哥人民的象征。为了展示仙人掌的风采,弘扬仙人掌精神,每年 8 月中旬都要在墨西哥首都附近的米尔帕阿尔塔地区举办仙人掌节。节日期间,政府所在地张灯结彩,四周搭起餐馆,展售各种仙人掌食品。

仙人掌大多生长在干旱的环境里。有的呈柱形,高 10 多米,重量约两三万斤,巍然屹立,甚为壮观。一些长着棘刺的仙人球,有的寿命高达五百年以上,可长成直径两三米的巨球,人们劈开它的上部,挖食柔嫩多汁的茎肉解渴充饥。仙人掌类植物还有一种特殊的本领,在干旱季节,它可以不吃不喝地进入休眠状态,把体内的养料与水分的消耗降到最低程度。当雨季来临时,它们又非常敏感地"醒"过来,根系立刻活跃起来,大量吸收水分,使植株迅速生长并很快地开花结果。仙人掌以它那奇妙的结构,惊人的耐旱能力和顽强的生命力,受到人类的赏识。

一向被视作观赏植物的仙人掌,一旦摆上餐桌,人们不免有些疑惑,这能吃吗?其实,人工种植可食用仙人掌在南美洲、欧洲等地一些国家已形成一个较大规模的产业。而在目前产量位居世界第一的墨西哥,从五星级宾馆到街头小贩的摊点,仙人掌已成为

不可缺少的特色蔬菜。据一高效农业开发中心的负责人介绍,食用型仙人掌栽培简单,极为省工,基本上不施农药,为无公害蔬菜。

明朝末年,仙人掌被引入我国,如今在全国各地都能见到它们的踪影。

不可居无"竹"

古人说:"宁可食无肉,不可居无竹",这说明竹子同人们的生活关系非常密切。竹子枝杆挺拔修长,亭亭玉立,袅娜多姿,四时青翠,凌霜傲雨,备受我国人民喜爱。竹子不仅是"梅兰竹菊"四君子之一,而且是"松竹梅"岁寒三友之一。我国古今文人骚客,嗜竹咏竹者众多。据传,大画家郑板桥无竹不居,留下大量竹画和咏竹诗。

竹身上无一不是宝,可谓是功能齐全,妙用多多,人们可以根据各自实际需要对竹资源充分开发利用。竹子吸水量大,在房前屋后种上一些竹子,不仅可美化环境,而且在夏季非常阴凉。你可以选一根细嫩坚韧的小竹,做成简易的鱼竿;你可以选一根粗细适中的竹子,在自家的阳台上随意那么一搁,它就成了晒衣服被子的好帮手;你可以将一些老竹根洗净自然吹干,然后按照自己的喜好制成实用的竹根饰品;你可选一段竹做成笔筒点缀自己的书桌;竹制家具、竹制农具、竹制文具、竹制饰品……,竹制品的种类也实在是太多了。

因此,从务实的角度看,竹子的实用价值在"四君子"中可是无可相比的。从浪漫的角度看,竹子也是最婀娜多姿的,一片细竹植于房前房后,便使整个院舍多了几分秀气。至于那漫山遍野的竹林,只要你往林中一站,那清凉的绿意,伴着淡淡的竹香,能沁人心脾。

竹子虽然是常见的植物,但是见到它开花的人却不多。那么,竹子开花吗?开花。因为竹子是有花植物,自然也要开花结实。大概是由于竹子的大多数种类,不像一般有花植物那样,每年开花结实,因此有人误认为竹子不开花。由于竹子的种类不同,开花周期长短也不一样,这也是受遗传性的影响。有的竹子十几年、几十年才开花,有的甚至长达百年才开花,如桂竹需要120年才开花。当然,也有少数例外,如群蕊竹、线痕箣竹,一年左右开一次花;而唐竹、孝顺竹,则开花无规律性。

正是因为竹子开花比较少见,并且在开花后绿叶凋零,枝干枯萎,成批的死去,所以一些有迷信思想的人误认为竹子开花是"不祥之兆",使人们对这种自然现象产生了神秘感和种种疑问。其实竹子开花与当地的气候、土壤等环境条件有密切的关系。如天气干旱、植物体衰老等情况。在不利的生长条件下竹子得不到应有的养料,就会使竹子开花结果以产生活力强的后代来适应新的环境。

其实开花结果后就枯死的植物多得很,如麦子、玉米、高粱、花生等等。只不过是许多植物属一年生的植物,一年一度开花结果已司空见惯了,而竹子是多年生一次开花结果,比较少见,于是便觉得奇怪了。

"英雄树"木棉

木棉树的枝条上都攀满了嫣红绚丽的花朵,赤红的花瓣,金黄的玉蕊,一树数百朵,犹如万千把火炬,照及大地,显得格外雄奇瑰丽,随处表现出它雄迈的气概,因此常被人们誉称为"英雄树"。由于它那特有的引人入胜的花朵,因而,又有"红棉""攀枝花"和"烽火树"之称。

木棉原产于印度,十七世纪中期引入栽植,属木棉科落叶大乔木。二、三月叶落花开,橙红且厚重的花朵象征高雄人的粗犷与热情,于1986年被选为高雄市花。朵朵绽开的红棉花还给南方的人们送来了春天的喜讯,我国南方农村中常把木棉开花作为天气转暖的标志。树干有瘤刺防动物破坏树皮,侧枝轮生,层次分明,大树有板根。不宜做行道树,宜在公园内大面积的种植,以利板根生成。掌状复叶。卵形蒴果,长达十余公分。果实内有棉絮及种子,果实自裂,棉絮带着黑色的种子随风飘播。棉絮昔称"班芝棉",是棉花的替代品。木棉速生,材质轻软,可供蒸笼、包装箱之用,花、树皮、根皮药用,有祛湿之效。

木棉是一种喜光的阳生植物:当它和其他树种生长在一起时,为了获取更多的阳光,使它自己枝叶繁茂,它总是要超越群树之上,而不被它树所遮掩。木棉是先开花、后长叶的,从古至今,西双版纳的傣族对木棉有着巧妙而充分的利用:在汉文古籍中曾多次提到傣族织锦,取材于木棉的果絮,称为"桐锦",闻名中原;用木棉的花序或纤维作枕头、床褥的填充料,十分柔软舒适;在餐桌上,用木棉花瓣烹制而成的菜肴也时有出现;此外,在傣族情歌中,少女们常把自己心爱的小伙子夸作高大的木棉树。

木棉外观多变化:春天时,一树橙红;夏天绿叶成荫;秋天枝叶萧瑟;冬天秃枝寒树,四季展现不同的风情。

"家乡之树"槐树

在很多影视作品中,村口往往有一棵老槐树,这是一种老槐树情结,这种情节就是对家乡的怀念!另外,还有很多村民会在老槐树下烧香祈祷,老槐树在他们心中更是神圣的象征。

槐树为落叶乔木,树冠球形庞大,枝多叶密,花期较长,绿荫如盖。花两性,顶生,蝶形,黄白色,7~8月开花,11月果实成熟。槐树还是具有一定观赏价值的树种,山槐、刺槐是东北山区常见树种,近几年被引入城市做绿化树种。槐树的叶、花非常漂亮。全国各地皆有槐树,但是大连的槐树以其种类全、数量多而闻名全国,大连市内遍植槐树。包括刺槐、国槐、黄金槐等品种,达到植树面积的三分之一左右,是名副其实的东方槐城,槐花也不愧为大连市的市花。每到五月底，伴着槐花花期的到来，大连的街道上弥漫着槐花的香气，味虽不浓，却是沁人心脾，在街上漫步时，回忆起童年上树采摘槐花，将槐花放入口中的时候，那种甜甜的味道，至今不能抹去。

在古代，槐树还被认为代表"禄"，古代朝廷种三槐九棘，公卿大夫坐于其下，面对三槐者为三公，《周礼·秋官·朝士》上说："面三槐，三公位焉"。《古文观止》中有一篇东坡先生所著的《三槐堂铭》，讲的就是这个典故。北宋初年，尚书兵部侍郎王佑文章写得极好，做官也很有政绩。他相信王家后代必出公相，所以在院子里种下三棵槐树，作为标志。后来，他的儿子王旦果然做了宰相，当时人称"三槐王氏"，在开封建了一座三槐堂。你看，种了三株，子孙当上了大官，这槐树的力量可真不小啊！

另一个典故就是大家所熟知的"南柯一梦"，记载在唐朝人李公佐写的《南柯太守传》中。说是广陵人淳于梦，喝醉了酒，躺在院子里的槐树下面睡着了。做了一个梦，梦到自己到了大槐安国，并和公主成了亲，当了二十年的南柯太守，官做得非常荣耀显赫。可是后来因为作战失利，公主也死了，他被遣送回家。然后一觉醒来，看见家人正在打扫庭院，太阳还没落山，酒壶也在身边。他四面一瞧，发现槐树下有一个蚂蚁洞，他在梦中做官的大槐安国，原来就是这个蚂蚁洞。槐树的最南一枝，就是他当太守的南柯郡。

由此可见，传说中的槐树还有各种神秘的本事，难怪要称之为木鬼了。所以汉武帝修建上林苑时，群臣远方，各献名果异树，其中槐树就被列为异树贡献了六百多株，不是没有道理的。

"流泪的树"橡胶树

橡胶一词来源于印第安语，意为"流泪的树"。因为割开橡胶树皮即流出乳液，就像木头在流泪一样，后来这种乳液被叫作天然橡胶。

橡胶树是高大常绿乔木，主干树围可达 2 至 3 米，高度 20 来米，枝叶浓密，树冠翠绿，春天更叶开花，秋天种子成熟。种子白色，外包一层淡黑色硬壳。繁殖栽培时，既可用种子，又可以嫁接。它喜温暖，怕寒冷，在肥土湿地里幼树成长迅速，一年可增高近 1 米，树龄可达百年。它枝干较脆，遇强台风时，容易折损。

正常情况下，橡胶树栽后 5 年就可开割产胶。由于最好的产胶时间是凌晨之前，所以割胶工人都在早上两三点钟起床进林。他们头戴光亮的胶灯，手持弯月形的胶刀，对着开割的胶树树皮，小心翼翼地削割，每次只能在 1/2 的树皮上环割下约 1 毫米厚的一层，既不能伤树，又要割开乳胶导管，让胶水沿着割线坡度流进树下的胶杯中。割后 5 个小时左右，溢胶停止，胶工提桶收取，送入加工厂，经去水烟熏，最后制成黄亮亮、好似牛皮糖一样的干胶片。开割的胶树，单株年产于胶 3~4 公斤，最高的达 10 公斤以上。

天然橡胶是从橡胶树上来的，它不是橡胶树的树皮，而是橡胶树体液，是橡胶树用来输送养分和维持生机的，就像人的血液一样。天然橡胶就是由三叶橡胶树割胶时流出的胶乳经凝固、干燥后而制得。1770年，英国化学家普里斯特利发现橡胶可用来擦去铅笔字迹，当时将这种用途的材料称为橡胶，此词一直沿用至今。橡胶的分子链可以交联，交联后的橡胶受外力作用发生变形时，具有迅速复原的能力，并具有良好的物理力学性能和化学稳定性。橡胶是橡胶工业的基本原料，广泛用于制造轮胎、胶管、胶带、电缆及其他各种橡胶制品。

天然橡胶因其具有很强的弹性和良好的绝缘性，可塑性、隔水、隔气性、抗拉和耐磨等特点，广泛地运用于工业、国防、交通、医药卫生领域和日常生活等方面，用途极广。种子榨油为制造油漆和肥皂的原料。橡胶果壳可制优质纤维。果壳能制活性炭、糠醛等。木材质轻、花纹美观，加工性能好，经化学处理后可制作高级家具、纤维板、胶合板、纸浆等。

"独木成林"榕树

榕树独特的地方，是它独木能成林。

榕树枝干垂下一条条气根，有的悬挂半空，吸收空气中的水分；有的下垂到地钻入土里，跟正常的根一样吸收土壤里的水分和养料，并迅速增粗，长成一棵棵连接母树的小树。这种由气根长成的小树不长枝叶，支撑了母树，也给母树供给养料。无数气根扎地成林，有的地方一棵榕树就占地10多亩。我国西双版纳热带植物园里有一株大榕树，树身要10多个人手拉手才能围抱起来，遮阴面积3亩多，下面可容纳几百人乘凉。树上寄生了多种兰花、苔藓、石斛等几十种植物，形成"空中花园"；树上也栖息多种鸟类，形成"鸟的天堂"。

榕树是常绿乔木。榕树根据用途可分为绿化树、榕树桩盆景、榕树瓜盆景。由于榕树根系发达，根部常隆起，并凸出地面，因她的要块造型独特，令漳州人对榕树情有独钟。以植物生理学对榕树进行科学的栽培，使榕树根块较快成长，并控制其枝丫的成长高度，栽培出不同规格、不同风格、形态各异的盆景，具有天然雕刻和美术加工相融并琢的培育方式。为榕树盆景

榕树

的观赏价值提升，并成为漳州继水仙花之后又一独特花卉。从最小50克的微型榕至2000克的不同规格盆景。形态自然、根盘显露、树冠秀茂、独特风韵的人参榕，观姿赏形，令人妙趣横生，心情愉悦。适宜摆设居家、办公室及公共场所。近年来风靡欧、美、日、韩等国家和地区，得到广大消费者的青睐。是本公司的主要出口产品，占据盆景市场较大份额，是一种高档的时尚花卉。

奇妙的榕树还带来了奇迹般的古迹。云南德宏傣族自治州的首府芒市,有一处榕树抱佛塔的奇观。相传五六百年前,一位僧人在这里修建了一座小佛塔。不知过了多少年,塔顶长出一颗小榕树,小树渐渐长大,它的根须顺着塔缝向下延伸,扎入土中,渐渐发育成高大的树干,把塔紧紧地箍在中间,其中有些根须还扎在泥块结构的佛塔躯体里,在佛塔的腹心中发展起来。在风蚀雨剥和大榕树的袭击下,佛塔最后开裂倾斜了,而大榕树却枝繁叶茂,将高达 8 米的佛塔全身包裹,人们称之为树抱塔。

因为榕树有无数气根扎地给母树供给养料和水分,榕树生长繁茂,寿命长,所以我国民间也管榕树叫不死树。

"四季常青"松树

北国之冬,千里冰封,万里雪飘。在这银色的世界里,别的树木都只剩下光秃秃的枝干,而松树却依然青葱碧绿,苍劲挺拔,生机盎然。松树为什么四季常青呢?

一到秋天,好多树木的叶子都要变黄枯萎,被秋风吹落到地上,只剩下光秃秃的树干,很是"凄凉"。可是松树就不同,到了严寒的冬天还穿着一身绿衣服,生气勃勃地站在那里,挺拔又刚强,怪不得人们把松树视为坚强性格的象征哩!松树的性格之所以这么坚强,大风吹不倒,冰雪冻不死,是它那小小的叶子立下了功劳。不知同学们观察过没有,好多树的叶子都是扁扁的平平的,长得好大。这叶子的面积越大,分布的气孔越多。可别小看这小小的气孔,它能蒸腾掉大量的水分,所以好多树木为了减少体内水分的消耗,就要把叶子落掉。松树的叶子呢,却很细很小,尖尖的像一根针似的。正因为叶子的面积小,水分的消耗也就相应地大大减少。松树叶子细胞中的液体浓缩还能抵抗寒冷,所以,松树到了冬天就不会落叶。

松树的叶子在冬季虽然还是绿色的,但比起春、夏、秋季,颜色要差多了。这是由于冬天气温低,叶内叶绿素的生成受到限制,而花青素相对增加了,所以叶子就有些发红。这种颜色的变化,能减弱叶内的光合作用,使树木生理活动变得缓慢。这对于保证松柏树安全过冬是非常有利的。

树木上叶片都有一定的生活期,生活期的长短因植物不同而异。每片树叶达到一定的年龄就要脱落,松柏树也不例外。它的树叶也是要衰落的,只不过是松柏树的叶子生活期长,可生活 3~5 年,脱换时又是互相交替,一般要在新叶发生以后,老叶才次第枯落,就全树看来好像不落叶一样,所以使人有冬夏常青的感觉。

然而松树并不总是那么坚强的,它的主干被砍断后,整棵树就会死亡,而不像其他的植物那样可以重新发芽。因为松树是单子叶植物,它的主干上没有腋芽!主干砍断后没有新的生长点,所以就会死亡。而其他的植物,比如玫瑰,它的茎上有很多小突起,那就是它的腋芽。如果你把它的腋芽也除去的话,它也会死去。但是较其他的树,松树真的是四季长青之树。

"层林尽染"枫树

每当秋菊绽黄,白露结霜的时节,人们会很自然地想起那些遍布在层峦叠嶂上的经霜红叶。正如诗人所吟咏的:"停车坐爱枫林晚,霜叶红于二月花"。想起毛泽东的"层林尽染,漫江碧透"红叶究竟是些什么树的叶子? 为什么能在凋落的前夕变红呢?

枫叶变红实际上是枫树对自然界压力反应的结果。变红的反应实际上起到遮光剂的作用,它使树叶停留在树上的时间更长,让树能吸收更多的营养。研究发现,营养的压力,特别是缺氮的压力,使枫叶红得更早、红得更透。秋天绿叶变红,有内外两方面的因素。使叶片呈现红色的主要靠两种物质:一种是胡萝卜素,是普遍存在于叶绿体中的橙红色色素,另一种是花青素,存在于液泡内的细胞液中,当细胞液为碱性时,花青素呈蓝紫色。

许多人知道枫树的叶子到秋天会变红,其实秋天变红的不一定都是枫叶,各种枫树的叶子也不是都会变红。在我国秋季常见的红叶树,除大部分是槭树属的树种外。还有枫香、乌桕和若干漆树科树种,如野漆树、盐肤木、黄连木、黄栌等。北京香山的红叶树主要是黄栌。这种树的叶片几乎是圆形的,边缘很光滑,平时也不很惹人注意,可是在落叶前的二十多天里,却一变而呈现鲜红色,漫山遍野,十分美丽。

加拿大人对枫叶有深厚的感情,把枫树视为国树,加拿大有"枫树之国"的美誉。枫树林遍布加拿大全国各地。它又叫糖枫树,每年深秋季节,金风萧瑟,红艳艳的枫树叶,灿如朝霞,色泽娇艳,十分瑰丽,仿佛春天怒放的红花。

近百种枫树中,最有名的莫过于"糖枫树"了,枫糖浆就是采自这个树种。这种糖枫树只生长在北美洲的中部和东北部,加拿大得天独厚的地理位置,使得各式各样的枫糖浆产品成为加拿大独特的旅游纪念品。加拿大东南部的魁北克和安大略是枫林最多的两个省,那里有几千个生产枫糖的农场。每年从3月开始,加拿大人民都要兴高采烈地欢庆传统的糖枫节,品尝大自然献给他们的甜蜜食品。

据说在大约1600年前,就已经有了"印第安糖浆"。加拿大原住民印第安人首先发现了枫糖———一种清香可口、甜度适宜、润肺健胃的甜食,并用"土法"在枫树树干上挖槽、钻洞采集枫树液。当时的"印第安糖浆"就是今天"枫树糖浆"的前身。

"常绿树"杉树

杉树,这种南方红土地上普遍生长的常绿针叶树,适应性强,生长迅速。它同时又具有木纹平直,结构细致,容易加工,耐朽耐蛀的特点。

杉树属松科,常绿乔木,生长在海拔2500米~4000米的山区寒带上。高可达30米,胸径3米,树干端直,树形整齐。杉木的品种较多,大致分为三类:一类是嫩枝新叶均为黄绿色、有光泽的油杉,又名黄杉、铁杉;另一类是枝叶蓝绿色、无光泽的灰杉,又名糠杉、芒杉、泡杉;还有一类是叶片薄而柔软,枝条下垂的线杉,又名柔叶杉。高20～30m,树冠阔钟形;干皮灰褐色至灰白色,呈薄片状剥落。

杉树可以长得很大。最大杉树是南平王台的"杉树王"和建瓯东际的"神杉"。杉树王的胸直径约2.5米,四人合抱粗,从半山坡拔地而起约二十多米,直冲云天,枝叶茂盛,气势磅礴。在周围一片杉树林中,犹如鹤立鸡群般格外醒目。神杉的大小与杉树王差不多,或许年代更加久远的缘故,树皮显得更加粗糙,布满手指大一寸来深的裂纹。暗红色的表面有一层青白。仔细一看,原来长着薄薄的老苔藓。枝叶比较稀疏,只有几根弯曲如虬龙的主枝,缀着墨绿粗硬的短短针叶。树冠也不如杉树王茂密,光溜溜的几乎像秃顶。神杉的周围也没有杉树林,只有一块巨大的石头,一条小小的溪流从旁边哗哗地奔腾而过。因而风格更加古朴,苍劲。

关于神杉,当地有一个动人的传说。据村里百岁老人回忆,这棵杉树,他们儿时就已这么大了,老辈奉之若神。有一年神杉突然枯死,随之村旁的那条小溪也干涸断流,灌田饮用出现困难。村民惶恐万状,终日祷告不停。也许是心诚则灵吧,三年之后,神杉忽又枝叶青葱,小溪也随即水满。村庄于是风调雨顺,人们安居乐业。若干年后,忽然有个"福州客"来村里寻找义父"王彬老"。村民一时茫然。福州客绕村数周,看到这棵独立于村头如巨人庇护着村庄的老杉树,醒悟到原来"王彬老"即是"老杉木王"。原来古死那三年间是神游福州做官去了,为老百姓办了不少好事。这位寻找义父的福州客就是它拯救的一位落难孤儿。

杉树是福建省最主要的人工树种,数量之多可算全国之冠,约300万公顷,占山林面积的40%。横贯闽浙赣边境的武夷山脉主峰,就因多产杉树而名。进入杉关,到处可见密密的杉树林,树冠墨绿如云,树皮红褐如火,树干刚健挺拔,成为一道奇丽的风景线。

杉树的最大用途是建筑,此外还可用做制家具和做棺材。

"凤凰栖息之树"梧桐

民间传说,凤凰喜欢栖息在梧桐树上,李白也有"宁知鸾凤意,远托椅桐前"的诗句。实际上,这只是人们对美好生活的一种希望。

《诗经·大雅》中有:"凤凰鸣矣,于彼高冈。梧桐生矣,于彼朝阳。"凤凰就与梧桐放在一起说,作为相互对应的祥鸟名木共同出现。梧桐,是传说中的充满灵性的树木,高贵繁茂,本无节而直生,理细而性紧,高耸雄伟,干皮青翠,叶缺如花,妍雅华净,雄秀皆备,与美丽吉祥的灵鸟凤凰相匹配。同时这种高大的树木在生活中看来也确实是比较适合鸟类栖息的。既然凤凰已经落上了梧桐,那么无论是香樟还是香椿,对于凤凰来说都已经失去了吸引力。

梧桐是梧桐科的落叶乔木,它和同名为"桐"的油桐、玄参科的泡桐、法国梧桐没有亲缘关系。梧桐是一种优美的观赏植物,点缀于庭园、宅前,也种植作行道树。叶掌状,裂缺如花。夏季开花,雌雄同株,花小,淡黄绿色,圆锥花序,盛开时显得鲜艳而明亮。梧桐树高大魁梧,树干无节,向上直升,高擎着翡翠般的碧绿巨伞,气势昂扬。树皮平滑翠绿,树叶浓密,从于到枝,一片葱郁,显得清雅洁净极了,难怪人们又叫它"青桐"啦。"一株青玉立,千叶绿云委",这两句诗,把梧桐的碧叶青干,桐荫婆娑的景趣写得淋漓尽致。

梧桐

古书上说:梧桐能"知闰""知秋"。说它每条枝上,平年生12叶,一边有6叶,而在闰年则生13叶。这是偶然巧合演绎出来的,实际没有这种自然规律。至于"知秋"却是一种物候和规律,"梧桐一叶落,天下皆知秋",既富科学,又有诗意。诗人们观察到落叶的飘零景象,借景抒情,发出无穷的惋惜和感慨,来咏叹自己的身世。"梧桐叶落秋已深,冷月清光无限愁"。其实,落叶并非树木衰老的表现,而是树木适应环境,进入耐寒抗干的休眠时,准备着新春的萌发。

梧桐产于中国和日本。它喜光,喜深厚湿润土壤,生长快。果实分为5个分果,分果成熟前裂开呈小艇状,种子生在边缘。我国产两种梧桐,一是梧桐,一是云南梧桐。云南梧桐树皮粗糙,呈灰黑色,叶缘一般三裂。梧桐树木质紧密,纹理细腻,可制作乐器和家具。树皮纤维可造纸,制绳索。种子可食用,也可榨油。叶可入药或作农药。

"保健之友"苹果

西方有句谚语:"一天一苹果,医生远离我。"苹果的营养价值很高,含有多种维生素。所以,古今中外总是称誉苹果是"保健之友"。

我们今天日常食用的水果,大多数在中国都有悠久的栽培历史,其名称也很早就见于史载,苹果的情况则是一个例外。尽管中国古代很早就有种与其十分接近的水果,但苹果这一名称却到明朝才正式出现。究其渊源,苹果是"苹婆果"的简称,"苹婆"起初写作"频婆",而"频婆"又有过"平波""平坡"等同音异写。本文拟从考察"频婆"果出发,讨论汉语中"苹果"一词的来源,兼为中国古代苹果栽培史的研究提供一些文献资料,敬待有关专家的批评指正。

苹果作为药用,中医认为它性平,味甘,具有补血益气,止渴生津和开胃健脾之功。苹果还被称为"智慧果"。苹果中所含溶解性的磷和铁,易于消化和吸收,对婴幼儿生长发育十分有益。据美国《华侨日报》报道:"儿童多吃苹果,有利于增强记忆力"。科学家发现,苹果不但有多种维生素、矿物质、脂肪、糖类等构成大脑所必需的营养成分,而且含有利于儿童生长发育的细纤维和能增进儿童记忆力的锌。据科学家实验表明,只要食物中的锌减少,幼儿的记忆力与学习能力就会受到严重损害,这种损害可持续到成年。苹果不仅对儿童有益,对老年人更是食疗佳品。每天食用 3 个苹果,对增进人体健康大有益处。

那么吃苹果到底该不该削皮呢?从理论上讲,苹果皮里的营养丰富,所以,吃苹果不能削皮。然而,由于苹果在栽种过程中可能使用了大量农药,人们在食用苹果时如果不仔细清洗,滞留在苹果表皮的化肥农药可能导致白血病等多种疾病,所以,如果不能保证苹果的"天然",吃苹果前最好洗净、削皮。

而切开的苹果会越放越黄!切开苹果或用牙咬开后,过一会儿,都会使苹果的开口处变成茶色,变色的主要原因是果肉里有种物质叫酶,当苹果切开以后,接触空气中的氧气,氧气和酶两种物质,相遇后,红过一系列的变化,使切口的颜色就会慢慢地变成茶色了,这样一来,苹果的营养价值就会降低,如果想让它不变般,可以把它放到盐水里就行了。

苹果的确可以被称为"全方位的健康水果"。

吃葡萄不吐葡萄皮

葡萄是地球上最古老得植物之一,也是人类最早栽培得果树之一。葡萄是当今世界上人们喜食的第二大果品,在全世界的果品生产中,葡萄的产量及栽培面积一直居于首位。其果实除作为鲜食用外,主要用于酿酒,还可制成葡萄汁、葡萄干和罐头等食品。

李时珍在《本草纲目》上说:"葡萄,汉书作蒲桃,可以造酒入醋,饮人则陶然而醉,故有是名。其圆者名草龙珠,长者名马乳葡萄,白者名水晶葡萄,黑者名紫葡萄。汉书言张骞使西域还,始得此种。而《神农本草经》已有葡萄,则汉前陇西旧有,但未入关耳。"由此得知,我国栽培葡萄甚古,品种也多。

葡萄不仅味美可口,而且营养价值很高。成熟的浆果中含有 15%~25% 的葡萄糖以及许多种对人体有益的矿物质和维生素。葡萄是一种滋补药品,具有补虚健胃的功效。身体虚弱、营养不良的人,多吃些葡萄或葡萄干,有助于恢复健康,因为葡萄含有蛋白质、氨基酸、卵磷脂、维生素及矿物质等多种营养成分,特别是糖分的含量很高,而且主要是葡萄糖,容易被人体直接吸收。

葡萄营养价值那么高,那该怎么吃葡萄呢?初见法国人吃葡萄,你会觉得非常奇怪:男女老幼一律既不吐皮也不吐籽,只进不出。这似乎不符合他们斯文、讲究的饮食风格。曾试着问过缘因,他们马上用惊奇的目光看着你说:"难道不知道葡萄的皮和籽比葡萄肉还有营养吗?"从那坚定的眼神里看得出,他们不是在戏弄人,也没有说笑话。

吃葡萄时,我们一般都把葡萄皮吐掉。殊不知,葡萄皮是一种良药。科学研究发现,葡萄皮中含有一种叫白藜芦醇的化学物质,可以防止正常细胞癌变,并对小鼠皮肤癌具有防治作用,说明这种物质具有良好的防癌、抗癌作用。此外,巴西有研究人员发现。葡萄皮中还含有一种可降低血压的成分,具有良好的降压和抗动脉粥样硬化作用。可见,葡萄的科学吃法应该是带皮吃,尤其是老年朋友,常食葡萄有益健康长寿。食用时宜洗净果皮,不妨也照着绕口令中所说的那样"吃葡萄不吐葡萄皮"吧。

"离枝"荔枝

中国的古籍中荔枝最初作"离枝"。荔枝源自中国南部的野生森林,它在中国的栽种和生产已有二千年的历史。

中国是荔枝的故乡,是我国岭南佳果,色、香、味皆美,驰名中外。荔枝是亚热带果树,常绿乔木,高可达 20 米,偶数羽状复叶,圆锥花序,花小,无花瓣,绿白或淡黄色,有芳香。果园形,果皮多数有鳞斑状突起,鲜红,紫红。果肉鲜时呈半透明凝脂状,味香美,属无患子科植物。

自古以来,荔枝被列为珍贵名果,素有着"果中之王"的美称。唐代(618～907),荔枝更是被作为皇室贡品。唐代诗人杜牧写过一首诗:"长安四望绣成堆,山顶千门次第开,一骑红尘妃子笑,无人知是荔枝来。"写的是唐玄宗皇帝为了使杨贵妃吃上鲜荔,每年不惜飞马传送,从数千里外

荔枝

把荔枝送至长安,致使人马多毙。这既说明了荔枝的名贵,又揭露了封建帝王的奢侈生活。

未经保存处理的荔枝有"一日色变,二日香变,三日味变,四日色香味尽去"的特点。荔枝的保鲜相对较为困难。现代一般常用的保存方法是挑选易于保存的品种,以低温高湿保存。亦有配合使用气调,降低氧气比例以减慢氧化,或配合药物来杀菌防腐。

荔枝有多个品种,当中桂味、糯米糍是上佳的品种,亦是鲜食之选;挂绿更是珍贵难求的品种。"罗岗桂味","笔村糯米糍"及"增城桂绿"有"荔枝三杰"之称。不过荔枝火气很大,有些人吃多了会烂嘴巴或流鼻血。广东人有一句话,"一只荔枝三把火"。本身火气大的人吃了十来个就会有反应。须知荔枝是补血、壮阳火之物,面对这白玉凝脂般的佳果,热症的人唯有忍忍口。痛风、糖尿病患者尤其不宜多吃。

菠萝波罗蜜

菠萝广泛分布于南北回归线之间,是世界重要的水果之一,世界有 80 多个国家和地

区作为经济作物栽培。原产中、南美洲，17世纪传入我国，18世纪已有种植。现世界有80多个国家和地区作为经济作物栽培。

菠萝有70多种，是岭南四大名果之一。通常菠萝的栽培品种分4类，即卡因类、皇后类、西班牙类和杂交种类。皇后类系最古老的栽培品种，有400多年栽培历史，为南非、越南和中国的主栽品种之一。植株中等大，叶比卡因类短，叶缘有刺；果圆筒形或圆锥形，单果重400~1500克，小果锥状突起，果眼深，苞片尖端超过小果，鲜食为主。

菠萝作为热带地区的水果，它是生长在地里的。它是凤梨科多年生常绿草本植物，每株只在中心结一个果实。它是一种复合果。菠萝椭圆形的，和木瓜一样大小。它的表皮坚硬棘手，食用前必须削皮。菠萝的表皮是黄黄的，那些菠萝钉是黑色的。切开它就可以看见黄嫩嫩的果肉，果汁也是黄黄的，十分诱人。没有熟透的菠萝酸溜溜的，熟透的味道甜美。你用刀切开它就可以看见到新鲜黄黄的果肉，叫人越看越想吃，你轻轻咬开它，那些汁水慢慢流到心里，同时甜头上嘴唇上染满了甜津津的汁水，叫人越吃越爱吃。

吃菠萝时，最好在盐水里面先泡一下。因为菠萝的果肉除富含维生素C和糖分以外还含有不少有机酸，如苹果酸、柠檬酸等，另外还含有一种"菠萝酶"这种酶能够分解蛋白质。如果不用盐水先泡就吃，这种酶对于我们口腔粘膜和嘴唇的幼嫩表皮有刺激作用，会使我们感一种麻刺痛的感觉。食盐能抑制菠萝酶的活力。因此，当我们吃鲜菠萝时，最好先用盐水泡上一段时间，就可以抑制菠萝酶对我们口腔粘膜和嘴唇的刺激，同时也会感到菠萝更加香甜了。

除了食用之外，菠萝还可以做成菜，也具有解暑止渴，消食止泻的功能，为夏令医吃兼优的时食佳果。

开花的无花果

无花果原产于西南亚的沙特阿拉伯、也门等地，全世界栽培无花果的品种有一千多个。它大约在唐代传入我国，至今约有1300余年，属目前国内栽培面积最小的果树种类之一。无花果属落叶果树，在我国的新疆南部、山东、河北、北京各地都有栽培。

人们叫它无花果，自然是因为人们以为它不开花就结果了。其实无花果也开花，只是它的花长得很独特，需要仔细观察一下，才能看得见。无花果的花在总轴上，这个总花轴的顶端向下凹进去，并且长成一个肥厚的肉质空心圆球，球顶还有一个没有封死的小孔。如果用刀把圆球切开，在空腔周缘的上端可以看到许多小雄花，下端有小雌花，无花果靠虫媒传粉。在开花的季节，有一种虫子从小孔钻进去帮助它传粉。由于总花托把雄花雌花从头到脚都包裹起来了，人们看不见，就以为无花果是不开花的。无花果的花还有一种叫虫瘿花，里面有寄生蜂产的卵，随着幼果的花序长大，卵也羽化成小寄生蜂爬了出来，它在花里绕来绕去，身上粘着花粉粒，从无花果顶部小孔飞出来又飞到另一个无花果中去。这样，就帮助无花果授了粉，雌花被授粉后，自身结出种子。

我们平常吃的无花果并不是果实，而是膨大为肉球的花托。由于种子小而软，生食时常感觉不出来。无花果味道鲜美，酷似香蕉，果实皮薄无核，肉质松软，风味甘甜，具有很高的营养价值和药用价值，栽培无花果具有很高的经济、生态和社会效益。在日本的无花果产品包装上均印有"健康食品""美容"的宣传字样。

无花果最重要的药用作用表现在对癌症的显著抑制作用方面，它的抗癌功效也得到世界各国公认，被誉为"21世纪人类健康的守护神"。无花果中含有多种抗癌物质，是研究抗癌药物的重要原料。日本科学家从无花果汁中提取苯甲醛、佛手柑内脂、补骨酯素等抗癌物质，这些物质对癌细胞抑制作用明显，尤其对胃癌有奇效。苏联专家曾用小白鼠做试验，抑癌率为43%～64%。胃癌病人服用无花果提取液后病情明显好转，镇痛效果也十分明显，有望成为我国乃至世界第一保健水果。

在植物王国中，无花果这样未见开花就结了果实的还有橡皮树、榕树、菩提树、薜荔等，它们都是有用的植物。

"水果之王"榴莲

榴莲被誉为"水果之王"，可是再没有任何一种水果能像它这样引起争议了。有人赞美它滑似奶脂、齿颊留香，令人垂涎欲滴、爱之如命；有人感觉它臭如猫屎，不堪入鼻。绕道而行！如此极端的评价，让榴莲多了几分神秘色彩。

相传古时一群男女漂洋过海下南洋，遇上了风浪，只有一对男女漂泊几天到达一个美丽的小岛，岛上居民采来一种果实给他们吃，两人很快恢复了体力，再也不愿意回家，在此结为夫妻，生儿育女。后来人们给这个水果起名叫"榴莲"，意思是让人"流连忘返"。

榴莲是木棉科热带落叶乔木，原产东南亚，盛名远播，有"热带水果之王"的美称。榴莲为卵圆球形，一般重约二公斤，外面是木质状硬壳，内分数房，每房有三、四粒如蛋黄大小的种子，共有十至十五枚，种子外面裹一层软膏就是果肉，为乳黄色。味道甜而喷香。从表皮可认识榴莲的优劣，凡锥形刺粗大而疏者，一般都发育良好，果粒多，果肉厚而细腻；如刺尖细而密，则果粒，果肉薄而肉质粗。榴莲是木柿科植物，为热带最高大的果树，树干高达二十五米至四十米。一棵树每年可产八十个榴莲。榴莲从树上摘下来后，十天就可成熟。

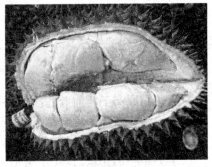

榴莲

榴莲在泰国最负有盛名。它由于气味浓烈，因而旅馆、火车、飞机和公共场所是不准带进的。泰国人特别喜爱榴莲，常常被它的特异香味所吸引，泰国流行"典纱笼，买榴莲，榴莲红，衣箱空"以及"当了老婆吃榴莲"谚语，说明泰国人喜爱榴莲的程度。马来西亚也有这样一句民谚："榴莲出，沙笼脱"意思是姑娘们宁愿脱掉裙子卖掉也要饱尝一顿榴莲，可见其对榴莲的喜爱程度。虽然有些人不能接受它独特的气味，但只要尝试几口，度过最初的"适应期"就好了。

榴莲好吃但吃多了会上火。像很多热带佳果一样，榴莲自身也具有对立的功效，果肉内含火气，稍吃过量，会流鼻血，但其壳煎淡盐水服用，又可降火解滞。以榴莲皮内肉煮鸡汤，据称是女性滋补的上品，还能去胃寒。避免上火的办法是吃山竹，山竹有"水果王后"之称，特点是清热去火。

"水果王后"山竹

山竹，既可以指植物山竹，也可以指这种植物的果实山竹。榴莲与山竹是一对形影不离的好伴侣，凡能长出榴莲的地方，就能长山竹；榴莲飘香的季节，也正是山竹成熟的时候。因此山竹又号称"水果王后"和"上帝之果"。

山竹原产于东南亚，一般种植 10 年才开始结果，对环境要求非常严格，因此是名副其实的绿色水果，非常名贵，其幽香气爽，滑润而不腻滞，与榴莲齐名。它属藤黄科常绿乔木，树高可达 15 米，果树寿命长达七十年之上。叶片椭圆，花似蜀葵，瓣红蕊黄，大多为春华秋实。山竹虽然种植成本不高，但需种植多年才可收获，一般在定植后 10 年才能采果。因产量不高，以致物罕为贵，售价常比美国的"五脚苹果"高出一两倍。台湾冬季气温较东南亚低，风土未能适应，因此虽在 20 世纪初即开始引种试验都未能成功。山竹的皮很厚，很硬，果肉白色，酸甜，有水果皇后的美誉。文人称赞其为"坚强的外表下有一个柔弱的心"。

山竹果呈圆形，大小不一，大个的比网球略小。成熟的山竹果表皮为紫红色，一般都带着一段果柄和黄绿色的果蒂。山竹果皮既厚又硬，含有紫色汁液，味道非常苦涩，吃山竹的时候千万不要舔到它的果皮，也不要让果皮的紫色汁液沾到衣服上，否则很难洗掉。在果皮的脐部，有像花朵样的图案，从图案即可判断内有几瓣果肉，就是说，图案有几个花瓣，里面的果肉便有几瓣。用刀将果皮剖开，或用两手将果皮捏出裂口再掰开，便会露出雪白的果肉。果肉像蒜瓣一样紧密排列在中央。山竹果肉又白又嫩，味道酸甜，爽口多汁，是男女老少都喜爱的水果。山竹含有一种特殊物质，具有降燥、清凉解热的作用，这使山竹能克榴莲之燥热。在泰国，人们将榴莲山竹视"夫妻果"。如果吃了过多榴莲上了火，吃上几个山竹就能缓解。

在热带地区，一年四季都盛产新鲜的水果，但被人称为"果后"的山竹每半年只出产一次。在气候温和的北美和欧洲，人们对山竹几乎闻所未闻，而在热带雨林地区，山竹却家喻户晓。

"臭不可闻"大王花

在苏门答腊的热带森林里,生长着一种十分奇特的植物,它的名字叫大花草。它一生中只开一朵花,花也特别大,一般直径可以达到1米左右,最大的直径可达1.4米,是世界上最大的花,因此又叫它"大王花"。

大王花是双子叶植物纲蔷薇亚纲大花草科大花草属的一种,产于马来群岛。属于一种肉质寄生草本植物,主轴极短,重达9千克。花巨大,雌雄异株。这种花有5片又大又厚的花瓣,整个花冠呈鲜红色,上面有点点白斑,每片长约30厘米,整个花就有6~7公斤重,因此看上去绚丽而又壮观。花心像个面盆,可以盛7~8公斤水,是世界"花王"。

大王花以花朵巨大而气味恶臭著称。大花草的花期很短,一般只有几天,花朵开放后,为了吸引昆虫为其传粉会释放出恶臭,这种气味常常被形容成鲜牛粪或是腐肉的气味,当地人称之为"尸花"或是"腐肉花"。大花草寄生在像葡萄一类的白粉藤根茎上。这种古怪的植物,本身没有茎,也没有叶。花刚开的时候,有一点儿香味,不到几天就臭不可闻。这种令人难受的恶臭能传到几里以外。在自然界里香花能招引昆虫传粉,但像大花草那样的臭花也同样能引诱某些逐臭的蝇类和甲虫为它传粉。

大王花就是这种花朵巨大却臭不可闻的奇花。

"吃人魔王"日轮花

在南美洲亚马逊河流域那茂密的原始森林和广袤的沼泽地带里,生长着一种令人畏惧的吃人植物叫日轮花。日轮花长得十分娇艳,其形状酷似齿轮,故而得名。

日轮花的日轮花鲜艳夺目,芳香四溢,招引动物和游人。它的叶子一般有1米长左右,花就散在一片片的叶子上面。日轮花能发出诱人的兰花般芳香,很远就可闻到。当人碰在它的叶子或花上,它那宽大的叶子马上以最快的速度张牙舞爪地扑过来,像乌贼的触角一般拉住人的胳膊,绊住人的腿,把人摔倒在潮湿的沼泽地上。

在南美洲,有一种叫作"黑寡妇"的蜘蛛,又叫斑蛛,毒性非常强。它的身体里的毒腺能分泌出一种神经性毒蛋白的液体,如果不小心被它刺中,身体的运动神经中枢就会因为麻痹而死亡。这种黑蜘蛛与在南美洲亚马逊河的森林和沼泽里得"日轮花"共生在一起。两个狼狈为奸,时常能制造合伙吃人的惨事。"日轮花"鲜艳漂亮,香气袭人。如果有人被那细小

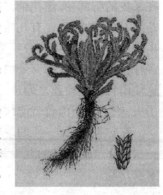

日轮花

艳丽的花朵或花香所迷惑,上前采摘时,只要轻轻接触一下,不管是碰到了花还是叶,那些细长的叶子就立即会像鸟爪子一样伸展过来,将人拖倒在潮湿的地上。同时,躲藏在日轮花旁边的大型蜘蛛——黑寡妇蛛,便迅速赶来咬食人体。这种蜘蛛的上颚内有毒腺,能分泌出一种神经性毒蛋白液体,当毒液进入人体,就会致人死亡。尸体就成了黑蜘蛛的食粮。黑蜘蛛吃了人的身体之后,所排出的粪便是日轮花的一种特别养料。

因此,日轮花就潜心尽力地为黑蜘蛛捕猎食物,它们狼狈为奸,凡是有日轮花的地方,必有吃人的黑寡妇蜘蛛。当地的南美洲人,对日轮花十分恐惧,每当看到它就要远远避开。

永不落叶的百岁兰

在非洲安哥拉靠近海岸的沙漠中,生长着一种奇特的珍稀植物——百岁兰。百岁兰是一种多年生的植物,可活一百年以上。更奇的是,百岁兰一生只有一对叶片,百年不凋,被称为"百岁兰"。

平时我们常听人说:"松柏常青,永不凋落。"其实这是一种误传,自然界中没有永不凋落的常绿树,它们的树叶只是逐渐更替而已,一部分脱落,一部分在新生,所以人们看到的松柏总是四季常青,郁郁葱葱。叶子都是有一定寿命的,从幼叶伸展开始到叶的衰老、枯萎、脱落,这段时间叫叶的寿命。世界上寿命最长的叶子要数非洲西南部沙漠中的百岁兰了。百岁兰外形奇特,它的茎又粗又短,不过10~12厘米高。可茎秆周长可达4米左右。它的一生只长两片叶子,开始质地柔软,后来形成皮革状。每片叶子长达2~4米,宽30厘米。两片叶子能活一百年左右,因此,人们叫它是叶中的"老寿星"。

百岁兰的叶子寿命的确为植物界中最长的。在原产地非洲纳米比亚的沙漠中,就有寿命达2000年以上者,叶片宽达1米多,长达10余米,极为珍贵。百岁兰的两片叶子长出来后,只会越长越大,不会脱落换新叶。叶子生命的结束也就意味着百岁兰生命的结束,也就是说二者的寿命是相同的。百岁兰能长命百岁,它的叶子也就能长命百岁了。有的百岁兰的叶子有两三米长,35厘米宽,就像一条又宽又长的绿色皮带。百岁兰的分布范围极其狭窄,只有在西南非洲的狭长近海沙漠才能找到。它也是远古时代留下来的一种植物"活化石",非常珍贵。

百岁兰的叶子能活上百年,这主要是因为:百岁兰的根系特别发达,常常地扎在地底下,将大量的水分吸收,送往叶片;夜晚,海雾形成的露水又能使叶面保持湿润。所以百岁兰的叶子一年到头,都不会缺水,能保持旺盛的生命力。而且百岁兰形状十分奇特,其叶形似皮带,靠近基端的部分既硬又厚,呈肉质状,而叶尖部分却又软又薄。它的两片叶子长出后,就永不另长新叶,而是与整棵植株同生共死,一起生存一百多年。再者,百岁兰是生长在近海的沙漠中,那里有大量的海雾,会形成重重的雾水落下来,能源源不断地为百岁兰提供水源。

一花一叶独叶草

在繁花似锦、枝繁叶茂的植物世界中，独叶草是最孤独的。论花，它只有一朵，数叶，仅有一片，真是"独花独叶一根草"。

独叶草一般株高10厘米，分地上、地下两部分。地上部分由具叶柄的营养叶和具长柄的单花组成。地下部分几乎全生长在土壤表面的腐殖质层中，由根状茎及着生其上的鳞片和不定根系所组成。它的地上部分"一岁一枯荣"，而地下部分的生命过程却一直要延续多年。每年春季，从根茎的顶芽和侧芽产生新的年苗，进行营养更新，可谓是"春风吹又生"。独叶草的地上部分高约10厘米，通常只生一片具有5个裂片的近圆形的叶子，开一朵淡绿色的花；而小草的地下是细长分枝的根状茎，茎上长着许多鳞片和不定根，叶和花的长柄就着生在根状茎的节上。

独叶草不仅花叶孤单，而且结构独特而原始。它的叶脉是典型开放的二分叉脉序，这在毛茛科1500多种植物中是独一无二的，是一种原始的脉序。独叶草的花由被片、退化雄蕊、雌蕊和心皮构成，但花被片也是开放二叉分的，雌蕊的心皮在发育早期是开放的。这些构造都表明独叶草有着许多原始特征。因此，独叶草自1914年在云南的高山上被发现后，就引起国内外学者的兴趣，他们认为，对独叶草的研究，可以为整个被子植物的进化提供新的资料。

小小的独叶草之所以能闻名中外，引起植物学界的注意，主要是由于这种植物体上有许多原始性状。目前它为濒危植物，被国家列为一级重点保护野生植物。从其种种特征来看，弱小的独叶草确实是世界上最孤独的植物。

"解忧疗愁"忘忧草

黄花菜，学名为萱草。大约已栽种了两千多年，是我国特有的土产。据《诗经》记载，古代有位妇人因丈夫远征，遂在家居北堂栽种萱草，借以解愁忘忧，从此世人称之为"忘忧草"。

该妇人到底能忘忧多少，别人难以相知。但她参喜爱萱草，真可谓颇有见地。在百合科的同宗姐妹中，萱草并非名门望族，乃不过是位"小家闺秀"。观其外表，叶片细长，花为筒状，每朵6瓣，向外展张，花色橘红，一般每葶着生数朵，从夏到秋，开个不停，可惜晨开暮闭，匆匆谢去。据花卉鉴赏家认为，萱草翠叶萋萋，着花秀秀，焕发出一种外柔内刚、端庄雅达的风采，教人感到亲切和蔼，赏心悦目。难怪古人把它比喻为慈母的音容。

忘忧草其实就是金针菜。它是一种花卉植物，富含蛋白质、维生素和多种微量元素，不仅营养丰富，而且具有一定的药用功能，观之为花、食之为菜、用之为药，被古人称为

"忘忧草"。《本草求真》云："可以解忧,烹食可以适口,味甘而气微凉。能去湿利水,除热通淋,止渴消烦,开胸宽膈,令人心平气和,无有忧郁,故以萱名"。李时珍有"鹿食九种解毒之草,萱草乃其之一"的说法。《图经》谓："安五脏,利心志,明目。"《饮食辨》载:"嫩叶及花皆可食,花为胜。市肆干者名金针。"

苏东坡曾赋日:"萱草虽微花,孤秀能自拔,亭亭乱叶中,一一芳心插"。他所述的"芳心",就是指母亲的爱心。白居易也有过诗云:"杜康能散闷,萱草解忘忧"。为他晚年的知己刘禹锡屡遭贬谪的身世予以劝慰。其实,从科学的角度来看,一棵区区无名小花,本身并无含有任何解忧的元素,只不过在观赏之际,助人转移情感,稍散一时之闷,略忘片刻之忧而已。在 50 年代,据闻敬爱的董必武同志在公差外地时,寄给夫人何连芝四句道:"贻我含笑花,报以忘忧草,莫忧儿女事,常笑偕吾老",以此劝慰她勿再为家事多忧。综观常吃人间烟火的凡人,能够完全无忧者恐怕为数不多。何况天下间还有不少仁人志士常为国家的命运而忧,为民间的疾苦而虑。可见该忧的还得要忧,该忘的就让它忘了吧!

"味觉魔术师"神秘果

神秘果生长在西非热带森林中,植物株高达 4 米,它的果实呈长椭圆形,色红、果实不大、长 2 厘米、直径仅 0.8 厘米。果内含有一粒种子和少量带甜味的果肉,看上去非常平常,毫无神秘之处。

然而,当地的群众却给它取了"神秘果"的名字。那么,它的神秘之处在哪里呢? 后来经过当地人的介绍,才知道它的奥妙之处在它的果肉里,只要你吃上一点神秘果的果肉,大约 4 小时之后,味觉就变了,酸的、苦的、辣的都变甜了。

神秘果的奇妙作用已引起了人们的关注及开发利用。神秘果可鲜食,也可制成酸性食品的助食剂,制成糖尿病人需要的甜味的变味剂。如食用一粒神秘果,就可把酸柠檬变为甜柠檬,且芳香

神秘果

无比,食后甜度味觉留存口腔内可达三十分钟之久。惧吃苦药的人,可先尝一粒神秘果,然后服药,这就不会出现什么难受的味道了。所以,被称之为"果园里的魔术师"。

这是什么原因呢? 经过生物化学家的化学分析以及对活性物质进行分离鉴定才找出其中的奥妙。原来,我们的舌头上有很多味蕾,能分别感觉酸、甜、苦、辣、咸等味。吃了神秘果以后,舌头上的味蕾感受器的功能暂时被那种糖蛋白扰乱了,对酸味敏感的味蕾感受器暂时被麻痹、抑制了,而对甜味敏感的味蕾感受器却兴奋、活跃起来了。我们知道,不论哪种酸味的水果,总是含有一些果糖,只是因为酸性成分大于甜性成分,所以,我

们感觉到的只是酸味,而无甜味。可是,吃了神秘果以后情况就变了,只能使你感觉出甜味而感觉不出酸味来。但是,这种糖蛋白的作用并不是永久性的,少则半小时,多至两小时,过了这段时间以后就会失效。糖蛋白的作用并不能改变食物本身的酸味,只能改变舌头上味觉的作用。神秘果的"魔法"终于被揭穿了。

神秘果就像一个味觉的魔术师,将味道来个乾坤大挪移,柠檬变甜橙,啤酒变成可乐。酸的、苦的全变成了甜的。这可够神奇的了吧!

长得最快的钟状菌

钟状菌是一种高柄的菌类植物,它的白皙身体,像是罩在一层白色透明的纱网里,因此植物学家给它取了个漂亮的名字——罩纱女人。

关于钟状菌,土著居民对它又有各种各样的荒诞传说,说什么凡是被它的光所吸引来的人都要遭灾受难。克房堡说:"我整夜都在欣赏这自然界罕见的奇特景象,却丝毫不后悔!"这都是因为它是迄今发现的能用肉眼看着生长的唯一的一种植物。

"罩纱女人"生长在南美洲巴西的丛林里,最初像一个洁白的鸟蛋,身体包裹着一层皮革状的外壳,有弹性。它生长时,身体迅速涨大,不一会儿,"蛋"上出现了一条细小的裂纹,裂纹渐渐拓宽,使"蛋壳"分为两半,里面蹦出一个金光灿烂的伞状物,被一根雪白的长柄支撑着,伞柄生长迅速,每分钟增高约 5 毫米,这时肉眼能看清楚它长得像蘑菇一样。在两小时内,它可长高约 50 厘米。之后,突然从金黄色的菌盖下簌簌地抖落一层白色透明的罩纱,几乎拖到地面,像一条宽大的钟罩样的裙子,把菌的下部遮住。同时,身上散发出一阵阵强烈的腐臭气味,苍蝇逐臭,伴着夜蛾等小飞虫纷至沓来,围聚在它的周围。

"罩纱女人"的生命十分短促,它很快就会碎裂,除留下一团粘液外,什么也没有了。

"捕草虫"茅膏菜

大多数的人看到茅膏菜叶片上黏液如晨光的露珠都会赞叹不已,然而对于许多昆虫而言这一个美丽的死亡陷阱,一旦踏下去便无法自拔,最后只能成为这美丽陷阱的一分子。

茅膏菜俗称就是捕草虫。茅膏菜料,多年生草本。著名食虫植物。茅膏菜有明显的茎,高 10~30 厘米。叶皆茎生,叶片圆形或扇状圆形茎部具有长腺毛,可分泌腺液引诱昆虫前来觅食。昆虫触到腺液时,腺毛立即收缩将昆虫捕住,然后将其消化。茅膏菜花白色或带红色,总状花序。喜欢生长在水边湿地或湿草甸中,在长白山广有分布。茅膏菜亦有治疗疮毒、瘰病的药物功效。多年生柔弱小草本,高 6~25 厘米。根球形。茎直立,纤细，单一或上部分枝。

众所周知，大多数植物都是从土壤里汲取营养物的。然而，有一些植物却选择了另一种途径，并自己的进化过程中获得了用于捕捉和消化昆虫的异常的器官。选中如此奇异的觅食方法并不是出于什么怪念头，而出于必然性，要知道沼泽地的土壤是非常贫瘠的，只能向捕虫草提供"最低的生活费"。因此，迫不得已，捕虫草干起了"杀手"的营生。

茅膏菜是一种最为常见的食虫植物。它们在全世界都生长，约有 100 种，大部分生长在澳大利亚和新西兰。英国人给这种茅膏菜起了个富有诗意的名字："阳光的露水"。真的，这种植物的捕虫叶子很不寻常——它们像一只不大的盘子，上面一部分布满许许多多茸毛，而每根毛的顶端上都有一小在阳光下闪发光的黏液，它会吸引潜在受害者的注意力。诱人的"露珠"实际上是有黏性的黏液，它会使昆虫丧失逃生的机会。茅膏菜的叶子非常敏感——只要轻轻一触，就足以使它的全部茸毛都行动起来，弯向中心，尽可能"更慷慨地"用黏液粘住牺牲品，并把它搬移到叶子的正中央去——那儿长有消化的肠绒毛。茅膏菜的叶子渐渐地在昆虫方闭合起来，变成一种类似于一只很小很小的胃的东西。

最美丽的茅膏菜之一是开普的茅膏菜。它的茎通常会长到几厘米高，上面长着细长的叶子。这种植物上会渐渐开出许多诱人的花朵。不过，就算开普的茅膏菜长得很迷人，但它却是会耐心等候猎物的坚定不移的捕猎者。

"昆虫陷阱"猪笼草

植物能捕食动物昆虫，这是一件饶有兴趣的现象，除茅膏菜以外，猪笼草科植物是另一类具有捕食昆虫能力的草本植物。猪笼草为地生植物，是攀援状的亚灌木。猪笼草拥有一幅独特的吸取营养的器官——捕虫囊，捕虫囊呈圆筒形，下半部稍膨大，因为形状像猪笼，故称猪笼草。在中国的产地海南又被称作雷公壶，意指它像酒壶。

猪笼草在自然界常常平卧生长，叶的构造复杂，分叶柄，叶身和卷须，卷须尾部扩大并反卷形成瓶状，可捕食昆虫。猪笼草具有总状花序，开绿色或紫色小花。猪笼草叶顶的瓶状体是捕食昆虫的工具。瓶状体开口边缘和瓶盖复面能分泌蜜汁，引诱昆虫。瓶口光滑，待昆虫滑落瓶内，被瓶底分泌的液体淹死，并分解虫体营养物质，逐渐消化吸收。猪笼草这类不从土壤等无机界直接摄取和制造维持生命所需营养物质，而依靠捕捉昆虫等小动物来谋生的植物被称为食虫植物。

为了捕捉昆虫，猪笼草置备了一套更为复杂的器具。通常是攀缘植物，生长在常绿的热带森林边缘处的沼泽土壤上。它们的葡匐或攀缘茎有时长达 20 米。会爬蔓的叶子的末端是长长的卷须，须上挂着缀满淡红色斑点并散发出强烈香味的相当大的罐状捕虫囊。被花蜜和鲜艳的色彩吸引过来的昆虫会爬到这一陷阱的边缘上，其结局通常是掉落到罐底，掉入含有消化酶的液体中。这种植物的捕虫囊可以长达 30 厘米，因昆虫想要逃出陷阱,就先要通过消化腺体的地区,然后要克服磨得很光滑的表面。为了更加可靠起见,捕虫囊还配备了从上往下垂的锯齿形边缘。

自然界中,动物吃植物,司空见惯,而植物吃动物,则不多见,但实际上全世界却有三四百种植物会吃动物,猪笼草就是其中很典型的一种。此外,猪笼草还可用于吊盆栽种,点缀客室花架,优雅而别致。猪笼草就是这样一种美丽而奇特的食虫植物。

"世界最小的花"无根萍

太阳把塘水晒得暖洋洋的,一种形如细砂的水生植物,正忙着繁殖它的后代。直到每1平方米的水面,有一百万个它们的个体,还是不肯罢休。这就是最小的有花植物,饲养鱼苗的好饲料——无根萍。

无根萍漂浮生长在池塘、稻田等水面上,好似一粒粒绿色的细沙,它的外形与一般浮萍很相似,上面平坦,下面隆起。因为它没有根,所以人们叫它"无根萍"。无根萍是一种很小的植物,长约1毫米,宽不到1毫米,比芝麻粒还小。有趣的是,这样小的植物也会开花,它是最小的开花植物。它的花更小,直径不到1毫米,只有缝衣针的针尖那么大,如果不仔细看,就很难发现。无根萍雌雄同株,花开在体表面,还能结出圆球形的果实。科学家研究发现,无根萍体内含有大量淀粉,是养鱼的好饲料,同时也是一种很有开发前途的淀粉资源。

无根萍最主要的繁殖方式还是靠无性生殖,就是在叶状体一端的芽囊里直接长出另一个新的叶状体,新的叶状体长大后就脱离母体而独立生长,然后自身又能再生出一个更新的叶状体,如此不断的循环。有养过无根萍的朋友应该会发现到:为什么会有很多的叶状体会沉到水底?其实无根萍在生出子代叶状体时会随机的产出组织较致密,含有较多淀粉质,体型较小而圆的叶状体,这就是无根萍的"休眠芽",和正常的叶状体外观上的差别并不大。休眠芽脱离母体沉入水底后,通常几天内会全部浮出水面,变成一般的叶状体,继续繁殖下一代。

无根萍"生长繁殖的速度"到底能有多快?有一种产于印度的无根萍,每个植物体只要花30到36个小时就能长出一个新的植物体,听起来好像不是很快,但若以这种繁殖速度而没有受到阻碍的话,经过四个月就能长出天文数字来。那意味着,把它们堆在太空中,差不多有一整个地球那么大,惊人吧!

总而言之,浮萍演化的方向就是朝"缩小""退化""快速生长繁殖"来进行,而无根萍可以说就位在这条演化路线的极点。无根萍以自己微小而带花的个体,给植物世界创造了三个世界纪录:一、全世界最小的开花植物;二、全世界花最小的植物;三、全世界果实最小的植物。

有枝无叶的光棍树

非洲的东部或南部生长着一种奇异而有趣的树。这种树无论春夏秋冬,总是秃秃的,全树上下看不到一片绿叶,只有许多绿色的圆棍状肉质枝条。根据它的奇特形态,人们给它起了个十分形象的名字叫"光棍树"。

为什么光棍树仅有绿色的枝条而没有叶片呢?原来,在漫长的岁月中,植物为适应环境,都会发生变异,光棍树的故乡–非洲沙漠地区长年赤日炎炎,雨量极其稀少,由于严重缺水,许多动植物大量死亡,甚至灭绝。适者生存,为适应恶劣的自然环境,保水抗旱,原来枝繁叶茂的光棍树为减少水分蒸发,叶片就慢慢退化了,消失了,而枝干变成了绿色,用绿色密集的枝干代替叶子进行光合作用,植物不进行光合作用。是不能成活生长的,而绿色是进行光合作用的重要条件。这样,光棍树就得以生存了。但是,如果把光棍树种植在温暖潮湿的地方,它不仅会很容易

光棍树

地繁殖生长,而且还可能会长出一些小叶片呢! 这也是为适应湿润环境而发生的,生长出一些小叶片,可以增加水分的蒸发量,从而达到保持体内的水分平衡。

光棍树没有叶子,一方面是为了适应干旱炎热的环境,为了节省水分,从而用绿色的茎与条代替叶的功能;另一方面这种光棍树也有自我保护作用,使一些吃叶的动物见到光秃秃的枝丫而不去光顾,减少了被动物吃掉的机会。其实,那些看似枯萎的枝干,正是生机蓬勃的。

光棍树属大戟科灌木,高可达4~9米,因它的枝条碧绿,光滑,有光泽,所以人们又称它为绿玉树或绿珊瑚。光棍树的白色乳汁有剧毒,观赏或栽培时需特别小心,千万不能让乳汁进入人的口、耳、眼、鼻或伤口中,但这种有毒的乳汁却能抵抗病毒和害虫的侵袭,从而起到保护树体的作用。另据实验表明,光棍树乳汁中碳氢化合物的含量很高,是很有希望的石油植物。

像光棍树这样的木本植物世界上还有几种,木麻黄、梭梭和假叶树,也是同光棍树一样的光有枝而无叶的树。

流"牛奶"的牛奶树

我们常常认为母奶牛才产牛奶,但在植物界,有一种树也会产牛奶,人们称它为牛奶树。

在南美洲的厄瓜多尔等国家，人们习惯在房子周围都种有产牛奶的树，它长得粗壮高大，树叶闪闪发光。如果在它的树皮上划开个口子，会流出白色的乳汁，它的味道和营养都和牛奶相差无几。当地居民常用清水把它冲淡，加热后当牛奶饮用。这种奶含有丰富的蛋白质、维生素及其他营养物质。

无独有偶，在亚马逊河流域也生长的一种热带树，当地人称其为"乳头"，因为这种树可以提供像牛奶一样的饮料。这种树的表皮平滑，叶子光洁，结的果实不大，果实不能吃。但是，只要用刀子把树皮切开一点儿，就会流出洁白的液汁，很像挤出的鲜牛奶。植物学家认为，它的化学成分跟牛奶一样。原汁有一种难闻的味道，如果把液汁用水冲淡，烧开以后，难闻味道就会消失，可以成为跟牛奶一样的饮料，当地人经常从这种树上取汁代替牛奶。每一棵树一次可流出汁液 3~4 升。牛奶树的木材可以做上等建筑材料。

在摩洛哥西部的平原上，还有一种会给"子女"喂奶的树，它原名的意思是"善良的母亲"。这位"慈母"高 3 米多，全身赤褐色，叶片长而厚实，花球洁白而美丽。每当花球凋零时，会结出一个椭圆形的奶苞，在苞头的尖端生长出一种像椰条那种形状的奶管。奶苞成熟后奶管里便会滴出黄褐色的"奶汁"来。奶树的繁殖，不是用种子，而是从树根上萌生出小奶树。因此，在大树的周围，有许多丛生着的幼树，大树的奶汁滴在这些小树的狭长的叶面上，小树就靠"吮吸"大树的奶汁生长发育。当小奶树长大后，大奶树就自然从根部发生裂变，给小奶树"断奶"，并脱离小奶树。这时，大奶树分离部分的树冠也随即开始凋萎，让小奶树接受阳光和雨露。奶树是世界珍稀树种之一，由于它自身的繁殖力薄弱，在摩洛哥面临灭绝的危机。现在，科学家正在研究保护奶树和育种繁殖奶树的办法。

摩洛哥奶树分泌的奶液不能食用，可是南美地区的一种奶树流出的汁液，却是一种富含营养的饮料，可与最好的牛奶媲美。当地居民常把它栽在村庄附近，用小刀在它身上划开一条口子，它就会流出清香可口的"牛奶"来。

长"面包"的面包树

面包总是用面粉做的，可是在南太平洋一些岛屿上的居民，他们吃的"面包"却是从树上摘下来的。这种树就被称作"面包树"。

面包树是四季常青的大乔木，属桑科。一般高 10 多米，最高可达 40~60 米。树干粗壮，枝叶茂盛，叶大而美，一叶三色，当地居民用它编织成漂亮轻巧的帽子。面包树雌雄同株，雌花丛集成球形，雄花集成穗状。在它的枝条上、树干上直到根部，都能结果。每个果实是由一个花序形成的聚花果，大小不一，大的如足球，小的似柑橘，最重可达 20 千克。面包树的结果期还特别长，从头年 11 月一直延续到第二年 7 月，1 年可以收获 3 次。以无核果为优良品种，果肉充实，味道香甜。每株树可以结面包果六七十年。

每个果实是由一个花序形成的聚花果，果肉充实，味道香甜，营养很丰富，含有大量的淀粉和丰富的维生素 A 和 B 及少量的蛋白质和脂肪。人们从树上摘下成熟的面包果,放在火上烘烤到黄色时,就可食用。这种烤制的面包果,松软可口,酸中有甜,风味和面包差不多,故称之为"面包树"。面包果还可用来制作果酱和酿酒。面包果是当地居民不可缺少的木本粮食,家家户户的住宅前后都有种植。一棵面包树所结的果实,能养活一两个人。

面包树为世界濒危珍稀植物,也是世界上树龄最长的树木之一,可达 5000 余年,被称为"树中之象"。

"中国鸽子树"珙桐

珙桐的花是由数多雄花和一朵两性花合成一个球形的头状花序,但基部有两片乳白色的大苞片,在微风中随风飘扬,如同无数鸽子,非常美观,因此被西方植物学家命名为"中国鸽子树"。

珙桐,春末夏初开花,从初开到凋谢色彩多变,一树之花,次第开放,异彩纷呈,人们称赞它为"一树奇花"。珙桐的花紫红色,宛如一个长着"眼睛"和"嘴巴"的鸽子脑袋,花序基部两片大而洁白的苞片,则像是白鸽的一对翅膀。4~5 月间,当珙桐花开时,张张白色的苞片在绿叶中浮动,犹如千万只白鸽栖息在树梢枝头,振翅欲飞,并有象征和平的含意。

珙桐生长在海拔 1800~2200 米的山地林中,多生于空气阴湿处,喜中性或微酸性腐殖质深厚的土壤,在干燥多风、日光直射之处生长不良,不耐瘠薄,不耐干旱。幼苗生长缓慢,喜阴湿,成年树趋于喜光。

珙桐是一种落叶乔木。它是 1000 万年前新生代第三纪留下的孑遗植物,在第四纪冰川时期,大部分地区的珙桐相继灭绝。由于我国高山大川多,成了各种动植物的天然避难所,珙桐就是在我国中西部偏僻的山区幸存下来的古老植物之一,植物学家称它为"林海中的珍珠""植物活化石"和"绿色熊猫"。

目前,它是国家 8 种一级重点保护植物中的珍品之一,为我国独有的珍惜名贵观赏植物,又是制作细木雕刻、名贵家具的优质木材。

"消防树"梓柯树

在非洲的安哥拉,长着一种高 20 多米、四季常绿的梓柯树,人们称它为天然的消防树。

这种奇特的树,它长有奇妙的"自动灭火器"。科学家做过有趣的实验:在这种树底下用打火机打火,当火光闪过后,无数白色液体泡沫就从树上没头没脑地喷洒下来,弄得实验者满头满脸都是白沫，身上的衣服打湿了，打火机的火苗也熄灭了。如果你坐在树下点燃一堆篝火，树上也会立即喷射出大量的液汁，把火灭掉。所以，人们又叫梓柯树为灭火树。

梓柯树，树高20多米，枝繁叶茂。是一种常绿乔木。在梓柯树的枝条间，长有许多拳头大的球状物，这就是它的自动灭火器，植物学家称之为"节包"。节包上有许多小孔，就像莲蓬头上的小孔，小孔里布满了透明液体。更为神奇的是，这些透明液体里竟含有大量四氯化碳，而人类使用的灭火器其灭火剂大多是由四氯化碳组成的，难怪它能灭火了。

梓柯树为什么会灭火呢？原来，梓柯树枝繁叶茂，在浓密的树杈间藏有一只只像馒头大的节苞，这种节苞上密布网眼小孔，苞里装满透明的液汁。节苞一旦遇到太阳光或火光照耀，液汁就从网眼小孔里喷射出来。由于液体中含有灭火的物质四氯化碳，火焰碰上它，就很快熄灭了。当地居民用这种树的木材盖房屋，还能防火哩！

"九死还魂草"卷柏

卷柏又叫"九死还魂草"，是一种多年生直立草本蕨类植物，高5～15厘米，茎棕褐色，分枝丛生，扁平状，浅绿色。它具有极其顽强的抗旱本领。在天气干旱的时候，小枝就卷起来，缩成一团，以保住体内的水分。一旦得到雨水，气温一升高，蜷缩的小枝会平展开来，所以叫作"九死还魂草"。

九死还魂草又被称作长命草、长生不死草、万岁草。它这种非凡的"还魂"本领，奥秘全在于它的细胞的"随机应变"。当干旱来临时，它的全身细胞都处在休眠状态之中，新陈代谢几乎全部停顿，像死去一样，得到水分后，全身细胞才会重机关报恢复正常生理活动。说起来，九死还魂草的这种本领也是被环境逼迫出来的。它生长在向阳的山坡或岩石缝中，那里土壤贫瘠，蓄水能力很差，它的生长水源几乎全靠天上落下的雨水，为了能在久旱不雨的情况下生存下来，它被迫练出了这身"本领"。

卷柏不仅是一种观赏植物，而且还是一种名贵的药用植物，是收敛止血剂，可用于治疗跌打损伤性出血症和刀伤。而植物大都喜欢生长在水分充足、土壤肥沃的地方。可是，卷柏却偏偏喜欢安身在人迹罕至的荒山野岭的峭壁上、沼泽畔、荆棘丛中。有些贵重的药材，生长的地方就更偏僻了，"九死还魂草"，生长在高高低低的乱石山上，石头棱角锐如刀尖，连生命力顽强的青苔都难生长。自然，要想采到它，也十分不易。

在南美洲也有九死还魂草的同类，只是那里的同类本领更大，不但可在原地假死、伺水还魂，而且还会主动离开生长地，去寻找有水的新家。在干旱季节，那里的九死还魂草会自己从土壤中挣脱出来，然后全身蜷成一个圆球，风吹草动，草球随风飘滚前进，如遇上多水的地方，草球就会展开成原状，在土壤中扎下根来。自然，当水分缺少，它在新家呆得不如意时，就会再次背井离乡，外出流浪的。

"擎天巨树"望天树

在我国云南西双版纳热带密林中,有一种擎天巨树,它那秀美的姿态,高耸挺拔的树干,昂首挺立于万木之上,使人无法仰望见它的树顶,甚至灵敏的测高器在这里也无济于事。因此,人们称它为望天树。当地傣族人民称它为"伞树"。

望天树一般可高达 60 米左右。人们曾对一棵进行测量和分析,发现望天树生长相当快,一棵 70 岁的望天树,竟高达 50 多米。个别的甚至高达 80 米,胸径一般在 130 厘米左右,最大可到 300 厘米。这些世上所罕见的巨树,棵棵耸立于沟谷雨林的上层,一般要高出第二层乔木 20 多米,真有直通九霄,刺破青天的气势!

我国的望天树,是近年来发现的一个新种,是 1975 年才由我国云南省林业考察队在西双版纳的森林中发现的。当时,植物科学工作者根据勐腊县林业局提供的线索,到补蚌进行考察,发现在森林茂密的沟谷边,这样的树成片分布,它一股劲地往上生长,占地面积很小,一亩地范围内往往矗立着 10 多棵,这里共有 100 多棵,形成了一个小小的群落。植物科学工作者从它的叶、花、果实的结构、形态,鉴定出它是龙脑香科的一个新种,并赋予它一个形象生动的名字——望天树,意思是"仰头看天才能看到树顶"。从此,在中国植物的目录中又多了"望天树"三个闪闪发光的大字。

望天树是我国的一级保护植物。高耸挺拔的树干竖立于森林绿树丛中,比周围高30~40 米的大树还要高出 20~30 米,真是直通九霄,大有刺破青天的架势。它开花,花期为 3~4 月。如果说望天树只是长得高,那当然不见得有那么珍贵,当然也无指望被列为国家一级保护植物了。它的名贵还在于它是龙脑香科植物,是热带雨林中的一个优势科。在东南亚,这个科的植物是热带雨林的代表树种之一,是热带雨林的重要标志之一。过去某些外国学者曾断言"中国十分缺乏龙脑香科植物""中国没有热带雨林"。然而,望天树的发现,不仅使得这些结论被彻底推翻,而且还证实了中国存在真正意义上的热带雨林。

比一比中国树木中的"巨人",目前能摘取中国最高树木桂冠的,恐怕就只有高可达80 米的望天树了。

动物世界

突然灭绝的恐龙

恐龙是出现于二亿四千五百万年前,并繁荣于六千五百万年前,结束于中生代的爬行动物。恐龙是处在同一时代的蛇颈龙、翼龙等的模糊总称。其中个子大的,可以有几十头大象加起来那么大;小的,却跟一只鸡差不多。就食性来说,有温顺的草食者和凶暴的肉食者,还有荤素都吃的杂食性恐龙。

恐龙

我们人类已在地球上生活了二三百万年,这段历史应当说不算短了。可是与恐龙的生存年相比较,那还只是一瞬间。在中生代,地球曾经是一个恐龙主宰的世界,无论是平原森林还是沼泽,到处都可以看到恐龙的身影。它们在地球上一共生存了一亿三千多万年,可是,不知为什么,后来恐龙竟然灭绝了,一个不剩地、永远地从地球上消失了。这实在是一桩千古疑案。

关于恐龙绝种的真正原因,自古以来即众说纷纭,但都没有一个一定的论点,因此到目前为止仍究是一个未解的谜题,这里仅列举一些比较广为人知的说法。最具说服力的是渐变说。此说认为，恐龙的绝灭是由环境的变化引起的。中生代末期，造山运动导致气候、环境的巨大变更，爬行类因不适应而被淘汰，加之哺乳类的兴起，使爬行类在生存竞争中处于劣势，最终被哺乳类所取代。以上就是渐变说的恐龙灭绝理论。

有的科学家断言恐龙灭绝是地壳运动的结果，大约在七千万年前，地球发生了一次强烈的地壳运动，使一些盆地隆起，浅丘开始出现，因而造成水枯林竭；同时海底变化，海平面下降 300 多米，亚洲、北美洲之间的陆地开始连接起来，大量动物迁移到恐龙栖息处，使食物供应发生困难，以至恐龙处于"断粮"地步，在严重的饥饿中逐渐死亡。

有的科学家认为，恐龙的灭绝跟一次史无前例的陨石大碰撞有关。科学家们为我们描绘 6500 万年前那壮烈的一幕。有一天，恐龙们还在地球乐园中无忧无虑地尽情吃喝，突然天空中出现了一道刺眼的白光，一颗直径 10 公里相当于一座中等城市般大的巨石从天而降。那是一颗小行星，它以每秒 40 公里的速度一头撞进大海，在海底撞出一个巨大的深坑，海水被迅速气化，随即掀起的海啸高达 5 公里，冲天大水横扫着陆地上的一切，然后引发了一系列连环灾难。这是一场多么可怕的灾难啊！在以后的数月乃至数年里，天空依然尘烟翻滚，乌云密布，地球因终年不见阳光而进入低温中，苍茫大地一时间沉寂无声。生物史上的一个时代就这样结束了。

一百多年来，不知有多少科学家试图揭开恐龙断子绝孙的秘密，但总是不能自圆其说。以上种种说法虽都有一定道理，但每一种说法都得不到科学界的完全肯定。总之，恐龙灭绝的秘密，至今还没有完全被揭开。

"鸟的祖先"始祖鸟

始祖鸟是鸟类的祖先，是现知最早的鸟类，并生活于侏罗纪时代，距今约 1 亿 5 千 5 百万到 1 亿 5 千万年前。始祖鸟的名字是"古代的翅膀"或"长着翅膀的古代生物"的意思。

始祖鸟和鸭子一样大小，长着爬行动物的牙齿和由许多节脊椎骨组成的长尾巴。它的全身披着羽毛，长着翅膀，翅膀上还保留着爬行动物的爪子。一般认为，鸟类由中生代某种古爬行类进化而来，但直接祖先尚难确定。

始祖鸟标本都只在德国境内发现。1861 年，德国巴伐利亚省伦的侏罗纪晚期石灰岩层中发现了一具最古老的有羽恐龙化石，无论骨骼还是羽毛的痕迹，都完好地保存在一块岩石上。始祖鸟并不属于其他任何可分类的恐龙，于是考古学家把它独立成一个分类。由于它的骨架构造与盗龙类十分相似，考古学家也可以百分之百肯定它是恐龙。争论焦点在于羽毛，这点十分重要，因为在地球历史中，只有鸟类有羽毛。如果恐龙也有羽毛，则能够证明恐龙和鸟类有非常密切的关系，甚至能够解答到恐龙是否已经完全灭绝这个问题。始祖鸟生活在侏罗纪晚期，体形只有普通雀鸟的大小，但比较现时的鸟类，它的形态比较原始;化石上可见它仍然保留很长的腿和尾椎骨。口部没有喙,但有恐龙般的牙齿;翅膀的前端有盗龙类的爪。而此之后,开始有证据证明在恐龙时代结束之前,鸟类已经出现。

直至今天,发现第一只始祖鸟的地方已经先后发现过6件始祖鸟标本。该鸟身体大小如乌鸦,骨骼构造的许多方面基本上还是爬行动物式的,有尖利的牙齿,掌骨彼此分离而未愈合,骨也如此,三指骨末端各还具爪,并还有一条由多节尾椎组成的长尾。但另一方面,它又有了鸟类所特有的羽毛。显然,始祖鸟是介于爬行动物和鸟类之间的过渡类型。它有力地证明鸟类起源于爬行动物。从始祖鸟的骨骼构造来看,它不具高超的飞翔能力,也许只能在比较空旷的地区作低空、短距离的滑翔。

始祖鸟的发现,掀起了百年争论的序幕。这个也是古生物学史上争论得最久,最令人惊异的题材:恐龙是否已经灭绝,它们会否"假灭绝",化身成一个完全不同的物种逃过一劫? 这个至今仍是焦点讨论的话题,科学家们因此提出了大胆的假设始祖鸟是由恐龙过渡到鸟类的一种中介物种。

三叶虫有"三叶"

如果将地球年龄比做一本共有4500页的厚书,则三叶虫出现于第4000到4300页之间,占300页,大约3亿年的时间。而人只是出现于最后一页,人的发展能持续多少页?会有三叶虫那么长吗?

三叶虫是节肢动物的一种,全身明显分为头、胸、尾三部分,背甲坚硬,被两条纵向深沟割裂成大致相等的3片,所以才叫作三叶虫。在动物分类学上,三叶虫属于无脊椎动物门、三叶虫纲。三叶虫的大小在1毫米至72厘米之间,典型的大小在2至7厘米间。多数三叶虫有眼睛,它们还有可能用来作味觉和嗅觉器官的触角。典型的三叶虫眼睛是复眼,每个透镜为一个拉长的棱镜。每只复眼内的透镜数不等,有些只有一个,有些可达上千。

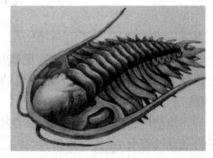

三叶虫

三叶虫全属海生,多数营游移底栖生活,少数钻入泥沙中或漂游生活。寒武纪早期出现,种属和数量都很多,到了晚寒武世发展到高峰,奥陶纪仍然很繁盛,进入志留纪后开始衰退,至二叠纪末则完全绝灭。三叶虫灭绝的具体原因不明,但是鲨鱼和其他早期鱼类的出现,可能与同时出现的三叶虫数量的减少有关。三叶虫为这些新动物可能提供了丰富的食物。

在早古生代的寒武纪已发现动物化石2500多种,除脊椎动物外,几乎所有的门类都有了。其中最多的就是三叶虫,约占化石保存总数的60%。它在寒武纪初期即已出现许多科、属和种,我国已经描述过的三叶虫就有1200多种。晚寒武纪发展到最高峰,到了二迭纪末完全灭绝。如今只有在古生代的沉积岩中才能发现它那美丽的化石。在化石中，如果你仔细地倾听，还能听到那 2 亿年前大海的波涛声和那有关三叶虫的久已失传的故事。

文昌鱼不是鱼

在我国厦门的刘五店鳄鱼岛附近曾流传着一个传说，古时候，文昌皇帝骑着鳄鱼过海时，在鳄鱼口里掉下许多小蛆，当这批小蛆落海之后，竟变成了许多像鱼一样的动物，为纪念文昌帝君，故取其名为"文昌鱼"。

文昌鱼说它是"鱼"，实际上并不是鱼。关于文昌鱼名称的来历，众说纷纭，有以其生活习性，一半露在水里，一半"栽"在沙中，叫它为"沙中鱼"；有以其形状，而叫它"无头鱼""扁担鱼"和"薪担物"；有以其产于鳄鱼屿附近，而称它"鳄鱼虫"。宋代绍兴年间任同安主簿朱熹和明末郑成功，都发现过文昌鱼。朱熹后来被皇帝赐为"文昌帝君"，"鳄鱼虫"的旺发季节恰好与朱熹诞生的时间差不多，人们为纪念朱熹功德，改"鳄鱼虫"为"文昌鱼"。大概在 1925 年前后，欧洲举办了一次世界博览会，轰动了整个博览会，引起了国际生物界极大兴趣。20 年代，国际海洋生物学界将文昌鱼的学名定名为"陈嘉庚鱼"，尊称为"嘉庚鱼"，以纪念他最先把文昌鱼介绍到世界。

文昌鱼是一种半底栖生物，基本生存条件是"沙"，生活在沿海泥沙中，吃浮游生物。它的外形是既像鱼又像蠕虫的动物，但血统上跟鱼及蠕虫相差很远。体侧扁，长约 5 厘米，半透明，头尾尖，体内有一条脊索，有背鳍、臀鳍和尾鳍。文昌鱼体形狭长，略呈透明的淡红色，两端尖细，没有分化的头部，见不到眼、耳、鼻，只有一个没有分化的消化器官和一条跳动的腹血管，依稀可以辨出口和咽喉，一条直肠通肛门，身体很短少。现今文昌鱼共有 12 种，分布在地球热带、亚热带的 8~16 米的浅水海域中，我国厦门、青岛、威海和烟台沿海处也很多。我国的厦门刘五店是世界上很重要的文昌鱼场。

文昌鱼虽然是不起眼的小动物，但无论从形态、生理、生化和发生方面看，都说明它是从低级无脊椎动物进化到高等脊椎动物的中间过渡的动物，也是脊椎动物祖先的模型。因为文昌鱼没有脊椎骨，因此不容易留下化石的遗迹，但文昌鱼还存活着，可说是活的见证物。因此无论从教学上、科研上都是十分需要的材料；此外它也是营养丰富的美味佳肴。

猛犸象与大象不同

冰川时期，丰茂的草地养育着猛犸象庞大的家族，它们遍布各个大陆。猛犸象和现在的大象拥有共同的祖先。这两个物种是在 500 万年前分化出来的。大象一直繁衍到今天,然而猛犸象却灭绝了。是什么灭绝了猛犸象?是大自然,是狩猎人,还是什么更具有毁灭性的事件?

猛犸象生活在北半球的第四纪大冰川时期,距今 300 万年~1 万年前,身高一般 5 米,体重 10 吨左右,以草和灌木叶子为生。由于身披长毛,可抗御严寒,一直生活在高寒地带的草原和丘陵上。这种动物一对长而粗壮的象牙强烈向上向后弯曲并旋卷,头骨短,顶脊非常高,上下额和齿槽深。

猛犸象

猛犸象与现在的象非常相似,所不同的是它的象牙既长又向上弯曲,头颅很高。从侧面看,它的背部是身体的最高点,从背部开始往后很陡地降下来,脖颈处有一个明显的凹陷,表皮长满了长毛,其形象如同一个驼背的老人。

猛犸象生活到距今 1 万年的时候突然全部绝灭了,是什么原因造成的呢?人们往往认为天气的变化是重要的原因之一。在美洲发现的猛犸象遗骨表明,猛犸象数量下降的时候,正好是冰川期结束和地球开始变暖的时期。两万年前气温开始上升,大约上升了 7 摄氏度,这改变了美洲的环境。美国西南部的草地逐渐转变成长着稀疏灌木和仙人掌的沙漠,许多猛犸象无法生存都死掉了。

人们在关于猛犸象灭绝的争论中,还会提到另外一个重要的原因——那就是人类的捕杀。猛犸象曾是石器时代人类的重要狩猎对象,在欧洲的许多洞穴遗址的洞壁上,常常可以看到早期人类绘制的它的图像,这种动物一直活到几千年以前,在阿拉斯加和西伯利亚的冻土和冰层里,曾不止一次发现这种动物冷冻的尸体,包括带有皮肉的完整个体。

五彩斑斓的鹦鹉螺

鹦鹉螺有"活化石"之称,它们历经六千五百万年演化,外形、习性和四亿五千万年前就已经生活在海洋中的祖先相比,几乎没有变化,这让科学家们惊叹不已!

鹦鹉螺背上长着一个可一把身体完全保护起来的贝壳,形如鹦鹉嘴,故名鹦鹉螺。鹦鹉螺的贝壳很美丽,构造也颇具特色,大而厚,呈螺旋形。贝壳外表光滑,灰白色,后方间杂着许多橙红色的波纹状。鹦鹉螺贝壳里面分成许多小室,最末尾的一个室最大,是动物居住的地方,叫"住室";其他的室贮满空气,叫作"气室"。被截剖的鹦鹉螺,像是旋转的楼梯,又像一条百褶裙,一个个隔间由小到大顺势旋开,它决定了鹦鹉螺的沉浮,这正是开启潜艇构想的钥匙,世界上第一艘蓄电池潜艇和第一艘核潜艇因此被命名为"鹦鹉螺号"。

鹦鹉螺基本上属于底栖动物，平时多在 100 米的深水底层用腕部缓慢地匍匐而行，也可以利用腕部的分泌物附着在岩石或珊瑚礁上。在暴风雨过后，海上风平浪静的夜晚，鹦鹉螺惬意地浮游在海面上，贝壳向上，壳口向下，头及腕完全舒展。这类动物有夜出性，主要食物为底栖的甲壳类，特别以小蟹为多。

　　在奥陶纪的海洋里，鹦鹉螺堪称顶级掠食者，它的身长可达 11 米，主要以三叶虫，海蝎子等为食，在那个海洋无脊椎动物鼎盛的时代，它以庞大的体型，灵敏的嗅觉和凶猛的嘴喙霸占着整个海洋。鹦鹉螺在古生代几乎遍布全球，但现在基本绝迹了，只是在南太平洋的深海里还存在着六种鹦鹉螺。因为它对水质要求极高，因污染问题目前也濒临灭绝。我国台湾及南海诸岛也有分布，但尚无采集到完整标本，被列为国家一级保护动物。美丽的鹦鹉螺，还能否继续美丽下去吗？

"四不像"鸭嘴兽

　　在澳大利亚生活着一种奇特的哺乳动物——鸭嘴兽。说它奇特，是因为地球上确实不存在一种比鸭嘴兽的外表更加四不像的动物，也没有任何一种动物像鸭嘴兽一样引起过众多的学术争端。

　　凡见过鸭嘴兽的人都说它长得实在太怪异了。当初英国移民进入澳大利亚发现鸭嘴兽时，惊呼其为"不可思议的动物"。鸭嘴兽的确有些"似兽非兽"，它有着几处爬行动物和鸟类的特征，但它却是一种哺乳动物，是现存的最原始的哺乳动物。

　　鸭嘴兽的身体的大小和兔子差不多，雄性有 60 厘米长，雌性只有 45 厘米长左右。它那扁扁的嘴很像鸭子的嘴。但不同的是，鸭嘴兽的嘴有传递触觉的神经，可以弯曲。它那对小而亮的眼睛长在头的高处，既可以看清两岸，也可以扫视天空。鸭嘴兽的耳没有耳壳，这可以帮助它适应水中的生活。在鸭嘴兽胖胖的身体外面披着一层褐色而有光泽的密毛，这种毛入水时不会透水，出水时也不会被水濡湿。它身体后面的大尾巴扁平而又有力，起着舵的作用，可以帮助它快速潜泳。鸭嘴兽的四肢又短又粗，五趾间有蹼，特别是前肢的蹼非常发达。在陆地上的时候，它会把蹼合起来。而当它一旦进入水中，就会把厚蹼展开，活像是几个大桨。

　　雄性鸭嘴兽后足有刺，内存毒汁，喷出可伤人，几乎与蛇毒相近，人若受毒距刺伤，即引起剧痛，以至数月才能恢复。这是它的"护身符"。鸭嘴兽为水陆两栖动物，平时喜穴居水畔，在水中时眼、耳、鼻均紧闭，仅凭知觉用扁软的"鸭嘴"觅食贝类。其食量很大，每天所消耗食物与自身体重相等。

　　雌性鸭嘴兽虽然也分泌乳汁哺育幼仔成长，但却不是胎生而是卵生，因此鸭嘴兽还是一种非常奇特的小哺乳动物。即由母体产卵，像鸟类一样靠母体的温度孵化。母体没有乳房和乳头，在腹部两侧分泌乳汁，幼仔就伏在母兽腹部上舔食。

　　鸭嘴兽分布在澳大利亚南部及塔斯马尼亚岛，是现存最原始的哺乳动物，是形成高等哺乳动物的进化环节,在动物进化上有很大的科学研究价值。一百多年前,科学家们并不相信有鸭嘴兽这种动物存在,因为它的长相实在古怪,确实是动物中名副其实的"四不像"!

带着"袋子"的袋鼠

袋鼠,顾名思义,身上有个袋。这袋叫育儿袋,位于腹前,由一根上耻骨或叫袋骨支撑着,用以哺育早产儿。所有雌性袋鼠都长有前开的育儿袋,育儿袋里有四个乳头。"幼崽"或小袋鼠就在育儿袋里被抚养长大,直到它们能在外部世界生存。大部分雄袋鼠没有口袋,只有极个别种类的雄袋鼠也有育儿袋,可谓是模范爸爸。

有意思的是,前一胎袋鼠出生刚刚两天,母袋鼠又发情、交配,怀上第二胎。这第二胎在母体中暂时停留在休眠状态,待上一胎袋鼠成熟离开母体或死亡后,它才开始继续发育,经30多天后产出。如此周而复始,成年母袋鼠的子宫里终年怀崽,这是动物界中所罕见的。

袋鼠

袋鼠又被称为"飞毛腿",因为所有袋鼠,不管体积多大,有一个共同点——长长的后腿强健而有力。袋鼠以跳代跑,最高可跳到4米,最远可跳至13米,可以说是跳得最高最远的哺乳动物。大多数袋鼠在地面生活,从它们强健的后腿跳跃的方式,很容易便能将其与其他动物区分开来。袋鼠在跳跃过程中用尾巴进行平衡,当它们缓慢走动时,尾巴则可作为第五条腿。

袋鼠通常以群居为主,有时可多达上百只。袋鼠属夜间生活的动物,通常在太阳下山后几个小时才出来寻食,而在太阳出来后不久就回巢。最著名的袋鼠是红袋鼠,其体型最大,生活在澳大利亚干燥地带,其地带的年平均降雨量在500毫米以下。由于袋鼠的食物含大量水分,所以他在没有活水的地区也能生存。红袋鼠实际上只有公袋鼠是红色的,母袋鼠为灰蓝色。

科学家们推测,大约在距今1亿多年前的白垩纪,有袋类可能在地球上有广泛的分布,并可能与比它进步的原始有胎盘类"平吃平坐"。可是后来有袋类在好多大陆区域内败下阵来,走向衰退或灭绝。只有澳大利亚和南美因与其他大陆隔绝,成为有袋类的避难所,且一直生活至今。

袋鼠就是存活下来的比较原始的有袋类哺乳动物之一,至少已在地球上生活了1亿年,现今只分布在澳大利亚,故有"活化石"之称。

"草原之王"狮子

狮子是哺乳动物猫科豹属,可分为两个亚种,非洲狮及亚洲狮。可是现在除了印度以外,亚洲其他地方的狮子均已经消失,北非也不再有野生的狮子,目前狮子主要分布于非洲撒哈拉沙漠以南的草原上,因此现在基本可以算是非洲的特产。

狮子是唯一一种雌雄两态的猫科动物。狮的体型巨大,公狮身长可达260cm,体重200~300KG,母狮也有200cm,体重160~180KG。狮的毛发短,体色有浅灰、黄色或茶色,不同的是雄狮还长有很长的鬃毛,鬃毛有淡棕色、深棕色、黑色等等,长长的鬃毛一直延伸到肩部和胸部。那些鬃毛越长,颜色越深的家伙或许在母狮眼里是英武挺拔的帅哥,常常更能吸引"女士们"的注意。狮的头部巨大,脸型颇宽,鼻骨较长,鼻头是黑色的。狮的耳朵比较短,耳朵很圆。狮的前肢比后肢更加强壮,它们的爪子也很宽。狮的尾巴相对较长,末端还有一簇深色长毛。与其他猫科动物最不同的是,狮属群居性动物。一个狮群通常由4~12个有亲缘关系的母狮、它们的孩子以及1至6只雄狮组成。这几个雄狮往往也有亲属关系,例如兄弟。

狮群中的狩猎工作基本由女性成员完成。它们不论白天黑夜都可能出击,不过夜间的成功率要高一些,这些女士们总是从四周悄然包围猎物,并逐步缩小包围圈,其中有些负责驱赶猎物,其他则等着伏击。尽管这招看着厉害,但实际上它们的成功率只有20%左右。如果狩猎地比较容易藏身,它们才容易获得成功。如果一旦吃饱了,它们能5~6天都不用捕食。

狮群中男士很少参与捕猎,当然,基本只负责"吃"。这也不能怪它们的大男子主义和懒惰。要想在开阔的草原上把夸张的鬃毛和硕大的头颅隐藏起来,还真是不容易,与其让它们在外面四处惊吓猎物,还不如回家闲待着呢。不过尽管不事生产,雄狮仍然受到母狮的尊重,捕猎回来的战利品通常还是先由雄狮享用,等它们用膳完毕,然后才是地位最高的母狮,最后才是孩子们。

由于狮子与老虎的体形较为相似,又都是非常厉害的猛兽,其食谱也非常接近,一旦相遇,双方极有可能发生一场激烈的恶斗。那么它们到底谁是"万兽之王"?在自然界中狮子与老虎如果相遇的话,谁的生存力更强呢?换句话说,狮子与老虎谁更厉害呢?

其实狮子大多数是在草原上扬威,而老虎通常是在森林里称王,假如没有人类活动的阻隔,不排除野生的狮子与老虎将来有可能在自然条件下相遇。但由于人类的存在,非洲的狮子与亚洲的老虎已经不可能在野外相遇了。但是如果真的相遇的话,老虎是独居动物,单打独斗厉害。如果是一群老虎和一群狮子打,那么狮群厉害!

"森林之王"老虎

目前世界上仅有 5 种老虎,即:孟加拉虎、东南亚虎、苏门虎、华南虎、东北虎。在现存的 5 种老虎里,虽然我国占有 3 种(东北虎、华南虎、孟加拉虎),但总的数量在世界上排在末尾。老虎分布在亚洲,亚洲没有狮子。狮子生活在美洲和非洲,而那里几乎没有老虎。狮子大多在草原上扬威,而老虎通常是在森林里称王,因此又被称为"森林之王"。

所有老虎中,以东北虎体形最大,成年雄虎体长可达 3.3 米,体重 300 公斤以上。就体形而言,老虎是最大的猫科动物。老虎全身毛淡黄而长,斑纹较疏淡,胸腹部和四肢内侧是白色毛,尾巴粗壮点缀着黑色环纹。靠视觉和听觉捕猎,捕猎时潜伏等候或小心潜近猎物,然后突然猛扑,先咬住猎物颈背要害部位,将其弄死,拖到隐蔽处再吃。野外主要捕食野猪及食草类动物。寿命一般是 20 到 25 年。目前东北虎是我国一级保护动物。

老虎身上之所以有花纹,是由于有花纹的老虎在捕猎时有利于隐藏,容易获取食物,从而延续后代比较的容易。老虎猎取动物,是藏在灌木丛或高大的树丛中,以偷袭的方式猎杀走近的动物。身上的花纹很像草木的阴影,可以说是一种天然的迷彩服。

老虎一般不伤人,老虎伤人原因有两种。一是遇到人的袭击时伤人,特别是老虎受了伤的情况下,往往会拼命与人博斗。二是老虎实在找不到食物,饥饿难忍时,也会铤而走险,找人充饥。它们多半是由于年老或受了伤,跑得不快,追不上其他猎物,斗不过大的野兽,最后才迫于饥饿,不得不去袭击人。

因为狮和虎都是猫科动物,算是近亲,所以有一定几率可以交配产子。虎、狮本是水火不相容的两个物种群,狮子是群居动物,老虎是独居的,它们可能会在一起玩耍,但相恋、怀孕的概率极低。即使在人工饲养的环境下,虎、狮受孕的机会也仅为 1% 至 2%。公狮与母虎生下的幼子叫"狮虎兽",公虎和母狮生下的幼子叫"虎狮兽",这两种都极其罕见,据资料显示,目前世界上存活的虎狮兽和狮虎兽只有 8 至 10 只。

老虎是山林中最强大的生物,也是理所当然的"森林之王"。

"完美的猎手"豹

豹的种类很多,猎豹是豹的一种,有分布极广的金钱豹,还有生活在热带、亚热带高山丛林,体型较小的云豹,也有深居在海拔几千米高的雪山中的雪豹。

豹体形似虎,但比虎小,体长 1 到 1.5 米,体重约 50 千克,最重可达 100 千克;尾长近 1 米;全身橙黄或黄色,其上布满黑点和黑色斑纹。雌雄毛色一致。豹可以说是完美的猎手,矫健身材,灵活,奔跑时速可达 65 公里。即会游泳,又会爬树。性情机敏,嗅觉听觉视觉都很好,智力超常,隐蔽性强,这些是老虎狮子都办不到的。

　　每天晨、昏时候,猎豹出来寻找猎物。捕猎的"战术"是这样的:遇到猎物,如果猎豹体力充足,就以"迅雷不及掩耳"之势,高速追击,将猎物击倒,咬破喉管;倘使体力稍差,就小心翼翼地埋伏起来,然后爬近猎物,再来个追击;遇到大羚羊、斑马和角马,众猎豹就协同作战,一起将猎物杀死。猎豹捕食时速度很快,大概一分钟能跑 1800 米,虽然捕猎时速度很快,但是由于它的心脏很小,所以这种快速度只能保持很短时间,很快就累了,而且最快是指跑直线。所以豹子出击前非常小心,常悄悄接近猎物,以求闪电一击。否则被对方早早发觉有所预备,或者追赶的时间长了,豹子是抓不到猎物的。

　　一些豹是能上树的,而猎豹不能上树。猎豹因为它那个爪子生在外面,不善于攀岩,所以它一般不能上树,最多是上一些已经倒伏的那种倒木。所以在非洲,看见有些就像猎豹一样的猫科动物,如果是伏在树上休息,或者是等候猎物,便以为是猎豹,那是错误的。那些只是其他种类的豹。

　　豹广泛产于中国,也广泛产于亚洲,因此有中国豹,有亚洲豹;它也广泛产于非洲,所以也有非洲豹。但是,欧洲就不产豹,澳洲(有袋类动物的老家)也不产豹;南北美洲就更不产豹了。中国豹最早从渐新世中期即已出现,这表示这种动物至少已生存过 50 万年了。

　　豹目前也是濒危物种,即有着灭绝危机的一个物种,全世界大概总共只有 20 万只左右。它们因毛皮鲜艳而被大量捕杀,也因袭击家畜而被处以"害兽"的罪名被大量捕杀。豹目前已被列为中华人民共和国一级保护动物,严禁捕杀。

鼻子很长的大象

　　在很久很久以前,地球上就出现了大象这种动物。那时候,大象的身躯可没有现在这么庞大,鼻子也没有现在这么长。

　　为什么大象的鼻子变长了? 科学家经过研究发现:这是大象适应生活环境的结果。大约在 2000 万年前,地球上四季常绿,温暖如春,各种生物生长旺盛。由于食物丰富,营养良好,大象的身体也一代比一代庞大,结果头离地面的距离也越来越高,鼻子如果不能接触到地面,那么行动就不能做到灵活自如了。为了适应生活环境,在漫长的进化过程中,大象上唇慢慢变长,鼻子也跟着变长,久而久之,鼻子和上唇合二为一,就成了今天这个样子。

　　大象可以用鼻子吸水,只要站在河边上,把长长的鼻子往河中一伸,就很容易吸到河中的水。这样别的动物喝不到水的地方,而大象往往能够喝到。大象还用长鼻子去卷树枝、拔树干,作为自己的食物,由于鼻子又长又大,它能够弄到很高地方的树枝树叶,拔出很粗很粗的树木,鼻子给大象带来了数不清的好处。但是它不能用鼻子喝水,那样会呛水,就像人的鼻子进水会呛到一样。

　　大象还是世界最大的陆栖动物,可分为亚洲象和非洲象两种。亚洲象历史上曾广布于中国长江以南的南亚和东南亚地区,现分布范围已缩小。非洲象则广泛分布于整个非洲大陆。象肩高约2米,体重3~7吨。头大,耳大如扇。四肢粗大如圆柱,支持巨大身体,膝关节不能自由屈曲。鼻长几乎与体长相等,呈圆筒状,伸屈自如;鼻孔开口在末端,鼻尖有指状突起,能拣拾细物。上颌具1对发达门齿,终生生长,非洲象门齿可长达3.3米,亚洲象雌性长牙不外露;上、下颌每侧均具6个颊

大象

齿,自前向后依次生长,具高齿冠,结构复杂。非洲象长鼻末端有2个指状突起,亚洲象仅具1个;非洲象耳大,体型较大,亚洲象耳小,身体较小,体重较轻。

　　大象栖息于多种生境,尤喜丛林、草原和河谷地带。多群居,寿命约80年。现代象是从始祖象进化而来,鼻子也渐渐增长了。

笨拙迟钝的熊

　　熊的种类很多,主要有棕熊、白熊和黑熊这几种。它们的头很大,尾巴短,四肢短而粗,脚掌大,趾端有带钩的爪,能爬树。它们既食肉,也食果实和昆虫。虽然通常笨拙迟钝,却也能在短距离内迅速行动,尤其是在崎岖或陡峭的地形上。如果形容一个人像熊一样,那么一般是指他粗暴无礼、笨拙粗野、呆滞强壮。

　　一般人都认为,熊会冬眠。缺乏食物是动物冬眠的主因,如果食物充足,许多熊不会冬眠,反而会整个冬天都在狩猎。但食物不多时,熊就会躲在洞中过冬。小型哺乳类动物在冬眠时体温会急速下降,但熊的体温只会下降约4度,不过心跳速率会减缓75%。一旦熊开始冬眠后,它的能量来源就从饮食转换为体内储存的脂肪。

　　熊中的黑熊还喜欢吃蚂蚁,这是为什么呢?因为它是杂食动物,如野果、玉米等。有些野果吃到肚中不易消化,腹胀肠满,它又不可能像人一样吃消化药物,但却有其特殊的本能,吃活蚂蚁,当消化药。蚂蚁被熊吃进腹中之后,不能马上死掉便在胃肠中疯狂地爬动逃生,如此,就替黑熊疏通了肠胃,起到消化药的作用。据说有些蚂蚁从熊肛门钻出后,还是活的呢!蚂蚁并不是随时可以吃到的,有时黑熊吃不到蚂蚁,胃肠又堵得难受,怎么办?他还有个笨办法,那就是爬到树顶上往下跳,即"跌膘",通过这一摔,很可能就将肠胃疏通了。

　　此外很多人相信这种说法:当人遇到熊的时候,只要躺倒装死,就会很安全,因为熊

一般不吃死人。遇到熊只要装死就会安全吗？熊是杂食动物，吃东西从不挑剔，无论是动物、植物，什么都吃，有时能咬死一头牛。熊喜欢吃活的动物，但在饥饿时死的动物也吃。当人遇到熊，如果装死，也有被吃掉的危险。所以遇到熊装死是不安全的。

与人类最像的猩猩

有人说，猩猩与人类可能是同出一支。猩猩是灵长类动物，与人类的血缘很近，遗传基因比较接近。尤其是黑猩猩，它的大脑发育的比较完善了，能够通过思考解决一些问题。这就是智慧。而且他们也有喜怒哀乐。

研究表明，猩猩是在1400万年前从祖先那里分化出的，它的祖先同时也是非洲猿类和人类的祖先。无论是从智力上，还是从外形上，猩猩都是与人类最像的动物。雄性猩猩的身高大概为137厘米，雌性为115厘米；体重雄性为60~90千克，雌性40~50千克。它们体毛长而稀少，毛发为红色，粗糙，幼年毛发为亮橙色，某些个体成年后变为栗色或深褐色。面部赤裸，为黑色，但是幼年时的眼部周围和口鼻部为粉红色。雄性脸颊上有明显的脂肪组织构成的"肉垫"，具有喉囊。牙齿和咀嚼肌相对比较大，可以咬开和碾碎贝壳和坚果。苏门答腊猩猩体型偏瘦，皮毛比较灰，头发和脸都比婆罗洲猩猩的长。手臂展开可以达到2米长，可用于在树林之间摆荡。猩猩的胃口很大，有的时候它们会花上一整天坐在一棵果树上狼吞虎咽。

猩猩又是一种生长和繁殖很慢的长寿动物。它们悠闲的生活史可能是为了适应在低死亡率的栖息地生活，以及度过食物稀缺的时期。在野外，雌性10岁进入青春期，但是5年后才可以生育。幼崽在1岁以前都会受到母猩猩的持续照料，当它们4岁大的时候，母猩猩才会离开。雄性猩猩通常在12岁的时候达到性成熟。完全成熟的雄性体型大约是雌性的两倍，它们脸颊边缘的纤维组织将脸部变得更宽，有着大而长的喉结，手臂和背上有长长的、斗篷一样的毛发；也能发出低沉的"长叫"。如果完全在野外生活的话，猩猩的寿命大约为35岁；人工条件下，可以活到约60岁。

猩猩尤其是黑猩猩智力水平很高，甚至比我们想象的要高！在对猩猩长期观察中，学者们归纳出它们的思维特点：家庭情谊、性爱有别、喜怒哀乐、等级观念、勾心斗角、争夺高位、社交方式、手势语言、自我意识、修造工具等十种有别于其他动物的较高级意识。个别猩猩更被观察有欺骗行为，它能够推测其他个体对自己的身体语言和叫声音调所表达信息之理解。

而且猩猩还会进化，世界上的生物都在进化！应该说，还没有什么因素可以限制猩猩继续进化！

喜爱模仿人类的猴子

猴是一个俗称,在我国古籍中,猴子还有其他别称,果然,独,狨等。据《白虎通》记述:"猴,侯也,见人设食伏机,则凭高四望,善于侯者也。"侯,是等待、观望的意思。

灵长目中很多动物我们都称之为猴。猴子是动物界最高等的类群,它们大脑发达;眼眶朝向前方,眶间距窄;手和脚的趾(指)分开,大拇指灵活,多数能与其他趾(指)对握。它们可以进行不同形式的树栖或半树栖生活,通常以小家族群活动,也结大群活动。多数能直立行走,但时间不长。多在白天活动,夜间活动的有指猴、一些大狐猴、夜猴等。大多为杂食性、吃植物性或动物性食物。每年繁殖1~2次,每胎1仔,少数可多到3仔。

猴子长相惹人喜爱,并且还会模仿人类的动作,经过训练,它还可以帮助人们做好多的事情呢!为什么猴子能够模仿人的动作,为人做"服务员"呢?因为,猴子是人类的近亲。在动物的分类上全都属于灵长目类。它有和一般动物不同的发达的大脑,它的进化程度和人的大脑比较接近,猴子是接近人类的一种非常聪明的动物。此外,猴子的后肢要比前肢长,能够直立行走;五指之中的拇指比其他的四指长,能够与其他的四指相对而向。这一切也为它能模仿人的动作提供了有利的条件。

猴子们还喜欢互相搔身子,这是因为猴子也需要吃盐。它们平时吃的东西里含盐分很少,猴子身上出汗,汗水蒸发后,就变成小盐粒,它们互相在身上抓搔,就是找毛发里的盐粒吃。

而且猴子的屁股是红的。猴子红屁股其实是因为猴在运动时,臀部的皮肤已经把表皮的色素磨掉,可清晰看见茧皮下的血管,所以臀部呈红色。人类在害羞或兴奋时,脸颊会红,而猴子红的则是臀部,越成熟的猴子,臀部越红。到了发情期会更红,因为越红越能吸引异性,更有趣的是较弱的雄猴常将自己的臀部给较强的雄猴看,以示顺服。

猴子是最调皮捣蛋的动物,《西游记》中所描写的孙悟空,甚至也是由猴子变成的。

凶残嗜血的狼

狼或称为灰狼,是家犬的祖先,为现生犬科动物中体型最大者。狼是动物世界中比较特殊的一类,它既有凶残嗜血的天性,又有团结协作的特点。

一般来说,狼肩高在26~36英寸之间,体重在32~62公斤之间。最小的狼是阿拉伯狼,雌性的狼有的体重可低至10公斤。狼群适合长途迁行捕猎。其强大的背部和腿部,能有效地舒展奔跑。它们有能力以速度10公里/小时长时间奔跑。狼曾经在全世界广泛分布,不过目前主要只出现于亚洲、欧洲、北美和中东。狼属于生物链上层的掠食者,通常群体行动。由于狼会捕食羊等家畜,因此直到20世纪末期前都被人类大量捕杀。

狼是夜行性动物，一般都在晚上出来活动，并且集群而出。当它们要外出时，先要通过嚎叫互相传递信息，邀约同伴，如公狼呼唤母狼，母狼呼唤小狼等。在繁殖期，它们也要通过嚎叫来寻找配偶。因此狼爱在夜间嚎叫。另外，在狼眼睛的底部，有许多特殊的晶点。由于这些晶点具有很强的反射光线的能力，当狼夜间出来活动时，这些晶点就能将很多极微弱的、分散的光聚集成束反射出来，看上去狼的眼睛就闪闪发光了。

狼和狗很像，但在外形上的主要区别有：狼的两个耳朵大约平行地垂直竖立，不像狗的耳朵通常下垂；狼的吻部比狗长而尖，口也较为宽阔，牙齿很大，眼向上倾斜，位置较鼻梁为高；狼背部的毛较长，胸部也比狗宽阔；尾巴比狗的短而粗，毛较为蓬松，常常下垂于后肢之间，不像狗的尾巴常向上卷曲。

在人类社会中，还存在着狼仇恨与狼崇拜两种观念。由于它们能对羊进行捕杀，甚至还能吃人。再加上在寓言故事和文学作品中，它们身性凶残，阴险狡诈，并常常被冠以狼心狗肺、狼狈为奸、狼子野心等等恶名。因此人们对它们十分憎恶。于是人类对狼大开杀戒，将其赶紧杀绝。然而，同时它们又有着嗅觉敏锐、善于捕捉机会、团结协作等让人十分敬佩的优点。很多民族便以狼作为图腾来崇拜。

狡猾奸诈的狐狸

不论在哪个国家、哪个民族，狐狸都是狡猾、奸诈、贪婪的形象。人们没有冤枉它，狐狸生来多疑，诡计多端。

如果狐狸遭到猎人的枪击，没被击中，它会采取装死的办法，将身子变软，停止呼吸，猎人以为它被打死，便放心地把它扔到地上，再去捕别的猎物，可是狐狸却乘机逃跑了。有时它被猎狗追得无法逃脱，便施放一股臭气熏天的"狐臭"，就像化学炸弹，使猎狗透不过气来，狐狸借此机会逃之夭夭。狐狸非常多疑，出洞之前，先在洞口倾听观望，当确认外面没有情况时，才窜出洞去。它在冰上行走，总是一面走，一面听，完全处于戒备状态。说是狡猾，其实有些贬低狐狸的意思。自有生命以来，为在有限的环境中求生存，任何动物都有自己的一种保命之道。弱肉强食，适者生存嘛！狐狸正因为狡猾，才能生存下来。

狐狸

狐狸还有一个奇怪的行为：一只狐狸跳进鸡舍，把12只小鸡全部咬死，最后仅叼走一只。狐狸还常常在暴风雨之夜，闯入黑头鸥的栖息地，把数十只鸟全部杀死，竟一只不吃，一只不带，空"手"而归。这种行为叫作"杀过"。

一般所说的狐狸，又叫红狐、赤狐和草狐。狐狸全身棕红色，耳背黑色，尾尖白色，尾巴基部有个小孔，能放出一种刺鼻的臭气。狐狸尖嘴大耳，长身短腿，身后拖着一条长长的大尾巴。它生活在森林、草原、半沙漠、丘陵地带，居住于树洞或土穴中，傍晚出外觅食，到天亮才回家。由于它的嗅觉和听觉极好，加上行动敏捷，所以能捕食各种老鼠、野兔、小鸟、鱼、蛙、蜥蜴、昆虫和蠕虫等，也食一些野果。狐狸平时单独生活，生殖时才结小群。每年2月~5月产仔，一般每胎3只~6只。它的警惕性很高，如果谁发现了它窝里的小狐，它会在当天晚上"搬家"，以防不测。

狐皮是较珍贵的毛皮，毛长绒厚，灵活光润，针毛带有较多色节或不同的颜色，涨幅大，皮板薄，适于制成各种皮大衣、皮领、镶头、围巾等制品，保暖性好，华贵美观。深受国内外客户喜爱，狐狸也因此惹上了杀身之祸。

放臭屁的黄鼠狼

黄鼠狼的肛门处，有一对臭腺，遇到敌害时能放出怪异的臭味，起着御敌自卫作用。

黄鼠狼放臭屁护身这一招，一般会用在它们一筹莫展、穷途末路时。它会从肛门放出一股臭气，趁对方胆怯的空隙，赶紧逃之夭夭。放臭屁正是它重要的护身法宝。这种臭气是由肛门两侧的臭腺形成的，危难时从肛门喷出。

具有臭腺也是鼬科动物的一个特点。例如臭鼬鼠也同样能放出同样的臭气。当它遇到袭击时，会竖起尾巴射出臭液，这种臭液不但奇臭无比而且具有麻痹作用。闻过这种臭气的人都会知道，很像臭鸡蛋味，臭得难闻，非捏鼻子不行。许多动物体内有臭腺，如放屁虫肛门附近，椿象和臭虫后足基部附近，而黄鼠狼臭腺就在肛门附近。

黄鼠狼是哺乳类啮齿目鼠科动物，又叫黄鼬。头稍圆，身体长而腿短，背部毛色赤褐，嘴周围白色，胸腹部淡黄褐色。体长约30厘米，尾长15~20厘米，栖息河谷、土坡、灌木丛以及田间或树下的洞穴中，主要夜间活动。黄鼠狼在亚洲、欧洲和北美洲都有分布。它们的毛皮还可以制皮衣，尾毛可以制毛笔。

黄鼠狼身材不大，却作恶多端，时常做些鸡鸣狗盗之事，并且很难被人发现。因此它常被人们认为是害兽。其实黄鼠狼还是灭鼠能手。据统计。一只黄鼠狼一年能消灭三四百只鼠类。一旦老鼠被它咬住，几口就可下肚。如果寻找鼠窝，它可以掘开鼠洞，整窝消灭。以每年每只鼠吃掉1公斤粮食计算，一只黄鼠狼可以从鼠口里夺回三四百公斤粮食。所以黄鼠狼也是人类的好朋友。

"裘中之王"貂

貂是珍贵毛皮动物，貂皮素有"裘中之王"之称。

它们是哺乳动物的一种，身体细长，四肢短，耳朵三角形，听觉敏锐，种类很多，如我国出产的紫貂。它们又是一种极其凶猛的动物，形似家猫，体重约一公斤，体长约40厘米。貂适于生活在寒冷气候，喜安静，多独居，一年两次换毛。貂又分为紫貂和水貂两种。所谓紫貂又称黑貂、林貂，老百姓叫"大叶子"，因皮毛略呈棕褐色，所以看上去就是浅黑色的。在我国，紫貂数量极少，主要生活在大小兴安岭、长白山的针阔叶混交林带和新疆阿尔泰山余脉中。水貂则生活在林中溪水之间和大小河流中。

貂皮非常珍贵，属于细皮毛裘皮，皮板优良，轻柔结实，毛绒丰厚，色泽光润。用它制成的皮草服装，雍容华贵，是理想的裘皮制品。而在貂皮中，又以紫貂皮更为名贵，由于紫貂皮产量极少，致使其价格昂贵，所以才有"裘中之王"的美称。因此它又成为人们富贵的象征。在国外，被称为"软黄金"。貂皮具有"风吹皮毛毛更暖，雪落皮毛雪自消，雨落皮毛毛不湿"的三大特点。

貂的经济效益很高。它的皮是高级裘皮佳品。它的肉则营养丰富，是可口的野味食品，而且还可入药，是高级滋补营养品。貂可谓浑身都是宝！因此现在有很多人工养殖的貂，因为野生貂的生活习性较孤僻，昼伏夜出，除交配和繁殖期外，喜欢独居生活。所以人工养殖下的貂，每只貂单独一个笼子。笼子大约1.5米乘以1.5米。野生的貂以小型的哺乳动物、鸟类、鼠类为主要食物，也食松子等浆果。所以，人工养殖的貂要有专门的饲料配方。常以玉米粉和小鱼小虾混合后，煮熟，成粥状。加以骨粉，多种维生素，每日喂三次。

体型巨大的蟒蛇

蟒蛇是世界上蛇类品种中最大的一种，也是当今世界上较原始的蛇种之一，在其肛门两侧各有一小型爪状痕迹，为退化后肢的残余，现为国家一级重点保护的野生动物。

蟒蛇属无毒蛇类，体形粗大而长，有成对发达的肺，较高等的蛇类只有1个或1个退化肺。蟒蛇的体表花纹非常美丽，对称排列成云豹状的大片花斑，斑边周围有黑色或白色斑点。体鳞光滑，背面呈浅黄、灰褐或棕褐色，体后部的斑块很不规则。蟒蛇头小呈黑色，眼背及眼下有一黑斑，喉下黄白色，腹鳞无明显分化。尾短而粗，具有很强的缠绕性和攻击性。一般的蟒蛇，可长达5~7米，最大体重在50~60千克。蟒蛇体积大本不足为奇，可是印尼一所乡间动物园近日对外展出的一条蟒蛇其"身材"之巨令人咋舌，它身长近15米，体重接近450公斤，堪称世界第一大蟒。

它的捕食方法与其他蛇类不同。蟒蛇没有毒，不像毒蛇那样，先用毒牙流出的毒液毒死猎物，再吃掉。它们先咬住猎物，再用它那巨大的身躯缠住猎物，不断地用力，直到把猎物勒死，才不紧不慢地吞下去。蟒蛇的头部连接到下颚的骨头和下颚左右两边的骨头是活动的，另外下颚肌肉橡皮筋那样能左右张开，所以它的嘴能张得很大，达到130°角，这就使它能吞下比自己的头大好几倍的动物，比如小牛，羊和鹿等。在南美洲的丛林里,巨大的蟒蛇甚至能吃掉凶猛的美洲狮。当蟒蛇够大时,还可以吞食人类。

在西非贝宁南部,有一座海滨城市维达,该城是著名的观光景点,每年都有不少游客慕名而来。这座城市三面都被密林包围,密林中的蟒蛇纷纷流窜到城市中去活动。这种蟒蛇不伤人,因此,千百年来那里的市民就和蛇交上了朋友。游客一进城,就会马上发现那里的街道上、屋檐上、餐馆和其他公共场所,到处都有蟒蛇在蠕动。连课堂的讲台上和店铺的柜台上,蟒蛇也是翘首吐舌,东张西望,路上很多行人则以蛇盘身来炫耀。维达市居民家家户户都养蛇,少则三五条,多则数十条。蟒蛇与家人同吃同住,和睦相处。吃饭时,主人将木棍倚桌而竖,蟒蛇则缘棍入席,吃饱喝足之后,蛇就自动退席。

但是,蟒蛇的庞大和杀伤力,至今仍然令人类退避三舍。

"变色龙"蜥蜴

蜥蜴属于爬行纲动物,其种类繁多,在地球上分布大约有 3000 种左右,我国已知的有 150 余种。大多分布在热带和亚热带,其生活环境多样,主要是陆栖,也有树栖、半水栖和土中穴居。多数以昆虫为食,也有少数种类兼食植物。蜥蜴是卵生,少数卵胎生。

蜥蜴的变色能力很强,特别是避役类,以其善于变色获得"变色龙"的美名。我国的树蜥与龙蜥多数也有变色能力,其中变色树蜥在阳光照射的干燥地方通身颜色变浅而头颈部发红,当转入阴湿地方后,红色逐渐消失,通身颜色逐渐变暗。蜥蜴的变色是一种非随意的生理行为变化。它与光照的强弱、温度的改变、动物本身的兴奋程度以及个体的健康状况等有关。

蜥蜴俗称"四足蛇",有人叫它"蛇舅母",是一种常见的爬行动物。人们都熟悉蜥蜴,无论是在竖直的墙壁上,还是在光滑的玻璃上,它都能行走如飞。科学家发现,蜥蜴没有吸盘,也没有能排出黏性液体的腺管。它能行走如飞,这是因为它们的每只脚上都有 5 个脚趾,在脚趾的下面有不少毛,这些毛在顶端又分出数百到几千根更细的纤毛,这些纤毛的直径是人头发的 1/10。当蜥蜴在例如墙壁上行走时,这些多达几十亿根的纤毛能如此接近墙壁,以致它们与墙壁的距离只有原子大小,这样墙壁物质的分子与纤毛分子之间的力就使蜥蜴永远不会掉下来。雄性蜥蜴尾巴长而粗,腹部较窄,腿长,母蜥蜴尾巴短而细。腹部宽而圆,脚短。一只蜥蜴难辨别,进行比较一下,马上就能分辨清楚,从颜色上也能区别,公的艳丽,母的灰暗。

蜥蜴与蛇有密切的亲缘关系,二者有许多相似的地方,周身覆盖以表皮衍生的角质鳞片,泄殖肛孔都是一横裂,雄性都有一对交接器,都是卵生(或有部分卵胎生种类),方骨可以活动,等等。蜥蜴与蛇的区别,有人认为蜥蜴与蛇的区别在于蜥蜴有四只足,而蛇没有足。

世界上最大的蜥蜴,是"科摩多的龙"。印度尼西亚有一个群岛叫努沙登加拉群岛,科摩多就是该群岛的一部分。科摩多岛长四五公里,宽十至十三公里。在这里,生活着世界上最大的蜥蜴，岛上的居民称之为"科摩多的龙"。科摩多岛的自然环境，是巨蜥蜴生活的"天堂"。成年的蜥蜴，一般身长三点五至五米左右，体重一百至一百五十公斤。它扑食动物时，凶猛异常，奔跑的速度极快。它那巨大而有力的长尾和尖爪是扑食动物的"工具"。它以岛上的野猪、鹿、猴子等为食。只要成年的巨蜥一扫尾巴，就可以将三岁以下的小马扫倒，然后一口咬断马腿，将马拖到树丛中吃掉。吃不完时它还将余下部分埋在沙土或草里，饿时可吃。

我们中国也有巨蜥，但比科摩多的龙要小得多，主要分布在广东省和广西壮族自治区。

"断尾再生"的壁虎

壁虎也叫蝎虎，俗名又叫守宫。它是一种爬行动物，身体扁平，四肢短，趾上有吸盘，能在壁上爬行。壁虎以蚊、蝇、蛾等小昆虫为食，对人类有益。

我们在爬行动物展览馆，能见到长相怪怪的壁虎，它很丑，还有一条长长的尾巴。可是，有的壁虎却没有尾巴，它们的尾巴怎么会掉了呢？壁虎最奇特的一个特征就是，当他们受到强烈干扰时，它的尾巴可自行截断，以后还再生出来新尾巴。这种奇异的功夫可称之为"断尾再生术"。当它们遇到敌害时，能自己把尾巴断在地上，由于里面的神经还在活动，尾巴会"噼噼噗噗"地跳一会，好像是只活的虫子，当敌害将注意力集中到尾巴上时，壁虎赶紧钻入墙缝逃走。过一段时间，小尾巴还会再长出来。

而且壁虎还能够飞檐走壁。壁虎能够在一块垂直竖立的抛光玻璃表面，以每秒一米的速度向上高速攀爬，而且"只靠一个指头"就能够把整个身体稳当地悬挂在墙上。除了能在墙上竖直上下爬行外，壁虎还能够倒挂在天花板上爬行，这一绝技更令其他动物望尘莫及。这是因为它的每只脚底部长着数百万根极细的刚毛，而每根刚毛末端又有约400 根至 1000 根更细的分支。这种精细结构使得刚毛与物体表面分子间的距离非常近，从而产生分子引力。虽然每根刚毛产生的力量微不足道，但累积起来就很可观。根据计算，一根刚毛能够提起一只蚂蚁的重量，而 100 万根刚毛虽然占地不到一个小硬币的面积，但可以提起 20 公斤力的重量。如果壁虎同时使用全部刚毛，就能够支持 125 公斤力。科学家说，壁虎实际上只使用一个脚，就能够支持整个身体。

壁虎主要分布于我国华南地区。壁虎习惯夜间活动，夏秋的晚上常出没于有灯光照射的墙壁、天花板、檐下或电杆上。白天则潜伏于壁缝、瓦角下、橱柜背后等隐蔽处，并在这些隐蔽地方产卵。

需要更换"衣裳"的梅花鹿

随着季节和环境的变化，梅花鹿需要不断更换"衣裳"。这是为了保护自己，不易被猛兽发现。

梅花鹿的背脊两旁和体侧下缘，镶嵌着有许多排列有序的白色斑点，状似梅花，在阳光下还会发出绚丽的光泽，它也因而得名。它的体形匀称，体态优美，毛色随季节的改变而改变，夏季体毛为棕黄色或栗红色，无绒毛。冬季体毛呈烟褐色，白斑不明显，与枯茅草的颜色差不多，借以隐蔽自己。颈部和耳背则呈灰棕色，一条黑色的背中线从耳尖贯穿到尾的基部，腹部为白色，臀部有白色斑块，其周围有黑色毛圈。

梅花鹿

它是一种中型的鹿类，体长 125~145 厘米，尾长 12~13 厘米，体重 70~100 千克。梅花鹿头部略圆，面部较长，鼻端裸露，眼大而圆，眶下腺呈裂缝状，泪窝明显，耳长且直立。颈部长，四肢细长，主蹄狭而尖，侧蹄小。尾较短，背面呈黑色，腹面为白色。雌兽无角，雄兽的头上具有一对雄伟的实角，角上共有 4 个杈，眉杈和主干成一个钝角，在近基部向前伸出，次杈和眉杈距离较大，位置较高，故人们往往以为它没有次杈，主干在其末端再次分成两个小枝。主干一般向两侧弯曲，略呈半弧形，眉叉向前上方横抱，角尖稍向内弯曲，非常锐利，是其生存斗争的有力武器。

梅花鹿生活于森林边缘和山地草原地区，不在茂密的森林或灌丛中，因为不利于快速奔跑。白天和夜间的栖息地有着明显的差异。白天多选择在向阳的山坡，茅草丛较为神秘，并与其体色基本相似的地方栖息。夜间则栖息于山坡的中部或中上部，坡向不定，但仍以向阳的山坡为多，栖息的地方茅草则相对低矮稀少，这样可以较早地发现敌害，以便迅速逃离。它的性情机警，行动敏捷，听觉、嗅觉均很发达，视觉稍弱，胆小易惊。由于四肢细长，蹄窄而尖，故而奔跑迅速，跳跃能力很强，尤其擅长攀登陡坡、连续大跨度的跳跃，速度轻快敏捷，姿态优美潇洒，能在灌木丛中穿梭自如，或隐或现。

梅花鹿是亚洲东部的特产种类，在国外见于俄罗斯东部、日本和朝鲜。梅花鹿具有很高的经济价值。中国古书记载，服用鹿茸有"补精髓、壮肾阳、健筋骨"之功。历史上捕捉猎杀过度，野生数量极少，现人工养殖种群已达数十万只。

长脖子的长颈鹿

长颈鹿是非洲特有的一种动物。它长长的脖子，抬起头来，最高可达 6 米，因此也是陆地上最高的动物。

为什么它会有一个这样长的脖子呢？生物学家在研究长颈鹿的进化时，认为在远古的进化初期，长颈鹿的祖先只有小鹿大小，世世辈辈以青草为食。但在受到干旱等灾害时，大片草原枯荒，为了生存下去，长颈鹿就要时刻努力伸长脖子，吃树上的嫩叶子，那些脖子短的长颈鹿,吃不到树上的嫩叶,慢慢地被自然条件淘汰。就这样,经过许多世代以后,它们的脖子就慢慢变长,最后终于形成现在的样子。

长颈鹿硕长的脖子不仅对于警戒放哨、了解敌情和寻求食物是必不可少的,而且还是一个卓有成效的冷却塔。靠它的脖子散热,可以适应热带炎热的困扰。在前进的时候,长颈鹿的长脖子还能用于增大动力,在漫步、跑动时,脑袋就被置于前方,借以往前推移它的重心。

长颈鹿的相貌奇异,体态优雅,长在头上的突出双眼,可以同时观察四周的情况。长颈鹿通常生一对角,终生不会脱掉,皮肤上的花斑网纹则为一种天然的保护色。长颈鹿喜欢群居,一般十多头生活在一起,有时多到几十头一大群。长颈鹿是胆小善良的动物,每当遇到天敌时,立即逃跑。它能以每小时50公里的速度奔跑。当跑不掉时,它那铁锤似的巨蹄就是很有力的武器。

长颈鹿除了一对大眼睛是监视敌人天生的"瞭望哨"外,还会不停地转动耳朵寻找声源,直到断定平安无事,才继续吃食。长颈鹿喜欢采食大乔木上的树叶,还吃一些含水分的植物嫩叶。它的舌头伸长时可达50厘米以上,取食树叶极为灵巧方便。在非洲的草原和森林交接处的片片树林间,可以看到它们嚼食树叶的情景。

其实,在远古时期,长颈鹿活跃在欧、亚、非大陆上。但随着地球发生的变迁,长颈鹿的生存地渐渐被集中到非洲东部的少数地区。目前,世界上现存的长颈鹿总数约为45万头。长颈鹿独特的身躯和体态,没有任何一种动物与之相比,受到人们的喜爱。

黑白相间的斑马

斑马为非洲特产,是最著名的非洲动物之一。斑马最大的特点就是身上有着黑,白相间的花纹。

它们会长着黑白相间花纹,也是因为生存的需要。它们的主要天敌是非洲一种叫舌蝇的动物,如果它们叮上斑马,斑马就会病死!这种舌蝇看单纯的一种颜色会看得很清,黑白相间的颜色则会令它们眼花,所以那些单色的斑马被淘汰了,而黑白相间的斑马却因此得以生存下来。

斑马共有3种,山斑马、普通斑马、细纹斑马,从它们身上的斑纹图式、耳朵形状及体型大小即可将其区分,而三种斑马的生活习性却差不多。南非洲产山斑马,除腹部外,全身密布较宽的黑条纹,雄体喉部有垂肉。非洲东部、中部和南部产普通斑马,由腿至蹄具条纹或腿部无条纹。非洲南部奥兰治和开普敦平原地区产拟斑马,成年拟斑马身长约2.7米,鸣声似雁叫,仅头部、肩部和颈背有条纹,腿和尾白色,具深色背脊线。东非还产一种格式斑马,体格最大,耳长(约20厘米)而宽,全身条纹窄而密,因而又名细纹斑马。

斑马喜欢栖息在平原和草原(山斑马则居于多山地区)。它们是群居性动物,常结成群10~12只在一起,有时也跟其他动物群,如牛羚甚至鸵鸟混合在一起。老年雄性斑马偶然单独活动。它们跑得很快，每小时可达 64 公里。斑马经常喝水，因此很少住到远离水源的地方去。它们还有一个特点就是，即使在食物短缺时，从外表看仍是又肥壮、皮毛又有光泽。

斑马一般喜欢和长颈鹿呆在一起。动物混群生活的前提是没有食物上的竞争。此外，斑马和长颈鹿在一起还有一个好处，斑马的嗅觉非常灵，长颈鹿可以看得很远，因此很容易发现附近的敌害，它们在一起是互利互助。

斑马对普通非洲疾病都有抵抗力，而马却没有。所以一些国家和私立机构曾试图驯化斑马，并将其与马杂交配种。公斑马与母马杂交、母驴杂交均产过仔，美国国立动物园还展出过这样的杂交种。

斑马在人为饲养下能生活得很好，因此在许多动物园和马戏团中都有斑马。

"沙漠之舟"骆驼

骆驼有两种，有一个驼峰的单峰骆驼和两个驼峰的双峰骆驼。单峰骆驼比较高大，在沙漠中能走能跑，可以运货，也能驮人。双峰骆驼四肢粗短，更适合在沙砾和雪地上行走。骆驼和其他动物不一样，特别耐饥耐渴。人们能骑着骆驼横穿沙漠，所以骆驼有着"沙漠之舟"的美称。

骆驼有"沙漠之舟"的称号，在沙漠中离开了骆驼的帮助，将是一件不可想象的事情。人们都知道骆驼是"沙漠之舟"，但是很少有人知道骆驼为什么能适应那么恶劣的环境。最主要的原因是骆驼的驼峰里贮存着脂肪，这些脂肪在骆驼得不到食物的时候，能够分解成骆驼身体所需的养分，供骆驼生存需要。骆驼能够连续四五天不进食，就是靠驼峰里的脂肪。另外，骆驼的胃里有许多瓶子形状的小泡泡，那是骆驼贮存水的地方，这些"瓶子"里的水使骆驼即使几天不喝水，也不会有生命危险。

另外骆驼体格较大，足底厚，它还能预感风的强弱变化，知道地下水源的位置。骆驼的眼睛长有很长的睫毛，长睫毛可保护眼睛免受强日光照射，也可防止在沙尘暴条件下，沙子等异物进入。即使沙子钻进眼睛，只需几滴眼泪，就能把它冲洗出来。因此，即便是沙尘暴天气，骆驼也能分辨方向，不迷失道路。但是在沙尘暴刮起时，强大的风沙能够将骆驼的眼睛打瞎，骆驼也没有办法抵抗。骆驼是所有动物中最能忍耐饥渴的动物，有 30 天不喝水的记录。一旦喝起水来，一次能喝三十多公斤。骆驼的以上优点让它成为最适合在沙漠上行走动物。

但是别看骆驼长那么大块头，可是没有一点攻击力。上面说了他没有一点攻击力那么就只有任人宰割了，是个动物都可以欺负他。可是骆驼的祖先没有选择进化出獠牙、利爪。而是选择了退让，他们选择没有动物可以生存的沙漠，克服了怎么样的困难我们只有想象了。为了生存，他们一代一代的进化，最终适应了几乎是世上所有生物无法适应的沙漠。

"最大的鸟"鸵鸟

　　鸵鸟是体型最大的鸟,身体长 183 到 300 厘米,是鸟中的"巨人"。鸵鸟的主要种类有非洲鸵鸟、美洲鸵鸟和澳洲鸵鸟,非洲鸵鸟则是其中体形最大的。

　　鸵鸟长着小小的脑袋,长长的脖子,嘴短而扁平,呈三角形,眼睛很大。雄鸵鸟的羽毛主要是黑色,翅膀和尾是白色的;雌鸵鸟的羽毛都是灰色的。鸵鸟主要分布在非洲西北部、东南部和南部,栖息在荒漠、草原和灌木等地。它们通常清晨和黄昏出来活动,性情机警,喜欢结群,通常 10~15 只在一起。鸵鸟主要以植物性食物为主,有时也吃一些动物性食物。

　　鸵鸟的腿又长又粗壮,善于奔跑,它一步就能跨过 3.5 米,跃过 1.5 米高,每小时可以跑 50 千米。在顺风快跑时,高高地举起翅膀,就像帆船的帆,每小时可以达到 70 千米以上,比马跑得还要快。鸵鸟的力气很大,只要它用强有力的长腿一踢,足可以踢倒一只猎狗或一只狒狒。

　　鸵鸟没有飞翔能力。因为鸵鸟的躯干短粗,胸骨扁平,翅膀很短,已经退化,它的羽毛上没有羽小钩,不能结成羽片,所以没有飞翔能力。再加上它是现存体型最大的鸟类,体重可达 100 多公斤,身高达 2 米多。要把这么沉的身体升到空中,确实是一件难事,因此鸵鸟的庞大身躯是阻碍它飞翔的一个原因。

　　在遇到危险时,鸵鸟会将头埋在沙子中。人们认为这是它性情懦弱的表现,其实这是人类对它的误解。鸵鸟生活在炎热的沙漠地带,那里阳光照射强烈,从地面上升的热空气,同低空的冷空气相交,由于散射而出现闪闪发光的薄雾。平时鸵鸟总是伸长脖子透过薄雾去查看,而一旦受惊或发现敌情,它就干脆将潜望镜似的脖子平贴在地面,身体蜷曲一团,以自己暗褐色的羽毛伪装成石头或灌木丛,加上薄雾的掩护,就很难被敌人发现。另外,鸵鸟将头和脖子贴近地面,还有两个作用,一是可听到远处的声音,有利于及早避开危险;二是可以放松颈部的肌肉,更好地消除疲劳。

　　鸵鸟蛋虽是所有鸟类中最大的蛋,但与其身体比例来说,也是所有鸟类中最小的,所以一只鸵鸟可以覆盖大量的蛋。

"百鸟之王"孔雀

　　孔雀有绿孔雀和蓝孔雀两种。绿孔雀又名爪哇孔雀,分布在中国云南省南部,为中国国家一级保护动物。蓝孔雀又名印度孔雀,分布在印度和斯里兰卡。蓝孔雀还有两个突变形态:白孔雀和黑孔雀。人工养殖主要指蓝孔雀。

　　孔雀是鸡形目雉科鸟类,孔雀栖息于开阔低地的森林中,白天结群,夜间栖于高树上。生殖季节每只雄孔雀拥有 2 至 5 只雌孔雀。孔雀不能飞。孔雀双翼不太发达，飞行速度慢而显得笨拙，只是在下降滑飞时稍快一些。腿却强健有力，善疾走，逃窜时多是大步飞奔。孔雀杂食，主要取食种子、浆果等。觅食时，行走姿势与鸡一样，边走边点头。

它们身体粗壮，雄鸟长约 1.4 米，雌鸟全长约 1.1 米。头顶上那簇高高耸立着的羽冠，也别具风度。雌孔雀无尾屏，背面浓褐色，并泛着绿光，不过没有雄孔雀美丽。雄孔雀羽毛翠绿，下背闪耀紫铜色光泽。尾上覆羽特别发达，平时收拢在身后，伸展开来长约 1 米左右，就是所谓的"孔雀开屏"。这些羽毛绚丽多彩，羽支细长，犹如金绿色丝绒，其末端还具有众多由紫、蓝、黄、红等色构成的大型眼状斑。开屏时反射着光彩，好像无数面小镜子，真真鲜艳夺目。

一般只有公孔雀才会开屏，每年春季，尤其是三四月份，孔雀开屏最多。孔雀之所以开屏，有两个原因：一是，因为遇到了天敌，它要打开它的屏，它的屏上有许多像眼睛一样的花纹图案，天敌会因此而感到恐惧；二是，它开屏还是因为是在繁殖时期，母孔雀要看公孔雀屏上的图案是不是好看，颜色是不是鲜艳，从而是不是选择该孔雀作为伴侣。孔雀的屏越鲜艳，越好看，证明该孔雀的繁殖能力就越强。

孔雀被视为"百鸟之王"，是最美丽的观赏鸟，是世界上许多动物园的主要展出动物，也是吉祥、善良、美丽、华贵的象征。另外，孔雀的羽毛还可以用来制作各种工艺品。

吞食腐尸的秃鹫

秃鹫别名座山雕、狗头鹫，隼形目，鹰科，秃鹫属，是国家二级保护动物。秃鹫是腐食动物，主要以各种鸟兽的尸体腐肉为食，有时也捕食小型的鸟类。

秃鹫体长约 1.1 米，是一种大型猛禽。头部有暗褐色的绒羽，头后部羽色稍淡。颈部裸露，呈铅蓝色，皱领为白褐色。上体呈暗褐色。翼上覆羽为暗褐色，初级飞羽为黑褐色。下体呈暗褐色，胸前具有绒羽，两侧有矛状羽。胸、腹部有淡色纵纹。尾下覆羽为褐白色。嘴为黑褐色，脚为灰色，爪为黑色。秃鹫通常栖息于平原、丘陵地带的高山裸岩和草地环境。一般为单个活动，觅食时则集结成群。喜在高大的乔木上筑巢，巢穴以树枝为材料，内铺小树枝和兽毛等。繁殖期间每窝可产卵 1~2 枚，雌雄均参与孵卵，孵化期约 55 天左右。

秃鹫长得很丑陋，特别是它的头，光秃秃的，所以才叫"秃鹫"。秃鹫头上的羽毛哪儿去了呢？

秃鹫

原来，这都是贪吃惹的祸，谁让它们专门喜欢吃死尸呢。秃鹫的头颈裸露，有利于它们把头伸入尸体体腔,掏食内脏。它们吃完食后,喜欢在阳光下晒着。由于头颈没有羽毛的遮拦,在阳光中紫外线的强烈照射下,沾在头颈上的细菌和寄生虫卵就会被杀死。这样它们就不会因为吃死尸得传染病了。

在我国生活的最著名的鹫是胡兀鹫,即人们常说的"座山雕"。它的头颈不像其他秃鹫,而是生满羽毛。它的眼前方、眼前上方、鼻子基部及颏和下颌相连的地方都长着黑色刚毛,看上去像长着一脸"络腮胡须","胡子雕"的绰号由此而来。跟其他秃鹫相比,胡兀鹫不仅食尸体腐肉,而且还捕食活物,特别是山羊。它们也捕食野兔、野鸡和旱獭等。它们不但吃肉,还嗜食骨头。它们能咬碎羊骨,并能把咬不动的骨头叼上天空,然后一松嘴,让骨头掉在岩石上摔碎后再食用。据说,胡兀鹫能用同样的方法将捕到的龟摔碎吃掉。在非洲,胡兀鹫还会叼起石头砸碎鸵鸟蛋吃,这种本能令动物行为学家大为吃惊。

在我国,秃鹫分布很广,从西部到南部,都可以找到他的踪影。

色彩斑斓的雉鸡

雉鸡,又叫野鸡,全世界大概有五十几种子类。雉鸡尾巴较长,雄雉色彩鲜艳,雌雉的色彩比较暗淡。雉鸡翎色彩斑斓,特别美丽,可以用来做装饰品。在古代,只有将军级别的武将可以佩戴。

雄雉鸡身体较大,约为 85 厘米,引自中国,为欧洲及北美洲所熟悉。雄鸟头部具黑色光泽,有显眼的耳羽簇,宽大的眼周裸皮鲜红色。有些亚种有白色颈圈。身体披金挂彩,满身点缀着发光羽毛,从墨绿色至铜色至金色;两翼灰色,尾长而尖,褐色并带黑色横纹。雄鸟的叫声为爆发性的"噼啪"两声,紧接着便用力鼓翼。

雌鸟体形较小,约为 60 厘米,而颜色暗淡,周身密布浅褐色斑纹。被赶时,能迅速起飞,飞行快,声音嘶哑,但富有变化。雄鸟单独或成小群活动,雌鸟与其雏鸟偶尔与其他鸟合群。雉鸡喜欢栖于不同高度的开阔林地、灌木丛、半荒漠及农耕地,并经常成群觅食,雄雉每到发情季节很好斗,在雌雉面前斗个你死我活,雌雉这时候却显得无动于衷。大凤冠雉是体型很大的雉鸡类,也是凤冠雉中体型最大的成员。

雉鸡原产于我国和东南亚,后来不少种类传到世界各地。中国有 19 种雉鸡,体羽细部差别很大。大约 2000 年以前,小亚细亚和欧洲就有人饲养亚洲传入的小雉鸡。雉鸡也是最好的猎鸟之一,不少种雉鸡由于人的狩猎几乎绝种。现在世界上有十几种雉鸡已处濒危状态。

站着睡觉的马

为了消除疲劳,动物也要睡觉,不过它们睡觉的姿势可是多种多样的。马的睡觉方式就很特别，它总是站着睡。

马属于好动的动物，与食肉动物相反，它休息和睡眠时间很短。成年马平均一昼夜睡眠约6小时左右，深睡只用2小时，多在破晓之前。一般来说，吃饱后，只要安静站立，马就能立即进入睡眠。马能在站立下睡眠并得到良好的休息，原因主要是能支持大部分体重的前肢。它们站着睡觉的原因，则是因为马没有尖牙利爪。从前野生的马遇上敌人，只有撒开腿快跑才能逃生。如果马躺在地上睡觉，遇到险情就逃不掉了。因此它们直到现在还保持着这个习惯。其实也不是所有的马都站着睡觉，一般公马和骟马主要是站立睡眠。母马和幼驹则卧倒睡眠。

马属动物起源于6000万年前新生代第三纪初期，其最原始祖先为原蹄兽，体格矮小，四肢均有5趾，中趾较发达。生活在5800万年前第三纪始新世初期的始新马，或称始祖马，体高约40厘米。前肢低，有4趾；后肢高，有3趾。牙齿简单，适于热带森林生活。进入中新世以后，干燥草原代替了湿润灌木林，马属动物的机能和结构随之发生明显变化：体格增大，四肢变长，成为单趾；牙齿变硬且趋复杂。经过渐新马、中新马和上新马等进化阶段的演化，到第四纪更新世才呈现为单蹄的扬首高躯大马。

家马是由野马驯化而来。中国是最早开始驯化马匹的国家之一，从黄河下游的山东以及江苏等地的大汶口文化时期及仰韶文化时期遗址的遗物中，都证明距今6000年左右时几个野马变种已被驯化为家畜。但马的驯化晚于狗和牛。马在古代曾是农业生产、交通运输和军事等活动的主要动力。但随着动力机械的发明和广泛应用，马的役用价值在一些工业发达国家明显下降，田间作业几乎都为拖拉机所取代，马匹主要用于马术运动和生产乳肉，饲养量大为减少。但在有些发展中国家和地区，马仍以役用为主，并是役力的重要来源。

此外，马有很强的竞争心理。赛马就是利用了马的这种心理。也许有很多人不知道，在战争中，许多马并不是倒在枪林弹雨中，而是累死在战场上的。对反感的事物，马会做出几种反映：一是示威，这时马耳后背，目光炯炯，上脸收缩，高举颈项，点头吹气；二是愤怒的后踢，有时还会出现撕咬对方的行为。

流"红汗"的河马

我国有个动物园，在引进河马时，曾经虚惊一场。人们发现在运输河马的过程中，河马身体表面流血了。后来专家们解释说，那不是血，而是河马排出来的红色汗液。鲜红似血的汗，从此就成了河马的重要标志。

河马为什么出红汗，红汗有什么作用？这曾经是难倒生物学家的问题。河马排出的汗液含红色色素，经皮肤反射显现是红色的，这就引出河马出"血汗"的说法。有人认为，河马的红汗就像其他动物的汗一样有解热功能；也有人认为，红汗可以防水；还有人认为红汗可以杀菌，因为有研究表明，汗液里一般都含有杀菌蛋白质。日本研究人员的最新研究表明,河马的汗兼备防晒和抗生素的功能。

在所有的陆地动物中,河马是数得着的大个子,且喜欢群居,一般由10~20只组成。河马的模样长得很怪,它身体肥胖粗壮,皮肤厚而光滑,大脑袋上嵌着两只小眼睛。最明显的特征是,它有一只很大的嘴巴,嘴里长着巨大的利牙,样子十分吓人。那么,河马会吃人吗?不会。其实,河马不是凶猛的野兽,它的性情十分温和。这种动物是天生的素食者,从来不吃荤腥。除非受到攻击,河马是不会主动袭击人和其他动物的。

河马可以整个日间浸在水中,只露出鼻孔和眼睛在水面。河马可以闭气潜水六分钟,在水中,它们仍然是用腿走路。夜晚寂静无声时,它们才爬上岸,寻食充饥,或者在沿岸水域饱餐水生植物,或者在地面大嚼野生嫩草。吃东西的时候,河马和牛、羊不一样,它那宽大的上下唇和又宽又软的两颊形成大斗般的口,一次就能吞下10千克食物。河马一天要吃几十千克的食物,相当于人们一个月的口粮。

河马很讲究地盘势力,会对入侵领土的河马展开大厮杀。打得兴起时,就连附近的小河马也无暇理会,被咬死踩死并不为奇。平时温和的河马,一到繁殖季节也会一反常态,变得相当暴躁。在这一时期遇上河马是比较危险的,最好要离它远一点。

丑陋却温柔的犀牛

犀牛是陆生动物中最强壮的动物之一。约6千万年前犀牛就已出现,现在世界上共有黑犀牛、白犀牛、印度犀牛、苏门答腊犀牛和爪哇犀牛等5种。

犀牛有异常粗笨的躯体,短柱般的四肢,庞大的头部,全身披着铠甲似的厚皮,吻部上方长有单角或双角,头两侧生有一对小眼睛。它们虽然躯体大,相貌丑陋,却是些胆小无害、不伤人的动物。一般来说,他们宁愿躲避而不愿战斗。不过他们受伤或陷入困境时却异常凶猛,往往盲目的冲向敌人。

它们体长2~4米,重1000~3600公斤,是第二大陆生动物。犀牛脚短身肥,皮厚毛少,眼睛小,角长在鼻子上,白犀的角最长可达158厘米,一般为60~100厘米。它们胆小,爱睡觉,喜群居,小牛犊十分依恋母亲。白犀牛的体形是5种犀牛中最大,重达1800~2700公斤。在所有陆地哺乳动物中,白犀牛是唯一一种体形大于非洲象和亚洲象的动物。

犀牛喜欢在身上涂泥浆。我们看见犀牛在陆地上走路,但它们更喜欢长时间地待在水里,因为是在野处,而水又很脏,所以水里面就会聚集很多泥浆,而那些泥浆却是它们的最爱。我们都知道那些大个的犀牛身上会发出很臭的味道,这样便会吸引来很多小飞虫,它们在犀牛的身上咬得它会很痒,于是犀牛们就会跳到水里将泥浆涂到身上这样就会把自己身上的味道盖住,就不会把那些虫子吸引过来。当然还有一个原因,那就是因为由于犀牛的皮肤上并没有长出可以保护皮肤的毛来,而它们却生活在开阔地,长时间的被太阳照射会使它们的皮肤受不了,因而会把它们的皮肤烤坏,于是聪明的犀牛们就会把自己的身体全部泡在水里涂上泥浆,这样一可以降温二可以避免太阳直接照在自己的身上保护了皮肤。有趣的是还有一种犀牛鸟经常停在犀牛背上为它清除寄生虫。

它们头上犀牛角十分珍贵,这也成了它们灭绝的主要因素。自私的人们把犀牛角当成珍贵的药材,同时也将它与象牙一样用来雕刻制成各种精美的工艺品,人们还残忍地将犀牛的皮和血入药,在中国宋朝就有用犀牛角的记载。因为人类的大肆捕杀,犀牛的数量已经非常稀少,目前被列为国际保护动物。

"九节狼"小熊猫

小熊猫俗名九节狼、金狗。最好看的是一条蓬松的长尾巴,其棕色与白色相间的九节环纹,非常惹人喜爱,"九节狼"的别名也是由此得来的。

小熊猫的外形,猫脸熊身,似猫非猫,似熊非熊,还拖着一条粗大带彩色环纹的尾巴,显然并非短尾大熊猫的亲族。体形肥胖体长40~60厘米,体重约6千克,全身红褐色,四肢棕黑色,体毛长而蓬松。脸圆,具白色斑纹,吻、耳缘和颊呈白色,脸上有白斑,眼鲜艳。尾粗,长超过体长之半,具9个棕黑与棕黄色相间的环纹。小熊猫四肢粗短,背部毛色为红棕色,其眼眶和两颊甚至连嘴周围及胡须都是白色。

小熊猫是杂食动物,性情温顺,易于饲养,是东亚的特产动物。中国多数动物园均有展出,饲养下寿命可达10余年。它们平时数只结成小群活动,虽然动作缓慢,显得笨拙,但攀爬技术高超,能稳稳当当地爬上树顶,甚至细树枝间,悠然自得地打瞌睡。一般人多把食肉类动物视为猛兽,但小熊猫的性格却十分温顺文雅。一副小猫似的稚气脸谱,从来看不到愁容,颇能逗人喜爱。

在第四纪更新世时期,小熊猫曾广泛分布于欧亚大陆。目前小熊猫主要分布于我国,主要分布在我国西南地区海拔两三千米的亚高山丛林中,被列为国家二级重点保护动物。由于它与大熊猫同域分布,因此在四川20多个自然保护区中,已和大熊猫一样,在保护区内得到了较好保护。另外,虽然他们在野外仍分布广泛,但由于捕捉买卖的压力,及其栖息的环境受到人类的开垦及破坏,族群正在减少中。

大尾巴的小松鼠

松鼠最大的特征是长着毛茸茸的长尾巴。除了在大洋洲外,全世界都有分布。

松鼠四肢及前后足均较长,但前肢比后肢短。耳壳发达,前折时可达眼,冬季耳端具一撮黑色长毛束。全身背部自吻端到尾基,体侧和四肢外侧均为褐灰色,毛基灰黑,毛尖褐或灰色。腹部自下颌后方到尾基,四肢内侧均为白色。尾的背面和腹面呈棕黑色,毛基灰色,毛尖褐黑色。吻部、两颊及下颌如背色,但偏青灰,耳壳黑灰色,冬毛具有大束黑色毛簇。个体毛色差异较大，为青灰色、灰色、褐灰色、深灰色和黑褐色等等。随着地区的差异，毛色也有变化。此外，毛色还受季节的影响，冬毛灰或灰褐色，夏毛黑或黑褐色。

松鼠以植物性食物为主，也取食昆虫及其幼虫、蚁卵、鸟卵及其他动物，但主要食物为落叶松等针叶林的种子，夏季多取食各种浆果和蘑菇；在食物缺少的情况下，亦吃树的幼芽。松鼠有贮藏食物的习惯。每当果实成熟的时候，经常可以看到它嘴里含着胡桃、橡实或者其他好吃的东西，每当它从一个树枝跳到另一个树枝的时候，贮备就会增加。它不仅搜集胡桃和成熟的果实，而且还常常把蘑菇挂在上面的树枝上，待风干后，收藏到仓库里。它确实具有一种高超的本领，即能找到合适的树枝，并把蘑菇挂在上面，而且晒干后不会掉下来。在松鼠的仓库里，发现有胡桃和其他植物种子，但没有一个是腐烂的或生虫子的，质量全都很好。松鼠的仓库很多，然而其中一些可能会遭受到风雨和冬季猛烈的暴风雪破坏，使其附近外貌形状被改变而再也无法找到。

松鼠体长大约为18~26厘米，尾巴虽不及体长，但也达到了体长的三分之二以上。松鼠尾长而粗大，尾毛密长而蓬松，它为什么要长一根这么大的尾巴呢？因为松鼠在树与树之间跳来跳去，用尾巴保持平衡。冬天，松鼠蜷缩在窝里，将尾巴盖在头上，像是厚厚的棉被。当小松鼠遇到危急时，母松鼠会焦急地摇动大尾巴，将敌人引过来。白天炎热时，尾巴高高翘起成为一把大遮阳伞。

松鼠虽然那么可爱，却算不上益兽。因为松鼠爱剥树木的皮，从而使大批树林受到毁坏或死亡。同时，树皮经松鼠啃咬后，也容易受到真菌感染，组织增生而产生巨大的"肿瘤"，受害的树木多达百余种。

兔子眼睛的秘密

当我们看着小白兔的眼睛时，可以发现它的眼睛是红色的。事实上，并不是所有的兔子的眼睛都是红色的，那么兔子的眼睛有些什么秘密呢？

兔子眼睛的颜色与它们皮毛的颜色有关系。黑兔子的眼睛是黑色的，灰兔子的眼睛是灰色的，白兔子的眼睛是透明的。那为什么我们看到小白兔的眼睛是红色的呢？这是因为白兔眼睛里的血丝（毛细血管）反射了外界光线，透明的眼睛就显出红色。

兔子的眼睛还有蓝色，茶色等各种颜色，也有的兔子左右两只眼睛的颜色不一样。或许因为兔子是夜行动物，所以它的眼睛能聚很多光，即使在微暗处也能看到东西。另外，由于兔子的眼睛长在脸的两侧，因此它的视野宽阔，对自己周围的东西看得很清楚，有人说兔子连自己的脊梁都能看到。不过，它不能辨别立体的东西。对近在眼前的东西也看不清楚。

兔子又可分为野兔、家兔和鼠兔几种。兔子尾巴很短，耳朵却长长的，上嘴唇中间裂开，有28颗牙齿。它们的后腿比前腿稍长，善于跳跃，跑得很快。兔子是十分可爱的宠物。对兔子不怎么了解的人，认为兔子是不会叫的，事实上并不是这样的。在不同的情况下,兔子会发出各种不同的声音,代表的意思也是十分丰富的。兔子还有很多用途,肉可以吃,毛可以纺线、做毛笔。它们广泛的分布于欧洲、亚洲、非洲、南北美洲。

兔子可以被饲养。饲养兔子时,要注意它个性独立,但有时会很黏人,怕孤单,所以每天一定要抽出时间和它玩。如果没有安全的空间饲养(如阳台),也可养在笼子里,笼子的空间要大。不可以一直关在笼子里,每天要放出来活动一至二个小时以上。笼子里准备饲料碗和水碗,一根直径5~10公分的干净的木头让它磨牙,放一些干的木屑和稻草。兔子是杂食性的,早晚要喂一次。在鸟园可以买到兔子的饲料,饲料里也可以加一些麦片或磨牙的饲料。为了营养均衡,不要只喂饲料,有时可喂蔬果。还有,兔子需要喝水,且不能给生水,必须是煮过的水。如果喂饲料,水可以多放。喂蔬果,水就少一点。

满身尖刺的刺猬

刺猬最大的特点就是浑身长满了尖刺。目前这位人类的老邻居,已经是世界级的濒危物种了。在北京市,普通刺猬都成了136种二级保护动物中的一员。

只要刺猬拉扯肌肉和皮肤,它的刺就会竖立起来,如果有必要的话,刺猬还会把身体上没有刺的腹、尾、腿和尾部收缩起来,让自己变成一个刺球,让你对它奈何不得。刺猬的刺有什么用呢?说到刺,其实除防身之外,还有弹簧的作用,能救命!刺猬的刺,韧度强,弹性好,要是它攀枝爬藤地去摘瓜果或葡萄吃,不慎从上面掉下来,刺猬就会立即把自己卷成球,让全身的刺起到弹簧的作用,削减外力,避免摔成内伤或粉碎性骨折!

刺猬

能对刺猬构成威胁的天敌是狐狸和獾。狡猾的狐狸懂得用它的吻部使劲插进刺猬的腹部,獾则有尖利的爪子和它独有的开肠破肚的技能,不过对付刺猬总是件麻烦事,不是饿红眼了,谁愿意惹它呀!于是,顶着一身刺衣的小家伙竟成了无人敢惹的主,难怪那些没有自然遮盖物的地域,很多动物都惧怕进出,但刺猬却敢悠哉悠哉、明目张胆地穿行!它们真是动物王国中的混世魔王程咬金,会个夺命三斧头,就敢横刀立马走江湖!

黄鼠狼也是刺猬的天敌。当小刺猬遇见黄鼠狼时,它也会把身子卷起来,把刺竖在外面让黄鼠狼无法下口。但黄鼠狼会放臭屁。它对着小刺猬的口鼻部位放个屁,就把小刺猬熏晕了。小刺猬就松开身子,黄鼠狼会乘机抓住小刺猬的肚皮,把它吃了。

刺猬还有一个与众不同的行为,颇让人费解:它爱咀嚼嘴巴,生产大量的气泡,然后刺猬将它们涂抹到背上和刺上。直到整个身体都充满泡沫。刺猬往身上涂抹泡沫有什么作用呢？至今科学家没有给出确定的答案，猜测倒是有两种，不知你是否认同：一是涂上适度的有毒物质，使刺更具保护性；二是刺猬的口水中有吸引异性或表明自己身份的气味。

刺猬还是性格非常孤僻的动物，喜安静，怕光、怕热、怕惊。一旦脱离野生环境被人类当成宠物饲养，也就等于下达了对它的"死亡通知书"。因此，请不要把刺猬当成宠物！一般情况下，刺猬会远离人类的活动区域，喜欢把窝做在郊野荒地的边缘或溪流边上。

"北极圈之王"北极熊

北极熊也叫白熊，是熊类中个体最大的一种，体长可达 2.5 米，高 1.6 米，重 500 公斤。北极熊不仅善于在冰冷的海水中游泳，还擅长在冰面上快速跳跃，而且力大无穷，因此号称作为"北极圈之王"。

北极熊气力和耐力非常惊人，奔跑时速高达 60 公里，但不能持久。它具有粗壮而又灵便的四肢，尤其是它的前掌，力量巨大，掌上长有十分锐利的熊爪子，能紧紧抓住食物。北极熊还具有异常灵敏的嗅觉，可以嗅到在 3.2 公里以外烧烤海豹脂肪发出的气味，能在几公里以外凭嗅觉准确判断猎物的位置。在"闻出"气味熟悉的猎物的方位后，便能以相当快的速度从冰上跳跃奔去捕猎，一步跳跃奔跑的距离可达 5 米以上。巨大的北极熊一次就要吃 40 千克的东西，也就是说，一头驯鹿还填不饱肚子。

既然生活在海上，就要学会游泳，北极熊个个就都是游泳能手。在北冰洋那冰冷刺骨的海水里，它们可以自由自在地连续畅游四五十千米。当然，姿势并不优美，狗跑式的，两条前腿作桨，奋力向前划去。而后腿则并在一起作舵，掌握着前进的方向。北极熊还很有点自知之明，在游泳途中即使有海豹凑到身边，它们也绝不动心。因为在水里，它们绝不是海豹的对手，对于这一点它们向来是心中有数，头脑相当清楚的。

虽然生活在冰天雪地的北极，北极熊并不怕冷。这是因为北极熊有一身白色毛皮，这就是它生活在冰海雪原中的保护服。科学家们的研究证明：它的这身保护服就是"太阳热量转换器"，它能将最微弱的光线积累起来，然后汇集到表皮上，转化成热能，皮下的血液将热能输送到全身。据测定，北极熊四分之一的热能需求是由这身白色毛皮提供的。这些毛皮又是很好的隔热体，使北极熊身体的热量很少散失，所以北极熊不怕冷。而且它的皮下脂肪很厚，竟达 10 多厘米厚，就像穿了一件大棉袄，所以能够耐寒。再加上它的食物是以极富脂肪的海豹、海豚、幼鲸等动物为主。而北极熊的食量又大，自然会使自己变成一个肥胖者，肥胖者自然更能御寒。再者，它的脚掌，长得又肥又大，而且还有一层很厚的密毛，就像穿了一双毡鞋，自然就不怕冰天雪地。

北极熊一般在避风的雪洞中产崽，仔熊刚出生时只有 0.3 米长，眼睛睁不开，耳朵也听不见，3～5 年后，才长成兽。作为"北极圈之王"，除去人类和鲸之外，它们基本上没有什么天敌。所以，北极熊便成了这个白色王国的统治者，而不必再跑到陆地上去，与狐狸和狼群之类争食。

"南极绅士"企鹅

企鹅是南极的主人。它们有流线型的躯体,站在那里,活像身穿白衬衣、黑燕尾服的绅士。所以又有"南极绅士"之称。

和鸵鸟一样,企鹅是一种不会飞的海鸟,人称"海洋之舟"。虽然现在的企鹅不能飞,但根据化石显示的资料,最早的企鹅是能够飞的哦!直到65万年前,它们的翅膀慢慢演化成,能够下水游泳的鳍肢,成为目前我们所看到的企鹅。

别看企鹅从来不在天空飞翔,但它在陆地和水中的生活时间则各占一半,它们是游泳高手。企鹅的前肢都已经退化成了游泳的鳍状肢,而且上面的羽毛几乎是鱼鳞状的。在陆上行走时,它们行动笨拙,脚掌着地,身体直立,依靠尾巴和翅膀维持平衡。遇到紧急情况时,能够迅速卧倒,舒展两翅,在冰雪上匍匐前进。有时还可在冰雪的悬崖、斜坡上,以尾和翅掌握方向,迅速滑行。企鹅游泳的速度则十分惊人,成体企鹅的游泳时速为20~30公里,比万吨巨轮的速度还要快,甚至可以超过速度最快的捕鲸船。企鹅跳水的本领可与世界跳水冠军相媲美,它能跳出水面2米多高,并能从冰山或冰上腾空而起,跃入水中,潜入水底。因此,企鹅可称得上游泳健将,跳水和潜水能手。

一些企鹅求偶时也十分有趣。公企鹅会捡拾小石头放到母企鹅前,只有当母企鹅接受后它们才会进行配对。母企鹅产蛋后,一般由公企鹅负责孵蛋。特别是南极的企鹅,孵蛋更是一绝:企鹅的防卫能力很弱,为了防避海豹等天敌的侵袭,企鹅选择了南极最寒冷的冬季来产卵和孵蛋。南极的寒冬,即使是有半公斤重的新鲜企鹅蛋露天在外,几分钟就会变成石头。在这样恶劣的环境里,企鹅是怎样孵蛋的呢?雄企鹅把蛋小心谨慎地放在自己有脚蹼的脚背上,避免企鹅蛋直接与冰面接触,并用厚厚的肚皮盖住。两个月的孵化期,雄企鹅停止进食,完全靠脂肪维持生命,即使其体重减少三分之一也在所不惜。

目前的企鹅有6个不同的种类。其中,阿德利企鹅是最知名的企鹅。最小的是小蓝企鹅,体长只有120厘米。王企鹅则是最大型也是最漂亮的企鹅。

"湖上的舞者"天鹅

天鹅很早就被人们所认识,由于白天鹅的羽色洁白,体态优美,叫声动人,行为忠诚,人们便把白色的天鹅作为纯洁,忠诚、高贵的象征。

我们最常见的大天鹅它的形体十分大,小天鹅比大天鹅要小些,一般颈部弯曲呈"S"型。天鹅双脚又粗又短,趾间还有蹼,脖子也很长,差不多与身体等长。全身的羽毛为纯白色，它们在水中游动时都会伸着脖子与身体成直角，一副清闲的神态，仪态万方，举止高雅。

天鹅大部分是白色的，可也有十分珍稀的黑天鹅。黑天鹅主要分布于澳大利亚和新西兰，澳大利亚珀斯又有黑天鹅的故乡之称。黑天鹅全身羽毛卷曲，主要呈黑灰色或黑褐色，腹部为灰白色，飞羽为白色。嘴为红色或橘红色，靠近端部有一条白色横斑。虹膜为红色或白色，跗跖和蹼为黑色。它们栖息于海岸、海湾、湖泊等水域，成对或结群活动，以水生植物和水生小动物为食。

天鹅能浮在水上，这是因为它的身体结构有很多适合水中生活的特点。它身上长着一层厚厚的羽毛，那些羽毛像船的外壳一样，再加上羽毛外表有一层油脂，水就不会沾湿羽毛。所以天鹅能浮在水面上，不沉下去。它们在湖上游来游去，就像是最美丽的"湖上舞者"。

天鹅不会终年始终呆在一个地方，它属于候鸟的一种，因此秋天时它们要集体南迁。每年到了秋天，天鹅开始全部换羽毛，而且赶在冬天到来之前全部换好。于是，它们就开始携老带幼，排着整齐的"一"字或"人"字形队伍，开始展翅飞翔，一般南下至长江中下游和地中海中部、印度西北部等地区过冬。一直到来年春暖花开，然后再从南方各地汇集北上，一齐飞回繁殖地。鸟类迁徙时飞翔的高度，一般不会大于人的视力，但是天鹅却可以飞越喜马拉雅山的珠穆朗玛峰，高度竟多达9000米。

天鹅还保持着一种稀有的"终身伴侣制"，在南方越冬时，不论是取食或休息时，都成双成对。雌天鹅在产卵时，雄天鹅在旁边守卫着，遇到敌害时，它拍打翅膀上前迎敌，勇敢地与对方搏斗。它们总是成双成对的，如果一只死亡，另一只也确能为之"守节"，终生单独生活。

并不恩爱的鸳鸯

鸳鸯是经常出现在中国古代文学作品和神话传说中的鸟类。鸳指雄鸟，鸯指雌鸟，栖息于池沼之上，雌雄常成双成对出现。

鸳鸯别名官鸭，小型游禽。它与西半球的林鸭关系较近，比鸭小，全长约40厘米，常被人工饲养。雄鸟羽色艳丽，并带有金属光泽，额和头顶中央羽色翠绿，与后颈的金属暗绿和暗紫色长羽形成冠羽，头顶两侧有纯白眉纹，在鸳鸯的翅膀上有一对栗黄色、直立扇形翼帆。鸳鸯尾部羽毛暗

鸳鸯

褐、上胸和胸侧紫褐色、下胸两侧绒黑，镶以两条纯白色横带。鸳鸯嘴部呈暗红色、脚呈黄红色。雌鸟体羽以灰褐色为主，眼周和眼后有白色纹，无冠羽、翼帆，腹羽纯白。相比之下雌鸳鸯就逊色多了。

鸳鸯最有趣的特性是"止则相耦，飞则成双"。千百年来，鸳鸯一直是夫妻和睦相处、相亲相爱的美好象征，也是中国文艺作品中坚贞不移的纯洁爱情的化身，备受赞颂。这是因为鸳鸯喜欢雌雄成对生活。一旦其中一只丢去了，另一只就会在被捕捉或在遇害的地方满怀忧愁地徘徊，不肯吃食物，直到饥渴而死，所以，人们称赞鸳鸯是最忠贞的伴侣。

不过根据科学研究，鸳鸯并不是终生不二的，是典型的表里不一。古人总以为鸳鸯都很恩爱，殊不知鸳鸯乃是不折不扣奉行"一夫多妻制"的鸟类，雄性鸳鸯非但不恪守爱情的坚贞，简直是在扮演"花花公子"的角色。而产卵和育雏的工作，都留给了雌鸟来完成。

"和平使者"鸽子

鸽子被人们赋予了很多美丽的寓意。在古巴比伦，鸽子是法力无边的爱与育的女神伊斯塔身边的神鸟，被称为"爱情之鸽"。因此在遥远的过去，鸽子曾被人们看成是爱情的使者。

人们还把鸽子作为世界和平的象征，称它们为"和平使者"。这个说法起源于《圣经》上一个关于鸽子的记载：诺亚从方舟上放出一只鸽子，让它去探明洪水是否已经退尽。上帝让鸽子衔着一条橄榄枝回来，表示人间尚存希望。而把鸽子确定为世界和平的象征，恐怕是西班牙画家毕加索的功劳。1950 年 11 月，为纪念社会主义国家在华沙召开的世界和平大会，毕加索特意挥毫，画了一只昂首展翅的鸽子，当时，智利著名诗人聂鲁达把它称为"和平鸽"。从此，作为世界和平使者的鸽子，就为各国所公认了。

鸽子有野鸽和家鸽两类。鸽类均体形丰满，喙小，性温顺。行走的姿态似高视阔步，并带有特征性的点头动作。它们翅长，飞行肌肉强大，故飞行迅速而有力。鸽类雌雄终生配对，若其中一方死亡，另一方很久以后才接受新的配偶。鸽栖息在高大建筑物上或山岩峭壁上，常数十只结群活动，飞行速度较快，飞行高度较低。在地上或树上觅食种子和果实。在山崖岩缝中用干草和小枝条筑巢。巢平盘状，中央稍凹，一般每窝产卵 2 枚。卵白色。家鸽就是由野鸽驯化的。

人们利用鸽子有较强的飞翔力和归巢能力等特性，培养出不同品种的信鸽。公元前3000 年左右，埃及人就开始用鸽子传递书信了。我国也是养鸽古国，有着悠久的历史，隋唐时期，在我国南方广州等地，已开始用鸽子通信。关于鸽子能够识途的能力有两种主要的理论：一种是鸽子靠嗅觉找到回家的路；另一种是在它们的脑中有一个磁力图。目前还没有一个定论，也许鸽子是在综合利用这些本领吧。

"会飞的花朵"蝴蝶

蝴蝶的一生,宛如一个流淌的梦。人们称它是会飞的花,是优雅与美丽的使者,它的生命历程早已被人类关注和思考。从2000多年前散文名篇《庄子》中"庄周梦蝶"的文学描述到《生物进化》史册中"昆虫进化"典型的标本写照,人们不吝把许多人文和自然的赞美之辞都赋予了它。

蝶,通称为"蝴蝶",全世界大约有14000余种,大部分分布在美洲,尤其在亚马逊河流域品种最多,在世界其他地区除了南北极寒冷地带以外,都有分布,在亚洲,台湾也以蝴蝶品种繁多著名。蝴蝶一般色彩鲜艳,翅膀和身体有各种花斑,头部有一对棒状或锤状触角(这是和蛾类的主要区别,蛾的触角形状多样)。最大的蝴蝶展翅可达24厘米,最小的只有1.6厘米。大型蝴蝶非常引人注意,专门有人收集各种蝴蝶标本,在美洲"观蝶"迁徙和"观鸟"一样,成为一种的活动,吸引许多人参加。有许多种类的蝴蝶是农业和果木的主要害虫。

蝴蝶大多是以花蜜为生,也有些靠吸食腐食为生。蝴蝶的寿命一般只有一年。蝴蝶的一生是从卵开始的。卵的形状各不相同,有的是球形的、有的是炮弹形、有的是甜瓜形的等。这是蝴蝶的第一个生长阶段——卵。一段时间后,毛毛虫就从卵里孵化出来了,它先吃掉卵壳,再去吃植物并迅速长大,每隔一段时间,毛毛虫就要蜕皮一次,换上更宽松的表皮。一般来说毛毛虫要蜕四次皮,这是蝴蝶的幼年时期,为第一个发育阶段——幼虫。毛毛虫长大之后,就会选择地点,吐丝固定身体,蜕皮化成蛹,这是蝴蝶的第三个发育阶段——蛹。蛹一般经过数天就变成了蝴蝶,也叫成虫,蝴蝶成虫的主要任务就是产卵,第二年卵又发育成幼虫、蛹、成虫,就这样蝴蝶在大自然中一代代延续下来。在生长的各个阶段,它的身体都发生了明显的变化,这个过程就叫变态。

蝴蝶来了,给世界带来了繁花似锦的春光,带来了瓜果累累的秋色。它们展开了美丽的翅膀,天使般自由地飞翔。不论是谁,只要他们有一颗善良的心,就会欣赏蝴蝶艳丽的姿态而深深地爱上他们。

"大自然的歌手"蝉

蝉俗称"知了",属于同翅目,蝉科。多生活在热带亚热带和温带地区,寒带较少见。蝉的幼虫期叫蝉猴、知了猴或蝉龟,最大的蝉体长4~4.8厘米。蝉的翅膀基部黑褐色,喜用针刺器吸取树汁,幼虫栖息土中,吸取树根液汁,对树木有害。但是,蝉蜕下的壳可以做药材。

自古以来,人们对蝉最感兴趣的莫过于是它的鸣声。它为诗人墨客们所歌颂,并以咏蝉声来抒发高洁的情怀,更有甚者是有的人还用小巧玲珑的笼装养着蝉来置于房中听其声,以得欢心。的确,从百花齐放的春天,到绿叶凋零的秋天,蝉一直不知疲倦地用轻快而舒畅的调子,不用任何中、西洋乐器伴奏,为人们高唱一曲又一曲轻快的蝉歌,为大自然增添了浓厚的情意,难怪乎人们称它为"昆虫音乐家""大自然的歌手"。

会鸣的蝉是雄蝉,它的发音器就在腹基部,像蒙上了一层鼓膜的大鼓,鼓膜受到振动而发出声音,由于鸣肌每秒能伸缩约 1 万次,盖板和鼓膜之间是空的,能起共鸣的作用,所以其鸣声特别响亮。并且能轮流利用各种不用的声调激昂高歌。雌蝉的乐器构造不完全,不能发声,所以它是"哑巴蝉"。

蝉的家族中的高音歌手是一种被称作"双鼓手"的蝉。它的身体两侧有大大的环形发声器官,身体的中部是可以内外开合的圆盘。圆盘开合的速度很快,抖动的蝉鸣就是由此发出的。这种声音缺少变化,不过要比丛林金丝雀的叫声大得多。

雄蝉每天唱个不停,是为了引诱雌蝉来交配的,雄蝉的叫声,雌蝉听来像一首美妙的乐曲,在交配受精后,雌蝉,就用像剑一样的产卵管在树枝上刺成一排小孔,把卵产在小孔里,几周之后雄蝉和雌蝉就死了。

另外,古人以为蝉餐风饮露,是高洁的象征,所以古人常以蝉的高洁表现自己品行的高洁。《唐诗别裁》说:"咏蝉者每咏其声,此独尊其品格。"

能鸣善斗的促织

促织,蟋蟀的别称,属于蟋蟀科,也叫蛐蛐儿。因其能鸣善斗,自古便为人饲养。

在生物分类中,蟋蟀属昆虫纲直翅目蟋蟀科,约有 1400 种,我国已知的有 30 余种。它的身子大约长 20 毫米,是黑褐色的。头上长着一对长长的触须,比它的身子还长呢。它有 3 对腿,后面的一对又细又长,而且还长着许多小刺。公蛐蛐有两个又小又细的尾巴,母蛐蛐却有 3 个尾巴,中间那根最长,就像一个横写的"山"字。蟋蟀长有"耳朵",可分辨同伴发出的声音,但"耳朵"不长在头上,而是长在大前脚的胫节(小腿)上,上面有薄膜,可感觉声音的振动。

据研究,蟋蟀是一种古老的昆虫,至少已有 1.4 亿年的历史。蟋蟀生活在草丛、灌木、田野等地。每年 9 月底,雌蟋蟀把产卵管插入地下,把卵产在地下,大约离地面 0.5cm 深。到了 10 月,许多成虫就会凋零死亡,而卵则在地下过冬。第二年的 5、6 月间,卵开始孵化。孵化后的 1 龄幼虫,几天后就蜕皮成 2 龄幼虫。在两个月间,蜕皮 78 次。每蜕一次,就成长一些。它们避开阳光,聚集在阴暗的地方生活。8 月下旬,最后一次蜕皮,羽化为成虫。羽化后 23 天,开始鸣叫。这时背部还长有一对飞行用的翅膀,叫声有些特别。大约羽化 7 天后,后翅膀就会从基部掉下来,这时声音就好听了。蟋蟀多是杂食性的,既吃植物果实(如黄瓜、梨、茄子),也吃昆虫和同类尸体。

蛐蛐是一种好斗的昆虫,常有同类相残的惨剧发生。据记载,中国家庭饲养蟋蟀始于唐代,当时无论朝中官员,还是平民百姓,人们在闲暇之余都喜欢带上自己的"宝贝",聚到一起一争高下。

蟋蟀还善叫,尤其在较热的夜晚叫得更欢。蟋蟀的叫不是用口,而是用翅,它的两翅互相摩擦,就能发出优美的声音。

"庄稼的敌人"蝗虫

在山里,最多的是河卵石,而跟河卵石一样多的是蝗虫。蝗虫又名"蚱蜢""草螟""蚱蚂""蚂蚱"。

蚱蜢通常为绿色、褐色或黑色,头大,触角短。它的前胸背板坚硬,像马鞍似的向左右延伸到两侧,中、后胸愈合不能活动。脚发达,尤其后腿的肌肉强劲有力,外骨骼坚硬,使它成为跳跃专家,胫骨还有尖锐的锯刺,是有效的防卫武器,产卵器没有明显的突出,是和螽斯最大的分别。

如果将活的蝗虫的头浸在水中10分钟,而身体其他部分暴露在空气中,蝗虫不会死。因为蝗虫的气孔在腹部,有两排。它靠这个进行气体交换。所以把蝗虫的腹部浸在水中它会淹死的。蝗虫为了避敌人,常常作长距离的跳跃,后腿用力一蹬就跃向空中,然后展翅飞行,它们还可利用自身保护性的体色,落到地上或草叶上敌人就很难再找到它们。

夏秋季节,山里孩子最好的野食常常是窑烧蝗虫。树林中捉到的蝗虫,身上长着一对漂亮的翅膀,一跃就能飞得老远。这种蝗虫不好捉,但体表干净,肚里也只有一些刚消化的绿草,是窑烧蝗虫的佳品。在绿草地上捉到的一种蝗虫,叫扁担钩,全身碧绿,高高的,瘦瘦的,苗条的身材,让人看了就有食欲,是窑烧蝗虫的上品。如果捉到肚内有籽的,就是窑烧蝗虫的极品。

然而蝗虫,它也是"大灾星"。其成虫都有一对发达的大颚,主要吃草,特别爱吃禾本科植物,如稻、麦、高粱、玉米和竹类的茎叶,禾本科杂草茂密之处和辽阔的荒地,是蝗虫理想的栖息地。成群的蝗虫可使绿地变成荒原。它铺天盖地而来的时候,就像一片乌云一样遮天蔽日。5000多万只集群的蝗虫便可遮住一平方公里的天空。它所过之处,全部农作物化为乌有,最快的速度每天达150公里。一个蝗虫群,一天就可能吞噬几十万吨的谷物。

"五虫之一"甲虫

甲虫和其他的昆虫一样,身体分头、胸、腹三部,有六只脚。它们最大的特征是前翅变成了坚硬的翅鞘,从而失去了飞行功能,只是保护后翅和身体。飞行时,先举起翅鞘,然后张开薄薄的后翅,飞到空中。翅鞘的颜色花样多变化,有发金光的,有带条子像虎纹的,有带斑点像豹皮的,也有的是杂色图案,十分美丽。而有些甲虫的连后翅也退化了,算是彻底不能飞了,像步行虫就是。

世界上最毒的甲虫是斑蝥,别名"斑猫""龙蚝""地胆",属鞘翅目芫菁科斑蝥属,是最毒的甲虫。全世界约有斑蝥2300多种,我国则有29种。斑蝥全身披黑色绒毛,翅细长椭圆形,质地柔软,体长为11~30毫米,翅基部有两个大黄斑,中央前后各有一黄色波纹状横带,足具有黑色长绒毛,危害大豆、花生、茄子等作物。斑蝥多群集取食,成群迁飞。当它遭到惊动时,为了自卫,便从足的关节处分泌出黄色毒液。此黄色毒液内含有强烈的斑蝥素,其毒性甚强,能破坏高等动物的细胞组织,与人体接触后,能引起皮肤红肿发泡。

世界上最凶的甲虫则是"甲虫之王"独角仙。因为雄性独角仙的头部有一支巨大的角,故称为独角仙。独角仙属于金龟子科的兜虫亚科,所以独角仙又称兜虫目前台湾主要有两种,独角仙、姬独角仙,都是属于夜行性甲虫。日本人非常崇拜独角仙,以独角仙的头部形状做成日本武士的头盔。独角仙全身几乎都是坚硬的革质,雄性独角仙胸上有一根刺状突起。独角仙以吸食树汁和腐果为主要的食物,独角仙是一种益虫,它的幼虫是生活于腐烂的木头或泥土中。成虫则吸食树汁为生。雄虫头部前方长有犄角,用来争夺食物或对抗情敌,前胸背板中央亦长有小犄角。雄性独角仙有两支角,一支小,一支超大。

甲虫的大小差别很大,小的像龙毛蕈虫只有零点二五公厘长。最大的像天牛,有二十公分长。雄的甲虫通常较雌的小。甲虫专指有甲壳的虫类及水族,是我国古代所称的"五虫"之一。

国宝大熊猫

大熊猫是一种十分古老的动物,被动物学家称为"活化石"。与它同一时期的动物如剑齿虎等,早已灭绝并成为化石,唯有大熊猫因隐退山谷而遗存下来。因为大熊猫是世界上最珍贵的动物之一,主要分布在我国的四川、甘肃、陕西省的个别崇山峻岭地区,数量十分稀少,属于国家一类保护动物,也就被誉为我国的"国宝"。

熊猫身体胖软,头圆颈粗,耳小尾短,四肢粗壮,身长约1.5米,肩高60~70厘米左右,体重可达100~180千克。特别是那一对八字形黑眼圈,犹如戴着一副墨镜,非常惹人喜爱。大熊猫的祖先是食肉动物,现在却偏爱吃素,主要以吃箭竹为生。一只成年的大熊猫每天要吃20千克左右的鲜竹。有时,它也会开一次"斋",捕抓箭竹林里的竹鼠美餐一顿,甚至大摇大摆闯入居民住宅,偷吃食物。大熊猫性情孤僻。喜欢独居,昼伏夜出,没有固定的居住地点,常常随季节的变化而搬家。春天一般待在海拔3000米以上的高山竹林里,夏天迁到竹枝鲜嫩的阴坡处,秋天搬到2500米左右的温暖的向阳山坡上,准备度过漫长的冬天。每年的四五月份是大熊猫的繁殖季节，雄、雌大熊猫难得同居在一起。

大熊猫性情温顺，一般不主动攻击人或其他动物。当大熊猫听到异常响声时，常常是立即逃避。大熊猫的视觉极不发达。这是由于大熊猫长期生活在密密的竹林里，光线很暗，障碍物又多，致使其目光变得十分短浅。此外由于它的瞳孔像猫一样是纵裂的，因此当夜幕即将降临的傍晚，它们还能活动。

关于大熊猫黑白相间的毛色，还有一个有趣的传说。传说中，过去大熊猫

熊猫

是白色的，在一次动物葬礼上，为表达哀思，它们把煤灰涂在胳膊上，相互拥抱后，形成了延至后背的黑色，擦眼泪又染黑了眼眶……这当然是杜撰，但大熊猫与许多动物一样，生存状况十分可悲，处在灭绝的边缘。原因无非是人类活动范围扩大，使其退缩于山顶，呈孤岛化分布，食物与配偶资源贫乏，近亲繁殖严重、体质下降、抗病力弱。目前总数仅仅1000余只，被列为一级保护动物，国际自然保护联盟红皮书"濒危物种"。

现在，大熊猫不但被世界野生动物协会选为会标，而且还常常担负"和平大使"的任务，带着中国人民的友谊，远渡重洋，到国外攀亲结友，深受各国人民的欢迎。

吃蚂蚁的食蚁兽

食蚁兽是生活在美洲的一种以蚂蚁为食的无齿哺乳动物。它没有牙齿，有一个很长的嘴，当长嘴前端的鼻子嗅出白蚁的气味以后，便启动锋利的前爪刨开蚁封，直捣白蚁窝，趁白蚁惊慌逃窜时，它便伸出长约30厘米的舌头，利用舌上的黏液粘住白蚁，送进嘴里，囫囵吞食。它们食量很大，一天能吃20000只。

在南美洲有三种食蚁兽：大食蚁兽，小食蚁兽和二趾食蚁兽。大食蚁兽体大如猪，身长可达1.3米，高0.9米，体重约30~35公斤。大食蚁兽的尾巴特别大，下雨天和大热天可以竖起来当伞用，晚上铺在地上，可当现成的绒枕头。大食蚁兽是唯一行栖地面生活的食蚁兽，主要居住在热带草原和疏林中。大食蚁兽拥有鲜明的肤色，漆黑而密布长毛的尾巴，强劲的前爪，颈部和背部被鬃状短毛，脚有五趾。

小食蚁兽像狗那么大，身长约60厘米左右，尾长约45厘。毛较短的，耳朵比较大。前肢的中间3趾有锐爪，第三趾特长，第一趾有小爪，第五趾无爪。后肢也有五趾。但是更为有趣的还是它的尾巴。这条尾巴不仅能缠绕，而且能起支柱作用。每当遇到危险

时,它便以尾巴支持后部,半身挺起,宛如一副三角架。一边用前肢来威吓入侵者。一面由嘴里发出一种特殊的哨声,以此达到保卫自己的目的。小食蚁兽是一种既能树栖、又能地栖的动物。白天黑夜都可出来活动。在食蚁兽的家庭中,它是富有适应能力的食蚁兽。

二趾食蚁兽的体形较小。最小的只有松鼠大,大的也不超过半尺长。全身披有浓厚如丝一般的黄色皮毛,故又有"丝毛食蚁兽"之称。由于这种食蚁兽具有严格的树栖习性,因此尾巴显得更长,更富有缠绕性。这种小兽常常蹲在树枝上,把尾巴缠绕着树干,两只前腿举在头顶,可直立很久。如有什么动物打搅它,它会举起前爪,凶猛地扑向不速之客。

爱吃蚂蚁的食蚁兽,一般只在一个蚁穴中吃140天左右的蚂蚁,吃完后就离开再另换一个蚁穴。靠这种吃法,它可以保证自己领地内蚁穴中的蚂蚁存活下去,以便它改天再来美餐。目前已被列为濒临绝种的动物。

"圣诞老人的坐骑"驯鹿

圣诞节到临,圣诞老人穿着红色长袍,坐着雪橇,赶着驯鹿为郊野的孩子们送礼物。北极的冬天,地上盖满了白雪,唯一的交通工具是雪橇,拉雪橇便是驯鹿。给圣诞老人拉雪橇的总共有九只驯鹿!八只负责出力拉,其中一只红鼻子叫鲁道夫的驯鹿是开路的领头鹿。

人们让驯鹿给圣诞老人拉车,给孩子们送礼物,是因为就历史而言,鹿与人类的关系是非常密切的。大约在200多万年以前,地质上称之为更新世后期,分布在欧亚大陆上的驯鹿曾是人类主要的食物之一。那时的人类主要依靠捕食驯鹿吸取营养,维持了大约有几千年。所以,我们的祖先总是把鹿视为圣洁的象征,才赋予了它如此美丽的神话传说。虽然有历史学家认为圣诞老人——圣·尼古拉斯死于公元343年,但是孩子们更愿意相信他永远活着,圣诞老人和他的驯鹿已经成为圣诞节最受喜爱的象征和传统。

实际上,驯鹿就是角鹿。它的角分支复杂,有很多权。体型中等,体长100~125厘米,肩高100~120厘米;雌雄都具角;角干向前弯曲,各枝有分权,雄鹿3月脱角,雌鹿稍晚,约在4月中、下旬;驯鹿头长而直,耳较短似马耳,额凹;颈长,肩稍隆起,背腰平直;尾短;主蹄大而阔,中央裂线很深,悬蹄大,行走时能触及地面,因此适于在雪地和崎岖不平的道路上行走;体背毛色夏季为灰棕、栗棕色,腹面和尾下部、四肢内侧白色,冬毛稍淡、灰褐或灰棕,5月开始脱毛,9月长冬毛。分布于欧亚大陆、北美、西伯利亚南部。在中国仅分布在大兴安岭西北坡,目前仅在内蒙古自治区根河市尚有少量饲养。

驯鹿最惊人的举动,就是每年一次长达数百千米的大迁移。春天一到,它们便离开自己越冬的亚北极地区的森林和草原,沿着几百年不变的路线往北进发。而且总是由雌鹿打头,雄鹿紧随其后,秩序井然,长驱直入,边走边吃,日夜兼程,沿途脱掉厚厚的冬装,而生出新的薄薄的夏衣,脱下的绒毛掉在地上,正好成了路标。就这样年复一年,不知道已经走了多少个世纪。它们总是匀速前进,只有遇到狼群的惊扰或猎人的追赶,才会来一阵猛跑,发出惊天动地的巨响,扬起满天的尘土,打破草原的宁静,在本来沉寂无声的北极大地上展开一场生命的角逐。

"四不像"麋鹿

麋鹿是我国特有的珍稀动物,也是世界上著名的珍禽异兽,与大熊猫齐名。因为麋鹿"蹄似牛非牛,头似马非马,尾似驴非驴,角似鹿非鹿",所以俗称为"四不像"。

麋鹿的身体长约170~250厘米,体重可以达到250千克,夏天身体的毛红棕色,到了秋天变成灰棕色,背部比腹部的颜色要深一些,颈背上有一条黑色的纵纹。雄性的麋鹿头上有角,和一般的鹿不同的是,它换角的季节在冬季。麋鹿喜欢生活在森林或水草丰盛的沼泽地带,它们经常到池塘中涉水,甚至冬天也是这样。夏天,它们在湖边散步,或者到水深的地方游泳。麋鹿喜欢吃青草或水草,而对嫩树叶和瓜果不感兴趣。

麋鹿求偶发情始于6月底,持续6周左右,7月中、下旬达到高潮。雄兽性情突然变得暴躁,不仅发生阵阵叫声,还以角挑地,射尿,翻滚,将从眶下腺分泌的液体涂抹在树干上。雄兽之间时常发生对峙、角斗的现象。雌兽的怀孕期为270天左右,是鹿类中怀孕期最长的,一般于翌年4~5月产仔。初生的幼仔体重大约为12千克,毛色橘红并有白斑,6~8周后白斑消失,出生3个月后,体重将达到70公斤。2岁时性成熟,寿命为20岁。

麋鹿在我国古代曾经有广泛的分布。据科学家考证,麋鹿的整个生活时期不过300万年左右。根据大量化石和历史资料推断,野生麋鹿大概在清朝才濒临灭绝的境地,最后的灭绝地点,可能是江浙滨海一带。人工驯养的麋鹿,1900年在北京皇家猎苑"南海子"被入侵的八国联军洗劫一空。至此,麋鹿在中国绝迹。1985年以来,我国分批从国外引回80多只,饲养于北京南苑和江苏大丰市。在散放的江苏省大丰市已建立麋鹿自然保护区,为麋鹿在自然界恢复野生种群而开展保护管理和科学研究工作。属于国家一级保护动物。现在仅存的麋鹿,就成了珍贵的"活化石"。

萤火虫发光的秘密

在盛夏的夜晚,当我们在庭院中纳凉或者到田野中散步的时候,我们到处可以看到那些打着小灯笼正在忙碌的萤火虫,它们飞来飞去,淡绿的萤火一闪一灭,为夏天的夜晚增添了许多趣味。但是你知道萤火虫为什么会发光吗?

全世界萤火虫有两千多种,分布于热带、亚热带和温带地区。中国约54种,小至中型,长而扁平,体壁与鞘翅柔软。前胸背板平坦,常盖住头部。头狭小,眼半圆球形,雄性的眼常大于雌性。腹部7~8节,末端下方有发光器,能发光。萤火虫夜间活动,卵、幼虫和蛹也往往就能发光,成虫的发光有引诱异性的作用。幼虫和成虫均捕蜗牛和小昆虫为食,喜栖于潮湿温暖草木繁盛的地方。

雄性萤火虫较为活跃,主动四处飞来吸引异性;雌性停在叶上等候发出讯号。常见萤火虫的光色有黄色,红色及绿色。雄萤腹部有2节发光,雌只有1节。亮灯是耗能活动,不会整晚发亮,一般只维持2至3小时。成虫寿命一般只有5天至2星期,这段时间主要为交尾繁殖下一代。

夜晚人们看到萤火虫一闪一闪地飞行,这是由于萤火虫体内一种称作虫萤光素酶的化学物质与氧气相互作用,从而产生的光亮。这种被称作虫萤光素酶的化学物质像开关一样启动这种反应,当萤火虫产生虫萤光素酶的时候,这种反应就开始了,萤火虫便会发出一闪一闪的光亮。萤火虫的发光器通常位于腹部倒数第2~3节,由于萤火虫种类繁多,个体间也存在较大的差异。

这就是萤火虫发光的秘密。

吃木材的白蚁

白蚁分布于热带和亚热带地区,它最典型的特征是以木材或纤维素为食。白蚁能吃木屑,是因为它和披发虫共生。披发虫生活在白蚁体内,它帮白蚁消化吃的木屑,如果把白蚁放在40多度的温水中,披发虫就会死,这时白蚁再吃木屑就会死掉。

白蚁除以木质纤维为食外,高级的白蚁常有培养菌圃取食菌体的习性。草白蚁、大白蚁、须白蚁的工蚁和兵蚁日常在地面活动,搜集食物。有的种类巢外活动的工蚁队伍长达1米以上,宽约10厘米。每一工蚁都用口衔小叶片运往巢内。在队伍的两侧,每隔一定距离就有一个兵蚁守卫,井然有序。在热带地区,这样的队伍可由30余万只白蚁组成。

白蚁是社会性昆虫,由各种品级组成,可分为蚁后、蚁王、兵蚁、工蚁。在比较高级的白蚁中,都由一对脱翅后的雌、雄繁殖蚁掌管团体生活,雌的称蚁后(母蚁),常与雄蚁同住于特建的"王宫"中。"王宫"一般位于蚁巢僻静处,上下有小孔,供工蚁和兵蚁通行。蚁后深居宫内,专司产卵,雄蚁专司交配。在大白蚁的同一"王宫"内,曾发现发育相等的两对蚁后和雄蚁。在较原始性的白蚁巢内,往往有大小不等的蚁后多个,可能是在原蚁后遗失或死亡之后补充繁殖起来的个体。蚁后产卵时,工蚁常在旁守护,连续不断地把卵移送卵室内加以保护。巢内长翅型成虫在一年中的某一特定期间,即能成群分飞。分群时期因白蚁的种类和环境条件而异。在干燥地区,分群时期多在雨季或骤雨前后,显然,分群与大气湿度有密切关系。白蚁是一种多形态、群居性而又有严格分工的昆虫,群体组织一旦遭到破坏,就很难继续生存。全世界已知2000多种。

白蚁是世界性的重要害虫之一，早在 3.5 亿年以前已在地球上产生，全世界共有白蚁 2200 种，中国占有 476 种，广东省就有 69 种。白蚁危害范围非常广泛，涉及国民经济各个领域，如房屋建筑、交通设施、电讯设备、江河堤坝、书籍、衣物、武器弹药和农林作物，以及化纤物质等，由于白蚁危害造成的事故时有发生，经济损失巨大，威胁人民的生命、财产安全，为此国家建设部十分重视，省市房产局建设正式下文要求全面切实做好白蚁防治工作。

白蚁与蚂蚁虽一般同称为蚁，但在分类地位上，白蚁属于较低级的半变态昆虫，蚂蚁则属于较高级的全变态昆虫。

"朝生暮死"的蜉蝣

初夏的黄昏时分，人们常常可以看到一种体长不到 1 厘米的小虫，成群地在空中飞舞，这些小虫就是蜉蝣。早在 2000 多年以前，我国的古人就已经发现它"朝生暮死"，寿命极为短促，因此古人常在文学作品中提到它，感叹生命的短暂，告诫人们珍惜时间。

古人的看法对不对呢？昆虫学家的研究告诉我们，既对也不对。如果将蜉蝣的寿命从成虫算起的话，古人的观察是正确的，它的确是个短命鬼。蜉蝣从它变为成虫时起，到它生命结束止，最多的活不到一天，少的仅仅只有几小时。在昆虫世界里，成虫寿命最短的就数它了。不过，蜉蝣的寿命要是从幼虫算起的话，古人的看法就不对了。蜉蝣变成成虫以前，要在水中度过 1~3 年漫长的时光呢！这样长的寿命，在昆虫世界里，不但不能算是"短命鬼"，而且，还应该说是长寿喏喱。

蜉蝣的一生是这样的。幼期水生，生活在淡水湖或溪流中。春夏两季，从午后至傍晚，常有成群的雄虫进行"婚飞"，雌虫独自飞入群中与雄虫配对。产卵于水中。卵微小，椭圆形，具各种颜色，表面有络纹，具粘性，可附着在水底的碎片上。稚虫期数月至 1 年或 1 年以上，蜕皮 20~24 次，多者可达 40 次。成熟稚虫可见 1~2 对变黑的翅芽。两侧或背面有成对的气管鳃，是适于水中生活的呼吸器官。吃高等水生植物和藻类，秋、冬两季有些种类以水底碎屑为食。常在静水中攀援、匍匐、或在底泥中潜掘，或在急流中吸附于石砾下栖息。稚虫充分成长后，或浮升到水面，或爬到水边石块或植物茎上，日落后羽化为亚成虫。亚成虫与成虫相似，已具发达的翅，但体色暗淡，翅不透明，后缘有明显的缘毛，雄性的抱握器弯曲不大。出水后停留在水域附近的植物上。一般经 24 小时左右蜕皮为成虫。这种在个体发育中出现成虫体态后继续蜕皮的现象在有翅昆虫中为蜉蝣目所仅有。这种变态类型特称为原变态。成虫不食，寿命短，一般只活几小时至数天，所以有"朝生暮死"的说法。

古人没有细致地观察到蜉蝣的一生，不知道它幼虫阶段的生活经历，只看到它生命历程的最后一段，所以才把它错认为"短命鬼"。由于蜉蝣成虫的寿命十分短促，它们十分珍惜这短暂的时光。它们变为成虫后，既不吃，也不喝。急急忙忙飞聚到一起择偶婚配、产卵，直到完成了繁衍后代的大事，才力竭死去。

珊瑚与珊瑚虫

珊瑚虫是一种腔肠动物，多群居，结合成一个群体，形状像树枝，只产在热带海中。它们的骨骼则叫珊瑚，大规模的珊瑚则称为珊瑚礁。

珊瑚虫身体呈圆筒状，有八个或八个以上的触手，触手中央有口。它们能够吸收海水中矿物质来建造外壳，以保护身体。珊瑚虫体内有藻类植物和它共同生活，这些藻类靠珊瑚虫排出的废物生活，同时给珊瑚虫提供氧气。藻类植物需要阳光和温暖的环境才能生存，珊瑚堆积的越高，越有利于藻类植物的生存。由大量珊瑚形成的珊瑚礁和珊瑚岛，能够给鱼类创造良好的生存环境，加固海边堤岸，扩大陆地面积。因此，人们应当保护珊瑚。

作为宝石或观赏石来分，珊瑚的品种有：红珊瑚、粉珊瑚、黑珊瑚、蓝珊瑚、地中海珊瑚、日本珊瑚、喀麦隆珊瑚、中国海南珊瑚等。珊瑚色彩缤纷，颜色常呈白色，也有少量蓝色和黑色。宝石级珊瑚为红色、粉红色、橙红色。红色的珊瑚是由于在其生长过程中要吸收海水中1%左右的氧化铁，黑色的珊瑚是由于其含有有机质。珊瑚拥有缤纷色彩的能够调节光线的荧光色素，对珊瑚共生海藻的影响以及对珊瑚适应明暗不同的环境有重要作用。

珊瑚虫是珊瑚礁的建筑师。珊瑚的种类虽然多种多样，但是珊瑚虫的体型大体相同。聚在一起成为群体的珊瑚，其骨架不断扩大，从而形成形状万千、生命力巨大、色彩斑斓的珊瑚礁。著名的大堡礁就是这样形成的。群体生活的珊瑚虫，它们的骨架联在一起，肠腔也通过小肠系统联在一起，所以这些群体珊瑚虫有许多"口"，却共用一个"胃"。能够建造珊瑚礁的珊瑚虫大约有500多种，这些造礁珊瑚虫生活在浅海水域，水深50米以内，适宜温度为22至32度，如果温度低于18度则不能生存。所以在高纬度海区人们见不到珊瑚礁。

"娃娃的啼哭"娃娃鱼

娃娃鱼学名大鲵，它实际上并不是鱼，是我国体型最大的两栖动物。据说它的叫声像婴儿的啼哭，故名娃娃鱼。还有一种说法是因为大鲵四条又短又胖的腿，前脚有四指，后脚有五趾，尤其是前脚连同它的四指很像婴儿的手臂，才有了"娃娃鱼"的称谓。

娃娃鱼身体扁平，外形有点像壁虎，一般长0.6~1.2米，体重10~20公斤。它棕褐色的身体后面拖着一条侧扁的大尾巴，几乎占了身长的三分之一。与鱼类的最大区别是，娃娃鱼可以用肺呼吸。但是不同于两栖类，它具有比其他任何动物更多的呼吸方式，在不同生活状态下,分别进行鳃呼吸、皮肤呼吸、口咽腔呼吸和肺呼吸。这反映了两栖类开始适应陆地生活,但并不完善的过渡情况。

娃娃鱼是一种肉食性动物,比它小的各种动物都吃,如鱼、蚯蚓、青蛙、虾、田螺及各种水生昆虫,尤其喜欢吃一种叫石蟹的小动物。机灵的石蟹多隐身在溪水石缝当中,很少外出活动。然而它也有一个弱点,两只大螯一旦钳住东西,便死死不肯放手。娃娃鱼利用了这个特点,将自己分泌着腥味的尾巴尖悄悄进伸进石缝,引蟹上钩。石蟹一见送上门来的礼物,急忙举起双螯紧紧钳住不放。娃娃鱼一着得手,便出其不意地抽出尾巴,回过身来,猛扑石蟹,美餐一顿。

娃娃鱼

娃娃鱼在水中游时轻盈自如,敏捷灵活。一旦爬上陆地,它就行动笨拙。使人意想不到的是,娃娃鱼竟能捕食空中的飞鸟,这是怎么回事呢?原来,娃娃鱼利用久旱不雨的天气,先在溪水中喝了一肚子水,接着爬到鸟类经常停栖的树枝上,然后头向上,张开大嘴,再将肚子里的水沤到口中,它可以一连坚持几小时不动,好像一口小小的清泉。鸟儿飞来,见到"泉水",便迫不及待地去饮用,聪明的娃娃鱼将水慢慢地咽下,鸟儿只好把头伸进娃娃鱼的嘴里吸水,突然"啪"的一声,娃娃鱼一下子咬住鸟头,慢慢享受送上门来的佳肴。娃娃鱼有很强的耐饥本领,甚至两三年不吃也不会饿死。它同时也能暴食,饱餐一顿可增加体重的五分之一。食物缺乏时,还会出现同类相残的现象,甚至以卵充饥。

娃娃鱼虽不怕冷,但也有冬眠的习性。每年从初冬到明年开春是它的冬眠期,这时它不吃也不动,但受袭击时仍有反应。娃娃鱼的寿命在两栖类中是最长的,在人工饲养的条件下,能活130年之久。由于它肉嫩味鲜,所以长期遭到人们大量捕杀。各产地数量锐减,有的产地已濒临灭绝。属于国家二级保护动物。

"眼睛长在同一边"的比目鱼

比目鱼是因其眼睛长得奇特而得名的,一般的鱼眼睛都长在头部的两侧,它的眼睛却长在身体的同一侧。由于它的两眼同位头一侧,被认为需两鱼并肩而行,所以称比目鱼。

比目鱼主要分布在热带、温带地区。其实当小比目鱼刚从卵中孵化出来的时候,它和别的鱼没有不同,两只眼睛端正地长在头部两侧。然而当它们生活了20天左右,身体长到1厘米时,由于各部分不平衡的缘故,再也无法正常地游泳,只好侧卧到水底去,它的眼睛就在这时开始移动。比目鱼长期生活在海底,因此,它的两只眼睛都在上面,对于它发现敌人与捕捉食物是非常有利的。它的皮肤也有相似情况,身体下边长期面向海底,色泽的意义不大,色素也就比较淡,而上侧则呈棕色,接近于海底土质的颜色,或者随着海底土质色彩差异而变成了斑点,起到既能躲过敌害的视线,同时也可以方便地获取食物的一种作用。

它们也不是成双成对的结伴而行的。实际上,比目鱼同其他的鱼一样,全部都是单独生存的。它的两只眼睛长到一边,一是因为上面所说的那样,是对环境逐步适应的结果。二是因为它的两边脑骨生长不平衡,尤其是前额骨显得更为突出。身体下面的那只眼睛,因眼下那条软带不断地增长,眼睛便不断向上移动,经过背脊而达到上面,和原来的那只眼睛并列在一起。此刻它的眼眶骨也就生成了,以后眼睛的位置就不再移动了。因此,即便它们的眼睛全都长在一侧,还是用不着成双成对的行动的。

在海洋生物中,鲨鱼是以凶猛、残忍而著称的,但是小小的比目鱼却能够制服它们。原来,比目鱼能排泄一种乳白色的液体,毒性极其强烈。这种液体的体积在水中可以扩散到 5000 倍的地方,能毒死海星等小的海洋生物,但对人体没有什么损害。科学家曾把毒液加到鱼饵里,然后绑在其他小鱼身上。每当鲨鱼要吞食带有毒饵的小鱼时,鲨鱼的嘴就变得僵硬而不能合拢了,鲨鱼不得不仓皇逃走。几分钟后,鲨鱼的嘴又恢复了常态。如果再贪食带毒饵的小鱼,便又会遇难,小小比目鱼就是这样制服大鲨鱼的。经研究,生物学家发现了这毒液能使鲨鱼口部肌肉麻木而瘫痪的原理。目前生物学家们正在根据这一原理研究人工合成比目鱼毒液,进而制成"防鲨灵"软膏,涂在游泳者的身上,以免受鲨鱼的伤害。

在我国古代,比目鱼还是象征忠贞爱情的奇鱼,古人留下了许多吟诵比目鱼的佳句:"凤凰双栖鱼比目""得成比目何辞死,愿作鸳鸯不羡仙"等等。其实从科学的角度,这些并不符合事实,只是人们的美好愿望而已。

打着"灯笼"的灯笼鱼

灯笼鱼全名是芒光灯笼鱼,正式的中文名称是深海鮟鱇鱼,属于深海发光鱼类。它们栖息于热带和亚热带 1000 米水深的海区里,体上发光器能发出红黄色光泽,夜间常接近于洋面的表层。

这种深海鱼类看起来有些奇形怪状,它圆圆的身体看起来就跟个篮球似的,而且从它的大嘴看,似乎也很容易就能吞一个篮球进去。它的大嘴里张着又尖又长的獠牙,就是因为这些牙齿,使得这种鱼在西方有了"黑魔鬼"的称呼,不过尽管长得凶恶,但深海鮟鱇其实只能长到大约 5 英寸(12.7 厘米)。这种鱼没有肋骨,所以胃可以撑得很大,甚至吃下比自己大的鱼;牙齿强壮而且向内倒钩,只要进了嘴的猎物就别想逃出;深海鮟鱇一般是黑色,而浅海的颜色则比较鲜艳,往往和环境符合以作为保护色。无论是中文俗称的"灯笼鱼"还是英文名"深海钓鱼者"都来自它长长的特化脊骨,以及其尖端的一个发光器官。

灯笼鱼能发光的原因之一是,它身上有发光细胞和共生的能发光的细菌的存在。它们能把生物能转变为光能。灯笼鱼发光是为了捕食和引诱异性等。在深海这种环境里,发光使深海鱼能辨认同类,还可以引诱其他的小鱼当食物呢。因为,海里的许多鱼有趋光性,看见有亮光就会游过来凑热闹。不过,这种特性对鱼来说并不是好事,因为人类掌握了鱼的这种特性后,他们在渔船上安装了许多集鱼灯,捕鱼时,他们将船上的集鱼灯全部打开,鱼群便聚集过来。有些小渔船则用电筒或火把把鱼吸引过来,然后大肆捕杀。

水中"高压线"电鳗

电鳗是鱼类中放电能力最强的淡水鱼类,输出的电压达300～800伏,因此电鳗有水中"高压线"之称。

电鳗放电电压可达300～500伏,足以把附近的鱼电死,人和牲畜碰上,全身也会麻痹。据计算,1万条电鳗的电能聚集在一起,足够使1列电力机车运行几分钟。电鳗外形像蛇,体长2米左右,体重约20公斤。它生活于南美和中美等地的河流中,常常一动不动地躺在水底,不时也浮出水面呼吸。它通过"电感"来感受周围环境的变化,一旦发现猎物,就放电将其击毙或击昏,然后饱餐一顿。由于电鳗有这么一手捕杀猎物的绝技,因此被人称为"江河中的魔王"。

它们的发电器分布在身体两侧的肌肉内,身体的尾端为正极,头部为负极,电流是从尾部流向头部。当电鳗的头和尾触及敌体,或受到刺激影响时即可发生强大的电流。电鳗的放电主要是出于生存的需要。因为电鳗要捕获其他鱼类和水生生物,放电就是获取猎物的一种手段。它所释放的电量,能够轻而易举地把比它小的动物击死,有时还会击毙比它大的动物,如正在河里涉水的马和游泳的牛也会被电鳗击昏。

电鳗能发出这么强的电流,为什么电不着自己呢?这是因为电鳗内部有许多所谓的生物电池、串联及并联在一起,所以虽然电鳗的头尾电位差可以高达750V,但是因为生物电池的并联把电流分散掉,所以实际上,通过的电流跟他电鱼时所放出的电流差了两个级别,相对之下小得多,所以他才不会电鱼时,把自己也给电死了。

电鳗肉味鲜美,富有营养。虽然它能释放出强大的电流,但南美洲土著居民利用电鳗连续不断地放电后,需要经过一段时间休息和补充丰富的食物后,才能恢复原有的放电强度的特点,先将一群牛马赶下河去,使电鳗被激怒而不断放电,待电鳗放完电筋疲力尽时,就可以直接捕捉了。

世界上已知的发电鱼类达数十种呢,其他会放电的鱼类还有电鲶、电鳐等。其中"电力"最强的要算电鳗了,它们是名副其实的水中"高压线"。

"雌雄同体"的黄鳝

早在40年代初,我国有个科学家在研究黄鳝的繁殖习性时,偶然发现一个有趣的问题,在野外捕获的大量黄鳝中,性别与体长有明显的关系,较小的黄鳝主要是雌鱼,而较大的多为雄鱼。再进一步观察时,发现所有的黄鳝发育都要经过一个幼体的雌性阶段,产卵以后又转为雌雄间体,长大后则完全变成了雄鱼。因此他确认黄鳝的雌雄鱼是由于发育的时间决定的,不是由不同的个体确定的。每条鱼都是先为雌性后为雄性。

鳝鱼胚胎发育到第一次性成熟时为雌性,可是从第二次性成熟开始时它又变成雄性了。这就是说,黄鳝在一生中既当妈又当爹。这种阴阳转变过程,在生物学上称为性逆转。先雌后雄,从胚胎期到性成熟时雄性,产卵后卵巢变精巢,第二次性腺成熟时是雄性,此后不复在变,后半生终生雄性。一般体长24厘米以下个体为雌鳝,42厘米以上的个体都是雄鱼。卵巢充分成熟时,雌鳝下腹部膨大、柔软。有一条紫红色横条纹,腹部皮肤稍透明。由于黄鳝的生殖习性特殊,雌雄同体,所以它们生出的孩子永远只能是"女儿"。

黄鳝又被称为长鱼、海蛇等,是我国特产。相传,古代有些大力士,之所以力大无穷,就是由于常吃鳝鱼的缘故。旧时把走江湖的人通称为卖大力丸的。其实,古医术《本经逢原》上,还真有"大力丸"的配方,其中一味主药就是鳝鱼。鳝鱼味鲜柔美,并且刺少肉厚,又细又嫩,与其他淡水鱼相比,可谓别具一格,如果烹调得当,食后可令人难以忘怀。以小暑前后一个月的夏鳝鱼最为滋补味美,故有"小暑黄鳝赛人参"之说。

鳝鱼的身体是圆筒形,适合穴居生活,对进出洞穴,减少摩擦十分有利。它真有点儿"隐士"气度,没有特殊的攻击本领,也无强有力的防御武器,唯一的技能是"三十六计,逃为上计",它既无脑鳍,又无腹鳍,就是背鳍和臀鳍也退化得仅留下一点点皮褶,鳞片消失得肉眼都难看见。可是全身能分泌出非常油滑的粘液,不小心,它就能从你手中溜之大吉。鳝鱼身上的粘液,主要功能是:预防细菌、病菌侵染身体,减少疾病;阻止寄生动物植物的纠缠,有利成长;"油头滑面",有利于它在泥中通行无阻。

丹顶鹤的"鹤顶红"没有毒

丹顶鹤又名仙鹤,被喻为长寿象征。它们体态高雅,舞姿优美,鸣声如笛,富有音韵,自古以来就深受人们的喜爱。在我国古代诗歌、绘画等艺术作品中,人们对它的娇美形态,无不交口称赞。

自古以来,丹顶鹤头上的"丹顶"常常被认为是一种剧毒物质,称为"鹤顶红"或"丹毒",一旦入口,便会置人于死地,无可救药。据说皇帝在处死大臣时,就是在所赐酒中放入"丹毒"。大臣们也都置"鹤顶红"于朝珠中,以便急难时服以自尽。其实,这些说法都是毫无根据的。

由内分泌学知识可知,仙鹤的丹顶是腺体前叶分泌的促性腺激素作用产生的。它是第二性特征的标志,所以丹顶鹤的丹顶完全是一种正常的生理现象,并不是剧毒。丹顶鹤的幼鸟是没有"丹顶"的,只有达到性成熟后,"丹顶"才会出现。"丹顶"的大小和色度并非一成不变。对于季节来说,春季时发情时红色区域较大,而且色彩鲜艳;冬季则较小。对于情绪来说,轻松时红色区域较大,色泽鲜艳;恐惧时则较小。对于身体状况来说,健康时红色区域较大;生病时则缩小,而且色彩明显暗淡,其表面还略显白色。当丹顶鹤死亡后,其"丹顶"就会渐渐褪去红色。

丹顶鹤

丹顶鹤是栖息于开阔平原、沼泽、湖泊等地的候鸟。它们成对或结小群,迁徙时集大群,性机警,活动或休息时均有一只鸟作哨兵。迁徙时排成"一"字形或"V"字形。以鱼、虾、水生昆虫及水生植物为食。它们的繁殖期在4到6月,求偶伴随舞蹈、鸣叫,营巢于具一定水深的芦苇丛、草丛中。它们的寿命可达50到60年。

此外,我们通常看到丹顶鹤的时候,它们一般只是用一条腿站立,或者是在沼泽地以及河岸边站着。原来它们是在休息,一般的游禽以及鸥类全都有这种一条腿站立的休息习惯,当它的一只脚疲倦时,就会换另一只脚,这样可以养精蓄锐。它们寻找吃食的时候,却一直是两只脚都着地。另外,一只脚站立会比两只脚站立能够看得远,这样它们也可以及时防备敌害的突然袭击。此外单脚站立还有保护脚的作用。它的细长的腿上并不长毛,体内的热量很容易从腿脚散失,为了减少热量散失,丹顶鹤休息时经常抬起一只脚,藏在羽毛下面。

"纺织能手"织布鸟

鸟类的窝巢,千姿百态,形态各异。但是哪种鸟把自己巢装修得又精致又舒服呢?应该算织布鸟了。

织布鸟个体小,全身为红棕色且布满宽宽的黑条纹,样子虽然平常但却是纺织能手。它的巢很大,可长达几十厘米,开头像鸭梨,高挂在树枝下面,如同摇篮一样。它们的巢是用新鲜柔软的嫩绿植物作为材料,为了不被大风刮掉,巢内还常常用泥团来增加重量,有趣的是,织巢工作几乎是雄鸟完成的。

当巢织成之后，雄鸟会在入口处炫耀它那黄色或是红色的羽毛，希望能吸引雌鸟。在微风的吹动下，巢轻轻地摇摆，雌鸟在巢外还不停地唱着"摇篮曲"。为了引起雌鸟的注意，雄鸟还会倒挂在巢底做翻滚动作，并且吱吱地叫，以求把雌鸟引到巢中。如果成功了，它的配偶会在巢中摆上柔软的青草叶，然后下蛋。有些种类的织布鸟，其雄鸟会筑几个巢，分别吸引不同的雌鸟。即使再也找不到合适的雌鸟，它们也会继续筑巢。这些巢会被空置，或只造了一半就被丢弃了。织布鸟织巢是为了繁殖后代的一种本能。

织布鸟分布在非洲和亚洲，体形和麻雀差不多，有 70 个不同的品种。它们主要活动于农田附近的草灌丛中，营群集生活，常结成数十以至数百只的大群。性活泼，主要取食植物种子，在稻谷等成熟期中，也窃食稻谷，繁殖期兼食昆虫。一年中，除了在繁殖季节，雄鸟有着鲜艳的羽毛。其他时间里，雄鸟和雌鸟都呈暗褐色。在繁殖期中，常数对或 10 余对共同在 1 棵树上营巢。每窝产卵 2~5 枚，卵纯白色。在中国，织布鸟仅见于云南南部。织布鸟可作为笼饲养鸟以供观赏。

织布鸟是动物中最优秀的纺织工。它们的巢顶既能防风遮雨，又能挡住灼热的阳光，甚至还有用来防御危险树蛇的飞行管道。

"世界上最小的鸟"蜂鸟

蜂鸟是由于它拍打翅膀的嗡嗡声而得名的。它是世界上最小的鸟类，有的甚至比黄蜂还小，蜂鸟巢只有核桃大，蛋小如豌豆。

蜂鸟飞行时能停留在空中，把又细又长像管子的嘴插进花心去吸食花蜜，并吃小昆虫。它吸花蜜时，能传播花粉。如果不是亲眼所见，你很难想象世上竟有黄蜂大小的鸟。这些鸟太小，体型最大的巨蜂鸟体长也不过 20 厘米，体重不足 20 克。在所有动物当中，蜂鸟的体态最妍美，色彩最艳丽。金雕和玉琢的精品也无法同这大自然的瑰宝媲美，蜂鸟是世界上最小的鸟，"以其微未博得盛誉"。小蜂鸟是大自然的杰作：轻盈、迅疾、敏捷、优雅、华丽的羽毛——这小小的宠儿应有尽有。它身上闪烁着绿宝石、红宝石、黄宝石般的光芒，它从来不让地上的尘土玷污它的衣裳，而且它终日在空中飞翔，只不过偶尔擦过草地。

蜂鸟虽然小，但是却身怀别的鸟所没有的绝技，是唯一可以向后飞的鸟。由于它飞行本领十分高超，也被人们称为"神鸟""彗星""森林女神"和"花冠"。蜂鸟能像直升飞机那样垂直上升和下降，还会高飞、远飞和倒退着飞。尤其精彩的是，它能停留在半空中不动，而只是拍动着翅膀。蜂鸟的这些独特本领，是与它身体非常微小的独特生理特点分不开的，蜂鸟身小体轻，翅膀扇动却十分有力，速度也快，每秒钟 50~70 次，因此飞行时产生的浮力和身体重力刚好一样，使它能自由地在空中进行各种飞行。

每到繁殖季节，蜂鸟在林中作 U 字形炫耀飞行。它们不停地盘旋上升又盘旋下降。这时，它们翅膀每秒扇动达 200 次。在这种飞行中，蜂鸟的尾不停地前后左右摆动。这时尾是控制平衡的重要工具。因为，当翅膀快速扇动时，蜂鸟的身体会受到气流冲击而偏斜。尾部的摆动能改变扇翅产生的气流，使蜂鸟能平稳地飞行。蜂鸟可以说是技艺高超的飞行家。

蜂鸟的体型太小，骨架不易保存成为化石，它的演化史至今仍是个谜。现在的蜂鸟大多生活在中南美洲，在南美洲曾发现100万年前的蜂鸟的化石。

寄养子女的杜鹃

杜鹃鸟有143种，其中也有少数品种的雌鸟是孵卵的，大多数杜鹃生卵不孵卵。有了这种天性，杜鹃就有个坏名声，人们称它是懒鸟。那么它们怎么延续后代呢？人们不用担心，它们自有巧妙的法子，不然杜鹃早就绝了种。

绝大多数的杜鹃是靠"寄生"的绝技生儿育女，繁衍"家族"的。杜鹃的卵，主要产于莺科鸟的窝里，借巢生蛋，求母莺代孵其卵，代哺其子。这是因为莺科鸟与杜鹃有许多共同的特点：一是二者卵的大小、形状、颜色相差不多；二是孵化的条件相同，大约两周即可育出；三是雏鸟相似，巢内哺育期为半个月；四是莺科雏鸟食量大，杜鹃的雏儿吃得也不少。由于这些相同之处，雌杜鹃一代代、一来二去便形成了这"寄生"的绝技，从而偷了懒。

让人怀疑的是，两种鸟的卵放在一个窝里同时孵，莺科的鸟巢又不大，能盛得下吗？另外莺能让杜鹃安然地跑到它的巢里下蛋吗？杜鹃自有它的妙法子，它将卵分别先产在地上，然后用嘴衔到两三个莺科的鸟巢里，有时一个巢里放一个。破壳而出的小杜鹃，总比它"义母"的儿女早几天来到世上，它出世时，干姐妹还睡在卵壳里。小杜鹃有好动的习性，出壳就乱蹬踏，两爪抓住巢底，用头将尚在孵化的卵拱出巢外，自己独占了鸟巢，这样一来，莺科的雌鸟就误认它是自己的儿女，将它喂养大。到了小杜鹃快要会飞离巢时，它的亲生娘会不误时机地赶来，落在附近的树枝上，一声声地叫起来。小杜鹃听到这种叫声，本能地知道亲生的母亲在召唤它，便纷纷闻声飞过去，而后随着雌杜鹃一起飞走。

世界上约有50种杜鹃在别的种类的鸟窝里下蛋，这种巢寄生的现象，使杜鹃落得了一个"不愿抚养亲生孩子"的坏名声。比如，奎氏杜鹃中就有在同种中找窝寄生孵卵的个别"懒汉"，从而败坏了整个种群的名声。其实，生活在印度和美洲大陆的杜鹃，并非是不负责任的父母，对于垒窝筑巢、孵卵和喂养雏鸟的义务，它们都是亲力亲为、尽责尽职的。

杜鹃，既是鸟名，也是花名。杜鹃鸟，还叫子规、布谷鸟等。花还叫映山红，金达莱。关于杜鹃还有一个悲伤的传说。传说古代蜀王杜宇，被假贤能的谢豹所惑，让位于谢豹。但谢豹却怕他复辟，排挤他。最终导致他啼血而亡。血染成杜鹃花，死后灵魂化为杜鹃鸟。而谢豹也因内心难安而死，死后也化成相似的鸟、花，但花不如杜鹃红，鸟也不如杜鹃美。后人无法分辨，就统称为杜宇、杜鹃、谢豹。这都是花与鸟的共鸣。

"强盗鸟"军舰鸟

在浩瀚无垠的热带海洋上空,有时可以看到一种巨大的黑色海鸟,在飞行中抢夺其他鸟类口中的食物,它就是"空中强盗"——军舰鸟。

军舰鸟的身体很轻,翅膀很长,黑色的羽毛闪烁着绿紫色的金属光泽。军舰鸟是海鸟中优秀的飞行能手之一。它俯冲时最大的时速可以达到153公里。在风大浪高的日子里,军舰鸟常常像箭一样从高空快速降临水面,擦着波浪的谷底,用强有力的喙敏捷地摄取游到水面的鱼和水母。

其实,军舰鸟更重要的食物来源是对海鸥、海燕和鸬鹚等海鸟刚刚从海里捕到的鱼虾进行拦路抢劫。军舰鸟一旦发现衔着鱼的水鸟,就会立即追上去,在空中袭击它们。有时候,一只军舰鸟单干,有时雌雄两只军舰鸟共同出击。那些弱小的鸟类,很难抵御飞行迅速、动作灵活的军舰鸟的进攻。如果它们不赶快把吃进去的食物吐出来,那么军舰鸟就不会放过它们。军舰鸟会咬住它们的尾巴或者是一块皮毛拼命地撕扯,或者用带钩的长嘴猛地一啄,就可以使鸟的翅膀脱臼。受害者遇到不讲理的军舰鸟,只好乖乖地把吃到嘴里的美味吐出来,而军舰鸟就像技艺高超的杂技演员将食物一一接住。

军舰鸟看上去性情凶猛,飞行比其他海鸟快,可它们从不捕食其他海鸟,它们只是利用自身的"威慑力量"来恐吓其他海鸟。那么,军舰鸟为什么要采取这种海盗式的取食方式呢?因为,军舰鸟的尾脂腺不发达,落水后就会全身湿透,无法飞行。所以,军舰鸟就开始做不光彩的拦路抢劫的勾当。再加上,军舰鸟虽然极善飞翔。翅膀很大,但它们的身体较小,腿又短又细。它们不能像鹈鹕,鸬鹚那样潜入水中捕鱼,因为它们细弱的腿很难使它从水面上直接起飞。因此,军舰鸟在自己捕食时,只能吃些漂在水面上的水母,软体动物甲壳类和一些小鱼及死鱼,很难吃到水下的大鱼。于是,在长期的演化过程中,军舰鸟变成鸟中海盗,它们依靠掠夺食物来弥补自己取食能力的缺陷。军舰鸟每到夜晚必定到陆地或海岛上栖息。它们休息时,一般都落在高耸的岩石上或树顶上,始终保持跟地面有一定的距离,以便以后能顺利起飞。军舰鸟在游泳时,也只是聚集在离岸不远的海面上。

军舰鸟喜欢群居。栖息时,大群的军舰鸟挤在一起,显得十分拥挤。而且其他海鸟,如鲣鸟、海鸥等也常聚集在军舰鸟周围栖息。这些白天受到军舰鸟欺负、掠夺的海鸟,到了夜晚却和军舰鸟同宿,这简直不可思议。

"会说话"的鹦鹉

鹦鹉最为人钟爱的技能当属效仿人言。事实上,它们的"口技"在鸟类中的确是十分超群的。其实,这只是一种条件反射、机械模仿而已。这种仿效行为在科学上也叫效鸣。

鸟类由于没有发达的大脑皮层,它们也就没有思想和意识,因此也不可能懂得人类语言的含义。在英国曾经举行过一次别开生面的鹦鹉学话比赛,其中有一只不起眼的非洲灰鹦鹉得了冠军,当时揭开装有这只鹦鹉的鸟笼罩时,灰鹦鹉瞧了瞧四周道:"哇噻!这儿为什么会有这么多的鹦鹉!"当时,全场轰动。几天后,兴奋的主人请了许多贵宾到家中庆贺。笼罩一打开:"哇噻!这儿为什么会有这么多的鹦鹉!"全场哗然。主人一心想自己聪明的鹦鹉会说:"哇噻!这儿为什么会有这么多的贵客!"从而博得大家喝彩,结果却十分狼狈。由此可见,鹦鹉学话不过是一种条件反射,并且词汇量也有限。当然"鹦鹉学舌"在人们的生活中引起的小故事,为人们茶余饭后增添了许多谈资和笑料。

鹦鹉为什么会说话?其实秘密就在于它特殊的生理构造——鸣管和舌头。虽然都会说话,但鹦鹉的发声器与人类的声带有所不同,鹦鹉的发声器叫鸣管,位于气管与支气管的交界处,由最下部的3~6个气管膨大变形后与其左右相邻的三对变形支气管共同构成。一般的鸟儿能够发出不同频率、高低的声音,那是因为当气流进入鸣管后随着鸣管壁的震颤而发出不同的声音。除了具备最基本的鸟类特征之外,鹦鹉的发声器官的构造比一般的鸟儿更加完善,在它的鸣管中有四五对调节鸣管管径、声率、张力的特殊肌肉——鸣肌,在神经系统的控制下,鸣肌收缩或松弛,发出鸣叫声。

在整个鸣管的构造上,鹦鹉的鸣管也与人的声带构造很相近。只不过人的声带从喉咙到舌端有20厘米,呈直角,而鹦鹉的鸣管到舌段15厘米,呈近似直角的钝角。而这个角度就是决定发音的音节和腔调的关键,越接近直角,发声的音节感和腔调感越强,所以,鹦鹉才能够像人类一样发出抑扬顿挫的声音和音节。再说舌头,鹦鹉的舌头非常发达,圆滑而肥厚柔软,形状也与人的舌头非常相似,正是因为具备了这样标准的发声条件,鹦鹉便可以发出一些简单但准确清晰的音节了。

鸟是人类的朋友,鹦鹉以其美丽无比的羽毛,善学人语技能的特点,更为人们所欣赏和钟爱。鹦鹉大多色彩绚丽,音域高亢,那独具特色的钩喙使人们很容易识别这些美丽的鸟儿。它们一般以配偶和家族形成小群,栖息在林中树枝上,自筑巢或以树洞为巢,食浆果、坚果、种子、花蜜。

来自"天堂"的极乐鸟

由于极乐鸟拥有极其华丽的外表,因此拥有众多美丽的别名,天堂鸟、凤鸟、雾鸟、太阳之鸟、神鸟、比翼鸟、无脚鸟等等都是。

传说,极乐鸟是一种神鸟,它住在"天国乐园"里,吃的是天露花蜜,飞舞起来能发出一阵阵迷人的乐声。它对爱情忠贞不渝,一旦失去伴侣,另一只鸟就会绝食而死。极乐鸟生性孤独,不愿和别的极乐鸟共栖一处。当别的极乐鸟迁徙时,它也随之飞上天空,充当空中"引路者"。

1522年,西班牙"维多利亚"号船长艾尔·卡诺率领他的船队,从摩鹿加群岛返回西班牙,卡诺船长除运回大批香料外,还给国王带回五张美丽绝伦的鸟皮。当他把这美丽的礼物献给国王时,朝臣们个个看得目瞪口呆——这种鸟实在是太美了!一时间,人们纷纷传说,卡诺船长带回来的是来自天堂里的鸟。

这些鸟当然不是来自天堂的。事实上,它们是从巴布亚新几内亚和澳大利亚的森林来的。巴布亚新几内亚人民最推崇的有三种东西,即天堂鸟、鳄鱼和男人雕刻象。极乐鸟是巴布亚新几内亚的象征,是他们的国鸟,连国旗、国徽、民航客机和各种纪念品上都能见到它的形象。据统计,全世界有40多种极乐鸟,巴布亚新几内亚就有30种,

天堂鸟是一种非常珍贵飞禽,有不同的种类。顶羽极乐鸟头上有两根长达60厘米的顶羽,超过体长近两倍,犹如长辫姑娘,飘逸幽雅。有趣的是,这两根顶羽的颜色和结构并不对称,一根褐色,另一根羽杆上长着蓝色光滑的细绒毛。带尾极乐鸟全长76厘米,它的体羽栗色,双翅下各有一簇金黄色的绒羽,当风起舞时绒羽竖起,形成金光灿烂的两把扇面,就如"孔雀开屏"。

最出名的极乐鸟要数,蓝极乐鸟、无足极乐鸟和王极乐鸟。极乐鸟头部为金绿色,披一身艳丽的羽毛,特别是有一对长长的大尾羽,更显得妩媚动人,光彩夺目。蓝极乐鸟在求偶时,或仰头拱背,竖起身体两侧的金黄色绒毛;或倒悬在树枝上,抖开全身织锦般艳丽的羽毛,以吸引雌鸟。"无足极乐鸟"并不是真的无足,只是足短一些,飞行时藏在长长的羽毛内,人们见不到。无足极乐鸟的尾翼比身体长二三倍,又被称作长尾极乐鸟。王极乐鸟体长只有20厘米左右,比别的极乐鸟小得多。它对爱情忠贞不渝,一旦失去伴侣,另一只鸟就会绝食而死。王极乐鸟生性孤独,不愿和别的极乐鸟共栖一处。当别的极乐鸟迁徙时,它也随之飞上天空,充当空中"引路者"。

人们喜欢用极乐鸟的羽毛做举行仪式时用的头饰,因此极乐鸟遭到了过度捕杀,现在它们已经濒临灭绝了。

微生物世界

看不见的世界

微生物形体虽小,然而它是生物界的一大类群。无论从万米的高空、数千米深的海洋,到广阔的大地,从人们的体内到极端恶劣的外环境,到处都有微生物的足迹,它以最快的繁殖速度和"奇趣"的代谢本领,适应着千变万化的生活环境。

微生物对人类最重要的影响之一是导致传染病的流行。在人类疾病中有 50% 是由病毒引起。世界卫生组织公布资料显示:传染病的发病率和病死率在所有疾病中占据第一位。微生物导致人类疾病的历史,也就是人类与之不断斗争的历史。在疾病的预防和治疗方面,人类取得了长足的进展,但是新现和再现的微生物感染还是不断发生,像大量的病毒性疾病一直缺乏有效的治疗药物。一些疾病的致病机制并不清楚。大量的广谱抗生素的滥用造成了强大的选择压力,使许多菌株发生变异,导致耐药性的产生,人类健康受到新的威胁。一些分节段的病毒之间可以通过重组或重配发生变异,最典型的例子就是流行性感冒病毒。每次流感大流行流感病毒都与前次导致感染的株型发生了变异,这种快速的变异给疫苗的设计和治疗造成了很大的障碍。而耐药性结核杆菌的出现使原本已近控制住的结核感染又在世界范围内猖獗起来。

微生物能够致病,能够造成食品、布匹、皮革等发霉腐烂,但微生物也有有益的一面。最早是弗莱明从青霉菌抑制其他细菌的生长中发现了青霉素,这对医药界来讲是一个划时代的发现。后来大量的抗生素从放线菌等的代谢产物中筛选出来。抗生素的使用在第二次世界大战中挽救了无数人的生命。一些微生物被广泛应用于工业发酵,生产乙醇、食品及各种酶制剂等;一部分微生物能够降解塑料、处理废水废气等等,并且可再生资源的潜力极大,称为环保微生物;还有一些能在极端环境中生存的微生物,例如:高温、低温、高盐、高碱以及高辐射等普通生命体不能生存的环境,依然存在着一部分微生物等等。看上去,我们发现的微生物已经很多,但实际上由于培养方式等技术手段的限制,人类现今发现的微生物还只占自然界中存在的微生物的很少一部分。

微生物是包括细菌、病毒、真菌以及一些小型的原生动物等在内的一大类生物群体,它个体微小,却与人类生活密切相关。微生物在自然界中可谓"无处不在,无处不有",涵盖了有益有害的众多种类,广泛涉及健康、医药、工农业、环保等诸多领域。

"土壤病毒"梭菌病毒

人类很多患者都是因梭菌产生的毒素而中毒死亡。这种病毒具有发病迅速、病程短、死亡率高的特点。在家畜中多见于猪、羊等。动物之间很少互相传染,泥土则是主要的传播媒介,梭菌病故也称土壤病。

梭菌是厌氧性细菌,有60余种,常见的致病性菌仅10余种,多存在于土壤、污水以及人和各种动物的粪便中。革兰氏染色均为阳性,除少数菌种外,都有鞭毛,能运动和形成芽孢,其直径大于菌体。多数菌种能产生剧烈的外毒素,它既是致病的主要因子,又是主要抗原,转变成类毒素后能刺激动物产生抗毒素,可用于预防相应的梭菌病。

肉毒梭菌则属于梭菌中比较常见的一种,属于厌氧性梭状芽孢杆菌属,具有该菌的基本特性,即厌氧性的杆状菌,形成芽孢,芽孢比繁殖体宽,呈梭状,新鲜培养基的革兰氏染色为阳性,产生剧烈细菌外毒素,即肉毒毒素。所谓肉类中毒,即在厌氧条件下引起食物腐败的细菌。病症是使运动神经末端的机能高度麻痹,多引起死亡,但一般不寄生在活动物体上。该菌产生的菌体外毒素是一种蛋白质。

梭菌病主要包括下述种类:破伤风又名强直症,由专性厌氧菌破伤风梭菌引起,为人畜共患的急性、创伤性、中毒性感染病。特征为全身肌肉或某些肌群呈现持续性的痉挛收缩,对外界刺激的反射兴奋性增强。气肿疽,牛的急性传染的特征为跛行,肌肉丰富的部位发生气性炎性,中心坏死变黑,压之有捻发音,又名黑腿病。恶性水肿,特征是外伤感染的伤口周围发生弥漫性炎性水肿,开始时坚实、灼热、疼痛,然后无热无痛,手压松软。随着炎性水肿的发展,病畜全身症状加剧,呼吸困难,粘膜发绀,脉搏细小,体温上升,有时发生腹泻,可于半天至3天内死亡。经消化道感染的病羊突然发病,行走时后肢摇摆,头颈向后弯曲,磨牙,口鼻流出泡沫,痉挛倒地,迅速死亡。另外还有羔羊痢疾、猝狙、肠毒血症、仔猪红痢等梭菌属病毒是看不见的人畜杀手。

"没有硝烟的战争"SARS 病毒

2003 年4月严重急性呼吸道症候群(SARS)在全球迅速蔓延,尤其在东亚、东南亚和加拿大的多伦多最为严重。5月1日,除港澳台地区,我国各省市统计:非典型肺炎3638例,疑似病例2291例,北京市非典型肺炎1553例,疑似病例1415例。仅北京市而言10天的时间SARS病人增加了1000多人,为何SARS来势如此凶猛?

SARS 是一种人类尚未触及的病毒,其病原体还没有最后掌握,导致医学工作者很难对 SARS 进行有效的防治。由于对该病毒了解上需一定时间,无形中又增添了它的神秘性,让百姓惴惴中背上了较大的心理压力。春季是万物复苏的季节,也是流感病毒的爆发期,其病菌异常活跃,不易控制,而 SARS 是一种人类尚未触击的病毒,有效控制它、征服它需要时间。

另外平时人们对个人身体健康缺乏足够的重视和自我保健意识,只习惯于有病求医吃药,过分依赖医生和药品,忽略了从根本上强化自己的免疫力,使自己在疾病突袭面前十分脆弱,面对突如其来医生尚拿不出办法制约的传染病灾疫时,极易被病所击倒。另外,一些患者本身有基础性疾病,如糖尿病、肿瘤、高血压等,当 SARS 袭来时,易并发呼吸衰竭或多器官功能衰竭,较易被"非典"击中。我国目前患有糖尿病、高血压的病人有 1.5 亿多,SARS 流行时,他们是最易被侵染的人群。

后来世界卫生组织宣布,正式确认冠状病毒的一个变种是引起非典型肺炎的病原体。科学家们说,变种冠状病毒与流感病毒有亲缘关系,但它非常独特,以前从未在人类身上发现,科学家将其命名为"SARS 病毒"。冠状病毒粒子呈不规则形状,直径约 60～220nm。病毒粒子外包着脂肪膜,膜表面有三种糖蛋白。

非典型肺炎通常由病毒引起,例如流感病毒、腺病毒和其他呼吸道病毒。冠状病毒感染在全世界非常普遍,人群中普遍冠状病毒抗体,成年人高于儿童。冠状病毒感染在世界各地极为普遍。到目前为止,大约有 15 种不同冠状病毒株被发现,能够感染多种哺乳动物和鸟类,有些可使人发病。冠状病毒通过呼吸道分泌物排出体外,经口液、喷嚏、接触传染,并通过空气飞沫传播,感染高峰在秋冬和早春。

抗击 SARS 是一场人和自然界之间没有硝烟的战争,只要我们万众一心,积极预防,做好充分准备,是能够战胜 SARS 病毒的。

"杀死过三分之一欧洲人"黑死病

黑死病是历史上最为神秘的疾病。从 1348 年到 1352 年,它把欧洲变成了死亡陷阱,这条毁灭之路断送了欧洲三分之一的人口,总计约 2500 万人! 在今后 300 年间,黑死病不断造访欧洲和亚洲的城镇,威胁着那些劫后余生的人们。

在欧洲,黑死病猖獗了 3 个世纪,夺去了 2500 万余人的生命。黑死病又被称为鼠疫,该病从中国沿着商队贸易路线传到中东,然后由船舶带到欧洲。鼠疫流行于整个亚洲、欧洲和非洲北部,中国也有流行。黑死病的一种症状,就是患者的皮肤上会出现许多黑斑,所以这种特殊瘟疫被人们叫作"黑死病"。对于那些感染上该病的患者来说,痛苦的死去几乎是无法避免的,没有任何治愈的可能。

引起瘟疫的病菌是由藏在黑鼠皮毛内的蚤携带来的。在 14 世纪,黑鼠的数量很多。一旦该病发生,便会迅速扩散。因黑死病死去的人如此之多,以至劳动力失缺。整个村庄被废弃,农田荒鞠,粮食生产下降。紧随着黑死病而来的,便是欧洲许多地区发生了饥荒。但这对猫来说却是个好消息。猫以前往往与巫术和罪恶连在一起,但此时因他们具有捉鼠的本领而大受欢迎。可是一旦黑死病结束,猫又将失宠了。

黑死病，是鼠疫杆菌引起的一种烈性传染病，一般先流行于鼠类及其他野生啮齿动物之间，借助鼠蚤叮咬而传给人。鼠疫通常有腺型、肺型和败血症型三种。病原体可借飞沫传播，也可通过直接接触受染动物或被病兽咬伤而感染。人普遍易感，病后可获持久免疫。鼠疫传染性强、死亡率高，未经治疗的腺鼠疫病死率达 50% 至 70%，败血症型接近 100%。

随着人类卫生条件不断改善和对鼠疫的科学认识不断加深，鼠疫目前总体处于平稳状态。虽然人类已经找到对付鼠疫的办法，但应该看到，世界范围内的鼠疫自然疫源并未缩小，除澳洲外各大洲均有分布，再加上经济差异造成各国的卫生条件参差不齐，因此现在还不能排除世界上局部地区，特别是贫困地区暴发鼠疫的可能性。

肆虐横行的肝炎病毒

肝炎病毒引起病毒性肝炎的病原体。人类肝炎病毒有甲型、乙型、非甲非乙型和丁型病毒之分。甲型肝炎病毒呈球形，无包膜。乙型肝炎病毒呈球形，具有双层外壳结构，外层相当一般病毒的包膜。对非甲非乙型肝炎病毒和丁型肝炎病毒目前正在研究之中。

甲型肝炎病毒引起甲型肝炎，这种肝炎的传染源主要是病人。其病毒通常由病人粪便排出体外，通过被污染的手、水、食物、食具等传染，严重时会引起甲型肝炎流行。当甲型肝炎病毒跟随食物一起进入人体后，差不多经过一个星期的时间才会到达肝脏，之后就像找到安居地一样，在肝脏住下来，并且开始繁殖。之后一部分病毒继续留在肝脏，而一部分病毒跟着胆汁再次回到胃肠道，再通过粪便一起排出体外，而水源、蔬菜、毛蚶等一旦被这些带有病毒粪便污染，就会感染其他人，这样看来，正是人类自己传染自己。

留在肝脏内的病毒就会伤害肝脏，甲型肝炎病毒伤害肝脏的方式与乙型肝炎病毒不太相同，它似乎不会引起免疫反应，而是病毒直接攻击肝细胞本身，引起肝细胞直接的破坏，并导致肝炎的产生，这时患者就会出现急性肝炎的症状，如发烧、怕油腻、恶心、皮肤、眼球发黄等。但也不是每个人感染后都会发觉，很多人感染过甲型肝炎病毒但自己并不知道，这是因为病毒从口进入人体后，有时只会引起很轻微的，好像感冒一样的症状，尤其是小孩子，常常是在不知不觉中感染又痊愈，而且产生了终生的免疫力，如果不去验血，根本不知道原来自己曾感染过甲型肝炎。

乙型肝炎主要通过注射、输血等方式进行传播。乙型肝炎的发病无明显季节性；患者及病毒携带者男多于女；发病年龄在低发区主要为成人，在高发区主要为儿童而成人患者多为慢性肝炎；一般散发，但常见家庭集聚现象。丙型肝炎见于世界各国，主要为散发，多见于成人尤以输血与血制品者，药瘾者，血液透析者，肾移植者，同性恋者等；发病无明显季节性，易转为慢性。

为防止甲型肝炎的发生和流行，应重视保护水源，管理好粪便，加强饮食卫生管理，讲究个人卫生，病人排泄物、食具、床单衣物等应认真消毒。为防止乙型肝炎的传播，在输血时应严格筛除乙型肝炎抗原阳性献血者,血液和血液制品应防止乙型肝炎抗原的污染,注射品及针头在使用之前应严格消毒。

"谈癌色变"癌细胞

　　每年,癌症在全球致死700万人,我国也有100万人因此失去生命。为了降伏这一绝症,科学家们付出了极大努力。但直到现在,我们还是没找到攻克癌症的办法。癌症是什么? 它从哪里来,又是怎么害人的?

　　癌症,也叫恶性肿瘤,相对的有良性肿瘤。肿瘤是指机体在各种致瘤因素作用下,局部组织的细胞异常增生而形成的局部肿块。良性肿瘤容易清除干净,一般不转移、不复发,对器官、组织只有挤压和阻塞作用。但恶性肿瘤还可以破坏组织、器官的结构和功能,引起坏死出血合并感染,患者最终可能由于器官功能衰竭而死亡。

　　癌症的原因是一个广为人所关注的问题,自从人类开始认识癌症以来,已经有多种假说试图揭示癌症的本质,例如最早定义癌症的古希腊医生希普科伦特就认为癌症像所有其他疾病一样,是体液失衡的结果,是"黑胆汁忧郁症"的附属物。此后,医学家们提出了很多其他用以替代这种解释的理论。但是只有在生物学研究进入分子水平以后,我们对癌症才有了全面而深刻的理解。

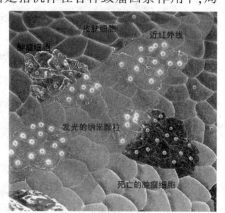

癌细胞

　　人体其实是由一个个细胞组成的社区。每个细胞照章行事,知道何时该生长分裂,也知道怎样和别的细胞结合,形成组织和器官。而构建不同组织的"图纸",就是基因。很多人说,人体内都有癌细胞,只不过没发展起来。从医学上讲,如果能查出癌细胞,就可以诊断这个人患癌症了。所以,这种说法并不正确。现在医学家认为:人人体内都有原癌基因,绝对不是人人体内都有癌细胞。

　　原癌基因主管细胞分裂、增殖,人的生长需要它。为了"管束"它,人体里还有抑癌基因。平时,原癌基因和抑癌基因维持着平衡,但在致癌因素作用下,原癌基因的力量会变大,而抑癌基因却变得弱尒。因此,致癌因素是启动癌细胞生长的"钥匙",主要包括精神因素、遗传因素、生活方式、某些化学物质等。多把"钥匙"一起用,才能启动"癌症程序";"钥匙"越多,启动机会越大。

　　癌症现在是人类最大、也是最凶残的杀手。

"免疫系统缺陷"艾滋病毒

艾滋病(AIDS)的全称是人类免疫缺陷病毒或者说获得性免疫缺陷综合征。艾滋病于1981年在美国首次发现,以后成为主要的流行病,在世界范围内导致了近1200万人的死亡,超过3000万人受到感染。这种疾病是由HIV导致的,这种病毒破坏人体抵抗感染和某种癌症的能力。

艾滋病病毒呈球形,直径100~120nm,电镜下可见一致密的圆锥状核心,内含病毒RNA分子和酶(逆转录酶、整合酶、蛋白酶),病毒外层囊膜系双层脂质蛋白膜,其中嵌有gp120和gp41,分别组成刺突和跨膜蛋白。囊膜内面为P17蛋白构成的衣壳,其内有核心蛋白(P24)包裹RNA。

追踪艾滋病起源的法国、美国和英国专家近日联合在《科学》杂志上撰文指出,DNA测试表明,两种非洲猴身上的病毒可能是这种严重传染病的"祖宗"。目前,专家已经发现,这两类猴病毒独株在进入非洲黑猩猩体内后可发展成为艾滋病毒,进而传染给人类。如何治疗这种能让人体免疫系统毁于一旦的疾病早已成为世界性难题,但目前依然没有开发出可靠的疫苗。

文章指出,非洲黑猩猩喜欢捕食猴子来"改善生活",并采取"集体追赶和半路埋伏同时进行"的方式来抓猴。在捕捉到满意的猎物后,众多黑猩猩往往当场将猴子撕碎吃掉,这就给猴子身上病毒通过血液进入猩猩体内打开了方便之门。随后,这些原本在猴子身上寄生的病毒不断发生变异,传播到人体内部后,最终形成了严重危害公众健康的艾滋病。目前,人类到底是如何从黑猩猩身上"获得"这种致命病毒还是一个谜。去年还有法国科研人员指出,猴子身上有一种病毒,可直接传播给人类。

HIV感染者是传染源,曾从血液、精液、阴道分泌液、眼泪、乳汁等分离得HIV。传播途径有:性传播,通过男性同性恋之间及异性间的性接触感染。血液传播,通过输血、血液制品或没有消毒好的注射器传播,静脉嗜毒者共用不经消毒的注射器和针头造成严重感染,据我国云南边境静脉嗜毒者感染率达60%。母婴传播,包括经胎盘、产道和哺乳方式传播。

大肆流行的流感病毒

流行性感冒简称流感,是由甲、乙、丙三型流感病毒,分别引起的急性呼吸道传染病。甲型流感病毒常以流行形式出现,能引起世界性流感大流行,它在动物中广泛分布,并也能在动物中引起流感流行和造成大量动物死亡。乙型流感病毒常常引起局部爆发,不引起世界性流感大流行,至今尚未找到它存在于人之外其他动物中的确凿证据。丙型流感病毒主要以散在形式出现，主要侵袭婴幼儿，一般不引起流行，猪也是它天然宿主之一。

任何传染病都有一定的潜伏期，流感也是如此。孩子感染之后一般不会马上发病，会有1~4天的潜伏期，每个孩子情况不一样，有的潜伏期长一些，有的潜伏期短一些。流感发病比较突然，一般在潜伏期内没有明显发病症状，一旦发病，起病就比较快。在潜伏期内的孩子在发病前1天左右就会有传染性，会在不知不觉中传染给他人，流感发病后4~5天左右都有传染性，这一点应该注意。

流感不同于普通感冒。流感病毒的传播力极强，常引起广泛流行。流感的全身症状，如头痛、发热、畏寒、四肢酸痛等较重，同时伴有鼻塞、流涕、咽喉干痛、眼结膜充血等局部症状。小儿常伴有腹痛、腹泻、呕吐等消化状。血常规检查，中性粒细胞显著减少，淋巴细胞数升高。普通感冒（俗称伤风感冒）通常由环境温度的变化及人体自身抵抗力下降所引起，一年四季均可发病，以咽痛、咳嗽、胸闷等局部症状为主，全身症状较轻，无广泛传播性。如不伴有合并感染，血常规检查正常。

流感病毒对母婴的危害尤其严重。轻型流感感染孕妇后影响较小，症状也轻，很少引起流产、早产及死胎、畸胎。而重型流感感染后，流产率可达10%，同时，早产率也有升高。早孕期感染还可引起胚胎发育异常，导致先天性畸形或死胎。重症流感对孕妇的生命也有很大威胁，严重者可导致死亡。

每次流感流行后在人群中总要造成不同程度的超额死亡。

"人禽杀手"禽流感病毒

禽流感是世界范围分布的，1994年、1997年、1999年和2003年分别在澳大利亚、意大利、中国香港、荷兰等地爆发，2005年则主要在东南亚和欧洲爆发。除鸡群中的禽流感主要发生在冬、春季节外，没有其他明显的规律性。高致病性禽流感疫情的蔓延引起世界关注。我国气象专家对疫情地气候特征的分析表明，禽流感"不喜"晴热天气。

禽流感病毒属甲型流感病毒。流感病毒分甲、乙、丙3个型，其中甲型流感病毒多发于禽类，一些亚型也可感染猪、马、海豹和鲸等各种哺乳动物及人类；乙型和丙型流感病毒则分别鉴于海豹和猪的感染。甲型流感病毒呈多形性，其中球形直径80~120nm，有囊膜。研究表明，原本为低致病性禽流感病毒株（H5N2、H7N7、H9N2），可经6~9个月禽间流行的迅速变异而成为高致病性毒株（H5N1）。

一般来说，禽流感病毒与人流感病毒存在受体特异性差异，禽流感病毒是不容易感染给人的个别造成人感染发病的禽流感病毒可能是发生了变异的病毒。变异的可能性一是两种以上的病毒进入同一细胞进行重组，如猪既可感染人流感病毒，又可能感染禽流感病毒，每种病毒都具有8个基因片段，从理论上讲，可以形成256个新的重组病毒；二是病毒基因位点由于某种因素的影响而变异。1983年4月，美国宾夕法尼亚州曾暴发

H5N2 型病毒引起的鸡和火鸡低致病性禽流感，由于没有及时得到有效控制，到同年 10 月份，同样的 H5N2 型毒株突然由低致病性变成高致病性，造成禽类大量死亡。

禽流感主要经呼吸道传播，通过密切接触感染的禽类及其分泌物、排泄物、受病毒污染的水等，以及直接接触病毒毒株被感染。在感染水禽的粪便中含有高浓度的病毒，并通过污染的水源，由粪便途径传播流感病毒。目前还没有发现人感染的隐性带毒者，尚无人与人之间传播的确切证据。

人类对禽流感的研究和防治工作已有 100 多年的历史。目前研究结果表明，禽流感病毒中缺乏人流感病毒的基因片段，除非禽流感病毒与人流感病毒发生基因重组，否则它很难侵犯人类，导致人与人间传播。人禽流感的发生，目前只可能是因接触的病禽而感染。人感染病毒的几率很小。

"婴幼儿易感病"麻疹

麻疹是由麻疹病毒引起的急性呼吸道传染病，临床上以发热、上呼吸道炎症、结膜炎症、麻疹黏膜斑及皮肤斑丘疹为特征。

麻疹的症状是发热 3 日左右后出疹，出疹时全身中毒症状加重，体温更高，达 40 摄氏度左右。出现精神萎靡、嗜睡或烦躁不安，可有谵妄，婴幼儿常有惊厥。咳嗽加重，畏光，面部浮肿。出疹时，一般是从耳后发际开始，渐及前额、面、颈、躯干及四肢，第三天达手掌及足底。皮疹是淡红色斑丘疹，呈充血性，压之褪色；疹间皮肤正常；严重时皮疹可融合成片，呈暗红色。

引起麻疹急性传染病的病原体为麻疹病毒，呈球状，内核为单链 RNA，螺旋对称，有包膜，其上含血凝素。麻疹是小儿常见的传染病，传染性强，发病率高，并易与支气管性肺炎或脑膜炎并发，患并发症者病死率高。病毒存在于患者鼻咽部的分泌物中，主要通过咳嗽、喷嚏等飞沫经呼吸道侵入人体。患者表现发热，出现皮疹，大多数在口内颊粘膜上出现灰白色的口腔粘膜斑。如果没有并发症，就会逐渐康复。麻症病毒只有一种血清型，世界各地分离的麻疹病毒的抗原性均相同，所以患过麻疹病毒的抗原性均相同，所以患过麻疹的人，恢复后一般有终身的免疫力。

麻疹病毒属副黏液病毒，体外抵抗力弱，对热、紫外线和消毒剂均很敏感。在空气飞沫中保持传染性不超过 2 小时，但耐寒冷和干燥，在零摄氏度可保持约 1 个月。病人是麻疹唯一的传染源，传染性极强。潜伏期末至出疹后 5 日内均有传染性，传染期口、鼻、咽、眼结合膜分泌物中含有麻疹病毒。主要是由飞沫经呼吸道传播。对于麻疹，人群普遍易感，病后就会有持久免疫力。以 1 岁至 5 岁儿童发病率最高，婴儿可从胎盘获得母亲的抗体，生后 6 个月内不会发病，但易感母亲所生的婴儿无先天性免疫力，生后即可得病。

在人工培养的条件下，病毒的致病性可发生变异，如将病毒在鸡胚上培养传代多次后,就会减弱对人的致病性,但仍保持免疫性。目前应用的麻疹疫苗就是通过组织培养所获得的减毒毒株制备的。预防麻疹感染的措施是接种疫苗。随着疫苗接种的推广,麻疹的发病率已明显下降,病死率也大幅度下降。

"化脓球菌"链球菌

链球菌是化脓性球菌的另一类。它是常见的细菌,广泛存在于自然界和人及动物粪便和健康人鼻咽部,引起各种化脓性炎症,猩红热,丹毒,新生儿败血症,脑膜炎,产褥热以及链球菌变态反应性疾病等。

链球菌球形或卵圆形,直径 0.6~1.0um,呈链状排列,短者 4~8 个细菌组成,长者有 20~30 个细菌组成。幼龄培养物大多可见到透明质酸形成的荚膜。无芽孢,无鞭毛,革兰氏染色阳性。

至于个体的易感性,可能受到多种因素的影响,如与个体的营养状况、免疫功能、居住条件;气候环境及流行菌株的毒性等因素有关;曲予部分风湿热病人光任何链球菌感染韵证据;加上近竿来病毒学方面的一些实验室检查发现,推测可能系病毒感染后,使人体易受链球菌感染,或病毒感染引起全身变态反应,也可能是细菌与病毒协同作用所致。

近年的研究认为,由于溶血性链球菌侵入人体;产生相应的抗体;此种抗体与心脏和关节组织发生抗原抗体反应而产生病变。在多数风湿热病人血清中,可出现循环免疫复合升高,风湿热的活动与循环免疫复合物的增高水平相一致。已知循环免疫复合物中含有链球菌抗原成分,抗原抗体复合物沉积在心肌、心内膜、关节滑膜和结缔组织。也有人认为,A 组 B 型溶血性链球菌的细胞外产物已知有 20 种以上,包括毒素和酶。链球菌溶血素 O 和溶血素 S 均有毒性作用,能溶解红细胞和使心肌细胞溶酶体破裂;造成心肌和关节组织损害。

有学者认为,风湿热的发生与遗传因素有密切关系。近年美国新发现的病人以中产以上家庭成员居多,医疗、生活条件优良,其发病受外界环境因素的影响较少,因而不少学者认为,近期的新发病例与菌株的变异和宿主易感性的关系可能较大。此外,单卵双胎同时患风湿热者较双卵双胎者为多乙讽湿热具有强烈的家族发病倾向,同一家庭中常有多个成员患病,有的家庭甚至连续四五代均有病人。此外,免疫学研究也证实,除链球菌感染外,个体对链球菌感染后引起风湿热的遗传易患性,也是风湿熟发生的必要条件,而且这种易患性可在家族中连续传递。

"卫生病"大肠杆菌

"毒菠菜"事件在美国掀起的层层波浪,让人震惊。截至 10 月 7 日,"毒菠菜"事件波及美国 25 个州,造成 3 人死亡,至少 190 人因此患病,其中 24 人出现肾功能衰竭。最终确认,O157:H7 型大肠杆菌正是"毒菠菜"事件中的罪魁祸首。

大肠杆菌在人们的生活中无处不在,为何它会致人死亡呢？大肠杆菌是人和动物肠道内的一种寄生菌,大多数大肠杆菌是不致病的,但其中某些型如 O157:H7 型就有致病力,可引起感染发病。严重者会出现溶血性尿毒综合征,这种综合征可以导致肾脏损伤、肾功能衰竭甚至死亡。

大肠埃希氏菌通常称为大肠杆菌,是科学家在 1885 年发现的,在相当长的一段时间内,一直被当作正常肠道菌群的组成部分,认为是非致病菌。直到 20 世纪中叶,才认识到一些特殊血清型的大肠杆菌对人和动物有病原性,尤其对婴儿和幼畜(禽),常引起严重腹泻和败血症,它是一种普通的原核生物,是人类和大多数温血动物肠道中的正常菌群。

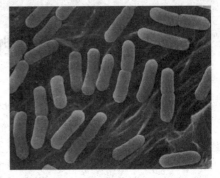

大肠杆菌

但也有某些血清型的大肠杆菌可引起不同症状的腹泻,根据不同的生物学特性将致病性大肠杆菌分为 5 类:致病性大肠杆菌(EPEC)、肠产毒性大肠杆菌(ETEC)、肠侵袭性大肠杆菌(EIEC)、肠出血性大肠杆菌(E.I"IEC)、肠黏附性大肠杆菌(EAEC)。

大肠杆菌 0157:H7 血清型属肠出血性大肠杆菌,自 1982 年在美国首先发现以来,包括我国等许多国家都有报道,且日见增加。日本近年来因食物污染该菌导致的数起大暴发,格外引人注目。在美国和加拿大通常分离的肠道致病菌中,目前它已排在第二或第三位。大肠杆菌 O157:H7 引起肠出血性腹泻,约 2%~7% 的病人会发展成溶血性尿毒综合征,儿童与老人最容易出现后一种情况。致病性大肠杆菌通过污染饮水、食品、娱乐水体引起疾病暴发流行,病情严重者,可危及生命。

为了防止大肠杆菌引发疾病,上完厕所后认真洗手,是最有效的一个办法。因为上完厕所,大肠杆菌或多或少会接触到手上,如果不及时冲洗,它会随着手接触的食物或手直接接触口腔等途径,直接进入人体内。如厕后洗手,不仅仅是个文明习惯问题,更是直接关系到身体健康的大问题。

"环保汽油"乙醇

乙醇,俗称酒精,无色、透明,具有特殊香味的液体(易挥发),密度比水小,能跟水以任意比互溶(一般不能做萃取剂)。是一种重要的溶剂,能溶解多种有机物和无机物。

乙醇汽油是一种由粮食及各种植物纤维加工成的燃料乙醇和普通汽油按一定比例混配形成替代能源。按照我国的国家标准,乙醇汽油是用 90% 的普通汽油与 10% 的燃料乙醇调和而成。它可以有效改善油品的性能和质量,降低一氧化碳、碳氢化合物等主要污染物排放。它不影响汽车的行驶性能，还减少有害气体的排放量。

这次国家发改委统一部署、多个省份争先推广乙醇汽油，是因为改用乙醇汽油对环境和车辆都有好处。一方面，减少有害尾气的排放。因为乙醇汽油含氧量的提高，能够使工况燃烧更充分，从而更有效地降低和减少了有害尾气的排放。据国家汽车研究中心所做的发动机台架试验和行车试验结果表明，使用车用乙醇汽油，发动机无须改造，动力性能基本不变，尾气排放 CO 和 CH 化合物平均减少 30% 以上。另一方面，消除积炭。因为乙醇汽油的燃烧特性，能有效地消除火花塞、燃烧室、气门、排气管消声器部位积炭的形成，优化工况行为，避免了因积炭的形成而引起的故障，延长部件使用寿命，延长发动机机油的使用时间，减少更换次数，减少油耗。虽然从机理上讲，燃料乙醇热值比汽油热值低，然而，乙醇汽油因加入 10% 的乙醇，其热值理论上降低了 3%，会使动力性能下降，但因乙醇中含氧，使汽油中氧含量增加 3.5%，将原汽油不能完全燃烧的部分充分燃烧，使尾气中 CO 降低 33%，从而使油耗相应减少。两者相抵，使总体油耗持平或略有下降。

再防杂质。车用乙醇汽油具有较强的清洗作用，在使用初期，会把原来附着在油箱壁上、或沉积在油箱底部的胶质颗粒（指原汽油中所含的物质，在一定条件下所产生的胶化现象）、铁锈等杂质清洗下来，混入油中，由油管吸入油路，造成汽油滤芯、化油器雾化喷嘴、电喷车的喷嘴等被杂质阻塞，从而，造成发动机发抖、加油加不上，损害汽车的加速性能。

乙醇汽油可以和普通汽油混合使用，但不能长时间混用。因为长时间的混用会影响汽车的性能。如果你的车已经长时间混用了乙醇汽油和普通汽油，应该立即检查汽车的相关零件，看有没有问题。

"去污里手"蛋白酶

蛋白酶全名为"蛋白质水解酶"，就是一种能使蛋白质水解成多肽链或氨基酸的有机物。蛋白质是氨基酸连成的长链，如果氨基酸数量比较少就称为肽链，如果氨基酸达到一定数目就称为蛋白质。蛋白酶促进蛋白质和水反应，变成氨基酸。

催化蛋白质水解的酶类。种类很多，重要的有胃蛋白酶、胰蛋白酶、组织蛋白酶、木瓜蛋白酶和枯草杆菌蛋白酶等。蛋白酶对所作用的反应底物有严格的选择性，一种蛋白酶仅能作用于蛋白质分子中一定的肽键，如胰蛋白酶催化水解碱性氨基酸所形成的肽键。蛋白酶颁秀广，主要存在于人和动物消化道中，在植物和微生物中含量丰富。由于动植物资源有限，工业上生产蛋白酶制剂主要利用枯草杆菌、栖土曲霉等微生物发酵制备。

皮革工业的脱毛和软化已大量利用蛋白酶，既节省时间，又改善劳动卫生条件。蛋白酶还可用于蚕丝脱胶、肉类嫩化、酒类澄清。临床上可作药用，如用胃蛋白酶治疗消化不良，用酸性蛋白酶治疗支气管炎，用惮性蛋白酶治疗脉管炎以及用胰蛋白酶、胰凝乳蛋白酶对外科化脓性创口的净化及胸腔间浆膜粘连的治疗。加酶洗衣粉是洗涤剂中的新产品,含碱性蛋白酶,能去除衣物上的血渍和蛋白污物,但使用时注意不要接触皮肤,以免损伤皮肤表面的蛋白质,引起皮疹、湿疹等过敏现象。

加酶洗衣粉中添加了多种酶制剂,如碱性蛋白酶制剂和碱性脂肪酶制剂等。这些酶制剂不仅可以有效地清除衣物上的污渍,而且对人体没有毒害作用,并且这些酶制剂及其分解产物能够被微生物分解,不会污染环境。所以,加酶洗衣粉受到了人们的普遍欢迎。

20 世纪 80 年代,日本的一家公司首先推出含有碱性纤维素酶制剂的洗衣粉。碱性纤维素酶本身不能去除衣物上的污垢,它的作用是使纤维的结构变得蓬松,从而使渗入到纤维深处的尘土和污垢能够与洗衣粉充分接触,从而达到更好的去污效果。碱性纤维素酶还能去除棉纺织品表面的浮毛,使洗涤后的棉纺织品柔软蓬松,织纹清晰,色泽更加鲜艳,穿着更加舒适。

“发酵之母”酵母菌

提起酵母菌这个名称,也许有人不太熟悉,但实际上人们几乎天天都在享受着酵母菌的好处。我们每天吃的面包和馒头就是有酵母菌的参与制成的;我们喝的啤酒也离不开酵母菌的贡献。酵母菌是人类实践中应用比较早的一类微生物,我国古代劳动人民就利用酵母菌酿酒。酵母菌的细胞里含有丰富的蛋白质和维生素,所以也可以做成高级营养品添加到食品中,或用作饲养动物的高级饲料。

酵母菌是微生物王国中的“大个子”,它们有的呈球形和卵形,还有的长得像柠檬或腊肠。大多数酵母菌的菌落特征与细菌相似,但比细菌菌落大而厚,菌落表面光滑、湿润、粘稠,容易挑起,菌落质地均匀,正反面和边缘、中央部位的颜色都很均一,菌落多为乳白色,少数为红色,个别为黑色。绝大多数的酵母菌以出芽方式进行无性繁殖,样子很像盆栽仙人掌的出芽生长。酵母菌本领非凡,它们可以把果汁或麦芽汁中的糖类(葡萄糖)在缺氧的情况下,分解成酒精和二氧化碳,使糖变成酒。它能使面粉中游离的糖类发酵,产生二氧化碳气体,在蒸煮过程中,二氧化碳受热膨胀,于是馒头就变得松软,所以被称为发酵之母。

酵母菌浑身是“宝”,它们的菌体中含有一半以上的蛋白质。有人证明,每 100 公斤干酵母所含的蛋白质,相当于 500 公斤大米、217 公斤大豆或 250 公斤猪肉的蛋白质含量。第一次世界大战期间,德国科学家研究开发食用酵母,样子像牛肉和猪肉,被称为“人造肉”。第二次世界大战爆发后,德国再次生产食用酵母,随后,英、美和北欧的很多国家群起仿效。这种新食品的开发和利用,被认为是第二次世界大战中继发明原子能和青霉素之后的第三个伟大成果。酵母菌还含有多种维生素、矿物质和核酸等。家禽、家畜吃了用酵母菌发酵的饲料,不但肉长得快,而且抗病力和成活率都会提高。

酵母菌在自然界中分布很广,尤其喜欢在偏酸性且含糖较多的环境中生长,例如在水果、蔬菜、花蜜的表面和在果园土壤中最为常见。即便酵母菌分布很广,但它们既怕过冷又怕过热,所以市场上出售的鲜酵母一般要保存在10~25℃之间。

"美味佳肴"食用真菌

在家庭餐桌上,我们经常可以吃到味美可口的蘑菇、香菇一类食用菌,这就是微生物对人类的奉献。这些美味佳肴都是微生物界的食用真菌。

早在两三千年前,我国人民就已把菇菌作为珍贵的食用菌了,而且很早就懂得食用菌的栽培。食用菌类一般都是高等真菌的子实体,在我国发现的不下350多种,常见的有蘑菇、草菇、香菇、平菇、凤尾菇、金针菇、黑木耳、松口蘑、竹荪、羊肚菌、牛肝菌等多种。这些食用菌味道鲜美,营养丰富,含有丰富的蛋白质、脂肪、糖、维生素、矿物质等营养成分。而且某些食用菌对动植物病毒性疾病有免疫或抑制作用,还能抑制肿瘤发生和发展,并能溶解一定量的胆固醇,所以被人们称为"保健食品"。

早先,这些食用真菌野生在山林、草地、田野里。当你走进潮湿的林地上,拣起一块潮湿的朽木或几片腐叶,不用放大镜也能看见许多丝状物,这常常就是它们的菌丝体。发育良好的菌丝,能钻进木材、落叶的组织里,吸取养料。像蘑菇等的菌丝体上,会长出一把漂亮的"小伞",这就是子实体。子实体上面是平整的,而下面密生着许多叫菌褶的薄膜,长着能繁殖后代的担子或担孢子,能随风飞散,到它们喜欢的地方去"安家"。现在,人们掌握了它们的生长发育习性,可以采用人工栽培的方法,大量地生产了。

猴头蘑是食用真菌中名贵的品种,菌肉鲜嫩,香醇可口,有"素中荤"之称。猴头菇的形状很特殊,它的子实体圆而厚,菌盖生有须刺,须刺向上,新鲜时白色,干后由浅黄至浅褐色,基部狭窄或略有短柄,上部膨大,直径3.5~10厘米,远远望去似金丝猴头,故称"猴头蘑"。野生猴头蘑多生长在柞树等树干的枯死部位,喜欢低湿。我国东北产量较多,现在浙江温州地区已有人工培育。猴头蘑一般有拳头大小,在自然条件下发育较慢,但能生长巨大的菌体。

蘑菇通常与平菇、草菇、和香菇一起并称为对人体有益的常用"四大食用菌"。蘑菇以菌直径2~4厘米,尚未开伞,菌柄短粗,长约2~4厘米,横径1.5~2厘米时,肉厚脆嫩,香味浓郁,品质最佳。人工栽培最多,其肉质肥嫩、鲜美可口。

确认可食用真菌并无统一可靠的规则。民间有句俗语是:"有毒真菌剥皮后就会无毒,有毒种沸煮时会变色。"然而实际上并不是这样的,烹烧并不能破坏它们的毒性。

"人体卫兵"疫苗

疫苗,是指为了预防、控制传染病的发生、流行,用于人体预防接种的疫苗类预防性生物制品。

　　疫苗是一种抗原性的制剂,用作对某种疾病产生免疫力,从而不会受到该种病原体的感染。凡具有抗原性接种于机体可产生特异的自动免疫力,可抵御感染病的发生或流行,总称为疫苗。既往把以细菌制备的制剂称为"菌苗";而把病毒及立克次氏体制备的制剂称为"疫苗";以细菌代谢产物——毒素制备的制剂称为"类毒素"。疫苗多以经弱化或已死亡的细菌或病毒制成。

　　那疫苗为什么能产生作用呢?疫苗是给予免疫系统一定数量的无害抗原,即细菌或病毒表面的一部分,而这被免疫系统视为"外来异物"。疫苗还可能是提供无活性的毒素(毒素是细菌释放的有毒物质),促使机体产生免疫力,与之对抗。一旦免疫系统发现了抗原,B淋巴细胞就会生成一种抗体,它能精确地与抗原结合。抗体可产生许多拷贝。如果出现了同一疾病的感染,就会有更多的抗体产生。由于它们附着于靶抗原,就可能直接阻断病毒或细菌的活性,从而对抗感染。此外,抗体还可以使免疫系统的其他部分能更容易地辨认和摧毁侵入者。

　　免疫系统具有"记忆"能力。一旦暴露于特定的细菌或病毒,它们就将在若干年、数十年甚至终生保留免疫力;因此能够抵御以后的感染,并且应答更为迅速。免疫系统所具备的这种能力,以及产生这种能力的速度,对于人体来说有极大好处:身体初次遭遇病菌,可能需要7~12天才能建立起有效防御,到那时,或许已经发生严重疾病甚至死亡。

　　疫苗的发现可谓是人类发展史上具有里程碑意义的事件。因为从某种意义上来说人类繁衍生息的历史就是人类不断同疾病和自然灾害斗争的历史,控制传染性疾病最主要的手段就是预防,而接种疫苗被认为是最行之有效的措施。而事实证明也是如此,威胁人类几百年的天花病毒在牛痘疫苗出现后便被彻底消灭了,迎来了人类用疫苗迎战病毒的第一个胜利,也更加坚信疫苗对控制和消灭传染性疾病的作用。

　　此后200年间,疫苗家族不断扩大发展,目前用于人类疾病防治的疫苗有20多种,根据技术特点分为传统疫苗和新型疫苗。传统疫苗主要包括减毒活疫苗和灭活疫苗,新型疫苗则以基因疫苗为主。

"酿造能人"曲霉

　　曲霉是发酵工业和食品加工业的重要菌种,已被利用的近60种。2000多年前,我国就用于制酱,也是酿酒、制醋曲的主要菌种。现代工业利用曲霉生产各种酶制剂、有机酸,农业上用作糖化饲料菌种。例如黑曲霉、米曲霉等。

　　曲霉广泛分布在谷物、空气、土壤和各种有机物品上。生长在花生和大米上的曲霉,有的能产生对人体有害的真菌毒素,如黄曲霉毒素B1能导致癌症,有的则引起水果、蔬菜、粮食霉腐。

　　黑曲霉,属半知菌亚门真菌。菌落初白色,后变黑。分生孢子头褐黑色放射状,分生孢子梗长短不一。顶囊球形,双层小梗。分生孢子褐色球形。生长适温37℃,最低相对湿度为88%,能引致水分较高的粮食霉变。

小曲又称酒药。主要用于酿造白酒。用米、高粱、大麦等为原料,并酌加几种中药。所含的微生物主要是根霉菌、毛霉菌和酵母菌。在酿造过程中同时起糖化作用和发酵作用。因为曲块小,发生热量少,适用于中国南方气候条件。用小曲酿造的酒称为小曲酒,如黄酒、甜米酒等。

曲霉菌丝有隔膜,为多细胞霉菌。在幼小而活力旺盛时,菌丝体产生大量的分生孢子梗。分生孢子梗顶端膨大成为顶囊,一般呈球形。顶囊表面长满一层或两层辐射状小梗(初生小梗与次生小梗)。最上层小梗瓶状,顶端着生成串的球形分生孢子。以上几部分结构合称为"孢子穗"。孢子呈绿、黄、橙、褐、黑等颜色。这些都是菌种鉴定的依据。分生孢子梗生于足细胞上,并通过足细胞与营养菌丝相连。曲霉孢子穗的形态,包括分生孢子梗的长度、顶囊的形状、小梗着生是单轮还是双轮,分生孢子的形状、大小、表面结构及颜色等,都是菌种鉴定的依据。

曲霉属中的大多数仅发现了无性阶段,极少数可形成子囊孢子,故在真菌学中仍归于半知菌类。

"吃蜡冠军"石油酵母

在石油化工公司的炼油厂中,寄宿了一批爱"吃"蜡的食客,它们就是被称为"石油酵母"的解脂假丝酵母和热带假丝酵母。石油酵母一词,来自1963年在联邦德国法兰克福城召开的第6届世界石油会议上,是由英国BP公司在《石油中的蛋白质》一文中提出的。

生产石油酵母的原料一般分2种,一种是以重质油为原料,另一种是以石油蜡烃为原料。用重质油为原料生产石油酵母时,因重油中含蜡高,低温下易结冻,生产时需要脱蜡。用石油蜡烃为原料生产时,可直接在发酵槽加入酵母,进行发酵生产。生产石油酵母要求加入一定量氨调整发酵程pH值,还需加入一定量的磷、钾、铁盐,并提供充足的空气和水进行冷却。当石油蜡烃等和酵母菌种一并注入发酵槽后,在弱酸性和30~36℃温度条件下,经数小时滞留发酵,发酵后取出,进行离心、温水洗涤、浓缩、干燥等步骤即得石油酵母。一般以石油蜡烃为原料生产的石油酵母因其原料中不含有高分子致癌性多环芳香物,所以安全性高。而以轻油或重质油直接作发酵原料生产的石油酵母含有致癌物质3,4苯并芘,应慎用。

石油酵母炼油厂为什么要供养这批食客呢? 原来,石油产品的质量与蜡的含量多少有很大关系。在高空飞翔的飞机,如果使用含蜡量高的汽油,那么高空的低温会使蜡凝固起来,堵塞机内各条输油管,使飞机发生严重事故。因此,石油产品需要经过脱蜡处理。工业上有多种脱蜡办法,但是设备复杂,消耗材料和能源也多。于是,炼油厂的工程师从微生物实验中请来了这批专爱吃蜡的食客——石油酵母。在要脱蜡的石油产品中,石油酵母如鱼得水，大吃特吃，把石蜡一扫而光，同时自己迅速繁殖起来。这样，人们既得到了高级航空汽油和柴油，又获得了大量石油酵母，真是一举两得。

完成了脱蜡任务的石油酵母，一个个吃得白白胖胖，含有丰富的蛋白质和维生素，可以制成无毒高蛋白的精饲料，用于喂养家禽和家畜。据说加喂 1 吨石油酵母饲料，可多生产 700 多公斤猪肉。科学家预测，石油酵母将来还可以作为色香味俱全的人类食物！

"杀虫勇士"苏云金杆菌

在微生物王国中，有一大批灭虫勇士。千百年来，它们悄悄地帮助人类杀灭害虫，保护庄稼。然而，它们的功绩直到近百年来才被人们发现。1911 年，德国人贝尔奈在苏云金这个地方的一家面粉厂里，发现有一种寄生在昆虫体内的细菌，有很强的杀虫力。于是，人们称这种细菌为苏云金杆菌。

苏云金杆菌长得像根棍棒，矮矮胖胖，身高不到 5‰毫米。当它长到一定阶段，身体一端会形成一个卵圆形的芽孢，用来繁殖后代；另一端便产生一个菱形或近似正方形的结晶体，因为它与芽孢相伴而生，我们叫它伴孢晶体，有很强的毒性。当害虫咬嚼庄稼时，同时把苏云金杆菌吃进肚去，这就像孙悟空钻进铁扇公主的肚子里去一样，在害虫的肚子里大显威风。它的伴孢晶体含有的内毒素可以破坏害虫的消化道，引起食欲减退，行动迟缓、呕吐、腹泻；而芽孢能通过破损的消化道进入血液，在血液中大量繁殖而造成败血症，最终使害虫一命呜呼。

日前，湖南师范大学生命科学学院研发出一种高效新型苏云金杆菌杀虫剂绿色农药，可广泛用于农业杀虫。该项目已得到国家"863"计划项目，只要研究产品为高效新型微生物杀虫剂。该项目利用微生物工程技术、发酵工程和生物工程下游技术，选育出高效、速效和持效杀虫苏云金杆菌新菌种，并结合利用计算机技术，进行正交设计筛选和优化最佳发酵条件，建立新型发酵生产工艺流程，研究菌剂助效剂、杀虫增效技术及质量标准以确定菌种杀虫谱和大田应用技术体系，该项目还从分子生物学水平研究并阐明该菌种晶体毒蛋白分子生物学特性、杀虫作用机理和基因定位。该项目技术成熟，本产品已经申请发明专利，获得生产许可。

苏云金杆菌的发现，为人们利用微生物消灭植物病虫害提供了美好的前景。现在，人们已经用发酵罐大规模地生产苏云金杆菌，经过过滤、干燥等过程制成粉剂或可湿剂、液剂，喷洒到庄稼上，对棉铃虫、菜青虫、毒蛾、松毛虫，以及玉米螟、高粱螟、三化螟等 100 多种害虫有不同的致病和毒杀作用。

植物之谜

植物的思维之谜

科学家研究的课题,有时让常人不好理解,按我们的想法,植物没有行动能力,按说不该和思维搭上边。可科学家进行的实验,结果就把人们引入五里雾中,可以说是:你不说我还明白,你越说我越糊涂了。活蹦乱跳的动物,我们尚怀疑那是本能,而不一定是思维能力,何况一步也不能动的植物呢?

如果说人具有思维,这是谁都不会感到奇怪的事,如果说动物具有思维,这也是人们能够接受的,但如果说,植物也有思维能力,你一定会非常惊讶!

美国的维维利·威莉曾做过这样一个试验:她从公园里摘回两片虎耳草的叶子,祝愿其中一片叶子继续活着,对另一片叶子则根本不予理睬。1个月后,她不闻不问的那片叶子已经萎缩变黄,开始枯干;可她每天注意的那片叶子不但仍然活着,而且就像从公园里刚摘下来的一样。似乎有某种力量使它能够违反自然法则,使叶子保持健康状态。

美国化学师马塞尔·沃格尔按照威莉的做法,从树上摘下三片榆树叶放到床边一个玻璃碟里。每天早饭前,他都要花一分钟的时间,劝勉两边的叶子继续活下去,而对中间那片叶子不予理睬。一周后,中间的一片叶子已变黄枯萎,另两片仍然青绿、健康。使沃格尔感兴趣的是,活着的两片叶子的小茎上的伤痕似乎已经愈合。

这件事给沃格尔以很大的鼓舞,他想,人的精神力量可以使一片叶子超过它的生命时间保持绿色,那么这种力量会不会影响到别的植物呢?他在制作幻灯片时,用心灵寻找人们用肉眼看不到的东西,结果他发现植物可以获知人的意图。他还发现不同的植物,对人意识的反应也不同。就拿海芋属的植物来说吧,有的反应较快,有的反应较慢,有的很清楚,有的则模糊不清。不仅整株植物是这样,就其叶子来说,也各自具有特性和个性,电阻大的叶子特别难于合作,水分大的新鲜叶子最好。植物似乎有它的活动期和停滞期,只能在某些天的某个时候才分别进行反应,其他时间则没有反应。

1971年春天,沃格尔开始了新的实验,看能否获得海芋属植物进入与人沟通联系的准确时刻。他把电流计连在一株海芋植物上,然后他站在植物面前,完全松弛下来,深呼吸,手指伸开几乎触到植物。同时,他开始向植物倾注一种像对待友人一样的亲密感情。他每次做这种实验时,图表上的笔录都发生一系列的向上波动。沃格尔认为,他和海芋植物之间的互相反应,似乎于他和爱人或挚友间的感情反应有同样的规律,即相互反应的热烈情绪引起一阵阵能量的释放,直到最后耗尽,必须得到重新补充。

在另一次试验中,沃格尔将两株植物用电线连在同一部记录仪上。他从第一株上剪下一片叶子,第二株植物对它的同伴的伤痛做出了反应。不过这种反应只有当沃格尔注意它时才会有。如果他剪下这片叶子不去看第二株植物时,它就没有反应。这就好像沃格尔同植物是一对情人,坐在公园的凳子上,根本不留意过路行人。只要有一个人注意到别人时,另一个人的注意力也会分散。

沃格尔说:"人可以而且也做到了与植物的生命沟通感情。植物是活生生的物体,有意识,占据空间。用人的标准来衡量,它们是瞎子、聋子、哑巴,但我毫不怀疑它们在衡量人的情绪时,却是极为敏感的工具。它们放射出有益于人类的能动力量,人们可以感觉到这种力量。它们把这种力量送给某个人的特定的能量场,人又反过来把能量送给植物。"在同植物进行感情交流时,千万不能伤害植物的感情。沃格尔请一位心理学家在4.6米外对一株海芋属植物表示强烈的感情。试验时,植物做出了连续不断的强烈反应,然后突然停止了。沃格尔问他心中是否出现了什么想法,他说他拿自己家里的海芋属植物和沃格尔地做比较,认为沃格尔的远比不上他自己的。显然这种想法刺伤了沃格尔的海芋属植物的"感情"。在这一天里,它再也没有反应,事实上两周内都没有反应。这说明,它对那位心理学家是有反感的。

沃格尔发现植物对于谈论不同的话题内容也表现出不同的反应。植物对在摇曳着烛光的暗室里讲鬼怪的故事也有反应。在故事的某些情节中,例如"森林中鬼屋的门缓缓打开",或者"一个手中拿刀子的怪人突然在角落出现",或者"查尔斯弯下腰打开棺材盖子"等等,植物似乎特别注意。沃格尔还用事实证明,植物也可以对在座人员虚构想象力的大小做出反应。

沃格尔的研究为植物界打开了一个新的领域。动植物也有思维,它们似乎能够揭示出任何恶意或善意的信息,这种信息比用语言表达得更为真实。这种研究其意义无疑是深远的,但怎样进一步开发它,让它为人类服务,还是一个值得研究的问题。

植物的血液之谜

凡是生物都要有向全身输送营养物质的液体,在动物体内叫"血液",在植物体内也可称为"血液",血液以红色的居多,在植物体内就不一定,但也有红色的,当然,植物的血液流通和动物不一样,因为动物有明确的血管,而植物就不同,它们多是通过细胞间的营养传递来完成输送过程。所以,植物的"血液"流淌,不大好观测,我们不是植物学专家,对植物学专家的研究成果,只能姑妄听之,姑妄信之。

人和动物都有血液,那么植物有血液吗?我国南方山林的灌木丛中,生长着一种常绿的藤状植物。每到夏季,便开出玫瑰色的美丽花朵。当你用刀子把藤割断时,就会发现，流出的液汁先是红棕色，然后慢慢变成鲜红色，与鸡血一样，这种植物叫"鸡血藤"。

南也门的索科特拉岛，是世界上最奇异的地方。据统计，岛上约有200种植物是世界上任何地方都没有的。其中有一种"龙血树"，它分泌出一种像血液一样的红色树脂，这种树脂被广泛地用于医学和美容。这种树主要生长在这个岛的山区。

英国威尔有一座公元6世纪建成的古建筑物，它的前院耸立着一株杉树，至今已有700年的历史。这株树高7米多，它有一种奇怪的现象，长年累月流着一种像血液一样的液体，这种液体是从这株树的一条2米多长的天然裂缝中流出来的，这种奇异的现象，每年都吸引着成千上万的游客。这棵杉树为什么会流"血"，引起了科学家的注意。他们对这棵树进行了深入研究，也没找到流"血"的原因。要想揭开其中的奥秘我们只有等待着科学家们继续去努力探索。关于植物是否有血液的问题也有待于进一步研究。

植物情报传递之谜

现在人们努力想弥合植物与动物之间的生理差距，是的，动物和植物都是生物，但动物都有大脑，都有行动能力，而植物是没有行动能力的，所以没有人认为植物有动物那样的受大脑支配的行为能力，而情报传递是动物之间的讯息方式，而今科学家们要证明植物的这种能力，真是高哇。

许多动物能够以不同的方式向自己的同伴传递一些信息，以表达自己的意愿等，而"植物王国"里也有信息传送吗？如果有，它们又是靠什么来传递信息的呢？

美国华盛顿大学的两位研究人员，用柳树、赤杨和在短短几个星期内就能把整株树叶吃光的结网毛虫进行实验。他们把结网毛虫放在一棵树上，几天内发现树叶的化学成分有了某种程度的变化，特别是单宁含量有了明显的增加。昆虫吃了这种树叶不易消化，于是，失去了胃口，便另去别处寻找可口的佳肴，从而保护了树木自身。让人大吃一惊的是：当做实验的树木遭到虫害后，在65米距离以内，其他树木的叶子在2~3天内也发现有相类似的变化，单宁含量增加，味道变苦，以此来防御昆虫对它们的侵害。实验结果充分说明了植物之间是有信息联系的。

1986年克鲁格国家公园里出现一件怪事。每年冬季，这里的捻角羚羊有不少都莫名其妙地死去，但与它共同生活在一个地方的长颈鹿却安然无恙。原来，长颈鹿可以在公园范围内随意走来走去，可以到处挑选园内不同树木的叶子。而捻角羚羊则被圈养在围栏内，不得不限于吃生长在围栏内的树叶子。

科学家还发现，长颈鹿仔细挑选它准备吃叶子的那棵树，通常从10棵枞树中选1棵。此外，它们还避开它们已经吃过的枞树后迎风方向的枞树。专家研究了死羚羊胃里的东西，发现死因是它们吃进去的树叶里单宁含量非常高，这种毒物损害动物的肝脏。在研究长颈鹿胃里的东西之后，他们发现，长颈鹿吃入的食物品种较多，所吃入的枞树叶的单宁浓度只有6%左右，而捻角羚羊胃里的单宁浓度高达15%。

为什么在同样一些枞树的叶子内，而在不同动物胃里，单宁浓度不同呢？经研究，专家认为：枞树用分泌更多单宁的方法来保护自己以免遭到动物吞食。在研究中他们还发现：当枞树不止一次受到食草动物的侵袭时，枞树能向自己的同伴发出危险"警报"，让它们增加叶里的单宁含量。收到这一信息的树木在几分钟内就采取防御措施，使枞树叶子里的单宁含量迅速猛增。

植物之间有传递"情报"行为，已被人们所公认，但它是如何传递的呢，它的"同伴"又是怎样接收到它的"情报"的呢？还需要专家们进一步研究才能得知。

植物神经之谜

神经是高级动物特有的生理组织，一般低级的动物都不具备，它们对外界刺激的反应，被称为"本能"。植物的生理构造，在人们的印象中还比不上低级动物，它们中有的对自然界的刺激反应强烈，应该属于本能反应，如果硬说植物有神经，让我们这些学疏识浅者一时还不大好理解。

自然界有些植物很敏感，在遇到外界触碰刺激时会像动物一样做出十分快速的反应。比如含羞草在受到触摸后，能在 1 秒钟或几秒钟时间之内将叶片收拢。澳大利亚的花柱草，雄蕊像一根手指伸在花的外边，当昆虫碰到它时，它能在 0.01 秒的时间内突然转动 180°以上，使光顾的昆虫全身都沾满了花粉，成为它的义务传粉员。捕蝇草的叶子平时是张着的，看上去与其他植物的叶子并无二致，可一旦昆虫飞临，它会在不到 1 秒钟的时间之内像两只手掌一样合拢，捉住昆虫美餐一顿。

众所周知，动物的种种动作都是由神经支配的，那么植物呢？难道植物也有神经吗？早在 19 世纪，进化论的创始人达尔文就在研究食肉植物时发现，捕蝇草的捉虫动作并不是遇到昆虫就会发生，实际上，在它的叶片上，只有 6 根毛有传递信息的功能，也就是说，昆虫只有触及这 6 根"触发毛"中的一根或几根时，叶片才会突然关闭。信号以这样快的速度从叶毛传到捕蝇草叶子内部的运动细胞，达尔文因此推测植物也许具备与动物相似的神经系统，因为只有动物神经中的脉冲才能达到这样的速度。

20 世纪 60 年代后，这个问题再一次成为科学家们研究的重点课题。坚持植物有神经的是伦敦大学著名生理学教授桑德逊和加拿大卡林登大学学者雅克布森。他们在对捕蝇草的观察研究中，分别测到了这种植物叶片上的电脉冲和不规则电信号，因此便推断植物是有神经的。沙特阿拉伯生物学教授塞匀通过研究也认为植物有"化学神经系统"，因为在它们受伤害时会做出防御反应。

但是也有许多学者不同意这一观点，德国植物学家冯·萨克斯就是其中之一。他认为，植物体内电信号的传递速度太缓慢，一般为每秒 20 毫米，与高等动物的神经电信号传递速度每秒数千毫米根本无法相比，而且从解剖学角度看，植物体内根本不存在任何神经组织。

美国华盛顿大学的专门研究小组在研究捕蝇草时发现,反复刺激叶片上的"触发毛"捕蝇草不仅能发出电信号,同时也能从表面的消化腺中分泌少量的消化液。但仅仅据此,仍然无法确定植物体内一定具有神经组织。所有植物都有应用电信号的能力,这已经被科学家们反复验证。但是,因为植物的电信号都是通过表皮或其他普通细胞以极其原始的方式传导的,它并无专门的传导组织,因此,相当多的学者认为,植物的电信号与动物的电信号虽然十分相似,但仍不能认为植物已经具备了神秘系统。植物到底有没有神经,还有待人们进一步去研究探讨。

植物记忆力之谜

本书中曾多次提到过动物的记忆力问题,所以才有动物报复人类的例子。但说植物有记忆力,一般人会认为,这真是异想天开。科学家是凭事实说话的,科学家用实验证明,有的植物表现出了有"记忆力"的征兆,我们想有征兆不一定就是事实上的我们公认的记忆力,这一定是概念上的借用吧!

法国克兰蒙大学有一位科学家叫玛丽·狄西比,几年前用金盏花做了一系列实验,居然证明植物也有记忆力。

金盏花是一种一年生花卉,高约30~60厘米,整个植物都长有细毛,叶子是椭圆形的,大小相等,开黄色花朵,与菊花相似。这位科学家是这样进行实验的:她先找来两盆金盏花,在它们刚刚发芽的阶段用针在一盆金盏花左侧的叶子上刺出4个小孔。5分钟后,她把这盆金盏花的顶芽和叶子剪掉。过了一段时间,这棵金盏花长出了新的顶芽,但新长出来的叶子出现了明显的差别,左侧的一片叶子很小,右侧的一片叶子却很大;而没有经过针刺的那盆花,长出的叶子仍然是对称的。她认为金盏花是有记忆力的,它记住了那次针刺。

金盏花

后来,玛丽·狄西比又进行了一次实验。这次她选用一棵金盏花,先后进行了两次针刺。第一次是在同一侧的叶子上刺了4个小孔,然后剪去顶芽;在经过不同长短的时间间隔以后,她又分别在左右两侧的叶子上都刺出一个小孔,再剪去顶芽。由于第一次针刺与第二次针刺之间的时间间隔长短不一样,结果就出了差别。如果两次针刺的时间间隔很短,那么,这棵金盏花就只能"记住"后面的针刺,就是说,它长出的叶子还是对称的;但如果这两次针刺的时间间隔很长,那么,它就会"记住"第一次的针刺,而把第二次针刺"忘记",就是说,它长出了左右不对称的叶子。于是这位科学家认为植物的记忆力分为两种:长期记忆和短期记忆,在某些条件下,植物的长期记忆要比短期记忆牢固。

玛丽·狄西比进行了如此新奇的实验,也得出了结论,但科学并没有停止在她的实验面前,人们认为还应当进行更多的实验,研究植物是怎么保持了这种记忆的?它们有没有神经系统?这就是一些还没有揭开的谜。

植物引起雷电之谜

电闪雷鸣是自然界中常见的现象,科学家已经研究清楚,这是因为正电、负电碰撞的结果。但天空中为什么有正电荷呢?按阴阳家说法,天阳地阴,天带正电荷,似乎天经地义,至于道理,则无可奉告。科学家提出了新的观点,即是植物的作用使天空带上正电荷,是不是这样,科学家还在进一步论证。

电对植物的影响是随处可见的。在很早以前人们就发现,频繁的雷电对农作物的成长发育是有好处的,它能缩短成熟期和提高产量。在避雷器和高压电线附近就能明显发现这一点。另外,无数次的试验也证明,把微弱的电流通入土壤,能使许多植物的种子发芽迅速,产量提高。

植物接受任何一个微小的电荷都像喝一口滋补饮料,会使它的生命过程加速,可以使植物迅速成熟,果实更为丰硕。能享受"电营养品"的不仅是草,还有树木。

美国科学家曾用"弱电说"治疗树木癌肿病以及其他危难病症。春天,短时间把电极插入树内,通入交流电,电流就进入树枝、树根和土壤。每次时间要根据"患者"的病情来确定。一段时间之后,出现了奇迹,树上长出了新枝和新皮,患处也开始结疤。不过这只有弱电流才行。

经研究发现,所有植物的细胞都是一种特殊的电磁,因此整株植物总是不断地有弱电流通过。哪怕是一个最微小的幼芽,它能够生存的原因,也是因为有电流通过。当电子爬上肺草花的花冠,它身上的电就会发出信号,驱使它的蜜腺分泌出甜汁;含羞草的叶子一受到触动,它就受令立刻卷起;当雨快到来时,蒲公英的花盘就会马上收拢;阿尔卑斯山的龙胆草,对天气变化感受得更为强烈。当乌云遮盖太阳时,花就会立即合拢,一旦太阳出来,它便立即开放,如果遇到阴晴不定的天气,那它可就要忙坏了。

上面的事例,说明植物是离不开电的。那么,植物和雷电有什么关系呢?

直到不久前才研究清楚,所有的花粉都带正电荷,雌蕊带负电荷。正是由于正负电荷的吸收,花粉和雌蕊才有了接触的机会。大家知道,雷是正电和负电相接触的结果,这就和植物有了关系。

美国华盛顿大学的文特教授和苏联辅大学的格罗津斯基教授认为,雷电就是由植物引起的。根据是什么呢？据统计，全世界所有的植物每年蒸发到大气里的芳香物质大约有 1.5 亿吨。它们都是迎着阳光飞走的，每一滴芳香物质都带有正电荷，把水分吸到自己的身上，水分就形成了一个水汽罩把芳香物质包在核心。就这样一滴滴、一点点地逐渐积聚，越聚越多，最终形成可以发出电闪雷鸣的大块乌云。地球各大洲的上空，每秒钟大约发生 100 次闪电。如果把闪电所释放的全部电收集起来，就可以得到功率为 1 亿千瓦的强大电荷。这正是植物每年散布到空中的数百万吨芳香油所带走的那部分能量。植物把电能传给大气，大气又传给大地，而大地再传给植物。电就是这样年复一年、经久不停地循环着。

也有些人对此提出过许多疑问。接着格罗津斯基又提出一系列问题：为什么雷电出现的地方经常是炎热夏季中遍布植被的地方？这难道不是因为在晴朗暖和的日子里，有更多的芳香油散发到空中吗？为什么在沙漠和海洋上雷鸣是那样稀少？为什么在两极地区和冻土地带没有雷电？为什么冬季很少有雷电？这些问题如何解答呢？雷电难道真的和植物有关吗？这些问题还有待进一步研究。

植物发电之谜

化学反应可以产生电流，这是人们已经证明了的事实。植物全身都是由化学元素组成的，这也没有人怀疑。所以，在一定条件下，植物可以发电，经实验证明，这是可能的。只是不同的植物发电的电流强度和时间的长短不同罢了。在能源问题空前受到重视的情势下，植物发电，也自然引起人们的重视。

1918 年，英国的一名钟表匠托尼·埃希尔做了一个实验。他把两个电极插入一个柠檬，一边用铜钱，一边用锌线，把柠檬与一个小型钟表上的电动机的电路相连接。有趣的事情发生了：钟表的指针开始走动，就像接了电源一样。令人难以置信的是，这个小小的柠檬竟使这只表一直走了 5 个月之久。这个实验向人们证实：植物中蕴藏着相当大的能量，可以用来发电。这一发现，无异于给正在千方百计寻找新能源的科学界注入了兴奋剂，许多科学家从中受到启迪和鼓舞，专心致志地投入到这项有意义的研究之中。

美国加利福尼亚大学教授索莫杰伊认为，工业上从水中提取氢气和氧气要消耗大量电能，而植物可以通过光合作用将水分解为氢气和氧气。如果模拟绿叶制造出一种能利用太阳能的"人工绿叶"，就等于造了一座发电厂。为了证明这一点，索莫杰伊还进行了一系列实验。

他把氧化铁粉分别掺入镁和硅中，制成"PN"型半导体结盘形板作为催化板，然后将它们浸在导电的硫酸钠溶液里时，在阳光照射下，盘面两级产生了电流，并开始将水分解成氢气和氧气。这个实验的最大障碍是氧化问题，掺镁盘面的氧化铁在 8 个小时后就逐渐变成了氧化亚铁，从而降低以至最终失去了催化作用。所以这个简单的实验与投入实际应用还有很大的距离。

美国俄亥俄州立大学的生物化学家们运用生化技术做了更为复杂的实验。他们先把完整的叶绿体从植物组织中分离出来,然后把叶绿体涂在微型过滤膜上,用这种薄膜来分隔两种溶液:一种溶液中含有释放电子的化学物质,另一种溶液则含有电子受体。当光线透过电子受体溶液照射到叶绿体上时,电子就会从释放电子的溶液中通过叶绿体进入电子受体溶液。但是在实际操作中,研究者们发现根据覆盖在薄膜上的叶绿体面积计算,光能只有3%左右能立刻转化为电能。这个数字显然太不理想了,因为在理论上,用植物产生的电应该远不止这些。

虽然对植物发电的研究面临很多困难,但人们并没因此而放弃它。首先,植物作为能源是取之不尽的;其次,它比光能电池有更明显的优越性,在能源匮乏的今天,植物发电具有广阔的前景。

植物欣赏音乐之谜

音乐是一种高雅文明的艺术,一直是人们怡神养性的娱乐方式。音乐对生物生理的影响,近几年却被炒得沸沸扬扬。有的人迷信胎教,以为胎儿在母腹中多听音乐,会在出生后有绅士般的表现。养殖场给奶牛听音乐,说是提高了产量,现在又给植物放音乐,说是有的植物获得了丰收,但我们想,就拿人来说,也不是人人都对音乐感兴趣的。但动植物受音乐的熏陶,变得与众不同,这倒是一个有趣的现象。

在植物世界里,真是无奇不有。比如,有吃动物的猪笼草,有剧毒的箭毒木,有羞羞答答的含羞草,有不停摆动的跳舞草……最近,植物学家们又发现了会欣赏音乐的植物。

法国农业科学院声乐实验室的第一位科学家,让一个正在生长的番茄每天"欣赏"3个小时的音乐,结果这只番茄由于"心情舒畅",竟然长到了2千克,成为世界上最大的番茄。英国科学家用音乐刺激培育出了5.5千克的甜瓜和25千克的卷心菜。日本山形县先锋音响器材公司下属的蔬菜种植场种植的"音乐蔬菜",生长速度明显加快,味道也有改善。

科学家们在研究中还发现,植物不仅能"欣赏"优美的乐曲,而且也讨厌那些让人心烦意乱的噪音。我国清代诗人侯嵩高写了一本书,其中记述了一则"弹琴菊花动"的故事。书中说,他十分喜欢弹琴种花,有一天夜里,他点蜡烛弹琴,当他弹得十分起劲的时候,书房里的菊花也随着悠扬的琴声"簌簌摇摆起舞"。

1981年,在我国云南西双版纳勐腊县尚勇乡附近的原始森林里,发现了一棵会"欣赏"音乐的小树,当地人管它叫"风流树"。人们发现,在风流树旁播放音乐,树身便会随着音乐的节奏摇曳摆动,翩翩起舞。令人惊奇的是,如果播放的是轻音乐或抒情歌曲,小树的舞蹈动作就显得婀娜多姿;如果播放的是进行曲或嘈杂的音乐,小树就不舞动了。音乐对植物究竟有什么影响? 这至今仍是一个未解之谜。

植物叶片运动之谜

　　植物是不能运动的,因为运动就要产生位移,移动是植物生存的大忌。可是植物的叶子相对来说是可以运动的,这与周围环境有关,风吹草动,是最常见的自然现象。但也有的植物,对外界刺激分外敏感,敏感到人类惊奇的程度,人们对这些植物就不能不多加关注。

　　很少有人知道植物也能像动物一样运动,只不过它们是在原地运动,表现得不像动物那样明显罢了。到目前为止,人们已经知道的能运动的植物有近千种。如梅豆、菜豆的爬竿运动,葡萄、丝瓜的攀援运动,向日葵的趋光运动,苜蓿、酢浆草的睡眠运动,猪笼草、毛毡苔的捕虫运动,等等。植物中最为奇妙的"运动员",要算是含羞草和跳舞草了。

　　文雅秀气的含羞草,似乎有着特殊的"运动细胞",只要触动一下它的叶子,它就会立即把"头"低下来,先是小叶闭合,接着叶柄萎软下垂,就像一个娇羞的少女,所以,人们给它取名为"含羞草"。含羞草叶柄上长着四个羽毛状的叶子,羽毛状的叶子又由许多对生的小红叶组成。小叶柄和大叶柄的基部稍有膨大,膨大部分叫"叶枕",叶枕下半部的细胞壁较厚,上半部的较薄。在正常情况下,细胞中充满了细胞液,使叶子处在正常状态。当它一受到触动,小叶叶枕上半部的细胞中水液就迅速进入细胞间隙,引起小叶闭合。大叶柄基部的叶枕正好与小叶叶枕相反,它的下半部细胞壁薄,细胞间隙较大。所以,较重的刺激又会引起大叶柄的下半部细胞失水、萎软,使整个复叶部下垂含羞。

含羞草

　　跳舞草与大豆是近亲,属豆科植物,由三片叶子组成复叶,只是中间的叶片特别大,长圆形。两侧的小叶特别小,像两只兔子耳朵,能经常自发地进行转动。一般约1分钟转动一次。中间的大叶上下成一定角度摆动。奇妙的是,这种摇摆运动完全是在没有任何触动和刺激下自动产生的。跳舞草在荒芜寂寥的野外自寻其乐,不断地舞动着自己的叶片。到了晚上,跳舞就自动停止了。跳舞草的运动,有人认为是由植物内部的生理变化引起的。

　　早在18世纪,科学家第一次在电鳗身上发现了生物电。经进一步研究发现,在动植物体内都有一种生物电流,只是很微弱罢了。基于此,有些科学家认为,捕虫草受到昆虫的触动,首先产生生物电流,来传递信号,以引起捕虫动作。在不同的植物中,生物电传导的速度是不同的,如在葡萄中,传导速度大约是每秒钟1厘米,而在含羞草中,每秒钟可达 30 厘米左右。因此，一触动含羞草的叶子，它的叶枕很快就能感觉到了。但是，植物叶片运动的真正原因是什么呢？这还有待于科学家的进一步研究与探讨。

植物扩张领土之谜

植物生存要靠营养。在多种植物共生的地区，营养需求是平衡的，和平共处的植物们对自然界或大地提供的营养各取所需，互不干扰，甚而还有共生现象。但是，如果有另一种外来植物加入进来，情况就不同了。如果这种植物所需营养和原来某一种植物是一样的，那么这两种植物就要展开一场生死对决，看谁对营养的吸收更为有利，谁就能活到最后，这也是"适者生存"吧！

动物为了维持自己的生存，本能地会与同类或不同类动物争夺地盘，这种弱肉强食的现象已是众所周知的事实。但是不能运动、无爪牙之利的植物也会争夺地盘，却是近代生物学者的一个新发现。

在俄罗斯的基洛夫州生长着两种云杉，一种是挺拔高大、喜欢温暖的欧洲云杉，另一种是个头稍矮、耐寒力较强的西伯利亚云杉。它们都属于松树云杉属，应该称得上是亲密的"兄弟俩"，但是在它们之间也进行着旷日持久的地盘争夺战。人们在古植物学研究中发现，几千年前这里大面积生长着的是西伯利亚云杉。经过数千年的激烈竞争，欧洲云杉已从当年的微弱少数变成了数量庞大的统治者，而西伯利亚云杉却被逼得向寒冷的乌拉尔山方向节节后退。学者们认为，是自然环境因素帮助欧洲云杉赢得了这场"战争"，因为逐渐变暖的北半球气候更加适于欧洲云杉的生长。

可是仅仅用自然环境因素来解释植物对地盘的争夺，对另外一些植物来说似乎并不合适。因为许多植物的盛衰似乎只取决于竞争对手的强弱，而与自然环境无关。比如在同一地区，蓖麻和小荠菜都长得很好，可是若将它们种在一起，蓖麻就像生了病一样，下面的叶子全部枯萎。而葡萄和卷心菜也是绝不肯和睦相处的一对。尽管葡萄爬得高，也无法摆脱卷心菜对它的伤害。把这种蛮横霸道发展到极点的是山艾树。这是生长在美国西南部干燥平原上的一种树，在它们生长的地盘内，竟不允许有任何外来植物落脚，即便是一棵杂草也不行。

美国佐治亚州立大学的研究者们为了证实这一点，不止一次地在它们中间种植一些其他植物，结果这些植物没有一株能逃脱死亡的结局。经分析研究发现，山艾树能分泌一种化学物质，而这种化学物质很可能就是它保护自己领地，置其他植物于死地的"秘密武器"。

最令科学家们不解和吃惊的，是土生土长植物与外来植物之间的地盘争夺战。为了美化环境，美国曾从国外大量引进外来植物，没想到若干年后，这些外来植物竟反客为主。比如原产于南美洲的鳄草，从19世纪80年代引进以来，至今在佛罗里达已统治了全州所有的运河、湖泊和水塘；过去长满径草的西棕榈海滩，现在已经成了澳大利亚白千层树的一统天下，土生土长的径草反而变得凤毛麟角、难得一见了；而澳大利亚胡椒也成了佛罗里达州东南部的"植物霸主"。还多亏了有人类干预，否则，这些外来植物会把本地植物"杀"得片甲不留。

说这些外来植物耀武扬威是自然因素造成的，似乎没有道理。因为从理论上说，土生土长的植物应该比外来者具有更强的适应当地环境的能力。如果外来植物是靠分泌化学物质来驱赶当地植物的，那么为什么当地植物在自己的"地盘"上却反而显示不出这种优势呢？看来，这个谜底还有待科学家们去探索。

植物能源之谜

人类是不能没有能源的，自从人类发明了用火之后，能源问题就产生了。人类之初，地球上的木材资源是何等丰富啊！但几千几万年的砍伐，人们从木柴，到煤，到石油……地球上可利用的能源几乎被消耗殆尽，而煤和石油是不可能再生的，所以，人们的目光又转向了植物，因为植物是年年生长的，于是，什么植物生长最迅速，可解人类燃眉之急，这个问题就非同一般了。

地球上的煤、石油、天然气资源是有限的，随着能源危机的一天天逼近，人们迫切地希望早日找到能代替煤、石油和天然气的"能源植物"。

最先引起科学家注意的是银合欢树，它生长迅速，七八年即可成材。它的汁液里含油量很高，有"燃烧的木头"之称。银合欢树原产于中美洲，它在东南亚潮湿温暖的地区也能很好地生长。菲律宾曾引种了12000公顷的银合欢树，获得了相当于100万桶石油的能源。这种树的缺点是不耐寒，无法在更多地区推广种植。

菲律宾北部有一种汉加树，每年开花结果三次，一棵树每次结果量可达15千克。当地人原本是把它作为药来用的：吃汉加果可以治胃痛，涂汉加果汁可以消除皮肤被蚊虫叮咬后的痒痛。后来人们发现，汉加果遇火会迅速剧烈地燃烧。经检测，原来汉加果内含有16%的酒精。这个消息令菲律宾政府非常兴奋，准备扩大栽种面积，以期用果实提炼物代替石油。

在巴西的热带丛林中，有一种常绿乔木——香胶树，只要在它高大的树干上打一个洞，半年内就可分泌出20~30千克胶汁。这种胶汁的化学性质与柴油十分相似，不需要加工提炼，就可以直接当柴油使用。据估计，100棵香胶树每年可产胶汁25桶，这个产量是很可观的。巴西政府已经开始对香胶树做进一步的研究。

美国加利福尼亚大学也成功地培育出了"石油树"。它的汁液中含有同原油相似的石油烃，经过脱水和分馏，可以得到汽油和航空用油。美国已有三个州种植了"石油树"。每英亩可年产10桶石油。

美国弗吉尼亚州的学者培育出一种杂交的白杨树，起名为"克隆388"。这种树生长迅速可以密植。几经砍伐后，仍能从树桩上迅速长出新的枝条来，而且越长越密，是理想的直接燃烧材料。

总之,在没有找到理想的能源植物之前,科学家们是决不会放弃努力的。

植物吃人之谜

植物种类众多,植物的功效当然也多。有的植物以昆虫为食物,这我们也知道,可有些植物食量很大,可以"吞食"较大型的动物。人也是动物,如果不小心被这些植物捕捉到,当然它们也不会客气,因为植物要的是食物,它不可能分辨出吃的是人还是什么别的,所以人只要注意,不给它们机会就是了,其余就不必大惊小怪了。

黄高森林位于越南西贡以北,与中国广西龙州相邻,处于左江下游。这里森林茂密,白天气候炎热,夜间又寒冷潮湿。

1969年8月美国海军陆战队卡洛塔上尉带着12个人来到黄高森林执行一项军事任务。在这个热带雨林中,他们发现了许多稀奇古怪的植物。

一天,上士凯文迪和几位同伴在一条溪边饮水。凯文迪刚伸手下去,就被一株水草卷住手腕,他使劲挣扎,竟不能扯脱,便大呼同伴帮忙。一个士兵在从军前是生物系的学生,认出这种草叫"狸藻",知道此草能捕捉水中小虫,却不知为何竟能卷住人的手腕。那士兵当即拔出刺刀,将凯文迪的手斩断。凯文迪惨叫一声,其他几人惊奇地发现,那只断掉的手,竟被一蓬狸藻卷住,几秒钟的时间,就只剩下一些淡红的血水。大家感到毛骨悚然,若不是那位学过生物的士兵当机立断,只怕凯文迪整个人都会被卷进去吃掉。

那位士兵名叫汉斯,他后来回忆起当时的情景说:"我只是觉得这个地方太神秘了,我想也没有多想就斩掉凯文迪的手。从形状上看,吃掉凯文迪手的水草与狸藻一模一样。这种植物是杂生深水草本植物,属狸藻科。茎细长,叶互生,叶基部生有小囊,即捕虫囊,水中小虫进入,会被囊内分泌的酶所消化。秋季花出水面,花冠唇形,有黄色和白色两种,分布于东亚和东南亚各地,很常见。但能吞食人的肢体,我却是第一次见到。"

卡洛塔上尉的遭遇更可怕。他在凯文迪出事的两天后,前往附近丛林执行任务,结果遇难,连尸体也没有留下,而杀人者竟是猪笼草。这种草叶子的中脉延伸成卷须,到顶端膨大成囊状体,囊上有盖,囊面有绳子一样的窄翅,盖下有蜜腺,囊内有弱酸性的消化液,小虫吸蜜时落入,立即被消化掉。卡塔上尉在行进中,突然觉得整个身体失去了重心,被一片奇大的猪笼草吸住。他挣扎不开,向身后的同伴大喊"救命"。

一个士兵后来回忆说:"我们看见一大片草吸住了上尉,就像磁铁吸住钉子一样。他的声音带着颤抖。可是等我们飞跑过去时,他已有半个身体不存在了,人也死了。死得十分突然而又莫名其妙。我们只有眼睁睁地看着他消失在那丛该死的草堆里。"

卡洛塔所带的这支队伍虽然死了两个人,但与帕克·诺依曼的队伍相比,要幸运得多。帕克·诺依曼是美国陆军74团少校军官。该团遭到越南游击队的进攻,有一名上校、两名中校被俘。帕克·诺依曼少校带着27名富有战斗经验的官兵去追击。他们追了一天多，来到保安县境内的腾娄森林中，在那里，他们发现一块很大的平坦地带，上面没有丛林中常见的灌木丛、榕树及藤本植物，而是一片十分美丽的紫色草苔，如同铺着豪华的地毯。诺依曼少校下令就地休息，派出麦克·西弗等三名士兵去寻找干柴和水源。麦克·西弗等三人走出很远才发现一条溪涧，这时麦克·西弗突然对另外两个同伴说了一声"不好"，就连忙往回奔。当他们走近那片紫色草毯时，都惊呆了：帕克·诺依曼少校等24名官兵消失得无影无踪，那紫色的草毯上只剩下一些枪械刀刃。原来，他们都被这片美丽的毛毡苔吞食了。

毛毡苔是亚洲、非洲和北美洲的一种常见植物，属茅膏菜科，多年生草本，叶均基出，呈莲座状，叶柄细长，叶片近圆形，生满红紫色腺毛，分泌黏液，能捕食小虫，是著名的食虫植物。但是毛毡苔居然能一次吞掉24名美军官兵，实属一桩奇闻。食虫植物吃人的真正原因，至今仍不得而知。

植物的寄生之谜

植物的寄生是个常见的现象，并不是所有的植物都有寄生的习性，也不是所有的植物都可以成为寄生的土壤。寄生植物想要在其他植物体上生根发芽，也要有许多偶然的条件。但是以自然界之大，无奇不有，这种偶然的机会太多了，也就成了必然。

在植物这个庞大的"家族"中，大多数成员都"安分守己"，自己养活自己，但也有一些不"安分守己"的坏分子，像寄生虫一样，靠别人养活它们，这就是我们要说的寄生植物。寄生植物种类很多，如列当、野菰、大王花、桑寄生、柳阎王等。它们各自寄生的方式不一样，一般有全寄生和半寄生两种。

人们最熟悉的菟丝子，它的全身金黄色，呈丝状。说它是植物，没有一片绿叶，也看不到它的根，说它不是植物，它却会开花结籽和传播后代。春天，菟丝子种子发芽，也有根，主要靠种子里的营养，茎中有少量叶绿素，能制造很少很少的养分。但它一旦找到寄主，根很快便死亡，从此过上全寄生的生活。菟丝子是农作物的大敌，轻者严重减产，重者颗粒无收。为此，农民称之"从小像根针，长大缠豆身，吸了别人血，养活自己命"。菟丝子看不见根，也没有嘴巴，它又是如何生活呢？奇妙的是，它茎细长，最长可达1米以上，并有分枝。茎上长了很多吸盘，像嘴巴一样直接伸进大豆等植物的茎皮中，它每10厘米就有一个吸盘，都可单独成活，为此，它繁殖蔓延速度很快。

菟丝子

槲寄生与菟丝子又不一样,菟丝子属草本植物,而槲寄生属木本植物。它高 30 ~ 60 厘米,枝丛生,有分枝,能开花结果,长着四季常青的叶子。它主要半寄生在槲树、朴树、榆树、杨树等高大的树体上。种子传播方式很绝妙,主要靠爱吃它果实的鸟来进行广泛播种。大鸟把果实吞进去,因种子无法消化,又从粪便随意排在树上,小鸟因果汁粘嘴,靠鸟嘴在树皮上磨蹭,把种子粘在树上滋生萌发。

槲寄生有根,并把根伸进寄主树木的皮层,吸收养料。到了冬天,寄主槲树落叶,而槲寄生青枝绿叶,它除吸收别人的养料外,自己也能进行一些光合作用,为此,植物学上称它为"半寄生植物"。正是槲寄生冬季常绿不凋,旧社会迷信的人称此为"神树",给它烧香叩头,采神树枝治病。因为槲寄生是一种很好的药材,所以竟有把病治好的,结果越传越神仙。

植物界中寄生植物的繁衍奇观,要逐个揭开它们的谜底不是一件简单的事。

花粉植物之谜

动物繁殖是靠精子和卵子结合形成胚胎来完成的。植物的繁殖方式比较多,如扦插法,就是可以不通过花粉注入花蕊而结籽再繁殖的方法。但扦插法是人发现的一种简便的栽培方法。而自然界中,植物的繁殖还是靠授粉、结实,结籽的方式进行的,科学家发现这一过程有许多现象是不好理解的。

自古以来,人们只知道植物的实生苗(由种子长出来的苗)和扦插苗(利用植物的每一部分培育出的苗),并不了解植物的雄性花粉粒也能培育出植株,甚至还能开花结实和传宗接代。一般来说,植物繁殖要通过雌雄蕊花授粉,由生殖细胞进行细胞分裂,最后形成种子。但现在科技人员可从植物的雄性花上采下很小很小的花粉粒,把它放在事先配制好的人工培养基上,经过一段时间的人工培养,使这一两个雄性花粉粒变成一团细胞(愈伤组织),接着再通过转移培养,把这一团愈伤组织苗进行分离和转移培养成细小绿苗,最后移入土壤中,长成完整的一株植物。

在正常情况下,被子植物的花粉粒由一个生殖细胞和一个营养细胞所组成,当植物授粉(授精)后,生殖细胞进行细胞分裂,而营养细胞的核只增大不分裂,最后慢慢死亡并消失。可花粉粒培养中,通常解释为原先不分裂的营养细胞突然变得活跃起来,并进行细胞分裂,很快形成一团细胞(愈伤组织);而原先能分裂的生殖细胞却停止了分裂,并慢慢死亡消失。

近年来,少数科技人员对花粉单倍体培养出植株(单倍体育种)提出了议题,就是他们在花粉粒培养过程中,偶然发现一团细胞(愈伤组织)有时像一粒"绿色的种子",甚至能清楚地看出它的胚芽和胚根等。假设愈伤组织也是通过先形成种子,而这些不成形的种子由于在休眠期,有性胚细胞不萌发,而是无性胚细胞萌发并产生多苗的无融合生殖。那么,这将引出了一个新的探讨议题,这就是说,愈伤组织到底是什么?它通过了哪些微妙的分化过程？这些有待科学家们去进一步探讨。

植物定时开花之谜

植物开花应和动物春季发情道理相同。植物开花是为了"传宗接代"，什么季节开花？这和植物的不同生活习性有关，而生活习性又与所处环境有关，这都是常识性的东西。如果进一步探求，为什么不同的植物有不同的习性？这就像为什么有这么多不同的植物一样，真不是一个好回答的问题。

我们知道各种花卉一年当中只在一定的季节开放，例如，冬末春初有梅花，春季有连翘，夏季有荷花，秋季有菊花，冬季有一品红等等。如果我们再细心地观察会发现，许多花卉在一天之内开放的时间也是一定的，例如，牵牛花在清晨5点左右开放，午前闭合，所以又叫"朝颜"；芍药、睡莲在早晨8点左右开放，傍晚闭合；半枝莲在正午12点强烈的光照下开放，夜间或阴雨天闭合，故又称"太阳花"；紫茉莉花傍晚17点左右开放，清晨闭合，又称"夜娇娇"；而月见草、待霄草等完全在夜间开放，白天闭合。

早在18世纪，瑞典著名的植物学家林奈就发现了这些花卉开放的规律性，并按照它们一天开闭时间的不同将它们种植在一个大花坛上，造成一座有趣的"花钟"。为什么这些花卉一天之内要在一定的时间里开放呢？这是由于它们花朵开闭与光照强度有关，有些需要强光照，有些需要弱光照，有些则不需光照或极微弱的光线即可，而且所需的光照不必一定是阳光，在相同强度的灯光下也能正常开花。但是，是什么因素决定了牵牛、芍药、睡莲、紫茉莉开花需弱光照，半枝莲开花就需强光照，而月见草、待霄草则在黑暗或月光下就能开放呢？这些问题至今还是个谜。

植物"睡眠"之谜

所有的生物都应该有作息规律，只是有的明显，有的不容易被人察觉。在常人看来植物永远是不变的，但植物学家却发现了植物的作息现象，只是不同的植物作息的表现方式不同，作息的时间也不尽一致而已。这里面有什么奥秘可寻呢？科学家发现了部分植物作息的诀窍，但也有一些植物作息的信息还没被人们认识。

人和动物要睡觉，植物也要睡觉。高大的合欢树上有许多羽状的叶子，它们一见到金灿灿的阳光，就舒展开来了；待到夜幕降临时，又成对地折合，闷头睡起了大觉。有时候，人们在野外可以看到一种开紫色小花的红三叶草，白天有阳光时，它每个叶柄上的三片小叶儿都舒展在空中，一到傍晚，那三片小叶就闭合起来，垂下头准备美美地睡一觉。许多植物如酢浆草、花生、烟草和豆类植物的叶子，都会昼开夜合，这就是植物的睡眠运动。

不仅植物的叶子要睡觉,那娇美的花儿也要睡觉。我国宋代诗人苏轼观察了各种名花后,写下了优美的诗句:"只恐夜深花睡去,高烧银烛照红装。"你知道"睡莲"这个名字的来历吗?原来,每当旭日东升的时候,睡莲那美丽的花瓣会慢慢舒展开来,用笑脸迎接新的一天;而当夕阳西下时,它便收拢花瓣,进入甜蜜的梦乡,因而人们称它为"睡莲"。

花儿的睡觉时间有早有晚,长短不一。晴天,蒲公英上午7点钟开花,下午5点钟才闭合。山地生长的柳叶蒲公英是蒲公英的小兄弟,不过它比较贪睡:上午8点钟开花,下午3点钟就闭合睡觉了。半支莲更是个贪睡的家伙,上午10点钟刚刚醒来,绽开五颜六色的花,一过中午就闭合起来睡大觉了。

落花生的花可有点与众不同,它的睡眠时间有长有短,是随着昼夜长短不同而变化的。7月,它早晨6点钟就醒来开花了,要到下午6点钟才闭合睡觉;到了9月,上午10点钟它才开花,一到下午4点钟就闭合睡觉了。

早春时节开花的番红花,就更有趣了。一天之中,它时而张开,时而闭合,时而又张开,真是醒了睡,睡了醒,醒醒睡睡,要反复好多次。也有的花是在白天睡觉,夜晚开放的。例如,紫茉莉下午5点钟左右开花,到第二天拂晓时闭合睡觉。月光花在夜晚8点钟左右开花,到次日清晨才闭合睡觉,不愧为月光下"含笑"开放的花。

为什么植物要睡觉呢?这是由周围环境引起的植物保护自己的一种运动。三叶草等植物的叶子在夜间闭合,就可以减少热的散失和水分的蒸发,因而具有保温和保湿的作用。夜间的气温,比白天低得多,睡莲的花在晚上闭合,可以防止娇嫩的花蕊不被冻坏。有些花昼闭夜开,那是因为夜行性的小蛾子能在夜间帮助它们传送花粉。

至于番红花时开时闭,那是由于它对气温的变化十分敏感的缘故。气温上升时,花瓣内层的生长比外层快,花便绽开了;一旦气温下降,外层的生长就会比内层快,于是花便闭合起来。

植物的自卫之谜

物竞天择,适者生存。植物处在动物生物链的最低端,它是任人宰割的,那些甘愿宰割的,早已在贪图无度的动物口中灭绝了吧!只有那些有自卫能力的植物可以存活到现在。植物自卫的招数千奇百怪,而且植物在"自卫"时表现出的各现象也让人迷惑不解。

在很多地方,我们都能看到枸橘,它浑身上下长满了粗刺,你要是不小心,被它刺一下,肯定皮破血流。因此,它在原野里,什么凶猛的动物都不敢碰它,它可以自由自在、无忧无虑地过着太平无事的生活。

在公园里,经常可看到一种常绿小乔木,叶子生得奇特,革质化,长椭圆状的四方形,每片叶子上有三四个硬刺齿,戳一下很痛,鸟儿也不敢在树上过夜,因此,它的绰号就叫"鸟不宿"。它结的鲜红或黄色果实,鸟儿只好望望,流流口涎,也不敢前来问津。

欧洲阿尔卑斯山上的落叶松,幼时的嫩芽被羊吃去后,就在原地方长出一簇刺针,新芽在刺针的严密保护下生长起来，一直长到羊吃不着时，才抽出平常的枝条。

在非洲还有杀鹿的植物和杀狮子的植物。杀鹿的是马尔台尼亚草的果实，果实的两端像山羊角般的尖锐，生满针刺，形状可怕，有人称它为"恶魔角"。这种果实成熟后落在草中，当鹿来吃草时，果实就插入鹿的鼻孔，于是鹿疼痛难受，有的竟发狂而死。

杀狮子的植物也是利用果实，果实上长有许多像铁锚一样的刺，长三四厘米，非常坚硬。当狮子到这里来捕食时，被它刺痛时，就非常恼火地张开血盆大口来咬它，这种果实上的"铁锚"就钩住了狮子的上下腭和舌头，威风凛凛的狮子，这时什么东西也不能吃了，只等着活活地饿死了。

此外，许多植物在受到昆虫的袭击时会生成一些特殊的化学物质如合成萜烯、单宁酸等，其中单宁酸可以有效地抑制昆虫的侵袭。

植物学家们发现白桦树在被昆虫咬伤后树叶中酚的化学成分增加了，降低了对毛虫的营养价值。实验还表明，植物能抵抗疾病，当遭受病虫害时，它能通过迅速、直接的反应合成植物抗毒素来抵抗疾病和微生物的侵袭。

在抵御病虫害过程中，植物还能报警。植物学家通过实验发现毛虫在食用柳树叶子时不仅引起了受害树的抵抗，而且也使得 3 米以外的邻树产生了防御能力。

植物通过化学变化制造的"化学武器"可以间接地招来援兵——鸟。由于昆虫在吃树叶的同时，叶子上生出可溶的单宁酸，使昆虫感到树叶的味道欠佳，于是不断地转移，因此树叶上呈现出一片片有规则的小孔。目光锐利的食虫鸟就利用这些小孔觅食昆虫。

植物陷阱之谜

所有生物在它的有生之年最重要的任务就是传宗接代，为了种群的延续，有的植物表现出了惊人的能力，它们不像平常植物那样靠风、蜂等传授花粉，而是精心设置陷阱，强迫俘虏充当媒人。像这样一代一代的传下去，真可谓：为了生存，煞费苦心。

植物也会设置陷阱吗？是的。有些植物是用陷阱逮住昆虫的，不过它们捕虫而不吃虫，只是将昆虫囚禁起来，然后又打开"牢门"，把"俘虏"放走了。它们囚住昆虫，是让这些虫子为自己传授花粉。

生长在欧洲的海芋百合，花瓣就像一只杯子，这种花儿奇臭难闻，令人作呕。正是这种像腐烂尸体发出的恶臭，把一种嗜臭食腐的小甲虫吸引过来了。小甲虫爬上海芋百合的花瓣，想爬进花中。不料，花瓣内侧的一种油滑液体，使它像坐滑梯似的，一下子滑到了"杯子"的底部。这时，小甲虫即使有三头六臂，也逃不出这个"牢笼"，因为四周花瓣的内壁上都长满了倒刺。这就是海芋百合设下的陷阱。

开始的时候，小甲虫并不急于逃出陷阱。因为在陷阱底部，海芋百合的雌蕊上，会分泌出一种甜甜的蜜汁。小甲虫贪婪地吮吸起来，它的身体不时碰撞雌蕊四周的雄蕊。这些雄蕊个个都像武侠小说中的暗器机关，小甲虫一碰上，里面立刻射出一串串花粉，这些花粉就沾在小甲虫的身上。在海芋百合的花朵里,小甲虫被"囚禁"了整整一天。一天以后,花瓣内壁的倒刺萎软了,油滑的液体也已干枯,这时"禁令"自动解除了。现在小甲虫可以爬上花瓣,逃脱陷阱了。它浑身沾满了花粉,爬了出来,不久又被别的海芋百合的臭味吸引住了,再一次跌入新的陷阱。就这样,它把花粉传授了过去。

马兜铃也会巧设陷阱。它的花儿像个小口瓶,瓶口长满细毛。雌蕊和雄蕊都长在瓶底,只不过雌蕊要比雄蕊早熟几天。雌蕊成熟的时候,瓶底会分泌出一种又香又甜的花蜜,把小虫子吸引过来。小虫子饱餐一顿后想要返回时,早已身不由己,陷进"牢笼"了。因为瓶口细毛的尖端是向下的,进去容易出来难。小家伙心慌意乱,东闯西撞,四处碰壁,不知不觉中把自己带来的花粉都粘到了雌蕊上。几小时后,雌蕊萎谢了,小虫子依然是"花之囚"。直到两三天后,雄蕊成熟了,小虫子身上沾满了花粉,它才能重见天日。那时,马兜铃自动打开瓶口,瓶口的细毛也枯萎脱落了,这个贪吃的"使者"终于逃出"牢笼"。不过,刚恢复自由的小虫子又会飞向另一朵马兜铃花,心甘情愿地继续充当"媒人"。

除了海芋百合和马兜铃,还有一些会设陷阱的植物。有一种萝摩类的花,虫儿飞来时细脚会陷入花的缝隙中。虫儿拼命挣扎,结果脚上沾满了花粉。小家伙从缝中拔出脚来,便一溜烟似的跑了。

拖鞋兰的花儿是别具一格的:兜状的花中,没有明显的入口处,也看不到雄蕊和雌蕊,只是中间有一道垂直的裂缝。蜜蜂从这儿钻进去,就来到了一个半透明的小天地里,脚下到处是花蜜。蜜蜂尝了几口,刚准备离去,谁知后面已封闭起来,没有退路了。只有上面开着一个小孔,蜜蜂只好沿着雌蕊柱头下的小道勉强穿过,这时身上的花粉被刮去了。它再钻过布满花粉的过道,身上又沾满了花粉,这是拖鞋兰花请蜜蜂带到另一朵花中去的。

另外一些植物虽然不设陷阱,但也会欺骗动物前来为自己传授花粉。在北美和地中海一带有一种兰科植物,是靠细腰蜂来传授花粉的。它一无花蜜,二无香味,靠的就是对雄细腰蜂的欺骗。这种植物花朵的形状很像雌细腰蜂,花瓣闪耀着金属光泽,就像阳光下雌蜂的翅膀。有趣的是,它的花朵还能发出雌细腰蜂的气味呢。难怪雄细腰蜂见了会兴高采烈地飞来,等它发觉受骗上当时,已在为植物传粉了。

留唇兰的骗术更加高明。它的花朵的形态和颜色,活像一只只蜜蜂。一片留唇兰在风中摇曳,简直就像一群好斗的蜜蜂在飞舞示威。蜜蜂有很强的"领土观念",它们发现假蜂在那儿摇头晃脑,便群起而攻之。结果,正中留唇兰的下怀,蜜蜂的攻击对花朵毫无损伤,却帮助它传授了花粉。

植物中的动物现象之谜

如果非要找出动物和植物有共通的现象,那植物和动物之间共通的地方,还真挺多。

就拿血型和脉搏说吧！科学家真就发现,植物的"血型"竟和人类血型惊人地相似,是不是人吃哪类植物多就产生哪类植物的"血型"呢？……没有谁能证明。

众所周知,植物和动物是完全不同的两大类生物,它们之间存在太大的差别。但令人惊讶的是,科学家在许多研究中发现,植物体内常常会表现出各种类似动物的现象。

植物的血型

人类有不同的血型,如 A 型、B 型、O 型、AB 型等,科学家们发现,许多植物体内也有类似的血型。

植物血型的发现始于一个偶然的机会。一位叫山本茂的日本法医在一起谋杀案中顺便化验了一下死者枕头内的荞麦皮,结果他惊奇地发现,荞麦也有与人类相似的血型——AB 型,这是多么令人不可思议的新鲜事啊！

于是,他很快就迷上了植物血型的研究。他到野外进行了广泛地调查,采集并化验了 600 多种植物的"血型",然后将它们按照不同的血型分别归类。例如,葡萄、山茶、山桃、芜菁等植物属 O 型植物;桃叶、珊瑚则归属于 A 型植物;而扶芳藤、大黄杨等被划为 B 型植物;此外,荞麦、李树、珊瑚树、地锦械成为 AB 型植物的代表。

当然,这儿所说的植物"血",实际上是植物体内的汁液,与人体中的血液有所不同。但是,植物汁液中的各种糖蛋白成分,与人体内的血型物质很相似。可是,植物的血型物质,在植物的生理生长方面,有些什么实际的影响？这些问题是最使植物学家感兴趣的。目前还没有一个确切的答案。

植物的脉搏

最近,一些植物学家在研究树木增粗速度时惊异地发现,活的植物树干,有类似人类脉搏一胀一缩跳动的现象,而且这种植物"脉搏"还有明显的规律性。每逢晴天丽日,太阳刚从东方升起时,植物的树干就开始收缩,一直延续到夕阳西斜。到了夜间,树干停止了收缩,反过来开始膨胀,直到第二天早晨。植物这种日细夜粗的搏动,每天周而复始,但每一次搏动,膨胀总略大于收缩,于是,树干就这样增粗长大。

有的植物学家在解释这种奇特的脉搏现象时说,植物"脉搏"是植物的正常生理现象,是由植物体内水分运动引起的。当植物根部吸收的水分与叶面蒸腾的水分一样多时,树干几乎不发生粗细变化;如果吸收的水分超过蒸腾的水分,树干就要增粗;相反在缺水时,树干又会收缩。遇到下雨天,树于"脉搏"的收缩几乎完全停止,这时它总是不分昼夜地持续增粗。直到雨后转晴,树干才重新开始收缩,这也许是植物"脉搏"中的一个例外。

也有的植物学家从另一个角度来解释:在夜晚,植物气孔总是关闭着,这就使水分蒸腾大大减少,所以树干增粗;而白天,植物叶片上的大多数气孔都开放,水分蒸腾增加,树干就收缩。

以上的解释似乎很有道理，但是，进一步的深入调查后发现，并不是所有的植物都有典型的"脉搏"现象，这就使植物学家感到某种困惑，为什么有许多植物不产生"脉搏"现象？是否还有其他的原因在影响植物的"脉搏"？

植物免疫之谜

植物有一定的免疫能力，这是植物学家长期研究的结论。但植物免疫的机理是什么？科学家没有搞明白。老鼠和蟑螂有很强的抗药性，所以灭鼠药、灭蟑灵不断升级换代，人们如果掌握了植物的免疫机理，培育出新的粮食作物，相信对人类只有好处，没有坏处，每年仅杀虫剂费用就不知少花多少。

植物在地球上已经历了漫长的岁月，不知有多少真菌、病毒、细菌等寄生物侵蚀过植物，但至今地球上的植物仍如此繁多，足以说明植物具有抵御外界病毒侵入的免疫机制。

一个世纪以来，人们对植物应用免疫方法抗病进行了一系列研究。把诱导因子接种在幼植株上，使植物整体产生免疫功能，以达到抗病的目的。方法就是将这些诱导物喷洒在叶子表面、浇灌根部或直接注射进植物体内。对同一种植物来说，诱导因子可以是多种的，诱导产生的抗病性也不局限于一种病原菌，防护具有一定的广谱性。德国人曾用灰葡萄孢浇灌菜豆的根，使植株免疫。美国人用瓜类刺盘孢和烟草坏死病毒诱导黄瓜免疫，使黄瓜对黑茎病、茎腐病、黄瓜花叶病和角斑病等 10 种病害产生了抗性。单一诱导可使植株免疫 4~6 周，若再次强化诱导，免疫效应一直可延续到开花坐果期。目前，人们使用免疫诱导已经在烟草、黄瓜、西瓜、甜瓜、菜豆、马铃薯、小麦、苹果等多种作物中获得成功。

免疫诱导可以降低病原菌进入免疫植株的穿入能力。免疫诱导还可使植株形成化学屏障，抑制真菌发育和细菌、病毒的侵入增殖。

免疫植株中的植物抗病毒素明显增多，植物抗毒素可以直接抑制病原菌的生长。

植物免疫有很大潜力，它不仅可以强有力地控制病害，而且有不污染环境的突出优点。由于植物免疫还有许多问题未解决，比如免疫所能控制的只是部分植物部分病害，免疫机理也尚未完全搞清，免疫作用的稳定性和遗传性还有待进一步研究等等，所以目前植物免疫大多还只停留在实验室阶段，极少投入田间应用。但是植物免疫的前景是广阔的，经过科学家们的不断努力，相信它会在不远的将来造福于人类。

植物防御侵害之谜

植物因位处食物链最低端，为了生存，它也具有不同的防御能力。有的浑身是刺，让敌人无处下口;有的皮坚肉厚,让敌人啃不动,咬不烂;有的身藏毒素,让敌人吃一次就不敢尝试第二次……这样拟人化地形容植物,可能高抬了它们的主动意识,但就事实来说,效果却是明显的。

全世界已经知道的植物有40万种,几乎在地球的每一个角落都有它们的身影。尽管它们随时面临着微生物、动物和人类的欺凌,却仍然郁郁葱葱、生机勃勃,那是因为植物虽然是一些花草树木,但也有一套保护自己的方法和防御武器。

我们到野外旅游的时候,进入灌木丛或草地时,要小心一点,因为草丛或灌木丛中有长刺的植物,被它们扎一下,滋味可不好受。北方山区酸枣树长的刺就挺厉害。一般来说,植物长刺是为了保护自己,免遭动物的侵害。就拿仙人掌或仙人球来说吧,它们生长在沙漠里,为了适应干旱少雨的天气,叶子退化成尖刺,以减少水分蒸发,这样身体里贮存了很多水分,而它的刺也起到了保护自己的作用。如果没有这些刺,它们会随时遭到沙漠里动物们的袭击,有了这些硬刺,动物们即便口渴,也不敢碰它们。田里的庄稼也是这样,稻谷成熟的时候,它的芒刺就会变得更加坚硬、锋利,即使麻雀闻到稻香也不敢轻易地啄它一口,连满身披甲的甲虫也只能望食兴叹。

植物的刺长得最繁密的地方,往往是身体最强壮的部分,昆虫大量繁殖之前,植物就已经预备好了武器,随时准备抵御昆虫的危害。抗虫小麦和红叶棉身上的刚毛,让害虫寸步难行,无法进入花蕾掠夺。在非洲的卡拉哈利沙漠地带,生长着一种带刺的南瓜,一旦动物侵犯它,就会被刺得体无完肤。因此许多飞禽走兽见到它,都绕道而不来招惹。

植物身上长着刺在各种防御武器中,只能算是小儿科。比起它们来,蝎子草的武器就更厉害了。蝎子草是一种荨麻科植物,经常长在比较潮湿和阴凉的地方。蝎子草长着一种特殊的空心刺,它里面有一种毒液,如果它受到侵犯,刺就会自动断裂,把毒液注入人或动物的皮肤里,引起皮肤发炎或瘙痒。这样一来,野生动物就不敢侵犯它们了。

植物体内的有毒物质,是植物世界最厉害的防御武器。龙舌兰属植物含有一种有毒物质类固醇,会使动物红血球破裂,动物吃了它就会死于非命。夹竹桃子里有一种肌肉松弛剂,别说昆虫和鸟吃了它,即使人畜吃了也性命难保。毒芹是一种伞形科植物,它的种子里含有生物碱,这种物质会使动物在几小时以内暴死。另外,乌头的嫩叶,藜芦的嫩叶,也有很大毒性,如果牛羊吃了,也会中毒而死,因此,牛羊见了它们就躲得远远的。巴豆的全身都有毒,尤其是种子中的毒性更大,吃了以后会引起呕吐、拉肚子,甚至休克。有一种叫"红杉"的土豆,含有毒素,叶蜂咬上一口,就会丧命。有的植物虽然也含有生物碱,但不至致人死命,只是味道不好吃,尝过苦头的食草动物就不再吃它了。这类植物使用的是威力轻微的化学武器,是纯防御性质的。

除了刺、毒素之外,一些植物长出了各种奇妙的器官,用以抵挡侵害,保护自己。比如番茄和苹果,它们的角质层长得很厚,能有效抵抗细菌的侵害;小麦的叶片表面长出一层蜡质,锈菌就危害不了它了。玉米抗虫的武器更先进,它的苞叶能紧紧裹住果实,这样就形成了关门打狗之势,让害虫互相残杀,弱肉强食,或者把害虫赶到花丝上,让它们服毒自尽。

有的植物还拥有更先进的生物化学武器。它们体内有各种特殊的生化物质，像蜕皮激素、抗蜕皮激素、抗保幼激素、性激素什么的。昆虫吃了以后，就会发育异常，不该蜕皮的，蜕了皮；该蜕皮的，却蜕不了皮；有的干脆失去了繁殖能力。

20多年来，科学家们对植物的生物武器非常感兴趣，进行了大量研究，发现有200多种植物含有蜕皮激素。

古代人为了抵御敌人进攻，保护城市，就在城外挖一条护城河。有一种叫"续断"的植物，居然也知道使用这种防御办法。

它的叶子是对生的，但叶基部分相连，这样一来，两片叶子相接的地方会形成一条沟，下雨的时候，里面可以存一些水，有了一条自己的"护城河"，如果害虫想要吃它的叶子，就会被淹死，从而保护了上部的花和果。

在非致命武器中，有一种特殊的粘胶剂。这种粘胶剂用处很大，撒在机场上，敌人的飞机就无法起飞；撒在铁路上，敌人的火车就寸步难行；撒在公路上，敌人的坦克和各种军车就空有四轮，无法驱动，兵不血刃，就可以赢得胜利。

让人惊奇的是有一种叫翟麦的植物，也会使用这种先进武器。这种特别像石竹花的植物，在它的节间表面，能分泌出一种黏液，茎上像上了胶水一样，黏糊糊的，虫子想要吃它的叶和花，爬到有黏液的地方，就被粘得动弹不了，寸步难移，不少害虫还丧了命，这样便可以保护它上部的叶和花了。

有趣的是，在这场植物与动物的战争中，植物虽然抵御有方，然而，动物也想出了对付的办法，它们发展了自己的解毒能力，避免让自己饿死。像有些昆虫，就能毫无顾忌地大吃一些有毒植物。当昆虫的抗毒能力增强了的时候，又会促使植物发展威力更强的化学武器。植物是怎样知道制造、使用和发展自己的防御武器的？它们又是怎样合成的呢？目前还没有一个定论。探索和揭开这里面的奥秘，对于我们人类是非常有意义的。

植物的情绪之谜

情绪是动物特有的"七情六欲"之一。一个偶然的机会，科学家无意中发现植物也有"情绪"反应，于是这一领域的研究开展起来。以科学家渊博的知识，他们不会不知道情绪和条件反射不是一回事，那么植物的"情绪"从何而来呢？

1966年2月的一天上午，有位名叫巴克斯特的情报专家，正在给庭院的花草浇水，这时他脑子里突然出现了一个古怪的念头，想测试一下水从根部到叶子上升的速度究竟有多快。于是他把测谎仪器的电极绑到一株天南星植物的叶片上，结果，当水从根部徐徐上升时，他惊奇地发现，测谎仪上显示出的曲线图形，居然与人在激动时测到的曲线图形很相似。职业的敏感使他立刻觉得：难道植物也有情绪？如果真的有，那么它又是怎样表达自己的情绪呢？巴克斯特暗暗下决心，想通过认真的研究来寻求答案。

尽管这似乎有些异想天开，但巴克斯特还是开始了他的研究工作。巴克斯特做的第一步，就是改装了一台记录测量仪，并把它与植物相互连接起来。接着，他想用火去烧叶子，看看植物有什么反应。他刚刚划着火柴还没有接触到植物，记录仪的指针已剧烈地摆动，记录纸上出现了起伏很大的曲线图形，曲线甚至超出了记录纸的边缘。显然植物已产生了强烈的反应。后来，他又重复多次类似的实验，仅仅用火"吓"植物，但并不真正烧到叶子。结果很有趣，植物似乎很聪明，它好像渐渐意识到这仅仅是威胁，自己并不会真正受到伤害。于是，时间长了，同样的方法再也不能使植物感到恐惧了，记录仪上反映出的曲线变得越来越平稳。

后来，巴克斯特又设计了另一个实验。他把几百只海虾丢入沸腾的开水中，这时，旁边的植物马上会受到强烈刺激，反应很大，植物的活动曲线不断上升，每次实验都有同样的反应。他认为，海虾死亡引起了植物的剧烈反应，植物之间肯定能够交往，植物与其他生物之间也能交往。植物会思考，会体察人的各种感情。

事情变得越来越不可思议，巴克斯特也越来越感到兴奋。有了成果，却开始怀疑实验是否正确严谨。

为了排除任何可能的人为干扰，保证实验绝对真实，他设计了一种新仪器，可以不按事先规定的时间，自动把海虾投入沸水中，并用精确到1/10秒的记录仪记下结果。巴克斯特在三间房子里做了实验，每间房里都有一株植物，它们与仪器的电极相连，记录仪记下了明显的曲线图形，尤其是海虾被投入沸水后的6~7秒后，植物的反应最强烈，曲线急剧上升。根据这些，巴克斯特指出，海虾死亡引起了植物的剧烈反应。这并不是偶然现象，似乎可以肯定，植物之间能够交往，而且，植物和其他生物之间也能交往。

巴克斯特的发现引起了植物学界的巨大反响。但有很多人认为这是天方夜谭，植物不能动也不能说话，怎么进行交流呢？这种研究简直有点荒诞可笑。其中反对最激烈的是麦克博士，为了寻找反驳的可靠证据，他也做了很多实验。有趣的是，当他做完实验后，态度一下子来了个180°的大转变，变成了巴克斯特的有力支持者。他在实验中发现，当植物被撕下一片叶子或受伤时，会产生明显的反应。于是，麦克大胆地提出，植物具备心理活动，也有"七情六欲"，会思考，也会体察人的各种感情。他甚至认为，可以按照性格和敏感性对不同的植物进行分类，就像心理学家对人进行的分类一样。

植物预测地震之谜

科学家们注意到：在地震到来之前，不但动物有异常反应，植物也有不寻常的表现。能不能用植物的这一特性来预测地震呢？如果能做到这一点，则对人类来说，善莫大焉。这些植物能感知地震到来之前周围世界的哪些变化呢？科学家正不遗余力地探索着。

植物在地震前是否也会有异常反应？植物能帮助人们预测地震吗？

20世纪70年代，中国的一些学者首先调查记录了在地震前植物的异常反应。1970年，宁夏西吉发生了5.1级地震。地震前一个月，在离震中66千米的隆德县，蒲公英在冬季就提前开了花。1972年,长江口地区在发生4.2级地震前,上海郊区不少芋藤也罕见地开了花。1976年,四川松潘地区发生7.2级地震前,平武县境内出现大面积箭竹开花死亡的现象。特别是1976年唐山大地震前,不仅唐山地区,就连天津郊区也出现了大量竹子开花、柳树梢枯死等异常现象。但这些只是表象,植物是否能帮助预测地震,还缺乏足够的证据。

到了80年代,日本东京大学女学者鸟山从植物细胞学的角度,对植物是否能够预测地震进行了长期、深入地研究。鸟山教授用高灵敏度的记录仪对合欢树进行生物电位测定,并认真分析了几年里记录下的电位变化。结果她发现,合欢树能感觉到打雷、火山活动、地震等前兆的刺激,出现明显的电位变化和过强的电流。例如1978年6月10日和12日,她测到合欢树的生物电流突然增大,12日上午电流强度更大。下午5时多,官城县海域便发生了7.4级地震。地震过后,电流随之恢复了正常。鸟山认为,合欢树能在地震前两天做出反应,出现了强大的电流,也许由于它的根系能敏感地捕捉到震前伴随而来的地球物理、化学变化,包括地温、地下水位、大地电位、电流及磁场的变化,从而导致自身各方面发生相应的变化。

利用植物预测地震毕竟是个新课题,研究工作也刚刚开始,但从初步得到的一些资料看,植物的异常反应对人们进行地震前的预报有重要意义,与其他预测手段结合起来,人们也能让植物为预报地震做出贡献。

麻药会使植物麻醉之谜

麻药是外科手术中常用的药品,用以减轻病人的痛苦。使用麻药有局部麻醉和全身麻醉的区别。麻药有用有机物制成的,也有用无机物合成的。科学家发现,植物对麻药的反应也很明显。如果说麻药给动物注射是麻醉神经,那么植物是不应该有神经的,有些植物本身就是麻药的原材料,为何它麻倒了别人,却不麻倒自己呢?

病人动手术之前要进行药物麻醉,使神经系统失去应有的敏感性,这样开刀时就不会感到痛苦。最近科学家们发现,植物也有"神经系统",那么,用于人体的麻药,是否也会使植物麻醉而失去感觉呢?

为了找出这个答案,法国和德国的几位生理学家,选用乙醚和氯仿等普通麻醉药,对含羞草进行了麻醉实验。结果,那些"服用"过麻醉药的含羞草,不论怎样用手触摸,那些原来很敏感的叶片,这时却像着了魔似的无动于衷。过了一段时间后,也许是麻药效果消失,它才重新恢复了敏感性。看来,植物也会被麻醉,而且在麻醉剂的浓度、麻醉起作用和消退的时间方面,与动物的反应很相似。

后来科学家又发现,许多其他植物也有类似情况,比如,有的植物的雄蕊有敏感的"触觉",但经过吗啡处理后,就会变得麻木不仁。还有食虫植物捕蝇草,经过乙醚麻醉药的喷洒后,虽然知道可口的小虫子已落入自己陷阱般的叶子里,但已无力合拢,只能眼睁睁地看着美味佳肴从眼皮下逃走。

　　植物是怎样被麻醉的呢？植物麻醉的过程与动物很相似，它们都是通过细胞膜的离子来传递电冲动。当植物受到麻醉后，细胞膜结构被破坏，"神经"传递就被阻断了。

　　目前，关于植物麻醉还有许多谜未解开，尤其令人不可思议的是，本身充满麻醉剂的罂粟，即用于制造鸦片的植物，为什么不被自己所麻醉呢？

植物的语言之谜

　　从没听说过，植物有语言一说，然而世界之大，无奇不有。有的科学家硬是要从植物的声音中找出植物要表达的意思。植物自己能发声，尚被世人视为奇谈，还说它要表达，就更不可想象了。不过，科学家信其有，我们不能反对，就只好拭目以待了。

　　在人们的眼里，植物似乎总是默默无闻的，但是，到20世纪70年代，一位澳大利亚科学家发现了一个惊人的现象，那就是当植物遭到严重干旱时，会发出"唔唔、唔唔"的声音。后来通过进一步的测量发现，声音是由微小的"输水管震动"产生的。不过，当时科学家还无法解释，这声音是出于偶然，还是由于植物渴望喝水而有意发出的。如果是后者，那可就太令人惊讶了，这意味着植物也有能表示自己意愿的语言能力。

　　不久之后，一位英国科学家米切尔把微型话筒放在植物茎部，倾听它是否发出声音。经过长期测听，他虽然没有得到更多的证据来说明植物确实存在语言，但科学家对植物"语言"的研究，仍然热情不减。

　　1980年，美国科学家金斯勒和他的同事，在一个干旱的峡谷里装上遥感装置，用来监听植物生长时发出的电信号。结果他发现，当植物进行光合作用，将养分转换成生长的原料时，就会发出一种信号。了解这种信号是很重要的，因为只要把这些信号译出来，人类就能对农作物生长的每个阶段了如指掌。

　　金斯勒的研究成果公布后，引起了许多科学家的兴趣。但他们同时又怀疑，这些电信号的"植物语言"，是否能真实而又完整地表达出植物各个生长阶段的情况呢？它是植物的"语言"吗？

　　1983年，美国的两位科学家宣称，能代表植物"语言"的也许不是声音或电信号，而是特殊的化学物质。因为他们在研究受到害虫袭击的树木时发现，植物会在空中传播化学物质，对周围邻近的树木传递警告信息。

　　最近，英国科学家罗德和日本科学家岩层宪三，为了能更彻底地了解植物发出声音的奥秘，特意设计出一台别具一格的"植物活性翻译机"。这种机器只要接上放大器和合成器，就能够直接听到植物的声音。

　　这两位科学家说，植物的"语言"真是很奇妙，它们的声音常常伴随周围环境的变化而变化。例如有些植物，在黑暗中突然受强光照射时，能发出类似惊讶的声音；当植物遇到变天刮风或缺水时，就会发出低沉、可怕和混乱的声音，仿佛表明它们正在忍受某些痛苦。在平时,有的植物发出的声音好像口笛在悲鸣,有些却似病人临终前发出的喘息声,而且还有一些原来叫声难听的植物,当受到适宜的阳光照射或被浇过水以后,声音竟会变得较为动听。

罗德和岩层宪三充满自信地预测说,这种奇妙机器的出现,不仅在将来可以用作植物对环境污染的反应,以及对植物本身健康状况的诊断,而且还有可能使人类进入与植物进行"对话"的阶段。当然,这仅仅是一种美好的设想,目前还有许多科学家不承认有"植物语言"的存在,植物究竟有没有"语言",看来只有等待今后的进一步研究才能得出答案。

植物的性器官之谜

按照动物界的逻辑,科学家找植物的性器官,并努力将植物的生死过程同动物相比较。虽然看起来风马牛不相及,但生物界繁殖的原理大致相同,所以,科学家居然找到了和动物界效用相同的植物组织,于是习惯性地将这些组织用动物的器官名命名。我们想,事实大概是这样的吧!

《论植物的性别》一书中提出植物有性别的观点,它的"阴性器官"的阴部、阴道、子宫及卵巢的功能如同人类女性的生殖器。植物的"阳性器官"的阴茎、阴茎头、睾丸如同人类男性的生殖器官,也能射出数十亿的精虫。但是这些具体名称很快被18世纪的权力机构用一套几乎不可逾越的拉丁用语掩饰下来。他们把唇形的阴门的名称改换成"柱头",把阴道称之为"花柱",把阴茎和阴茎头改名为"花丝""花药"。这种偷换概念的做法把植物的生命性扼杀在摇篮里。

植物的性器官经过了漫长年代的进化过程,由于常常面临瞬息万变的气候,植物们的交配方式因此非常灵活。如:夏天每棵玉米在玉米棒上都有一个小卵胚珠,围着玉米棒丛生的每根玉米丝就是一个独立的"阴道",准备吸收由风带来的花粉精子;伸长的阴道可以蠕动,使棒上的每粒玉米受孕。植物上的每粒种子都是独立受孕的结果。烟草的每一个小囊平均有2500粒种子,它要受孕2500次,而所有这些均得在24小时内,在直径不到1.5毫米的空间里发生。

许多植物的花粉释放出一种香气,极像雄性动物和人类男性射出的精液,几乎是以同样的形式精确地承担此功用。它进入植物的"阴部",沿着整个"阴道"(叶鞘)来回游动,直到进入子房与胚珠结合为止,而花粉管则用一种极巧妙的方法自行拉长。像动物与人一样,某些植物的性感是由气味引起。某些苔藓的精子是用晨露携带去寻求阴性的,它由一种苹果酸引导,导向一个精巧的杯状底部,在杯底有许多待受精的苔藓卵。另一方面,藓类植物的精子喜欢糖分,于是它们在有甜味的水中寻找阴性。

一般草类的谷物的交配是由风做媒,其他大多数植物则由鸟、昆虫来帮助交配。花朵在准备好进行交配时,则散发出一股有力而诱人的香味,能招引大群蜜蜂、飞鸟和蝴蝶,以传播花粉。那些未得到交配的花朵,可以散发香味达8天之久,或者一直散发到枯萎凋零。然而一旦受孕,则立即停止散发香味,通常是不到几小时即停止。

有些植物在性方面的失意会逐渐将香味转化为恶臭。一株植物准备受孕时,其"阴性器官"内还会发出热来。法国著名植物学家布隆尼亚尔在测验一种栽培在暖房中的有美丽的叶子的热带植物时,首先指出了这种现象。这种植物在开花时温度增高。他发现,这种现象持续6天后重复出现,每天是下午4时。布隆尼亚尔还发现,在受孕的时间内拴在"阴性器官"内的小小温度计测出:它与植物的任何其他部分的温度相比,增高1.1摄氏度。

意大利自然科学家罗利斯在尼日利亚丛林深处的印第安人居留地,发现了一棵奇异的树。它高约4米,茎长42厘米,茎的顶端竟长有一个"性器官"。罗利斯对它进行了18个月的观察。

这棵奇树没有花蕾,它的35朵花都是从"性器官"分娩出来的,就像动物生育后代一样。分娩后15天,鲜花开始枯萎,树的"性器官"也开始收缩。到12月,尼日利亚的夏天来临时,才又重新分娩。这棵树的果实也在"性器官"内成熟,就像母体内的胎儿,生长期长达9个月。它的外胎呈灰色、草质,内有果肉和几颗核。成熟后就离开母体。但种子没有生命力,不会发芽生长。罗利斯把这棵树命名为"妇女树"。他认为"妇女树"大概是印第安人从密林中其他同类树上切树芽移植到居留地,经过精心培育而成活的。为了证实这一设想,罗利斯在森林中徒步跋涉500多千米,终于发现了两棵同类的"妇女树",并证实了这种树非常稀有,濒于绝种。这种奇树已引起了植物界重视,但它特异的生理机能,至今仍然是不解之谜。

植物的神经系统之谜

植物有没有神经系统,科学界还没有定评,恐怕也真不容易有定评。说没有的我们就不介绍了,大概这类人人数不会少。说有的人就用实验结果来猜测,最后还是在什么叫神经组织的概念上纠缠不清。

20世纪以来,许多科学家开始围绕一个有趣的问题——植物是否有神经系统而展开了一场论战。发起这场论战的,就是19世纪大名鼎鼎的生物学家达尔文。大家都知道他在200多年前提出了举世震惊的进化论观点,但不知道,他还是一位研究食肉植物的专家。

有一次,达尔文发现捕蝇草的叶片上有几根特殊的"触发毛",当其中一根或两根被弯曲过来时,叶片就猛然关闭。于是,他提出了一个大胆的假设:这种行为的发生,一定是由某种信号极快地从"触发毛"传到捕蝇草叶内部的运动细胞引发,它快得简直像动物神经中的电脉冲。

由此开始,植物学家对捕蝇草的电特性进行了更仔细地观察和研究。他们不仅记录到电脉冲,而且还测出一些很不规则的电信号。不久前,有一位名叫塞尔的沙特阿拉伯科学家,经过6个月的研究,发现植物有一个"化学神经系统",当有人想伤害它时,它会表现出防御反应。因此塞尔认为,植物有类似动物的感觉,两者唯一的区别是:动物能表达这种感受,植物的感觉则是由化学反应产生,这种化学反应,从某种意义讲,与人的神经系统很相似。

捕蝇草

不过关于植物有神经的问题,在科学界中也有不少的反对者。他们说,植物体中的电信号,速度实在太慢了,通常每秒只有 20 毫米,而高等动物的神经电信号,速度要达到每秒好几千毫米。所以,植物体中的电信号显得不那么重要,也可以说,植物根本不存在任何神经组织。到现在为止,关于植物有没有神经系统的问题,科学界还没有一个统一的认识。

棉花开花变颜色之谜

棉花是开花的,人类利用的就是它的花,用来纺线,织布,成衣。但棉花开的花却与其他花不同,其他花从小到大都是一个颜色,只是深浅浓淡有些差别,而棉花开的花一年中却几次变换颜色。科学家至今也没有完全解开其中的奥秘。

棉花种在地里,当它长到七八张叶子的时候,就开始开花。最有趣的是,棉花的花刚开时是乳白色,不久,逐渐变成浅黄色,四五个小时后,开始转变成粉红色。第二天,逐渐变成紫红色。而不了解这种秘密的人还以为棉花能开不同颜色的花。

棉花的花为什么会变颜色呢? 科学研究认为,它的花瓣中含有花青素,花青素在酸性的环境条件下呈红色,在碱性的环境条件下呈蓝色。花青素本来没有颜色的,所以人们亦叫它五色花青素。棉花初开时,花瓣中的色素主要是五色花青素,所以看上去是乳白色。当花开了以后,花青素就慢慢增多,尤其是随着植物的呼吸作用,花瓣中的酸性亦不断增加,这样,使花青素在酸性的环境条件下出现红颜色。

人们不仅要问,棉花花中的花青素为什么会逐渐增多呢? 科学界普遍认为与太阳光照有关系,在晴天,阳光充足,花的颜色就变得快;可在阴雨天,颜色就变得慢。人们还做过这样的试验,用有颜色的纸盖住棉花花的某一部分,使它不受阳光的照射,几小时后,被盖住的部分颜色就浅。如果有意把花苞叶剥去,使花的基部也能晒到阳光,结果花的基部也照常能够变红色。同时,科技人员还发现,花的颜色变化与外界温度高低关系也很大。高温干旱,颜色就变得快;阴天凉爽,花的颜色就变得慢。

但是,棉花品种不同,花的颜色也就不一样。如陆地棉和亚洲棉的花是乳白、浅黄到紫红色,海岛棉的花多为柠檬黄到金黄色。此外,人们在棉花育种过程中,还发现了少数野生棉花的花还有其他颜色,而且从开花到花的脱落,变化很小。这就向我们提出了一个新的探讨问题,棉花的花颜色变化,不一定光是酸碱度引起的,可能还与它的先天性和其他因素有关。

葵花向阳之谜

葵花又叫"向日葵",因为它开花的头总是面向太阳的,从早跟到晚,从无例外。为什么它有这种习性呢?是追求温度使它逐日运动,还是光电作用让它始终向阳。这些问题还需深入探讨。

葵花向阳是人们所熟悉的植物运动现象。过去的研究认为,这种运动是由阳光造成的,即在阳光照射下,葵花生长点里的细胞电极化,负电荷趋向阳面,正电荷趋向背面,而葵花体内的一种带负电荷的生长素就会被吸引到带正电荷的背面细胞里,于是造成生长素多的背面生长快于阳面,产生向光弯曲。

但是最近国外有人研究提出,葵花向阳运动是温度的作用。他们做了许多试验发现,把葵花置于温室中,以冷光代替阳光,或将阳光遮起来,花头一动也不动;而用一盆火取代冷光,葵花则不分早晚,不辨东西地乱转起来。那么为什么向日葵变成了向"热"葵了呢?原来葵花是菊科植物,具有典型的头状花序,即大花的边缘为舌状花(又称不完全花),中间的小花是筒状花(又称"完全花")。葵花筒状花的纤维非常丰富而敏感,当它们受到阳光照射之后,温度便逐渐上升,基部的纤维因热而收缩,使花朵产生一种"动力",不断迎着热源——太阳而转动。

总之,人们对葵花向阳这种有趣的植物运动进行了不少研究,并各有其说,但是其运动机理到底是光电作用还是温度作用,还是两者兼有之,或另有原因,为什么其他菊科植物很少有这种向阳运动等,问题仍需继续探讨。

"昙花一现"之谜

导宣:"昙花一现"被比喻成好时光很短暂。是说昙花开起来很漂亮,也很芳香,就是花开的时间很短,很难一见,甚至,花刚开,主人打电话邀人观赏,客人未到,花就谢了。昙花的这种特点是什么原因造成的呢?是体内营养的关系还是有别的原因?还没人说得清。

昙花是仙人掌科昙花属,原产于南非、南美洲热带森林,属附生类型的仙人掌类植物。性喜温暖湿润和半阴环境,不耐寒冷,忌阳光曝晒。其花洁白如玉,芳香扑鼻,夜间开放,故有"月下美人"之称。昙花引入我国仅有半个多世纪的时间,品种较少,常见栽培的只有白花种,但是"昙花一现"的成语却在我国广为流传,这是由于昙花只在夜间开放数小时后凋萎的缘故。

昙花究竟能开放多长时间，这与当时的气温有一定的关系。一般情况,7~8月份多在夜间9~10点钟开,至半夜2~3点钟凋谢,花开4~5小时;如在9月下旬至10月份开花,则多在晚上8点左右开放,至凌晨4~5点钟凋谢,花开8~9小时。为了改变昙花这种晚上开花的习性,使更多的人更方便地观赏到昙花的真容,可采用"昼夜颠倒"的方法,使其白天开放。当花蕾开始向上翘时(花前4~6天),白天搬入暗室或用黑布罩住,不能透一点光,从上午8时至晚上8时共遮光12小时,晚上8时后至翌晨8时前,利用灯光进行照射,这样处理4~6天,即可使昙花在白天开放,时间可长达1天。如欲使昙花延缓1~2天开放,可以临近开花的时候,把整个植株用黑罩子罩起来,放在低温环境下,它便可以按照人们预定的日期开放。昙花还有一种特性,不开就一朵也不开,要开就整株或一个地区的同种昙花同时开花。因此,一株栽培管理良好的昙花,夏季往往同时开放几十朵花,开花时清香四溢,光彩夺目,蔚为壮观。

总之,昙花夜间开花是它自身生物学特性决定的,要想让它白天开花,人们一直采用"昼夜颠倒"的技术措施。但是,为什么昙花开放的时间这么短,是体内营养的关系还是另有原因? 昙花体内是否有一种特殊的控花激素,致使整株或一个地区的同种昙花一齐开放,这种信息又是怎样传递的? 这些问题目前还没有清楚的解释,有待于人们去揭示。

种子长寿之谜

有些植物为了传宗接代,会使自己的种子非常顽强,除了赋予它坚强的外表,种子本身也储备了足够熬过再次发芽前的漫长岁月的营养,一旦时机成熟,它就重现出勃勃生机,有的植物种子的生命力,让人类叹为观止。这些种子为什么会这样长寿,为了为人所用,科学家正在探索之中。

植物种子里的老寿星,最著名的就是"古莲子"了。1952年,我国科学家在辽宁新金县泡子屯村考察时,在地下的泥炭里发掘到一些古代的莲子。这些莲子的外皮已经变得十分坚硬,好像一个个小铁蛋。科学家们意识到这些莲子可能已经年代非常久远了,他们小心翼翼地把这些"宝贝蛋儿"包好,带回北京仔细研究。他们用锉刀轻轻地把古莲子外面的硬壳锉破,然后泡在水里。没过多久,这些古莲子居然长出了嫩芽,发芽率达到60%以上。一年之后这些古莲子被种在香山脚下的北京植物园,经过精心照料,1955年夏天竟然开出了淡红色的荷花。1973年,我国考古学家又在河南省郑州大河村的仰韶文化遗址,发现了两枚寿命更长的古莲子,它们躺在地层中有5000年了,可以说是世界上最长寿的莲子了。

现在,国际科学界一致公认,在中国发现的古莲子才是最长寿的种子。植物种子的寿命是长短不一的,一般来说,经过15年还有生命力的已经很不得了。除了古莲子以外,世界上寿命最长的种子也没有超过200年的。

古莲子的寿命为什么会这样长呢? 种子自身有着顽强的生命力。在种子里,有堆满营养物质的仓库,在严寒与酷热环境里,它里面的细胞,仍能不停地呼吸。另外,种子成熟前后和贮藏期间的环境条件也会影响种子的寿命。例如,在干燥、低温和密闭的贮藏条件下，种子胚胎几乎不再活动，新陈代谢差不多处于停顿状态，过着休眠的生活。这样一来，许多植物的种子在理想的贮藏条件下，就能存在很长的时间，再把它们挖出来时，仍然能生根发芽。

莲子是一种小小的坚实果实，种子外面的果皮是一层坚韧的硬壳，它的果皮组织中有一种特殊的栅状细胞，细胞壁由纤维素组成，使得果皮完全不透水，所以挖掘出来的时候，含水量只有 12%。这就是它长寿的秘密。

其实，古莲子还不算是最长寿的种子。我国科学家又在辽宁岫岩县大房身乡的黄土层里发现了将近 400 粒狗尾草的种子，经同位素测定，这些种子埋藏在地底已经一万年以上了。狗尾草出现于地球的白垩纪时代，和恐龙做过"邻居"，现在恐龙早已灭绝了，而狗尾草还在大自然中茂盛地生长着。更令人惊奇的是，那些万年前的狗尾草种子居然还能发芽、开花而且还结了籽。这种万年狗尾草的发现，为研究古代植物、古代地理和古代气候环境提供了新的资料。

跟这些长寿的种子相比，有些植物种子的寿命又短得可怜。大多数热带和亚热带的植物，种子都很短命。像可可的种子，离开母体 35 小时以后，就失去了发芽的能力。甘蔗、金鸡纳树和一些野外谷物的种子，最多只能活上几天或几个星期；橡树、胡桃、栗子、白杨和其他一些温带植物种子的寿命，也不是很长。这些植物种子的寿命为什么这样短呢？很久以前，科学家们就对这个问题发生了兴趣，但这是一个极其复杂的问题，科学家们各有各的看法，直到现在，学者们还没有取得一致的意见。有的科学家认为，有些植物种子容易死亡，是由于脱水干燥的原因。经过实验，某些柳树种子如果暴露在空气中，最多只能生存一个星期。但把它们放在冰箱里，相对湿度只有 13%，它们至少能活 360 年。这样，在温度条件相差并不大的情况下，同样种子的寿命却大相径庭。因此，有些科学家不同意上面的说法。还有的学者认为，生长在热带或亚热带的植物，它们的种子寿命之所以短，是因为热带的雨水充足，再加上天气热，种子的新陈代谢旺盛，在没有充足养分的情况下，种子里贮存的一点儿养分，很快就被消耗完了，因而它就维持不了多长时间，很快就命断黄泉了。另外一些科学家认为，在寿命短的种子中，有的含有大量脂肪，像可可、核桃、油茶什么的，在新陈代谢的过程中，脂肪转化时可能会产生一种有毒物质。这种有毒物质会把种子里的胚杀死，或者使种子变质，像花生、核桃放久了，味道就不对劲了，就是这个原因。也有一些人认为，有的植物种子寿命短，是因为种子胚部细胞里的蛋白质分子失去活动能力，以致完全凝固而不能转化。另一部分人认为，由于种子内部的酶失去分解复杂物质的能力，无法给胚胎供给养分，种子也就失去了生命力了。近年来，越来越多的科学家认为，有些种子所以短命，主要是由于种子胚部细胞核的生理机能逐渐衰退造成的。但这些种子细胞核的生理机能为什么会衰退还不清楚。植物学家们正在想方设法延长种子的寿命，为农业和林业生产服务。随着生物科学的不断进步，种子的寿命之谜一定会水落石出。

树木过冬之谜

树木有针叶、阔叶之分，一般来说针叶树木耐寒，阔叶树木相对不耐寒，所以一到秋天，阔叶树木就脱光树叶，准备过冬，而针叶树木即使冬天也常青不误。但道理不像现象那样简单，树木对自然界的正常冷暖更替都有一套自己的应对机制，一旦冷暖不调，树木也是受不了的。

大自然里有许多现象是十分引人深思的。例如，同样从地上长出来的植物，为什么有的怕冻，有的不怕冻？更奇怪的是松柏、冬青一类树木，即使在滴水成冰的冬天里，依然苍翠夺目，经受得住严寒的考验。

其实，不仅各式各样的植物抗冻力不同，就是同一株植物，冬天和夏天抗冻力也不一样。北方的梨树，在摄氏零下 20~30 度能平安越冬，可是在春天却抵挡不住微寒的袭击。松树的针叶，冬天能耐摄氏零下 30 度严寒，在夏天如果人为地降温到摄氏零下 8 度就会冻死。

什么原因使冬天的树木特别变得抗冻呢？这确实是个有趣的问题。最早国外一些学者说，这可能与温血动物一样，树木本身也会产生热量，它由导热系数低的树皮组织加以保护的缘故。以后，另一些科学家说，主要是冬天树木组织含水量少，所以在冰点以下也不易引起细胞结冰而死亡。但是，这些解释都难以令人满意。因为现在人们已清楚地知道，树木本身是不会产生热量的，而在冰点以下的树木组织也并非不能冻结。在北方，柳树的枝条、松树的针叶，冬天不是冻得像玻璃那样发脆吗？然而，它们都依然活着。

那么，秘密究竟何在呢？原来，树木的这个本领，它们很早就已经锻炼出来了。它们为了适应周围环境的变化，每年都用"沉睡"的妙法来对付冬季的严寒。

我们知道，树木生长要消耗养分，春夏树木生长快，养分消耗多于积累，因此抗冻力也弱。但是，到了秋天，情形就不同了，这时候白昼温度高，日照强，叶子的光合作用旺盛；而夜间气温低，树木生长缓慢，养分消耗少，积累多，于是树木越长越"胖"，嫩枝变成了木质，逐渐地树木也就有了抵御寒冷的能力。

然而，别看冬天的树木表面上呈现静止的状态，其实它的内部变化却很大。秋天积贮下来的淀粉，这时候转变为糖，有的甚至转变为脂肪，这些都是防寒物质，能保护细胞不易被冻死。如果将组织制成切片，放在显微镜下观察，还可以发现一个有趣的现象：平时一个个彼此相连的细胞，这时细胞的连接丝都断了，而且细胞壁和原生质也离开了，好像各管各一样。这个肉眼看不见的微小变化，对植物的抗冻力方面竟然起着巨大的作用，当组织结冰时，它就能避免细胞中最重要的部分——原生质不受细胞间结冰而招致损伤的危险。

可见，树木的"沉睡"和越冬是密切相关的。冬天，树木"睡"得越深，就越忍得住低温，越富于抗冻力；反之，像终年生长而不休眠的柠檬树，抗冻力就弱，即使像上海那样的气候，它也不能露地过冬。

动物之谜

神奇的动物之谜

动物的心灵感应之谜

人类亲近动物、爱护动物，本不想得到什么回报，因为人们以为动物是没有思想，没有是非的。但无数活生生的、不可思议的事实却证明：有些动物对人类的依恋，对人类的情感不但很深，而且还有感人的行为。

动物和人一样，也具有超常感本能，它们也能够预感危险，这就是它们的心灵感应。

在美国，有只两岁的英格兰血统牧羊犬博比，它的主人名叫布雷诺，家住美国俄勒冈州。1923 年 8 月，布雷诺带着小狗博比从俄勒冈州去印第安纳州的一个小镇度假时，博比不幸走失了。从此博比开始了它神奇、惊险而又极不平凡的超常旅程。博比用了 6 个月的时间，历尽千难万险，历经 1500 千米路程，终于从印第安纳州回到了俄勒冈州的家，找到了它的主人。对于博比这次艰险的 1500 千米旅程，很多人觉得简直难以置信，为了进一步证实这次旅程，俄勒冈州的"保护动物协会"主席返回到博比走失的原地点，勘查了这条小狗所走过的所有路径，访问了沿途许许多多见过、喂过、收留它住宿，甚至曾经捉过它的人，最后证实了这一切确实可信。

在人们都赞扬博比的忠诚、勇敢、坚毅的同时，科学家却想到了一个不可思议的问题，博比在几千里外是怎么找到路回家的？当初他的主人是开车走的公路，博比并没有沿着它的主人往返的路线走，而它走的路与主人开车走过的路一直相距甚远。事实上，根据动物协会勘查的结果，博比所走过的几千里路是它从来没有见过、没有嗅过，也根本不熟悉的道路。

对博比这次旅程经历研究的结果使人们相信，这条小狗之所以能回家，是靠着一种特殊的能力和感觉觅路的，这种本领与已知的犬类感觉完全不同。有人认为动物这种神秘的感觉和能力是一种人类尚未了解的超感知觉，或者称之为超常感。这个名词源于希腊文的第 23 个字母，用于代表自然界动物的超自然感官本能。它指的是有些动物能够以超自然的感觉感知周围的环境，或者与某人、某事，或与其他动物之间有着心灵的沟通。然而,这种沟通似乎是通过我们人类并不知道又无法解释的某些渠道进行的。

在意大利,有只名叫费都的小狗,它的主人去世后它非常伤心,以至为它的主人默默地守墓 13 年,不论别人怎么想把它弄走,它始终不肯离去。多少年来,在世界各国都发现了很多动物的超常感行为。例如,它们有的会跑到从来没去过的地方找到主人,有的似乎还能预感到自己主人的不幸和死亡,有的能预感到即将来临的危险和自然灾害,如地震、雪崩、旋风、洪水以及火山爆发等。

1976 年唐山大地震之前的四五天,就有好多人发现家里鸡犬不宁,猪、狗乱叫,一向很怕见人的老鼠一反常态拼命地逃离房屋,往大街上乱窜,动物园里的动物也莫名其妙地横冲直撞。据有关报纸称,1999 年 8 月在土耳其发生大地震之后,地震严重的灾区平时人人喊打的老鼠一下子身价百倍,很多惊恐不安的灾民之所以想在家里养一只老鼠,原因很简单,因为他们发现地震来临之前,老鼠总是先有异常的表现。

动物的主人在大祸来临时,可能会影响动物的超自然感觉。反过来,也可能影响动物的主人。曾担任加拿大总理 22 年的麦肯齐·金就曾预感到他自己十分喜欢的爱犬帕特要大祸临头。有一次,总理的手表突然掉在地上,时针和分针在 4 点 20 分停住了。这位总理说:"我不是个通灵的人,不过我当时就知道,仿佛有个声音在告诉我说,帕特在 24 小时内就要死了。"第二天晚上,帕特爬到它主人的床上,躺在那里静静地死去了,时间恰好是 4 点 20 分。

动物的超常感,引起了世界各国的科学家的重视,并做了大量的研究。科学家们发现,某些动物确实具有一些非常奇特的感觉本能,并能以独特的方式利用人类具有的五种感觉本能,而还有一些动物的某些感官功能是我们人类完全没有的。另外,还有一些动物的超常感也是我们现在还没能完全了解到的。1965 年,荷兰的动物行为学家延伯尔根在他著的书中写道:"许多动物的非凡本能以特殊生理作用为基础,至今,我们还没有了解这些作用,因而,才把这些本能叫作'超感知觉'"。

动物世界有着许许多多我们未知的领域,在这些领域里,充满神奇和奥秘。即使今天的动物学研究已经有了很大的发展,但动物的超常感本能的奥秘仍然是我们所不了解的。

动物预报地震之谜

动物对自然界异常情况的感知往往超过人类,人类往往依靠科学智慧,而动物则是本能。动物的这种本能源自何方?人类往往不理解,且用科学的手段也不能探知。只能等科学技术水平的进一步提高,直到能知道为止。

地震是最惨烈的自然灾害之一,直到今天人类还没有找到能完全预报地震的有效办法。但人们发现,大地震发生之前,许多动物往往有异常反应。

地震前的地声现象是众所周知的事实。经过实验研究和现场观测发现,这些声音是由于震源区岩石破裂而发出的。所发出声音的频率不仅有 20~20000 赫兹的人类可以听到的声音,也有20000赫兹以上的超声波和20赫兹以下的次声波。人耳对超声波和次声波的作用是毫无反应的,但有些动物对它们的反应相当灵敏。例如,鱼类对1~20赫兹的次声波就能感觉到。而在地震前,金鱼惊慌不安,发出尖叫声,甚至跳出鱼缸,可能都与震源发出的次声波或超声波有关。

地光也是地震的一种前兆现象。地光耀眼夺目,五彩缤纷,它对动物很可能是有刺激的。鸟类的视神经特别发达,善于远视,而且它们对从未见过的色彩特别恐惧。鸟类的异常反应,在震前是很普遍的,很可能与地光有关。

动物能够预先感知地震,这是事实。但是,动物的异常反应并不都是地震引起的,也可能是由于天气变化、季节更替、生活环境的改变、饲养不当、受到惊吓或者其他一些生理变化引起的。因此对于动物与地震关系的研究,现在仍处于探索阶段,虽然发现了其中的一些因果联系,但距离把其中的奥秘完全搞清楚还差得很远。

动物的思维之谜

动物能代替人做很多事情,有的需要经过训练,有的则是本能,那么这些动物是有思维的吗? 也有些动物在它们自己的行为中,有让人不解的现象,如果不从思维方面理解,就不好解释。但思维毕竟是看不见摸不着的东西,所以,谁也说不清。

在动物与人类共存的过程中,除了人有思维外,动物是否有思维的问题,一直是动物学者们探讨和争论的热点。

说动物没有思维,但在实践上,很多动物的行为表现好像受到大脑的指挥。比如马戏团里的狗、鹦鹉、马、黑猩猩等为观众表演节目,会像演员一样表演得准确无误。骑兵在打仗受伤落马后,他的战马并不弃他而去,而是在他的主人身边转来转去,好似在想办法救它的主人。有一家人养了一只猫,它会记住主人上班的时间,每天早晨一到这个时间,它都会把主人弄醒。因此,他的主人说自从有了这只猫他没有迟到过。还有信鸽会送信,大鹅会看家等等。

这些家畜家禽同人接触多,受过训练,可在野生动物中,有的动物根本未受过训练,但它们的行为表现好像是通过大脑思维后才做出的。比如海豚搭救遇难的船员,它们为什么要救船员? 没有经过思索能办到吗?

再如大象群如果有同伴死了,它们会集体为它"葬死",它们先挖坑,然后将死象埋葬。象的复仇心很强。有一家动物园里的雄性大象因不听话而被主人打过。它记恨在心,伺机复仇。有一天机会终于来了,它拉了一堆粪便,主人看见后即拿扫帚、簸箕进去为它打扫,它趁机用长鼻将主人顶死。非洲的一只小象亲眼看到它的母亲被猎人杀死后,它被捕捉卖到马戏团里当了"演员"。以后它渐渐地长大了,但杀害母亲的仇人它一直没忘。它利用每场演出绕场的机会巡视着观众。有一天,当它绕场时终于发现了那个仇人,便不顾一切地冲到观众席上,用长鼻将仇人卷起摔死在地上。

北京动物园的一匹雄野马,有一天看到饲养员打破以往先喂它的惯例,先去喂隔壁

的野驴时它即刻发怒了,用它那有力的蹄子踢门,示意饲养员先喂它才对。当饲养员过来喂它时,它又踢又咬。野马的所作所为是否有过简单的思维呢?

一只海鸥会帮管理人员拦挡游客免进禁地。有人看到猫头鹰在找不到树洞做窝时,会趁喜鹊不在时偷偷占据树洞归己所有。

总之,在动物界中,有很多动物行为接近于人类。它们是否有思维,尚待科学家进一步去研究。

动物识数之谜

马戏团里有小狗识数的表演,但那并不是小狗真的认识数,而是使用了一些其他的手法。科学家们做了一系列有趣的实验,想证明动物识数,效果也不明显,动物的进化有快有慢,有没有动物已进化到识数的程度,还有待研究。

动物能不能识别数字,人们一直争论不休。科学家也力图通过试验来进行鉴定。而自然界中的许多动物又确实为人们提供了一些可以研究的机会。

有一个科学家做过一次试验。他请来4位拿枪的猎人来试验乌鸦,乌鸦看见拿枪的猎人来了,就躲到大树顶上,不飞下来,4位猎人当着乌鸦的面躲进草棚。一会儿,走了一个猎人,乌鸦不飞下来;又走了一个猎人,乌鸦还不飞下来;可是第三个猎人走后,乌鸦就飞下来了。它大概以为猎人全走了。因此科学家怀疑,乌鸦识数能数到"3"。

美国有只黑猩猩,每次都得喂它10根香蕉。有一次饲养员故意逗它,只给了它8根香蕉,黑猩猩吃完了,还去继续找,又给它1根,它还不肯罢休,直到又给它1根,吃满了10根后猩猩才心满意足地离去了。也许,黑猩猩确实"心中有数"。

乌鸦

自然界的动物究竟能不能识数,它们是怎样数的,科学家对此十分感兴趣。

动物互助互爱之谜

在人类看来,动物互助互爱的事例不胜枚举,但这种互助互爱是基于生存的需要,还是情感的因素在起作用,我们想这才是问题的关键。科学家们当然想证明后者,这可不是一件容易的事。

在人类生活中,人们互相友爱,这是习以为常之事,因为人是有感情的高级动物。但是,在自然界的动物王国中,许多动物中也有这种互助互爱的感情。

在一个动物园里,美国斯坦福大学的生物学家们发现一只名叫贝尔的雄性黑猩猩常常从地上拣起一根根小树枝并认真地摘掉枝上的叶子,站在或跪在雌性黑猩猩身边,一只手扶着雌性黑猩猩的头,另一只手拿着光秃秃的小树枝,伸到雌性黑猩猩的嘴里剔去它牙缝中的积垢。原来它是用小树枝作"牙签"给雌性黑猩猩剔牙的！有时,贝尔找不到一个合适的"牙签",就直接用手指给雌性黑猩猩剔牙。科学家们观察了6个月,发现几乎每一天,贝尔就会给别的猩猩剔1次牙,每次3~15分钟。

生活在草原上的白尾鹫,互敬互爱的行为更是让人敬佩。这种专门以野马等动物尸体为食的鸟类,在发现食物之后,会发出尖锐的叫声,把自己的同伴招来共享。吃的时候总是先照顾长者,让年老体弱的鹫先吃饱以后,其他鹫才开始吃。"家"里还有幼鹫的母鹫,回"家"之后还会把吃下去的肉吐出来喂幼鹫。

斑马是成群活动的。它们在巡游觅食时,总有一匹斑马担任警戒,以便有危险时发出警报,通知同伴立即逃命。有时猴、狮、虎等猛兽追得很紧,情况十分危急,斑马群中就会有一匹勇敢的斑马毅然离群,义无反顾地单身与狮子搏斗,以掩护同伴撤退。当然,这匹斑马最终成了猛兽的腹中之物。

不仅同类动物之间互帮互助,而在不同类动物间也有这种行为。

在西南非洲,有一只小羚羊和一头野牛结伴而行,羚羊在前走,野牛在后面跟着;每走几步,野牛便哀叫一声,小羚羊也回过头来叫一声,似乎在应答野牛的呼唤。假如小羚羊走得太快了,野牛就高喊一声,小羚羊马上原地立定,等那野牛跟上后再走。这是怎么回事呢？原来野牛眼睛害了病,红肿得厉害,已无法单独行动,小羚羊在为它带路。

河马见义勇为的精神,曾经使一位动物学家感叹不已。事情是这样的:在一个炎热的下午,一群羚羊到河边饮水,突然一只羚羊被凶残的鳄鱼捉住了,羚羊拼命抗拒可也无法逃命。这时,只见一只正在水里闭目养神的河马,向鳄鱼猛扑过去。鳄鱼见对方来势凶猛,只好放开即将到口的猎物逃之夭夭。河马接着用鼻子把受伤的羚羊向岸边推去,并用舌头舔羚羊的伤口。

有关动物互帮互助的例子不胜枚举,科学家们已经肯定动物之间有互助精神。那么动物为什么会有互助精神呢？有的科学家认为,动物的这种行为是自然选择的结果,因为在求生存的斗争中,一种动物间如果没有互助精神就很难生存与发展;有的科学家认为,近亲多半有着同样的基因,同一种群动物的基因较为接近,因此会有互助精神。对于动物为什么会有互助精神这一问题,科学家们各执己见,公说公有理,婆说婆有理,目前没有一个完美的答案。

动物技能之谜

特异功能已经无数次被人们证明是骗人的把戏,虽然每过一段时期,总会有这么一股浊流涌起,但有记性的人,经历过一次就够了。动物有动物的生存本领,有些本领是人类暂时还不能认识的,一旦认识清楚,特异功能或其他什么之类的鼓噪就可以休矣。

近年来,科学家潜心研究人的特异功能,而在生物世界,许多动物的技能,也始终像谜一样,吸引着人们去探索。

有些昆虫,具有不可思议的能够正确地计数、量度的本能,让人百思不得其解。

就说蛾子产卵吧！蛾子能把卵产在一起，堆叠成特别精致的卵块。这些卵可不是随随便便地堆在那里，而是排列得整整齐齐，形成很整齐、很美丽的图案。人们惊奇地发现，即使是机械操作，也不见得比蛾子高明。

有一种叫石蚕蛾的幼虫，它用芦苇叶片营建虫窝。它们切下的每一片芦苇叶，长度都完全相等，真不知它们是怎样"量"出来的。

最令人惊异的是蜜蜂巢窝。它建造的巢窝是准确的六角形，根据数学家计算证明，这种形状的建筑物，所花费材料是最节省的。小小的蜜蜂怎么具有这种能力，操作如此精确呢？目前还在探索之中。

动物雌雄互变之谜

动物雌雄共体，或雌雄互变现象是低等动物中较普遍的现象，一旦进化到高等阶段后，这种现象就不再存在。是什么因素造成这种现象？从进化论的高度说，是为了争取生存机会，然而从生物化学角度看，问题就不那么简单了。

男变女、女变男，平常对人类来说是不可能的，即使是在高科技的今天，在医学手术的帮助下，变性也是一件不容易的事。但在生物界中，却是一种司空见惯的现象。

人类对这种性逆转现象的研究首先是从低等生物——细菌开始的。在人的大肠里寄生着一种杆状细菌，被称为大肠杆菌。在电子显微镜下可以发现，大肠杆菌有雌雄之分，雌的呈圆形，雄的则两头尖尖。令人惊奇的是，每当雌雄互相接触时，都会发生奇异的性逆转，即雄的变为雌的，雌的则变为雄的。后来经科学家研究，发现雌雄互变的媒介在于一种叫"性决定素"的东西，当雌雄接触时，就将彼此的"性决定素"互赠给对方，从而改变了彼此的性别。

后来科学家们又发现，在比细菌高等的生物体上也存在性逆转现象，诸如沙蚕、牡蛎、红鲷、黄鳝、鳟鱼等等。有人认为这些生物的原始生殖组织同时具有两种性别发展的因素，当受到一定条件刺激时，就能向相应的性别变化。

沙蚕是一种生长在沿海泥沙中，长得像蜈蚣一样的动物。当把两条雌沙蚕放在一起时，其中的一条就会变为雄性，而另一只却保持不变，但是，如果将它们分别放在两个玻璃瓶中，让它们彼此看不见摸不着，则它们都不变。

黄鳝

还有一种一夫多妻的红鲷鱼，也具有变性特征。当一个群体中的首领——唯一的那条雄鱼死掉或被人捉走后，用不了多久，在剩下的雌鱼中，身体强壮者，体色会变得艳丽起来，鳍变得又长又大，卵巢萎缩，精囊膨大，最终成为一条雄鱼而取代原来丈夫的职位。若把这一条也捉走，剩余的雌鱼又会有一条变成雄鱼。但是如果把一群雌红鲷鱼与雄红鲷鱼分别养在两个玻璃缸中，只要它们互相能看到,雌鱼群中就不能变出雄鱼来,但如果将两个缸用木板隔开,使它们互相看不见,雌鱼群中很快就变出一条雄鱼。这究竟是为什么,目前还是一个未解之谜。

再有,海边岩礁上常见的软体动物牡蛎,也是一种雌雄性别不定的动物。有一种牡蛎,产卵后变为雄性,当雄性性状衰退后又变为雌性,一年之中可有两次性转变。然而牡蛎过的是群聚生活,不管雄性个体与雌性个体,为什么还会有"朝雌暮雄"的性变态呢?

我们常见的黄鳝在"青春年好"时节,十有八九为雌,产卵之后转为雄性,因此大黄鳝中十有八九为雄。这又是为何,人们也不清楚。

有人对鱼类的"变性之谜"进行了研究,认为鱼类改变性别的目的,主要是为了能够最大限度地繁殖后代和使个体获得异性刺激。美国犹他大学海洋生物学家迈克尔认为,在一种雌鱼群或一种雄鱼群中,其中个头较大者,几乎垄断了与所有异性交配的机会。这样,当雌鱼较小时能保证有交配的机会,待到长大变成雄性时,又有更多的繁育机会,与性别不变的同类相比,它们的交配繁育机会就相对增加了。同样,在从雄性变为雌性的鱼类中,雌鱼的个体常大于雄体。雄鱼虽小,但成年的小雄鱼所带有的几百万精子,足够使再大的雌鱼所带的卵全部受精。另外,这些雌鱼与成熟的无论个体大小的雄鱼都能交配。因此,它们小一点的时候是雄鱼,长大以后变雌鱼,不仅得到交配的双重机会,而且与那些从不变性的鱼类相比,又多产生一倍的受精卵,这对繁殖后代大有益处。

在动物界里频频发生的性变现象,至今仍没有一个令人满意的、科学的解释,还需要人类进一步的研究、探索。

动物能充当信使之谜

人类利用某些动物的特长为自己服务的历史已经很久了,犬守夜,鸡司晨,服牛乘马等都是人类役使动物的好事例,也早已司空见惯了。至于充当信使不过是这些事例的延续罢了。不过,我们要知道的是,为什么有的动物可做的,有的动物却无论如何也做不到,能做到的动物究竟靠什么完成人类交办的任务,这就费思量了。

鸽子当信使是早为人知的事,但狗、鸭等其他动物也能当信使就鲜为人知了。

1815 年,法国的拿破仑在滑铁卢战役中被击败。得胜的英军把写有这个消息的纸条缚在一只信鸽的脚上,结果这只信鸽飞越原野,穿过海峡回到伦敦,第一个把胜利的消息送到了伦敦。

1979 年,我国的对越自卫反击战中,某部一个侦察员得了急病,医生诊断需用一种药品,可身边没有,如果派人去后方取药,已经来不及了,他们便用军鸽去后方取药,仅用 30 分钟就取回来了,使病员得到及时抢救。

只要对狗加强训练,狗也可成为称职的信使。在法国巴黎,有些人在缴付报费后,每天准时派训练过的狗到附近的报亭中去取报。

美国著名的动物学家佛曼训练了一批野鸭,让它们把气象表和各种科学情报送到很远的地方去。这些野鸭还能将捆在爪子上的照片和稿件送到报社。

19世纪末法国科学家捷伊纳克还利用蜜蜂和5千米以外的朋友保持通讯联系。他们互相交换了一些蜜蜂后，便将它们禁闭起来；需要传递信件时，就把写满字的小纸片粘在蜜蜂的背面，然后放飞。蜜蜂信使便向自己的"家"飞去。当它进入蜂房时，信件就被卡在蜂巢的入口处。此外，水中的海豚、鳊鱼也是忠实的信使，它们可以在水面或水下传递报刊、书信。

有些动物之所以能从事传递信息工作，是因人们利用其归巢的生活习性；而有些动物则要通过训练，让它们具备有条件反射能力，才能胜任信使工作。那么，有些动物，比如鸽子长途飞行为什么不会迷路呢？

有些科学家认为，鸽子两眼之间的突起，在长途飞行中，能测量地球磁场的变化。有人把受过训练的20只鸽子，其中10只的翅膀装了小磁铁，另外10只装上铜片，放飞的结果是：装铜片的鸽子在2天内有8只回家，可是带磁铁的鸽子4天后只有1只回家，且显得精疲力竭。这说明小磁铁产生的磁场，影响了鸽子对地球磁场的判断，从而断定鸽子对飞行方向的判定的确与磁场有关，也有些科学家认为，鸽子能感受纬度，因此不会迷路。更多科学家认为，鸽子能感受磁场和纬度，它们用这些感受来辨别方向。

科学家们不但对鸽子飞行为什么不迷路各持己见，而对其他动物长途跋涉不迷路也是众说纷纭，谁是谁非，有待科学家们进一步研究。

动物的思想之谜

就人类的共识来说，思想是人类和动物的分水岭。思想是客观存在反映在人的意识中经过思维活动产生的结果，属于理性认识。思想和条件反射有本质上的区别，思想是以思维活动为前提的，思维是一个复杂的过程，到目前为止，没有发现有什么动物能完成这一过程。尽管许多科学家想证明这一点，但目前还没成功。

近年来，一些科学家根据拟人或者用纯粹的人类属性来衡量其他动物。研究表明动物们解决问题、做出决定和表达感情的方式和人类截然不同，动物行为学家麦克·豪森说："我们应当与会思维的动物一同分享这项成果。"豪森指出，人类和其他动物掌握不同的技能。如果我们在人和蝙蝠之间做一个实验，比如蒙住你们的眼睛，让你分辨房间里有什么，人一定会输给蝙蝠。他说"这并不是说人类愚蠢，而只是意味着我们无法使用超声波而已"。

莉萨·帕尔在亚特兰大埃默里大学的"行为神经科学研究中心"研究黑猩猩。她说，"看它们是否能在看电视时感受到其他人的情绪，并且意识到情感状况。"莉萨可能是第一个能够研究黑猩猩情感的人。

近来，莉萨向猩猩们放映其他猩猩正在接受兽医注射的镜头，或者向它展示极为诱人的水果汁，让它们按照兴奋程度点按键盘的不同部位所标示的好恶类别，在电脑屏幕上让被测试的猩猩区分每一个场景。"兽医的场景是负面的，当这个画面出现时，猩猩的面部表现出就像尖叫一样的抗拒表情。"莉萨解释道，"当积极的画面出现时，它们表情积极得就像要参与进去一样。"猩猩们几乎按遍了每一个好的类别,这说明他们懂得在电视上看到了什么。它们甚至用行为和手势反应,如同身临其境一般。

接下来,莉萨进行了第二项研究,让猩猩们看 10 分钟的玩耍和入侵的画面,以此来监测它们的大脑反应。她用放在猩猩耳朵上的温度计测量大脑的温度。和人类看到灾难突然降临时一样,猩猩头部的右半边或者应该说是右脑在被画面所惊吓时,温度骤然上升;而当愉快有趣的画面出现时,猩猩头部的左半边开始变热。

这些研究说明猩猩几乎能够理解他人的情感,而且它们自己也有强烈的情绪波动。

动物能否像人类一样形成某种概念,或者以一个参照物为标准,把与它相同的物体归类、组合在一起呢?科学家埃尔斯坦选择鸽子作为研究对象,看它们能否分辨多种类型的自然物体。他让鸽子面对放映幻灯片的屏幕,每次使用同样的幻灯片。当放映有树的幻灯片时,鸽子用嘴啄一下按钮就得到食物奖赏,而在放映没有树的幻灯片时啄按钮就得不到奖赏。在实验的第一个阶段,他让鸽子多次观看,直到正确表现达到要求。随后,他开始放映新的幻灯片,目的是检验它能否推广对树的认识"概念"。他的研究结果证明,鸽子完全可以分辨有树和无树幻灯片,甚至能够运用对树的"概念"分辨出新的有树的幻灯片。这或许是动物从本能到条件反射的进步?

黑猩猩和大猩猩面对镜子做出的反应则不一样,黑猩猩会研究自己的身体,特别是那些平时自己看不到的地方,诸如嘴内和耳朵。动物学家盖洛普利用"斑点测试"进行实验,将几只黑猩猩置于镜子前约 10 天,然后施与麻醉,在它们身上涂上红颜色的斑点,并确认这些斑点摸不到、闻不到。等黑猩猩在镜子前醒来,它们会专注地盯着镜子里的自己,反复去揉摸斑点,并长时间观察和嗅闻接触过斑点的手指。

黑猩猩

美国野生动物保护协会的安娜·瑞斯和纽约水族馆的奥斯本·马瑞用海豚做过自我识别能力的实验。

她们用无味的标记在两只宽嘴吻海豚普瑞斯利和塔布的身上画线条,有些标记是黑色的,还有一些海豚根本就没有标记。重点是为了看看,哪些海豚可以感觉到它们身上的标记,并能从镜子中认出自己。

如果海豚感觉到标记,"它们会径直游到镜子前面。"瑞斯说,"它们会有目的地看。"海豚们贴近标记仔细检查,用镜子检查它们看不见的身体部位。有一只海豚连续 12 次潜入水中暴露它认为在鳍下的伪造标记。

根据这些研究,研究人员认为海豚是第一个除灵长类以外可以自我辨别的动物。

在灵长类中,自我意识区域是在前脑的大前叶。"但是海豚并没有前脑,"瑞斯说。动物在大脑中有多少思维过程呢?在这方面应该开展更多研究。

动物世界是个充满奥秘和神奇的世界。尽管今天的动物学研究已经有了长足的发展,但是对于动物的许多奥秘我们始终还不能提供圆满答案。

动物的自疗之谜

在残酷的自然环境中,动物都有一套生存的本能,这是生物进化过程逐步培养成的。对于它们自己的生老病死,动物们也有一套自己的习性,这多半是遗传,也有少数是为适应当时的环境变化,能够适应的就生存下来,不能适应的就被淘汰,这就是很简单的"物竞天择"法则。

自然界的野生动物受了伤,得了病,谁能给它们治疗呢?动物们有自己给自己治病的本领。有些动物会用野生植物来给自己治病。

春天来了,美洲大黑熊刚从冬眠中醒来,身体总是不舒服,精神状态也不好。它就去找点儿有缓泻作用的果实吃。把长期堵在直肠里的硬粪块排泄出去。这样黑熊的精神振奋了,体质也恢复了常态,开始了冬眠以后的幸福生活。

在北美洲南部,有一种野生的吐绶鸡,也叫"火鸡"。它长着一副古怪稀奇的脸,人们又管它叫"七面鸟"。别看它们样子怪,可会给自己的孩子治病。当大雨淋湿了小吐绶鸡时,它们的父母会逼着它们吞下一种安息香树叶,来预防感冒。中医告诉我们,安息香树叶是解热镇痛的。

热带森林中的猴子,假如出现了怕冷、战栗的症状,就是得了疟疾,它就会去啃金鸡纳树的树皮。因为这种树皮中含有奎宁,是治疗疟疾的良药。

贪吃的野猫如果吃了有毒的东西,就会急急忙忙去寻找葫芦草。这种苦味有毒的草含有生物碱,吃了以后引起呕吐,野猫在又吐又泻后,病慢慢儿地好了。

在美洲,有人捉到一只长臂猿,发现它的腰上长着一个大疙瘩,人们以为它长了肿瘤,可仔细一看,才发现长臂猿受了伤,那个大疙瘩,是它自己敷的一堆嚼过的香树叶子。这是印第安人治伤的草药,长臂猿也知道它的疗效。有一个探险家在森林里发现,一只大象在岩石上来回磨蹭,直到伤口上涂了一层厚厚的灰土和细砂。有些得病的大象找不到治病的野生植物,就吞下几千克的泥灰石。原来这种泥灰石中含钠、氧化镁、硅酸盐等矿物质,有治病作用。

在乌兹别克,猎人们经常遇到一种怪事儿:受了伤的野兽总是朝一个山洞跑。有个猎人想弄个水落石出。有一天,看见一只受伤的黄羊朝山洞方向跑去,猎人就跟踪到隐蔽的地方观察,只见那只黄羊跑到峭壁跟前,并把受伤的身子紧紧贴在上面。没过多久,这只流血过多,非常虚弱的黄羊迅速恢复了体力,离开峭壁,奔向陡峭的山崖。在峭壁上猎人发现了一种黏稠的液体,像是黑色的野蜂蜜,当地人管它叫"山泪",野兽就是用它来治疗自己伤口的。科学家们对"山泪"进行了研究,发现里面含有 30 种微量元素。这是一种含多种微量元素的山岩,受到阳光强烈照射而产生出来的物质,可愈合伤口,使折断的骨头复原,如果用它来治疗骨折,比一般的治疗方法快得多。在我国的新疆、西藏等地,也发现了多处"山泪"的蕴藏地。

温敷是医疗学上的一种消炎方法，猩猩却知道用它来治病。猩猩得了牙髓炎后，就会把湿泥涂到脸上或嘴里，等消了炎，再把病牙拔掉。

温泉浴是物理疗法。有趣的是，熊和猩也会用这种方法治病。美洲熊有个习惯，一到老年，就喜欢跑到含有硫磺的温泉里洗澡，往里面一泡，好像在治疗老年性关节炎；雌性猩猩也常把小猩带到温泉中沐浴，一直到把小猩身上的疮泡好为止。如果长了皮肤癣，野牛就长途跋涉来到一个湖边，在泥浆里泡上一阵，然后爬上岸，把泥浆晾干，洗过几次泥浆浴后，它的癣就不治而愈了。

更让人惊奇的是，动物自己还会做截肢手术。

1961年，日本一家动物园里的一头小雄豹左"胳膊"被一头大豹咬伤，骨头也折了。兽医给它上了石膏绷带，做了骨折部位的复位。没想到，手术后的第二天，小豹就把石膏绷带咬碎，把受伤的"胳膊"从关节地方咬断了，鲜血流了出来，小豹接着又用舌头舔伤口，血就凝固了。截肢后，伤口慢慢长好了，小豹给自己做了一次成功的"外科截肢手术"。好像小豹知道，骨折以后伤口会化脓，后果是非常危险的。经过自我治疗，小豹保住了自己的生命。

昆虫学家曾经非常细心地观察了一场蚂蚁激战：一只蚂蚁向对方猛烈袭击，另一只蚂蚁只是被动自卫防御，结果它的一条腿被折断了。原来这不是一场真正格斗，而是蚂蚁在给受伤的同伴做截肢手术。

除此以外，许多动物还能给自己做"复位治疗"。黑熊的肚子被对手抓破了，内脏漏了出来，它就把内脏塞进去，然后再躲到一个安静角落里来"疗养"几天，以等待伤口愈合。倘若青蛙被石块击伤了，内脏从口腔里露出来了，它就始终张嘴呆在原地不动，并慢慢吞进内脏，3天以后，他的身体复原了，居然能跳到池塘里去捉虫子。

1988年1~2月份，在甲型肝炎大肆侵虐上海的时候，一群飞鸟竟鬼使神差地把上海植物园草药园的中草药——大青叶一啄而尽，而平时这些鸟儿对略含苦味的大青叶不问津。这是不是鸟儿治疗"甲肝"的行为呢？

有人曾看见这样一件趣事：一条蝮蛇的头部被另一条蛇咬伤。起初出了一点血，不一会头部就肿了起来，连嘴都肿得合不拢。于是，它就拼命喝水，两小时后，它头部的肿胀就渐渐地消失了。人们在抢救被毒蛇咬伤的病人时，也常常这样给患者大量输液，以便加快排出毒液。

有些被打伤的猫、狗，爱用舌头舔抚自己的伤口，时隔数天，本来血肉模糊的伤口，经它们不断地舔抚，竟会不药而愈。

动物自我医疗的本领，引发了科学家极大的兴趣。那么它们是怎么知道这些疗法的呢？现在还没有一个圆满的解释。

动物的"电子战"之谜

人类早就注意到了动物有许多人力所不能及的本领，所以创设了"仿生学"这一科研领域，目前已硕果累累，并且应用到各个领域。仿生学的成果让人受益匪浅，反过来又使仿生学的科研领域更为扩大发展，前景广阔。但对这一领域的研究也不是一马平川，而是困难重重，疑惑丛生。

蝙蝠的前肢和后腿之间，长着薄薄的、没有毛的翼膜，好像鸟儿的翅膀。它是一种能飞的野兽，能像鸟儿那样在空中飞行，成为哺乳动物中的飞将军。傍晚来临，蝙蝠就在空中盘旋，边飞边捕捉蚊子、蛾子等食物。

蝙蝠能在夜间捕食，难道它有一双明察秋毫的夜视眼吗？

早在270多年前，意大利科学家潘兰察尼就进行过下面实验：

把一只蝙蝠的眼睛弄瞎后，他把它放到一间拉了许多铁丝的玻璃房子里。令人惊奇的是，这只已经失明的蝙蝠仍能够绕过铁丝，准确地捉到昆虫。

"看起来，蝙蝠并不是靠眼睛捕食的。也许是它的嗅觉在起作用。"潘兰·察尼这样下结论说。随后，他又破坏了蝙蝠的嗅觉器官。但这只蝙蝠像什么事情也没发生一样，照样准确地捕捉食物。他又在蝙蝠身上涂了厚厚的一层油漆，蝙蝠还是照飞不误。

难道是蝙蝠的听觉在起作用吗？潘兰·察尼又把一只蝙蝠的耳朵塞住，再把它放进玻璃房子的时候，"飞将军"终于无计可施了，只见它东飞西窜，不是碰壁，就是撞到铁丝上，就再也捉不到小虫子了。看来，是声音帮助蝙蝠辨方向和寻找食物的。但到底是什么声音，这位意大利科学家一直没有研究出来。

蝙蝠

后来科学家揭开了这个奥秘。原来蝙蝠的喉咙能发出很强的超声波，通过它的嘴巴和鼻孔向外发射。当遇到物体的时候，超声波便被反射回来，蝙蝠的耳朵一旦听到回声，就能判明物体的距离和大小。

科学家把蝙蝠这种根据回声探测物体的方式，叫作"回声定位"。

蝙蝠飞将军的回声定位器就像一部"活雷达"。它分辨本领极高，能把昆虫反射回来的声信号与树木、地表的声信号区分开，并准确地辨别出是食物还是障碍物。更让蝙蝠自豪的是，这部"活雷达"的抗干扰能力还特强。即便干扰噪声比它发出的超声波强100倍，它也仍然能有效工作，引导蝙蝠在黑夜中准确捕食害虫。

有矛就有盾，蝙蝠有"活雷达"，一些夜蛾就利用高超的"反雷达装置"来对付它。因此，双方就展开了一场动物世界的"电子对抗"战。

夜蛾是一种在夜间活动的昆虫，喜欢围绕着亮光飞舞。别看它们是些小飞虫，身上却带有探测超声波的特殊"装置"。动物学家们发现，有一些夜蛾的胸、腹之间有一个鼓膜器，这是一种专门截听蝙蝠超声"雷达波"的器官。

有了这个"反雷达装置"，夜蛾可以发现距离它6米高、30米远的蝙蝠。在截听到蝙蝠的探测"雷达波"之后,假如蝙蝠离它还有 30 米远,就转身逃之夭夭;如果蝙蝠就要飞过来,夜蛾身上的鼓膜器就告诉它大祸临头,夜蛾便当机立断,连续改变飞行方向,在夜空中翻跟斗、兜圈子,或者干脆收起翅膀落在树枝、地面上装死,并想尽办法让蝙蝠找不到它的位置。

更令人惊奇的是,在有些夜蛾的足关节上,还装备有"电子干扰装置"。这是一种特殊的振动器,能发出一连串的"咳咳"声,用于干扰蝙蝠的超声波,使它不能确定目标。有些夜蛾的反"雷达"战术更高明,因为它们全身都是"反雷达"装置。

在这场特殊的动物"电子战"中,虽然蝙蝠飞将军有一整套"电子进攻"手段,但在夜蛾巧妙的"电子防御"措施面前,也只得甘拜下风。

夜蛾小巧精良的"电子对抗"装备,引起科学家们的注意。他们要研究夜蛾是怎样发射超声波以及它的绒毛是如何吸收超声波的。假如这些自然之谜被彻底揭开,应用到军事技术上,就能发挥出意想不到的防卫和攻击能力,来夺取未来战争的胜利。

动物的报复行为之谜

动物没有思想,但动物有"记忆",尤其对于受到的伤害"记忆"会更深刻一些,这也是它们生存的本能之一。如果我们了解了这一点,对有些动物的报复行为就容易理解了。况且,我们所知道的一些动物报复现象只是个别的,偶然的现象,在绝大多数情况下,它们是采取规避的办法来躲开伤害。

动物会报复吗? 回答是肯定的;并且动物的报复手段多种多样。

在我国四川省的峨眉山,有一群活蹦乱跳的野生猴子。它们虽然给人带来乐趣。可谁要是伤害了它,它就记在心里,找机会报复。有一天,一个小伙子抓着一把花生逗猴玩儿,他一边逗一边说:"来啊,来吃啊!"一只猴子连跳了几下,小伙子却一颗花生也没有给它。猴子急了,猛地跳上去,抓破了小伙子的手,花生也随即撒了一地,逗得旁边的人哈哈大笑。小伙子恼羞成怒,顺手抄起一根木拐杖,向正在吃花生的那只猴子横扫过去。猴子被打得"吱吱"乱叫,拖着受伤的腿逃进了树林。

第二年,那个打猴的小伙子又来了。当走到仙峰寺的时候,看到路中间坐着一只猴子,这只猴子就是去年被小伙子打伤的,它一眼就认出了仇人,赶忙一跛一跛地躲在一边。当小伙子从它旁边走过的时候,跛猴冷不防扑了上去,狠狠地咬了小伙子一口,小伙子的腿肚子被咬得鲜血直流。等他转身看时,那只猴子已经上了树,正向他做鬼脸呢。小伙子这才恍然大悟,原来猴子是来报复他的。

在重庆动物园里,曾有一只金丝猴王,好像它认为自己血统高贵,脾气暴躁,所以动不动就咬伤饲养员。有一次饲养员送食物慢了点儿,猴王就跑过来抓破了饲养员的手。为了惩罚它,饲养员就拿起竹条,在它的屁股上狠狠抽了几下,猴王觉得丢了面子,就把这件事记在心里。几天后,这位饲养员调走了。半年后他回到动物园看望饲养过的金丝猴。没想到的事发生了,猴王从人群里认出了打过它的饲养员,想报复又找不到东西,就拉下一个粪团,向饲养员头上狠命扔去。猴粪顿时弄了他一脸,叫人真是哭笑不得,金丝猴王却得意极了。

在美丽的云南西双版纳,经常有野生大象出没,它们是我国珍奇保护动物。一天,一个猎人发现一只正在河边饮水的鹿,就举起猎枪瞄准,就在他刚要开枪时,突然传来一声怒吼,吓得他魂飞魄散。回头看时,只见一头大象正向他走来。猎人认出来了,自己前几天用枪打过这只象,但是没打中,它这是复仇来了。猎人慌忙调转枪口向大象射击,又没有打中。大象愤怒地向他飞奔过来,猎人转身跑时,被野藤绊了个跟头,手里的猎枪也给扔了。大象上去一脚就把猎枪踩断了,用鼻子卷起枪来抛得老远。猎人乘机从地上爬起来,没命地逃跑,复仇的大象把猎人逼到了山崖边,穷追不舍,他急忙抓住一根粗藤,想爬上陡崖逃命。大象扬起鼻子,把猎人卷了起来,使劲抛出去,随着一声惨叫,猎人被摔死在悬崖底下。

在西双版纳有一个村子叫刮风寨,寨子有一条小河。有一天,一只母象带着一只小象到这条河里洗澡。见到水,小象特别高兴,撒起欢来。当大象母子玩得正开心时,寨子里的几个猎人发现了,端起猎枪就打,小象刚爬上河岸,就被打倒了。母象哞叫着跑上岸来,用鼻子抚摸着小象的伤口,悲愤极了。它一会儿又跑又跳,狂怒起来,高声咆哮着,一会儿又用鼻子把小象拱倒,直到精疲力尽,才依依不舍离开小象,一步一回头地向密林深处走去。

两天后,这只母象带着十几头大象复仇来了,象群冲进刮风寨的时候,寨子里的青壮年人都到山上干活去了。留在家里的老人和孩子只好四处逃命。大象并不追赶,却把寨子里的竹楼拱了个天翻地覆,然后大摇大摆地又走进森林。

在印度,也曾发生过此类事情。有一群经过驯化的大象驮运货物进城,卸下货物后,其中一只大象在路边散步。当路过一家裁缝店时,一名工人随手扎了象鼻子一下。大象急忙缩回鼻子走了。没想到几个月以后,这只大象又来了,它在街心喷水池吸足了一鼻子水,来到这家裁缝店窗前,把那个缝纫工人喷成了个落汤鸡,随后扬长而去。

在印度,还发生过豹子报复猎人的事件。居住在卡查尔大森林的一个猎人,在上山打猎时,杀死了两只还在吃奶的小豹子。这下可激怒了母豹,它偷偷地跟在猎人后边,默默记住他的住处,等待机会报复。两天后,这个猎人的妻子到靠近森林的田里干活,还带着两岁的儿子。正当猎人妻子低头干活的时候,突然听到孩子的呼叫声。抬头一看,只见一只豹子叼着她的孩子,飞快地向森林跑去,她拼命地去追,也没追上。

三年过去了,那个猎人在山上打死了一只母豹,在豹穴里有两只幼豹和一个活着的男孩。这个"豹孩"就是他三年前被母豹抢走的儿子。

在动物世界里,野牛的报复心理也很强。在非洲肯尼亚,有个土尔坎族名叫阿别亚的居民,他刚学会使用猎枪就去打猎。一天,他躲在山坡的灌木林里击中了一头野牛的肚子。受伤的野牛逃走了,阿别亚在后面紧紧追赶,但野牛还是躲进了森林。阿别亚不死心,就沿着野牛的血迹跟踪,边追边看地上的血迹,有时看不清楚,他就弯下腰在地上仔细寻找。这时,受伤的野牛找到复仇的机会,从背后冲了过来,阿别亚还没来得及直起腰来,就被撞倒在地,野牛用头死死顶着他,直到把他顶死才罢休。

在沙特阿拉伯,有个油坊老板养了一头老骆驼。一次,老板因为做生意赔了本钱,满肚子怨气,回家后就用鞭子抽打骆驼撒气。几个月后的一天夜里,那头挨打的骆驼走出骆驼棚,悄悄来到主人的帐篷外,突然冲进帐篷,向主人的床铺扑去,当时幸好油坊老板不在家。老骆驼好像愤怒极了,就把主人的被子撕咬成碎片,还不解气,又把主人用的餐具踏得粉碎,才心满意足地走了。

动物的报复心理是怎样产生的?它们的报复行为又怎么解释呢?现在还没有一个圆满的解释。只有一点,应该是明确的,那就是动物是人类的朋友,请保护动物。

动物的肢体再生之谜

许多动物的肢体都有再生的能力,越是低等的生物,这种能力越强。但再生的目的却有不同,有的再生能力是繁殖过程的本能,有的再生能力却是死里求生的必须,这也是适者生存的法则,那些不能再生,却又处于食物链低端的生物怕已经绝种了吧!

生物进化的过程也是一个"物竞天择"的过程。在大自然激烈的竞争中,生物具有了千奇百怪的本领,比如有一部分生物为了自卫,就像下象棋中的"丢卒保车"一样,可以舍弃身体中的某一部分,身体里又会重新长出被丢掉的部分,这着实让人赞叹不已。

在处于险境时,壁虎可以折断尾巴,让丢弃的尾巴迷惑进攻者,自己则逃进洞穴,而夏天未过完,一条新的尾巴就从折断的地方长了出来。

章鱼也有自断其腕的本领。章鱼的"腕手"平时是很结实的,当某只"腕手"被人抓住时,这只"腕手"肌肉会痉挛地回缩,像被刀切一样地断落下来。掉下来的"腕手"绝望蠕动,还会用吸盘吸在某种物体上,显然这只是障目法。章鱼断肢通常是在整个"腕手"的4/5处,它的"腕手"断掉后,血管完全收缩并自身闭合,避免伤口处流血。自行断肢6小时后,血管开始流通,血液渐渐流过受伤的组织,结实的凝血块将尚未愈合的"腕手"皮肤伤口盖好。第二天伤口全部愈合后,开始长出新的腕手,一个半月后,即可长到原长的1/3。

兔子也有它独特的再生本领,当狐狸咬住兔子的肋部时,它却能弃皮而逃。兔子的皮跟羊皮纸一样薄。被扯掉皮的地方一点儿血也没有,而且伤口处会很快长出新皮毛。

还有样子像小松鼠的山鼠,一旦被兽咬住尾巴,它毛茸茸的皮极易脱落,秃着尾巴逃跑。据说金花鼠、黄鼠也有这样的绝技,而它们又都具有再生的本领。

还有海参,把内脏抛给"敌人",倾肠倒肚,留下躯壳逃生,不多久,它会再造出一副内脏。而海星更是分身有术,因为它在海里是以贻贝、杂色蛤、牡蛎为食,所以它是养殖业大敌,从事养殖的人非常讨厌海星,把它提起来弄得粉身碎骨后再投入大海,结果却适得其反,每一块海星碎块都繁殖出了新海星。

谈起动物界的再生之王,那就要属海绵了。海绵是最原始的多细胞动物,它的再生本领是无与伦比的,如果把海绵切成许许多多的碎块,抛入海中,非但不能损伤它们的生命,相反它们中的每一块都能独立生活,并逐渐长大形成一个新海绵。即使把海绵捣烂过筛,再混合起来,在良好条件下,只需几天时间就可以重新组成小海绵个体。

研究动物的再生能力,无疑对探讨人的肢体再生途径有极大的启发,可是遗憾的是,人们并没有完全揭开动物再生之谜。

动物导航之谜

"老马识途"是一句家喻户晓的成语,自然界是比老马更识途的动物太多了。科学家通过长期细致的观察和研究,已经初步揭开了一些动物的识路之谜——即这些动物有自己与生俱来的导航系统,可是,可供导航的参照物如此之多,如太阳、星辰、磁场等,它们又是依什么作为自己的参照物呢?

世界上许多动物有着奇异的远航能力。如生活在南美洲的绿海龟,每年6月中旬便成群结队地从巴西沿海出发,历时两个多月,行程2000多千米,到达大西洋上的阿森松岛,在那里生儿育女以后又返回老家。两个月后小龟破壳而出,同样像他们的父母一样游回遥远的巴西沿海。

这种奇异的远航本领,鸟类可能更胜一筹。身长仅4厘米的北极燕鸥,每年在美国的新英格兰筑巢产卵育雏,到8月份便携儿带女飞往南方,12月份到达南极洲,到第二年春天,又飞回新英格兰,每年飞行距离达3.5万千米。

令人感兴趣的是许多与人类有密切关系的家养动物,也有远途外出而不迷路的能力。这些动物是凭借什么来辨别方向,认识路线的呢?科学家们利用蜜蜂和鸽子所做的动物导航实验,已经初步揭开了这两种动物导航的秘密。

著名的诺贝尔奖奖金获得者、奥地利生物学家弗里希,曾在20世纪40年代,用一系列实验测出了蜜蜂的基本导航能力,证明了蜜蜂通常是利用太阳作为罗盘进行导航的,指出蜜蜂就是以太阳作为参考点,通过"舞蹈"告诉其他蜜蜂如何到达它发现的花源地。

通过信鸽的实验,进一步证明了动物的远航是以太阳为罗盘进行导航的。科学家曾做过一个实验:将一群鸽子关在离家以西160千米的屋里,中午时打开电灯模拟黎明,然后放出鸽子,它们以为这是黎明,太阳在东方,但此时却正好在南方,鸽子看到太阳后就根据太阳来导航而飞向南方,它们还以为这是向东方朝家飞呢。

蜜蜂和鸽子不仅在有太阳的时候能顺利导航,就是在没有阳光的阴天也能准确地返回自己的家园。因此可以推测,它们可能有另外一套导航系统。

科学家们首先通过实验发现蜜蜂对磁场很敏感。美国科学家沃尔科特曾做过一个实验,他给鸽子带上一个小头盔,可以精确地控制每只鸽子飞行时的磁场。晴天时鸽子均能正常返回,而遇到阴天,当控制头盔产生一个北极朝上的磁场时,鸽子就飞不回来;如果产生一个南极朝上的磁场时,鸽子又可直接飞回,这就证明鸽子是利用磁极导航的。

科学家们的实验,虽然已初步揭示了蜜蜂和鸽子导航的秘密,但是太阳、星星的位置会随时间而变化,即使是地磁场的强度也会有变化。那么鸽子和蜜蜂是怎样根据变化而调整自己的导航行为,至今尚无人知晓。加上动物种类繁多,海龟、昆虫以及大蝴蝶等能远航的动物,是凭借什么回到自己的老家的,这些都是尚未揭开的秘密。

动物冬眠之谜

很多动物都有冬眠的习惯,尤其是爬行类动物,如蛇、蛙等。哺乳动物也有冬眠的,科学家对这一现象进行了观察研究,并取得了一些可喜的成果。但是哺乳动物冬眠现象是不是像已发现的那样简单,科学家也不敢妄下断言。是不是还有其他因素起作用,科学家们还在探索。

冬眠,是某些动物抵御寒冷、维持生命的特有本领。冬眠时,它们可以几个月不吃不喝,也不会饿死。最令人不可思议的是,母熊竟在冬眠期间生育。

对动物冬眠的现象,科学家进行了几个世纪的研究。他们发现,动物皮层下有白色脂肪层,可以防止体内热量散发。在冬眠动物的肩胛骨和胸骨周围还分布有褐色脂肪,好像电热毯一样,产生热量的速度比白脂肪快20倍,而且环境温度越低,热量产生越快。当气温下降时,冬眠动物的感觉细胞向大脑发出信息,刺激褐色脂肪里的交感神经,使动物的体温刚好保持在免于冻死的水平。

人们虽然已经了解了动物的生理变化,可是,究竟是什么原因促使动物冬眠呢?黑熊在进入冬眠约一个月之前,每24小时就有20小时在吃东西,每天摄取的热量从29400焦耳增加到84000焦耳,体重增加也超过100磅。看来,这些都是受动物准备冬眠的一种或几种激素所控制的,也就是说,冬眠动物的体内有一种能诱发自然冬眠的物质。

为证实以上推测,科学家曾对黄鼠进行实验。他们把冬眠黄鼠的血液注射到活动的黄鼠的静脉中去,然后把活动的黄鼠放进7℃的冷房间。几天之后,它们就进入了冬眠。这些试验表明了诱发自然冬眠物质存在的可能性。

人们又从冬眠动物的血液中分离出血清和血细胞,并分别注射到两组黄鼠体内,不久它们也都冬眠了。再用血清过滤后得到的过滤物质和残留物质,分别给黄鼠注射,发现只有过滤物质才引起冬眠。人们从中得到启示:诱发冬眠的物质是血清中极小的物质。有趣的是,用冬眠旱獭的血清诱发黄鼠冬眠效果最好,不论是冬天或夏天,都能诱发黄鼠进入冬眠。

因此,人们得出初步结论:形成冬眠不光是决定于诱发物,还决定于诱发物和抗诱发物之间的互相作用。动物是全年在制造诱发物的,而抗诱发物只是在春季一段时间才产生。秋冬季节,诱发物多了,就促进了动物冬眠;到了春季,抗诱发物多了,抑制了诱发物,动物就从冬眠中苏醒过来。动物冬眠的研究虽然取得了一些进展,但还有许多奥秘没有被揭示。

动物季节迁飞之谜

秋去春来是候鸟的习性,也是人们用来判断季节的可靠征候。似曾相识燕归来,更是人们对候鸟准确飞回故地的赞叹。是什么原因能让这些候鸟有如此精确的"回家"本领，一直是科学家关注的课题。科学家推测了种种因素，都有可能，也都有不可能，因为候鸟飞行线路太长，不可能全程跟踪，探索还要继续下去。

　　每年秋天，成群的大雁在高空排成整齐的队伍，向着遥远的南方飞去。到了第二年阳春季节，大雁又会沿着原路，准确无误地飞回来。这种依季节不同而变更栖息地的习性，叫作季节迁飞。有这种习性的鸟，叫候鸟。

　　像大雁、燕子等都是候鸟。候鸟的迁飞时间、路线每年几乎不变，更奇特的是，有的候鸟，如金丝燕在第二年返回家乡时，还能找到它们往年住过的"老房子"，并在这座"房子"里一代一代地生活下去。

　　除候鸟外，有些昆虫也有迁飞习性。美洲有一种体形美丽，被喻为"百蝶之王"的蝴蝶——君主蝶，每年秋天便成群地从北美向南飞行，行程达 3000 多千米。它们在墨西哥、古巴、巴哈马群岛和加利福尼亚南部过冬，到了第二年春天便逐渐向北迁移。它们在途中进行繁殖，产卵后自己就死亡了，卵化出的新一代君主蝶重新飞往南方过冬。就这样一代接一代地传下去。

大雁

　　为什么有些鸟类和昆虫具有这种迁飞的本领？在迁飞过程中靠什么定向？这些问题是十分有趣和难解的。短距离飞行可以用视觉定向，但长距离飞行单靠视觉就不够了。

　　科学家推测，鸟类可能以太阳的位置作为定向的罗盘。如果是这样，那么它们必须补偿因太阳位置移动而引起的那部分时差。因此，科学家认为，候鸟体内可能有一种能够精确计算太阳移位的生物钟，能对白天的时间进行校对。那么夜间如何定向呢？一个非常合理的推论是：它们利用星星定向。可是没有星星的夜晚，它们仍照飞不误，那又是根据什么定向呢？因此有人认为，它们有可能利用地球的磁场、偏振光、气压、气味等来进行定向。

　　对于蝴蝶的季节迁飞，科学家认为，可能同遗传因素有关。蝴蝶季节迁飞的研究还刚刚开始，科学家期待着更多更有趣的发现。

动物集体自杀之谜

　　"动物集体自杀"是人类对动物群体死亡事件的定义，也是人类与动物之间缺乏了解而产生的误判。但动物前仆后继自取灭亡的行为又如此不被人类理解，于是在保护动物的今天，人类研究这一现象的热情就空前高涨。科学家们用人类的智慧做了种种推测，又做了许多实验，其结果总是不令人满意。

　　1946 年 10 月，在阿根廷马德普拉塔海滨浴场，有 830 多头鲸集体自杀。1979 年 6

月、9月和1980年6月,在美国的弗兰斯海滩、澳大利亚新南威士州北部和新西兰的海边,先后发现有40多头和近百头巨鲸冲上海滩,集体自杀。

对鲸类集体自杀的原因,说法不一。有人认为鲸在深海中生活,全靠身上的声纳定位系统来辨别方向、寻找食物。声纳不断发出超声波,超声波遇到水中其他物体时,被反射回来,鲸根据反射回来的超声波来决定自己的行动。鲸游到浅海域,由于海滩的轻度斜坡和海岸地形的影响,使其声纳定位系统变得紊乱。鲸是群居性动物,它们从不舍弃处在困难中的同伴,当最先冲上海滩的鲸发现自己遇难时,就向其他鲸发出求救信号,众鲸立即前去营救,结果导致集体遇难。有的人则认为,鲸搁浅死亡,是由于其耳朵内生有许多寄生虫。这些寄生虫破坏了耳内的感觉身体位置和上下、左右、前后运动方向的平衡器官,使鲸的声纳定位系统受到破坏,从而导致鲸的集体自杀。另一些人则认为,鲸冲上海滩后,会发出一种死亡腺外激素,这种信息被其他鲸接受后,会触发同伴们的死亡腺外激素的迅速分泌使鲸的同伴大批死亡。还有人认为,鲸的集体自杀跟太阳异常活动有关。当太阳出现黑子、日珥、耀斑的时候,射向地球的光辐射和高能带粒子流剧增,地球上磁场的强度和方向往往发生急剧的不规则的变化,电离层也出现扰动现象,使鲸的声纳系统受到干扰而失灵,导致鲸的集体自杀。

当人们对鲸集体自杀的原因众说纷纭时,30年后再次发生了动物自杀事件。

1976年10月,在美国科得角湾沿岸辽阔的海滩上,突然出现成千万的乌贼。它们争先恐后涌上岸来,进行集体自杀,不到一个月,在大西洋沿岸的美国卡罗尼那州的哈特勒斯角,加拿大的拉布拉多半岛和纽芬兰岛,也先后发生了数以万计的乌贼登陆集体自杀的事件。这么多的乌贼为什么要集体登陆自杀,说法不一。有人认为,乌贼自杀可能是海洋受到污染。但这种推想受到不少人反对。反对者认为,近年虽然海洋遭到一些污染,但范围不大,不会影响乌贼生活的海域。而且,对自杀的乌贼解剖,在其体内也没发现有毒物质的积累。有人怀疑乌贼感染了传染病,由于不堪忍受病魔的缠扰而集体自杀。科学家对自杀乌贼进行了解剖,没发现病变症状。有人把"自杀未遂"的乌贼放在盛有海水的玻璃缸里饲养,结果,这些乌贼仍健康地生活着。还有人认为,乌贼集体自杀也许跟海洋中听不到的次声波有关,认为次声波是杀害乌贼的根由。可是,也有人对这个假说表示怀疑:海洋中次声波通过什么对乌贼进行危害? 那么辽阔的大西洋,次声波怎么能持续两个多月呢? 总之,对动物集体自杀的原因,目前还没有真正搞清楚,仍有待进一步的研究。

动物记忆力之谜

动物有"记忆",这是没有疑问的,这已被无数事证和千百次实验所证明。但不是所有的动物都有记忆,也不是所有的动物什么都"记忆",记忆和"条件反射"或"本能行为"是有区别的,但这种区别如何判断? 动物的"记忆"基础是什么? 科学家进行了大量的实验和研究,还有许多问题没有答案。

动物是否有记忆力？这是长期以来颇具争议的问题，因为我们一直以为记忆是人类独有的功能。然而，一系列的事实又证明某些动物确实有惊人的记忆力，且不说较高等的动物如海豚、黑猩猩等，即使是较低等的动物如老鼠、螃蟹、海龟、蟾蜍、乌鸦、山雀等也都具有记忆力。比如，老鼠能走出迷宫；海龟、蟹群、蟾蜍能准确无误地重复前辈的路线去产卵；而具有贮藏食物本能的山雀和乌鸦，总能准确地找回自己很久以前埋藏的食物。如何解释这种现象呢？是先天的本能还是后天的记忆？是参照了环境的特点，还是根据气味信息？

很显然，单用"本能行为"或"条件反射"的含糊解释，是不能完全回答上述问题的。动物中确实存在记忆力的问题，为了揭示其中的奥秘，科学家们做了大量的实验和研究，并已找到了某些动物的记忆基础，如海龟的记忆基础是气味；蟹群的记忆基础是行星与地磁的位置；而乌鸦的记忆力是借助于贮藏区的地貌特点。然而，仍有一些动物的记忆基础令人迷惑不解。

例如蟾蜍，为了繁殖，在冬眠以后会集体向池塘进发，有时这一征途竟有几百米之远。令人不可思议的是，如果蟾蜍在进发途中遇到了其他池塘，那蟾蜍并不会就近跳入这些池塘中产卵繁殖下一代，它们会向特定的池塘艰难爬去。事实证明，这是它们几代共同的产卵的地方。最初人们推测，蟾蜍的记忆基础也与气味或行星和地磁有关，然而日本早稻田大学石居进教授的实验却否定了这一推测。石居进将临产蟾蜍放在繁殖池塘对面稍远的地方，则蟾蜍再也不会返身向此池塘行进，它们会迷失方向，这是为何？至今还是个谜，有待今后的进一步研究。

为了揭开英国沼泽山雀记忆的奥秘，人们做了一系列的实验：在一座大房子里放置了12根树枝，每根树枝上都钻了一些大小正好容纳一颗大麻籽的小洞，总数为一百个，每个洞中塞着一块小布团，鸟儿为了贮藏或者寻找大麻籽，必需首先叼走塞着的布团。

第一个实验是让一只山雀从房间中央地板上的一个碗内叼12颗大麻籽去贮藏。由于受洞的大小限制，每颗种子都必须藏在不同的洞中。等大麻籽藏好，就把山雀关到房外，过两个半小时，再放进来，让它寻找贮藏着的大麻籽。大家清楚，如果这种寻找完全是盲目的话，那么就需要大约搜索8个洞才能找到一颗种子。而实际上，山雀只探查24个洞，便找到了其中的10颗种子，即平均2.4次就有一次命中的机会，可见这远非机遇类假设所能解释的。

有人推测，这可能与气味有关，于是又设计了第二个实验。这一次在同样的树枝上，首先让山雀把13颗种子贮藏起来，随后又把种子转移到别的洞中，然后让沼泽山雀进来寻找。在它探索的24个洞穴中，其中11个现在已成为空洞，如果以实际找到的种子而论，这一次总共只有4颗，即平均每搜寻6个洞才得到一颗，和机遇的概率颇为接近，可见沼泽山雀的确不是依气味探寻贮藏物。为了进一步验证鸟类是凭记忆力贮藏食物，人们又设计了第三个实验。

这一次首先让山雀贮藏好第一批种子，然后相隔两个小时，再放进房间里，让它贮藏第二批种子。如果沼泽山雀记住了哪些洞里已经装有种子，那么在贮藏第二批时，就会避开那些已经装着种子的洞穴,如果记忆不起作用,而仅仅凭偏爱或随机地寻找洞穴,那么就会出现重复事故。

可是鸟儿在贮藏第二批种子时,几乎从不去探寻已经贮藏着种子的树洞。它的确记忆了哪些洞是已经藏有食物的,哪些洞是还没有利用的。

但沼泽山雀的记忆基础究竟是什么,还有待于进一步探寻。

目前,动物的记忆力已成为各国科学家感兴趣的研究课题。研究对象也扩大到蜘蛛、章鱼、马、银粉蛇、蜜蜂、乌鸦等等。

科学家们发现,动物的记性与存在于脑中的核糖核酸、乙酸乙酯等物质有关。这种核糖核酸可以抽取注射,因此动物的记忆力也可以转移。世界著名的神经化学家乔治·昂加尔认为,动物的记忆力是一种具有化学特性,由细小的蛋白质分子有序排列组合而成。他通过训练大白鼠的实验证明,大白鼠受电击时发生的恐怖情绪使之产生记忆,然后把这种恐怖记忆物质抽取出来,又注射到另一只大白鼠身上,它不经电击就产生出那种恐怖的情绪,说明前者的记忆力已被后者继承了。

综上所述,有关动物记忆力还有许多未解之谜有待于我们去寻找答案。

大型动物的未解之谜

恐龙再生之谜

人类总有一个愿望,那就是在恐龙灭绝的侏罗纪,或许会有意外或偶然,有那么一两条恐龙在那么一两个地方能幸存并繁殖到现在,可供我们研究或欣赏。这样的愿望如此强烈,以至于哪里有一点风吹草动、流言蜚语,科学家就不惧千难万险,蜂拥而至。但事实是,直到现在也没有使人信服的证据表明:地球上还有活恐龙。

恐龙真的完全灭绝了吗?近年来,传来了令人震惊的消息,有人发现了活恐龙。据说,一支筑路工程队在美国内华达州的一座山上开凿隧道,在爆破一块巨大岩石后,突然发现一处深陷的恐龙巢穴,里面有 5 个像足球大小的椭圆形恐龙蛋。令人惊奇的是,其中一个恐龙蛋发出"咔吧咔吧"的响声,紧接着出现几道裂缝。大家惊异地目睹着一只小恐龙破壳而出,可是,这只刚刚降世的小恐龙好像被那强烈的爆破声震成重伤,它一直不断地摆动着小脑瓜,可怜地张着小嘴频频地呼吸着。然而,使人惊恐不安的是,这只刚出世的划时代宠物便奄奄一息地倒下了。于是弗朗克·沙罗工程师便为这只奄奄一息的小恐龙做人工呼吸。

当这只小恐龙苏醒过来时,筑路工人们立刻把它和另外 4 个恐龙蛋小心翼翼地放到汽车里,把它们护送到工程队的营房。弗朗克·沙罗马上把那只身体脆弱的小恐龙放到保温箱里,还为那 4 个尚未出世的"小家伙"准备了一个类似孵化器的保温箱,以防万一。

到第三天清晨，弗朗克·沙罗前来察看，顿时大吃一惊，两个恐龙蛋已成空壳，坚固的水泥墙却出现一个大窟窿。原来，那两个破壳而出的"小家伙"，早已钻墙逃之夭夭。

弗朗克·沙罗慌了手脚，连忙操起电话把此事报告警察局。不久，警察局请来了美国著名生物学家格贝尔·马克普雷特博士，还有一些新闻记者一同赶赴现场。他们在弗朗克·沙罗的带领下，沿着小恐龙逃跑留下的"蛛丝马迹"，终于在一个大山谷里找到了那两只小恐龙。可是，仅一两天时间，小恐龙就能长成8米长的庞然大物，一口强劲锋利的牙齿清晰可见，它不仅能咬穿木板墙，还能咬穿坚硬的水泥墙，简直不可思议。

格贝尔·马克普雷特博士认为，新出世的小恐龙是一种食肉类两栖爬行动物，约1.45亿年前它能对地球上的所有生物构成严重威胁，只要这两只破壳而出的小恐龙是异性个体，它们便能很快在地球上繁衍起自己的后代。不过，美国内华达州山区的自然生态环境较之恐龙鼎盛时期的侏罗纪时代的自然生态条件简直是天壤之别，因此，这些新降生的恐龙后裔能否适应新环境幸存下来，仍是个非常令科学家们困惑不解的问题。另外，这些活灵活现的出土文物——恐龙蛋何以经历650万年之久仍能自然孵化出恐龙幼体来？破壳而出的小恐龙为何能长出一口钢牙利齿，咬穿水泥墙逃之夭夭，而且在一两天之内能迅速长成8米长的巨兽？对这诸多问题的回答还有待科学家们的进一步探索和研究。

在非洲刚果的泰莱湖和扎伊尔大沼泽地区，也盛传有一种硕大无比的无名怪兽，它平时活动在人烟罕见的湖沼，行踪诡秘。

1980年5月，一位名叫埃古尼的村民，曾见到湖沼中有一头巨大的黑色怪物在猛烈翻动，周身闪现出一道灰色的光环。

1983年的一个夜晚，有个名叫匹斯卡尔的渔民在埃德扎玛河一带捕鱼，猛然间看到一只巨大的怪兽正在湖岸边吞食植物。慌乱之中，匹斯卡尔发出了一点响声，被怪兽察觉了。这时，只听见它发出一阵尖厉的嚎叫，立即返身向湖中逃去。刚果湖怪的传闻吸引了世界上许多科学家，他们认为传说中描绘的湖怪，酷似早已灭绝的恐龙。

1981年，美国黑人学者雷吉斯特兹筹集了4万美元，开始了刚果之行。他聘请芝加哥大学生物学教授路易·马查尔作为顾问，组成了一支精干的考察队，他的妻子卡·凡都森也荣幸地成了一名考察队员。在当地向导的带领下，探险队朝泰莱湖进发。

从距离最近的居民部落，越过沼泽地到达泰莱湖至少需要5天。探险队在这异常艰难的5天行程中，忍受了令人难以想象的痛苦。考察队员搭起帐篷，安置好各种观察仪器，一边休整，一边等待，整整过了6个星期。终于，梦寐以求的时刻来到了，他们5次看见这个传闻中的湖怪的尊容，6次听到它的叫声，拍了照，录了音，还找到了一些较完整的恐龙骨骼。艰苦的野外生活使雷吉斯特兹的身体变得极度虚弱，在这不到两个月的时间里，他的体重减轻了23千克。最后，考察队不得不踏上归程。

雷吉斯特兹回来后作了36小时的考察报告，并将报告寄给刚果政府。对此，刚果政府的科学部门极为重视，1983年，刚果组织了一支国家探险队，由阿格纳加和马赛宁为队长，在3月份沿着雷吉斯特兹的路线进发，历经千辛万苦，于4月22日抵达泰莱湖。

5月2日是刚果探险队难以忘怀的日子。那天他们刚进入森林地带,向导吉恩·查理就不小心跌入了水池,这时大家正忙于拍摄一群当空掠过的天鹅,谁也没在意。直到5分钟后,才听见查理的大声呼喊:"快来! 快来!"开始同伴们还以为他遇到了危险,赶紧朝查理奔去,只见激动万分的查理用手指着左前方。马赛宁顺势望去,天哪! 300米外的湖面上半浮着一个奇异的长颈怪物,它的背部相当宽阔,头很小。马赛宁赶紧坐上独木舟向它悄悄划去。靠近到距离60米之处,马赛宁清晰地看到它那小脑袋正在东张西望,随后怪物就沉入水底,消失得无影无踪。

在这两次卓有成效的探险中,科学家发现的恐龙形象十分一致。雷吉斯特兹说它"有3米长的脖子,头小,背长约4.5米,整个身体的长度估计有9~12米,皮肤灰色而有光泽,似乎有尾巴"。刚果探险队长马赛宁对怪物的描述非常接近,说它"头很小,有奇特的长颈,背部很宽,露出水面的部分有4米长,额头棕褐色,肤色黑亮,身上无毛,在阳光下闪闪发光"。可见他们发现的怪兽是同一种动物。

雷吉斯特兹将6次恐龙叫声的录音带回美国,进行仔细认真地对比实验和分析,发现怪兽的声音与已知非洲大型动物的声音大有差异。怪兽的咆哮声有两个不同的特征,一是清晰的砰砰声,据专家分析,这可能是因为怪兽的年龄和性别引起的;而另一特征是一种特有的高频声,听起来就像穿过树林中的劲风吹刮声那样,而且越往后声音越强。一位从事古生物研究的学者大卫·威伯尔,在听到这个录音后说:"在我以前听过的所有动物声音中,从未有过这样的吼叫声和砰砰声,如果那不是恐龙叫声的话,我敢肯定,至少是一种尚未被发现的新动物。"

雷吉斯特兹在探险中带回来的另一个重要证据,是一些恐龙脊椎骨的骨架、头骨和十分完整的大腿骨。根据碳14同位素测定,头骨形成的年代仅10万年左右,这证明在10万年以前泰莱湖还有恐龙存在。这对于7000万年前恐龙已完全灭绝的理论,无疑是一个强烈的冲击。

当然最有说服力的证据是那段长达20分钟的录像片和许多就地拍摄的照片。许多事实似乎已经证明,泰莱湖地区确实有活恐龙。但它究竟是哪一种恐龙呢? 雷吉斯特兹探险队的生物顾问路易·马查尔教授,曾对当地几十名湖怪目击者进行了询问,并拿出一套包括世界上所有大动物的照片(其中混入一张雷龙的复原图照片),让他们辨认,几乎所有的目击者都认为雷龙的图片最像湖怪。

不过对于恐龙是否存在于世的问题,一些谨慎的科学家们仍然认为,眼下所有的证据还不能完全说明刚果地区有活恐龙,除非拿出更加充分的证据。为此,雷吉斯特兹准备与刚果合作,再次对泰莱湖的恐龙进行大规模的探察。这次他准备用水上飞机,进入到更纵深的地段。许多人都在热切地希望能听到一些更加惊人的消息。

神秘的非洲巨兽之谜

哪里有恐龙的传说,哪里就有谜,这几乎成了近几个世纪以来人们的共识,但最鼓舞人心的一次就数追踪非洲格桑河流域巨兽这一次了。人类似乎已接近找到答案了，但结果仍是付诸阙如。

在非洲大陆上，几百年来一直流传着一种神秘巨兽的传说。

1776 年，德国科学家爱帕·里凡在其著作中写道："我们发现一种从未见过的巨兽足迹，足迹周长 92 厘米，两足迹之间竟然相距 2 米！"

非洲巨兽

1880 年，法国动物学家霍思报道："……这种巨兽生活在沼泽和湖泊中，土著居民称之为'亚哥尼尼'，足迹有三个趾，出奇的巨大。"

1912 年，世界著名的动物采集家卡尔·哈京贝克在《野兽与人》一书中写道："在罗德西亚境内生活着一种前所未知的巨兽，有人在不同的地方亲眼目睹过它。"确实，在非洲中部的一些史前洞穴画中就有这种巨兽的形象，很像恐龙或雷龙。

1913 年，德国科学考察队队长冯·斯坦因报道：在刚果的桑格河流域据说有一种巨兽，体积超过河马，有一条又细又软的脖子和一条保鲜鱼般的尾巴。它在水中常常打翻当地居民的独木舟，但不吃人，它白天爬上岸来找食物，吃的是一种蔓生植物。

传说中的非洲巨兽很像早在六七千万年前就绝迹了的恐龙。这个消息一传出，还真的激动人心！几十年来，许多科学家不断深入非洲密林探索，希望能揭开这个谜。

1979 年，美国芝加哥大学动物学家波尔和生物学教授迈克尔决定对这种神秘的巨兽做一次科学考察。1980 年 4 月，他们不畏艰苦，跋山涉水，进入刚果的热带雨林，这里人迹稀少，到处是地图上找不到的湖泊、沼泽和森林。

一位名叫法利曼的当地人告诉他们：他 14 岁那年在依皮纳地区见过这种巨兽，它有红棕色的皮肤，蛇一样的脑袋，脖子长达 3 米。迈克尔教授拿出一本动物学图谱让他辨认，法利曼指着一张食草恐龙图谱说："就是它！就是这样的，至今还在那儿，午后人们常常在河中看到它。"他这次的探险，收集到了巨兽的足迹，采集了食物标本，还获得了大量目击者的第一手资料，这些目击者描述的巨兽与雷龙非常相似。他们回国后，经过详细研究后发表文章说，看来传说中的巨兽确实存在，而且可能是某种幸存至今的恐龙。

1978 年，法国有一个科学家探险队进入了非洲刚果的原始森林中一个名叫泰莱湖的沼泽区，希望能找到当地人带领他们去现场寻找传说中的恐龙。

可是很不幸，直到如今，这支探险队不见一人从沼泽中生还归来。到了 1981 年，无所畏惧的美国雷古斯特兹探险队，又一次进入这一地区，他们曾 5 次看见"恐龙"出没，6 次听见它的叫声。探险队拍回了照片，录下了"恐龙"的声音。

刚果的一支国家探险队于 1983 年再次进入这一地区。两名队员发现离湖岸 300 米以外有活"恐龙"。它背部宽阔，头很小，脖长 3 米，体长 15 米，皮肤灰而有光，还长着尾巴。

他们对准它拍完了摄影机中的胶片。当今地球如果真的存在活恐龙，那将是一个伟大的发现。

灰熊的"生物钟"之谜

人类对哺乳动物冬眠之谜的研究可谓煞费苦心、细致入微了。先有了诱发物之说，那是从生物化学的角度说的，现在又提出了"生物钟"之说，这又是物理学的范畴了。科学家的工作值得我们尊重，牵涉到这么多学科，也不是少数科学家所能胜任的。我们只能等待科学家的最后结果。

在美国的黄石森林公园，有一种野生的灰熊。为了揭开它的冬眠之谜，美国的葛莱德兄弟组成了一支考察队，来到灰熊出没的地方。

这支考察队包括生物、医学和物理等方面的科学家。他们配备了精良的仪器，并且第一次采用了空间科学的最新成果，利用生物无线电远程观察技术对灰熊进行观察。他们先在灰熊经常出没的地方挖一些陷阱，在抓到灰熊以后，先给它射入一颗麻醉弹，等灰熊昏睡的时候，再把编有号码的塑胶标杆插进熊耳朵里，接着就给它称体重，量身高，最后再给它套上一个塑胶圈。这个塑胶圈可不简单，里面装着微型无线电发报机，能够发出各种无线电信号。

等这些被俘虏的灰熊醒过来的时候，它们已经回归大自然了，考察队员根据发出的信号，就能观察它们的一举一动。

当冬天来临，天气突然变冷的时候，灰熊就开始做过冬的准备了。

灰熊很是讲究，去年过冬的旧洞就不要了，必须挖新的。它们有的在北面的山坡上，有的在峡谷绝壁的大树底下选择地方，开始挖起新的洞穴来。新居建成以后，再往里面铺上一些松树枝，这样，就可以舒舒服服地过冬了。

越冬别墅落成以后，灰熊们就无事可做了，它们拖着肥硕的身子，懒洋洋地开始离开猎食的低地，独自向深山老林中走去。科学家们通过熊脖子上塑胶圈里发出的信号，发现灰熊的新陈代谢变慢了，这是冬眠前的第一个迹象。它们摇摇晃晃地迎风前进，穿过落满树叶的丛林，找到不久前挖好的洞穴。等北风怒吼，大雪纷飞的时候，它就一头钻进洞里，倒在树枝上，用爪抱着脑袋，蜷缩着身子，发出低沉的吼声，然后就昏睡起来。这时候，熊的体温下降，心跳和呼吸减慢，冬眠开始了。

经过多年考察，科学家们了解到灰熊的一些生活内幕。

有一年冬天，北风呼啸，暴风雪来临了，灰熊向峡谷地区慢慢走去。考察队的科学家们估计，灰熊该进洞了。没想到，它们来到洞穴跟前，却没有进洞。灰熊好像觉得还不是冬眠的时候，就继续修起它的越冬别墅来。过几天，太阳出来了，天气转暖，地上的积雪也融化了。灰熊的预测果然灵验。

不久以后，又一场暴风雪降临到黄石公园。灰熊好像觉得应该冬眠了。科学家们果然接收到有节奏的信号，这些信号是被跟踪的灰熊身上发出的，表示它已经开始冬眠了。

科学家们研究了大量资料，认为灰熊身上有一种神秘的"生物钟"。灰熊还有一套察觉地球"脉搏"的本领，这些"脉搏"包括气温、气压、降雪、捕食困难等等，这些因素能拨动灰熊的"生物钟"。当天气变冷的时候，生物钟敲起第一次"钟声"，灰熊懒洋洋地打着呵欠，开始挖洞，准备冬眠；当第二次"钟声"敲响的时候，灰熊就独自活动了，它漫步山林，可是不马上进洞。等到第三次"钟声"响过之后，灰熊才钻进洞里，开始冬眠。

第一次大雪以后，灰熊为什么不进洞呢？它是怎么知道地球的"脉搏"的呢？这还是一个猜不透的谜。

袋狼的灭绝之谜

人类进步的脚步越走越快，对自然的破坏也越来越大，无数动物、植物为人类的进步付出了绝种的代价。现在发达国家感到自己进步得可以了，想松口气享受自己的"进步"成果，于是有的人就提出了保护自然环境这一口号。

但是发展中国家经济刚刚起步，也还要大自然的帮助，但为了"地球是我们共同的家园"这一人类的共同理想，他们还是做出了牺牲，与那些破坏了我们家园的人一道审视这个家园被破坏的程度，不看不知道，一看吓一跳，有些不该成谜的东西也成谜了。

袋狼

1967 年，一位叫大卫的澳大利亚人在西澳大利亚尤克拉以西 1100 米的一个石灰岩山洞中，看到了据说是已经灭绝的动物——袋狼。可惜的是，这是一只死袋狼，身上的软组织已经高度腐烂，但残留的毛皮上褐色虎皮斑纹以及残存的舌头和右眼珠表明了它的袋狼身份。

大卫的发现轰动了整个科学界。据说，最后一头袋狼死于 1936 年，那么从哪儿又跑出袋狼来呢？

袋狼是澳大利亚有袋动物中极罕见的食肉动物，身材与大型狼狗差不多，肩高 60 厘米，鼻端至尾尖长 100～130 厘米，尾长 50～60 厘米。它的头骨、牙齿、前肢具有狼的特征，前半身很像鬣狗，因而被称为"袋狼"。袋狼的皮毛粗糙，呈棕黄色，从背部到臀部有一道道平行的深褐色虎皮斑，这使它又获得了"塔斯马尼亚虎"的称号。从生活习性看，它不像狼也不像犬，而更像虎、豹等大型猫科动物。袋狼常常以袋狸、袋鼠和鸟类为食物，行踪诡秘，动作迅猛。

在历史上，袋狼曾广泛分布于澳大利亚大陆，据动物学家考证，大约在 4000～5000 年前，澳大利亚大陆上的这种食肉动物因为竞争不过与其习性相近的野犬，渐趋灭绝。然而，在大陆东南，12000 年前与大陆分离的塔斯马尼亚岛上，它们却大量繁殖，数量增加得很快。

19 世纪初，欧洲移民刚踏上塔斯马尼亚岛时，袋狼曾经成为他们定居的一大敌害，因为它们祸害家禽，危害绵羊，移民曾花费很大的气力来消灭它们。从 1850 年到 20 世纪初，塔斯马尼亚政府奖励捕杀袋狼，在半个多世纪中，仅据官方奖励记载，杀死的袋狼就达数千只。在如此滥捕滥杀之下，这种动物开始走上灭绝之路。1933年，岛上最后一头袋狼被捕获。三年后不幸死于霍巴特动物园中。从此以后，人们就再也没有看见过这种珍奇兽类。

后来，动物学家曾经在塔斯马尼亚岛上组织过几次广泛的搜寻考察，期望发现幸存下来的袋狼，然而人们踏遍岛上的深山老林，始终没见到它们的踪迹。

大卫发现的袋狼尸体被运往西澳大利亚自然博物馆，经专家鉴定，确认为袋狼无疑。然而，在确定这具尸体死去时间时，专家们却发生了分歧。有些专家认为，既然袋狼早在几十年以前就已灭绝，这具尸体一定是几十年以前的干尸。而另一些专家则认为，尸体虽然已高度腐烂，但相对来说还是新鲜的，这说明动物死去的时间并不长。

正当专家们为袋狼的死亡时间争论不休之际，《西澳大利亚博物学家》杂志在1967年10月又列出一篇报告，报告者是一位受聘在澳大利亚工作的苏联学家巴拉莫诺夫。他声称，在新南威尔士的瓦拉戈河附近旅行时，曾亲眼目睹过活的袋狼。他写道："我对这种相貌奇特的动物留有深刻的印象，尤其是走路的古怪方式，令我十分惊奇。它们就像醉汉，走路忽左忽右，臀部一起一落，我从来没有见过这样奇怪的动物。回到堪培拉以后，我请教了不少动物专家，翻阅了许多动物图谱。他们使我相信，只有袋狼才有这样奇特的外貌，这样古怪的步伐。"

这两篇报告的发表，燃起了人们在澳大利亚重新发现袋狼的希望。从那时至今的时间里，一些动物爱好者在人迹罕至、辽阔荒凉的澳大利亚西南部丛林中寻找袋狼的踪迹，就像人们在亚洲、美洲大陆寻找野人一样。袋狼是否还存在于世，成了澳大利亚动物爱好者心目中一个令人激动的谜。

在众多寻找袋狼的人中间，卡曼隆是一位富有传奇色彩的人物。他从来不依靠汽车、摩托车，完全凭借自己两条腿和训练有素的猎狗来从事这一工作。卡曼隆出生在西澳大利亚丛林，是澳大利亚土著居民的后裔，也是一流的丛林猎手，熟悉西澳大利亚的动物和植物，也熟悉土著的传统文化。他具有土著部落人的直觉和聪明，但目不识丁，不可能阅读任何关于袋狼的文字资料。因此，他的观察、描述被认为是可信的。

西澳大利亚博物馆道拉斯博士相信，由于袋狼是一种如此古怪的动物，除非亲眼见过它，或是十分熟悉它的习性，否则人们是不可能描述出它的形态、行为特征的。

卡曼隆在丛林中长期追踪袋狼，曾多次观察到这种动物。1985年和1986年，道拉斯曾两次见到卡曼隆，听他描述他所见到的袋狼，鉴定他所拍摄的照片。这使得道拉斯相信，卡曼隆的观察报告是真实可信的。

卡曼隆能准确地描述出袋狼的外貌。他的猎狗曾经将一头雌袋狼围困在一段圆木上，使他能仔细观察这头雌袋狼的育儿袋。卡曼隆还用石膏灌制了袋狼足印模型，这些模型十分清晰地显示出袋狼足趾的特征：前肢是五趾，而后肢却是四趾。卡曼隆在1985年2月拍下的彩色照片，则更是袋狼还存在的直接证据。

1985年2月，卡曼隆拍摄的五张野生动物的彩色照片，从澳大利亚西部偏远的基洛思寄到佩思市的西澳大利亚博物馆,交该馆高级研究员道拉斯博士研究鉴定。

这组照片是证实目前澳大利亚大陆袋狼没有灭绝的重要证据,是 20 多年来寻找这种灭绝动物的最大成果。道拉斯在对这组照片进行鉴定之后,还特意把它们送悉尼动物园主任和澳大利亚博物馆主任鉴定。他们都同意道拉斯的意见,肯定照片上的动物确是袋狼。

在会见卡曼隆之前,道拉斯对于澳大利亚大陆是否还存在袋狼抱有怀疑,然而同卡曼隆交谈之后,尤其在鉴定了照片和足印模型之后,他肯定这种珍奇动物并没有灭绝。尽管还有不少权威人士对此表示怀疑,但道拉斯却和卡曼隆抱有同样的信念:活捉袋狼只是时间问题。

大象"朝圣"之谜

各种动物都有自己的生存之道,为了生存,它们是不怕跋涉千山万水的。何况摄取自己体内缺乏的"营养",是生物界普遍存在的现象,这不能算本领,只能是本能,只是摄取营养的地点和方法不同而已。

肯尼亚靠近乌干达边界的地方有座 1000 万年前喷发的埃尔贡火山,是世界最大火山之一,有 4300 米高,底部最宽处达 100 多千米。300 万年前当它最后一次喷出滚滚的熔岩时,在其两侧留下了一个洞穴和地道网。最引人注目的是基通洞,它是传说中所罗门国王藏宝的地方。基通洞洞口开在一个海拔 2500 米的偏僻山谷底部,大象经常奇特地到这里来"朝圣"。

首先是一头大公象冒险走出森林。夜里伸手不见五指,人们只有借助于红外探照灯和特殊望远镜才能看见它。大象伸出长长的鼻子,探索着前进。它小心翼翼,因为就在前不久,它的同类惨遭屠杀,被人剥吃了。经常出入火山侧面的大象,现在只有五十来头了,万籁俱寂,象群紧紧跟着开路的向导。它们径直地向瀑布走去,像在一部最纯正好莱坞风格的影片中一样,它们穿过水帘,水帘后面是基通洞口,最早一批英国探险家说,这是所罗门国王的宝库。洞中的晶体在火把光的照耀下闪闪发光,这些探险家就以为是宝。一个世纪之后,科学家们做出了回答:这是还要巨大得多的一种宝藏——盐,火山熔岩中极其丰富的盐。盐在非洲曾使沙漠商队发财致富,盐是所有食草动物必不可少的,在其他所有地方,野兽群常到露天盐矿摄取这种生存元素。在这儿,则要翻过山坡,翻过成堆的崩塌物,来到基通洞。这就是基通洞的奥秘。

基通洞的第一个大厅宽 50 米,在火山表面下 160 多米深。一些骸骨证明,知道岩洞宝藏的并非只有大象,另外如水牛、大羚羊,甚至猴子,出于它们的本能,也知道盐在什么地方。几百万年以前,埃尔贡火山上的动物不断地舔着洞壁,甚至马萨伊的牧羊人同他们的羊群也住在这些岩洞里,洞顶有些地方已被火把的烟熏黑。

现在,大象按照它们世世代代跟随母亲所熟记的路线来到基通洞,位于三分之一深处的一个岩洞地段似乎是专门留给带小象的母象的,由于挖岩壁,它们的巨牙完全磨损了,因为大象的形态很特别,不能像其他食草动物那样去舔岩壁。它们要完全立直身子才能够着洞顶,然后卷起长鼻,用一个长牙刮洞顶。所有洞壁和洞顶部因它们的光临而有了深深的刻痕。

大象在洞中最多呆三四个小时。当一头老母象发出信号,它们就重新悄悄地集合起来,这种信号只有它们知道。接着它们像幽灵一样消失在森林中。大象们是如何将这些秘密一代一代传下来的,至今仍是个未解之谜。

大象吞石之谜

"缺什么补什么"不是人类的专利,而是生物界的本能。盐是所有动物都不能须臾或缺的物质,长期缺盐,动物就不能生存,这是人所共知的事情。动物的本能使它们在生活区域内不能没有盐,如果这一地区内没有适合自己的盐分补充,那么这个区域就不会有这种动物存在。

大家都知道,大象是食草动物,它怎么可能吃石头呢? 说起来谁也不会相信,但事实就是事实。

生活在非洲东部肯尼亚艾尔冈山区的大象,它们的鼻子就像挖掘机一样,把石头挖下来,咔吧咔吧吃掉。就这样,天长日久,大象用鼻子在这个山区挖出了许多奇怪的洞。大象经常排着队,走进山洞,吃够石头后,又排着队走出。关于这些山洞,有人认为不是大象挖的,是火山爆发后留下的溶洞。可是山洞的巨大空间和不规则的形状又与岩浆喷射的气泡不相吻合。一些考古学家分析这可能是当地居民挖掘的。但通过对当地土著居民的调查来看,他们没有挖山洞的历史。科学家们根据当地居民的说法,加上对这一带山区的调查,认为这一带的大象很久以来就有吞食石头的习惯,这些山洞,就是它们挖山不止的结果。

现在人们感兴趣的是,大象为什么要吃石头呢? 这件事引起了科学家们的关注,他们亲临现场,观察大象与石头的关系。经化验发现,大象吃的石头里含有很高的硝酸盐。原来,在干旱的季节里,大象要出大量的汗,分泌大量的唾液,身体里的盐分随之被大量消耗,而吃的那些植物里含的盐分又远远满足不了要求,因此,便靠吃这种含盐很高的石头来加以补充。让人感到奇怪的是,大象怎么知道这些岩石里含有硝酸盐呢? 难道它们也像人一样,知道自己缺什么就补什么?

另外一个让人不解的问题是,其他地方的大象也都是食草动物,却都不吃石头,为什么偏偏这个地方的大象吃石头呢? 这种吞石现象,是现在发生的,还是从古时候就这样? 如果是现在才有的,那么,是不是大象的食物结构发生了变化? 就从为了补充盐这个角度来说,其他地区没有这种石头,大象又靠什么来补充盐呢? 这些问题,还有待于进一步研究。

骆驼耐渴之谜

骆驼同牛、马一样,是人类最早驯化的动物之一,它曾对人类文明的进步发展做出过杰出的贡献。由于骆驼特殊的生理结构,使它具有许多牛、马所不及的长处,它的长处是耐饥、耐渴、耐热、耐寒和不挑食,它的这些长处,使它成了天然的"沙漠之舟",从而名垂青史。

人们习惯把骆驼称为"沙漠之舟",意思是沙海中的运载工具。然而,以其功能而论,它可谓家畜中"一机多用"的全能冠军。

骆驼的形象是颇为有趣的。它除了高耸的驼峰之外,其他部位仿佛是八九种动物拼凑而成的:蛇头、鼠耳、兔嘴、狮胸、马腿、牛蹄、鹿颈、驴腰、猪尾。尽管骆驼有这么多的异体特征,但它绝不是杂交品种。究其家谱,它倒是光明磊落的哺乳纲骆驼科反刍动物。一般每胎产一仔,寿命 30 年左右。

骆驼

骆驼原为野生,4000 多年前开始驯化成家畜。那时,骆驼不仅用于农田耕作,生活使役,而且还是重要的军事运输工具。

骆驼具有耐饥耐渴、善走沙漠的本领。不久前,有人做了一个实验,他们把两只骆驼放在 7 月酷暑的沙漠中,结果这两只骆驼在滴水不进的条件下生活了 16 天,而在同样条件下的人连两个小时都坚持不了。

骆驼为什么有这么大的耐渴本领呢?据研究,骆驼耐渴的根本原因,是它有一个特殊的鼻腔。骆驼鼻腔黏膜面积有 1000 平方厘米,能像水泵一样,当极为干燥的沙漠空气吸入鼻腔,经过黏膜时,黏膜就会渗出水分,湿润空气;而当空气从肺中呼出,再度经过黏膜时,黏膜却把 68% 的水分回收下来。

当然,这只是骆驼耐渴的一个原因,骆驼耐渴的因素还很多,如骆驼的贮水库比较大,它在腹中有 30 个小囊是专门装水的,骆驼一次能喝下 100 千克水,不论是淡水、咸水、清水、浑水或者是冰雪水,它都能喝。另外,成年骆驼驼峰中贮存的 40 千克脂肪,通过氧化分解也可变成水。据计算,每 100 克脂肪在氧化过程中可产生 107 克水,贮满脂肪的两座驼峰,在不断氧化过程中就能产生 40 多升水。

骆驼不仅靠特殊机体大量贮水,还懂得开源节流,不肯浪费身上贮存的任何一滴水。据考察,骆驼不论得到多少水都能尽量加以利用。大多数动物如果小便不多,不能把尿素废料排出体外,便会中毒,而骆驼却可经由肝脏把大部分尿素循环回来,制出新的蛋白质。人们还发现骆驼很少出汗,即使体温由 34℃ 升高到 40℃ 也毫不在意。再加上,骆驼身上长的又密又厚的绒毛,不但能抗寒防晒,更重要的是能防止水分经皮肤散发出来。有人做过实验,如果把骆驼身上的毛都剪掉,它的耐渴本领就会显著降低。

骆驼的消化功能极佳,食不厌粗,连沙漠里发湿发硬的枯草杂枝,都能大口吞食,并且能很快消化,变作脂肪贮存起来,以备不时之需。驼峰隆起时,最多能盛50多千克脂肪,每当饥饿难忍之际,它的机体便用这些脂肪来调整营养,以维持生命。

骆驼之所以能受到沙漠牧人珍爱,除了能够背负200~300千克的重物长途跋涉以外,它还可以保护主人,在风雪严寒中依偎主人身旁,供其取暖和避风用。另外,骆驼还能观测风向,寻找水源。远近的牧人,常以骆驼为前导,跟踪寻觅水草丰盛之所。

神秘怪物蹄印之谜

地球上到底有多少种动物,没有人能说得清,就是专家也只能提供个约数。何况,地球上每天都有物种灭绝,也不时会有新的物种通过变异等途径衍生出来。所以,人类应该对新发现的不知名动物的踪迹有精神准备,而迷信的那一套是根本不可信的。

1855年2月9日晚,英国的迪文郡下了一场大雪,伊斯河上也结了厚厚的冰。第二天早晨,人们发现在茫茫雪原上,留下了一道神秘的蹄印。这蹄印长10厘米,宽7厘米,每个蹄印之间相距20.4厘米。蹄印的形状完全一致,整整齐齐。看过的人都说,绝不会是鹿、牛等四足动物的蹄印,而似乎是一只用两腿直立行走的分趾有蹄动物所留下来的。

但哪里有这样的动物呢?奇怪的是,这些蹄印从托尼斯教区花园开始出现,走过平原,走过田野,翻过屋顶,越过草堆,跨过围墙,一直往前。似乎什么高墙深沟都阻止不了它。在一个村子里,有条15.3厘米粗的水渠管,蹄印好像是从管子一头进去,从另一头出来。整整走了160多千米,横贯全郡,最后消失在利都汉的田间。

当时数百人看到过这些蹄印,当地报社收到许多读者的来信,报纸报道了这一消息并刊出了蹄印的图画,还有人带着猎狗去追踪这些蹄印。但当蹄印走进一片树丛时,猎狗不管主人如何驱使也却步不前,只是对着树丛不停地嚎叫。村民们担心是猛兽出没,大家拿着武器四处寻找,结果什么也没有找到。好像那只动物又神奇地消失了,从此无影无踪。

一位生物学家认为那些蹄印和袋鼠的蹄印有些相似。但英国并不产袋鼠,于是有人怀疑是动物园的袋鼠跑出来了。然而动物园宣称并没有袋鼠逃脱,除非是那个袋鼠从动物园中跑出来,转了一圈后又神不知鬼不觉地自己跑回笼子中去了。

当地教堂的神父认为,这是魔鬼留下的分趾蹄印。只有魔鬼才是有蹄子而又用两腿直立行走的。科学家当然不相信什么魔鬼,但到底是什么蹄印呢?这至今还是一个不解之谜。

猛犸象死因之谜

猛犸象这种体型庞大,形象威猛的动物确实是已经灭绝了。它甚至连如恐龙存在那样的传说都没有。而恐龙灭绝是6000万年之前,而猛犸象灭绝才1.1万年。是什么原因让它灭绝的呢？它的灭绝也不像袋狼是人为所致。科学家们推出了种种假设,到现在也没能证明哪种假设成立。

猛犸象,也叫"毛象",是地球自有生命以来,在陆地上生活繁衍过的大型史前动物之一,它体形庞大,威武凶猛,是一种仅次于恐龙的大型动物。作为大象的祖先,猛犸的体形比象要大,嘴里伸出的獠牙比当代的象牙要长得多。因而,从外形上看,猛犸象的确给人一种青面獠牙的凶猛感觉,而不像今天的大象那样温驯谦和。

北美洲曾是猛犸象、骆驼、地獭、河狸以及其他可怕野兽的所在地。大约1.1万年前,这些大型哺乳动物和其他物种(总共70种左右)消失了。它们消亡的时期与人类到达美洲和气候急剧变化的时期大致相同。这些因素引出了解释这些动物相继消亡的几种理论。然而,尽管作了数十年的科学调查,生物学家提出了三种主要理论,论证猛犸象的消亡。但是,它们消亡的确切原因仍旧是个谜。

人们普遍认为,猛犸象的消失与地球气候变化有关,随着冰川后退、气温上升以及后来出现的干旱,猛犸象无法适应新的生存环境而最终灭亡。但也有文章指出,在猛犸象的基因片段上发现有病毒DNA,病毒是导致猛犸象在地球上绝迹的罪魁祸首。科学家们说,目前还并不一定就能够完全解开猛犸象的消亡之谜。但是,"我们对灭绝动物了解得越多,我们就越有可能避免将来发生同样的灾难"。

人类的捕杀使庞大的猛犸象种群灭绝,该理论是20世纪60年代由亚利桑那大学的一个学者提出来的。从那以后,评论家们一直说,无任何证据支持最早的美洲人捕杀野生动物达到了足以使它们灭绝的程度。但是在脊椎动物古生物学学会2000年10月墨西哥城年会上,加州大学圣巴巴拉分校的一位古生态学家指出,事实上捕杀野生动物造成其灭绝不仅是可能的,而且也是不可避免的。他通过计算机模拟确定,甚至极其轻度捕杀都将导致这些动物灭绝。

北美洲猛犸象的灭绝与人类无关。相反的,这种理论的支持者认为,猛犸象灭绝的罪魁祸首是气候条件。丹佛自然与科学博物馆的一位古生物学家说,更新世气候极不稳定,因此,某些动物的生存环境就消失了。对于某些动物来说,气候变化带来了机会。然而,对于许多大型动物来说,同类环境逐日俱增,就使它们的活动地盘越来越小,这等于给需要大面积活动范围的大型动物判了死刑。他称,尽管这些动物在更新世大部分时期里设法维持生存所必需的种群规模,但是最后的重大变动把它们推向了死亡边缘。

另外,在经年天寒地冻的西伯利亚、加拿大和阿拉斯加,曾发现过许多这种大象的遗骸,其中最著名的是1902年在俄罗斯的西伯利亚毕莱佐夫卡发现的一头猛犸象尸体,由于当地是冻土地带,这头猛犸象保存得比较完好,甚至在它口中还含着一些没有咽下去的金凤花。

有些从冻土带掘出的猛犸象的肉,虽然冷冻了1万多年,看起来仍像新鲜的牛肉一样。尝过这些猛犸象肉的人都说它仍鲜嫩可口,苏联学院还用猛犸象肉招待过尊贵的客人。当时科学家们对此的解释是:这些猛犸象失足陷入冰河,死后尸体在西伯利亚的天然冷藏库中被保存下来,故而至今仍新鲜完好。

这种解释似乎言之成理，但随着冷冻技术的发展，疑问便逐渐产生了。肉类冷冻业的专家们认为，如果要使冷冻的肉新鲜可口，必须采取超低温的速冻，使之在短时间内冻结，然后再用普通低温冷冻保存。而西伯利亚的气温，即使在冬季也不过零下20摄氏度左右，这样的温度对冷藏猛犸象尸体是足够了，但却无法在短时间内把它速冻起来。在这种普通低温下缓慢冻出来的肉，肉细胞内会出现结晶，使细胞爆裂，肉里水分流失，结果使肉无法食用。他们举冷冻牛肉为例，说如果要使牛肉保持新鲜，速冻屠宰后的半头牛就需要在零下40摄氏度中冻30分钟。要速冻一头躯体巨大并长着长毛的活生生的猛犸象，至少需要零下75摄氏度的超低温。可是在自然条件下，只有南极洲最冷的地方有时才能达到这样低的温度。

但这头猛犸象死前还在吃着青草和金凤花，可见当时的气温不会太低。可是突然之间，严寒袭来，这头猛犸象很快就被冻僵了，并由此被速冻起来。后来人们发现，不仅这头猛犸象，在西伯利亚和阿拉斯加，许多猛犸象都是被突然冻僵的。这就是说，它们突然遇到了难以想象的严寒。那么，这可怕的严寒是怎样产生的呢？

有些科学家认为，这是因为当时发生了一次强烈的地震和火山爆发，火山喷出的热气流升到大气层上层，被冷却后变成超低温气流，从地球的两极地区盘旋而下，形成一股来势极猛的寒风，足以产生零下75摄氏度的低温，这头猛犸象就是在吃草时，突然遇到了这样的寒风就被速冻起来了。

还有人认为，这样的严寒是地球磁极变动造成的。可能由于某种原因，使得北地磁极突然转移到了西伯利亚一带。于是那里就出现了像北极一样的低温气流，导致了猛犸象被冻死。但这些看法也还都是假说，关于猛犸象真正灭亡的原因还有待进一步探索。

人猿的身世之谜

按进化论的观点，人的进化经历了漫长的历程，从猿到人应该经历许多阶段，但经过众多科学家的长期坚持不懈的努力，还是没能把人类进化历程中的各个链条连接起来。而且，在这个进化过程中的各链条中，随时会产生分支，而迈向人类的又分别是各支中的一支，而那些停顿下来的分支也许就永远失去了进化到人的机会。

20世纪70年代中期，在非洲刚果某地的热带雨林里，当地猎人偶然发现了一个模样怪异的动物，它四肢长满黑毛，下巴突出，有着非洲黑猩猩的某些特征；额头与面部基本无毛，胸部毛发也很稀少，耳朵比猿要大些，四肢的曲线也迥然不同于猿猴。

这个半人半猿的动物那孤独无助的神情打动了淳朴的猎人。于是，他们把它带回家中，给它吃的喝的。小家伙不叫不闹，似乎对这个新环境很满意。一对到刚果旅游的南非人伯格尔夫妇听说了此事，便将这一个奇怪的动物买走，还给它起了一个西方的名字"奥立弗"。

伯格尔是一位动物爱好者，在他的庄园里还养了几只非洲大猩猩。奥立弗慢慢长大，表现出一般猩猩完全没有的特征：它不是像猩猩那样弓着背走路，而是像人一样直立行走,它的脚和手的分工已比较接近于人类,它的身材也比一般的猩猩更"苗条",它面庞轮廓清晰,身上也没有非洲猩猩那股味道。每当有人来看望它时,它便显得兴高采烈,神采飞扬。

伯格尔觉察到了奥立弗的不同之处,于是将它从专门圈养猩猩的院子里放出来,让它成为家里的一个"自由分子",可以随心所欲地呆在它愿意呆的任何地方。在伯格尔家里,奥立弗学会了使用卫生间,它也不再喝生水,而是和伯格家人一样,改喝苏打水。在它高兴的时候,甚至还要喝几杯威士忌。除了不会说话,奥立弗和正常人相比真是差不了多少。每天晚上,它都安安静静地呆在客厅里和伯格尔全家一起看电视节目,它似乎对那些电视肥皂剧情有独钟,如果谁换了频道,它还会做出一脸不高兴的样子,挺逗人的。

奥立弗在很多方面显示出它远远超出猩猩的智慧:它会起身为客人开门,会做一些复杂的家务活,比如为家里的狗准备食品,甚至还学会了调配饮料。随着时间的推移,奥立弗在伯格尔家里已是如鱼得水,俨然成了这个大家庭的一员。

随着奥立弗的慢慢成年,雄性荷尔蒙开始在它身上作怪,它变得烦躁不安,常常无目的地在院子里跑来跑去,用异样的目光看着伯格尔夫人,有时还倚靠在伯格尔夫人身上,甚至还动手动脚。不但如此,每当家里有女性客人时,奥立弗就会变得兴奋异常,常常主动跑上前去献殷勤,做出一些十分亲昵的动作,闹得客人们不知所措。

有一天午后,伯格尔夫人正在床上午睡,此时在房间里转来转去的奥立弗竟然跑上前去,将太太紧紧抱住,惊醒了的太太吓得大喊大叫起来。

伯格尔先生怒不可遏,当即将奥立弗卖给了一位正在南非旅行的美国人。就这样,被伯格尔夫妇收养了将近十年以后,奥立弗从遥远的非洲大陆来到了热闹繁华的国际大都市纽约,它的生活从此发生了巨变:它在伯格尔家里享受到的"人权"被彻底剥夺了,和那些殖民时代被卖到美洲大陆的黑奴一样,成了唯利是图的商人们牟取暴利的工具。

起初,那个纽约人想让奥立弗去做杂耍表演,但不久他因生意破产只得将奥立弗转手。新主人仍想用奥立弗发财,而根本未考虑到这个智力远远高于猩猩的"人猿"的一些特点。新主人将它和马戏团里的其他动物一样看待,在演出时将奥立弗推上台,并声称奥立弗是个介于猿与人之间的动物,或者称它是人与猩猩的共同祖先——新发现的现代猿人。他们让奥立弗表演一些高智商的游戏节目。

然而,经历了这一系列变故的奥立弗脾气变得异常暴躁,它拒绝与唯利是图的马戏团老板合作,相反却常常做些恶作剧。有时候,它独自在马戏团的一隅暗自落泪,似乎还在回忆它在非洲大陆时受到尊重的快乐时光。

奥立弗的不肯就范使得马戏团老板非常恼火,但是舍不得卖掉它。因为随着小说和电影《人猿泰山》的走红,纽约人对于这个就在他们眼前的真实的"人猿"奥立弗产生了浓厚的兴趣,奥立弗的身世之谜也给人们留下了无穷的想象空间。人们争先恐后地前往马戏团,为的是一睹奥立弗的"尊容"。

与此同时,一些科学家和民间团体开始指责马戏团老板虐待奥立弗的势利之举。迫于压力,马戏团老板同意将奥立弗暂时交给人类学家和动物学家做研究。

后来,在一些社会团体的压力下,奥立弗被允许正式从马戏团"退休",与此同时,它被高价卖给了设在得克萨斯州圣安托奥的灵长类动物研究所。

研究所的工作人员除了对它进行的研究外,平时对它很尊重。研究所的工作人员虽然换了一批又一批,但都和奥立弗交上了朋友。他们为这个特殊的"朋友"安排了一个单独的房间,还给它布置了一个和人类一样的卫生间,在它的房间里还装有电视机和空调。

奥立弗在离开舞台后也变得温顺多了,它就像一个老于世故看破红尘的僧侣,在这个远离尘嚣的研究所里安静度日。

近年来,不断有人类学家对奥立弗提出种种推测:有人说它是传说中的"大脚巨人",有人说它是人们以前尚不知晓的灵长类动物中的一支,也有不少人仍然认为它不过是人与大猩猩的"杂种"。

不久,有一些科学家对奥立弗进行了检查,他们发现奥立弗的染色体是48个,就意味着奥立弗并不是人与猩猩的"杂种",而属于猿族的动物。圣安托奥研究所的所长斯维持相信,奥立弗是以前未发现的灵长类动物中的一种,和大猩猩是近亲,但比大猩猩更聪明,或许它是远古时期失踪了的"尼安德特尔"人的后代。尼安德特尔人生活在十万年至三亿年前,属早期智人的一个亚种。

不过,这些说法未获得科学的证实,直到今天,奥立弗的身世依然是个待解之谜。

海洋动物之谜

鱼类洄游之谜

鱼类洄游现象早已被人类发现,人们利用这一发现不知谋取了多少经济利益,而研究鱼类洄游的原因却是近世的事。科学家们发现,这一问题越研究越复杂,与研究候鸟迁飞的问题不一样,因为候鸟迁飞可以考虑太阳、星辰、磁场等因素,但鱼类洄游,使这些因素发挥不出效用,那么是什么原因,使在海中漫游了数年之久的洄游鱼准确地找回到它的故乡呢?

在鱼的世界里,有些鱼类如鲑鱼、鳗鱼和鲱鱼等,就像候鸟一样,在大海里成长,在淡水河流里繁殖。让人费解的是,这些鱼在万里水域中洄游,它们既看不到星星,也无法利用地形目标,它们是怎样辨认出往返的路线的呢? 这使科学家们大伤脑筋。

就拿鲑鱼来说吧! 它出生在淡水江河里,生长发育却是在遥远的大海里,这段路程足有上千里,甚至上万里。它们为了回故乡产卵,不得不穿越一道道激流险滩。当它们回到故乡后一个个已经累得精疲力尽,产完卵后,就该寿终正寝了。问题是它的洄游不是在短期内,往往需要几年才能返回一次。因为一条鲑鱼在江河里出生后,到大海里生长,需三四年才能够性腺成熟,返回江河里来产卵。事隔这么多年它怎么还能记住洄游的路线呢!

一些动物学家从水流、气温、饵料等方面来探讨鱼类洄游的原因。最近由于鱼类"识别外激素"的发现,把这一问题的研究推进了一步。这种物质可以使鱼之间区别同一种类的不同个体。比如母鱼产仔后,就会放出这种物质,幼鱼嗅到后,就会自动呆在一定的水域,以利于母亲进行照料和保护;相反,幼鱼也会放出这种物质,以便母亲相认。有人分析,会不会在鱼类出生的地方有着某种特异的气味,把千里以外的鱼吸引回来呢?

但令人不解的是,这种气味能存在三四年吗?它们洄游有海路也有江河,难道这种气味就不发生变化吗?因此有人猜测,除了这种"识别外激素"之外,还应有一种东西作用于鱼类的洄游。那么,这种东西是什么呢?相信终有一天会有答案的。

海豚领航之谜

人类现在认识到海豚是海洋哺乳动物中"智力"最高的动物。这不但使人类能在海洋馆里驯化它们,还得让它们表演各种赏心悦目的节目,更有甚者,有的国家还准备让海豚参与现代人类战争,并作为高科技手段推出。海豚的这些能力从何而来呢?它还有哪些习性尚未被发现呢?科学家正在探索之中。

海豚

1871 年的一天,一艘名叫"布里尼尔"号的轮船驶近了新西兰的伯罗鲁斯海峡。船长从望远镜中向海峡的方向望去,只见蓝色的大海波涛汹涌,不过,天气晴朗能见度很高。船长吩咐舵手把稳航向,各位水手坚守岗位,减低船速小心行驶。

"布里尼尔"号开始进入海峡了,瞭望塔上的瞭望人手持望远镜,目不转睛地在海面上搜寻着,不断地把观察结果报告给驾驶舱里的船长。突然,瞭望人员发现在船头的不远处有一个黑色的东西,不禁大吃一惊,因为刚才从远处看,并没有发现它,现在它就在船的前方。他忍不住惊叫一声:"船长,前面有礁石!"

"在什么地方?"船长的嗓音有点异样,可以听出,他问这话时多少有些紧张。

"就在船的正前方!"

船长一边命令减速一边举起望远镜向前方的海面望去,只见蓝色的海水中确有个黑乎乎的东西。他盯住它仔细看着,渐渐觉得不太对头,终于,他长长地出了一口气,转身对驾驶舱里的人说:"别紧张,那不是礁石,你们看看,它还在动呢!"

待到"布里尼尔"号靠近它时，船员们发现那是一只海豚。有的船员建议说，这家伙使我们虚惊一场，我们也来出口气，给它一炮。船长摇摇头说，现在船正在海峡里航行，大家应该十分警惕才行，不要为了和鱼生气分散了注意力。

"布里尼尔"继续向前航行，可是，那条海豚却没有离去，它一会儿用身体撞击一下船舷，一会儿扎个猛子从船底穿过。嬉戏了一会儿，海豚奋力向前游去，很快赶过船头，在离船不太远的地方，慢慢地向前游着。船已经开出很远了，可是，那条海豚仍然不紧不慢地在前面游着。船长从望远镜里始终看到这条海豚的影子，心里觉得奇怪，便对驾驶舱里的人说："你们看，这只海豚真有意思，它总在我们的前面。"

舵手听了船长的话，插上一句话："是啊，我看它好像在给我们领航。"

一句话似乎提醒了船长，他脱口而出："什么？你说领航吗？"

"是啊！"舵手点点头说，"你看像不像？"

"对，海豚能游的地方，船也应该能过去的。"船长自言自语地说，然后转头对舵手说："跟上它！"

"布里尼尔"号紧紧地跟在海豚身后，果然顺利地通过了礁石。在这之后，它一次又一次地领着船从险滩和暗礁边驶过去。这不禁令船员们啧啧称奇。当船靠岸后，水手们争着把这件事当作新闻告诉别人。起初，人们不相信，可是，从那以后，经常有水手谈起类似的情况。他们说，在经过海峡时，只要跟在一只海豚后面，就可以化险为夷。为了表示感谢，海员们为这只海豚取了个名字"伯罗鲁斯杰克"。

直到 1912 年，人们开始见不到这只海豚了。水手们互相传递着这个消息，他们都为杰克的失踪而痛惜。在 41 年的时间里，这只海豚为数不清的轮船领过航，水手们提起它来，无不交口称赞。

海豚为什么会为船只领航呢？这个问题始终使人们感到困惑。一位名叫安东尼·阿尔珀斯的记者着手进行研究。他除了查阅有关海豚领航的报道外，还逐个对报道中提到的人物进行采访。阿尔珀斯写信给许多海员，要他们把观察到的详细情况写来寄给他。

从海员的回信中他发现，很多船员都看到，海豚在领航之后，总爱围着轮船嬉戏一番，它们或是用身体蹭船体，或是追逐着轮船激起的浪花。安东尼·阿尔珀斯认为，海豚可能是为了寻找某种刺激才和船只一齐航行的。在阿尔珀斯研究的同时，一些海洋生物学家也在研究这个问题。他们把海豚喂养在水池中，昼夜不停地观察它们的活动习性。他们发现，海豚在池中游动时，时常用身体摩擦池中的一些人工礁石，或是在池子边缘蹭来蹭去。

当他们有意识地用手抚摸海豚身体时，海豚就显得十分快活。他们初步得出结论，海豚之所以在船只航行中为船员领航，是由于它们能从航行激起的浪花或是用身体蹭船体的过程中，能得到一种刺激，这种刺激会使它们感到舒适。

这个结论与阿尔珀斯的结论几乎完全相同。这是不是正确的解释呢？现在还很难下定论。

鲨鱼抗癌之谜

鲨鱼在海洋中以凶猛残暴著称,被人们称为"海中霸王"。鲨鱼也以它的身体结构独特闻名,它没有气鳔,全靠不停地游动才不至于沉入海底。另外,鲨鱼的骨骼全部是由软骨组成,使它在海中转动灵活、游刃有余。科学家们从对鲨鱼的研究中,发现了抗癌物质,而且还有能抗艾滋病的物质,这对人类真是福音,人们正为无法征服这两种绝症发愁呢!

鲨鱼

英国著名的生物化学博士鲁尔在世界闻名的玛特海洋实验室工作,他对鲨鱼的生理和病理做过长达 25 年的研究。

他先后对 5000 条鲨鱼进行过病理解剖研究,只发现一条鲨鱼生有肿瘤,而且还是良性肿瘤。

鲁尔的这个发现,引起了科学家对鲨鱼的极大关注,各国科学家都开始了对鲨鱼的研究。

美国佛罗里达州的科学家曾用一种猛烈的致癌剂——黄曲霉素去饲喂鲨鱼,在近 8 年的实验饲喂中,没有发现一条鲨鱼长出一个肿瘤。可见鲨鱼的抗癌能力是极强的。那么,它的抗癌绝招是什么?

有科学家认为,鲨鱼的抗癌绝招是因为它的肌肉里能产生一种化学物质。这种化学物质能抑制癌细胞生长,所以不容易患癌。

鲁尔博士却觉得,鲨鱼的肝脏能产生大量的维生素 A。实验证明维生素 A 有使刚开始癌变的上皮细胞产生分化并恢复为正常细胞的功能。因此鲁尔认为保护鲨鱼免于患癌的秘密武器是维生素 A。其他科学家则认为,鲨鱼的血液中能产生一种抗癌物质。

1984 年,他们从鲨鱼的心脏采血,然后提取一定浓度的血清,再把它注入人体红血球性白血病细胞株中。经过一段时间,他们发现癌细胞的正常代谢作用已破坏,大多数癌细胞死亡。这说明鲨鱼血清具有杀伤人类红血球性白血病肿瘤细胞的作用。可见鲨鱼的血液中肯定有抗癌物质。

还有科学家认为,鲨鱼的软骨组织中藏有秘密武器。科学家已发现:牛犊的软骨有一定的防癌作用。1982 年,美国麻省理工学院的科学家郎格尔在研究中发现:鲨鱼的骨骼全部由软骨组成。这些软骨组织中有一种能阻断癌肿周围血管网络的化合物,它能断绝癌细胞的供养使癌肿萎缩和杀死癌细胞。他通过实验证实:鲨鱼软骨物质能完全阻止癌细胞的生长,并且无任何副作用,其抗癌作用比牛犊软骨中的物质强 10 万倍。

美国哈佛大学科学家,试用鲨鱼软骨提取物治疗 32 个晚期癌症病人,结果 11 人治愈,其余人的癌肿也明显缩小了。

1991 年,墨西哥康脱拉斯医院,用鲨鱼软骨提取物治疗晚期癌症病人 10 例,他们的癌细胞缩小了 30%~100%。

分子生物学宾扎斯洛夫坚信,鲨鱼的抗癌武器在胃部。他在实验研究中发现:鲨鱼的胃部能分泌一种叫"角鲨素"的抗生素,它的杀菌效力比青霉素还强,而且它还能同时杀死真菌,并能抵抗艾滋病和癌症。

鲨鱼抵抗癌症的秘密武器到底是什么,现在仍是个谜,这个谜被揭开之时,便是人类送走癌症瘟神之日。

海洋巨蟒之谜

要问陆地上最大动物是什么,就是小学生也能回答:大象。要问地球上最大的动物生活在什么地方,人们也会毫不犹豫地回答:海洋。的确,同是巨蟒,在陆地上生存的巨蟒再大也有个限度,但海中的巨蟒就像没有限度一样,一个比一个大。这当然与生存环境有关,因为海水浮力大,食物丰富,受人类干扰少。可是除了这些外,还有没有其他原因呢?

1851 年 1 月 13 日早上,美国捕鲸船"莫侬伽海拉号"正在南太平洋马克萨斯群岛附近海面航行。

"噢,那是什么?"

"不是鲸!从来没有看到过这种怪物啊!"

站在桅杆瞭望的海员大声惊呼起来。船长希巴里听到海员的喊声急忙奔上甲板,举起了望远镜:"唔,那是海里的怪兽!快抓住它!迅速朝怪兽靠拢!"

紧接着,船上放下三艘小艇,船长亲自带着矛乘上小艇,朝怪兽疾驶而去。

好一个庞然大物!只见巨蟒身长足足有 31 米,颈部粗 5.7 米,身体最粗部分达 15 米。头呈扁平状,有皱褶。尖尾巴,背部黑色,腹部暗褐色,中央有一条细细的白色花纹,犹如一条大船,在海中游弋。船员们惊呆了!

"快刺呀!"当小艇摇摇晃晃地靠近巨蟒时,船长声嘶力竭地喊了起来。几艘小艇上的船员一起奋力举矛刺去。顿时,血水四溅,巨蟒突然受伤,在大海里翻滚挣扎起来,激起了阵阵冲天巨浪。船们冒着生命危险,与巨蟒进行了殊死的搏斗。最后,巨蟒终于寡不敌众,力竭而死。

希巴里船长把海蟒的头部切下,撒下盐榨油,竟榨出 10 桶水一样透明的油!但是,遗憾的是"莫侬伽海拉号"在返航时遇难,下落不明。

不仅在太平洋、大西洋、印度洋,甚至连非洲附近的海上也有许多人看到过巨蟒。

1817 年 8 月,曾在美国马萨诸塞州格洛斯特港的海面上目击海洋巨蟒的索罗门·阿连船长这样叙述道:"当时像海洋巨蟒似的家伙在离港口 130 米左右的地方游。这个怪兽长 40 米,身体粗得像半个啤酒桶,整个身子呈暗褐色。头部像响尾蛇,大小同马头。在水面上缓慢地游动着,一会儿绕圈游,一会儿直游。巨蟒消失时,笔直钻进海底,过了一会儿又从约 180 米远的海面上重新出现。"船上的木匠玛休、伽夫涅、达尼埃尔、伽夫涅兄弟俩和奥嘎斯金·维巴三人同乘一艘小艇去垂钓时,也遇到了巨蟒。玛休在离开 20 米左右处用步枪瞄准它开枪。他这样讲述当时的情形:"我在怪兽靠近小艇约 20 米左右的地方开了枪。我的枪很好,射击技术也完全有把握,我是瞄准了怪兽的头部开枪的,肯定命中了。怪兽就在我开枪的同时,朝我们这边游来,一靠近就潜下水去,钻过小艇,在 30 米远的地方重又出现。怪兽不像鱼类往下游,而像一块岩石似的沉下去,笔直笔直地往下沉。我的枪可以发射重量子弹,我是城里最好的射手,当时清楚地感到射中了目标。可是,海洋巨蟒却好像丝毫未受伤。"

1848 年 8 月 6 日,英国巡洋舰"迪达尔斯号"的水兵们也目击了海洋巨蟒。他们从印度返回英国的途中,在非洲南部约 500 千米以西海面上遇到了巨蟒。

"在舰艇侧面发现怪兽正朝我们靠拢!"瞭望台上的实习生萨特里斯大声叫了起来。舰长和水兵们急忙奔到甲板上,只见距离军舰 200 米左右的地方,一条怪兽昂起头,露出水面的身体部分长 20 余米,正朝着西南方向游去。舰长拿出望远镜,紧紧地盯住这条举世罕见的怪兽。他把这天目睹的一切详细地记载在航海日志上,到了英国本土,就把它和亲眼所见的怪兽画像交给了海军司令部。类似的目击事件不胜枚举:

1875 年,一艘英国货船在洛克海角发现巨蟒,当时它正与一条鲸鱼搏斗。

1877 年,一艘游艇在格洛斯特发现巨蟒,在距艇 200 米的前方水中作回旋游弋。

1905 年,汽船"波罗哈拉号"在巴西海湾航行时,发现巨蟒正与船只并驾齐驱,不一会儿,如潜水艇般下沉,在海中消失。

1910 年,在洛答里海角,一艘英国拖网船发现巨蟒,它正抬起镰刀状的头部,朝船只袭来。

1936 年,在哥斯达黎加海面上航行的定期班船上,有 8 名旅客和 2 名水手目击巨蟒。

1948 年,一艘在肖路兹群岛海面上航行的游览船,有 4 名游客发现身长 30 余米,背上长有好几个瘤状物的巨蟒。

据说 75 年前,摩纳哥国王阿尔倍尔一世为了捕获海洋巨蟒,还建造了一艘特别的探险船。船上装备了直径 5 厘米,长达数公里的钢缆和能吊起 1 吨重物体的巨大吊钩,并以 12 头猪作为诱饵,可惜未遇而归。

迄今为止,有许多人目睹过海洋巨蟒,它究竟是何类动物,还是一个谜。

鲸鱼集体自杀之谜

在人类相约保护动物以来,没有什么比鲸鱼集体搁浅而亡更令人触目惊心的了。人们曾对搁浅的鲸鱼施行过各种抢救措施,但收效甚微。所以,人们急于知道这些鲸鱼集体搁浅的原因,而科学家们也纷纷贡献智慧和研究成果,但至今仍不得要领。

我们经常看到这样的新闻报道:大批鲸鱼自杀。也就是鲸类单个地或成群结队地游向海滩,然后好端端地在海滩上搁浅,接着,它们不断地拍打尾部,挣扎着,过了一段时间,当击岸的海浪沿着浅滩从它们的身边退走时,这些动物还来得及大口地喝足水,并且侧转身子,趁喷气孔没入水中时进行呼吸。以后,随着鲸尾的拍击更加猛烈,它们的身子越来越深地陷入了沙土之中,最后死去。遇险的鲸群

鲸鱼

大声"呼喊",抹香鲸的"喊声"最大,有时候,几百头鲸同时在海滩上自杀,"呼喊声"震耳欲聋。

1784 年 3 月 13 日,一群抹香鲸游进法国的奥栋港。当时正值涨潮,海面刮着强烈的西南风。沙滩上躺着 32 头奄奄一息的抹香鲸,其中大多数是雌鲸,令人惨不忍睹。这些海兽在那里活了几天,而它们的叫声几千米之外都能听见。

鲸类"自杀"的现象时常发生。1911 年在珀金斯岛的沙底海滨浴场上,抛下了 36 头雄鲸和 1 头雌鲸;1972 年 2 月 3 日,在澳大利亚贡纳玛特海滨浴场半公里的地段内,死去了 36 头鲸;在地中海、荷兰、墨西哥、美国的加利福尼亚,以及泰晤士河口,都曾发现过爬上海滩死去的鲸。

抹香鲸中最大的一次"自杀"行动,发生于 1970 年 3 月 18 日,在新西兰海岸离吉斯伯恩港 3 海里的奥基塔海滨浴场。当时海面起了风暴,两小时之内,在数百米沙质海岸上搁浅了 46 头雌鲸、13 头雄鲸。在搁浅干死的鲸群中,没有见到完全成年的雄鲸;在雌鲸中,10 头是未达到性成熟的,36 头是达到性成熟的,而且其中两头带有刚出生的幼鲸,幼鲸的长度分别为 2.4 米(雄性)和 4.6 米(雌性)。

1970 年 1 月 11 日,有 150 头伪虎鲸集体"自杀",它们在美国佛罗里达半岛皮尔斯堡附近的沙质海岸上搁浅了。海岸保护部门把其中一些个体救出并运回大海,可是它们却顽强地返回到原先的地点,重新呆在沙滩上。拯救动物的作业从中午持续到天黑,却毫无成效。

1966 年 12 月 1 日,总计 120 头的一群鲸,在菲律宾库约群岛的海岸上集体"自杀"。而在这同一地点,40 年前曾有大批的鲸以类似的方式死去了。

怎样解释如此离奇的事件呢?人们提出了各种各样的假说。古时候有个叫普卢塔赫的学者,将鲸类搁浅事件与动物的"自杀"联系起来。现在的某些报刊,仍常常以此来解释大批鲸类"自杀"的事例。人们把上述现象有时归咎于领头的鲸的精神错乱;有时归咎于疾病;有时则认为与起风暴期间或夜间沙岸附近浅水处的食料有关;有时则归之于

由于天气恶劣所引起的饥饿,使动物精疲力竭;或者归之于狂风,把鲸类的食料吹到了接近岸边的危险区域;而有时则又用完全荒诞的理由来解释这一切。

1937 年,科学家对堪察加半岛海滩上鲸类死亡的情况发生了兴趣,并且确认,大幅度的水位变动(如显著的涨潮和退潮、暴风雨、海啸)可以导致鲸类搁浅。而且,如果带有障碍物、水下沙嘴、沙洲等的海底地势轻易地遭到毁坏,也会导致鲸类搁浅。只要趁着浪峰接近岸边的鲸一和倾斜的海底相接触,并且在这里呆住,那么以后接连而来的细浪,就会冲来游泥和沙子,构成一道障壁,鲸类也就无法克服这一障壁了。

我们知道,鲸或海豚是具有很好的导航设备的,为什么它们有这样先进的定位装置,还会搁浅遇难呢?是它们的定位装置失灵了,还是有其他什么原因呢?

一位叫杜多克的荷兰科学家认为,鲸的"自杀"是由于鲸的定位装置发生故障的结果。鲸类搁浅多发生在暴风雨的时候,这时海底升起大量的气泡和泥沙,从而使鲸的回声定位装置工作状况恶化,受到迷惑和干扰。这样的情况又多发生在倾斜的沙海底,在那里鲸最容易搁浅。

杜多克只是对单独遇难的鲸做了分析与推断,但是大多数遇难的鲸是成群成伙地发生,难道它们的定位装置都发生了故障?

有一天,在新西兰豪拉基湾的一个小岛旁,一群海豚在自由自在地游水,有几只却卡在没有水的礁石上动弹不得,它们发出了遇难的信号。为了拯救起这群海豚,人们先将两只离岸远一些的海豚送进深海,期望这两只海豚能把浅海中的伙伴呼唤引走,可事实相反,两只深海的海豚又固执地游回浅海。

这群海豚陆续死去,只剩下两只活的海豚。这一切似乎表现出动物之间的保护本能和不允许抛弃同伙而他去的心理状态。

印度洋斯里兰卡岛的木图尔海湾是个浅水海湾,长着许多红树林。1934 年的一天,有 97 头伪虎鲸进入这个水深不过 1 米的浅水湾,它们在这里游了几天几夜,并且一头接一头地相继死去。根据科学家分析,这大概是它们的回声定位装置发生了故障,无法找到通向深海的出口,而导致全部死亡。

1946 年 10 月 10 日,在阿根廷的滨海城市马德普拉塔的海滨浴场,835 头伪虎鲸搁浅,开始时只有几头伪虎鲸搁浅,不久便遍及一群,在这群中大多数是雌鲸,还有一些幼鲸,当天就死去了绝大多数,少数几头活到第二天。这恐怕是鲸搁浅最大的一次了。

通过对上述事例的分析,可以推断出鲸搁浅的原因:一头鲸由于错误而误入浅滩,生命受到了威胁,由于世代群居的生活方式影响,它发出了求救信号。群体中其他鲸收到信号后,就按固有的保护同伙的本能前去救援,结果自己也陷入灭顶之灾,它们没有思维的意识,只是本能的驱使,结果形成连锁反应,最后使整个鲸群遭难。这也许就是鲸集体"自杀"现象最合理的解释吧!可是,鲸类中还存在着另一种"自杀"。它们生活在海洋水族馆里,一切都在人的照料下生活,但仍发生"自杀"现象,这就更加令人费解了。

1956 年 2 月,美国加利福尼亚水族馆的椭圆形水池里,一头年幼的剑吻鲸,沿着巨大的圆壁缓缓地游着,突然开始狂游起来,并快速地撞在硬壁上,碰掉了颌骨而死去。1969

年9月，在黑海边的雅尔塔生物站的水池里，运来了一对白腰海豚，一个叫"亚当"，一个叫"夏娃"。过了几天，"亚当"死了，这时"夏娃"猛地向水池石壁撞去，一次，两次，终于撞破了自己的鼻子，20分钟后，"夏娃"也死去了。"夏娃"的自杀现象，生物站的工作人员看得清清楚楚。在苏联另一个水族馆里，一头宽吻海豚得了重病，它离开自己的伙伴单独行动，先后3次扑向水池壁，最后死去。

几百年来，人们记录到鲸类"自杀"现象屡屡发生。是什么原因使它们舍生求死，虽然现在人们可以解释个别现象，但始终未能真正地解开这个奥秘所在。随着科学的进步，鲸类自杀之谜也会迎刃而解的。

乌龟长寿之谜

"龟龄鹤寿"是中国人对长寿的比喻。鹤能活多少年，是不是长寿，我们不得而知，但乌龟长寿却是妇孺皆知，从无疑义。但乌龟为什么长寿，能说清楚的人恐怕就不多。科学家们从不同的角度研究乌龟长寿的原因，有的从新陈代谢快慢的角度解释，有的从个大小的角度找原因，有的从食物荤素的角度找例证……不一而足。到底是什么原因，还没有结论。

乌龟

人们都称龟为动物世界里的"老寿星"。那么，龟的寿命到底有多长呢？

根据报道，一位西班牙海员曾经捕到一只海龟，长达2米，重34千克，有专家说它已经活了250年了。另外一位韩国渔民在沿海抓到过一只海龟，1.5米，重90千克，背甲上附着很多牡蛎和苔藓，估计寿命为700岁。它可以说是龟类家族的"老寿星"了。

但这只是估计的岁数，它不能精确反映龟的实际寿命。有记录可查的才是比较准确的。

1971年，人们在长江里捕获过一只大头龟，它的背甲上刻有"道光二十年"（1840年）字样，这分明是记事用的。这一年，中国发生了鸦片战争。也就是说，从刻字的那年算起，到捕获的时候为止，这只龟至少已经活了132年了。它的标本至今还保存在上海自然博物馆里。另外，还有一只龟，据说经过七代人的饲养，一直到抗日战争的时候才中断，它的饲养时间足足有300年左右了。

1737年，有人在印度的查戈斯群岛捕到过一只象龟，当时科学家鉴定它的年龄是一百岁左右。后来，它被送到了英国，在一个动物爱好者的家里生活了很长时间，最后被送到伦敦动物园。到20世纪20年代，它已活了将近300年了。

龟虽然是动物世界中的"长寿冠军"，但在龟类王国里，不同种类的龟，它们的寿命也是有长有短的。有的龟能活100岁以上，有的龟只能活15年左右。即使是一些长寿的龟种,事实上,也不可能个个都"长命百岁"。因为从它们诞生的那天起,疾病和敌害就时刻威胁着它们。另外,海洋环境污染和人类过量捕杀,也在危害它们的生命。

人们虽然知道龟是长寿动物,但对龟的长寿原因却说法不一。

有的科学家认为,龟的寿命与龟的个子大小有关。个头大的龟寿命就长,个头小的龟寿命就短。有记录可查的长寿龟,像海龟和象龟都是龟类家庭的大个子。我国上海自然博物馆的动物学家不同意这个观点,因为前边提到过的那只大头龟的个头就不大,可它至少已经活了132年了,这又怎么解释呢?

有些动物学家和养龟专家认为,吃素的龟要比吃肉或杂食的龟寿命长。比如,生活在太平洋和印度洋热带岛屿上的象龟,是世界上最大的陆生龟,它们以青草、野果和仙人掌为食,所以寿命特别长,可以活到300岁,是大家公认的长寿龟。但另一些龟类研究人员却认为不一定。比如以蛇、鱼、蠕虫为食的大头龟和一些杂食性的龟,寿命也有超过100岁的。

最近,一些科学家还从细胞学、解剖学、生理学等方面去研究龟的长寿秘密。有的生物学家选了一组寿命较长的龟和另一组寿命不太长的普通龟,作为对比实验材料。研究结果表明,一组寿命较长的龟细胞繁殖代数普遍较多。这就说明,龟的细胞繁殖代数多少,跟龟的寿命长短有密切关系。

有的动物解剖学家和医学家还检查了龟的心脏,他们把龟的心脏取出来之后,竟然还能跳动整整两天。这说明龟的心脏机能较强,跟龟的寿命长也有直接关系。

还有的科学家认为,龟的长寿,跟它的行动迟缓、新陈代谢较低和具有耐旱耐饥的生理机能有密切关系。

总之,科学家们从不同角度探索和研究龟的长寿原因,得出的结果也不一样,至于究竟是什么原因,还需要进一步研究。

螃蟹横行之谜

"常将冷眼观蟹子,看你横行到几时",把螃蟹和横行联系起来,是说我们常见的螃蟹确实是横行的。横行是螃蟹的运动特征,这是由螃蟹的特殊的身体构造决定的。也有不横行的螃蟹,当然大多数人不曾看见过,就是横行的螃蟹其实也不是行向正横方,只要仔细观察,就可以发现它的行动轨迹指向侧前方。

螃蟹给人印象最深的大概莫过于他们横着爬行了。因而,它也有"横行将军"的绰号。"横行将军"很有一些目空一切的意味,于是,人们又经常把螃蟹作为横行霸道的象征。那么,螃蟹为什么要横行呢?这就要从螃蟹的身体结构说起。

螃蟹的背面有一个硬壳,包住整个身体。从背面只能见到前面的一对眼睛,两对触角对及两侧的五对足;从腹面看,眼和触角的后面是螃蟹的嘴,嘴的外表有三对薄片状的颚足,下面便是螃蟹的脐。螃蟹的头部和胸部完全长到一起,只有上面提到的眼、触角及口的存在,使人猜到它们所在位置应该是头的位置。不过,根据科学家的研究,口部外面的三对颚足是属于胸部的，所以，螃蟹的头部与胸部在外表上已无法区分开了。由于螃蟹背面的硬壳覆盖在头胸部上，所以叫作头胸甲、头胸部腹面的蟹壳叫作胸部腹甲。螃蟹的十条腿就长在胸部腹甲的两侧，第一对像钳子，叫螯足，可以用来摄食和格斗；后四对用来步行，叫作步足，每只都由七节组成，从末端起分别叫作指节、前节、腕节、长节、座节、基节及底基。节与节之间由不同的关节相连，形成一个杠杆系统，大多数蟹类头胸部的宽度大于长度，而且步足又是伸展

螃蟹

在身体的两侧。这样，当螃蟹爬行时，只能靠一侧步足弯曲，用指尖抓住地面，另一侧步足尽力向外伸展，当指端够到远处地面便开始收缩；而原先弯曲着的一侧步足同时伸直，把身体推向相反的一侧，也就是说向侧方向前进了一步。不过，由于这五对步足的长度不同，真正的运动方向是指向侧前方。

不是所有的螃蟹都是横行的。螃蟹的横行在很大程度上是受体形的影响。在沙滩上生活的长腕和尚蟹，身体较窄，四对步足可以前伸，因此，它们运动时常是向前奔走，而不是横行。还有，在海藻丛中生活的蜘蛛蟹，步足细长，身体长大于宽，他们能在海藻上垂直攀爬。所以，不能简单地用"横行"两个字来形容螃蟹的运动。

神奇的海豆芽之谜

海豆芽是海陆动物界最有研究价值的动物之一。它的存在不但不符合进化论的原理，也对一个物种的生存极限提出了挑战。是什么原因使它躲过了地球上几次大的生态劫难，又是什么原因，在物种进化方面它停步不前。科学家们绞尽脑汁想找到答案。

海豆芽是一种生活在海里的小动物，当海水退潮的时候，人们常常可以在海边的沙滩上找到一种样子像黄豆芽的小动物，这就是科学界十分重视的活化石——舌形贝。它是世界上现有生物中历史最长的，到现在已经有4.5亿年了。这种贝的体形奇特，上部是椭圆形的贝体，如同一粒黄豆，下面是一个可以伸缩的、半透明的肉茎，就像一根刚长出来的豆芽，所以人们又叫它"海豆芽"。

海豆芽虽然有两层贝壳，但它不属于贝类，而是属于腕足类。它的肉茎粗大，能在海底钻洞穴居住，肉茎还能在洞穴里自由伸缩。海豆芽大多生活在温带和热带海域，一般水深不超过20~30米。它们生存的环境，是海浪巨大、环境变化剧烈、生物众多的世界，海豆芽能在这样的环境中生存，与它们那特有的生活方式分不开。

海豆芽一生中绝大多数时间都是在洞穴中隐居，只是靠外套膜上面的3根管子与外界接触，呼吸空气，摄取食物。海豆芽的胆子很小，只有在万无一失的情况下，才小心翼翼地把头探出来，一有风吹草动，就赶紧缩进洞里，把贝壳紧紧闭起来，一动不动。

生物学界普遍认为,一个物种从起源到灭绝,一般不超过300万年;一个属从起源到灭绝,也不过就是800万~8000万年。可是海豆芽却有4.5亿年的历史!在这历史的长河中,许多庞大而又强悍的动物都灭绝了,而小小的海豆芽却生存至今。这种情况在生物发展史上是极为罕见的。是什么原因造就了这位生物界的"老寿星"?除了它独特的生活方式外,还有什么特殊的地方?这些还都是谜。

生物界有一个基本的进化规律,那就是任何物种都是从低级向高级,从小到大,从简单到复杂演化而来的。可是海豆芽却是一个例外,在漫长的历史中,他们的生活方式居然没有发生什么显著的变化,体形也一直那么大。这显然违反了生物进化的原则,向达尔文的进化论提出了挑战。如果能把海豆芽之谜揭开,恐怕生物学上的有些原理就要重新改写。

太平洋上的怪尸之谜

海洋中不被人知的秘密太多了,海洋中不被人知的动物也不知还有多少。虽然有些偶然的机会可以让人类有幸见识一点,可是这一点机会又可能被人类中的无知之辈浪费掉,而徒增他人的遗憾。科学研究是一项高尚的事业,但要没有广泛的群众基础,科研就如无源之水,是不会取得成果的。

1977年4月25日,阳光明媚,在新西兰克拉斯特彻奇市以东50千米的海面上,日本大洋渔业公司远洋拖网渔船瑞洋九号正在捕鱼,在船员把沉到海下300米处的渔网拖上来时,所有人都惊呆了:一个从未见过的庞然怪物的尸体被裹在网里。为了看个明白,人们用绳子绑在怪尸中部,让起重机把它吊起来。这是一个类似爬行类动物的尸体,它长着细长的脖子,小小的脑袋,两对巨大的鳍,它的肚子内腹已空,五脏俱无。后经研究分析,它已死了半年至一年时间。虽然尸体已开始腐烂,但整个骨架还保持完整。人们用卷尺测得怪物的身长约10米,颈长1.5米,尾部长2米。在船上捕鱼多年的船员说它很像传说中的尼斯湖怪兽。

正当船员惊诧不已,议论纷纷时,船长赶到了,见大家聚集着议论一具腐烂发臭的怪尸体,他害怕船舱里的鱼会受到腐烂物的影响,所以命令大伙把那怪尸扔回大海。人类极有可能认识一种新动物的机会,就这样令人遗憾地毁掉了。

万幸的是,船员矢野道彦拍了四张照片并做了记录,还画了几张怪兽骨骼草图,几位细心的船员也留了四五十根怪物的鳍须。从彩色照片上,可清楚地看到怪兽的大脊背,整个身躯肌肉还很完整,只头部露出白骨。从身体大小看,只有巨鲨、鲸、大乌贼才可与之相比,可这怪尸的小脑袋和腹部对称的两对巨鳍,却是鲨鱼和鲸所不具有的。由于没有实物与已知的各种古生物和动物化石骨骼做比较,所以无法确定怪兽究竟属于哪一种动物。日本生物学学家们非常感慨地说:"如果带回一个小小的牙齿骨骼也好啊!"

怪物到底是什么?人们的看法很不相同,主要有两种观点:一是近代的大鲨鱼;二是古代的蛇颈龙。英国伦敦自然博物馆的奥韦思·惠勒认为,以前世界各地的海滨附近曾发现许多奇特动物,结果它们都是鲨鱼。这个怪物可能是鲨鱼,鲨鱼没有硬骨骼,是一种软骨鱼类,当它死后腐烂时,颈部和鳃部首先从躯体脱离,于是就呈现出躯体前端的一个细长"脖子",尖端像个小小的头。惠勒的论述使许多人信服。

持蛇颈龙说的却坚信:①鲨鱼的肉是白色的,怪兽却是赤红的;②鲨鱼体内积蓄的尿是利用海水的浸透压力,从全身排出,没有排尿器官,因此特别有经验的渔民都能闻出来鲨鱼肉有一种尿臭味。但当时船员却无人从怪兽尸体上闻到这种尿臭味。③倘若是鲨鱼,那么死后半年多具有软骨的鲨鱼是很难用起重机吊起的。因为尸体腐烂时,随之变化的尸体软骨架无论如何承受不了约2吨的身体重量。而且,鲨鱼只在肝脏里有脂肪,而怪兽有较厚、包裹着全身肌肉的脂肪层。还有一个十分重要的论据即怪兽的头部呈三角形,这是爬行类动物独有的特点。专家把蛇颈龙的化石骨骼与怪兽的骨骼草图做了比较,不论整个骨架结构,还是局部的鳍、尾、颈,都有惊人的相似之点。应该强调的是:怪兽骨骼草图是根据矢野的推测画的,并不完全准确,但它的结构与短颈蛇颈龙非常相像,因此这种蛇颈龙说是有一定根据的。日本漫画家石森章太郎根据骨骼草图,又画了一幅怪兽的复原图,按此图看来,它可真像一条蛇颈龙。

1977年9月1日、19日,日本召开了两次有关怪兽的学术研讨会,与会者是鱼类学、古生物学等各方面专家。他们经过研究分析综合各方面意见,写出了9篇论文。12月15日会议主持人东京水产大学校长佐木忠义向报界发表了日本学术研究的结果:从怪兽的两对巨鳍、长尾巴、长身体、身体表面都是脂肪等特点来看,它和已知的鱼类是完全不同的动物;从怪兽鳍须的化学成分来看,得不出鲨鱼的结论;从分类上看,它很可以代表全新的未知的一大类动物。

太平洋上的怪尸到底是什么?人们希望有一天怪兽的踪影会再现,来揭开这个奇谜。

人腿鱼怪之谜

海洋是个色彩缤纷的世界,人们曾为它编造出许多美丽的童话。有时,人们真的发现童话中的怪物在自己的身边出现,他一定会惊诧不已。而对于相对迷信的人来说,他们也一定把它看成不祥之兆,许多千载难遇的科学发现机会就这样被浪费掉了。唉!愚昧比贫穷更可怕呀!

前不久,渔民们在阿拉伯海的浅水湾中,意外地捕捞到一条世界上绝无仅有的人腿鱼怪。当地居民看到这令人毛骨悚然的鱼怪后,疑惑碰上了魔鬼般的不祥之物,便纷纷惊慌地离开现场。来这里参观的一名外地游客带着摄像机,他好奇地拍下这一珍贵的镜头。英国鱼类学家克·卡雷勃认为,毋庸置疑这张照片是真实的,毫无虚假之处,它清晰地反映出鱼怪全貌。长期以来这种最神异的海洋生物一直被人们视为具有传奇色彩的神话中的鱼怪。

19世纪中期,埃·格雷顿爵士首次对这种神奇生物做过详述。今天,许多科学家认为，鱼怪即便不是神话，也早已从这个世界上销声匿迹了，尽管经常传来消息说，有些目击者亲眼见过这种神奇生物。然而，对科学家来说，实在太不走运！迄今为止，连一条真正的鱼怪也没得到。

1993 年，在美国加利福尼亚州，一条死鱼怪被海潮冲到海滨浴场的岸边，但遗憾的是，当专家们赶到现场时，这条鱼怪早已腐烂变质得臭不可闻，已无法将其保存下来。这张鱼怪照片的摄影者叫伦·多纳秀，他颇有感触地说："当时现场的围观者很多，我甚至用手亲自去触摸了这条鱼怪，它的肉体还挺结实哩！一点儿没有腐烂变质。这条大鱼怪只是多长出一双人腿，说它是大腿还不完全是大腿，不过，跟大腿几乎没多大区别。"

当时，伦·多纳秀请求当地老百姓帮忙，准备将其用酒精浸泡进行防腐。他打算给渔民们扔下一大笔钱，把鱼怪赶快运到附近的任何一所大学，可是，大学在哪儿？往哪儿运呢？这时，又出现了麻烦，渔民们死盯住鱼怪不放，他们用迷信的方式对伦·多纳秀说："据传，这条怪鱼是魔鬼的变种，如不将其放回大海，真主会惩罚这里的渔民们。"于是，渔民们用一条小船将这条鱼怪运回大海将其沉入水中，同时，将他们捕捞的其他水产品也全部抛入大海。

当地渔民认为，这条鱼怪不是鱼，而是海妖的侍从。然后，渔民们转身又向摄影者扑去，准备将他手中的摄像机夺走一并投进大海。恰好，摄像机握在摄影者伦·多纳秀的手里，他趁渔民们不注意一下子溜走了，终于摆脱了这些愚昧的渔民，才幸亏保存下这张珍贵照片。

"鱼怪"一词的意思是"半鱼半人"或"美人鱼"，相信这种鱼怪真实存在的科学家把它称作"半鱼半人海洋生物"，即一半是鱼，另一半是人。

目前还知道存在美人鱼和半变态水生生物，它们都是怪兽，它们只是上半身器官是人的，下半身器官是动物的，照片上的这种鱼怪却恰恰相反，它的上半身是动物的，而下半身是人的。这些半鱼半人的海洋生物究竟是怎样繁殖的，眼下还尚不清楚，所以，某些科学家认为，半变态水生生物和鱼怪的出现纯属从偶然到偶然的某种海洋生物的偶然变异现象。

值得注意的是，这条鱼怪，与它长的一双人腿紧挨的部位根本不是女人的臀部或人的其他器官，而是一条天生的鱼尾，它的一双人腿看上去几乎很像半鱼半人的海洋生物的生理特征，所以在关于"生物偶然变异现象的"学说中，似乎有过某种论述。据诸多的目击者介绍，这种半鱼半人鱼怪几乎栖息在所有温带海域里，例如，格雷顿爵士就曾在希腊沿海发现过这种鱼怪。

当然，鱼怪照片是很有说服力的佐证材料，非常有助于我们更好地分析和研究这种半鱼半人海洋生物的生理构造和生活习性，但令人遗憾的是，像这种价值连城的鱼怪活标本并未落入科学家的手中，所以鱼怪也许成为永久之谜了。

印尼巴巴岛上的巨蜥之谜

海洋总是带给人惊奇，谁见过栖息在陆地上的高 4 米，长 15 米的巨蜥，可科学家们却看见了在海中栖息的这样的巨蜥,那么这个巨蜥是海洋中最大的蜥蝎吗?谁也不敢回答,这只巨蜥有多少岁了,它又在哪里繁殖生育?更不会有人给出答案。

巨蜥

在印度尼西亚的班达海上,坐落着一个渺无人烟的岛屿——巴巴岛。几年来,澳大利亚一支科学考察队在这个岛连续进行了古生物学考察。1995年秋,考察队员在这里的一次异乎寻常的考察中险些丧生。

考察队领队奥古斯托逊博士说:"当时,我们去那里寻找残存的动物化石。这次考察应是多年来考察和研究的总结,突然……"

考察队员拉尔弗·沃尔基回忆说:"那一次,我们突然发现,一艘状似潜艇的奇怪的大船从远处海面向这个岛屿驶来。我们无法搞清这究竟是什么东西。我们站在岛上惊异地望着这步步逼近的巨大怪物。当它游近时我们才发现,原来是一只从未见过的绿色巨蜥登岸了。尽管它看上去是一个约4米多高、15米长的庞然大物,但是,它从水中上岸的动作却十分机敏。当然,这只巨蜥的大小是我们通过目测得知的。"

由于这突如其来的巨兽出人意料的登岸,古生物学家们还没搞清是怎么一回事儿,所以,只是站在岛上默默地观察。其实,这巨兽还没发现岛上有人。它上岸后,朝岛上的几棵大树爬去,开始用它那强壮锋利的牙齿啃着树木,只听见树枝被啃得"咔咔"作响。这些大树被那巨兽一棵接一棵地咬碎,实际上,它连嚼也没嚼就直接吞了下去。它吃饱后便找个阳光充足的地方打起盹来。

尽管蜥蝎类动物是食草动物,但科学家们不想冒这个险去靠近它仔细研究,赶紧给它拍了照就转回山里。

沃尔基继续说:"考察队员快到达山顶时,巨蜥却突然醒来,它一下子发现了我们,这时,它开始大步流星地向我们爬来。使我们幸运脱险的是,这巨兽不会爬山,它开始试着往山上爬了几步,突然一下子掉了下去,于是放弃了上山追赶考察队的念头。约五个小时后,巨蜥弃岸返回海中。我们的眼睛一眨不眨地盯着它一直消失在远方的海里。"

"按照电台的呼叫指令,停靠在巴巴岛北岸的考察船返回大本营。两小时后,考察队员们登上考察船飞速返回澳大利亚。从外貌看,我们的巨兽访客是陆生动物,可是,我们走遍了邻近的几个海岛,一点儿也没发现这种巨蜥的蛛丝马迹,它有可能迁徙到更好的地方去了。要知道,假如它要再冒出来向我们发起进攻,我们可就再也无法逃避了。"奥古斯托说。

眼下,奥古斯托认为,在巴巴岛上不仅能找到古代动物骨骼化石,这个岛又是现代巨兽的"大餐厅"。谁也不知道那只巨蜥究竟活了多少年,它也许是在不久前从一个保存和孵化条件良好的蛋壳中钻出来的?谁能说出在不远的将来还会出现多少只这样的巨蜥?

小型动物未解之谜

灭不尽的老鼠之谜

老鼠是最烦人的动物之一。它的害处之多之大就不一一枚举了。前些年中国政府号召全国人民除四害,老鼠就在被除之列。其实不止现在,从古到今,人类同老鼠的斗争从来没有停止过,虽不敢说,老鼠越除越多,但到现在老鼠的数量不太见少,却总是事实。老鼠有何德何能,能长治久安,久剿不绝呢?科学家们也颇感头痛,但办法还是要想的。

世界上有些珍奇动物,尽管人们千方百计去保护,仍然处于濒临灭绝的境地,有的已遭到毁灭。可是有些动物,比如老鼠,虽然人们在用各种方法消灭它们,但总是消灭不了,成群的老鼠依然到处作祟。

在所有的哺乳动物中,数量最多、分布范围最广的,要算老鼠了。尽管人们在不停地灭鼠,猫、蛇、黄鼠狼、猫头鹰等许多天敌也在时时刻刻地威胁着它们,但各种鼠群依然存在,有些老鼠甚至变得越来越猖獗。

人们先用机械的办法捕杀老鼠,但这种办法杀灭老鼠的数量十分有限。近几十年来,人们发明了许多杀灭老鼠的药物。可每次用一段时间后,这些药物也就失去了作用。据说,苏格兰的一个农户发现了不怕老鼠药的老鼠。科学家研究发现,这种老鼠已具有遗传性的抗药能力,也就是说这种老鼠已具备了抗药的基因,它们的"子子孙孙"也都能抵抗药害。

更令人惊奇的是,老鼠还能有效地对付核辐射。第二次世界大战以后,美国在西太平洋的一个岛上进行原子弹爆炸的核试验,蘑菇云不断地向四周散发着致命的射线。几年后,生物学家在这个岛上发现,植物、暗礁下的鱼类以及泥土中都有放射性物质,唯独老鼠既没有残疾,也没有畸形,而且长得特别肥壮。虽然老鼠的洞穴对核放射能起一定的防御作用,但老鼠能够经受核放射的考验,在生理上也确实需要有一定的"功底"。

有趣的是,老鼠也有"集体自杀"的现象。在挪威、瑞典等北欧地区,有一种老鼠,叫"旅鼠"。这种老鼠体长 10~15 厘米,尾巴短,毛呈黑褐色。每隔三四年,当旅鼠缺乏食物时,就成群结队地离山而去。它们跋山涉水,前赴后继,勇往直前,沿途的植物全部被吃完。它们一直走到大海边,最后跳入海中,全部被淹死。

1981 年春,在我国西藏墨脱的一个江边拐弯处,成群的老鼠从四面八方聚集在那儿,集体从山崖顶上往江里跳。结果所有老鼠都被翻腾的江水淹死了。老鼠"集体自杀"的原因还不清楚,有的科学家认为,可能那些到了海边的老鼠,认为海洋也只不过是一条它们可以游过的小溪或一潭水,而没有意识到那是游向死亡。

从表面上看,每一次自杀的老鼠数量很大,然而,与老鼠的总体数量相比,那就像大海中的一滴水了。老鼠为什么不能灭绝,它为什么有如此大的抵抗能力呢?要揭开这些令人费解的谜,还需要科学家们不断地探究。

蝙蝠夜间飞行之谜

蝙蝠是迄今为止发现的唯一能飞的哺乳动物,它是兽类,而不是鸟类。蝙蝠是夜间捕食的动物,它和其他夜间捕食动物的不同之处是:其他夜间捕食动物依靠眼睛的聚光作用或依靠嗅觉捕食,而蝙蝠则依靠听觉。人类发现了蝙蝠的特长,并依此原理科学利用超声波,为仿生学增添了重要内容。

一提到蝙蝠,我们都知道,它是夜间出来飞行,寻找食物的。一只蝙蝠一分钟能捕捉十四五只飞蛾。蝙蝠为什么能在夜间飞行呢?揭开这个秘密的是意大利科学家斯帕拉捷。

1793年夏季的一天,夜幕降临,行人归家,百鸟投林,喧嚣热闹的大地渐渐沉浸在一片静寂中。然而,蝙蝠却趁着夜幕的降临飞了出来,抖动着薄膜似的黑色翅膀,翩翩起舞,高兴地发出"吱吱"的叫声。

斯帕拉捷匆匆吃完晚饭,便走出街口,把笼子里的几只蝙蝠放了出去。当看到放出的几只蝙蝠和天空中的蝙蝠同样轻盈敏捷地飞翔时,斯帕拉捷禁不住惊讶地叫了起来。因为他放出的那几只蝙蝠,眼睛都被他刺伤了,是些瞎眼的蝙蝠。

斯帕拉捷为什么要把蝙蝠的眼睛弄瞎呢?原来,每到夏天的夜晚,看到蝙蝠能自由自在地飞翔,他就想:蝙蝠一定是长着一双非常特殊的眼睛,使它能在黑暗中灵巧地躲过各种障碍物,捕捉到食物。要弄瞎它的眼睛,它也就不会在夜晚显示它的本领了。斯帕拉捷便逮住几只蝙蝠,把它们的眼睛弄瞎了。而事实完全出乎他的意料,没有眼睛,蝙蝠照样能够飞来飞去。

斯帕拉捷奇怪地想:"不用眼睛,蝙蝠又是依靠什么来辨别物体、捕捉食物的呢?"他又把蝙蝠的鼻子堵住。后来又割掉它的舌头。结果,蝙蝠在夜间的天空飞得还是那样轻松,自如。

"难道它的翅膀不仅能抖动飞腾,还能在夜间洞察一切吗?"斯帕拉捷这样猜想。他用油漆均匀地涂在蝙蝠身上,然而,这丝毫没有影响到它的飞行。最后,斯帕拉捷又把蝙蝠的耳朵塞住,蝙蝠这才像无头的苍蝇,东碰西撞,很快就跌落下来了。噢!蝙蝠在夜间飞行,捕捉食物,原来是靠着听觉来确定方向,"观察"目标的。

斯帕拉捷的新发现,揭开了蝙蝠夜间飞行的秘密,在当时引起很大震动。斯帕拉捷的新发现促使许多科学家在考虑这样一个问题:蝙蝠的耳朵又怎么能穿透沉沉黑夜,辨认出物体来呢?

后来,人们终于把问题搞清了。蝙蝠是利用"超声波"在夜间导航的。它的喉头发出一种超过人的耳朵所能听到的高频声波,这种声波沿着直线传播。一碰到物体就迅速返回来,耳朵就接受这种返回来的超声波,做出判断,"指挥"飞行。

现在,"超声波"已被用来搞航海探测,导航,搞科学研究,还用来诊病,用途越来越广泛。这都是从蝙蝠身上学来的。

蛇吞象之谜

蛇属小型动物,按理它应该以小型动物为食,但有时它却能吞下远比它身体庞大的大型动物,这让人迷惑不解,是什么原因让蛇有这么大的胃口呢?科学家通过观察和解剖研究,逐步解开了这个谜团。

我国古代就有蛇吞象的传说:公元前2100多年,夏朝有个部落酋长后羿,即传说中射日的英雄。他最爱打猎,曾经在洞庭湖边杀死一条名叫"巴蛇"的大蛇,这条大蛇能将象吞入腹内。晋朝郭璞著的《山海经》里,也有"巴蛇食象,三岁而出其骨"的记载。

蛇吞象的事,谁都没有见到过。可是,蛇吞羊、鹿、幼猪和牛犊的事却时有发生。在我国西双版纳的原始森林里,傣族人曾经发现一条6米长的蟒蛇,潜伏在一棵大树上。这时正好有一只水鹿从树下路过,大蟒从树上一跃而下,用颀长的身躯把水鹿紧紧地缠绕起来,使水鹿窒息而死。大蟒张开血盆大口,把水鹿吞进肚里。这时蛇身胀得又粗又大,它只能横躺在林中草地上,无法动弹。人们用一辆马车把大蟒和它腹中的水鹿一起拉回村寨,真是得来全不费功夫。

1981年,有人在非洲刚果的原始森林中,亲眼看到蟒蛇吞食狮子的情景:狮子到河中喝水,突然大吼一声,挣扎着沉入水中。过一会儿,一条头大如斗的蟒蛇冒出了水面,经过半个时辰,它才慢腾腾地爬上岸来。这条大蟒看上去有10多米长,腹部胀得很大。啊,那肚子里装的不正是"山中霸王"狮子么!

1982年10月21日,香港新界地区有条蟒蛇闯进一牛栏,把一头出生刚4天,重约12千克的牛犊吞了下去。大蟒的腹部鼓起一只小牛的形状,胃被牛腿撑破了,只有头和尾巴能够摆动。警方发现这条蟒蛇后,请来一名捉蛇专家,把冷水淋在蟒蛇身上,帮助它把小牛吐了出来。

蛇为什么能吞下比自己头部大几倍的动物呢?这是因为它们的体内有一套特殊的构造。我们人的嘴巴只能张大到30度的角度,可是蛇的嘴巴却可以张大到130度,甚至180度的角度。原来,我们嘴巴的骨骼,各关节之间是用"榫头"联结成的,但是蛇却用韧带相互联系。这里,我们不妨做一个实验:人们烧饭时用的火钳,由于用榫头镶嵌着,火钳嘴就不容易张大。如果把火钳分成两爿,在榫头的地方缚上橡皮筋,那可就开张自如了。蛇的嘴巴能张得很大,也是这个道理。何况,蛇在吞食大动物之前,已对动物做了加工。它缠绕猎物时,边缠边收紧,直到猎物窒息而死。然后,它把猎物挤成长条状便于吞下。

如果蛇捕到的是一只鸟,鸟的翅膀像两把展开着的折扇,那该怎么办呢?小个子蝮蛇吞食较大的鸟时,通常总是先吞鸟的头部。为了不让鸟儿滑出口外,蝮蛇左右两排牙齿交替做着一系列慢动作:左边的牙齿一动也不动,牢牢地将鸟钩住,右边的牙齿慢慢向前移,把猎物朝口中拉;接着右边的牙齿钩住食物,左边的牙齿向前推移。就这样慢慢吞食,鸟儿那对打开的翅膀,也就顺着一个方向收拢了。

蛇吞食大动物的时候,气管会被堵住吗?不会的。因为它喉头的开口处在口腔底部前方,这里也是气管开口的地方。蛇吞食猎物时,活动的喉头伸到了口外,这样它就不必担心气管被堵住了。大动物在蛇的肠子里会通行无阻吗?是的。要知道,蛇的胃和鸡、兔的胃不一样,它不是圆球状的,而像一只长得出奇的袋子。蛇的肠子也和其他动物不一样,不是弯弯曲曲的,而成了一条直通通的管道。笔直的肠子对于吞下较大的食物,是十分有利的。

蛇的毒液之谜

毒蛇是让人胆寒的动物。蛇有毒方称为毒蛇,毒蛇的毒是怎样产生的呢?谁也说不清楚。那么,看看毒液是由什么成分组成的吧!专家们费了很多工夫,想了很多办法,居然化验不出毒液的组成成分。只是知道了,毒蛇的毒液分两种:一种是神经毒害液,一种是血毒液。连现代化验都检验不出蛇毒的化学成分,怎么样,够谜吧!

蛇怎么会生出毒液来的?这是一个谜。在演化时期,蛇的唾液由一种味淡、助消化,像我们人的唾液一样的液体变成了甚至在今天也分析不出来的毒液。毒液并不是生存竞争强加给它们的。如果不用毒液,它们也会靠捕捉到的动物生存下来,就像数千种无毒蛇那样。毒液对蛇来说只不过是一种"奢侈品",毒液能使蛇几乎不费力地得到食物,至多咬一口就行了。

为什么只有蛇才有毒液呢?譬如,如果猫有毒液,猫就不会跑着和又大又凶的老鼠搏斗了,也就不必跟大兔子扭斗了——只要咬一口,不需要更多的努力。实际上,毒液对所有食肉动物都有好处,虽然,在它们相互搏斗时毒液对双方来说都是一种致命的武器。但是,在脊椎动物中,不可预测的大自然只让蛇(和一种蜥蜴)有毒液。人们也不知道大自然为何在某些蛇身上调制出这种大效力的毒液来。

人们或许会认为:唾液变成毒液有固定的过程。没有,有些蛇制造的毒液和别的蛇制造的毒液在各方面都不相同,就像砒霜不同于马钱子碱一样,效果也不同,一种毒液作用于神经,另一种毒液作用于血液。制造作用于神经的毒液的毒蛇包括马姆伯蛇和眼镜蛇,它们的毒液叫"神经毒害液"。蝰蛇(小蝰蛇)和响尾蛇制造作用于血液的毒液——血毒液,即人们知道的溶血素。这两种毒液都是令人难受的,血毒液令人难受得多。据说,神经毒液是这两种毒液中较原始的一种,而血毒液,可以说,是一种较新的根据"改进的配方""生产"的产品。尽管如此,神经毒液在人身上起作用比血毒液快得多。不过,这没有什么关系。蛇具有毒液不是专用来对付人的,而是用来对付像老鼠、青蛙这样的捕获物的。毒蛇的毒液在这些动物身上几乎是立即起作用的。

鸟类未解之谜

鸟类的祖先之谜

鸟类是由恐龙的一个分支进化来的,这一点已经没有什么疑问了。问题是:它是由哪种恐龙进化来的。恐龙属爬行动物,从爬行到飞翔,这中间差距太大了,一定还有不为人知的过渡阶段。科学家提出了一些假说,终因找不到证据,还依然假说着。

多年来对鸟类的起源人们一直感到迷惑,直到 19 世纪,科学家们才把注意力集中到鸟类古化石研究上,希望能从中探索出鸟类由来的奥秘。

近些年来,由于我国辽西地区发现了大量的古鸟类和具有羽毛著毛状皮肤衍生物的恐龙化石,一次一次震惊了世界,为解释鸟类的飞行起源问题提供了非常好的研究材料,也使得鸟类的起源成为当今古生物学最热点的一个问题。一般认为,鸟类是由某种手盗龙类恐龙演化而来。手盗龙类是兽脚类恐龙中的一支,主要包括驰龙类、窃蛋龙类、镰刀龙类和伤齿龙类等几大类群。

伤齿龙类是一类非常奇特的恐龙,它们的形态同时具有几个恐龙类群的特点。尤其是伤齿龙类的脑颅和早期鸟类非常相像。膨大的脑颅显示这类恐龙具有相对较高的智力水平,能够适应较为复杂的环境。

中国猎龙生活在大约 1.3 亿年前的今中国辽西地区,它体长不足 1 米,嘴里长着细小的牙齿,脑颅膨大,前肢能够像鸟翅膀一样侧向伸展,后肢修长,具有很强的奔跑能力。中国猎龙是伤齿龙类中最原始的属种,它具有过渡色彩的形态,正是古生物学家们长期以来所努力寻求的。从某种意义上讲,中国猎龙是连接伤齿龙类和驰龙类及鸟类的一个缺失环节,为我们理解鸟类起源的发生提供了重要的信息。

鸟类起源的研究近年来虽然取得了许多进展,但人们对于这一演化事件的发生和过程仍然所知甚少。很多古生物学家认为鸟类可能起源于某种类似驰龙类的小型恐龙,但也有不少人把伤齿龙类作为和鸟类关系最近的类群,除此之外还存在着其他一些假说。

相对而言,驰龙类的头后骨骼形态和鸟类更为接近,而伤齿龙类的脑颅形态则非常近似早期鸟类。另外,其他一些恐龙类群也具有许多鸟类特征,比如属于窃蛋龙类中的尾羽龙的一些特征分布使得恐龙向鸟类进化的过程显得异常复杂,令古生物学家们困惑不已。

在从恐龙向鸟类演化的过程中,存在着一个个体变小的趋势。毫无疑问,这一演化趋势对于鸟类起源是很重要的,因为鸟类要飞上蓝天,其体重必须要减轻到一定程度,否则鸟类很难腾空而起。从分析的数据看,原始的驰龙类和伤齿龙类的个体大小和原始鸟类几乎一样,这为鸟类飞上蓝天创造了条件。

　　然而,后期的演化则变得复杂起来。在鸟类这一支系中,个体继续变小。在驰龙类和伤齿龙类这两个支系中,情况则有所不同,原始的驰龙类和伤齿龙类个体虽然很小,但进步的种类则出现逆转,个体没有变小反而变大。这种个体大小的反向进化同时伴随着其他一些特征的反向进化。进步的驰龙类和伤齿龙类的很多形态特征退回到更原始的兽脚类恐龙的状态,也出现逆转,与鸟类形态差异越来越大。比如,中国猎龙具有能像鸟类一样拍打的翅膀;进步的伤齿龙类的耻骨和其他大多数兽脚类恐龙一样伸向前腹方,而不是像鸟类一样伸向后腹方。这种异常的变化使得恐龙向鸟类进化的过程显得更加复杂,导致了很多争论。

　　主要的有两种假说,一种是地栖起源假说,一种是树栖起源假说。

　　地栖起源假说认为,鸟类的祖先类型生活在地上,前肢用于捕食猎物,后肢发达,适于奔跑并能跳跃。开始的跳跃是短距离的,进而可以进行长距离的跳跃和短距离的滑行,最后演化为真正的飞行。

　　树栖起源假说认为,鸟类的祖先类型在飞上蓝天之前,有一个树栖生活阶段。开始它们可以在树和树枝间进行短距离的跳跃,进而可以进行短距离跳跃、短距离滑行、长距离滑行,最后演化成飞行。现在越来越多的证据显示,鸟类飞行起源于树栖的祖先动物,具体地说是一类小型个体的兽脚类恐龙。

　　当然,鸟类起源的研究依然存在颇多争议,脊椎动物演化历史上的这一重要事件依然存在许多不解之谜。

　　我国辽西的兽脚类恐龙化石的研究,不仅为鸟类恐龙起源说提供了重要和直接的证据,还极大地促进了人们对恐龙向鸟类演化的过程的理解。

　　目前,许多古生物学家正致力于寻找更早的手盗龙类,希冀发现鸟类的直接祖先。从理论上推测,这种恐龙毫无疑问生存于晚侏罗纪或者更早的时代。已知和鸟类形态接近的恐龙大多出现在始祖鸟之后,中国猎龙的生存时代早于其他发现于辽西的带羽毛恐龙,但依然晚于始祖鸟的生存时代。我国具有丰富的侏罗纪陆相沉积,很有希望发现更早的手盗龙类。希望不久的将来,我们能够在中国的大地上发现飞向天空的第一条恐龙,解开鸟类起源这一千古之谜。

鸟类由来之谜

　　对鸟的起源的研究,起步时间不长,但一起步,这一研究领域就呈现出热闹景象。近一个世纪以来对鸟类研究成果显著,获得了大量有价值的资料,尤其是中国辽西发现了带羽恐龙化石,给研究界带来一片惊喜。但问题是,这些恐龙似乎比始祖鸟的生存年代要晚,也就是说,鸟类的起源还要早一些,那么始祖鸟的祖先又是谁呢?科学家们还在等最新的化石发现。

　　在自然界里,鸟类是最富有生气的动物之一。鸟类是大自然的歌手,悦耳的鸟歌响彻田野、山林;鸟类的羽毛会随着季节的变更而变化,以色彩缤纷的体羽装饰了自然界。

鸟类的足迹几乎遍及世界各个角落，不论是陆地、海洋，还是在空中，鸟类是除鱼类外，数量最多的脊椎动物。

然而，鸟类从何而来，它的祖先是谁？这一直是生物科学家探索之谜。

近100多年来，人们在这方面的研究工作是大量的，从而获得了大量的科学资料。虽然，这个谜底还没有最后揭开，但是人们已经找到了比较正确的研究方法，有了比较一致的看法。

1861年，人们首先找到了最早的鸟类化石。这就是始祖鸟化石，为大家公认的最早的鸟类代表。始祖鸟的化石是在原德意志联邦共和国巴伐利亚省索伦霍芬附近的石板石灰岩中发现的。化成石头的鸟已经在岩石里静静地度过了1.4亿年的漫长时光。如果按照化石复原画出来，我们在画面上看到的这种远在人类还没有出现之前的鸟是与现代鸟类有许多不同之处的。它的嘴的两颚生有牙齿，极像爬行类动物的蜥蜴的嘴；两只翅膀的尖端分别长着3支细长带爪的指；"尾巴"是由20多节可动椎骨组成，也很像爬行动物的长尾。但是，始祖鸟主要表现是鸟的特征。这种和乌鸦差不多大小的鸟浑身披着羽毛。它可能不大会飞，常常利用羽翼尖端的爪爬上树木，然后做一些滑翔飞行。

从现代鸟类的身上，我们无法断定鸟类是从什么动物演变而来的，但从始祖鸟身上，我们可以看到许多近似爬行类动物的特征。这就直接证明了鸟类是从远古时代的爬行类动物进化而来的。至于它是由哪种爬行类动物进化而来，我们还只能做出推测。例如，我们从始祖鸟的特征出发，在早已绝灭的一种爬行类动物身上也发现了这种相似之处。这种爬行动物叫槽齿类动物，它的颚上也有细牙，长尾也是由多结的椎骨组成，奔跑时身体半直立着，用长尾来平衡身体。更重要的是，覆盖它身体表面的鳞片有着羽毛状的花纹。

当然，鸟类从地面爬行类动物分支演变发展成今天在天空飞翔的鸟类，是经过了非常漫长的过程的。也可以说，生活环境的变迁，使一支爬行类动物朝着空间的生存发展了。可以这样推想：一种小型的爬行类动物，也就是始祖鸟的祖先——"原始鸟"由于环境的逼迫，曾在树上过着攀缘觅食的生活；短促的滑翔更能适应找食和逃避敌人，前肢发展了，成了扇翼，后肢更健壮而有握力，适应树上的栖息生活。逐渐地，鳞片演变成羽毛，翼羽增大，骨质变轻，胸肌发达，更便于滑翔中的飞行。最后，飞向天空的鸟类终于进化出来。这个过程，大约有一亿年以上的演化过程，爬行类的一支才发展成现代鸟类的样子，而始祖鸟只是这长长变化史中的一个环节。

遗憾的是，鸟类的演变之谜还是不十分清楚，主要是人们所掌握的古代鸟类化石太少了。珍贵的始祖鸟化石，至今也只在全世界找到五具。鸟类的骨骼空，骨壁薄，如果遇上不合适的自然压埋条件，是很难成为化石的。现在发现的比较完整的鸟类化石，几乎都是从石灰岩、沥青岩和硅藻土等沉积中找到的。

所以，最原始的鸟类到底是从哪种爬行动物演化而来的？它们又是什么样子？经过了什么样的演变过程？这都还有待于现在和将来的鸟类学家及鸟类爱好者去研究、解答。

鸟类飞行之谜

会飞——是绝大多数鸟类的第一特征,所以,人们常说,像鸟儿一样飞翔,海阔凭鱼跃,天高任鸟飞嘛。但鸟儿为什么会飞呢?因为鸟儿长着一双翅膀,但有的鸟儿也长着翅膀,为什么就飞不起来呢?科学家对鸟儿全身结构进行了全面研究、发现,有翅膀只是会飞的一个原因,还有很多因素对飞翔也很关键……

鸟类应该是这个世界上最"自由"的动物。然而,鸟类是凭什么飞上天空的呢?要回答好这个问题,还颇费周折呢。

一般的回答是,"鸟儿能飞是因为有一双翅膀"。这又对,又不对。鸟儿当然是因为有双翼扇动着才使身体上升。但是,要知道,鸟的各个部位都和飞行有关,鸟的特征几乎都是为适应飞行而演变过来的。首先,鸟类的骨骼都很轻,它的骨头里大都有空腔并充满着空气。一只十多千克重的大鸟,它的骨骼的重量会轻得不到半千克,这就很适合飞行。

鸟类的胸骨上,大都有三角形的突起,像船体底部的龙骨,因而叫"龙骨突"。龙骨突可以扩大胸肌的固着面,使飞行耐久而有力。例如,家鸽龙骨突上的胸肌重量竟是自身体重的一半,这就为鸽子的飞行产生了强大的动力。善飞的鸟,它们的飞翔肌肉在体重上都占了很大的比例,后肢的肌肉却大大地退化了。

鸟类没有贮存粪便的直肠,也没有膀胱贮尿。鸟类的粪便会随有随排,这样可以减轻体重,有利飞行。飞行中的鸟类的呼吸系统也是很特殊的。它既有肺,又有气囊。气囊是为鸟在飞行中贮备足够氧气的器官,使鸟儿不会因高空飞行氧气不足而停滞不前。鸟类体内的气囊有 9 个,不但为运动提供氧气,而且也减轻了鸟体的比重,保持了飞行的平衡。

鸟儿的飞行运动是激烈的,这样激烈的动作要求血液循环迅速,心脏搏动有力。所以,在脊椎动物中,鸟类的心脏与体重的比例是最大的。它的心脏跳动频率极大,每分钟一般都可以跳动 300～500 次,这在哺乳动物中也是很少见的。在鸟类的感觉器官中,眼睛最为发达,听觉次之,味觉就大大退化了。这也是适应飞行生活的结果,因为在飞行中的主要定向器官是眼睛。鸟儿的眼睛不但大,而且善于远视,能从高空看清地面细小的猎物,在疾飞中追捕昆虫。它们的眼睛球体内外也特别坚固,能抵御急速飞行的强大空气流的压力。

鸟类的羽毛是轻盈而坚韧的,特别是双翼上着生的飞羽大而坚硬,拨动可以起风声,这种羽毛又叫"拨风羽"。拨风羽直接着生在翼骨上,不像别的羽毛都是从皮肤上发生的。飞羽是主要的飞行羽毛,如果将飞羽用胶布包上,鸟儿就无法飞腾而起了。

鸟类的身体是最适合飞行的体型,几乎都是纺锤状的流线型,全身的羽毛都向身后方贴体,不但减小了飞行的阻力,而且在飞行中还会产生"浮力"。难怪现代飞机的体形,都趋同于鸟体的流线型。

当然,鸟类的主要飞行器官是翅膀,而在飞行中变换方向的舵是尾巴。鸟类的腾空飞起,和它的翅膀能有效地增加升力有直接关系。鸟翼的前缘厚,后缘薄,整个翼面构成一个曲面。用物理上的柏诺利定律来解释,扇动着空气的双翼上面,其压力要比下面的压力小。这样就产生了至少与鸟体重量相等的上升力,使鸟儿能够飞起来。两翼尖长的翅膀可以使飞行迅如箭矢;生有阔大双翼的鸟,则适于在空气中利用上升气流进行滑翔。总之,鸟类的双翼和尾羽可以根据不同的迎风角度,变换不同的飞行方式,并迅速地调节飞行速度。

然而,从爬行类动物进化而来的鸟类为什么会具有这样奇异的飞行本领,至今还是一个没有被彻底解开的谜。人们研究鸟类飞行秘密的历史可以追溯到几千年之前。当今,随着科学技术的日益发展,人们揭开这个谜底的时间一定不长了。

公鸡报晓之谜

在没有发明准确的报时工具之前,人们是靠公鸡啼晓开始每天劳作的,人们又发现,不光是公鸡,其他动物的行为也有其"准时性"。但公鸡为什么能每天准时啼叫,古人是不去深究的。现代科学手段为人们探求公鸡报晓的原因提供了可能,从而使人类明白了"生物钟"的道理,并进一步查清了"生物钟"的生物化学原理。但动物的生理结构是千差万别的,是不是所有的"生物钟"都源于一个原理呢?

鸡是一只"活时钟"。古代人对鸡素有好感,称赞它"头戴冠,足搏距,勇斗,守夜不失时"。周代有种叫"鸡人"的官,专门负责"司晨",就是在祭祀这一天,每当鸡鸣的时候,专门唤醒百官赶快上朝。后来发展成在每天早晨"鸡人"戴上鸡冠形的红帽子,撞钟报晓了。古代还有个"闻鸡起舞"的故事,说的是人们如何把鸡鸣声当作策励自己上进的警号。在人们的心目中,鸡还是喜庆的象征。

"雄鸡一唱天下白"。公鸡为什么一到清晨就要啼鸣呢?科学家在探索生物的秘密中,发现不少动物的习性和生理功能,都受到大自然节律的支配。比如,蝙蝠总是在黄昏以后飞来飞去捕捉昆虫;鹦嘴鱼总是在白天到离海滩洞穴 1 千米的地方去觅食;雀鲷鹭每天飞向海边总是比前一天推迟约 50 分钟;牡蛎总是在涨潮时张开贝壳捕捉食物;招潮蟹总是在潮退时才从沙里爬出来觅食;沙蚕群集海面,常常在满月后 3 天,日落后的 54 分钟,不迟也不早;灰熊总是在特大暴风雪来临的时候才进洞冬眠。

这是怎么回事呢?科学家经过长期观察和研究,证明生物体内有一座奇妙的"生物钟"指挥着生物的行为。生物的节律周期是这种生物在长期历史发展过程中,在大自然的光照、气温、湿度、气压、潮汐等各种因素不断影响下,生理上不断调节,逐渐形成了生物的昼夜和季节性的节律。

鸡的"生物钟"藏在哪里呢?日本科学家经过对鸡进行研究和试验,第一次发现和证实了鸡的"生物钟"长在鸡的松果体细胞里。松果体在大脑和小脑之间,是一个松果形状的小内分泌器官。一到黑夜,它就分泌出一种叫黑色紧张素的激素,来抑制鸡的活动。

如果给鸡填上装有黑色紧张素的胶囊,鸡就入睡了。

美国科学家在试验中也发现,如果把麻雀的松果体摘除,它活动的周期节律就会消失;如果从另一只麻雀为它移植了松果体,周期节律又恢复了。这证明鸡(包括鸟类)的"生物钟"就在松果体细胞里。光线能使松果体细胞膜内外的电位差发生变化,从而发生化学反应,使"生物钟""摆动"。正是这种奇妙的"生物钟"记忆着明暗的规律,才指挥着公鸡的日常活动。天快亮了,公鸡就放声啼唱;天快黑了,就赶快去宿窝。

孔雀开屏之谜

很多人都看见过孔雀开屏这一现象,美丽的鸟展示出最美的形态,确实令人赏心悦目。但孔雀为什么开屏,什么时候开屏呢?答案就不一样了,有人认为是向敌人示威,又有人说是向雌偶求爱,这反差可太大了。那么到底是什么原因呢?还没有一个权威的说法。

孔雀的老家在南亚,是世界上有名的观赏鸟。

孔雀家族有两种成员,一种生活在我国云南西双版纳和东南亚,叫"中国孔雀",又名"真孔雀"或"绿孔雀";另一种生活在印度和斯里兰卡,叫"印度孔雀",又叫"蓝孔雀"。中国孔雀和印度孔雀的样子相似,只是中国孔雀的外形稍小。但它们头上的羽冠不同,中国孔雀的羽冠像一把突起镰刀,而印度孔雀的羽冠像一把展开的折扇。

孔雀开屏

前人认为长着漂亮羽毛、会开屏的孔雀,一定是孔雀公主。事实却不是如此。雌孔雀跟雄孔雀站在一块儿极不相称。雌孔雀像是个灰姑娘,全身的羽毛呈灰褐色,点缀着不规则的暗色斑纹。而雄孔雀则像个漂亮的白马王子,它头上长着6~7厘米的羽冠,面部露出金黄色和天蓝色的色泽。在丰满的绿色羽毛上,镶嵌着黄褐色的横纹。让人特别喜爱的是它那像裙带一样整齐的尾羽,每枚尾羽上都有宝蓝色的眼斑依次排列着,两边分披着一根根金绿色的丝带状小羽枝,闪烁着古铜色的光泽,被人称作"天使的羽毛",跟传说中的凤凰羽毛比起来毫不逊色。

凡是到动物园游玩的人都会被雄孔雀华丽的羽毛所吸引,特别是在雄孔雀开屏时,它展开漂亮的尾羽,如同一把巨大的碧纱宫扇,又像是一面锦缎屏风,吸引了很多游人的注意。为什么孔雀要开屏呢?有的动物学家认为,要想回答这个问题,就应该先了解孔雀在什么时候开屏最多。

每年4、5月间，是孔雀开屏最多的时候，同时也是孔雀的繁殖季节。德国动物学家梅克肯断言，孔雀开屏是求偶的需要。通过长期观察和研究，他曾不止一次地发现，每到繁殖季节，雄孔雀的羽毛就会焕然一新，在山脚下的草丛或者小溪边，竖起美丽的尾羽，展开自己华丽的彩屏，紧紧跟随在雌孔雀身后求爱。我国的动物学家也认为，雄孔雀的这种本能绝非偶然，它是动物本身生殖腺分泌出的性激素刺激的结果。随着繁殖季节过去，这种开屏现象就逐渐消失了。

而另一些学者认为，孔雀开屏以后，张开的尾羽上有许多艳丽的"眼点"，是用来迷惑、吓唬敌人的。他们指出，孔雀开屏的目的，就是告诉要捉它的敌人："我可不是一般的鸟，不要打我的主意！"假如敌害被它的形象迷惑住了，雄孔雀就趁这个机会逃走。

我国的动物学家也觉得，游客鲜艳的服装和大声谈笑，也会刺激孔雀，唤起它们的警惕和戒备。孔雀这时开屏，也是一种示威、防御动作。

到目前为止，这两种观点还在继续争论，孔雀开屏到底是什么原因，目前还没有定论。

神秘的火鸟之谜

这里说的火鸟不是长得像火一般红的鸟，而是能引起火灾的鸟。中国古时候有太阳里住着火鸟的神话，它飞到哪里，那里就火焰熊熊。可那是神话，现实中有这样的鸟吗？没有人敢说见过。欧美等地曾发生过多次莫名其妙的火灾，人们在无奈之余，想起了火鸟，并且煞有介事地说出了种种火鸟光临现场的征象，恐怕也是不可信的成分居多。没有确凿的证据，打死我也不信。

20世纪80年代中期，波多黎各首都圣胡安及其邻近的一些小城连续燃起原因不明的熊熊大火，大火好像是从天而降，几分钟后便吞没楼房，葬身于火海的人数剧增。波多黎各政府当局试图找到纵火犯，而消防人员在调查这些火灾的起因时认为，是疏忽大意或儿童玩弄火柴和打火机诱发火灾。究竟谁是火灾的罪魁？火灾毁掉了一切罪证。

不过，在火灾发生前有人发现，在波多黎各上空曾出现过一些光耀夺目的火鸟。据目击者讲："这些神秘的火鸟很大，有些火鸟的翅膀展开后足有4米多宽，它们的身上没发现有羽毛，只有向外喷出的火舌。"

西班牙飞碟专家费·萨利瓦多在追踪调查和研究波多黎各起因不明的大火灾时，在一个村子亲眼目睹过火鸟：黎明前，它们出现在几座房子的上方，它们刚一出现就散发出一种奇怪的臭氧气味。这些火鸟飞得很低，几乎碰到房瓦上，然后，转瞬即逝，似乎一下子消失在黎明前的昏暗之中。萨利瓦多有幸当场抢拍了几个火鸟的镜头，可惜的是，当他冲洗胶卷进行显影处理时，发现这些镜头跑光了。

波多黎各远不是第一个出现火鸟的地方。最早的历史文献证明，早在罗马帝国时代以前就有过关于火鸟的记载。一部古代手抄本文献写道："公元前106年，在罗马上空曾出现过'火红的巨鸦'，它们的嘴里叼着烧得红彤彤的火炭，火炭往下一掉，立刻火灾四起,整个罗马城有一半被大火吞没。"

在中世纪,火鸟又光临法国和葡萄牙。当时,人们认为火鸟是天上派下来的火神。有些民族还把家畜和粮食拿去供奉火鸟。中世纪的祭司和炼金术士,法术高超的法师和著名的神医,都曾呕心沥血,绞尽脑汁地寻找能降伏这种火鸟的办法。

在斯拉夫民族传说中的咒语里,火鸟曾被描述成火蛇。这些喷火生物所到之处,不仅城市冒火,村庄生烟,而且还发生妇女和财物被劫持事件。

继波多黎各大火灾之后的1994年,起因不明的火灾浪潮又席卷西班牙。当时,西班牙政府求助于俄罗斯消防队来扑灭这场大火。俄罗斯消防队员帮助扑灭了西班牙森林大火之后,却又遇上了怪异现象。消防队指挥索·维托少校亲眼目睹了一场火灾的发生,他回忆说:"我发现从几棵大树的后面反射出奇异的闪光,我向那闪光处走去,来到一片林间空地。这时又发现,在林间空地对面的树林边缘,离地2米高的半空中,悬停着一个形状模糊不清的大火团,旁边与其相邻的树枝突然起火燃烧,然而,这还并非是最惊人的场面,要知道,当时正下着倾盆大雨!这神奇的火舌继续蔓延,最终又酿成新的森林大火。"看来,有关神秘的火鸟之谜迄今仍悬而未解。

鸟类迁徙之谜

鸟类迁徙是人类司空见惯的现象。人们不理解的是:这些鸟类迁徙的规律性和迁徙路线的从不改变。把一个人放到千里以外,如果不让他沿途问路的话,他也是找不着家的。而鸟却能。它的本领是从何而来的呢?科学家经过长期研究,提出了几个重要的观点:太阳定向、星辰定向、磁场定向等,总之,人类解开鸟类迁徙之谜的日子不远了。

在北方,喜欢鸟儿的人,常常发现有些鸟类秋天消失,翌年春天又回来了,而生活在南方的人发现有些鸟儿秋天出现,第二年春天又消失了,这是什么原因呢?经过动物学家的观察实验,才逐渐解开了这个谜。

鸟类由于季节周期性的更替,在它的繁殖地和越冬地之间,进行着一年两次的移居迁飞,这在动物学上称为"鸟类的迁徙"。进行迁徙的鸟类叫作"候鸟",在一地繁殖和越冬的鸟叫"留鸟"。候鸟又分冬候鸟和夏候鸟。有些鸟类在非繁殖季节,随着食物而到处游荡,这些鸟叫作"漂鸟"。有些鸟由于大风或其他意外原因而来到它们未分布过的地区,这些鸟叫"迷鸟"。

全世界迁徙的鸟类超过总数的1/3。每到秋天,鸟类在经过大量进食之后在体内积蓄了大量的脂肪。一些鸟开始集群并结伴起飞,踏上飞往南方的远征路程。另一些鸟则留在原地过冬,用顽强的毅力忍受严寒和饥饿。

在此人们不仅要问,鸟类是靠什么来找到它们迁徙的路?有些鸟是成鸟与幼鸟一起迁飞的,而有些则是幼鸟们在一起单独迁飞。显然这种本领是由它们的祖辈遗传下来的。但鸟类是怎样识别自己的迁徙路线却众说不一。日间迁徙的鸟大多喜集群飞行,它们常以河谷、海岸线、山脊等可见的陆地轮廓为标志,随着广阔的气流前进。因为它们需要顺风的帮助以节省体力。

上个世纪50年代科学家在试验中发现,日间迁徙的鸟类是借太阳位置来定向。人们将鸟放在一个特殊设计的鸟笼内,这个笼子有六个距离相等的窗,每一窗都可以看到天空。他们发现笼中的鸟在迁徙季节都面向着迁徙时所应飞的方向,春季向东北,秋季向西南。然后将窗口的太阳光改变方向,结果鸟立即就根据阳光的新方向改变朝向。

这项试验证明了鸟类是利用太阳作为指南针,然而,太阳在整个白天里不断改变位置,鸟是如何去调整的呢?人们通过另一些试验发现,鸟类有高度准确的生物钟,当它们知道当时所见到太阳的位置时,就可判断出所要飞行的航向。

尽管人们已经证实太阳在鸟的定向中起着一定的作用,但夜间迁徙的鸟又是靠什么来导航的,却还是个谜。有人将一批笼鸟带到天文馆进行试验,才解开了这个谜。

在天文馆里,鸟随着放映在圆顶上的星座来辨别方向。当人造的天空改变时,它们也随着飞向另一个方向。由此看出,星座是鸟在夜间飞行中的导航因素之一。通过进一步的试验发现,鸟在识别星座时,不是以某一个星星或星座为标志,而是根据体内的生物钟与当时所能见到的整个天空中的星座分布情况来判断航向的。由于在整个夜晚,星座在天空中的位置要不断地移动,所以夜航的鸟就得利用生物钟所提供的信息与当时的星座情况相对照来判断飞行方向,并时时加以修正。而实际的飞行情况要比这复杂得多。

在人们用雷达追踪候鸟的迁飞时发现,有些鸟可以穿过浓密的云层,虽然它们那时无法看到陆地和天空,但依然十分准确地沿着路线飞行。这种现象表明鸟类还有另一种非视觉导航辅助系统。以后人们在信鸽身上的试验中发现:那些没有绑上磁铁的信鸽,在雾天放飞中能够找到归途;而那些背上被绑上磁铁的信鸽,就会迷失方向,直到大雾散去。

从以上的试验中看出鸟类在迁徙中是利用各种不同的技术、生物钟以及感觉器官来导航,人类在其中或许只了解一部分。随着对鸟类迁徙研究的不断深入,鸟类迁徙之谜将会被揭开。

小鸟筑巢之谜

大多数鸟都有筑巢的本领,这些鸟会因地制宜用草、用泥、用木棍等材料筑成坚固实用的巢,供休息、繁殖之用。如金丝雨燕用鱼、小虾和着唾液在悬崖峭壁上筑的巢,被人们视为珍馐美味,称为"燕窝",但这些巢似乎都不为奇。奇的是有些鸟筑巢,显示出高超的智慧,这就让人称奇了,它们是如何练就这一手本领的呢?

在大自然中,筑巢是小鸟的一种本能。但是,有些小鸟在筑巢上表现出来的才能,真令人不可思议。

在印度洋沿岸,生活着一种小鸟,人们叫它为缝纫鸟。这种小鸟筑巢,有一种很独特的方式,它不是用泥去筑,而是用那些韧性很强的嫩草编织而成的。筑巢时,它们用小嘴衔来一根根约1米长的嫩草,用尖嘴先把嫩草打成几道圆圈,然后像人织布一样,有经有纬地左右穿梭,忙个不停,经过两三天的忙碌,鸟巢完成了,又精致,又温暖。

在非洲马达加斯加岛上,有一种长得像白鹭那样的奇鸟,它们给自己建的鸟巢高达3米,直径有2米。这哪是鸟巢,简直可以说是鸟的宫殿了。这种鸟巢一层一层地叠在一起,就好像是一幢楼房那样。更让人惊奇的是:它非常坚固结实,即使是猛烈的热带暴雨也冲不垮它。如果有一个体重为七八十千克重的大汉在它上面行走,也压不塌它。对这种结构坚固的鸟巢,人们除了惊讶,还会有什么呢?

鹦鹉学舌之谜

"鹦鹉学舌"本是个贬义词,但也反映了一个事实——即鹦鹉可以模仿人说话。其实,许多鸟都能模仿人说话,如鹩哥、八哥之类,只不过鹦鹉更有代表性。鹦鹉学舌到底是它的本能呢?还是它有超凡的智力,科学家进行多年的实验和研究,不过,到现在还没有一个明确的结论。

1981年,美国曾举行过一次别开生面的动物"说话"比赛。赛场上,数千只各色鸟儿竞相学舌,最后,一只名叫普鲁德尔的非洲灰鹦鹉夺得冠军。它一口气"说"了1000个不同的英语单词,被誉为"最会说话的鸟儿"。

"鹦鹉学舌"的故事常常使人们感到迷惑:这些鸟儿是否真的懂得所"说"话的含义?

由于动物学、生理学、解剖学等研究,使得大多数科学家对此持否定态度。他们指出,鹦鹉和其他鸟类的学舌,仅仅是一种仿效行为,也叫"效鸣"。鸟类没有发达的大脑皮层,鸣叫的中枢处于比较低级的纹状体组织。因而它们不可能懂得人类语言的含义,更不可能运用这些语言,他们做了一系列实验都证实了这一点。

然而,还有一些科学家在继续探索这个问题。美国帕杜大学女心理学家爱伦·皮普伯格教授就是其中的代表。

爱伦认为,过去的实验方法有一个共同的缺点:研究者都用实物来奖励鹦鹉"学习",这就使得它们为取得食物而学舌,形成单纯从声音上模仿的条件反射。这样,实验结果就反映不出鹦鹉是否能理解所学语言的意义。

动物行为学家们发现,幼小的鸟开始学习鸣叫时,和人类婴儿咿呀学语的情形很相似。起先,它们着重于发音的模仿,并不注意鸣声的含义。以后,通过和"亲鸟"对话,交流信息,才逐渐掌握各种鸣声的含义。根据动物行为研究的这一最新成果,爱伦设计了新的实验方法。1978年,她和学生们从当地的小动物市场中选购了一只年龄13个月的非洲灰鹦鹉,取名叫"爱列克斯",并开始对它进行实验。

爱伦设计新教学法,叫作"对话——竞争法"。在教学中,由两个人分别担任不同的"角色",一个当鹦鹉的"教师",另一个当鹦鹉的"竞争者",通过对话来进行教学。每次,都通过对话的方式,通过实物显示来"教"单词,这样就避免鹦鹉单纯从声音上模仿,为帮助它"理解"词的含义创造条件。

在教鹦鹉学生词时,研究者总是挑选鹦鹉感兴趣的东西,如闪闪发光的钥匙,鹦鹉爱

自然百科

啄的木片、软木等,这样能提高它的学习兴趣。研究者还通过变换句型,用不同的句子来强调要教的同一个词,例如,教它讲"纸"这个词,就运用"这是一张纸""这是你的纸""好大的一张纸"等等句子。

对爱列克斯的正规教学一天4个小时,其余的时间让它生活在人们中间,让它自由自在地玩、说话、听话。研究小组避免用食物奖励鹦鹉,使鹦鹉的"学习"和吃不发生直接联系。有时爱伦也奖励鹦鹉,当它正确地说出一样东西的名称后,就给它玩这一东西,以提高鹦鹉说话的积极性。经过一年"教学"之后,研究小组取得了可喜的进展。

1979年,爱列克斯已经能正确地识别和说出23种东西的名称,如纸、木片、钥匙等。把这些东西放在面前,它能一一识别,并分别说出名称。它还认识和能说五种不同的颜色:红色、绿色、蓝色、灰色、黄色。能识别和说出四形状:"两角形"(橄榄球形)、三角形、四角形(正方形)、五角形(正五边形)。它能数5以内的数字,还会说"喂""过来!""不!""这是什么?""什么颜色?""多少?"等。它会把"要……"和一样东西的名词组合起来,把"要去……"和一个地方的名词组合起来,提出要什么或要去什么地方。

爱列克斯认识了木片、纸、皮革之后,无论是大张大块的纸、木片、皮革,还是零碎的,它都能识别。它认识了颜色和形状以后,会说出从未见过的东西的颜色形状,例如,研究人员衣服上的纽扣。这表明它已经具有初步的分类概念。

在研究中,爱列克斯还表现出惊人的"自学"能力。

有一次,爱列克斯瞧着镜子发呆。它面对镜子里自己的映像"自言自语"地问道:"这是什么? 什么颜色?"旁边的研究生就回答说:"这是灰色。你是一只灰色的鹦鹉。"研究生把这一回答重复了三遍,没想到爱列克斯就此学会了"灰色的"这个词。以后,它凡是见到灰色的物体,都能用"灰色的"来描述。这说明它已牢固地掌握了"灰色"这个概念。

爱列克斯学会说"不"的过程也很有趣。起先,在"教学"中,每当它不愿意再学下去时,总是嘎嘎乱叫,或是把它识别的东西扔在地上。"教学"的第二年,可能因为常常听到人们说"不"这个词,它也开始用很含糊的发音说:"不。"起先是不分场合的,后来它就把"不"用到和人们的对话中,如果用得正确,就会得到人们的称赞。不久它就能正确地使用"不"。每当它不愿意再学习下去,或对提出的问题、出示的物体不感兴趣时,就会回答一声:"不!"

学会不少词汇后,爱列克斯能把词组合起来,用来描述新奇的东西。它第一次看到蓝色封面的笔记本,就叫它"蓝色皮革"。

在爱列克斯所有的能力中,智力水平最高的大概是它的数学能力。据研究,在鸟类中,鸥荫的数学能力最强,在对实物个数进行比较的实验中,它们能区别出"1个"和"7个",而鸽子最多只能区别"4"与"5"。鸡的能力更差,只能区别"1"和"2"。在以往的实验中,鸟类是通过某一训练的动作(如啄地面),来表示自己的判断。爱列克斯与它们不同,它能用语言来数数,能准确地说出"5"以内的数,能说出"三张纸""四块砖"等数量和名词结合起来的短句。然而,它有时也会把"三块木片"和"三角形木片"混淆起来。难度最大的测验是把一些形状、颜色都很接近的物体混放在一起,例如把绿色的三角形木片和蓝色的正方形皮革放在一起,让它一一识别。爱列克斯的成绩也在 80 分上下。

在教动物说话的实验中,科学家碰到的最大困难,是动物不具备对语言进行"分解"的能力。它们虽然能学会一些句子,但不能把句子分解成一些相互独立的单位,再把这些单位组成千变万化的句子。它们有的能做一些换词练习,把"我要纸"换成"我要木片""我要钥匙"等等。可是不能把"我是波利""我想吃巧克力""那是香草巧克力"三个句子分解成"波利想吃香草巧克力"的新句子。爱列克斯也没有这样的能力。

爱伦希望,通过这些研究,人们将彻底揭开鹦鹉学舌之谜,弄清它们这种不寻常的行为在生存竞争中的作用,从而对鸟类和动物的学习行为有更深刻的了解。

企鹅识途之谜

企鹅是南极特有的动物,它以海洋生物为食。南极是个生存条件极为严酷的地区,不要说生活,一般动物连生存的可能都没有,但企鹅却在那里一统天下,繁衍生息,它具备哪些先天条件可以适应南极的环境呢?科学家经过多种考察和研究,初步提示了企鹅的生活规律,但更深的原因,还有待进一步研究。

企鹅

科学家们在南极发现,那里的企鹅每到冬季就出海,到未结冰的地方去捕鱼为生;等春天到来的时候,它们又长途跋涉,回到自己的故乡,并且准确无误。这一段距离足有几百里,甚至上千里。要知道,南极洲是一片茫茫雪原和冰川,没有任何目标可供企鹅识记。

为了揭开企鹅识途之谜,科学家们曾做了这样一个实验。他们捕捉了 5 只未成年的企鹅,在它们的身上做了标记,然后把它们转移到距离它们的故乡 1900 千米以外的被冰雪覆盖的 5 个不同地点放掉。1 个月以后,它们靠步行、滑行和游泳,穿越没有任何标志的冰川雪原,一个不少地回到了故乡。

这使科学家们困惑了。本来,人们采用了现代化的技术,对候鸟往返、动物迁徙、鱼类洄游等现象进行研究,可至今还没有得出令人满意的结论。企鹅这种独特的识途能力又向科学家们提出了挑战。为解开企鹅识途之谜,各国的动物学家纷纷奔赴南极进行研究和观察。在南极洲,科学家们做了各种各样的试验。有人在远离企鹅故乡几百千米以外的地方,将一只只企鹅分别放进洞穴里,在上面盖上盖子。那里一马平川,没有任何标记和特征。然后他们在三个不同位置的观测塔上观察放企鹅的地方。过了一段时间,企鹅从洞里出来了,起初,那几只企鹅不知所措地徘徊了一阵,随后就不约而同地把头转向同一个地方——它们的故乡所在的方向。

经过多次观察,科学家们初步认定,企鹅识途与太阳有关,而与周围环境无关。它们体内的"指南针"是以太阳来定向的。但是,企鹅要想用太阳来定向,它就必须具备与太阳相配合的体内时针,以便能从某一特定时刻的太阳位置来推定出哪儿是它们的家乡。可是,企鹅的体内时针是什么?它又是怎样与太阳相配合的?这些人们一时还说不清楚。

企鹅耐冷之谜

南极的气温极低,南极大陆终年冰雪覆盖,按说不应该有动物存在,但企鹅却爱此地不疲,从不思迁居,它是如何适应那严寒的呢?南极海域水中生物极为丰富,尤其是磷虾,数量极大,为企鹅提供了丰富的营养,有助于加厚企鹅的脂肪层和储备养料,企鹅的身体构造,可使它能抵御零下50℃的严寒,群居的习性可使之互相取暖,这是专家们给我们的答案,还有没有其他因素呢?

终年冰雪覆盖、狂风怒吼的南极洲,繁衍生活着数以百万计的企鹅。它们个个体态优美,步履蹒跚,身披英国式燕尾服,似乎还打着领结,俨然像一个绅士。每逢企鹅集结,往往以几十万只至几百万只聚在一起,黑压压一望无际,景象壮观。

南极大陆上的企鹅,称为"帝企"和"阿德利企"。它们具有超凡的耐寒力,能在零下50℃的严寒中生活。南极的冬季终日不见太阳,狂风怒吼,最大风速每小时可达200~300千米。卷起的冰雪铺天盖地,但企鹅却满不在乎照样嬉游、觅食。

企鹅为什么能在如此寒冷的季节生存呢?原因在于当气候降到零下10℃时,企鹅的热量消耗就到了最低点。气温再降低,它们就在一平方米的地方十几只帝企聚集在一起,形成一个似乎龟甲的盾牌。这样其周围的温度就能保持在零上23度左右。

企鹅具有令人难以置信的耐饥饿的特点。常常十几天不吃一点东西,全靠消耗体内的脂肪来生存。在冬季,脂肪可为企鹅提供95%的热量,其余5%则消耗蛋白质。雌雄企鹅每年10月中旬一起从海上来到群居地时,就忙碌地筑起巢来,当时它们个个体大腰圆,大腹便便,雌企鹅体重一般为30~35千克,而雄企鹅则达34~40千克。40多天后,雌企鹅生下一个大约450克的蛋,几小时后,雌企鹅就奔赴大海觅食去了。

这时,已经10多天没吃东西的雄企鹅却要担负起孵化企鹅蛋的艰巨任务。经过长达62~64天的时间,小幼企鹅出壳了,雄企鹅仍要继续精心照顾,雄企鹅将幼企鹅放在自己的蹼上,用肚子下的绒毛为幼企保温。已经百日不进食的雄企为了让幼企生活下去,还要从自己的食管中分泌一种类似于奶汁的东西喂养幼企。这种分泌物含有60%的蛋白质和30%的脂肪类。幼企孵出十多天后,雌企才能赶回来接替雄企。这时的雄企已经精疲力尽,体重下降40%~60%,然而它仍然要拖着虚弱的步子,奔向大海觅食去。此后雌雄企鹅轮流哺育幼企。小企鹅长到60多天后,就不再需要父母用体温来为它保暖了,它脱换羽毛后而长大,于是脱离瘦弱的父母单独活动去了。

群居的企鹅一个家族的成员有上万,大大小小或数十万的企鹅互相联系和认识而不丢失,主要通过歌唱相认。这种歌声包括一系列重叠的信息。

这种声音的音阶频率为人类的3倍。这种声音断断续续没有音调变化，但一个家族的成员，彼此能发出其家族的独特呼叫声。另外，一种戴羽冠的企鹅，则用美丽的羽毛展舒闭合来互相联系，进行对话。

企鹅夫妻相互忠贞不贰。每年10月都到上一个生育子女的地方相会，共同筑巢，共同哺育初生的幼企。每当海水淹没南极大陆沿海沙滩时，它们还要共同携儿带女搬出危险区域。雌雄企鹅常常一别就是一两个月，而当一个回来时，另一个又要匆忙动身去觅食了。虽相见甚少，但企鹅夫妻一见面都能毫不犹豫地彼此相识。

每逢隆冬季节，南极沿海的封冰不断向外延伸，常常是当雌企要从海上归巢时，离开家园也有200多千米了。然而企鹅只会步行，不会飞翔，且企鹅步行的速度每小时不过1千米，真是步履蹒跚。但为了找到配偶，不得不日夜兼程，拼命返回，真可谓为了家庭和孩子而历尽艰辛也在所不辞。

九头鸟之谜

"天上九头鸟，地上湖北佬"是一句民谚。湖北人我们都见过，但九头鸟只在古文献中略有记载，却往往语焉不详。以今天的认识，鸟有九头，不但不可信，甚至不可想。如同许多其他怪事一样，总有人说曾见过九头鸟，可又没有一点实物证据，欲信不能。如果言之凿凿，又能拿出可靠的相关证据，则功莫大焉。

中国古代诗文中对九头鸟有过生动描述。唐代刘恂《岭表录异》卷中说："鬼车，春夏之间稍遇阴晦，则飞鸣而过。岭外尤多。爱入人家烁人魂气。或云九头，曾为犬啮其一，常滴血。"南宋周密《齐东野语》卷十九："鬼车，俗称九头鸟……又名渠逸鸟。"北宋《太平御览》卷九二七引《三国典略》："齐后园有九头鸟见，色赤，似鸭，而九头皆鸣。"东晋郭璞《江赋》云："奇（仓）九头。"明末清初字书《正字通》则认为："仓鸟，一名鬼车鸟、一名九头鸟，状如留鸟，大者翼广丈余，昼盲夜见火光则堕。"今《辞海》在《九头鸟》辞条中注释："亦名'苍（虞）鸟'。古代传说中的不祥怪鸟。"

在中国古代民间传说中和诗文描述中，九头鸟成为神鸟、怪鸟或不祥之鸟，笼罩着一层神秘的色彩。前一段时间，有的报刊报道了湖南省石门县、湖北省恩施自治州等地发现了九头鸟的消息，从而引起了国内外的重视。在驰名中外的神农架，据传说有许多九头鸟的目击者。

有目击者说，在1982年11月的一个阴天的上午10时左右，他看到了九头鸟。那时，他在神农架林区燕子洞附近种土豆，突然听到空中传来奇特的鸟的嘘叫声，好像沉闷的哨音，跟他往日听到的各种鸟叫声很不一样。他便抬头望去，令他大惊失色：空中有一只簸箕大的巨鸟，其羽毛黑灰色，包括翅膀在内大约有2米。更使他惊骇的是，鸟长有大约九个头，嘴巴（喙部）呈红色；它的尾部呈圆扇形，既像车轮，又像孔雀开屏，旋转而飞。眨眼间，这只九头鸟便飞进了远方的山林。

近来，在湖南屋脊瓶山境内，曾多次发现九头鸟。根据该省石门县南坪河乡鹰子尖村的目击者说,一次他在后山打柴,突然发现树上栖息着大小如同斑鸠的怪鸟,头上长着九个脑袋:一个大脑袋,额头上还长着呈半月形的八个小脑袋,每个小脑袋嘴鼻眼俱全,覆盖着一圈凤毛。他撒了一把沙石,看见怪鸟除两翼奋飞外,八个小头旁亦有小翅分开腾飞。

那么,是不是真正存在九头鸟呢?如能证实九头鸟的存在,那么,九头鸟将是地球上鸟类王国中最珍奇的瑰宝。从生物工程角度考察,九头鸟具有极为重大的科研价值,也具经济价值和观赏价值。假如能捕获到九头鸟,将是自然科学的一大发现。

昆虫类动物未解之谜

昆虫的建筑技巧之谜

有些昆虫的筑巢技艺令人叹为观止,远远超过鸟儿不知多少倍。如蚁穴,如蜂巢,就是人类技艺高超的建筑师参观了这些建筑后都不禁拍案叫绝,并从中受到启发。那些建筑不仅适用,而且结构造型非常符合力学原理,还节省建筑材料。昆虫的这种先天具有的本能让人迷惑不解,但尚不知这些技能是如何形成的。

在我国广西和云南两地的南部以及海南岛,都有许多耸立在那里像塔一样的"建筑物"。这是白蚁为自己建造的巢,人们称它为"蚁塔"。

蚁塔一般高为 2~3 米,最高的竟达 6 米。它主要是用泥土以及少量的白蚁分泌物和排泄物建成的,这种建筑很结实,风吹雨淋也不会倒塌。

蚁塔内部结构极为复杂。通常有 1 个主巢和 3~5 个副巢,巢内又分隔开,形成许多小室。一般主巢的中部,是蚁王和蚁后的"王室",此外,还有孵化室、羽化室、仓库等。蚁塔内还建有一些竖直的空气调节管道,以及沟渠和堤坝,用来流通空气和排除流入的雨水。

在河里、水洼及沟渠等处,人们还可以看见沼石蛾幼虫建造的精巧而细致的"套子房屋"。沼石蛾幼虫下唇末端有一块不大的唇舌,上面有丝腺孔,孔中分泌出一种能在水里迅速凝固的黏性物质,幼虫把这种黏性物质涂抹在小介壳、沙粒及植物碎屑等物的上面,并把它们粘起来。幼虫还把这种分泌物抹在套子房屋的内部,让"房子"光滑、整洁。

沼石蛾幼虫还能够利用其他的东西作为建筑材料。有人试验证明:给它小玻璃球或捣碎的玻璃屑,它就会造出一座小巧玲珑的玻璃房子。

蜜蜂的建筑更让人难以相信,如果你仔细观察蜂巢,就会发现它是由无数六角柱状体的小房子联合起来的。房底呈六角锥体状,它包括 6 个三角形,每 2 个相邻的三角形可以拼成 1 个菱形,1 个房底由 3 个相等的菱形组成。18 世纪初,法国学者马拉尔琪经过仔细测量,发现每个房底部 3 个菱形截面的角度都相等,菱形的锐角为 $70°32'$,钝角为

108°28′。经过计算得知,以这样的菱形而组成的蜂巢结构,容量最大,而所需的建筑材料最少。

这些昆虫为什么具有如此卓越的建筑技巧才能呢?至今还没有人能解开这个谜。

雌螳螂吃掉"丈夫"之谜

螳螂是世界各地普遍存在的一种昆虫,它当然也分许多种类,但不管分多少种,其基本习性还是一致的——吃小昆虫。螳螂让人感兴趣的是:它在传宗接代的过程中要牺牲自己的生命,而这种牺牲的方式是很奇特的,也是匪夷所思的。

螳螂的一对前足,犹如刀斧手高举的大刀,所以有些地区也称它为"刀螂"。无论在热带、亚热带和温带,都有螳螂生存着,其种数在 1800 种以上。

螳螂是食肉的昆虫,也就是专门吃其他虫类的昆虫。如果小虫在草丛中偶然遇到了螳螂,毫无疑问即是大祸临头。螳螂追捕小虫的时候,就像猎人追踪野兽一样,猛追不放。有时候又像渔翁垂钓,静待鱼儿上钩。当它藏在暗处聚精会神地监视要捕捉的虫类的时候,就把细长的中足和后足缓慢移动,轻手轻脚接近小虫,连它站立的叶子,也毫不颤动,使小虫无从察觉。

在数百万年的进化过程中,螳螂已遍布所有气候适宜的地区,在热带和亚热带地区繁殖特别旺盛,而且已经形成与各种环境相适应的保护色和形态。在热带森林中,绿叶螳螂遍布在各种叶层。棕色干树叶下的螳螂则在林木底下繁殖。螳螂还出现在草原及无树平原、灌木丛以及沙漠地区。它们的种类繁多,形态各异,有像花的、树枝的,有像蚂蚁的、地皮的、树皮的等等。因此可以很容易地理解,为什么它们有 1800 种之多,其数量比地球上的人口还多。

秋天是螳螂"结婚"的良辰吉日。结婚,按说是应该欢乐的喜事。可是,在螳螂世界里,"结婚"就意味着雄螳螂要大难临头了。在交尾时,雌螳螂会转过头来吃掉雄螳螂的头及前肢。没有了头的雄螳螂还可以继续交尾,因为其躯体中残存的神经组织尚能支配生殖器官的功能。

雌螳螂吃掉雄螳螂,是昆虫生态学中一个非常有名的插曲。如果雌螳螂摄取的食物中含有极为充分的蛋白质的话,雌螳螂本来就不一定要把雄螳螂吃掉。可是,在自然环境里,雌螳螂生理上所需要的蛋白质,光依靠它所能捕捉到的小虫,是远远不够的。雌螳螂为了产出饱满的卵,培育出健壮的后代,至少要吃掉 4~5 只雄螳螂那么多的蛋白质,才能满足它所需要的养分。

尽管雌螳螂是那样"身强力壮",但是,到了产完卵以后,也是精疲力竭地死去。可以说,它们"夫妻"双方都是为了下一代而献出自己的生命!

屎壳郎滚粪球之谜

蜣螂,俗名屎壳郎,是一种益虫。据说,澳大利亚人在大草原上放牧牛羊,由于牛羊粪便太多,遮盖了青草,影响了草场的正常运行,于是引进蜣螂,很快就改善了草场的面貌。蜣螂在中国人的心中口碑不好,如果,我们了解了它的益处,它的名声是否会有所改善呢?

屎壳郎,学名叫蜣螂,亦称蛄蜣,是一种鞘翅昆虫。这种昆虫有角质的肥厚前翅,无明显翅脉,而称为"鞘翅"。因它体躯比较坚硬,有光泽,通常也称为"甲虫"。鞘翅是昆虫纲目中最大的目之一,种类约占总虫数的40%。蜣螂就是鞘翅昆虫中的一种。它的虫体是暗黑色,触角赤褐,末端膨大。

屎壳郎是有"专长"的,只用它来打趣取笑是有点不公道了。每年夏秋季节,当你漫步山间小径或草原旷野时,常会看到一对对黑色的小甲虫,在用力滚动着一块乒乓球大小的垃圾,漫无边际地行进着,这就是人们经常作为趣谈的"屎壳郎推粪球"。在昆虫中,屎壳郎推粪球的本能,最为特殊。

屎壳郎的粪球得来也不容易,当找到粪便时,先用头上的触须去选择温度是否适宜,味道是否可口,然后便用头上的角和足翻动搓揉起来,潮湿的粪便终于被揉成了不大也不甚圆的粪块,便开始滚动起来,粪块经过滚动时的挤压力,越滚越圆,同时粘上一层又一层的土粒。如果地面太干,粘不住土时,这对看来笨拙实则聪明的甲虫,还会从肛门排些稀粪粘上,直到粪球增大到像个乒乓球时才算满意。

屎壳郎推粪球时,是一个在前,用后足抓球,用中足和前足爬行,用力向前拉。在后面的一个,用前足抓紧,用中足和后足行走,用力向前推。如果碰上阻碍时,后面的一个也会把头俯下来,用力向前拱几下。

屎壳郎为什么要竭尽全力去滚动这个粪球呢?原来是为将来生儿育女做准备。当它们把粪球推到一处安静而隐蔽的地方时,便由雌屎壳郎用头上钉耙状的角和三对带齿的足,把粪球下面的土挖松,粪球便随着松动的土越陷越深,直到它认为将来的幼儿不会被天敌伤害或寒冬摧残时,才把粪球上挖上个小洞,产下一粒白色的卵。经过略为休息后,便顺着松软的土洞向上爬,每爬上一段,还要把松土踏实,直到爬出洞来。这时在洞外等待并负有警戒任务的雄屎壳郎,还会协助雌屎壳郎用足蹬,用腹部压,直到认为地表上的土与周围完全一样时,才算完成了一次生儿育女的繁忙工作。

屎壳郎产在粪球上的卵,经过一段时间的发育后,便发育成一只白胖的幼虫来,人们称它为蛴螬,粪球便成为这只小生命的终生食料。

屎壳郎有没有好名称呢?也有。埃及把它称为"宣圣虫"。这种宣圣虫收集了龌龊的东西滚成球,滚到地下的洞里。它吃这个球是无厌的,往往一连吃十几天都不休息,直到吃完为止。埃及人曾把这种能去污的带有不良气味的甲虫,视为红鹤一样神圣。总之,屎壳郎虽然有许多不好的名声,实际上它却做着有利于人类的工作,应当属于益虫之列。

蚂蚁力大之谜

蚂蚁是人类最为熟悉的昆虫之一,这主要是因为它无处不在。蚂蚁基本上是害虫,不说非洲、拉丁美洲使人闻之胆寒的食人蚁，就是白蚁毁坏的房屋就不知有多少，再加上它们还可以溃堤、毁林……所以，人类不能不重视它的存在。小小蚂蚁何以有如此能力，人们在研究中发现……

蚂蚁是动物界的小动物，可是它有很大的力气。它所举起的重量，竟超过它的体重差不多100倍。世界上从来没有一个人能够举起超过他本身体重3倍的重量，从这个意义上说，蚂蚁的力气比人的力气大多了。这个"大力士"的力量是从哪里来的呢？

看来，这似乎是一个有趣的"谜"。科学家进行了大量实验研究后，终于揭穿了这个"谜"。

原来，它脚爪里的肌肉是一个效率非常高的"发动机"，比航空发动机的效率还要高好几倍，因此能产生这么大的力量。我们知道，任何一台发动机都需要有一定的燃料，如汽油、柴油、煤油或其他重油。但是，供给"肌肉发动机"的是一种特殊的燃料。这种"燃料"并不能燃烧，却同样能够把潜藏的能量释放出来转变为机械能。不燃烧也就没有热损失，效率自然就大大提高。化学家们已经知道了这种"特殊燃料"的成分，它是一种十分复杂的磷的化合物。

蚂蚁的机体和其他动物的机体一样，是由食物中吸取各种营养物质而生成的。构成这些"肌肉发动机"的主要物质是大家熟悉的蛋白质——酶和激素蛋白。这些激素蛋白和酶的形状，在电子显微镜底下是可以看得见的，可惜由于显微镜零件灵敏度的影响，目前对肌纤维结构的了解还不彻底，但是有一点可以肯定，在肌纤维里，由于酶和激素蛋白的作用，分子间存在着相互作用的电力。这就是说，在蚂蚁的脚爪里，藏着几十亿台微妙的小电动机作为动力。这个发现，激起了科学家们的一个强烈愿望——制造类似的"人造肌肉发动机"。

他们把特种塑料制成的小带放在蒸馏器里，淋上酸性溶液，小带就像有弹性一样，向上收缩，并把挂在它下面的重物提起；如果淋上碱性溶液，小带就伸长，把重物下放。目前，这种"人造肌肉"的力量是很小的，只能在实验室范围内制造和研究，但是可以相信，不久会制成强有力的"人造肌肉发动机"。从发展前途来看，如果把蚂蚁脚爪那样有力而灵巧的自动设备用到技术上，那将会引起技术上的根本变革，那时电梯、起重机和其他机器的面貌将焕然一新。

现在我们用的起重机一般也是靠电动机工作的，但是做功的效率比起蚂蚁来可差远了。为什么呢？因为火力发电要靠烧煤，使水变成蒸汽，蒸汽推动叶轮，带动发电机发电，这中间经过了将化学能变为热能，热能变成机械能，机械能变成电能这么几个过程。在这些过程中，燃烧所产生的热能，有一部分白白地跑掉了，有一部分因为要克服机械转动所产生的摩擦力而消耗掉了，所以这种发动机效率很低，只不过30%～40%。而蚂蚁发动机利用肌肉里的特殊燃料直接变成电能，损耗很少，所以效率很高。人们从蚂蚁发动机中得到启发，制造出了一种将化学能直接变成电能的燃料电池。这种电池利用燃料进行氧化——还原反应直接发电。它没有燃烧过程，所以效率很高，达到70%～90%。

丛斑蝶与生俱来的迁徙本能之谜

候鸟迁徙，海龟寻路，人们可以想象有熟悉迁徙路线的老鸟、老龟引路，一代一代地走下去。但是丛斑蝶是一种短命的昆虫，一年要更新三四代，而它们的种群一年之中却按照一事实上的路线迁徙上千千米之遥，这就让人不解了。何以新蝶在没有老蝶引路的情况下，还准确无误的能遵循祖先的路线走下去，这不能不使科学家"头痛"。

丛斑蝶是栖息生存于北美洲的一种蝴蝶。它有一双大翅膀，上有橙、黑两色图案，十分美丽。

丛斑蝶的最奇特之处，在于它们一年一度的大迁徙。途程可由美国北部新英格兰诸州或中西部苏必略湖起，南至墨西哥内陆马德雷山脉，长达 1000 千米。

丛斑蝶的迁徙方式很不寻常。每年春夏，它们独居生活；秋日来临，它们就成群结队南飞越冬。

没有老蝶引路，也没有什么人眼可见的觅路标识，丛斑蝶们大群南飞，一点不差地飞到其祖辈（不是父辈）12 个月前曾过冬避寒的地点。这是它们与生俱来的本能。丛斑蝶在夏天的寿命约六个星期，所以在秋凉前可传三或四代。只有第三代或第四代能活到深秋，从而也需要离开北美，向南长途迁徙。

很多种蝴蝶都能不停飞行 1000 千米。丛斑蝶与它们的不同之处在于，它们善于滑翔，异常矫捷，在飞行时并不急速拍翅，每拍动一两次就乘风滑行。漫长的旅途，只需短短三四个星期就到达了目的地，而且中途不用歇息。

丛斑蝶似乎依靠太阳导航，有时又靠远处的陆地标志或依循山川河流来辨别方向。有些蝶群为了飞抵墨西哥，会飞越整个佛罗里达州，最后抵达半岛。丛斑蝶多半沿着从美国东北到西南的斜线飞行，途经得克萨斯州，横跨美国，最后在马德雷山脉林木茂密的山坡上汇集。

成千上万的丛斑蝶经过神秘的长途迁徙来到它们的避难所后，就成群挤在枝叶上休息取暖。它们紧靠在一起，一动不动地进入半休眠状态，以度过它们短短一生中仅有的冬眠，储存精力，以备回程之用。

丛斑蝶的避难所首次为人类发现，是在 1975 年的墨西哥山林里。该处的丛斑蝶聚集成百万只的大群，分别挤在 15 个面积都不超过 4 公顷的地区。每一地区丛斑蝶的数目众多，常使它们栖息的树枝弯垂，形成弯形遮篷，可避霜雪，使躲藏其下的丛斑蝶不致冻死。

1 月，日照时间逐渐延长，丛斑蝶纷纷摇身展翅，精神抖擞，为春日北归做好准备。到 3 月下旬春分那天，蝶群离开聚居之地，又开始了漫长曲折的归程。经过长途跋涉后，丛斑蝶终于可以让它们的翅膀休息了。白昼越来越长，丛斑蝶此时开始交配，雌蝶沿途产卵。只有六个星期短短寿命的它们，很少能够活着飞回原地，须由后代飞完剩余的路途。在夏季的几个月内，丛斑蝶最多可繁衍出五代。

丛斑蝶究竟靠什么本能聚在一起？又靠什么指导夏季出生的新一代飞回远在 1000 千米外的偏僻山区？这些谜至今尚未解开。

气象万千

大气运动不息

大气有多重

20世纪初,在英国发生过一件买卖空气的怪事。

当时,飞机刚刚问世,人们对飞行员十分敬重。有一次,一位飞行员驾驶一架飞机从法国起飞,飞越英吉利海峡,到达英国。飞机在英国的一个小镇附近降落,飞行员受到当地人们的热烈欢迎。人们把他当作英雄,许多崇拜者在饭店里设宴招待他,不少人闻讯后特地从远方赶来,请他签名留念。

当时,有一位商人也在其中。这位商人财迷心窍,便灵机一动,想到饭店里的空气也因为飞行员的呼吸而一定十分值钱,如果把这饭店内的空气装入小瓶,当作纪念品出售,销路一定很好,收入肯定十分可观。商人立即把饭店老板叫了过来,说要把这饭店内的空气全部买下来。老板听后感到不可思议,可是望着商人那一本正经的样子,只好说:"好吧!每1立方米10元,整个饭店内的空气就算1000立方米,你就付10000元吧!"

可是,商人讨价还价:"卖空气哪能论体积,应该按质量。每1000克空气,我付10元。"老板心想,反正空气会不断地流来,也就痛快地答应了。这时,老板的一位朋友对他说:"你真傻,你给商人骗了。空气能有多重呢?你把整个饭店里的空气全卖给他,也得不到几个钱。再说,空气怎么个称法呢!"老板听后不知所措。后来,由于无法称出空气质量,结果买卖没有成功。

那么,商人与老板谁吃亏了呢?我们不妨来算一下。据测定,在0℃和1013百帕(1标准大气压)压力下,空气的密度为0.00129克/厘米^3。近地面的空气密度与这个数据差不多。这样,一下子可以算出来了,1立方米空气质量为1290克,所以商人要按质量买空气,实际上反而吃了亏。

大气是看不见摸不着的,但是它与其他物体一样有质量,而且不可低估。根据粗略的计算,地球大气的总质量为5140万亿吨。

最早注意到空气有质量的是意大利科学家伽利略。他将一个空瓶(当然里面有正常气压的空气)密封起来,放在天平上,与一堆砂子平衡。然后,他用打气筒给那个瓶子灌气,并再次加以密封。伽利略把这只瓶子再放到天平上去,这时天平失去了平衡,只有再往砂堆里添加一两颗小砂子,天平才会平衡。伽利略推断,瓶子质量增加是因为里面的空气增多了,因此,空气是有质量的。

很早,人们就注意到,用来输送水的虹吸管,当它跨越高度为 10 米以上的山坡时,水就输不上去了;在超过 10 米深的井里,抽水泵就不起作用了。人们也知道,只要把水管里的空气抽走,造成一个真空,那么水就会沿着水管往上流。当时,人们无法解释水为什么会往上流,就借用古希腊学者亚里士多德的名言"大自然讨厌真空"来解释。粗略一想也对,大自然是不让真空存在的,一旦真空出现就让水来填补,于是水就被抽上来了,真空出现在哪里,水就跟到哪里。可是,为什么水到了 10 米高的地方就再也上不去了呢?尽管 10 米以上也存在真空。对此,伽利略只能解释说大自然的那种"厌恶"是有限度的,对 10 米以上的真空,它就不厌恶了,因而水就再也抽不上去了。"智者千虑,必有一失",伽利略对抽水问题的解释过于牵强附会。

伽利略的学生托里拆利把老师的思想推进了一大步。他认为,既然空气有质量就会产生压力,就像水有质量会产生压力和浮力一样。正是空气的压力把水从管子里往上压,压到 10 米的高度时,水柱的质量正好等于空气的压力,水再也压不上去了。为了证实这一点,托里拆利设计了一个实验,并让自己的助手维维安尼帮助去做。

要用 10 米高的水柱做实验是很不方便的,因为它有三四层楼那么高。怎样观测呢?托里拆利聪明地利用相对质量为水的 13.6 倍的水银来做实验。他叫人制作了一根 1 米长的玻璃管,一端封闭,一端开口。维维安尼将水银灌满管子,然后用手指堵住开口的一端,将管子颠倒过来使开口的一端朝下,再放进一个盛满水银的陶瓷槽里。当他放开按住管口的手指时,管里的水银很快下降,当水银面降到 76 厘米高度时,就不再降低了。换算一下就可以得出,76 厘米高的水银柱产生的压强,约等于 10 米水柱产生的压强。这个实验表明,水银槽里水银表面所受到的大气压强,约等于 76 厘米高的水银柱所产生的压强。

大气有质量就会给地面以一定的压力。每单位面积的地面上承受的大气柱的质量,也就是大气柱施加在单位面积上的压力,就是气象学上所谓的气压。

托里拆利设计的这个实验装置,成了世界上第一个测量大气压强的气压计。后来,气象报告中的气压单位也曾沿用多少厘米(或毫米)水银柱高来表示。

大气压有多大

1654 年的一个春日,阳光明媚,在德国马德堡郊外的一个大草坪上,数千人正在欢乐。这天,德国皇帝、皇后也在这里观看赛马和跳舞。一会儿,马德堡市市长盖利克要求为皇帝助兴,表演一出科学游戏。皇帝欣然同意。

只见盖利克取出两个铜制的半球,双手将这两个半球"啪"地一下子合了起来。他的

仆人迅速地递上一个小唧筒，几下子就把里面的空气抽光。然后，盖利克用两根又粗又结实的绳子系在半球两侧的环上，招手叫来两名身强力壮的大汉，一边一个，拿着绳子向相反方向使劲地拉。两位大汉拉得脸色通红，但那两个半球仍然牢牢地合在一起。皇帝看得发愣了，两个随便合在一起的半球，怎么会贴得牢不可破，连两个人都拉不开？盖利克又叫来四名大汉，每边三个人，使劲拉，可还是拉不开。

皇帝十分惊讶，命令仆人牵来四匹骏马，代替四位大汉。球的每一侧环上系上两根粗绳，套上两匹马。两名骑手挥动鞭子，四匹骏马长嘶一声，马蹄蹬踏起来。可是，那铜球依然没有分开。盖利克不断地增加马匹，直到每一侧加到七匹马，还是没有分开铜球。最后，盖利克又牵来两匹骏马，这样每一侧有八匹马了。骑手的鞭子甩得如爆竹炸响，八匹马把地面蹬得尘土飞扬。只听得"嘭"的一声巨响，铜球终于裂成两半，两侧的八匹马各自带着一个半球冲出几百米远。这时，人们才松了口气。

皇帝问道："你变的是什么戏法，这两个半球怎么会吸得那样牢固？"

"陛下，两个半球相互吸引的力没有那么大，而是外面的大气压力把两个半球紧紧地压在一起。"

"那么，你知道这大气压力有多大？"

"按照托里拆利的计算，大气对每平方厘米的物体表面的压力大约是 9.8 牛。半个小球的表面积为 1978 平方厘米，所以大气对半球的压力大约是 19384 牛。现在，用八匹马来拉，每匹马至少要使出 2423 牛的力才能将它拉开。"

皇帝听了以后迷惑不解："那我们居住的皇宫怎么没有被压坏呢？"

"请陛下放心。铜球拉不开，是因为我把它抽成了真空。而陛下的皇宫有门有窗，空气可以流来流去，不会形成真空，上下左右的压力互相抵消了，所以不会被压坏。"

"那么，我们每一个人不也要被压瘪了？"人群中有一位年长者大声问道。

"我们人的表面积大约为 2 平方米，所以我们每一个人每时每刻都受到 19.6 万牛的压力。但是，先生不必担心，你有口有鼻，所以你的体内也不是真空，不会被压瘪。"

大家听了盖利克的介绍，一场虚惊解除了，个个又露出了笑容。皇帝叫随从取来美酒，嘉奖盖利克的精彩表演。

风怎样吹起

相传，在古希腊，有弟兄四人，被困在天边的山洞里。不知过了多少年，神搬走了堵在洞口的巨石，四兄弟冲出山洞，向四方奔去，带来了狂风。向东的叫塞佛勒斯，带来了西风；向南的叫勃里阿斯，带来了北风；向西的叫孟勒斯，带来了东风；向北的叫诺特斯，带来了南风。

过了 2000 多年，人们从实践中认识到，风不是四兄弟奔跑形成的，而是一种自然现象。各地的大气压是不同的，相邻的两个地方存在气压差，于是空气会从气压高的地方向气压低的地方流动，形成风。气压差方向不同，形成风的风向不同。气压差越大，风也越大。

风，虽然看不见、摸不着，但时刻在影响着我们。随着航海事业的出现，人们开始研究和利用风的规律。

古罗马航海者发现，每到冬季，强风从埃及吹向地中海；每到夏季，风从地中海吹向埃及。他们利用这种风，每年将数千万斛的埃及小麦通过地中海运到罗马。

航海家哥伦布，乘坐帆船，靠风四次横渡大西洋，发现美洲大陆，成为历史上最伟大的航海家之一。

风，还是传播生命的使者。1883 年，印度尼西亚的喀拉喀托火山大喷发，火山灰埋葬了一切，岛上的动植物在火海中化为乌有。半年以后，一位植物学家登上这个小岛，却发现有一种小蜘蛛在结网营生。显然，这种小蜘蛛是随着风从别处飘扬到这个岛上的。一年以后，科学家又来到这个岛上，发现原始植物水藻漂浮在岩石小坑中的水面上。它不是岛上的产物，也是风将它的细小孢子，从邻近的地方吹送到岛上的。风，使这个小岛恢复了生机。

俗话说：风起云涌。有了风才能有雨。风南来北往，把热量和水汽从一个地方输送到另一个地方，使得一个地方不至于一直冷下去，另一个地方不至于一直热下去，使人类的生存环境变得十分理想。

为了利用风的规律，必须观测风向。在希腊雅典城，2000 多年前就建立了一座测风塔。塔呈八角形，有八个面，每一面对应着一个方位。在八个不同方位的八个面上有八个形象、衣着、装饰不同的男人浮雕像，表示当地的风和天气特征。

面向北的一个浮雕像是一位白胡须老人，穿着厚厚的服装，手中拿着放在嘴上的海螺壳。表示当地北风劲吹时呼呼作响，会带来寒冷和暴风雪。

面向东北的浮雕像是一位穿着考究、挽着衣袖、露出手臂的老人，手持盛有冰雹的盾牌，盾牌倾斜着。表示当地吹东北风时，多阴雨天气，有时会下雪或下冰雹。

面向东的浮雕是一位健美的年轻人，手臂上挂满了水果、蔬菜、谷物。表示当地吹东风时，会捎来雨水，风调雨顺，五谷丰登。

面向东南的浮雕是一位身披斗篷、穿着一件紧身短上衣、空着手的人。表示当地吹东南风时，常带来大量阵雨，天气潮湿，多风暴。

面向南的浮雕是一位穿薄薄外衣的年轻人，带着一个刚倒空的水坛，好像刚洗过澡。表示当地吹南风时，天气异常闷热潮湿。

面向西南的浮雕是一位露着腿、赤着脚的年轻人，手持一只古代船的模型。表示当地西南风从海上来，风力强劲，常使水手恐惧不安。

面向西的浮雕是一位身披敞开的斗篷、脚下缀满花朵的漂亮的年轻人。表示当地吹西风时，有利于出海远航。

面向西北的浮雕是一位身着保暖衣的老人，一手拿着一只黄铜制成的火罐，另一手在撒火罐里的灰和燃烧着的煤。表示当地吹西风时，天气十分干燥。

在古风塔的顶上，装有一个半人半鱼状用青铜制成的风向标，可绕轴自由转动。人们通过塔上风向标指示的风向和对应的浮雕，就可以知道风的特征和未来的天气。

我国古代也有类似的测风仪器。公元前 104 年，在长安(今西安)建章宫的许多房顶上都装上了铜制凤凰，起风时，铜凤凰的头转向风吹来的方向。那时候，还有一种风向旗，在旗杆上悬挂着几条长条旗，迎风飘拂，是一种很简单的风向标。

贸易风

古代航海家使用的帆船，全靠风力吹送。人们很早就发现，地球上有些地带的风向几乎是全年固定不变的，称为"定向风"。

哥伦布是第一个全面了解并充分利用大西洋中有规律风系的探险家。他从小就迷恋于船舶和航海，自称从 14 岁起就开始航海事业。在发现新大陆前，他已有几次航海经验。他知道低纬度地区总是吹东风，较高纬度地区则经常吹西风，所以哥伦布寻找新大陆的第一次航行，是沿着加那利群岛(约北纬 28°)，巧妙地借助东风向西驶去的。但是，在返回西班牙时，他精明地先向北驶到亚速尔群岛沿海(约北纬 39°)，然后才张满风帆，乘着浩荡的西风返回欧洲。

哥伦布利用的这种低纬度东风，南北半球都有。北半球以东北风为主，南半球以东南风为主，年年如此，挺讲信用，因此，被人们称为"信风"。古代商人借信风，来往于海洋上，进行贸易活动，所以信风又被称为"贸易风"。

自从发现新大陆之后，欧洲商人争先恐后组织大批船队，把马运往美洲，因为那儿没有马，运输和农耕都很不方便。奇怪的是，当船队穿过信风带沿着北纬 30°附近大西洋航行时，海面上常常死一般的寂静，连一丝风也没有，闷热异常。靠风力推动的帆船，只好无可奈何地在原地打转，有时一等就是 10 天甚至半个月。时间长了，许多马匹因缺少淡水和饲料而死亡，水手们一时吃不掉那么多的马肉，最后不得不把死马抛进大海。这种情况在南纬 30°附近海面也屡有发生。当时海员们恐惧地把这一无风地区叫作"马的死亡线"，又称为"马纬度"。可是，当跨过了马纬度，进入中纬度海域，在南北纬 40°~50°附近，马上又会遇到与低纬度风向相反的西风，风猛而且稳定，常达到 11 级(即暴风级)以上，在海上掀起狂涛巨澜，人们形象地称之为"咆哮西风带"。到极地地区，风向又转为常年东风。

上述情况实际上是大气环流的"七个气压带六个风带"的具体表现。大气环流是一部奇特的超巨型"热机"。这部"热机"的"发热器"在赤道地区，即赤道上空的高温大气；"冷凝器"在北极地区，即极地上空的寒冷大气。

以北半球为例，在赤道地区的高空，大气是由南向北运动，而科里奥利力(亦称"地转偏向力")就像"魔鬼"一样伴随着，迫使气流右偏，南风逐渐偏转成西南风。这股气流在到达北纬 30°附近上空时，风向已经偏转到与纬线平行，再也不能继续向北流动，于是空气就在北纬 30°左右高空停顿堆积起来，产生下沉气流。空气下沉过程中，气温不断升高，水汽蒸发殆尽，天气多晴热干旱、弱风甚至无风，此区即为副热带高压区。16 世纪令商人大惊失色的马纬度,即在副热带附近。下沉聚积在副热带的地面气流,一部分向南流回赤道,由北风偏转成东北信风,构成低纬环流圈;另一部分向北流,偏转成西南风,即盛行西风。与此同时,从极地高压带地面向南流的气流,向右偏转成东北风,即极地东风。向北吹的盛行西风和向南吹的极地东风,在北纬60°交锋,互不退让,只得上升,形成副极地低气压带,并构成中纬环流圈和高纬环流圈。南半球反之。这样地球上就形成"七个气压带六个风带"的大气环流。

随季节交替而变化的风

翻开我国年平均降水量分布图可以看到,400毫米的等降水量线从东北大兴安岭一直走向西南,终止于雅鲁藏布江河谷。

此线西北,年平均降水量少于400毫米,草原千里,是广阔的牧区。宁夏回族自治区以西地区,年平均降水量不足100毫米,气候干燥,植被稀少。我国年平均降水量最少的地方大都在那里,柴达木盆地的冷湖年平均降水量只有15.4毫米,塔里木盆地的若羌年平均降水量只有15.6毫米,吐鲁番年平均降水量只有16.6毫米。沙漠地区内部年降水量更少,有的地方终年无雨。

此线东南,气候湿润或比较湿润,可以生长森林植被。台湾省大部分地区年平均降水量2000毫米左右,有的地方达到3000毫米以上,例如台湾火烧寮年平均降水量高达6489毫米。东南沿海大部分地区年平均降水量1600毫米以上,长江流域年平均降水量1200毫米,淮河、秦岭一带年平均降水量800~1000毫米,华北平原、山东半岛年平均降水量600~800毫米,东北大部分地区年平均降水量400~600毫米。

为什么我国降水量东南多而西北少,雨季南方长而北方短呢?这是季风造成的。

季风是一年内大范围盛行风向随季节发生显著变化的风。我国东临太平洋,在夏季,大陆气温高于海洋,低层气压相对较低,风由海洋吹向大陆,形成湿热的东南季风(夏季风);在冬季,大陆气温低于海洋,低层气压相对较高,风由大陆吹向海洋,形成干冷的西北季风(冬季风)。

来自南方海洋的东南季风给东部地区带来丰沛的雨水,来自印度洋和南海的西南季风给西南地区和华南地区带来丰沛的雨水。

5月上中旬,东南季风的前锋——季风雨带——在华南登陆,使这里的旬降水量猛增一倍,揭开了大陆雨季的序幕。6月下旬,东南季风加强,北方的冷空气势力减弱而北撤,季风雨带挺进到长江中下游一带,这里开始梅雨季节。7月上中旬,东南季风再次北上,使华北、东北先后进入雨季。8月底,北方转冷,东南季风南撤。不到一个月,大部分地区成为北风的天下。

来自印度洋的西南季风从5月中旬到6月上旬,就可以使南起云南、北到青海南部的广大地区进入长达5个月的雨季。

中国东部随着东南季风向北推进,从春到夏有三个明显的雨带产生。如果夏季东南季风活动不稳定，各地雨季的开始与结束的时间、雨季的长短、雨季的降水量都不同，那么很容易造成洪涝或干旱灾害。

每年4~6月，在广东、广西、湖南、江西、福建等地，东南季风带来大量的雨水，这个时期的降水量占全年降水量的40%~60%，很容易造成洪涝灾害。1959年，珠江流域曾出现百年未遇的洪涝灾害。

每年六七月份，东南季风夹带着大量的雨水向北挺进到江淮流域，很容易造成洪涝灾害。1931年，长江中下游地区夏季出现洪涝灾害，江汉平原一片汪洋，武汉市内可行船，滂沱大雨造成荆江决口，损失惨重。1954年，东南季风被北方冷空气所阻，一直到7月下旬雨带还停留在江淮流域，使长江中下游地区出现了百年不遇的洪水。而1959年，东南季风势力强盛，它的前锋未在长江流域停留，致使长江中下游地区发生严重干旱。1967年和1978年江淮流域也出现大面积的干旱，旱情为历史上所少见。

每年七八月份，华北进入雨季，洪涝灾害更多。据历史记载，从1368年到1948年，这580年里，海河流域的洪涝灾害就有387次。1963年、1975年，华北出现了历史上少有的特大洪涝灾害。而1980年，北方干旱十分严重，北京出现了百年未遇的干旱。

风暴角

1487年8月，葡萄牙航海家巴托罗缪·迪亚士奉国王若奥二世之命，带领三艘小船沿非洲西海岸向南航行，希望能找到一条通往东方的新航线。他们在前往厄加勒斯角途中，遇到了强大的风暴，大风把这三艘小船向南吹了整整16天。他们在迷途中寻找陆地时，无意中发现了一个岬角，并绕过它进入了印度洋。迪亚士原想继续前进，只因海员们一想到狂风恶浪就害怕，对这种冒险生涯产生了厌烦心理，迪亚土被迫返航。可是，当他们返航途中再次绕过这个岬角时，却遇到了比来时更恶劣的天气，他们与风暴进行了顽强搏斗后，好不容易才回到了里斯本。迪亚士一想到那危险的情景，就想给这个岬角起名"风暴角"。可是，国王二世不同意这个不吉祥的名字，他认为这个岬角的发现是个好兆头，因为葡萄牙的势力范围从此可以扩张到东方的黄金之国——印度和中国了。于是，国王二世就给这个岬角定了"好望角"的美名。

位于非洲西南端的好望角，确实是一处名副其实的"风暴角"。因为这里地处盛行西风带，风力很强，常超过11级。绕过好望角的航线在南纬40°附近，从南纬40°一直到南极圈的这一带是海洋，强劲的西风在广阔无垠的洋面上畅通无阻，摩擦力也很小，所以风力可达11级，甚至超过11级。强西风掠过洋面，掀起滔天巨浪，浪借风势，使这里成了骇人的风暴角。海流遇到好望角陆地的侧向阻挡作用，又增强了巨浪的势头。在这里，一年中约有110天处于狂风恶浪的肆虐下，海浪一般高达6米，最险恶时可达15米以上，常常造成"海难事件"，难怪人们把绕过好望角的航线视为畏途。

高空急流

第二次世界大战期间,在苏联空军作战部队中曾发生一件使飞行员困惑不解的事:一名苏联军驾驶员,根据空军作战部的命令,驾驶一架重型轰炸机冲向天空执行任务。飞机沿着预先制定的航线以 300 千米每小时速度高速地航行着。突然间,飞机像飘浮在空中似的停止不动了。驾驶员急忙检查机上的一切仪器设备,结果没有发现故障。飞机为什么会突然悬停在空中呢?正当驾驶员百思不得其解时,飞机又慢慢地向前飞行,如同一名疲惫的水手在顶着大风大浪划着双桨一般,挣脱着一种无形的力量。同样的现象在美国的空军作战部队中也出现过。当时,美国飞行员还以为是敌对国家使用了什么新式秘密武器。

这种神秘莫测的现象,被气象学家知道后,很快被解释清楚。原来它是一种常见的自然现象,飞机之所以在空中停止飞行,是由于正好遇到了大气中的急流。

人类居住的地球,表面被一圈大气包围着。大气圈底界为地面,越向上大气的密度越小。根据大气的特性,人们又把它划分成若干层:从地面到 10~18 千米的这一层,为大气的最底层,称为"对流层";对流层以上到约 50 千米的高空,称为"平流层";平流层以上到约 85 千米的高空,称为"中间层";中间层以上,称为"热层"。

大气急流常发生在"层界面"上,即对流层上部与平流层底部之间。它是在冷气团与暖气团相接触的地方产生的,流程和范围不固定,长几千千米,宽几百千米,厚几千米。它的速度很快,可达 78~80 米每秒,像一条悬在高空的大气河流,奔腾不息。第二次世界大战期间,轰炸机飞行的速度为 150~300 千米每小时,而大气急流的速度为 250~300 千米每小时。这样,当轰炸机被与它的飞行速度几乎相等的、迎面而来的大气急流阻挡时,便会悬停在空中。如果轰炸机飞行速度超过大气急流的速度,轰炸机便会缓慢前进;如果大气急流的速度超过轰炸机飞行速度,轰炸机便会后退。现今,飞行员遇到这股"神风"时,已不再惊慌失措了。相反,飞行员会伺机加以利用,在大气急流推动下,提高飞行速度。

寒潮爆发

每年冬天,常有势力强大的冷空气自极地和寒带呼啸南下,所经之处,北风怒号,气温剧降,有时大雪弥漫,大地封冻。这在气象上称为"寒潮"。我国大部分地区每年晚秋到早春经常受寒潮的侵袭。

寒潮爆发南下,常给人们带来大灾大难。历史上,拿破仑和希特勒都尝过强冷空气突然袭击的苦头。

1812 年 6 月,拿破仑领兵 60 万进攻俄国,一开始势如破竹般地占领了俄国的大片土地。在胜利面前,拿破仑得意忘形,忘却了战争胜败还与天时地利有关。他得意之时,万万没有料到有一股势力很强的冷空气正在向他扑来。11月初,天气骤然变冷,强冷空气捎来的大雪封锁了整个俄罗斯。结果,每天有数千法国兵马被冻死。拿破仑不得不于12月下令撤军。仓皇逃离,最后只剩下2万余士兵,损失50多万将士,拿破仑也只身逃回巴黎。

100多年以后的1941年,第二次世界大战期间,希特勒重蹈拿破仑走过的失败之路。起初,希特勒企图利用夏秋季有利的天气条件,以闪电战一举攻占莫斯科。岂料,强冷空气提前袭击战场,使希特勒计划完全落空。11月初,强冷空气使俄罗斯大地冻结,气温下降到零下8℃。12月初,莫斯科气温一下子又降到零下30℃。莫斯科城外的180万德军没有冬衣,十几万官兵在严寒中被冻伤、冻死;一些武器装备在严寒的天气下也不能发挥作用;大炮上的瞄准镜失效;燃油冻结,汽油变得更加黏稠而不能使用。本来,希特勒想在寒冷天气到来之前结束战争,万万没有想到强冷空气打乱了他的如意算盘,而且以失败告终,受到天气的惩罚。

突然发作的大风

1878年3月的一天傍晚,在英国的一个军港码头上,人们正按时等候着战舰"厄里迪卡"号远航归来。那天下午虽然天空阴沉,海面却风平浪静。傍晚6时前后,战舰距离码头只有约1千米的航程了,舰上的官兵已能隐约地看到码头上迎接他们的人群。正当他们为即将与亲人团聚而分外高兴时,不料,霎时间,狂风大作,雪花纷飞,海浪滔天。这场令人畏惧的暴风雪持续了四五分钟以后,又突然停息了,天空一下子转为晴朗,海面也恢复了平静。可是,"厄里迪卡"战舰却在海面上消失得无影无踪。几天以后,潜水员才在港口外海底找到了这艘失事的战舰。

这是怎么回事?原来,"厄里迪卡"号战舰遭受到一场在气象上称为"飑"的突然袭击。飑是一种突然发作的强风,来势凶猛,消失也快。飑常常发生在冷锋过境的时候。冷气团推着暖气团前进,迫使暖气团上升、冷却,在冷锋过境前10多分钟,天空中形成了一片浓黑的积雨云。接着,天色突然变得黑沉沉,乌云在空中翻滚,天昏地暗,雷电交加或风雨大作,所下的雨滴粗大,有时还夹有冰雹。飑的风力一般为6~7级,最大时可达12级以上。飑突然袭击,快速移动,给人们的生命财产造成重大损失。

现在,飑是可以预先观测到的。当飑即将来临时,天空景象有明显的特征:乌云布满天空,每一个云体都向下突起,云的排列如同滚轴一般。当频繁的闪电出现时,表明飑已经来临。气象工作者会仔细观测,增加观测次数,利用气象雷达监测,与周围气象台加强联防,一旦发现有刮大风下雷雨的征兆,立即通知中心气象台,然后将消息转发各地。气象台还会充分利用气象卫星连续拍摄的云图,对飑的发生、发展、移动、消亡进行追踪研究。

一百多年前,飑的观测、预报水平还很低,"厄里迪卡"号战舰也就难逃厄运了。

龙卷风

生活在海边的人,有时会看到一种奇异的天气现象:天空中浓密的雷雨云中,有时会伸出来一条黑色的尾巴,古人称它为"龙";它像一个巨大的漏斗,迅速伸向海面,水面立刻竖起一根水柱,云水相接,十分壮观,人们称它为"龙吸水"。实际上,它是一股猛烈的旋风,和"龙"没有关系。不过,世代相传,气象学上也就称它为"龙卷风"了。

这种发生在海洋上的龙卷风,叫海龙卷;发生在陆地上的龙卷风,叫陆龙卷。一般而言,龙卷风多见于大陆沿海和海岛。

美国是一个多龙卷风的国家。龙卷风移来时的情景十分恐怖。1920 年秋的一天,在美国中部,一所学校正在上课。突然,师生们听到远处一阵怪声,接着教室内越来越暗,怪声越来越响,好像附近有几千条蛇在嘶嘶作响。孩子们惶恐不安,聚集在老师身边。一会儿一声巨响,门窗全飞,一股旋风冲进教室,将教室和师生全部卷向空中。师生们在空中飞行了一段距离后掉到地上。幸好师生们没有一个死亡,躺在田野上,渐渐地从昏迷中苏醒过来。老师回忆当时的情景说:"好像有一只无形的手把我和孩子、桌子一起抓到空中,我们都飞了起来。有些学生在我身边转了几个圈。我吓坏了,昏了过去。"原来,这些都是龙卷风的恶作剧。

龙卷风的范围并不大,一般在几十米到几百米之间;持续时间也不长,一般为几分钟到几十分钟,最多不超过几个小时。但是,由于它是一股高速旋转的空气,中心气压极低,所以风速很大,往往高达几十米每秒至一百多米每秒,甚至大到 200 米每秒!

龙卷风的破坏力异常惊人,所到之处,狂风暴雨,巨浪汹涌,惊涛拍岸。它可以把 20 吨重的大锅炉卷到 500 米以外的地方;也可以把 110 吨重的储油桶轻而易举地卷到 15 米高空,摔于 120 米外;还能把千百吨海水吸向空中;它会使一些地方莫名其妙地下起"鱼雨""麦雨""青蛙雨"和"银币雨";它甚至将大树连根拔起,使小县城变为一片废墟。1925 年 3 月 18 日,美国出现了一次强龙卷风,时速达 96.6 千米,行程达 354 千米,造成大量财产损失,使 689 人死亡,1980 人受伤。这是世界上迄今记录较为详细的最强大的一次龙卷风。

台风

2005 年 8 月 28 日,飓风"卡特里娜"以 282 千米每小时的速度扑向美国新奥尔良市,狂风和暴雨造成 1000 多人死亡,整个城市几乎成为空城,导致美国下半年的经济增长下降 1 个百分点,损失约 1500 亿美元,数十万人失业,被列为美国历史上十大灾难之一。

北美称谓的"飓风",就是我们所称的"台风"。那么,台风是怎样的一种风呢?

台风是生成在热带海洋上的空气漩涡,中心的气压很低,中心附近的气压差很大。由于气压差很大,因而台风中心附近的风速很大,最大风速常常达到 40~60 米每秒,个别

台风的最大风速可以达到 110 米每秒。从人造卫星拍摄到的台风云系照片来看,台风云系呈螺旋形,云带一圈圈地旋向中心。在台风里,地面附近的空气从四周向中心流入。流入的空气由于与海面接触,因而含有丰富的水汽。低空空气流入中心后,加速旋转,并螺旋式地上升。在上升过程中水汽凝结,形成大量高耸的云层。

台风中心是一个气压很低、风速很小、云层比较薄甚至晴朗少云的区域,叫台风眼。台风眼里空气下沉,气温比较高。

台风眼周围是风雨区。在这个区里,空气大量旋升,形成几十千米宽、十几千米高的垂直云墙。云墙下面天气极为恶劣,狂风暴雨势不可挡。

在风雨区外是大风区。这里的风雨虽然不如风雨区里的那样大,但风力还是比较大的。

台风形成之后,就要向西、向北运动。影响我国的台风移动路径很复杂,但可以归结为三类:第一类,台风经南海,在广东沿海、海南岛或越南登陆;第二类,台风登陆台湾后,横穿台湾海峡,后又在福建、浙江一带登陆,或者穿过琉球群岛,在浙江、江苏一带登陆后向东北方向移去;第三类,台风径直朝日本方向移去。

台风形成后,一面旋转,一面前进,当移动到纬度比较高的地方或登陆以后,一方面由于地面的摩擦作用,另一方面由于水汽供应骤然减少,热量来源缺乏,因而逐渐消亡。

台风带来的降水量极大,200~300 毫米的滂沱大雨是常见的。有一个台风在菲律宾竟下了 2500 毫米的特大暴雨。台风的破坏力也很大,因为它的能量太大了。因此,要想把一个强台风摧毁,大约需要 200 颗 100 万吨当量的氢弹。

我国东南沿海是世界上受台风影响比较严重的地区之一,主要受西太平洋台风、南海台风的影响。西太平洋台风活动时间主要在 7~10 月份,最多是在 8 月份和 9 月份这两个月。登陆我国的台风平均每年约有 7 个,最早登陆时间是 5 月上旬,最迟登陆时间是 11 月底,大约有一半的台风在浙江温州和广东汕头之间登陆。

变色大风

1986 年 5 月 19 日,我国新疆哈密市刮起一场猛烈的东南风。大风过处,沙石铺天盖地,天空一片灰暗,并伴随着令人胆战心惊的呼啸声。从室内透过玻璃窗向外张望,只见天空变成茶色,茶色时淡时浓,时明时暗。天空呈红茶色时,室内昏暗得无法看书读报;过了一会儿,天空又变成淡茶色,室内变得明亮起来……周而复始,变化很快。更奇怪的是,室内地板上、桌子上都沉积了一层红色的细粉末,还混有闪闪发光的白色沙粒。

这次变色大风持续 30 小时,给哈密人带来灾难:市区停电,工厂停工,商店关门,学校停课,电信中断,列车被困,交通瘫痪。当地居民从未见到过这种变色大风。人们惊慌不已,纷纷打电话给广播电台,要求解释。

原来,这天整个塔里木盆地上空是一个低压区。在这低压区内,空气猛烈上升,四周的空气随之快速地向中心汇集,于是形成大风。低气压区内,空气一面向中心汇合,一面做逆时针方向旋转,形成一个巨大的空气漩涡。哈密处于该空气漩涡的东北方,因而刮的是东南大风。由于新疆地区,尤其是塔里木盆地四周的空气十分干燥,以致地面上有一层厚厚的浮土和沙石,猛烈的大风将沙石、浮土卷向空中,刮到很远的地方。大风将敦煌、安西、柳园、红柳河一带的红色细土刮到哈密,使天空呈茶色。风时强时弱,所以天空茶色时淡时浓,室内时明时暗。另外,这些地方有云母矿、石英砂、磷灰石等矿物,这些物质有玻璃光泽,或能闪光,因而红色细粉末中夹有不少闪光的小沙粒。

黑色大风

1977 年 4 月 22 日,我国甘肃省西北部河西走廊刮起一场黑色大风。这天上午天气晴朗,午后地平线附近突然出现一条条黑云,二三分钟后,黑云迅速连成一片,并向两侧扩展成黑幕,好似无数条黑龙在翻腾,场面惊心动魄,却无声无息。过了 5 分钟后,那些"黑龙"便突然疯狂地向人们扑来,刹那间狂风大作,天昏地暗,空中充满沙粒和尘埃,人们呼吸困难。黑风过后,大片农田的肥沃表土被刮走,房屋、树木被刮倒,水渠被沙石填塞,死了数十人和成千的畜禽,一片凄凉景象。

黑风是我国西北内陆沙漠地区特有的一种天气现象。一般在天气晴朗的春天或夏天突然爆发,来势迅猛,破坏力强。

黑风的形成与河西走廊周围的环境、地形有关。河西走廊的西部和北部都有大沙漠,中部还有许多块状沙丘;河西走廊的山脉构成一条西北到东南走向的狭道。在春天和夏天,上午地面迅速增温,到中午近地层大气变得极不稳定,产生强对流天气,上升气流把沙尘卷向空中。若西边有强冷空气过来,冷空气一进入狭道,风速就迅速增大,黑风暴也就在这种特定条件下形成了。

哈麦旦风

非洲几内亚湾沿岸是个炎热多雨的地方。可是,有时也会刮起一阵火一般的干风。这种风吹来时,天空中弥漫着大量的尘埃、沙粒,天空变得阴暗,稍远一点的房屋、树木都看不见,附近的机场关闭。这种风一刮就是几十小时。风停之后,道路、屋顶、树木表面都抹上了一层红色,天空也变得红彤彤,原来绿色、湿润的地方一下子变成了一片红色、干燥的世界,植物枯死,人们的皮肤、指甲也会开裂。当地人称这种风为"哈麦旦风"。哈麦旦风刮来时,人们惊恐万状,奔走相告。

原来,这股风来自撒哈拉大沙漠。风把那里的干热空气、红色尘埃带到了几内亚湾的上空。这股风有时也会越过地中海,吸足水分,吹到西班牙、法国、意大利,成为一股闷热潮湿的风。它常使人们的反应失常,造成事故。曾有个德国人,在慕尼黑驾车造成了严重事故。他在法庭上申辩说,当时正刮着哈麦旦风,因此反应失常,请求宽恕。但是,法官还是做出了严厉的判决,理由是你明知这种风会误事,更应该小心谨慎地驾车。

焚风:大气"瀑布"

在名山大川中,常常出现"银龙飞舞,匹练垂空"的壮丽的瀑布景观。它们是水流流过山岭,从悬崖峭壁上凌空倾泻而下形成的。而风遇到山脉阻挡时,便被迫沿着迎风面的山坡爬升,然后翻越山脊,再沿着背风面的山坡飞泻而下,犹如奔腾的瀑布一般,形成"大气瀑布"。

凡是大气瀑布经过的地方,山前与山后的自然景观截然不同。

位于欧洲的阿尔卑斯山脉,这种景象特别显著。当你从意大利的米兰乘坐火车穿越阿尔卑斯山脉的辛普隧道时,便会领略到这种"大气瀑布"的威力。如果山南的米兰在下雨,当火车行驶到隧道附近时,看到的往往是如注的倾盆大雨,并且寒气袭人;可是,

焚风

当火车穿过隧道来到山北的瑞士时,看到的却是另一番景象:南风阵阵,碧空万里,干热难熬,真是"山前山后两重天"。

这是一种什么风?气象学上称为"焚风"。它是由一股从山顶沿山坡向下吹的热风。气流翻越山脊沿山坡向下流去,每下降 100 米,气温升高约 1℃。由于它既干又热,因此,凡是它光顾过的地方,仿佛火烧过似的,"焚风"也就由此而得名。

焚风盛吹时,一天之内气温可升高 20℃ 以上,会使初春顿时变成盛夏;如发生在夏季,天气会变得更加闷热。焚风所到之处,常使果木和农作物干枯,产量大减。在高山地区,焚风会使大量积雪融化,造成上游河谷洪水泛滥;有时还会引起雪崩;若地形适宜,还会造成局部风灾。

焚风的出现对人的情绪和健康有很大影响。它会使一些人的情绪低落,行为反常。例如,有的人会沮丧不已,寻死上吊。某些人在焚风吹来时,会出现呼吸困难、血压升高、偏头痛、眩晕、恶心、烦躁、抑郁等"焚风综合征",甚至会诱发溃疡病、手术后出血、急性阑尾炎、胆石症、肾绞痛、心肌梗死等。焚风盛行时期,犯罪率上升,工伤事故和交通事故也会明显增加。

焚风常造成火灾。世界上最著名的焚风区——阿尔卑斯山脉北麓,历史上发生的几场大火灾都是焚风造成的。那里每年平均出现焚风 80 多天,最多年份达 104 天。因此,在盛吹焚风的日子里,阿尔卑斯山脉北麓的村庄实行严格的灯火管制。

除了阿尔卑斯山脉外,在格陵兰岛西海岸、南非沿海、中国的天山和秦岭脚下、老挝、印度尼西亚等地也常有焚风。

为减少焚风的危害,我们应当积极营造防护林带,以降低风速、调节气温、改造局地小气候。

风急浪大

俗话说："无风不起浪。"风吹过海面时，与海水发生摩擦作用，会掀起阵阵波浪。

1933年1月6日，美国海军"拉马波"号军舰满载海军官兵从菲律宾出发，准备横渡太平洋到美国西部城市圣地亚哥。不料，"拉马波"号军舰在航行途中遇到高达34米的巨浪。这是有记录的世界最高风浪。

北海，常常受到暴风的吹袭而掀起巨浪。1953年1月30日到2月1日，猛烈的北风把海水向南推去，掀起高达十几米的巨浪，加上汹涌的大潮汐，使荷兰西海岸和英国东海岸的许多地方没入海水之中。风急浪大，造成重大损失，英国死亡300多人，荷兰死亡1800多人。

在汪洋大海中，较高的海浪一般只有十几米高。可是，它在冲击海岸时会激起更高的浪花。在斯里兰卡海岸有一座高达60米的灯塔，后来被海浪击坏了，可见近岸的海浪威力多么巨大。

世界上有许多风急浪大的海区。太平洋、南印度洋、孟加拉湾、阿拉伯海、墨西哥湾、北海、好望角，每年都要发生多起风暴，风急浪大，给航海带来不少麻烦。尤其是好望角，每年有100多天浪高达6米以上，甚至高达15米以上。航船绕过好望角时，人们总是提心吊胆。

形形色色的云雾雨雪

云彩多姿

天空是一幅活动的画面。在这变幻无穷的画面里，展现着丰富多彩的云彩。看，这种云像一片片纤白的羽毛；瞧，那种云像一缕缕带钩的细丝。在蔚蓝的天幕上，有时镶嵌着银色的"鳞片"，有时却又点缀着一团团白色的"棉花"。在下雨的日子里，云色灰暗厚实，像一条大棉被铺盖在天空，下面挂着一块块灰黑褴褛的"破絮"。而当太阳从东方升起时，云块在阳光照射下，闪耀着夺目的霞光。有时候天空像蓝色的海洋，万顷波涛翻滚，此起彼伏。有时候却似进入了群山的怀抱，但见那山峦重叠，奇峰突起。有时天边横着一排底部平坦、顶部凸起的类似城堡的云。在晴朗的天空中，有时会出现一种边缘薄、中间厚、轮廓分明、形似豆荚的云。

云是如何形成的呢？海洋、湖面、植物表面、土壤里的水分，每时每刻都在蒸发，变成水汽，进入大气层。含有水汽的湿空气由于某种原因向上升起。在上升过程中，由于周围空气越来越稀薄，气压越来越低，上升空气的体积逐渐膨胀，膨胀的时候要耗去自身的热量,因此上升空气的温度要降低。随着温度降低,上升空气容纳水汽的本领越来越小,其中的水汽很快达到饱和状态,温度再降低,多余的水汽就附着在空气中的凝结核上,成为小水滴。如果温度低于0℃,多余的水汽就凝华成冰晶或过冷却水滴。它们集中在一起,受上升气流的支托,飘浮在空中,成为我们能见到的云。

那么,为什么会形成各种各样的云呢?由于空气的运动形式不同,因此会形成不同的云。

如果空气进行上上下下的对流运动,那么形成的云都是一块块孤立向上发展的云块。人们统称其为积状云。

如果空气进行上升运动,并且是沿着一定的坡度大规模地斜升的,那么形成的是一种均匀得像幕布一样的铺满天空的云层。人们称它为层状云。这种云的水平范围很宽广,常覆盖几百千米甚至上千千米的地区。

如果空气沿水平方向进行波状运动,那么波峰处形成云,波谷处无云形成,于是形成一排排排列整齐、中间隔着蓝天的波状云。如果上下两层空气进行波状运动,就会形成像棋盘那样的波状云。而像城堡那样的云,是在波状云的基础上发展起来的。

如果空气能上升到很高的高度,在那样的高空中,水汽含量很少,水汽直接凝华成冰晶,冰晶分布不均匀,再随着高空的风飘移,于是形成千丝万缕的云。人们称它为卷云。

那种像豆荚状的云,主要是由局部的上升气流和下降气流会合而形成的。当气流上升,其中的水汽凝结形成云时,恰遇下降气流的抑制,云体不仅不能继续向上发展,而且其边缘会蒸发变薄,于是形成豆荚状的云。

看不见的隐形云

天空中的云彩,千姿百态,瞬息万变。但是,你可曾知道,在天空中还有一种肉眼看不见的云。

有一天,俄罗斯西伯利亚科学研究院大气光学研究所的研究人员,为了完成一项对流层大气探测任务,乘坐一架"气象探测"号飞机飞往远东上空进行实地探测。当他们透过舷窗观看窗外天空时,欣喜地发现整个天空阳光普照,碧空无云。于是,所长催促机长加快飞行速度,以便趁这个极好的天气在预定的探测区域顺利完成探测任务。可是,机长却回答说:"所长,我从机载雷达的屏幕上发现飞机前方的上空有大片云层的回波,飞机不仅不能加速飞行,而且还必须立即返航,否则将是徒劳。"

1982年,当他们重返西伯利亚上空探测时,遇到一大片看不见的隐形云,经测定,这片云层的面积竟达600平方公里,云层厚度也有500米。这些高空大气研究人员,在以后几年的高空大气探测活动中,还多次发现其他地区的上空也有这种看不见的隐形云。

经探测研究,这种肉眼看不见的隐形云是由极微小的粒子构成的。这种粒子几乎不能反射阳光,因而很难被人的肉眼所观察到。这些微粒主要是火山喷发出的尘埃,它们在1200~1500米的高空中形成云。这种云只有在阳光充足的晴朗天气条件下才会被人们探测到,而在日落时刻最容易在雷达屏幕上捕捉到它们的踪迹。

珠穆朗玛峰上的旗云

青藏高原是一个很特殊的地区,就连天上的云也很特别。其中最特殊的云要算珠穆朗玛峰上的旗云了。云沿珠峰顶飘向一边,真的像一面迎风招展的旗帜。当然,旗云的形状也会发生变化,有时像波涛汹涌的海浪,有时像古战场上奔腾的万马。偶尔还可以看到高原雄鹰在旗云的上空翱翔,更点缀了险峰的无限风光。

这种旗云既可作风向标,还可根据其方向的变化来预报天气。青藏高原上空刮的是强西风,因此,旗云的方向一般是指向东方。若旗云方向指向北方,预示很快就要下大雪了;若旗云像炊烟那样袅袅上升,预示天气也将变坏。

青藏高原上群山林立,为什么唯独在珠峰顶上会出现这种奇特的云呢?这与它特殊的地貌有关。科学家考察研究后发现,海拔 7000 米以下的珠峰地区冰雪覆盖,而海拔 7000 米以上到峰顶碎石遍地。当太阳出来后,碎石坡面很快被烤热,热空气沿坡面上升,大约上升到峰顶的高度附近开始凝结成云,当云一冒出峰顶就被强烈的西风向东吹去,于是一面云旗高高飘扬在峰顶。

匡庐云雾

江西庐山,古称"匡庐",是我国著名的游览胜地,每年上庐山避暑者不下数万人。

乘车沿登山公路而上,行至半山腰便入云雾之中。汽车在云雾中缓慢地行驶,不断地鸣着喇叭。云雾在车窗外向后退去,乘客仿佛在腾云驾雾,不知上下高低,不辨东南西北。看山下云海深处,山间公路皆不通。此时,不少乘客会咏起唐朝诗人钱珝《江行无题》中的诗句"咫尺愁风雨,匡庐不可登。只疑云雾窟,犹有六朝僧。"

车到牯岭,游人下车,便置身于云雾之中,远处景物不可见,近处一切虚无缥缈,对面行人闻声而不见影,茫茫然不知向何处。

游人在云雾中徘徊,又觉雾中有异味。庐山海拔 1000 多米,空气清新,何来异味?有人说"庐山云雾闻之有味",可能是微小的雾珠进入鼻腔刺激而成的一种错觉。

有人说"庐山云雾听之有声",这是真的。明清学者黄宗羲曾在游记中说:"庐山云雾有三奇,云有声乃是三奇之一。"你若站立在悬崖峭壁上,一定能听到微弱的咝咝之声。云雾由直径几十微米的小水珠组成,悬浮于空中,本不会发出声音。人们所以能听到云雾声,可能是山谷中上下运动的气流夹着云雾水珠经山岩、过草木时发出的摩擦声。

庐山云雾时沉时浮,时浓时淡。待到天顶发亮,这表明雾在深沉,游人可以赶往大小天池、锦绣台、含鄱口去观看云海。

云海为庐山一绝。云层绵延百余里,似无垠汪洋,云波荡漾。云静时,远处山峦显露在云层之上,恰似大海中的孤岛;云动时,远处山峦便像大海中的一叶扁舟。它,妙在非海，却又同真海一般。此时此刻，"不识庐山真面目"的感觉一扫而光，而真想常在庐山之中了。

黄山云海

　　我国安徽黄山，是世界著名的游览胜地，以奇松、怪石、云海吸引着中外游客。就拿云海来说吧，人们常用"不识庐山真面目"来形容庐山的云雾之多，其实，庐山一年中有云雾的天数平均为 195 天，而黄山却有 250 天以上。黄山不仅有云雾的天数多，且那种时而风起云涌，时而飘忽不定、变幻莫测的景象犹如把人带进了神话世界。

　　在黄山看云海的最好时间是每年 10 月份到第二年的 5 月份，最好的时机是雨停放晴的时候。这时，低空的空气湿度较大，云雾较浓，但见云雾在峰谷间推来拥去，升腾着，飘浮着，又不断地集合起来，不断地弥散开去，远极天际。迅即，云涛翻滚、波澜壮阔的云海景象尽收眼底，那气势一定会令你叹为观止！高出云海的山峰此时就像海上的一个个孤岛，随着云海海面

黄山云海

的涨落，山头时隐时现。此时，你若站在天都峰向莲花峰远眺，莲花峰真像几朵刚出水的芙蓉，真是名不虚传。云海有时会像大海一样汹涌澎湃，呼啸奔腾，还会像海浪一样撞击、拍打着山体。当云雾较淡时，那又是另一番景象了。这时的云雾如烟云一样飘忽，弥散开去，有时像绕在半山腰的飘带。受到地形的影响，云雾会沿着山坡倾泻而下，像从高山上轻轻流下的瀑布。当云雾一阵一阵飘荡时，山峰、奇松、怪石时隐时现，从远处看去就像海市蜃楼一般。若站在山峰上背太阳而立，有时能在前面飘忽的云雾中看到"峨眉宝光"。

　　黄山云雾的颜色还会随着刮风、雨雪、时间的不同而变化。有时是桃红、深红、粉红、银红、玫瑰红、朱红，有时是橙黄、金黄、鹅黄，而月光下的云是银色的，薄薄的云雾从松竹间飘过时又变成了绿色……真是变幻莫测。若登上有利位置观日出，那就更美妙了。先前湛蓝的天空，突然在东方天际出现鱼肚白，再逐渐泛红，再转变成金黄色，紧接着是在红色的天幕上射出万道霞光，愈来愈亮，不久，一轮红日喷薄而出。随着红日升起，一望无垠的云海像是沸腾了一样，云海海面不断地上涨、升腾。在阳光照射下云被染得五彩缤纷，松石也闪耀着晶莹的五彩光芒。处在这生机勃勃、色彩迷人的世界中，你既会感到自己如置身于一个梦幻般的神话仙境中，又会感到整个黄山好像变活了！

一年下多少雨

全世界每天总有一些地方在下雨。那么，全世界一年要下多少雨呢？

经过科学家的观测和计算，一年之中全世界要下雨 511 万亿吨；以体积计算，要下雨 511 万亿立方米。

每年要下这么多的雨，长年累月下来不就要下完了吗？不会的，地球上的水分是在不断地循环的。

一年之中降落到海洋里的雨水大约是 412 万亿吨，降落到陆地上的雨水大约是 99 万亿吨。而海水蒸发进入空中的水分大约是 448 万亿吨，陆地上的江河、湖泊蒸发与植物蒸腾进入空中的水分大约是 63 万亿吨。可见，天上降下来的雨水与海洋里和陆地上蒸发进入空中的水分，数量几乎相等。就是说，地面与空中之间，水分在不断地循环，达到相对平衡的状态。

另外，一年之中海水蒸发进入空中的水分要比从空中降落到海洋里的雨水多 36 万亿吨，多出的这些水分在空中被风吹送到陆地上空；而一年之中降落到陆地上的雨水要比陆上蒸发进入空中的水分多 36 万亿吨，多出的这些水分通过江河汇入大海。所以，海洋与陆地之间的水分也在不断地循环，达到相对平衡的状态。

据观测，空中共含水量大约是 13 万亿吨。不难算出，每年水分循环大约要进行 39 次。

酸雨

始建于 1163 年的法国巴黎圣母院是世界著名的大教堂，教堂内外有许多闻名于世的雕塑，是欧洲早期哥特式建筑与雕刻的主要代表。但是，近些年来，这些精美的雕塑表面已经损坏，逐渐剥落。

美国纽约港有一尊自由女神铜像，已经过了百岁生日。但是，上世纪 70 年代自由女神失去了昔日的风采，表面无光泽，黯然失色。人们不得不于 1986 年重新整修自由女神铜像。

古罗马的斗兽场、雅典的古建筑帕台侬神庙，表面被腐蚀也越来越严重。

在德国，几百年来森林茂密，群山之中到处是墨绿色的常青树，因而许多城市有"黑森林城"之称。可是，上世纪 80 年代德国西部约有 100 亿棵大树染上了可怕的疾病，森林区凋敝破败。

在美国纽约阿迪龙达克地区，上世纪 80 年代有 200 多口湖泊失去生机，湖中已没有鱼、虾遨游，湖面上也不见水禽飞翔。

为什么这些雕塑、森林、湖泊会受到严重的威胁呢？

罪魁祸首是天上降下来的酸雨。酸雨是一种酸性很强的雨。在美国，曾发现天上降下来的雨几乎同醋一样酸,落在人的身上,使人感到灼痛。

酸雨是一种灾害性天气。它是由于工厂大量燃烧石油、天然气,排放出大量的二氧化碳和含有硫、氮的氧化物,并进入大气中,在空中发生化学反应,生成硫酸和硝酸,随着雨水一起降落到地面上而形成的。

目前,防治酸雨的主要措施是减少化石燃料的使用,改革生产工艺,综合利用,在生产过程中控制污染物的排放。

怪雨

世界上曾多次下过一些十分奇怪的雨:银币雨、蛙雨、鱼雨、麦雨……

据历史记载,我国东汉建武三十一年,有一天在今河南开封一带突然乌云密布,狂风大作,暴雨倾盆。奇怪的是,降下来的雨水中混有大量的谷子。

1840年的一天,在欧洲西南的西班牙海岸上,下了一场"麦雨"。据说,大雨过后,鸡鸭一齐出动并饱餐了一顿。"麦雨"奇闻从此传开。

1940年6月17日下午,苏联高尔基省巴甫洛夫区米西里村地区(今俄罗斯境内)的天气特别闷热,天空中乌云翻滚,不久便狂风大作,并降下倾盆大雨。令人百思不解的是几千枚光亮亮的古银币伴随着大雨降落下来,居然还是16世纪俄国的货币。

1949年,新西兰的一个沿海地区,下过一场"鱼雨",几千条鱼与暴雨同时从天而降。

1960年3月1日,法国南部的土伦地区从天空中降落下来许多青蛙。

1997年6月,一场暴风雨降落在墨西哥城,随雨降落下来的竟然是癞蛤蟆。

2000年8月,英国海港城市大雅茅斯突降雷阵雨,随后又降了一场"鱼雨",大量的鲱鱼从天而降。这些鲱鱼虽然死了,但还是很新鲜。

类似的怪雨还有很多。这种怪现象其实也不奇怪,都是龙卷风在作祟。龙卷风把一个地方的古钱币、青蛙、麦子、鱼等卷到空中,当龙卷风的力量减弱,吸不住这些东西时,这些东西就随着倾盆大雨一起降落到地面上,于是就出现了上述的种种怪雨。

彩色雨

雨水本应是洁净透明的。可是,大自然像一位魔术师,有时还会变点戏法,给雨水掺上点颜色,下红雨、黄雨、黑雨……

1608年,法国的一个山城曾下了一场奇特的雨,雨滴红得像血一样。雨后,房屋和街道都披上红装,整个山城像被血染过了一样。当地的人们都惊恐万分,不知是怎么回事。后来,人们才知道,是大风把北部非洲沙漠中大量红色和赭红色的沙尘吹到空中,并与云中的雨滴凝结在一起,从而将雨滴染成红色。当云越过地中海后,由于地形的抬升作用,于是在山城里下起令人惧怕的"血雨"。

在我国福建南部一些地区,每年春天都要下黄雨。那是因为大风把附近森林里松树上的黄色花粉吹散出来,黄色花粉悬浮于空中随风飘移,当碰到空气中水汽比较丰富时,黄色花粉便成了水汽凝结核,一旦条件合适就成云致雨,于是就在那里落下"黄雨"。

1962年夏天,马来西亚的一个港口曾下过一阵"黑雨",雨后,那里的小溪和河流都被染黑了。究其原因,是大风把另一块地方的黑土层表面的泥土卷到空中,泥土随风飘到很远的港口后随雨滴一起降落下来。

常言道:"山雨欲来风满楼""呼风唤雨",这说明风和雨经常是伴随在一起的,风往往是雨的前奏曲。这种带颜色的雨,实际上就是由风、彩色的颗粒和空气中的水汽共同作用的结果。

印度红雨

2001年7月25日,印度南部喀拉拉邦突然下起了一场"红雨"。以后,红雨断断续续地下了两个月,河水、树叶都染上了红色。印度政府下令研究人员调查红雨究竟从何而来。

有人认为,这场红雨是大风将阿拉伯半岛的红色沙尘吹到了喀拉拉邦。大风是可以将沙尘吹得很远,例如,1968年7月,大风将撒哈拉沙漠的红色沙尘吹到了英国的南部。但是,印度物理学家戈弗雷·路易斯用显微镜观测发现,这些红色的颗粒直径为4~10微米,不是沙子,更像生物细胞。它们有坚硬且厚厚的外壁,有些还含有子细胞。经化学分析,红色颗粒含有碳、氧、硫、铁等化学元素。它们是不是从树上或屋顶上被雨水冲刷下来的花粉或某种菌类的孢子呢?不可能是花粉,因为研究人员是在开阔的地方收集这些雨水的;也不可能是菌类的孢子,因为开始下雨的时候,雨水并没有颜色。后来,路易斯对这些颗粒进行DNA检测,也没有发现DNA成分。2003年,路易斯提出了一个令人吃惊的推测,这些红色颗粒是外星微生物,它们随同彗星来到地球上。

路易斯的大胆推测遭到了许多科学家的质疑。英国的一位研究人员查尔斯·库克尔不同意路易斯的推测,而且提出了自己的假设:红色颗粒是血液中的红细胞,因为红色颗粒与红细胞大小差不多,而且红细胞内也不含DNA。那么,这么多的红细胞从何而来呢?库克尔说,陨石在降落的过程中发生了爆炸,碎片正好击中了一群蝙蝠,蝙蝠的血溅向四方,并随雨水降落。印度是蝙蝠的故乡,夏天它们经常成群结队在空中盘旋。

不过,库克尔的推测也遭到了许多科学家的质疑。如果红色颗粒是红细胞,那么为什么红雨中找不到血红蛋白呢?为什么找不到一丝的蝙蝠的皮毛呢?

路易斯为了得到更多的支持者,把红雨的样品送到英国的一个研究机构进行研究。这个机构的研究人员分析后认为,红色颗粒不是血细胞,因为没有血红蛋白;也不是花粉或孢子,因为没有几丁质成分;而且,这些红色颗粒也没有光合作用必需的叶绿体。不过,他们觉得也可以考虑另一个方面,或许来自外星的微生物没有DNA。

看来,关于印度红雨的形成原因一时难以搞清楚,需要进一步的研究。

幻雨

走进非洲北部的撒哈拉大沙漠,犹如进入了一个无生命的世界。这里没有鸟语花香、青山绿水,有的只是炎炎烈日和茫茫沙海。

当人们一踏上这片土地,在烈日的曝晒下,一定会感到酷暑难忍,希望能下场透雨来冲刷掉身上的汗水、润一润干得快要冒烟的嗓子。

有时倒也天从人愿,天空中突然乌云密布,转眼就下起了雨,人们因此而欣喜若狂。但是,奇怪的是雨还未落到地面就在空中消失了,仿佛有一只大手把雨收了回去。人们失望地称它为"幻雨"。

难道是老天在作弄人?其实,这不能责怪老天,因为天空中确实降下了雨。后来人们才弄明白,这是撒哈拉沙漠地区的低空天气在作怪。在撒哈拉沙漠地区,每年的降雨量特别少,不足 25 毫米,有的地方四五年不下一滴雨,还有的地方 30~50 年才下一次雨。由于这一地区的低空极度酷热、干燥,所以,未等雨滴落到地面,便在空中蒸发掉了,于是形成了令人们伤心的"幻雨"。

报时雨

古代没有计时钟,人们往往根据太阳的方位来估计时间。若碰到阴天、雨天,人们就没有办法估计时间了。不过,也有个别地方,偏偏是根据下雨来估计时间的。在印度尼西亚爪哇岛南部的土隆加贡地区,每天都会下两场大雨。这两次大雨下得十分准时:一次是在下午 2 时前后,另一次是在下午 5 时前后,天天如此。当地一些偏僻的山村学校不用买钟,只要把两次下雨的时间作为标准时间就行了。第一次下雨作为上学时间,第二次下雨定为放学时间,年年如此,很少发生差错。当地人称这两场雨为"报时雨"。

报时雨是热带地区特有的现象。土隆加贡地区地处热带,每天都受到太阳的强烈照射,气候终年炎热。每天太阳出来后,地温、气温就开始升高,水面蒸发和植物蒸腾作用都很强烈。水汽在上升过程中逐渐冷却,到凝结高度就开始凝结成云。水汽不断上升凝结成云,云就愈聚愈多,到下午 2 时前后就乌云密布,于是降下滂沱大雨。由于当地的云是由空气对流形成的,水汽来不及供应,所以雷阵雨不会维持太长时间,一会儿就雨过天晴。由于地面不断增温,空气温度也高,下午比上午水分蒸发更快,到下午 5 时前后,天空又乌云密布,接着又是一场倾盆大雨。由于土隆加贡地区地处热带,一年中基本没有四季交替,只有夏天,所以,每天的天气变化就像时钟运转一样准确,当地人便能准确无误地用降雨来估计时间。

雾凇与雨凇

寒冬腊月,我国东北松花江畔的树枝上,往往会结上一层白色的薄冰,银装素裹,宛若玉树琼枝，随风摇荡，在朝阳下闪闪发光，使千里冰封的北国江山别有风韵。冻结在树枝上的那层薄冰叫雾凇。

隆冬季节，在北方，你可以看到一种奇怪的雨，天上掉下来的明明是雨滴，可是在地上却看不到雨的痕迹，见到的都是冰。这种雨掉在树枝、电线上，会迅速冻结成晶莹透明的冰层，边滴淌，边结冰，结果挂下了一条条冰柱。这种滴雨成冰的雨称为冻雨，而滴雨所成的冰称为雨凇。

雾凇

雾凇和雨凇是过冷却的雾滴、雨滴碰到较冷的物体后迅速冻结而成的冰层。雾滴、雨滴在0℃以下还不冻结，其原因或是水滴的半径太小，表面弯曲得很厉害；或是水滴中缺乏固态的凝结核，无法使水分子按冰晶的格式排列起来而成为冰。这种过冷却水滴很不稳定，一旦碰到较冷的物体，一经碰撞振动，水分子的排列方式就发生改变而成为冰；同时，碰撞使水滴发生形变；物体表面也可起到类似凝结核的作用，使水滴有所依附。于是，过冷却雾滴或过冷却雨滴一经碰撞立即结为雾凇或雨凇。

雾凇使整条街道显得高雅、纯洁，颇具浪漫色彩。你置身其间，一定会想起唐朝诗人岑参的"忽如一夜春风来，千树万树梨花开"的名句。现在，每到冬季，许多南方人都兴致勃勃地去北方观赏这一奇景。

雾凇和雨凇虽然好看，但对人们毫无益处。它们常常使树枝折断，电线绷断，严重影响通信。所以，人们在架设电线之前，首先要调查一下哪些地方容易发生雾凇和雨凇，出现的强度又怎样。调查后，尽量避开那些经常发生雾凇和雨凇的地区；无法避开时应根据雾凇和雨凇出现的强度，对电杆间距离、电线荷载强度进行特殊的设计。

美丽的冰窗花

一个寒冬的早晨，颖颖醒来后发觉玻璃窗晶莹耀眼，刺得她睁不开眼睛。她以为外面下了大雪，于是一骨碌从床上跳下来走到窗前往外看。她没看到雪，却看见玻璃上结满了冰霜花。冰霜花千姿百态，有的像大树，有的像蕨叶，有的像重峦叠嶂的山峰，有的像羽毛，有的像瀑布，图形结构巧妙奇特。正在这时，刚升起的太阳照到窗上，晶莹耀眼中又透进红色，真是美丽极了。人们一般称它为"冰窗花"。

冰窗花在我国南方比较少见，在北方则经常可以见到，那是因为它的形成是有一定条件的。一般，室外气温在零下10℃，室内气温在10℃左右，室内空气又比较潮湿的情况下，在玻璃窗的内侧就有可能形成冰窗花。但是，若外面风比较大，或者窗缝比较大，外面的风就会往窗缝里钻，使室内的暖湿空气难以接近冷的玻璃，这样就难以形成冰窗花。

冰窗花分窗冰和窗霜两种：

窗冰是玻璃上原有的一层水膜,在玻璃表面的温度随室外气温降到冰点以下时直接冻结而成。

窗霜是室内的暖湿空气接触到低于0℃的冷玻璃表面时水汽直接凝华而成。

造成冰窗花千姿百态的原因可能是:室内外温度的不断变化,决定了冰晶结构基本形态的变化;玻璃表面的光滑程度和玻璃上附着的化学物质的不同,造成水分子排列不均匀、冰窗花生长时的随机性。

舞厅雪花

一个寒冬之夜,俄国圣彼得堡的一个舞厅内,正举行盛大的舞会,达官贵人正在那巨型蜡烛光芒照耀下翩翩起舞。舞厅的门窗紧闭着,人多热气高,厅内的空气越来越闷热、混浊,使人头昏脑涨。突然,一位少妇昏倒了,人们顿时骚动起来。

一位英俊的年轻人,想推开窗户,可窗户早被封死了。他急中生智,"乒"的一声把窗玻璃打了个粉碎。外面的寒风从窗户中灌了进来。人们开始感到空气清新。可是,没等几分钟,舞厅内突然飘起无数白色的小东西。人们仔细一看,这无数白色的小东西竟然是晶莹的雪花。

外面并没有下雪,这雪从何而来呢?人们莫不感到惊讶。

原来,人们拥挤在舞厅内,呼吸时排出了大量的水汽,蜡烛的燃烧又使舞厅内充满了烟灰。当外面的寒风灌进舞厅后,厅内的气温急剧下降,水汽遇冷后就以烟灰粒子为凝华核心而冻结成冰晶。于是,舞厅内飘起了雪花。

雪花多姿

生活在北方的人,每年冬天都有机会看到几次大雪纷飞的壮观景色:那漫天风雪,飞飞扬扬,像鹅毛,像棉絮,像绒毛,像芦花,扑向大地,飘落在江河里、田野上、山林间。瞬息间,山川的一切景物都变了,山如玉簇,树挂梨花,地铺银装,壮丽的北国被装点成一个纯净的银白色世界。极目远眺那银白色的世界,不禁使我想起古代一则趣闻。

1600多年前的东晋时代,有一年冬天,在宰相府里,宰相谢安正与几个小孩围坐在客厅内观赏雪景。客厅里的炉火热融融,屋外的雪花漫天飞洒。谢安触景生情,向孩子们发问:"纷纷的白雪与什么东西相似?"一个男孩不假思索地说:"像在空中撒盐花呗!"宰相听后笑了笑,但并没有说什么。过一会儿,一个十来岁的女孩子说道:"柳絮因风起。"好个"柳絮因风起",回答得太确切了。这不仅把雪花的颜色作了形象化的比喻,而且把雪花轻盈飘逸的姿态活灵活现地表述了出来。谢安频频点头表示满意。在座的其他孩子也纷纷拍手称赞。这女孩是谁?她就是后来成为东晋第一女诗人、谢安的侄女——谢道韫。

虽然幼小的谢道韫以其敏锐的才思说出雪花是白色的和轻盈的,可是,她未必知道雪花是一个个形态多样、美丽异常的冰晶体。

在放大镜下,你会发现,一片片雪花,有的像六角形的薄板,这就是板状(片状)雪花;有的像一根绣花针,称为针状雪花;有的像一截铅笔,叫作柱状雪花;有的却似向各个方向均匀张开的六把小扇子,那是扇状(花瓣状)雪花;还有光芒闪耀的星状雪花、树杈丛生的树枝状雪花、两头大中间小的哑铃状雪花,真是形形色色,仪态万千。

但是,不管雪花有多少种形状,却是万变不离其宗,它基本的形状是六角形的。这是为什么呢?冰晶是一种晶体,形状是一个六角形。对六角形冰晶来说,它的面上、边上和角上的曲率不同,因此饱和水汽压不同,面上的饱和水汽压最小,边上大一些,角上最大。当空气里的水汽压相同的时候,由于冰晶各部位的饱和水汽压不同,水汽在它上面凝华的情况也就不同。如果空气里水汽压比面上的饱和水汽压大而比边上的饱和水汽压小,水汽只在面上凝华,于是形成针状和柱状雪花。如果空气里水汽压比边上的饱和水汽压大而比角上的饱和水汽压小,边上和面上虽然有水汽凝华,但边上位置突出,能优先获得周围的水汽,增长得快,于是形成片状雪花。如果空气里水汽压比角上的饱和水汽压大,虽然面上、边上和角上都有水汽凝华,但是因为尖角处位置最突出,水汽来时它首当其冲,水汽供应最充分,增长得最快,于是形成了枝状或星状的整齐的六角形雪花。在云里,由于冰晶不断地运动,它所处的水汽条件也在不断地变化,这样使得冰晶一会儿沿这个方向增长,一会儿沿那个方向增长,形成了各种形态的雪花。

美国科学家庞脱莱曾拍摄过 6000 多张雪花照片,并通过反复对比,发现它们的形状彼此各不相同,没有两张是完全一样的。这位科学家临终前还说:"这不过是大自然落到我手里的一部分雪花而已。"这就是说,雪花的形状还有许许多多。是的,目前人们已找到不同的雪花图案达 2 万多种,还有更多的雪花形状正等待着人们陆续去发现它。

奇异雪景

下雪的时候,人们常常能够看到这样一番景象,北风呼啸,寒流滚滚,雪花飞舞,整个大地像要被吞没似的。然而,在一些地方,下雪时却出现一些十分有趣的景象。

1915 年 1 月 10 日,在德国柏林下了一场大雪,雪片的直径达 10 厘米,像一只只银碟从天而降。

1921 年 3 月的一天,一场大雪从天而降。在美国俄勒冈州有一个露天堆货场,场内有一堆未经熟化的干石灰。后来,融化了的雪水使石灰开始熟化,在反应过程中产生大量的热量,使附近的一堆木柴着火,火舌从木堆伸向大树,再伸向一幢房子。在这场大火中雪竟然扮演了火种的角色。

1970 年 12 月 2 日,在美国犹他州的一座山脚下,人们见到一个从云中伸向地面的灰黑色圆柱,并由东北向西南方向一面急速旋转一面移动,所经之处,房屋被刮倒,大树被连根拔起。这无疑是一次龙卷风的过程。可是,当龙卷风移到一个雪深约 1 米的雪场时,雪被卷到 30 米的高空,于是形成一条白色的雪柱,龙卷风也就变成蔚为壮观的雪龙卷。

1971 年 1 月 18 日晚上,在美国的一个山区,一场湿雪普天而降,时而还夹着闪电,同时,人们还看到了空中的亮光。后来,在树林里、篱笆上、房顶上,甚至在自己的周围,到处都有这种亮光的出现,亮光犹如烛光一般。有人把手伸出去,还发现亮光从手指缝中穿过。这种奇妙的现象,至今仍是个谜。

彩色雪

人们喜欢把雪作为白色的象征,用它来表示纯洁。可是,世界也真奇妙,有时那纯洁的白雪也会染上点颜色。

1897年,俄国圣彼得堡下了一场黑雪。观察结果,竟是亿万只黑色小昆虫乘风漫游天空时,刚巧碰到天空中正在飘落的雪花,于是被雪花带到地面上,造成了罕见的黑雪。

有一年,人们在珠穆朗玛峰和西藏察隅地区的冰川上见到了红色的雪。人们以为老天爷在捣鬼,因此,很是害怕。其实,这是大风和红藻共同耍的把戏。这种藻类在常年被冰雪覆盖的地区分布很广,繁殖能力也特别强。当大风吹来,这些藻类被卷向空中,碰到下雪时就粘在雪片上,随雪降到地面上,几小时内就可把雪染成红色。在暖季,红雪区的附近往往还伴随着黄雪区,这是黄藻迅速繁殖的结果。

黄色雪也不全是藻类引起的。有时大风把远处的黄沙、花粉或黄土带到空中,遇到下雪,就会被雪花夹带着降落下来。有些地方还下青雪、褐雪,甚至还下过带西瓜味的雪,这大都是风和藻类玩的把戏。

六月雪

我国元代戏曲家关汉卿曾编有杂剧剧本《窦娥冤》,故事说的是,良家女子窦娥受流氓迫害,被诬告成杀人犯。昏官枉法将窦娥判定死罪。窦娥无处申冤,临刑时仰望苍天发下誓愿:她死后,天将降落大雪来掩埋她的尸骨,让白雪来证实自己是无辜的。在6月的一天午时开刀问斩时,果然狂风大作,下起一场暴风雪,仿佛苍天被这千古奇冤激怒了。因此,后来有的剧作家干脆把这出戏剧改名为《六月雪》。

这则故事只不过是作者借大自然在那盛夏降雪这一异常天气,来控诉人间的不平罢了。然而,根据世界各地气象观测记录来看,6月下大雪时有发生。

1947年6月4日至5日,即将进入盛夏的莫斯科,忽然间下起一场大雪。4日这一天,莫斯科地区的气温骤降,上午开始下毛毛细雨,到了下午整个天空竟纷纷扬扬飘起雪来。过了一夜,那高楼大厦,那花草树木,那大街小巷,全都覆盖上一层白皑皑的厚雪,极目远眺,整个大地成了银雕玉砌的世界。5日,莫斯科的天空继续飞扬着雪片。

1980年5月20日清晨,莫斯科的市民们推开房门一看,惊奇地发现:绿叶满枝的树木变成了银枝玉叶,黑灰色的街道变成银白色的长带,参差不齐的屋顶戴上顶顶雪帽……但是,太阳出来一照,两三小时后,积雪全消融了。

真巧,第二年的同一天,莫斯科又下了这样一场大雪。

1981 年 5 月 31 日,我国山西省一林区从上午 11 时 27 分开始下起大雪,到了 6 月 1 日下午 3 时才停止,历时 27 个小时,降雪量达 50.2 毫米,地面积雪 3 天后才融化掉。

1986 年 6 月 18 日起,我国青海省唐古拉山区也接连几天下起大雪。满天飞舞的雪花把许多山路封冻起来。青藏公路上约有 20 公里的路面被大雪封住,有 1000 多辆运输车受困。经过一个多星期的救援,险情才被排除。

1987 年 6 月 5 日,我国河北省张家口地区下了一场大雪,48 小时降温 12℃,个别地区降温 21℃,最低气温下降到零下 7℃,使农业生产遭受到严重损失。

据气象学家观测研究,六月雪是一种异常天气现象。由于气温的不断变化,遇上特殊的天气条件,比如夏季冷空气长期盘踞一地,加上地理位置、海拔高度等因素,就可能出现六月雪这种特异景观。

奇特的冰雹

春末和夏季,在我国西北部的山区,时常看到从天上降落到地面的冰雹。

冰雹是由霰(一种不透明的冰球)或冰滴在气流升降特别强烈的积雨云中,随着气流反复上升、下降,并在升降过程中不断与沿途雪花、小水滴等合并形成的具有透明与不透明交替层次的冰块。当它增大到一定大小时,上升气流无法支持,随即降落到地面上来。

冰雹多数呈球体状,也有呈块状、圆锥状。冰雹小的如黄豆,大的像鸡蛋,有的如砖块一般大小。但是,古今中外也曾出现过一些巨型的冰雹。如 1788 年 7 月 13 日的一场冰雹袭击法国时,人们发现其中大的冰雹质量达 500 克以上,击死击伤许多飞禽和牲畜。1928 年 7 月 6 日,美国内布拉斯加州下了一场冰雹,堆积的冰雹高达三四米,其中有一个冰雹质量达 680 克。1968 年 3 月,降落在印度比哈尔邦的最大的一块冰雹,质量达 1000 克,当场把一头小牛砸死。1960 年 5 月 3 日,我国湖南省古丈县下了一场冰雹,最大的冰雹质量达 3500 克。1950 年,在阿塞拜疆降落了一块质量达 10 千克的冰雹。更罕见的是,几年前在西班牙降落的一块巨型冰雹,质量约 50 千克。

冰雹质地坚硬,降落到地面上会反跳。可是,1963 年 5 月 24 日,我国黑龙江省伊春市却降了一场软冰雹,冰雹着地时不会反跳,落地后个个成了圆饼形状。

最有趣的是在美国维克斯堡降落的一次冰雹,那是在 1894 年 5 月 11 日下午发生的。所降落的冰雹不仅个头大,而且所有的冰雹核都是由石膏块组成的。同一时间,在维克斯堡以东 13 千米处的博文纳也降了一场冰雹。人们将其中一块特别大的冰雹(直径 15.2～20.3 厘米)打开一看,冰雹里居然藏有一只乌龟。原来,在博文纳,那天正刮着旋风,乌龟被旋风卷上天空,起了冰雹核作用,被冰晶一层又一层包裹起来,等到上升气流托不住它时,就降落到地面上。在俄罗斯的西伯利亚还降落过"人雹"。原来,这是苏联军队在西伯利亚某地进行一次跳伞训练时,一名跳伞员离开飞机后,便被一股气流带到浓积云中,云中的空气对流非常强盛,便几次把他带上带下,使他身上的冰层越裹越厚,最后上升气流再也无法托住他时,便成为"人雹"降落到地面上来。

大气中的光声电现象

大气哈哈镜

20世纪80年代,有一支苏联极探险队,在楚科奇半岛遇到一件怪事:有一天,在探险队宿营地附近探险队员看见一只大白熊。探险队员知道,这只大白熊就是北极熊。北极熊是北极地区的猛兽,它会主动攻击人,危害人身安全,甚至还会捣毁营地,因而探险队员不敢大意,急忙回营取出枪支。可是,正当一位探险队员举枪准备扣动扳机时,那只大白熊竟然变成一只银白色的海鸥,展开巨大的翅膀飞离营地,冲向天空,并不停地拍打着翅膀,在蓝天上盘旋。目睹这一幕情景,探险队员个个目瞪口呆,惊奇万分。

"大白熊变成海鸥,这是怎么回事?"正在探险队员感到纳闷的时候,探险队里的气象学家告诉大家:这一奇异现象是"大气哈哈镜"恶作剧的结果。

现代科学实验告诉我们,大气是由密度不同的气层构成的。一般情况下,空气是离地面愈高愈稀薄,密度愈小。晒热的沙地上空的空气,要比润湿的林地上空的空气密度小。当光线由一种密度的空气层射入另一种密度的空气层时,光线便发生折射和全反射现象。当物体发出的光线被空气多次折射、全反射后,物体的像会严重畸变。

在楚科奇半岛出现的"大白熊变成海鸥"的奇异现象,就是这样发生的。半岛地面冰封雪裹,温度很低,靠近地面的空气层密度较大。这时,如有暖气流流经半岛上空,便形成逆温层。那么,由远处蹲在地面的海鸥投射来的每束光线,都要从下面密度较大的空气层射入上面密度较小的空气层,遇到这两层密度不同的空气层交界面时,光线向密度较大的空气层偏折,偏折的光线到达地面后又被向上反射。多次折射、全反射后,海鸥的像被显著放大,产生严重畸变,像北极熊了。

霞光万道

当旭日东升或夕阳西沉的时候,在地平线附近的天空,常常会出现一片绚丽的光彩,构成一幅扇形的美妙景象。这就是五彩缤纷的霞。早晨出现在东方天空的称为"朝霞"或"早霞",傍晚出现在西方天空的称为"晚霞"。

霞光万道,渲染了天际,美如画卷。"落霞与孤鹜齐飞,秋水共长天一色","余霞散成绮,澄江静如练",诗人把彩霞写得多么生动逼真!

霞是由于阳光碰到近地面空气里的分子、尘埃、水汽等散射而形成的。太阳光里的各色光透过大气层的能力不同,红光透过大气层的能力最强,橙光、黄光、绿光差一些,青光、蓝光、紫光更差一些。太阳光在地平线上所透过大气层的厚度比中午透过大气层的厚度要大几十倍，所以在早晨和傍晚，青、蓝、紫等颜色的光损失得特别多，余下的只是一些红、橙、黄色光。这些红、橙、黄色光，经过地平线上空的空气分子特别是水汽、尘埃杂质散射以后，使天空带上红色或黄色。天空中的水汽、杂质越多，这种色彩就越鲜明。当天空中有云层时，云层反射透过大气层而来的红、橙、黄色光，就会染上美丽的颜色。

霞光万道

空气中所含的水汽、尘埃杂质越多，彩霞的颜色就越艳丽。例如，1883 年，印度尼西亚的喀拉喀托火山爆发，喷发出大量的微小尘埃飞扬到高空，漂洋过海，遍布世界各地。由于这些飘浮在天空中的微小尘埃的散射作用，那一年世界各地所看到的彩霞都特别美丽。

霞的出现与天气变化有关。民间广泛流传有这样一些谚语："朝霞不出门，晚霞行千里""朝霞雨淋淋，晚霞烧死人""早霞不过午，晚霞一场空"。这里的"霞"指有云的霞。这是因为早晨一旦出现绯红的朝霞，表明大气里能产生雨滴的水汽与尘埃等杂质已经很多。我国大部分地区处在西风带，产生降水的天气系统也都是由西向东移动的，因而朝霞预示云层已经从西方侵入本地，天气要转阴雨了。而在傍晚，由于太阳一天的加热，温度比较高，低空大气里水汽一般不多，而尘埃因对流减弱而集中在低空。所以，晚霞是由尘埃散射阳光而成的，表明西方天气比较干燥，不会有云雨产生。

天边彩桥

夏天午后，一阵瓢泼大雨过后，乌云消散，太阳在西边重新露脸，而在东边蔚蓝色的天空中，常常会出现一条半圆形的彩练，飞架在天际，犹如一座彩桥。这就是虹。

虹，古人以为是龙在雨后的显形，所以"虹"字带上了"虫"字旁，一直沿用到今天。在阿拉伯人的传说中，虹则是光明神哥沙赫的弓。当哥沙赫休息时，就把自己的弓——虹，挂在云端。

多少年来，人们观赏虹，流传着虹的神话，同时也努力揭开虹的秘密。

17 世纪初，有一位名叫多密尼斯的学者，企图用科学的原理解释虹的形成原因，结果被教会说成是宣传异教邪说，遭到迫害，被判处死刑。

我国北宋科学家沈括对虹做过科学解释："虹，雨中日影也。日照雨，则有之。"

虹，是太阳光射到空中的水滴上，发生反射和折射形成的。在下雨时，或者在下雨后，空气中布满着无数的小水滴。这些飘浮在空中的小水滴，相当于一面面小型的三棱镜。当太阳光透过小水滴时，不仅改进了前进的方向，同时被折射成一条七色光带进入小水滴，在小水滴里面发生内部反射，然后再从小水滴折射出来，而成为虹。由于紫色光的偏折程度最大，所以位置在内，红色光的偏折程度最小，所以位置在外。

有时，我们还会看到在虹的外面，有一条色彩较淡的光弧，我们叫它"霓"，又称"副虹"。它的七色光排列次序与虹相反,红色光在内,紫色光在外。

霓与虹产生的原理有些不同,虹是太阳光在小水滴里只反射一次产生的,而霓是太阳光在小水滴里反射两次产生的,光线走的路线长,能量损失大,所以霓显得比虹暗淡些。

在一般情况下,人们只能看到一条彩虹或一条虹一条霓。但是,在一些特殊天气条件下,有时能看到四五条彩虹。1948年9月24日傍晚6时左右,在苏联宁格勒尼瓦河上空出现四条彩虹并列的奇景。当然,这种情况是很少见的。

人站在地面上,只能看到半圆形虹,可当你坐上飞机,在虹的上面俯视下来,则能够看到整个圆形的虹。当太阳靠近地平线时,见到半圆虹;太阳越高,虹头就越低;如果太阳高出地平线42°以上,就看不到虹了。

虹的色彩鲜艳程度和虹带宽度与空气中水滴大小有关。水滴大,虹就鲜艳清楚,比较窄;水滴小,虹就淡,也比较宽;如果水滴过小,就不会出现虹。

俗话说"东虹日头西虹雨"。这是有道理的。因为在中纬度地区,云雨区一般是由西向东移动的。如果东边出现虹,西边有太阳,表明云雨区将移出本地;相反,如果西边有虹,表明本地西边有大片的云雨区,天气仍将阴雨。

月夜彩虹

1984年9月10日,那天正是农历八月十五日,中秋节。这天晚上一轮玉盘似的满月嵌在墨蓝色天幕上,皎洁的月光泻向大地。晚上8时多,我国辽宁省新金县城关普兰镇正逢阵雨初霁,居民们正在庭院里兴致勃勃地边吃月饼边赏中秋月。这时,人们惊奇地发现,在西方半空中出现一条光带,像是一座彩桥从南方伸向北方。由于是在夜间出现的,光带的色彩不太分明,但是,仍然可以分辨出上层的淡红色和下层的淡绿色。大约经过五六分钟,随着云层的移动,光带逐渐消失了。对这一奇异的大气光象,后来新金县气象站的气象工作者分析说,那天晚上月光如洗,又正巧碰到刚刚下过阵雨,因此确认这一大气光像是月虹。

月夜彩虹

在美国约克郡斯普敦城,1987年的一个夜晚,一轮明月悬在天空,犹如一个磨光的银盘,光华四射。就在这月色溶溶的夜晚,另一边天空突然出现一道彩虹。有些人为此惊慌失措,认为月夜彩虹是外星人发来的光信号,预示他们即将乘坐"飞碟"光临地球。

彩虹通常是白天雨后出现的。但是,在夜间,只要有明亮的月光,大气中又有适当的雨滴,月光在雨滴上经折射和反射,同样可以形成彩虹——月虹。因为月光是月球反射太阳的光,月虹的色彩同样也是由红、橙、黄、绿、蓝、靛、紫七种可见的单色光组成的。不过,由于月光比太阳光弱得多,因而形成的月虹暗得多。正因为月光较弱,所以多数的月虹都呈现白色。像辽宁省新金县和美国约克郡出现的能分辨出色彩的月虹,为数不多。

奇晕

天空中飘浮着轻纱般的薄云,阳光从云后透射过来,你会看到太阳的周围有一个相当大的彩色光环。有时在光环上,太阳的两侧,还有两个明亮的光斑。这个彩色光环叫"晕",而那明亮的光斑叫"假日"。

一般的晕,许多人都见过。但是,附有两个假日的晕,大多数人没有见过。

在我国近代史上出现的比较著名的晕有两次。

一次是 1933 年 8 月 24 日 9 时 03 分到 9 时 45 分出现在四川峨眉山上的晕。可惜的是当时没有人拍得彩色照片,只能根据当事人的目睹情况绘制一张示意图。图中 S 是太阳光盘。环绕太阳有一个视半径为 22° 的内晕(ABC 环),很亮,靠近太阳一侧呈鲜红色,向外依次为橙、黄、绿、紫等色。这些环都很清晰,很美观。在 22° 晕的外面有一个视半径为 46° 的外晕(KYJ 环)。外晕的色带排列与内晕相同,只是稍微暗淡一些。在 46° 晕的外面,还有 90° 晕环的一部分(R 光弧),它时隐时现,有时仅露片段,色带模糊不清,只能看到白色的光辉,比其他各环隐没得早。当时,天空中最大的是假日环(WNV 环),它是通过太阳与地平圈相平行的白色光环。在假日环上有两个假日(S′)与(S″),分别位于太阳的两侧。内晕旁有日珥(HGFE 弧),色彩也很鲜明。

另一次是 1934 年 1 月 22 日和 23 日出现在西安的晕,比 1933 年出现在峨眉山上的日晕更为复杂。当时,报纸上这样说:"本月 22、23 两日太阳周围出现数个日晕,光线灿烂,结构复杂,假日及日珥为数甚多,由上午十一时许起至下午四五点钟后,始渐消失。一时街谈巷议,议论纷纷,而各报社与民教机关请求解答者纷如也。"由此可见,这次日晕之怪和西安人民对这次晕的注意了。

晕是日月光线通过卷层云的时候受到卷层云里冰晶的折射、反射而形成的。如左下图所示,光线 S 从 A 点射入卷层云里的某一个冰晶以后,经过两次折射,分散成不同方向的各色光。跟形成虹的情况一样,这各色光中只有一种颜色的光能射入我们的眼帘。如果天空中有四个冰晶,冰晶的排列方式如下页图所示,上面一个和下面一个折射出来的紫色光和中间两个冰晶折射出来的红色光,正好射到人们的眼帘。事实上,卷层云里有无数冰晶,在太阳周围同一圆周上的冰晶,都能把同一颜色的光折射到人们的眼帘,于是形成了内红外紫的彩色光圈。

为什么伴有假日等多种光象的晕那么罕见呢?晕是光线通过大气中悬浮着的冰晶时,发生折射和反射而形成的。由于大气中冰晶形状不同,排列的方式各异,光线投射的角度不一,各种颜色光的折射率有大有小,会产生各种不同的光学现象。内晕出现的条件比较简单,因而常见。但是,假日、假日环、日珥、外晕出现的条件相当严格,比如假日形成时要求冰晶的形状是正六角形的,而且要垂直地悬浮着,太阳正好在地平线上;又比如视半径为90°的晕,它出现时要求冰晶呈金字塔状的。这些条件一般很难满足,罕见的道理也就在这里。

光柱林立

1978年1月19日清晨5时前后,在我国黑龙江省佳木斯市郊公路上,不少人骑着自行车下夜班回家。当时,天空少云,天气十分寒冷,气温达零下25.6℃,有零星微雪正在飘落。突然,不少人看到远处有许多明亮的向上竖起的光柱林立在公路两旁,好像那里有许多探照灯垂直射向夜空。光柱还不断闪动,宛如水中月光的光带,十分壮观。远处汽车车头上的灯光也向上射向高空。骑车人加速驶向远处,到了那里看见有许多水银灯,那些明亮的光柱就是由水银灯灯光上展下延而形成的。人们正看得出神,突然光柱消失。此时,夜空中雪花已纷纷扬扬。

这是一种罕见的光学现象,往往出现在下雪之前。这时,空气中已有不少大致成水平取向的板状冰晶和柱状冰晶,而且有一个平面与地面平行。地面上的灯光被冰晶向下的平面反射,反射光集合在一起进入人们的眼帘,于是人们看到了光柱。另外,由于这些冰晶下降时,像一片树叶那样水平飘落,并随微风不断前后俯仰摆动,反射光也就随之闪动,使光柱宛如水中月光的光带。当大雪纷纷扬扬时,雪花表面很粗糙,粗糙的表面会把光向四面八方散射开去,反射光不可能集合在一起,光柱也就消失不见了。

有时,在太阳或月亮的上方或下方,也会出现闪亮的光柱。有时,光柱会与围绕太阳或月亮周围的彩色的晕相交,形成一个光十字,构成天空奇景。

露面宝光

在法国里昂郊外,一天清晨,许多人到室外散步。这天太阳特别明亮,阳光洒在草地上反射出耀眼闪亮的光芒。突然,有人发现自己在草地上的头影周围有一片白色光亮的区域,于是惊异地把妻子叫出来观看,可他妻子怎么也看不到他的头影周围的白色光亮的区域。

其实,这个人所看到的现象就是"露面宝光"。这是一种比较罕见的大气光学现象,一般出现在天气晴朗的早晨。这时,如果你背对着太阳光、面对着凝满晶莹发亮露珠的草地站着,有时能看到自己头影周围有一片白色或白中带一点绿色的光亮区域。它的奇妙之处是:如果许多人站在一起,每个人只能看到自己头影周围有宝光,却看不到别人头影周围的宝光。

露面宝光是怎样形成的呢?在大片草地上,当草叶挂满了露珠时,草叶上的绒毛所组成的是一片毛玻璃似的不透明乳白色屏幕,而露珠就像屏幕前的一个个透明的玻璃球,玻璃球有放大和聚焦作用。人影投射在露珠上时,它起放大镜的作用,把人影放大。阳光照射在露珠上时,聚焦后的光线在露珠底部的不透明屏幕上反射出来,形成很亮的光环。由于反射光只出现在阳光投射方向的相反方向，所以每个人只能看到自己头影周围的宝光。

峨眉宝光

位于我国四川省的秀丽而雄伟的峨眉山，山上古木参天，茂林修竹，山下河流交错，空气异常潮湿，半山腰经常有云雾缭绕。当你站在海拔 3000 多米的金顶舍身崖上，背着太阳，面向云海，云蒸霞蔚，声势豪放，令人心旷神怡。如果幸运巧遇"宝光"出现，峨眉奇景尽收眼底。

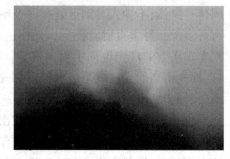

峨眉宝光

峨眉宝光是峨眉山的奇景。自古以来，它吸引着无数游客前去参观，却不是每人都能如愿以偿。峨眉宝光冬季出现次数最多，而且大都出现在日出后半小时到上午 9 时，或者下午 3 时后到日落前 1 小时。当强烈的太阳光从观察者背后射来，射到观察者前面的第一云雾层时，便在云雾水珠的孔隙中发生衍射分光作用。若在离观察者不远的地方又有第二云雾层，通过第一云雾层衍射分光所产生的彩色光便映现在第二云雾层上，被观察者看到。有时太阳光线强烈，观察者看到的是一个巨大的七彩光环，从外到里，按照红橙黄绿蓝靛紫次序排列；有时太阳光线较弱，看到的只是几道彩环，层次模糊；有时看到的只是一个白色的大光环。罕见的是，有时会出现几重光环，愈是向外，彩色愈淡。

这一彩色光环很像围在佛像头部的光圈，所以人们把它叫作"佛光"。

令人神奇的是，观察者的身影也显现在光环之内。头像在光环中心，观察者的一举一动，也都在光环中显现出来。

峨眉宝光并非峨眉山独有，只要条件相同，其他山区，甚至平原、草原和海滨也可出现。例如，我国的泰山、黄山、南京北极阁都曾出现过这种胜景；德国、瑞士、日本的一些山区，也常出现这种光像，那里的人们也可一饱眼福。

蓬莱仙景

1981 年 7 月 7 日，在我国山东半岛的蓬莱阁附近的海面上，曾出现一种奇景。这天，风和日丽，无垠的天宇和茫茫大海相连。蓬莱阁附近的海面上泛着金光，远处，淡淡的薄雾为大海罩上一层神秘色彩。下午 2 时 40 分，在蓬莱阁附近海面上，隐隐约约地出现了两个小岛，10 分钟后，岛上的道路、树木、山岭清晰可辨，亭台楼阁显而易见，行人车辆时隐时现，各种景物交相辉映……

过了 7 年，1988 年 6 月 1 日，蓬莱奇景再度出现。那广阔的海面上漂浮着一条乳白色雾带,先是大竹山、小竹山两岛涌起橙黄色彩云,接着,南长山列岛在雾中渐渐隐去,浮现的却是一个神秘的新岛。新岛上,云崖天岭,幽谷曲径,时隐时现,若即若离;仙山之中,隐约可辨的玉阙珠宫,浮屠宝鼎,灵气袭人,堪称奇绝。耸立在丹崖峭壁上的蓬莱阁,烟雾笼罩,朦胧之中亭台阁榭仿佛变成了琼楼玉宇。

上面两则纪实,说的都是蓬莱仙景。蓬莱,是我国古代传说中的仙山之一。相传汉武帝曾登临面海峭立的丹崖山顶,遥望海上,海天茫茫,蓬莱仙山没有见到,只好将丹崖山命名为"蓬莱"。从此,这地名便与神仙联系了起来。据说,"八仙过海"是从这里出发,七仙女也家住蓬莱村。

莲莱阁是宋朝在蓬莱(即丹崖山)山顶上建造的建筑物,包括天后宫、弥陀寺等6座建筑。在蓬莱阁附近上空出现的奇景,我国古代称为"海市蜃楼"。传说"蜃"是蛟龙中的一种,会吐出一股股气柱,仿佛幢幢楼台亭阁。又说"海市"是"神仙"的住所,存在于虚无缥缈间,因而海市蜃楼又有"空中楼阁"的称呼。

其实,海市蜃楼是一种自然现象,是太阳和大气共同演出的魔术,一般分有上现蜃景、下现蜃景、侧现蜃景和多变蜃景等。上现蜃景大都发生在海面上。

夏天,在风平浪静的海面上,上层空气较热,密度小;贴近海水面的空气受水流影响,温度较低,密度大。当上下两层空气的温度相差较大,密度上稀下密时,周围地平线下的岛屿、城镇、船只等景物投射出来的光线,通过折射和全反射,会沿着上凸的路径到达观察者的眼中。在观察者看来,远方物体好像在他的前上方。由于它是高于实物的正立影像,所以被称为"上现蜃景"。

前面所说的"蓬莱仙景",实际上是距离蓬莱市十多千米的外庙岛列岛的幻影。这种奇景,不只在山东半岛的蓬莱才有,在其他海面、湖面、江面上,只要具备类似的条件,都可能出现。

沙漠幻景

从前,英国一支探险队在非洲南部卡拉哈里沙漠旅行时,曾遇到过这样一件怪事。有一天,探险队员骑着骆驼,在数百里荒无人烟的沙漠中踌躇行进着。酷暑和干燥的天气使得探险队员疲乏不堪,皮袋中的水早已喝光了,嘴唇干得快裂开了。这时,他们多么渴望能早些到达村落或河湖畔、林荫边,好喝上一口清凉的水,在树荫下乘凉啊!忽然间,在前方的沙漠间,出现一个大湖,湖水碧蓝,波光粼粼,湖的两岸绿树成荫,宫殿和寺院高耸入云。探险队员高兴得跳跃起来。湖似乎不很远,于是他们快速地朝前奔去。他们走过一丘又一丘,但是,说来也怪,蓝色的湖水和树木、殿宇总是与他们的队伍保持那么一段距离,可望而不可即。当人们走得精疲力竭的时候,突然湖水、宫殿、寺院全部消失得无影无踪了。

1957年7月22日,我国的一家报纸上,曾报道过一个勘探队员在新疆戈壁滩上的奇遇:"当我第一次乘汽车进入戈壁滩,正在口渴想喝水时,突然,透过汽车的玻璃窗发现了一片波光闪闪的湖水,放射着银白色的光辉,水边有葱郁的树木,成群的村舍连同远山的倒影都显现在水中。我咽了一下唾沫,叫司机快开车。可是,当汽车驶到近前,那一片湖水和村庄,却消失得无影无踪了。"

为什么在沙漠里会出现这种奇遇呢?原来这是海市蜃楼中的一种下现蜃景,是太阳和大气跟我们开的玩笑。

在炎热的夏天,沙漠地区白天太阳光灼照,沙土吸热快,被太阳晒得灼热,贴近沙土的下层空气的温度很快升高,体积膨胀,密度随之减小;离地面较远的上层空气的温度热得较慢,气温低,密度大。每当无风或微风的时候,空气得不到搅动,上下空气之间热量交换很少,上下两层空气的气温差异非常显著,并导致下层空气密度反而比上层小的反常现象。这时,在前方很远地方那棵树反射出来的太阳光,通过折射和全反射后,会沿着下凹的路径到达观察者的眼中。在观察者看来,远方物体好像在他的前下方。由于倒影位于实物下面,所以叫作"下现蜃景"。这种倒影容易给人以水边树影的幻觉,以为远处一定是一个湖,才出现湖面和树木等的倒影。

天上的彩色帷幕

1957年3月2日晚上7时前后,我国黑龙江省的漠河和呼玛一带,漆黑的天幕上突然间出现了奇特而瑰丽的景象。它变幻莫测,绚丽多彩,观看者如入仙境。刚闪现时,似一团殷红灿烂的霞光腾空而起,一瞬间又变成一条弧形的光带,映红了天空。不久,光带渐渐地变得模糊而成为幕状,宛如悬挂在空中的一幅艳丽夺目的彩色鹅绒帷幕。后来,彩色逐渐变淡消失。到了10时多,北方上空又重新闪现出几个光点,忽隐忽现。光点渐渐地演变成了一幅美丽的彩色光幕,还不时闪现出数支橙黄色的明亮的光柱。接着,光幕和光柱相继消失得无影无踪。

奇怪的是同一天晚上7时07分,新疆北部阿勒泰北山背后的天空也出现了鲜艳的红光,好像那里的山林起火一般。过了一会,在红色的天空中,射出了很多片状、垂直于地面的白而略带黄色的光带,后来光带越来越淡,直到成为银白色。这些光带,由北山背后呈辐射状逐渐向天顶推进,并由北向西慢慢移动。各光带之间呈淡红色,并不断地忽亮忽暗。光带的长度也不断变化,随着光带的延长,原来红色的光幕也就逐渐变淡,最后变成淡红色。7时40分左右,光带伸展到天顶附近。这时候,光色最为鲜明,好像是一束白绸带飘扬在淡红色的天空中。后来,光带逐渐变暗,到10时就完全消失不见了。

这种天上的彩色帷幕,就是自古以来引人瞩目的极光。它是地球极区周围地带经常出现的一种高空大气的发光现象。我国最北部的地区经常可以看到。

那么,这种绚丽而迷人的极光是谁点燃的呢?

起初,人们不知道极光产生的原因,曾编织了许多故事,来解释这种神秘而迷人的光芒。有人说它是上帝神灵点燃的灯,还有人说它是曙光女神所焕发的光彩,因纽特人以为那是鬼神引导死者灵魂上天堂的火炬。在古希腊神话中,人们把极光当作两极地区的神明,说太阳神阿波罗有一个漂亮非凡的妹妹,名叫奥罗拉,她经常在夜空中翩翩起舞,用那飘忽的彩裙和多变的舞姿,迎接曙光的到来。她成了曙光女神,是极光的象征。

经过科学家不断探索,证明极光与太阳活动密切相关。

科学家告诉我们:太阳除了发射光以外,还发射带电的粒子。这种带电的粒子进入地球的大气层,受到地球磁场的作用,就偏向于地磁的南北两极。在南北极以及高纬度地区80~1200千米的高空,带电的粒子流与高空中的稀薄气体猛烈撞击,便发出了光。空气中含有多种气体,如氧、氮、氢、氖、氩、氦、氙等。它们在带电粒子的撞击下,会发射出不同颜色的光,如氖发红光、氩发蓝光、氦发黄光,使极光有橙红色的,有紫红色的,有色淡的,有色深的,变得五彩缤纷。由于大气成分的变化和大气的运动,极光的形态各种各样,有的像空中垂下的帘幕随风摆动,有的像一条彩色绸带飘扬在空中,有的像节日的烟火在空中开放,有的像强大的探照灯光柱在长空摇曳,有的像彩霞映红北方的夜空;有的光华一闪倏然即逝,有的能持续很长的时间,显得美丽壮观,扣人心弦。

太阳活动具有约11年的周期,因此,受太阳活动影响的极光的出现会时多时少,太阳活动最强烈时极光出现最多最强。

极光并非地球独有,其他行星也有。美国"旅行者1"号探测器1979年飞临木星时,曾观测到木星也有极光,而且蜿蜒30000千米呢!

日月并升

每逢农历十月初一的凌晨,我国浙江南北湖畔的高阳山上,人们从四面八方赶来观赏"日月并升"的奇景。

凌晨5时,人们聚集在海拔187米高的峰顶上,面对茫茫东海,焦急地等待奇景的出现。半小时后,奇景终于出现了:一轮红日从水天相连处喷薄而出;稍后,与红日日轮一般大小的淡黄色"月球",在红日旁边冉冉升起。红黄两轮同时缓缓跳动着,持续约5分钟。此时此刻,东方的天空披上一片绮丽的彩霞,道道金光照耀浩瀚的东海,呈现出犹如铺上无数匹锦缎的彩带,向远处伸展,蔚为壮观。

每年出现"日月并升"奇景的时间,最短的只有5分钟,最长的达31分钟,一般为15分钟。出现的景象每年也不尽相同:有时,一轮红日先从地平线上升起,然后一个黑影跃出,并且在红日旁边上下跃动,不久,红日光芒四射,黑影随之消失;有时,太阳与"月球"合为一体,重叠并一同升起,太阳圆面稍大于"月球"圆面,因而便在太阳圆面周围露出一个明亮的光环,像日环食;有时,"月球"抢先升起,太阳随后露出地平线,形成太阳托着"月球"一起跃动的景象。

日月并升

对于这种"日月并升"奇景,目前,人们还没有一个完满的科学解释。有的天文学家这样解释:这里背山面海,没有任何物体遮挡,而且山峰与水天相接。由于天文因素,太阳到了农历十月初一便移到东南方,而这天正好月球移到太阳旁边,因而形成"日月并升"的现象。

有的气象学家则这样解释:"日月并升"奇观是一种"地面闪烁"现象,是由于当时近地面大气密度的急剧变化引起的。由于南北湖的自然条件比较特殊,冷暖气流活动频繁,使空气密度不停地变化着。太阳光在不同密度的空气中传播,会产生各种异常的折射现象。这时候看上去太阳在天边忽上忽下、忽左忽右地跳动着。

三日同辉

传说远古时,天空中有 10 颗太阳。大地被太阳晒得裂开了,粮食收不到,饿死许多人。天神羿知道后,便用箭一口气射下了 9 颗太阳。天空中只剩下 1 颗太阳了。从此,大地草木繁茂,五谷丰登。"羿射九日"是神话,但是,天空中同时出现几颗太阳的现象,却时有发生。

1551 年 4 月,欧洲曾发生这类有趣的现象。德国有一座名叫马格德堡的城市,被罗马帝国皇帝查理五世派去的军队团团围困了一年多的时间。城市里的军民都快弹尽粮绝了,人心浮动,危在旦夕。忽然有一天下午,淡白色的天空中同时出现 3 颗太阳和互相交织的 3 条彩虹,十分绚丽壮观。这一奇怪现象使城内军民惊恐万分,惶惶不安。他们以为这次三日同辉的出现是天神的示意,是一种不祥之兆,大祸即将临头,城池肯定将被攻破。然而,出人意料的事情发生了,奇异的三日同辉,居然帮助他们的城市解了围,围城的敌军全部匆匆撤退走了。原来,久攻不下的围城的军队见到这一奇异的现象,也十分惊恐,以为这是上帝的旨意,有意要保护这座城市。他们不敢冒犯天威,悄悄地撤除对这座城市的包围,自动离去。

1948 年春天,在乌克兰的波尔塔瓦城,天空中布满淡淡的薄云。上午 11 时前后,太阳左右两旁又各有一个明亮的太阳,同时出现水平光环。接着又出现一个新的彩色光环,围绕着太阳,同水平光环和两个太阳相交。这是一种复杂的三日同辉现象。

在中国,峨眉山和西安出现过三日贯天的现象,而泰山和黑龙江绥化市还分别出现过 2 颗太阳和 5 颗太阳的奇景。不过,三日同辉现象更为常见,两日同辉和五日同辉很少见到。

气象学家告诉我们,这种三日同辉是太阳光在大气中玩的一种把戏。原来,天空中有一片半透明的薄云,里面有许多六角形柱状冰晶。当这种冰晶像一段段的绘图铅笔,整整齐齐、竖直地排列在空中时,太阳光射在上面,就会发生很有规则的折射现象。从六角形柱状冰晶折射出来的三条光线都投射到人的眼中,中间那条光线是由中间位置的太阳直接射来的,旁边两条光线是太阳光经过六角形柱状冰晶折射出来的。左右两旁的两个太阳,实际上是太阳的虚像,也称"假日"。

由于平时飘浮在空中的六角形柱状冰晶常常是不规则排列的,有规则排列在天空中极少出现,因此三日同辉的大气光象就十分罕见。

四角太阳

只要不被云彩遮住,我们所看到的太阳总是圆的。谁要是说看见了方太阳,一定认为他在瞎说。不过,有人确实看到过方太阳,并拍下了照片。1933年9月13日,美国学者查贝尔在美国西海岸观看日落时拍到了一组照片:一轮又红又大的太阳在慢慢西沉,开始由圆形变成椭圆形;接着又由椭圆形变成馒头形,上圆下平;渐渐地,太阳的上半部被削平,最后出现有棱有角的方太阳。

四角太阳是怎样形成的呢?

最简单的解释是,太阳光经过大气层时由于上下大气层的密度不同,会产生折射、反射。极地与其他地方不同,常常出现逆温现象,即近地面的气温反而比上面的气温低,因此近地面的空气密度比上层的空气密度大。在这种情况下,地平线附近的太阳光从密度小的上层大气进入密度较大的近地面大气时,光线会明显地向地面这一侧折射弯曲。从光线的折射规律可知,光线从密度较疏的介质进入密度较密的介质时,它的入射角与折射角成正比,即入射角越小,折射角也越小。由于太阳上半部最高点的光线的入射角比上半部其他的光线都小,所以最高点的光线从密度较小的上层大气进入密度较大的近地面大气时,折射角也小,向地面偏折得最厉害。而离最高点越远(指太阳上半部)的光线,偏折也越小。因此,总的偏折结果,就使太阳上半部的圆弧变成了一条近似的直线。至于太阳下半部的直线,那是因为当太阳降落到某一高度时,从太阳下半部射来的光线被暖和的上层大气反射掉,少部分折射进来的光线又被大气散射,不能进入观测者的视野。所以,从地面观察者来看,太阳下面部分好像被刀子切过一样平直。这样,圆圆的太阳就变成"四角太阳"了。

绿色太阳

在埃及和亚得利亚海沿岸,日出日落的时候常能看到一种奇观,那就是太阳会发出像绿宝石那样鲜艳夺目的绿色光芒。难道这是人们的眼睛产生了错觉吗?不,这里的人们所看到的绿色太阳确确实实是存在的。

原来,这是大气层与太阳给我们玩了一套魔术。平时,我们所看到的太阳光是白光,白色的太阳光是由红、橙、黄、绿、蓝、靛、紫七种单色光组成的。而大气层里的大气密度在靠近地面处最密,离地面愈高愈稀薄。当太阳光经过不均匀的大气层时,七种颜色的光都要发生折射,折射角的大小与光的颜色(波长)密切相关,于是白光重新被分解成七种单色光,这叫"色散现象"。其中红光的波长最长,色散时折射角最小,其次是橙光、黄光……紫光的波长最短,色散时折射角最大。随着日落,红光首先没入地下,其次是橙光、黄光，这时地平线上还留着绿光、蓝光、靛光和紫光。而蓝光、靛光和紫光的波长很短，穿过厚厚的大气时，被大气中的尘埃微粒散射开了，人眼几乎觉察不到。于是，只剩下绿光到达人眼，所以人们便看见了绿色的太阳。

由于形成这种奇观的条件之一是要让红光、橙光、黄光的折射光没入地平线下，所以，这种现象只能在太阳刚露出地平线或快落入地平线时才能见到。

南极白光

在南极，有时会突然遇见一种奇怪的大气光学现象——白光。天上地下，前后左右，远方近处，出现无数道白光，四周一片乳白色，令人炫目。远处的地平线不见了，高山消失了，深谷不知去向，同伴之间只闻其声，却不见其人，万物都融化在这可怕的白色之中。

南极白光常在中午前后出现，持续几个小时。它常给人们带来灾难。1958 年，在埃尔斯沃斯基地，一名直升机驾驶员突然遇到白光，不知该向哪个方向飞去，飞机失去控制，结果机毁人亡。1971 年，美国一架飞机也因突然遇上白光而坠机失事。

南极出现白光是因为南极天气寒冷、干燥，云中含水量很少，所以吸收太阳光的能力很弱，太阳光能穿过云层直达地面；而地面附近空气又十分干净，空气对太阳光的散射和吸收也很少；加上地面覆盖着一层冰雪，可以将大部分太阳光反射到空中，在云层与地面之间来回反射，从而使天空、地面各地的亮度变得均匀。当各处的亮度基本一致时，便出现白光现象。

来自鬼谷的怪声

"世上真有鬼谷"，杨大胆今天一早便来找气象学家老钟。杨说他昨晚去了鬼谷一趟，"昨晚天气可真冷，我带着手电筒进了山坳，沿着弯弯曲曲的小道走向鬼谷。大约 10 点钟光景，我刚进山谷就听到了一阵轻微的女人的声音。我以为前面有人，想打开手电筒向前方照去，可偏不巧，手电筒坏了。我急忙朝前大步走去，真怪，声音愈来愈大，愈来愈清楚，有青年人的呼唤声，老人的咳嗽声，孩子的吵闹声，还有汽车声、狗叫声。当时我觉得很奇怪，白天也很少有人到这儿来，今晚这么冷的天气竟然还有那么多人有兴致到这山谷中来。我以为人群就在前面，就继续向前走，可是除了怪石与几棵小树之外，什么人也没有。当我走出山谷上了山坡，声音顿时全部消失。虽然大伙叫我杨大胆，可当时我心里真有点儿怕。"

听了杨的叙述，老钟决定去观察一下，弄个明白。

第二天，老钟在杨大胆陪同下来到鬼谷。原来，这里是一个荒漠中的喇叭状山谷，沟深百余米，在喇叭口外有一大片平坦的农田，沿山口前面 5 千米处有一个村庄，村外几千米处便是县城。老钟用温度表测量了不同高度上的空气温度，结果是靠地面附近的气温要比上面的气温低。老钟联想起大气中声音传播的规律，恍然大悟。原来是声音、空气一起在这山谷中捉弄了杨大胆。

声波与光波一样,遇上物质的分界面便会发生折射、反射。声波在通过温度不同的两个气层交界面时总是向温度较低的一侧气层偏折过去。当下面空气的温度比上面空气的温度低时,声波前进时向地面偏折,返回地面,从而加大声音传播的距离。昨天,晴朗无风,地面冷却很快,出现下冷上暖的现象。下冷上暖的空气层和山谷喇叭状地形,共同组成一个"集音器",远处从县城里传来的各种声音经下冷上暖的空气层在山谷之中多次来回传播、混合,产生声音来自山谷的效果。这就是来自鬼谷的怪声的秘密。杨大胆在山坡上听不到山谷中的声音,是因为他所在的位置已经在这空气层之上了。

无形的"凶手"

1948年2月的一天傍晚,在马六甲海峡的海面上,突然刮起了大风。这时,一艘荷兰货船正在马六甲海峡的海面上航行。狂风涌着万顷波涛,像千军万马向着货船扑去,货船像一片树叶在浊浪滔天的海面上颠簸摇荡。风暴过后,货船的甲板上再也看不到一位水手在操作,驾驶室里驾驶员也不见了,整艘船上一个人影也没有,死一般的寂静,只有机舱里不断传出有节奏的轰鸣声。货船一直朝着一个方向驶去,直到黎明时分停靠在一个海岛的岸边,然而机舱里的轮机依然不停地轰鸣着"轧、轧"的声响……

这个海岛的边防人员发现了这艘空无一人的货船,个个感到疑惑不解。他们猜想:莫非是昨天遇到风暴,一路劳累,所有的人员都在睡觉;还是都上岸打猎、游玩去了;或者是……还是队长有主见,决定派人上去查看一下。登船探视的边防队员小心谨慎地上了船,只见所有的船员都躺倒了,横七竖八地卧倒在甲板上、船舱里、驾驶室内。带队的边防人员敞开嗓门叫喊着,这些人依然躺倒在原地毫无反应。原来这些人全都死了!

边防人员将这件事飞快地向有关当局汇报。当局立即派来法医查找死因。法医对所有死者进行了仔细检查,在死者身上没有发现任何外部伤痕和中毒症状。法医起初认为:船员们的死亡状况与心脏病突发者的死亡状况十分相似。但是,再仔细分析,这么多的船员同时死于心脏病,显然是不可能的。那么,究竟是什么原因造成这一惨案发生的呢?这个问题在很长时间里都没有找到明确的答案,成为一个震惊世界的悬案。

随着科学技术的发展,这个历史悬案终于被揭开了。原来是一个看不见、摸不着、听不到的无形"凶手"——次声波作的案。

次声波是一种低频率的声音,它的频率低于20赫(人的语言频率为300~5000赫,超声波频率超过20000赫)。次声波的穿透力很强。在空气中每小时能够传播1200千米,在水中每小时可传播6000千米。

次声波在自然界中来源于太阳磁暴、流星撞击、火山喷发、电闪雷鸣和风暴等。海洋中,在风暴的作用下,在波浪表面上力会发生波峰部的波流断裂现象,于是产生次声波。一个不算太大的风暴,次声波的功率可达数千瓦。

那么,这种高强度、低频率的次声波为何能使船上的人员致死呢?这就要涉及"共振"问题。人体肌肉、内脏器官都有固有的振动频率,当这种固有频率与次声波的频率相一致时,就会发生共振,产生较大的振幅和能量,从而破坏人体组织,致人死亡。

鉴于次声波常给人们带来灾祸,目前世界上已建立了预报次声波的机构。当接收到可危及生命的次声波时,就会立刻向有关方面发出预报,以减少"海洋之声"给航海者带来的危害。

与雷电结冤的人

据说,在美国华盛顿西南的弗吉尼亚州,有一位名叫苏利文的油漆匠,他一生中竟遭受过6次雷电袭击,但每一次都活了下来。

1942年,苏利文上小学时,有一天,学校课间休息,他独自一人在树下玩耍,突然被闪电击中。不过,雷击仅使他失去了右手的大拇指指甲。

1969年,苏利文已是一位青壮年了。一天的午后,他正在户外作业,一个闪电袭来,使他再次遭到雷击。这次雷击,仅烧掉了他的一撮眉毛。

1970年,他第三次遭到雷击,左肩被灼伤。

1972年,他第四次遭到雷击,落地雷穿过屋顶,击中他的头部,烧掉了他一小半头发。

1973年8月7日,他第五次遭到雷击。这次他正在高速公路上驾驶着小汽车赶路回家,突然一个闪电袭来,把他从车中抛出,摔到离车3米远处,昏迷过去。醒后他发现仅烧掉了一些头发。

后来,他又遭受一次雷击。这次伤势严重,脑震荡,神志不清,视力下降。当亲友和医生祝贺他大难不死时,他极度悲伤,以为自己前世得罪了雷电,雷电才一次又一次地找他麻烦,今后雷电也不会轻易放过他的。于是,他在医院用随身携带的手枪结束了自己的一生。

闪电和打雷是大气中的一种放电现象。在夏天的午后或傍晚,地面的热空气携带着大量的水汽不断地上升到高空,形成大范围的积雨云。积雨云不同部位聚集着正电荷或负电荷,这时地面因受到近地面积雨云的电荷感应,也带上与云底不同的电荷。不同电荷会相互吸引,但是,由于空气的导电能力很差,便阻挡着正负电荷会合。当云层里的电荷越积越多,达到一定强度时,云底大量的负电荷就会击穿大气层,打开一条狭窄的通道,强行与地面不同的电荷会合。由于云中的电流很强,通道上的空气就会被烧得炽热,所以会发出耀眼的白光,这就是闪电。闪道上的高温,使空气膨胀,水滴汽化膨胀,从而产生冲击波。冲击波导致强烈的雷鸣声响,这就是雷声。

闪电和雷声是同时产生的,但是,由于闪电是光,它的速度(约300000千米每秒)要比雷声的速度(约340米每秒)快得多,所以打雷时我们总是先看到闪电后听到雷声。

雷电能击毁房屋,引起森林火灾,破坏高压输电线路,造成人畜伤亡。至于苏利文漆匠为何6次遭受雷击,却每次都能逃过死亡厄运,还是一个谜。

圣爱尔摩火光

相传很久以前，古罗马有一支军队在漆黑的夜间急行军，突然，远处传来隆隆的打雷声，一场雷阵雨就要来了，大队人马为大雨即将降临而担忧。就在这时候，士兵们个个发现在自己的头盔顶上冒出星星点点淡蓝色的火花，他们手上所拿的铁长矛尖头上也闪烁着火花，仔细一听，还有咝咝的声响。这些奇异的火花的出现，使士兵们既惊讶又欣喜，以为胜利之神正向他们招手呢！

1696 年，一艘帆船正乘风破浪，航行在地中海上。突然间，帆船上桅杆顶端出现了38 点蓝色的火花，桅杆风向标上的火光则长达 40 多厘米。水手爬上桅杆观看，还听到火光发出的咝咝声响；水手取下风向标，火光马上跳到桅杆的顶端，不久便消失了。

这种火光并不罕见，它常常出现在教堂屋顶的十字架上、高塔的尖顶上、树梢上。这种火光被人们称为"圣爱尔摩火光"。

"圣爱尔摩"的名字是由意大利语圣徒伊拉兹马斯相传而来的。传说他是地中海水产的守护神。水手们不知道出现在桅杆顶端的火光的来历，以为是神灵在显灵，是上帝派来的守护圣徒——圣爱尔摩在保佑他们，于是，便称它为"圣爱尔摩火光"。

圣爱尔摩火光是一种大气无声放电现象，大都发生在雷雨天气里。雷电发生时，帆船的桅杆、教堂的十字架、树梢等高耸的物体，距离雷雨云层较近，而且它们的顶端是尖的，那里积聚的感应电荷的密度最大，与雷雨云之间形成了很强的电场，可使周围空气产生电离，引起无声放电，并发出微光。

平时我们看到高建筑物上的避雷针，就是根据这一原理来安装的。在雷雨云还没有向地面放电时，先向避雷针顶端放电，中和了一部分电荷，降低雷雨云与地面之间的电场，从而避免建筑物遭雷击。

奇异的闪电

闪电是一种司空见惯的自然现象。全世界每秒发生约 100 次闪电。我们常见的闪电叫线状闪电，明亮耀眼的闪电通道蜿蜒曲折，犹如树枝一样，在霹雳声中展现在人们的眼前。

但是，除了线状闪电外，还有一些奇异的闪电。

有一种罕见的闪电叫带状闪电。带状闪电与线状闪电类似，蜿蜒曲折，从云底伸向地面，只是闪电通道的宽度达十几米，比线状闪电宽几百倍，看上去像一条光带。带状闪电的成因并不复杂，它与大气中风速的分布有关。粗看起来线状闪电只是一次放电过程，其实不然，每一次闪电均由多次闪击组成，而每一次闪击又由发光微弱的闪电先导和极为光亮的闪电回击组成。通常，一次闪电回击的时间只有几十微秒，而一次闪电的持续时间也不到十分之一秒。由于人眼的视觉暂留效应，仅靠肉眼是无法分辨这些细微结构的。根据闪电的高速照相记录，一次闪电最多可由50多次闪击组成。当发生由多次闪击组成的云地间线状闪电时,若在闪电通道所经过的整层大气中,存在上下均匀且强劲的横向风时就有可能使每次闪击通道的位置横向平移,从而依次相叠而形成一条很宽的闪电通道,有时亮带中还出现闪击间隙的暗纹,最终形成带状闪电。

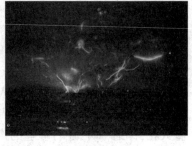

奇异的闪电

另一种罕见的闪电叫球状闪电。1962 年 7 月 22 日傍晚,泰山出现雷暴天气。19 时 18 分左右,大雨倾盆,电闪雷鸣。突然,一声巨响,在户外冒雨工作的科学工作者遭雷击负伤。同时,在西厢房工作的科学工作者发现一个直径约 15 厘米的殷红色火球像幽灵一般从西窗户缝隙窜入室内,以 2~3 米每秒的速度在空中轻盈飘移,大约几秒钟后,又从烟囱口逸出。它在离开烟囱的瞬间,发生了爆炸,骤然消失,室内的油灯当即熄灭,灯罩与暖水瓶在爆炸声中化为碎片,火球所经过的床单上留下了一条长约 10 厘米的焦痕。它窜出室外时,烟囱被击坏。关于球状闪电形成的原因,科学家还未完全搞清楚。

还有一种极为罕见的闪电是联珠状闪电。这种闪电像一长串佛珠般的发光点线从云底伸向地面。联珠状闪电通常出现在强烈的雷雨活动期间,常常紧跟在一次线状闪电之后在原闪电通道上出现。联珠状闪电一般较为暗淡,常呈殷红色,持续时间比线状闪电长得多,熄灭过程也比较缓慢。1916 年 5 月 8 日,一个珠联状的闪电落在德国德累斯顿市的一所临街房屋的钟楼上。人们先看到线状闪电从高约 300 米的云底击落在钟楼上,而后人们看见线状闪电的通道迅速变宽,颜色也由白色变为浅黄色。不久,闪电通道逐渐熄灭。但是,整个闪电通道上的光亮不是同时在一瞬间消失的,因此出现了一串珍珠似的亮点,从云底悬挂下来,十分美丽动人。亮珠的总数约 32 颗,直径约 5 米,形似蛋状,亮珠之间的连线依稀可见。之后,亮珠的直径逐渐缩小到 1 米,形状也更圆了,颜色变成了朱红色。最后,联珠状闪电的亮度越来越弱,终于完全熄灭,整个过程只有 2~3 秒钟。关于联珠状闪电的形成原因,由于它极为罕见,科学家研究得很少,所以不很清楚。

黑色闪电

1974 年 9 月 21 日,苏联文学家恰尔诺夫与另外两位调查人员到野外勘测陨星坑。下午 6 时左右,忽然从不远处传来阵阵轰隆隆的雷鸣声。恰尔诺夫抬头看看天空,整个天空像一幅一望无际的灰色幕布,就在这灰色天幕上不断地出现闪电,先是一道耀眼的蓝光冲破天幕,紧接着轰隆隆一声响雷。恰尔诺夫听了这阵阵沉闷的雷声,知道一场大雨即将到来,便招呼同事赶紧躲进附近一幢房屋。正当他们跨进房子时,狂风暴雨铺天盖地袭来。就在他们庆幸及时躲过这场暴风雨,避免了落汤鸡之苦的时候,在他们头顶的上空,又是一阵阵的霹雳声响起。就在这阵阵霹雳声中,恰尔诺夫清晰地看到一种十分罕见的闪电——黑色闪电。这种闪电先是一道夺目的线状光道在天空划开一条裂口，接着是一道黑闪在茫茫灰色天空的背景上舞动着。

这种黑色闪电从空中坠落到地面上来时，常常附着在树梢、桅杆、屋顶或金属物体表面上，呈瘤体状或泥团状。当人们用物体去敲击它时，黑色闪电便立即变成火红色（燃烧）闪电，随后便"嘭"的一声，爆炸开来。

闪电的颜色，一般是蓝色的、红色的或白色的，为什么会出现黑色闪电呢？原来，大气中，有一种化学性能十分活泼的微粒。在电磁场的作用下，这种微粒便聚集在一起，而且能像滚雪球那样愈滚愈大，形成大小不等的球状物。这种球状物不会释放能量，但可以存在较长时间；它不发光，不透明，所以只有白天才能观测到它。黑色闪电又是一种最危险的闪电。因为人们很容易把它看成是一只飞鸟或其他东西，而且一旦接近它，比如飞机接近它时，会发生爆炸。

雷电治病

鲁滨逊是一名货车司机，在 1971 年的一次车祸中，虽然免于一死，但听力下降，视力每况愈下，一年后便双目失明，两耳失聪。1980 年 6 月 4 日下午 3 时 30 分，鲁滨逊在车库旁突然感到有水滴滴在他的身上，他意识到外面正在下大雨。他赶紧拄着手杖，摸索着走回家。当他走近一棵大树时，一个霹雳向着他的头顶袭来。一时间他只觉得周身麻木，随即摔倒在地上，全然不省人事。20 分钟后，鲁滨逊醒了。他回到家里，然后上床便睡。

一小时后，鲁滨逊摸索着从卧室出来，告诉妻子自己遭到了雷击。喝了一些牛奶以后，便坐在沙发上直喘气。突然，鲁滨逊双眼一亮，发现自己能看见挂在对面墙上的一幅油画。他惊喜地大叫起来，他的妻子闻声从厨房里奔出来。鲁滨逊扑过去拥抱自己的妻子，激动地说："我看见了！"妻子将信将疑，问："你看见了什么？你说说挂在墙上的钟表现在是几点钟？""5 点钟。啊，亲爱的，我看见了，我看见了！""那么你也听到了我刚才说的话？"妻子问。"我也听到了，听到了！"此时，鲁滨逊激动得热泪直流，他又耳聪目明了。

消息很快传到原来为鲁滨逊看过病的医生那里。医生仔细地检查了鲁滨逊的眼、耳和神经系统，对这一旷古未闻的事件做了解释，是雷电产生的强磁场治愈了他的双眼和两耳。

发明避雷针的人

1752 年 7 月，一个闷热的傍晚，美国波士顿市郊突然乌云密布、狂风骤起。人们知道雷阵雨即将来临，便各自急速地奔跑起来，想躲避雷雨的侵袭。这时，一位中年男子拿着一只奇特的风筝，拉着一个孩子反而向野外疾跑。他们放松绳子，风筝便顶着呼啸的阵风，摇摇摆摆地飘上了天空。风筝飞啊！飞啊！最终钻进了黑沉沉的云层。人们惊奇地议论着,谁会有兴趣在这样恶劣的天气放风筝啊?原来,这是美国著名的科学家本杰明·富兰克林和他的儿子,正在冒险进行一项惊人的科学实验——吸取"天电"。

富兰克林是从1746年开始研究电学的。在这以前,人们虽已知道了"电"这样东西,但对电的了解却很肤浅。那时,只知道摩擦能起电,但对电流的本质根本没认识,电的应用更谈不上。1745年,荷兰莱顿市的一个名叫马森布罗克的人发明了一种能容电、放电的"莱顿瓶",大大促进了电学实验。次年,富兰克林在波士顿看到一位学者在用莱顿瓶做电学实验,引起了他极大的兴趣。不久,他回到费城也仿制莱顿瓶,进行了一系列实验。通过这些实验,他发现电可以从一个物体流到另一个物体。经过思索,他大胆地提出,一切物体中都有一种叫"电火"的电流质,如果电流质过多,物体就带正电;电流质少了,物体就带负电。电的产生不是由于带电体摩擦,而是带电体电荷再分配的结果。这个结论虽然还不能完全正确地说明电的本质,但是已经包含着非常可贵的后来被称作"电能守恒"的思想。

1749年,在一次实验中,他进一步发现:带有正电和负电的两个物体尖端,在相接触的一瞬间,会迸出耀眼的火光,并发出"劈啪"的爆裂声。面对这绚丽的电火花,他的脑子忽然闪过一个念头——眼前的火花、响声同天上的电闪雷鸣多么相像!电闪雷鸣是不是大自然的一种放电现象呢?云层里是否也积蓄着大量正、负电荷呢?

富兰克林为自己的发现而激动不已,他将实验记录和研究的心得写成《论闪电与电气之相同》的论文,寄到英国皇家学会,可是得到的却是一片嘲笑。他并不因此而灰心,他坚信真正的科学发现是埋没不了的。于是,他决心自己动手来证实自己的发现。

为了探索雷电的奥秘,把天上的电引下来,富兰克林冥思苦想。一天,他看到儿子和小朋友在外面奔跑着放风筝,心里不禁忽地一亮。他找来杉树枝,扎成一个菱形的架子,又贴上能防雨的薄丝手帕,再将一根尖头的铁针插在风筝的顶端,系上一根长长的麻绳,麻绳的末端接一根丝带,在麻绳与丝带的交接处,挂上一把铁钥匙。这就是富兰克林精心设计制作的用来捕捉"天电"的风筝。

这个特殊的风筝制成后,富兰克林静候着实验的时机。他知道雷电无情,做这项试验有一定的危险性,但为了探寻科学的真理,他决定冒一次风险。一天午后,天色突然转暗,远处隐隐传来隆隆的雷声。期待已久的时刻到了,他赶紧拉着儿子向郊外奔去。这就是我们故事开头的那一幕。

这时候,豆大的雨滴已倾盆而下,钻进云层的风筝和细麻绳被淋得透湿,成为可以让电流通过的导体。父子俩躲在一间小木棚的屋檐下,紧握着没有被雨水淋湿的丝带,目不转睛地注视着风筝的动静。突然,天际亮起了一条扭曲狂舞的"银蛇",只见麻绳上蓬松的纤维一根根竖立了起来。富兰克林小心翼翼地伸出一根手指靠近麻绳与丝带的连接处,"劈啪"一声,一朵蓝色的电火花从铁钥匙头上跳了出来,他的手臂一阵发麻,赶紧往回缩。啊!这说明云层中的电确实通过风筝和长长的麻绳传下来了。富兰克林情不自禁地大喊:"我捉到了天电,这是天上的电啊!"

他赶快叫儿子拿来事先准备好的莱顿瓶,把风筝上的铁钥匙和莱顿瓶连接起来。他惊喜地看到莱顿瓶充电了。电在瓶里积蓄起来，富兰克林用它点燃了酒精，还做了各种电学实验。

富兰克林的风筝实验震惊了全世界。几千年来，人们只知道雷公电母的神话传说：要是人做了坏事，触怒了天神，就会雷声隆隆，电光闪闪，烧焦树木，击塌房间，打死人畜。人们畏惧神灵的威力，只能祈求上帝保佑。如今，富兰克林揭示了雷电的真正面目，证明雷电不是什么天神作法，而是天上带有正电和负电的云相遇而产生的一种强烈放电的现象。

富兰克林没有为他的惊人发现而自我陶醉，他要将他的知识造福于人类。他想，既然天上的电与地上的电是一样的，那就可以设法"驯服"它，不让它随意施虐，危害人类。富兰克林根据金属棒的尖端容易吸收电流的原理，提出在高大的建筑物顶上都应装一根金属棒，棒的下端连接一根用绝缘材料包裹的金属线，这根长长的金属导线连通到地下。这样，当雷电轰鸣时，天上的电就会被这根金属棒吸引，顺着导线直通到地底，从而保证建筑物安然无恙。富兰克林把这根金属棒称为"避雷针"，至今它仍是千万幢楼房和高塔的"保护神"。

避雷针的发明，驯服了雷电，破除了迷信。人们称颂富兰克林"把上帝和雷电分了家"。

天气预报

天气预报有多准

日前，老钟去乌鲁木齐开会，在机场办理登机手续，忽听得站在老钟前面的一位操东北口音的女士嚷开了："天气太热了，气象台预报今日最高温度33℃，我看这儿36℃也不止！""啊呀，气象台经常报错，乱报！"旁边的一位男士一脸的怨气。

听了他们的对话，老钟想应该请气象学家解释一下，天气预报是怎么做的，准确率究竟有多高，这样或许大家就不会埋怨气象台了。

天气预报要做到百分之百准确，目前还不可能。报准了，人家觉得理所当然；一旦报错了，大家就会埋怨，这需要大家理解。其实，我国的天气预报准确率并不比一些发达国家低。我国的短期天气(晴、阴、雨)预报的准确率不低于80%；晴雨天气预报准了，最高气温、最低气温的预报一般不会错。一些重大的天气过程，如寒潮、台风，预报准确率有了明显的提高，寒潮和台风预报的准确率均为90%。所以，有的人埋怨气象台老报错，真是乱埋怨了。当然，有些范围不大的局地性强对流天气，如冰雹、龙卷风，预报的准确率还不高。不过，世界各国都这样，因为太难报了。

有一点应该向大家说清楚。气象台预报的气温是铺满草皮的观测场内百叶箱中的温度,飞机场的广场是水泥地,晴天热辐射强烈,气温肯定比百叶箱内的高。那位男士如果知道了这一点,就不会埋怨了。

　　许多部门,如航空、航海、军事部门,以及大众的日常生活,都离不开天气预报。一次准确的天气预报所创造的经济效益非常巨大。我们举一个例子。1981年7月9日到14日,四川温江、成都等地连降暴雨,几条大江大河出现百年不遇的大洪水,严重地威胁着长江中下游的大堤和武汉市的安全。为了减少损失,只好采取"丢车保帅"措施,即如果继续下暴雨,荆江必须分洪。这个分洪区很大,一旦决定分洪,损失也很大。在这关键时刻,上级领导要求气象台必须做出准确的降水预报,以便做出准确的决策。可以想象,气象台的压力有多大。天气预报员分析了大量的资料,经过反复会商,果断地做出四川地区未来几天无暴雨的预报。领导根据预报,决定荆江不分洪。结果,天气预报准确,避免了分洪造成的巨大的损失。从这个例子可以看出,气象台每年为国家创造的经济效益有多大! 也许有人看了这个例子,就不好意思再埋怨气象台了。

　　天气预报的过程很复杂。一次天气预报需要成千上万名气象工作者通力合作,所花的代价是很大的。世界上有数千个气象台站,每天要用各种仪器按国际标准进行几次各种气象观测。然后,把大量的观测资料传输到各天气预报中心。预报中心将这些资料制作成一张张大范围的能反映当时天气形势的图表,然后运用物理推演法、动力分析法、天气统计学方法,得到一张张能反映未来天气状况的天气预报形势图。同时,天气预报员运用大型计算机做出天气预报形势图。除了用上述两种方法得到天气预报形势图外,还要接收和分析气象卫星传送来的云图、雷达探测到的图像,以及国内外其他气象台传真过来的分析结果。天气预报员综合以上所说的大量资料,运用天气学原理、各种统计方法,参照历史上已经出现过的、后经过归纳得出的典型天气过程,以及积累的经验,进行会商,做出预报。可见,每一次天气预报绝不是随随便便做出来的。

　　由于影响一个地方的天气变化的因素实在太多,人们对大气运动规律的认识还不充分,加上探测技术、通信技术、计算工具的限制,天气预报还不可能很准。气象科学是一门艰难的科学,要提高天气预报的准确率还需付出更多的努力。不过,再过几十年,埋怨气象台的人一定很少了。

气象卫星

　　现在,天气预报准确率比过去要高得多,这是因为有了气象卫星。

　　在海湾战争中,战场上常常油井起火,烟雾弥漫,天气十分恶劣,这给空袭造成了很大的困难。但是,多国部队由于有了气象卫星传送来的云图,飞行员仍然可以透过云层实施攻击。有一次,根据前一颗卫星的云图,发现巴格达上空的云层有隙可乘,而巴士拉上空云层密布,多国部队决定空袭巴格达。但是,从后一颗气象卫星传送来的最新的云图上发现,这两个城市的天气发生了变化,情况正好相反,于是多国部队指挥部马上改变决定,转而空袭巴士拉,结果取得了成功。另外,美军装备了气象卫星云图接收机,及时掌握了当地的气象变化，尤其是对军事行动有巨大影响的沙暴等天气情况。还有，一旦对方使用化学武器，气象卫星可以及时跟踪化学武器释放出的有毒烟雾，并可以预报出烟雾扩散的路径，让部队及时避让或采取有效的措施。

气象卫星

气象卫星好比一座空间气象台。以往的气象仪器大都限于在大气低层一个不大的空间范围内进行观测，而气象卫星在太空轨道上运行，不受地理条件的限制，因此可以取得人迹稀少的洋面、高原、沙漠等地区的资料。气象卫星能把观测到的资料迅速及时地传送到地面气象卫星中心和各个接收站。气象卫星还能收集、存储、传递世界各地气象站的观测资料。转播各种天气图、云图。所以，气象卫星是非常理想的大气探测工具和气象通信工具。目前，气象卫星资料，尤其是卫星云图，已被用于天气预报上。

过去，由于广大的洋面上缺乏观测资料，因而监测台风困难重重，只能靠侦察飞机对大范围洋面进行巡视来探测、跟踪台风。用飞机探测，费用大，而且巡视区域有限，常常会漏掉一些台风。现在，用气象卫星云图寻找台风是很理想的。自从气象卫星投入使用以来，全球海面上的台风或热带风暴，没有一个漏报。还有一些强烈的天气系统，例如强雷暴、冰雹，由于它们的范围小，从发生到消亡往往只有几个小时，因此很难观测和预报。现在，气象卫星可以在它们形成的初期拍摄到它们的特殊云系，人们也就能及时发现它们。

利用气象卫星提供的云图等资料，海军可以及时避开强风暴区，选择比较平静的海域补充给养、燃料，寻找云区进行隐蔽，躲避敌方的空中侦察，也可以确定晴空区以利出海或登陆。

过去，海面上的气象资料主要靠气象船舶来获得，气象船舶观测范围小，花费大，所得到的资料有限。而气象卫星可以获得大量的各种海洋气象资料。这可以提高长期天气预报的准确率。

卫星云图还可为火箭发射场提供气象保障。

有了气象卫星提供的资料，天气预报的准确率大大提高，减少了巨大的损失。例如，1986年，一次台风在广东汕头登陆，由于气象部门提前72小时做出了预报，300艘渔轮提前返港，100万平方公里范围内的农作物提前抢收，35座中型水库采取了安全措施，从而减少了大约10亿元人民币的损失。在美国，本来每年因灾害性天气而遭受的损失高达120亿美元，在利用了气象卫星资料后，每年可以减少大约50亿美元的损失。又如，1970年，孟加拉国的一次风暴和暴雨造成30万人死亡；1985年，类似的风暴袭击孟加拉国，由于根据气象卫星提供的资料及时进行了准确的预报，死亡人数只有25000；1988年，同样的风暴只造成1500人死亡。

天气谚语

公元208年,曹操率大军南下,企图先取刘备,再灭孙权,统一南方。刘备和孙权联合起来,出兵把守长江南岸。曹操将士大多数是北方人,不习惯坐船,便把战船连接起来,以减轻风浪颠簸,准备渡江。孙权派大将黄盖向曹操假作投降,曹操信以为真。那年冬季的一天,黄盖带了二十艘装满柴草、油脂、上面盖了帷幔的小船,直驶曹营船群。到了距曹营不远的江面时,黄盖下令放火。刹那间,几十条小船变成了一条火龙,顺风直扑曹营,火借风势,愈烧愈旺,曹营将士被烧死不计其数。

当时,曹操知道冬季一般刮西北风,刘备、孙权若火攻曹营,将是自食其果,自己烧自己。可是,刘备的谋士诸葛亮对当地天气十分了解,知道隆冬季节也有少数日子会刮东南风,而且掌握了东南风出现的规律。所以,待风向转为东南风时,他佯装上祭台,别人以为他真的"借"来了东风,火攻曹营。

诸葛亮为何有观天测风的本领呢?这是他从小向老农民学来的。

有一天,太阳还没有露脸,诸葛亮和他的弟弟下地收割麦子。不一会儿,火辣辣的太阳从东方升起,弟弟已累得满头大汗,说:"哥,歇息一会儿再割吧!"

"今天天气这么好,我们一股气把它割完吧!"诸葛亮头也不抬,继续割麦子。

就在这时,一位老农民挑着一担货从对面走来。他十分惊奇,叫道:"两位小兄弟,今天不可以割麦呀!"

诸葛亮猛听得有人在叫,抬起头来,看看天色,感到奇怪,"老伯伯,今天天气这样好,为何不能割麦呀?"

"干农活要看天气。今日一定会下雨,怎能割麦呢?"

诸葛亮看看东方霞光万丈,觉得老伯是在开玩笑,说:"老伯伯,你怕卖不出货,在求雨吧!"

老伯伯听了有点生气:"好吧!你们不相信,那我就等在这里,和你打赌。"

诸葛亮笑道:"那你别怪我影响你的生意。"说罢,又割麦去了。

老伯伯是位好心人。他看看天空,风雨就要来了。他不忍心看到这两位后生一年的辛苦白白流去,于是走到田里,把麦子扎成一捆一捆,堆放到高地上。

这时,风渐渐地大了起来,老伯伯叫道:"快把割下的麦子捆起来,堆放到高地上,要不你们一年的心血白费了。"

诸葛亮还是不信。

没多久,乌云从地平线升起,接着电闪雷鸣,大雨倾盆而下。诸葛亮兄弟俩被淋得像"落汤鸡",散在地里的麦子全被雨水冲走了。

诸葛亮见这般情景,满面羞愧。他走到老伯伯面前,行了个礼,说道:"望老伯教我。"

老伯听罢,笑道:"俗话说'早霞不出门,晚霞行千里'。今早晨东方天空出现的鲜红艳丽的光彩,叫早霞,表示大雨就要来了。"诸葛亮心中十分敬佩,说道:"老伯,我愿拜你为师。"从此，诸葛亮四处走访老农，收集了许多天气谚语，学会了许多看天本领。

劳动人民在长期的生产和生活实践中积累了许多看天的经验，形成了许多能预示未来天气变化的短语和歌诀。它们是气象科学的宝贵资料。

看云测天

俗话说："云是天气变化的招牌。"你可以根据云的形状和云的变化来预测天气的变化，给自己的生活带来方便。看云能测天，在民间广泛流传着许多看云测天的谚语。

根据云的形状来预测天气的变化。

"馒头云，天气晴"。这种云顶呈圆弧、底部平坦、像馒头状的白云称为淡积云。淡积云不会下雨。

"山云起，大雨临"，"天上铁砧砧，地上雨成潭"。这种像山峦起伏、奇峰突起、顶部像花椰菜的云称为浓积云。它是淡积云发展而来的，往往会下大雨。

"满天乱云飞，落雨像只钉，落三落四落不停"。这种看上去灰黑破碎、随风乱飞的云称为碎雨云。它往往伴随着雨层云，因此雨下个不停。

"天上钩钩云，地上雨淋淋"。这种白色光洁、前端带钩的丝条状云称为钩卷云。它的出现是下雨的征兆。

"朝有破絮云，午后雷雨临"。当一团团形如破棉絮、被称为絮状高积云的云团出现在早晨天空时，午后往往会下雷阵雨。

"楼梯云，晒破砖""天上鲤鱼斑，明天晒谷不用翻"。那种排列成条条块块的、缝隙中露出蓝天、阳光可以透过、状似楼梯的踏级或似鲤鱼鳞片的云是透光高积云。这种云的出现是晴天的征兆。但是，如"鳞片"高薄而细密，色白有光泽，不像鲤鱼斑，更像鲹鱼的细鳞，这种云称为卷积云。卷积云不再兆晴，而是兆雨了。因此，谚语有："鱼鳞天，无雨也风颠。"

"清早宝塔云，下午雨倾盆"。在温暖的季节，如果上午出现城堡状的云，则下午很可能出现雷雨。

"天空荚状云，不会雨淋淋"。如果天空中出现一种边缘薄、中间厚、表面光滑、轮廓分明、形似豆荚的云，预示天气晴好。

不仅云的形状，而且云的动向、颜色、厚薄和亮度都能预示天气变化。

"云往东，车马通（天晴）；云往西，披蓑衣（天雨）；云往南，水满潭（天雨）；云往北，好晒谷（天晴）"。"云交云，雨淋淋"，"云相斗，发大风"。"早怕南云涨，夜怕北云生"。这些谚语都是根据云的动向来预测天气的变化。

"红云变黑云，必定大雨临"，"乌头风，白头雨"，"早霞不出门，晚霞行千里"。这些谚语都是根据云的颜色来预测天气的变化。

"亮一亮，下一丈"，"有雨天边亮，无雨顶上光"。这些谚语是根据云的厚度、亮度来预测是否还会下雨。

云,在运动中发展,又无时无刻不在生消演变,因此看云测天气还要看云的演变。

日出之前,霞光万道,漫天红遍,云层尽染。这种被霞光染红了的云通常是卷云或透光高积云。这种云本身不会下雨,但是如果红云渐渐变黑,表明这种云正在变厚,可能变为下雨的云了。

在阴雨连绵的日子里,天空阴暗,灰黑一片,乱云飞渡,但是一旦西方出现一角蓝天,就预示着下雨的云系正在移向东南方,云层正在变薄、升高,第二天是一个晴朗的日子,或只有少量的游丝般的云散乱地游荡在天空。

如果晴朗了一段时间,游丝般的云不再散乱孤立,而是丝条的排列变得整齐起来,云量也逐渐增加,并朝着一个方向移动,甚至在一束束丝条的前端出现镰刀状的小弯钩,那么游丝般的云会不断增厚演变为像丝绵铺满天空、能使日月周围产生彩色晕环的云,带彩色晕环的云会继续增厚,演变为下雨的云。

同样,像馒头状的淡积云只是在一定的条件下预示晴天。如果空气对流十分旺盛,它迅速长高长大,变成浓积云,甚至顶部出现白色的大"铁砧",那么不久就会下倾盆大雨。

辨风测天

"山雨欲来风满楼",这句话恰如其分道出了风和雨的关系,"风满楼"是"山雨欲来"的先兆。因此,你可以根据风向风速的变化来预测天气的变化。

辨风为何能知晴雨呢?这是因为空气的上升运动和水汽是兴云致雨的两个基本条件。而且,不同的风带来不同的水汽条件和上升运动条件,就会产生不同的晴雨天气过程。这就是辨风能测天的基本道理。

空中水汽的分布,海洋多于陆地,南方多于北方。我国华东地区东临海洋,西连大陆,那里流传着"东风送湿西风干,南风吹暖北风寒"的谚语。东风湿,南风暖,东南风又湿又暖,为云雨的产生提供了丰富的水汽条件,只要有上升的机会,就会兴云致雨。因此,东南风成为下雨的征兆。谚语有"要问雨远近,但看东南风""白天东南风,夜晚湿布衣"。而西风干,北风寒,晴天西北风,预兆继续晴冷无雨;雨天西北风则表示干冷空气已经压境,未来天空将云消雨散。谚语有:"西北风,开天锁""春西风,晒被头;冬西北,必转晴",其道理就在这里。

有了丰富的水汽,要使它上天变成云,还得借助于风。地面上两股对吹的风,入地无门,只能腾空而起,于是夹带着水汽的空气上升、冷却,发生凝结,云就油然而生。在温带地区,对吹的风往往是两股规模大、范围广、温度和湿度不同的暖气流和冷气流。它们相遇时,若暖湿气流强盛,便会爬在冷气流上面向上滑升、冷却,形成云。这时候会出现天上云向(暖气流)与地上风向(冷气流)相反的景象。"逆风行云,定有雨淋""天地不同风,必有大雨临",云层很快发展、增厚,雨区范围很大,雨连绵不断。有时候,干冷空气势力强盛,犹如一把楔子猛地插到暖空气下面,暖空气被抬升,翻滚涌升似水沸,于是出现一排电闪雷鸣、风狂雨骤的雷雨云带。

风起云涌,云兴雨作,不同风向预示未来不同的云雨变化。但是,相同的风向并不预示相同的天气。辨风测天,还要看具体的条件。

条件之一,要看季节。例如,长江下游一带,东风、南风兆雨,只适用于冬、春、秋三季,夏季则相反,预示晴热、干旱。谚语有:"一年三季东风雨,独有夏季东风晴""春东南,多雨水;夏东南,燥烘烘"。同样,西北风到了夏季不再兆晴,而是兆雨了。谚语有:"夏雨北风生""春南夏北,有风必雨"。

条件之二,要看风速。东风、南风不大,未必致雨;西风、北风欠猛,未必天晴。谚语:"东风有雨下,只怕太文雅";只有"东风昼夜吼",才能"风狂又雨骤"。

条件之三,看是否存在转变的条件。"西北风,开天锁",这是由雨转晴的一般规律。但是,同样的"开天锁",有时晴天如昙花一现,有时则久晴不雨,这与风向前期转变的条件有关。如果由东南风转东北风再转为西北风,西北风是以逆时针方向转变过来的,则"久晴可期"。如果由东南风转西南风再转为西北风,西北风是以顺时针方向转变过来的,则"晴而不长"。

闻雷测天

闪电、打雷是天气变化的产物,根据它们出现前后的不同情况可以预测未来的天气。

夏天,我们有时看到一块乌云滚滚压来,轰隆轰隆地不断响起雷声,来势很猛,似乎有一场大雨即将倾盆而下。但是,雷声响过一阵之后,仅仅下了几个小雨滴,就很快雨过天晴了。原来,按形成原因不同,雷雨可分为两种:一种是由于冷空气爆发南下,暖空气被冷空气猛力抬升,形成很高大的雷雨云,在气象学上叫锋面雷雨;另一种是由于局部地区受热不均匀,空气的热对流作用很强,暖热的空气猛烈上升,形成雷雨云,在气象学上叫热雷雨。锋面雷雨范围广,持续时间长,常常是先雨后雷;而热雷雨范围小,持续时间短,雨量小,常常是先雷后雨。所以,谚语有"先雷后雨,其雨必小;先雨后雷,其雨必大","雷轰天顶,虽雨不猛;雷轰天边,大雨涟涟"。

盛夏、初秋时节的傍晚,我们常常可以看到天边有隐约可见的闪电,好像即将有一场雷雨来临。但是,等了很久,仍然只见闪电,不闻雷声,也没有雷雨。这正如谚语说的:"闪电不闻雷,雷雨不会来。"这是为什么呢?闪电和雷声虽然同时出现,但是闪电和雷声传播的距离不同。在夜晚,正常人的视力可以看到 100 千米远处的闪电,而正常人的耳朵只能听到 30 千米远处的雷声。所以,当出现闪电不闻雷时,说明雷雨云距离本地区还比较远。入夜之后,空气对流减弱,雷雨云开始衰退,不会影响本地了,所以雷雨不会来。

根据闪电出现的方位,也可以预测是否会下雨。在长江中下游地区流传有"南闪火门开,北闪雨就来"的说法。这是因为出现在北方的闪电往往是锋面雷雨,随着冷空气的南下,雷雨就会影响本地。而出现在偏南方的闪电,多数是局地性的热雷雨,一般不会向本地移来。

"一日春雷十日雨"。这是流传在长江下游地区的一句天气谚语。春季,长江下游地区仍然受北方冷空气控制,气温比较低,一般不会出现打雷现象。如果出现打雷,表明当时南方暖湿空气特别活跃,未来冷暖空气在长江下游地区交汇的机会更多,阴雨天气持续更长。

"小暑一声雷,倒转做黄梅"。这是流传在长江下游地区的又一句天气谚语,意思是小暑日出现雷声,那么未来仍然有一段时阴时雨的梅雨天气。这是因为按一般的规律,到了小暑,北方冷空气势力已经减弱,退居到黄淮流域,长江中下游地区的梅雨季节应该结束,开始进入伏旱季节。但是,由于各年冷暖空气的势力和进退早晚不同,因而梅雨结束、伏旱开始也就有早有晚。有的年份冷空气势力强,到了小暑节气还不断南下,冲击抬升暖空气,造成雷雨。同时,由于冷暖空气再次在长江中下游对峙,会继续出现一段时阴时雨的天气。

台风到来之前

台风带来狂风暴雨,造成生命和财产的巨大损失,所以每当热带洋面上有台风生成,气象台就会发布预报。那么,如果你在偏远的地方,或收不到天气预报,能否根据某些迹象自己推断台风是否会来到? 能!

台风活动在海洋上,会掀起巨浪。巨浪向四周传播,尤其是在它行进的前方,海浪尤其明显。因此,台风到来之前你能看到从台风中心传来的波浪。这种波浪与一般的波浪不同,浪顶是圆的,浪与浪之间的距离也比较长,在气象学上叫"长浪"或"涌浪",浪的声音比较深沉,每小时传播70~80千米。而当它靠近海岸时,就会变成滚滚的碎浪,使海岸水位提高。如果看到长浪越来越猛,说明台风正向你所在的地方移来。

通常,台风来临前两三天,沿海地区可以听到海响,嗡嗡声如飞机在远处飞翔,又如海螺号角声,或似雷声回旋,夜深人静时声音尤其清晰响亮。如果发现声响逐渐增强,说明台风在逐渐逼近;如果发现声响逐渐减弱,说明台风逐渐远去。

云系变化也是台风到来之前的一种先兆。台风云系的特点是云系围绕它的中心快速旋转,越到外围云越薄越高。因此,根据这些云状的特征,可以大致了解台风未来的动向。例如,当看到东方天边出现乱丝一样发光的云,从地平线上像扇子一样向四处散开来,大约有六七千米高,往往在早晨或傍晚伴有霞光,说明台风中心距离当地只有五六百千米了。当原来发光的丝状云逐渐增厚,条纹也看不清楚了,说明台风中心距离更近了,只有三四百千米了。以后,随着台风中心逐渐逼近,像破棉絮一样的灰白色的低云从空中飞过。这时,我们面朝着云飞来的方向站着,右手向右平伸,右手指的方向就是当时台风中心所在的方向。只要我们连续观察几次,就可以大致估计台风朝什么方向移动。

台风从东南方向的太平洋上移来,影响大陆的时候,往往先刮偏北风。所以,如果在台风季节出现持续时间比较长的偏北风,就要估计有台风来临的可能性。

台风来临前海洋上会出现浮游生物反常活动的现象。例如,台风来之前三天,经常可以发现海面上出现"海火",就是海面上出现一点点、一片片的磷光,时隐时现。"海火"是一些发光浮游生物和寄生有磷细菌的某些鱼类在海水表层浮动产生的。有时还会发现一大群鸟急忙飞向陆地,或者因久飞而过度疲倦跌落在船上、海面上或停息在船的甲板上,任人驱赶也不愿飞去。一旦发现这些情况,就应该估计台风即将靠近。

冰雹到来之前

为了写一篇《冰雹到来之前》的文章,老钟来到气象局的防雹试验点。登高望远,境内沟川交错、山峦层叠,许多山地林木稀少,光秃裸露,怪石嶙峋,一看便知这里是冰雹的重灾区。防雹试验点就处在两侧群山耸峙的狭长谷地之中。

那天上午太阳似火烧,大地冒热气,到午后3时,冰雹云像一垛黑墙呼啸而来。这就是命令。事先准备好的气象雷达忙着跟踪追迹,星罗棋布的高炮、土炮对准翻腾的云体猛烈轰击。经过一场惊心动魄的战斗,终于使大冰雹化为小冰雹,小冰雹化为雨了。

事后,老钟访问了防雹点的负责人。老钟问道:"你们怎么知道这块乌云要下冰雹呢?"他知道老钟是记者,于是找来了几位技术员,给老钟讲起了他们的经验——感冷热辨风向,看云色观物象,听雷声识闪电。

有些地方盛传"早晨冷飕飕,下午冰雹打破头"的说法。这是因为夏天早晨凉爽,露水大,潮气足,中午时分炎炎烈日似火烧,空气热对流强烈,容易产生雷雨云而降冰雹。此外,天气反常闷热,犹坐蒸笼一般,也预示要下冰雹。另外,冰雹发生在强烈的热对流中,所以冰雹来临前风向急剧转变,风向很乱。

"不怕云里黑,就怕云里黑夹红,最怕黄云下面长白虫""天黄闷热乌云翻,天河水吼防冰蛋"。这些天气谚语说明冰雹云的云色非同一般。冰雹云的颜色顶白底黑,云中红色,形成白、黑、红的乱绞的云丝,云边呈土黄色。黑色是因为阳光透不过云体,白色是云体对阳光无选择反射和散射的结果,而红色、黄色是某些云滴对阳光选择性散射的结果。云体发展迅猛,犹如浓烟滚滚翻腾,迅速推压过来。

天气变化时,动植物也会有所反应。例如,山西灵丘县就有"鸿雁飞得低""牛羊中午不卧梁"的说法。此外,还有"柳叶翻,雹子天""草心出白珠,下午雹临头"等天气谚语。至于其中的原因,还不甚明了。

冰雹云的雷声和闪电次数也非同一般。假如雷声清脆,俗称"炸雷",一般不会下冰雹。如果闷雷阵阵,声音拖得很长,犹如推磨之声,响个不停,则冰雹即将来临。这是因为冰雹云中的闪电次数多,闪电时的雷声和回声混杂在一起,使雷声连绵不断。另外,冰雹云中无数的雪珠和冰雹在翻滚时与空气摩擦所发出的呼啸声,也使雷声变得像推磨声一般。

一般雷雨云中的闪电都发生在云与地面之间,称为竖闪。而冰雹云中不同部位的闪电特别多,这种云内的闪电称为横闪。这是因为冰雹云在形成过程中,云中正负电荷分离,电位差不断变大,最后达到可以击穿大气的程度,于是发生放电,形成横闪。横闪多是识别冰雹云的一个很好的标志。

气象服务

气象与空军活动

军事与气象的关系非常密切。《孙子兵法》中就把"天时"作为取得战争胜负的五个要素之一。古今著名的战争战役中,也不乏由于气象条件而影响胜负的例子。

航空始终把气象保障作为一个重要的条件,比航空远为复杂的空战,与气象条件的关系更为密切。大风往往会毁坏陆上和舰上的飞机。如第二次世界大战中,美国第三舰队在太平洋遇到强台风袭击,飞机被毁146架,死亡800多人,数艘战舰沉没。飞机的起飞与着陆通常选择逆风进行,以缩短跑道距离。侧风会使飞机产生扭转或倾斜,甚至使飞机冲出跑道。侧风还会影响编队起飞。例如,双机在侧风时同时起飞,如果长机处于上风方向,它的高速、高温废气喷流会吹向处于下风方向的僚机,影响僚机发动机工作,使僚机向前观察困难和容易偏离滑跑方向。所以,在起飞时应根据风向预报,采取左侧风左梯队、右侧风右梯队的起飞方法。

风会使飞机飞行时偏离航线,影响航行。大风时若不进行风的订正,则不同机场起飞的飞机就难以在预定的目标会合。例如,在第二次世界大战中,德国空袭英伦三岛,由于英吉利海峡上空常常密布云层,伴有大风,因而战斗机和轰炸机不能在英伦三岛会合,笨重的轰炸机受天气影响常常迟到。由于战斗机护航时间常常只有十几分钟,迟到的德国轰炸机得不到护航,被英国战斗机击落很多。

对风向、风速错误估计,也会使战斗无法进行。例如,1849年,奥地利军队企图用气球燃烧弹轰炸对方,殊不知高空风向与地面风向正好相反,结果气球上升后,反过来落入自己营中,未伤别人,却先伤了自己。又例如,第二次世界大战期间,德国一少校军官携带自己的作战计划,飞回自己首都,由于天气恶劣,飞机被迫降落在对方机场,部分作战计划落入对方,机密泄露,只得另定计划。

飞机起飞后,在空中常会遇到雷暴云。由于雷暴云中有强烈的升降气流,因而飞机在空中飞行时就会发生强烈的颠簸,有可能坠落下来,机毁人亡。雷暴云中大量的过冷水滴,会在飞机的某些部位冻结成冰层,造成飞机积冰。飞机积冰是一种危险的现象,会严重影响飞机的安全。雷暴云中的闪电和强大的雷暴电场会使飞机遭到雷击,并使无线电通信和机上的电子设备受到干扰。在作战与训练中遭遇雷暴,飞行员被迫跳伞的例子屡见不鲜。

有的飞机在万里无云的晴空中失事,起初人们也弄不清这是什么原因,后来才知道,晴空中存在着强烈的湍流。目前,对晴空湍流还无法预报,而危害极大,成为军事气象学的一个重点研究课题。

　　飞机在空中飞行,有时会拖出一条或数条"白烟"。这是飞机飞过后,飞行轨道上的水汽凝结成的特殊的云,气象学上称它为"飞机尾迹"。飞机尾迹会暴露飞机的位置、行踪和架数,但只要运用得当,在战术上有一定的价值。例如,预先将主力隐蔽起来,以少量的飞机在尾迹层内飞行,有意地使其出现尾迹,造成错觉,然后给敌人以出其不意的攻击,达到出奇制胜的目的。

　　在空战中,利用云层隐蔽地飞向目标,给敌人以突然攻击,这是一种常用的方法。但是,在计划此方案时,气象工作者必须正确预报出我方与敌方的天空状况,云的形状、高度和厚度等。

气象与海军活动

　　海战不仅受到海洋环境的影响,而且受到气象条件的影响。两者共同作用时,舰艇的安全、海战方式和胜负会受到很大的影响。

　　自古到今,海战中双方总是尽可能把自己的舰队机动到上风方位。因为交战时"占上风位置"会带来很大的主动。而航空母舰的机动情况则相反,最好在对方的下风方位,因为逆风有利于航空母舰上的飞机起飞和降落。最不利的是风从舰尾方向吹来。这时航空母舰必须调头并快速航行,直至飞机起飞为止。

　　在第二次世界大战中,有好几艘德国舰艇突然沉没。据推测,这是由于海洋下面的水流异常而造成的。而海洋中水流异常往往是海上气象条件异常造成的。

　　台风对洋面上的舰艇威胁很大。历史上,由于未能掌握海上风暴的活动情况,舰艇遭重创的例子很多。公元前1492年,波斯王率300艘海船、2万人入侵希腊,结果遭遇风暴,全军被海浪淹没。美国独立战争期间,出现在安的列斯群岛的飓风使英美双方400多艘舰艇沉没,4万人葬身鱼腹。风浪使水面舰艇受到剧烈的摇摆,航向难以掌握,而且大大影响舰艇上武器的作用。1916年3月,一艘英国巡洋舰与一艘德国驱逐舰遭遇,由于风浪使双方剧烈摇摆,都不能使用武器,结果英国巡洋舰采用撞击德国驱逐舰的要害部位的办法,取得主动。

　　海雾对舰艇作战有利有弊。舰艇在茫茫大雾中航行,定位和通信极为困难。有雾时射击、拉雷难以操作。但是,海雾也能助战。第二次世界大战中,有许多随海雾一起登陆而奇袭对方,或在茫茫雾霭中悄悄地突围,摆脱对方围困的战例。1940年,英国、法国、比利时三国33万军队被德军围困,后来英国预测并利用了英吉利海峡的浓雾,动员所有船只,从小港敦刻尔克撤出;而德国空军由于天气条件恶劣,飞机无法起飞,只好看着敌人从自己的眼下逃走。

气象与陆军活动

　　气象条件的变化会影响弹丸命中目标的准确率。气温影响弹头的初速。气温增高时,发射药温度也随着升高,火药燃烧速度快,同一时间内产生的气体量较多,因而膛内的压力增大,弹头的初速度大,弹道会相应地变高,如果引信作用时间不变,炸点的位置就会高一点,远一点。另外,弹头飞行时,受空气阻力,而阻力的大小与空气密度、气温和风有关。

气象条件对陆军声测侦察有很大的影响。陆军利用火炮射击的声音来测定敌方炮兵阵地的位置。声测受风和温度的影响,当声波遇到气温随高度递减或风速随高度增加的大气层,或逆风时,则敌区声音向我方传播是向上弯曲的,声音强度大大减弱,往往难以清晰地记录由敌方传来的声波,有时甚至完全记录不到。反之,当遇到气温随高度递增或风速随高度降低的大气层,或顺风时,则对声测大为有利。

气象条件的变化会影响地面导弹部队的作战行动。非制导火箭和导弹的发射与跟踪,需要专门的气象保证。导弹发射的不同阶段,对气象条件有不同的要求。在导弹发射场里,设置有地面气象台和自动气象站,还配备气象雷达、高空探测、侦察闪电的装置,利用气象卫星和气象侦察飞机,为发布风暴警报提供情报。导弹发射时,气象保障必须及时,所以要尽量实现自动化,进行快速的探测,气象资料要立即输入计算机处理,及时供发射部队使用。

气象与陆军军事活动的关系是多方面的。例如,气象变化干扰雷达回波,增加辨认目标的困难;闪电会影响通信联络,等等。此外,核武器、化学武器、生物武器的杀伤力,也受气象条件的影响。

草船借箭

东汉末年,曹操在初步统一北方以后,于建安十三年(公元208年),率兵20余万南下,准备吞并南方由孙权和刘备占据的地区,完成统一全国的大业。但是,曹操这一“南征”举动却遭到孙权和刘备的抵抗。周瑜和诸葛亮共同率领联军5万,在湖北赤壁一带与曹操军队隔江对峙。

有一天,周瑜派人把诸葛亮请来商量与曹操水战的事。诸葛亮告诉周瑜,与曹操水战,应该先用弓箭。周瑜听后,便要诸葛亮在10天之内完成制造10万支箭的任务。诸葛亮深知当时战争局势以及自己的危险处境,但是,他顾全大局,欣然立下军令状领受了任务,并答应提前在3天之内完成。周瑜听后暗暗高兴,这下子诸葛亮等于自找死路了。

诸葛亮从周瑜那里回来以后,并不忙于组织工匠,也不见他筹集材料。等到第三天三更时分,诸葛亮才把从鲁肃那里偷偷借来的20条船,用青布作为帐幔伪装起来,每条船上还派上30个士兵,竖起1000多个草人,然后用长绳子把20条船连接起来。四更时分一到,只听诸葛亮一声号令,20条船全力往北岸进发。

这时,长江江面上,浓雾迷漫,白茫茫一片,什么也看不清。

五更时分,船队已经接近曹营水寨。诸葛亮不慌不忙地调动船只,使船头向西,船尾朝东,船队摆开阵势。一切停当后,诸葛亮令士兵擂鼓呐喊,诱惑曹军放箭。果然不出所料,曹操听到金鼓声和呐喊声后便想,现在浓雾锁江,敌兵忽然到来,必有埋伏,万万不能轻举妄动。于是,他命令弓弩手万箭齐发,一支支箭呼呼地直向船上飞来。20条船上的所有稻草人身上,密密麻麻地插满了箭。

草船借箭

天亮后,浓雾即将散去,诸葛亮下令收船回去。

一场大雾使诸葛亮的战船不费吹灰之力"借"到10万余支箭,不仅使周瑜暗害诸葛亮的计划失败,更重要的是使联军获得大批水战的兵器,为后来联军火烧赤壁大败曹军创造了有利的条件。

诸葛亮借箭的故事,说明他掌握了当地的天气变化规律,特别是雾的变化规律。

迦太基人巧借东南风

在今天非洲北部的突尼斯,两千多年前居住着名叫迦太基的民族。为争霸地中海,与欧洲南部的亚平宁半岛上的罗马帝国不断发生战争。

公元前216年4月,年仅31岁的迦太基统帅汉尼拔指挥几万大军,突然袭击古罗马东南部巴列塔附近的坎尼城,缴获大量物资。罗马宫廷得知后十分震惊,派出几万大军,决心同迦太基人在坎尼城决一死战。

汉尼拔是一位出色的指挥官,他了解坎尼城一带的地理情况,掌握当地夏季中午前后有东南风劲吹的规律。他利用这股风,竟大胆地将兵马面向西北方向背风布阵。

8月2日上午双方军队分三路对阵。汉尼拔命中路的迦太基士兵一面作战一面退却,引中路罗马军队进入腹地。罗马军队指挥官求胜心切,不知是计,以为敌军溃败,下令全部将士迅速追击。而迦太基骑兵则乘虚而入,从两侧包抄罗马军队。

中午时分,两军激战犹酣之时,东南风刮起来了。狂风卷起尘土向罗马军队扑面而来,风沙迷住迎风前进的罗马士兵的双眼,看不清敌情,无法投掷梭镖和箭石。相反,迦太基军队士气大振,借助风力开始反攻,顺风投出的标枪、箭石既远又猛,大大增强了杀伤能力。在狂风袭击下,罗马军队前后受敌,死伤惨重,欲撤退,但退路被堵截,将士大量死亡,总指挥也阵亡。

天黑时分,风沙才随东南风平息而消散。这一天,迦太基人以6000士兵消灭了罗马7万军队,赢得胜利。

这是古代一次利用风取得战争胜利的典型战例。

一场浓雾定胜负

1804年,拿破仑称帝后,为了实现称霸欧洲的野心,对外不断进行侵略。为了对付拿破仑的侵略行径,英、俄、奥三国结成了同盟。

1805 年,奥、俄两国皇帝商量对策,组成联军,决心在奥斯特里茨(今捷克布尔诺附近的斯拉夫科夫)与拿破仑决战。奥斯特里茨是个丘陵地带,除北面以外,其他三面有许多河流和湖泊。

法军由拿破仑亲自指挥,俄、奥联军分别由俄国皇帝和奥国皇帝督战。所以,这次交战被称为"三帝会战"。

12 月 1 日,联军进入奥斯特里茨以西 6 千米左右的普拉岑高地,占据了有利的地势,而法军则沿丘陵谷地布阵。显然,联军在人数和地势上占了上风。

决战开始前夕,为了鼓舞将士的士气,拿破仑巡视了整个营地。所经之处,士兵们个个高举用稻草做的火把,并高呼:"皇帝万岁!"欢迎他们的最高统帅。驻守在高地上的联军,看到法军阵地上一片火光,猜想法军正准备向南转移。过了一些时候,火把全熄灭了。这时,联军再向下望去,只见白茫茫一片,前沿的哨兵高喊起来:"法国军队撤离阵地了! 法国军队跑了!"联军长官信以为真,连忙下令于 12 月 2 日拂晓之前撤离高地,开始追击,企图切断法军南撤的退路。

日出之后,拿破仑从指挥所中看到联军撤离了高地,便命令两个师攻占制高点。接着,拿破仑命令士兵将几百门大炮拉向高地,向南方轰击。

法军从西、北、东三面夹击联军,联军只有南面一条退路。原来,南面有大大小小的湖泊,因时值寒冬,湖面已冰冻;湖间小路狭窄,大队人马难以通过,联军士兵只好争先恐后地踏上冰冻的湖面。正当联军士兵高兴地以为自己终于得救了的时候,突然一阵巨响,湖面上的冰被法军的大炮炸裂了。联军人仰马翻,纷纷落入湖中,被冻死或淹死。

这次战争拿破仑大获全胜,联军被瓦解。

拿破仑获胜,除了他指挥正确外,一场大雾帮了他的大忙。原来,战场周围尽是湖泊,空气中的水汽很多,而法军大量的稻草火把点燃后,大气中增加了许多灰尘,天气又冷,所以空气中的水汽都凝结在灰尘上,便形成了一场大雾。法军集结在谷地中,被大雾笼罩。在夜色中,联军向前望去,只见白茫茫一片。联军瞭望哨兵把白茫茫的一片当作空地,以为法军撤退了,联军指挥官便匆忙做出撤离高地追击法军的决定。联军本来占领有利的地势,却被一场大雾骗了,丢弃了高地,最后反而以失败告终。

暴雨与滑铁卢战役

1815 年 6 月,拿破仑军队与联盟军队之间进行了一次大规模会战。战场就在今天的比利时首都布鲁塞尔南部滑铁卢村以南 5 千米处。这次战役拿破仑投入将士 7.2 万人,联盟军(包括英、荷、比、德的军队)和普鲁士军共 11.3 万人。

6 月 17 日,交战双方摆开阵势,准备第二天决战。当天晚上,拿破仑在指挥部的大比例地图前拟定具体的作战方案:早晨 6 时发起攻击,中午结束战斗,速战速决,前后计划用 6 小时。然而,"老天爷"并不帮忙,恶劣的天气降临了。午夜刚过,疾风激雷后,紧接着是一阵如注的暴雨。

　　黑夜过去,曙光初现。一夜过后,战区的地形变得面目全非,沟壑纵横,泥浆遍地,战马的四腿陷入泥泞的道路,战车的轮子则被淹没了一半。18日上午8时,依然细雨蒙蒙,拿破仑不得不把总攻推迟到上午11时30分进行。昨晚的一场暴雨给法军的军事行动带来极大的困难:步兵艰难地向高地推进,陷于泥泞中的炮车难以启动,军队还没有与联盟军接触便累得人困马乏了。尽管如此,拿破仑的意志顽强,仍镇静自若地指挥着,士兵也愈战愈勇,终于突破联盟军的防线。但是,在决战的关键时刻,由于道路泥泞,援军未能及时赶到,同时,由于总攻时间推迟,给联盟军得到了充裕时间,使联盟军的援军及时赶到战场,前后夹击,致使战局急转直下,拿破仑军队以失败告终。在这次战役中拿破仑军伤亡2.5万人,被俘9000人。4天后,拿破仑被迫第二次退位。

　　对于拿破仑军在滑铁卢战役中的惨败,法国文学家雨果在《悲惨世界》中揭示说:"1815年17~18日的那天晚上,多几滴雨或少几滴雨,对拿破仑来说是一种胜败存亡的关键。"

施琅妙用天气收复台湾

　　清朝康熙年间,施琅巧妙利用天气、气候条件收复台湾,是一个著名的气象战例。

　　1681年,清政府平定三藩之乱后,康熙皇帝任命施琅为福建水师提督,命他"相机进取",限期收复台湾。

　　施琅奉命即至军中,并向康熙帝上书提出他的攻台部署。他说:"台湾战船久泊澎湖,全力固守。冬春之际大风频频,我兵船难以过洋。在此期间,练习水师,并派遣间谍去联络旧部,作为内应,等待顺风之机,即发兵可全胜。"

　　施琅把选择出兵的机会、时间、风等条件作为一件大事,派专人查阅天气、气候资料并进行实地海情和风的观测,基本熟悉和掌握了台湾海峡的气象情况。他发现夏季台湾地区高温多雨,能见度好,特别是在偏南风风速和缓的情况下,有利于战舰横渡海峡。

　　1683年7月8日,施琅率领大型战舰300余艘,中小战舰230余艘,水兵2万余人从福建沿海扬帆起航,一路乘风破浪,直取澎湖列岛。在几天的战斗里,多数时间刮柔和的偏南风,处于上风的清军可以顺风扬帆快速前进冲击敌人。刚开始,双方互有胜负。但是,台湾郑军始终处于逆风被动挨打的局面。特别是7月16日的决战最为激烈,战斗打响后清军迅速利用有利的西南风条件,以多艘战船围攻郑军一艘,集中兵力作战。当天,清军击毁郑军大小战舰200艘,消灭其主力1.2万人,降敌军近5000人,缴获许多船只和武器装备,很快攻克澎湖列岛。此战役一举消灭了郑军的精锐部队。收复澎湖列岛等于打开了台湾的门户,台湾全岛人心惶惶。随后不到一个月,台湾郑氏集团被迫接受招安,台湾回到祖国的环抱。

日本人利用天气偷袭珍珠港

1941年底,日本为了实现其南下太平洋的野心,派突击舰队偷袭了美国夏威夷的珍珠港。舰队在海上航行了12天,一直没有被美方警戒网发现。12月7日拂晓,日军出动350架飞机,分成两批实施攻击,前后仅两个小时,共投鱼雷50枚、炸弹556枚,使美国太平洋舰队遭到毁灭性的打击。

事后,美国人发现日本人在偷袭珍珠港时有效地利用了当时的锋面天气。日本舰队从冷锋后面进来,不易被发觉。空袭时珍珠港上空多云。一个美军军官在追忆那天早上的情况时写道:"头顶上正好有足够的碎云,保护了日本人,却引起我们高射炮火的混乱。日本人有一个了不起的气象台,并充分地利用了它。"

"普雨林"号遇台风死里逃生

1980年8月5日,货轮"普雨林"号从美国东部的基韦斯特港出发向南驶去。三天后,气象台发布警报,大西洋上有一个叫"艾伦"的台风正在向西北方向迅速移动。

"普雨林"号必须尽早抵达牙买加最北的海岸港口,才能避免被"艾伦"葬身海底的危险。但是,气象报告说,"艾伦"似乎抓住"普雨林"号不放,冲着而来,"普雨林"号不可避免地要与"艾伦"相遇。

傍晚,东方天空一片宽阔的黑色风暴云带迅速升起,风越来越大。过了一会,船首的桅杆被吹断了,货轮被五六米高的巨浪包围了,海水像被烧开了似的翻腾着,霹雳声中暴雨从天空向下倾泻。

船长巴利是位见过大风大浪的人,不过他从未遇到过如此凶猛的台风,心里明白今天很难逃脱这个台风带来的厄运。

巴利船长命令大家坚守岗位,见机行事。到晚上9时,风速达到了最大,货轮一会儿被抛到三层楼那么高的浪尖上,一会儿又重重地被摔向浪谷。晚上10时,货轮已遭到严重的损坏,船员们也被摔得伤筋断骨。这时,巴利船长不得不决定弃船。

船员们个个将自己绑缚在几块大舱盖上,在大海上漂来漂去,痛苦地望着远去的货轮慢慢地沉下去,感觉到马上要离开这个世界了。

正当他们绝望之际,奇迹出现了:风不再怒吼了,风浪越来越小,黑云消散了,天空中的星星在闪烁,一弯明月放射出银白色的光辉,四周十分宁静。仅仅只有十几分钟,他们好像到了另一个世界。此时,他们尽管精疲力尽,昏昏沉沉,死死抱着舱盖,但心中出现了希望,等待着救援。

正当他们心中出现希望的时候,天边又出现了大片的台风云,他们意识到今天必死无疑。

可是,奇迹再一次出现,天边的台风云并不向他们袭来。这意味着台风移动的方向改变了,船员见此状况,心情终于平静下来。

过了 20 分钟,一束探照灯划破了黑色的夜空,巴利和他的船员们终于遇上了救星,这是一艘被"艾伦"刮偏了航线的挪威油轮。他们终于得救了。

几天后,巴利才知道,"艾伦"是大西洋上有记录以来第二个最强大的台风,使 230 多人死亡,造成了数亿美元的损失。唯独他们进入了台风中心区,才幸免于难,新闻界把他们称为"穿过死神胯下的英雄"。

台风是一个圆形的空气漩涡,中心是一个风平浪静、晴空无云的区域,周围则是狂风暴雨区,再往外是大风区。"普雨林"号货轮先进入狂风暴雨区,所以巴利船长只好命令大家弃船逃生。巧就巧在他们恰好进入台风中心,所以出现了第一次奇迹;而后台风移动方向突然改变,他们才避免再次进入狂风暴雨区,出现了第二次奇迹,死里逃生。

气象情报战

1944 年 6 月 8 日凌晨,法国北部诺曼底海滨,一场暴风雨刚刚过去,空气清新,格外宁静。突然,一次闻名世界的诺曼底登陆战役爆发了。英、美组成的盟军利用这种有利的气象条件,派出 15.6 万士兵,1200 艘战舰,数以百计的坦克从诺曼底海滩登陆。

英、美盟军为了夺取这次战役的胜利,早在 4 年前就开始准备了,而最早的准备却是静悄悄的气象情报争夺战。

1940 年 5 月 10 日,罗伯特·斯特将军率军从冰岛首都雷克雅未克登陆,拆除了设在那里的德国气象站,建立了自己的气象站,占领了北冰洋腹地、气象要地扬马延岛;此后,德国设置的挪威气象站也被英国气象站所代替,德国在斯匹次卑尔根岛、罗弗敦群岛上设置的气象站也被摧毁。德军在海上的气象船舶也被盟军摧毁或扣留。盟军对远处的气象站用无线电波进行干扰,对中立国的气象站不惜重金收买气象情报。

德军因缺乏气象情报而常常失利。侦察飞机因风暴而坠毁,船只因不明风向风速而沉没,无数的德军因不了解气温变化而被冻伤或冻死。而盟军则掌握了大量的气象情报,可以准确地预报登陆前的天气情况,抓住最佳的登陆时机,为这次顺利登陆创造了有利条件。

破案的气象学家

戴维·默多克是一位气象学家,可他经常进出警察局,被刑侦处请去从事疑难案件的侦破工作。1978 年 2 月,加拿大多伦多市的一位 8 岁女孩,失踪 4 天之后才被人发现。这是件谋杀案。警察局内定一些嫌疑犯,但他们却能证明在这 4 天之内大部分时间并不在作案现场。警察局长为此而烦恼起来。后来,他突然想起,一些犯罪分子常利用雨天、雪天、大雾天、大风天作案,是否此案也能从天气变化的资料中找得一点线索呢?于是,他请来戴维·默多克先生。

默多克先生到了现场，发现女孩的脸上覆盖着一层雪融化后又冻结成的薄冰。这就是说，这位女孩死后，气温曾回升到0℃以上，使死者脸上的雪融化，然后气温又下降，融化的雪又结成一层薄冰。默多克先生从当地气象局那儿借来气象资料，又与另一位研究体温过低症的专家进行分析，确定死亡时间是她失踪后两小时这样，可以排除大部分嫌疑犯，而只要寻找这两小时内在场的那几个嫌疑犯的罪证。有一个嫌疑犯，无法证明自己在这两小时内不在现场，再依据其他罪证，警察局终于查出他就是此案凶手。

默多克从事这方面的工作已经多年，而且战绩显赫，所以有人称他为"气象福尔摩斯"。

气象法律事务所

现在，气象学家走出了他们的实验室，来到法庭，为确定天气在某些损失巨大的灾难中所起的作用而作证。

1978年，飓风袭击了美国东北部。许多远离海岸的房屋被淹、被毁。按理说，被毁房屋的主人应该得到保险公司的赔偿，但保险公司拒绝对某些房主进行赔偿，理由是他们的保险责任不包括水灾造成的损失。双方争执不下，此事被诉讼到法庭。原告律师请来了气象专家。气象专家证明事实是这些房屋首先被飓风摧毁，然后才被淹的，而飓风造成的损失是在保险责任之内的。

美国一家公司拥有一个遥感接收网，能够精确测定250米范围内云中闪电造成的灾害。依靠这样一种气象观测手段，这家公司居然帮助几家保险公司驳回了几件不合理的赔偿要求。例如，某家保险公司已经同意对一起原告称因闪电引起计算机受损的事件赔偿1万美元，而该公司却证明，那一天的闪电并没有靠近到足以使计算机遭受破坏的距离，从而使保险公司胜诉。

法律气象学家甚至经常在行人滑倒跌伤的法律诉讼中提供证词。下雪天人行道地面结冰，人容易滑倒，跌得不巧会造成骨折，有些人因此向该路段所在的房东提出赔偿诉讼，因为城市环境保护法规中有"各人自扫门前雪"的规定。那么，究竟是房东偷懒不清扫路面积雪，还是因为雪积得太多，来不及清扫？法律气象学家可以证实在当时的气象条件下，房东是否有时间来清除积雪。

目前，由于司法上的需要，许多国家成立了气象法律事务所。

气象灾害威胁保险公司

2005年夏天，台风"麦莎"袭击了上海，丁女士家因此遭遇水灾。于是，她向已投保了家庭财产保险的某保险公司报案。一星期后，该保险公司向她支付了赔偿款。

全球气候变暖，造成天气、气候异常，也殃及保险公司。

美国能源部的科学家埃文·米尔斯声称，从1980年到2004年，气象灾害引起的经济损失高达1.4万亿美元,保险公司因气象灾害至少损失了3400亿美元。近10年来,保险公司因气象灾害而支付的赔偿款已上升到总赔偿款的25%。其中,美国的情况更为严重,保险公司支付的赔偿款已上升到总赔偿款的40%。美国环境保护局认为,保险公司赔偿款增加的主要原因是飓风、洪水、泥石流等气象灾害的增加,比如从20世纪50年代到90年代,气象灾害发生的次数增加了4倍。

根据有关部门的统计,在最近的30多年间,全世界平均每年因自然灾害而死亡的人数和受灾的人数分别增加了5倍和7倍,全世界平均每年的直接经济损失增加了30多倍,保险公司的赔偿额呈直线上升的趋势。2005年飓风"卡特里娜"和飓风"威尔玛"使保险公司分别破费了300亿美元和100亿美元。

全球著名的瑞士再保险公司估计,在未来10年内,每年由气象灾害造成的总经济损失有可能在原来的基础上翻一番,高达1500亿美元,保险公司不得不每年分摊300~400亿美元的经济损失。

有关机构的报告指出,气象灾害已经成了保险公司面临的最大威胁。

天气与健康

我国古代医学名著《内经》中说:"人与天地相参也,与日月相应也",明确指出人的生理、病理与大自然有关。祖国医学认为春夏阳气发泄,气血易趋向于表,表现为皮肤松弛、疏泄多汗;自秋至冬,阳气收藏,气血易趋向于里,表现为皮肤致密,少汗多尿……祖国医学也把天气变化作为致病因子,将四季气候变化归纳为风、寒、暑、湿、燥、火六种"气象",把一些疾病按此六种因子,结合人体情况,进行辨证论治。

当人体的生理功能不能适应外界天气变化时就会患上疾病。在强烈的日射和高温环境下会发生中暑;在寒冷的环境下,易发生冻疮;在海拔3000米以上的高原上,人体对低气压不适应,会产生高原病;在水下作业,由于压力增加,易患潜水病。此外,强烈的紫外线照射会引起日光性皮炎、视网膜灼伤。在高原积雪的环境下,很容易患雪盲。

传染性疾病有明显的季节性。冬季呼吸道传染性疾病增多,夏季肠道传染性疾病增多。流行性脑膜炎的发病率一般在2~4月较高,有人认为这与气温骤变有关。有些传染病由蚊子、苍蝇传播,而蚊子、苍蝇的繁殖、活动受气象条件的影响。

有些慢性病也与天气变化有关。例如,关节炎患者对气温、湿度的变化很敏感;哮喘患者在气温、气压突然下降时容易发作;秋季冷空气活动频繁,感冒患者大量增加;慢性气管炎在气温越低、湿度越小、气温日较差越大、日照时间越短时病情加重。心脏病的发作与冷暖空气活动有关。美国宾夕法尼亚大学医学院的医学家曾经做过一次试验:他们将30名关节炎患者集中在一个人工气候室内,为期2~4个星期。当降低人工气候室内的气压、增大湿度时(模拟风暴即将到来时的环境),就有80%的患者感觉关节发麻胀痛;当气压和湿度恢复正常时,他们很快恢复常态。

人们可以利用有利的气象条件来治疗疾病。最早采用的是空气浴和日光浴。例如,进行空气浴和日光浴锻炼可以防治佝偻病,增强人体对气温变化的适应能力,从而增强体质。

气候治疗是利用不同地区的特殊气候来治病。在海拔400米以下的平原地区,夏季温暖,日照充分,相对湿度宜人,不会让人产生炎热或寒冷的感觉,有利于治疗神经官能症、动脉硬化、呼吸道疾病。海拔1000米以上的山地,气压相对较低,太阳辐射充足,紫外线丰富,空气清洁,有利于治疗哮喘、肺结核、贫血等疾病。海滨地区,夏季气温变化小,空气清洁,空气中碘、氯、氧含量较高,日照充足,适合于某些皮肤病、呼吸道疾病的治疗。

现在,人们用人工方法模拟特殊的气象条件,来治疗疾病,这就是人工气候室。高压舱和低压舱就是人工气候室的一种。

目前,医疗气象学才刚问世,有待于气象学家和医学家共同努力,为人们的健康做出贡献。

冬季忧郁症

每当寒冬到来之际,在一些高纬度地区,不少人变得嗜睡和贪食,体重明显增加。按中国人的习惯,冬季是进补的季节,嗜睡和贪食是一种正常的生理现象。但是,这些地区的人体态是胖了,情绪却变得易怒、忧郁,身体疲劳,精力减退,注意力分散。待到来年,冰雪消融、大地回春之时,这些人的精神又变得正常起来。在加拿大,每年冬季有成千上万人会患上这种冬季忧郁症,在美国北部、冰岛、挪威、芬兰、瑞典、荷兰,也有不少人出现同样的情况。

为什么会出现这种怪现象呢?原来,在冬季,阳光照射时间减少,光照很弱,黑夜时间长,人体的生物钟不适应这种环境的变化,造成内分泌失调,生理节奏被打乱,从而导致精神错乱,出现嗜睡和贪食现象。如果让这些人迁居到日照时间长的地区,尽管那里也是冬季,但这些症状均会消失。

所以,阳光是一种天然兴奋剂,多晒太阳固然有害人体健康,但少晒太阳也会使人感到疲倦,精神烦躁不安。适量的阳光照射,可以活跃新陈代谢,健全神经系统功能,提高对疾病的抵抗能力。为此,每当冬季,这些生活在高纬度地区的人们便纷纷前往地中海国家度假,躺在沙滩上晒太阳。

现今,医学上已用光线疗法来治疗这种季节性忧郁症。用一个设计精巧的盒灯,让患者戴在头上,再使灯光透过两个小孔,射入患者双眼,一星期之后百分之八十的患者可以取得明显的疗效。

冬天里的"杀人帮凶"

大雾,白茫茫的一片。它不仅影响城市交通,造成空难和海事,而且还是个杀人"帮凶"。

1952 年 12 月 5~8 日,大雾笼罩着英国首都伦敦,城市上空还同时有两个逆温层,使工厂排放出来的大量有毒污染物聚集在逆温层下,在短时间内无法扩散出去,造成成千上万的居民患上呼吸道疾病,4 天中就有 4000 多人死亡。

20 世纪,震惊世界的大气烟雾事件发生过 8 次,总计病倒和死亡人数达 10 万。

大家都知道烟雾事件的罪魁祸首是大气中的污染物,但都忽略了雾和逆温层是藏在背后的"杀人帮凶"这一事实。

冬天温度较低,特别是近地层冷却得更厉害,因此,容易形成大雾和在一定高度出现逆温现象,雾和逆温层同时出现便使大气污染严重加剧。当大雾弥漫时,大气污染物会发生一系列的物理化学反应,从而产生新物质。如二氧化硫在大气中被氧化后,与雾滴结合成硫酸气溶胶,若再与光化学烟雾相遇,其危害就更大了。这时,若再遇上逆温层的阻挡作用,空气就无法对流,逆温层下的污染物就很难穿过逆温层向上扩散,逆温层内风又小,阻止了污染物在水平方向扩散,毒性强的污染物无路可走,只好弥漫在逆温层下。逆温层愈厚、维持时间愈长,人们呼吸有毒空气的时间也愈长,所受的毒害也就愈严重。所以说,大雾充当了杀人的"帮凶"。

抓住气象商机

气象信息也是一种商品了,你一定会感到很新奇。这是因为如今市场经济越来越发达,竞争越来越激烈,天气对各行各业的经济活动的影响更为显著。

在美国,每年受到天气、气候影响的国民生产总值达 2.2 万亿美元。因此,近年来天气风险管理服务(也称天气期货)在美国蓬勃兴起,并已经发展成为交易额达 80 多亿美元的新行业。

例如,寒冬对于天然气公司影响很大,因为用户的天然气用量增大,公司收入就会增加。相反,遇上暖冬,用户的天然气用量减少,公司收入也就减少。天气风险管理专家对比了历史气象资料和天然气销售公司的销售资料,发现冬季天气的冷暖和天然气总消费量之间的关系非常密切。

为了规避天气风险,国际上越来越多的企业在国际金融市场上购买或出售相应的天气期货,从而保证即使在不利的天气条件下,公司的收入也不会受到太大的影响。

电力供应和天气的关系密切,供电公司的收入受天气变化的影响很大。如果夏季温度比常年偏高,那么用户的用电量增加;反之,如果夏季非常凉爽,那么用户的用电量减少。此外,雨量对供电公司的收入影响也很大。例如,德国一家能源公司夏季向农民提供电力供抽水灌溉用。在多雨的夏季,农民的用电量明显减少,这家能源公司的收入也明显减少。德国北部地区夏季雨量和电力销售的相关系数达 80%。一位德国天气风险管理专家艾塞为这家能源公司设计了一种天气期货产品,并在金融市场上实现了交易,使这家能源公司成功地规避了夏季天气风险。

金融市场的交易活动也受天气影响。每日股市收益与天气晴朗很有关系。这是因为股市交易与股民的心理活动有关；天气晴朗会影响人的情绪、积极性、工作效率、生物节律、身体内的激素分泌与物质交换；天气阴沉会使人感到压抑，也就是说，天气通过影响人的心理活动，从而作用于股市交易。闷热的天气，使人的情绪容易急躁，情绪波动大，头脑不冷静，影响交易。

在市场经济条件下，气象信息越来越受到企业家的青睐。企业家不仅可以利用气象信息去"战胜"竞争者，还可以利用气象信息预测市场的需求，制定营销策略，从而获取丰厚的利润。

在英国，许多公司十分关注气象台的特别节目——天气导向咨询服务。市场经营者应该了解和掌握不同温度下销售额百分比是多少及其变化的规律。据统计，当气温达到15℃时，软饮料的销售开始呈兴旺的势头，在此以后销售额的上升与日照时间和气温的上升成正比。权威人士还发现，有93%的面包销售量与气温升降有直接的关系，在英国，夏季有1亿英镑销售额的三明治市场会因气温偏高而扩大。因为在这种天气下很多人都情愿到公园里、河边、大树下吃三明治。对面包师来说，懂天气发财，不懂天气破产。

10年前英国开办"天气咨询业务"。由于它提供的气象信息能帮助企业家打开市场和控制市场，因而大受客户的欢迎。现在，它的服务内容大致可以分为两部分：一是为公司、厂商的产品分析"天气敏感度"，即在雨天或晴天什么商品行情看好；二是根据气象卫星、英国及其周围地区的气象资料，向有关咨询单位和客户提供气象信息，预测市场的行情。据悉，一整套天气咨询服务要价高达1万英镑，但仍有许多客户乐意付出这笔资金，他们认为从该项服务中肯定能捞回这笔"被宰的资金"。

日本中部电力公司利用气象雷达和气象卫星，掌握雨区和雨情的变化，有效地调节水库蓄水量，从而大大提高了水力发电的效率，节约了大量的能源成本。

在德国，一些啤酒公司专门设有气象研究室，把气温变化作为调整啤酒产量的重要参数。

在澳大利亚，有一家经营瓜果的企业在气象专家的参与下，设计了一个瓜果销售方程式，并与气象台签订了咨询合同，及时取得短期、长期的天气预报资料，以此来决定进货的品种和数量，减少了新鲜瓜果的积压和损失，获得丰厚的利润。

如今，天气预报的准确率越来越高，一些利用气象信息指导生产经营的企业大大提高了经济效益。民航、铁路、电站、码头、水库、大型仓库、商场、保险公司、海上石油钻探都是气象部门的重要客户。

体育与气象

一场体育比赛的胜负常常与天气条件有关。

第十二届世界杯足球赛在西班牙举行时，天气酷热。半决赛中，西班牙队与意大利队交锋。两队踢了整整120分钟，比分为1：1。当时，不仅队员累得不行，就连看台上的球迷也热得支撑不住了,裁判只好宣布明日再战。次日重新比赛,队员们仍然无精打采,意大利队换了5名新队员上场,西班牙队的一名队员瘫倒在地被抬了下来,竟没有人上场去接替他。后来,获胜的意大利队形容自己是"从疲惫的地狱中爬出来的"。

第十三届世界杯足球赛在墨西哥举行。当时正值高温炎热季节。这对于众多的参赛队来说,真是几家欢喜几家愁。联邦德国队在第二轮比赛中遇到非洲"黑马"摩洛哥队。论实力,联邦德国队按常理应轻松取胜,但由于天气炎热,他们的技术难以充分发挥。而对已经习惯于炎热天气下比赛的摩洛哥队来说,酷热并没有影响他们的战斗力。在全场90分钟的比赛中,摩洛哥队千方百计逼得联邦德国队队员疲于奔跑,拖得联邦德国队队员喘不过气来。虽然在最后的2分钟里,联邦德国队踢进一球,但对摩洛哥队来说,已充分发挥了水平,虽败犹荣。

1985年10月13日,来自16个国家的234名运动员参加了"北京国际马拉松赛"。比赛刚开始,电视解说员就说:"今天的天气很好,运动员可能会创造好成绩。"果然,日本的两名运动员获得了冠亚军,打破了纪录。因为马拉松比赛是一项体能消耗很大的运动项目,若遇到高温、高湿、大雨、大风、低气压的天气,成绩会明显受到影响。

网球比赛的胜负除了个人的技巧、竞技状态外,还与天气条件有关。网球场有硬场与软场之分。在硬场上比赛,球的反弹性能好,有利于炮弹形发球和猛烈抽击的以力量和速度为主的选手发挥水平。在软场上击球,球的反弹性能差,有利于习惯在泥场上比赛的选手发挥水平。20世纪30年代初,美国网球明星梵恩斯在温布尔顿大赛上夺得冠军。他在与法国第一高手柯显的比赛中,直落三局取胜。事隔一个月,他与柯显在全法公开赛上相遇。不少人预测梵恩斯能取胜。前二局,梵恩斯先胜,第三局开始梵恩斯领先。眼看柯显大势将去,不料突然降下一阵大雨,迫使比赛中断。雨过天晴,比赛继续进行。这时赛场上风云突变,梵恩斯原来的炮弹式的发球和有力的抽击看不到了。原来,比赛场地是软场,淋过雨后,球的反弹性能大大降低。而柯显却稳扎稳打,以美妙的落点控制了比赛,胜了第三、第四局。最后一局,大家以为柯显可以反败为胜了。哪知球场又起风波,天气转晴,阳光直射,场地很快干了,球的速度又发生了变化,梵恩斯的发球与抽击又显威力,一路领先。眼看梵恩斯胜利在望,哪知又是一场阵雨,只好等雨停后再战。老天又帮了柯显的大忙,柯显以美妙的落点控制局面,取得了最后的胜利。

体育比赛项目很多,与气象的关系错综复杂,两者之间的关系还有待于气象学家与体育学家联合起来进行长期的研究。

建筑与气候

在我国,人们的住所有内蒙古大草原的毡包(蒙古包)、云南中南部的竹楼、陕西和山西的窑洞、现代化的高层建筑……真是五花八门。这些结构独特、风格各异的房屋,不仅与当地民族的爱好和习惯有关,最重要的还与当地的气象条件诸如温度、湿度、雨量、风、太阳辐射等密切相关,因为房屋结构与当地的气象条件相适应了,才能形成一个使人感到舒适的室内小环境。

北欧冬天比较冷,风大雪也大,因此,像英国、荷兰、俄罗斯等国家,便把房子的窗开得特别小,墙厚而密实,这样可以减少冷空气进入室内,把寒冷对室内的影响减小到最低程度。那里屋顶的坡度也很大,以便减轻积雪对房顶的压力而不使房屋被雪压塌。

我国东北,冬季长而且寒冷,因此,房屋的外墙很厚,屋顶又加盖防寒层,北面不开窗,朝南开大窗,设双层玻璃,使屋内接受更多的阳光。

南方的热带地区,则又是另一番景象。那里高温、多雨,因此,建造房子时就必须考虑降温、通风、防雨等因素。这样,南方房屋的墙就比较薄,门窗尽量对着开,大多数房屋建有凉台。多雨地区的屋顶坡度较大,屋檐伸出较多,既可挡雨,又可遮阳隔热。湿热、多雨的地方,人们住在竹楼上,由于位置较高,既通风凉爽,又防潮。

较奇特的要算草原上的毡包。这是一种圆形或圆锥形的活动房,用条木结成网壁与伞形顶,上盖毛毡,用绳索勒住,顶中央有圆形天窗,易拆装。这种房子冬季可防寒潮的袭击,夏季可减小阳光的照射,较适合牧民的游牧生活。

气象与地震

一次地震过后,有些人会说:"怪不得前几天特别闷热。"

人们对于气象热异常与地震的发生存在密切的关系较为肯定。这种关系在历代史书中可以查到。例如,1505 年 10 月 9 日江苏松江(现上海市松江区)地震,震前"有风如火";1679 年 9 月 2 日河北三河平谷地震,震前"特大炎热,热伤人畜甚重";1668 年 7 月 25 日山东郯城地震,震前"酷暑方挥汗""日色正赤如血";1733 年 8 月 2 日云南东川地震,震前"日有昏沉之气,非雾非烟,非沙非土";1751 年 5 月 25 日云南剑川地震,震前"烦热而气昏惨无风";1833 年 9 月 6 日云南嵩明地震,震前"先期黄沙四塞,昏晓不能辨"。

古代,人们注意到了这一点,并用于预报。1815 年,山西虞乡县,在一次久雨后天大热,之后发生了地震。当时记载:"八月六日阴雨连绵,盆倾檐注,过重阳微晴,十三日大雾,乡老有识者,谓霪雨后大热,宜防地震。二十日早微雨随晴,及午歊蒸殊甚……晚二鼓,忽然屋舍倾塌。"

近代,人们更加注意观察,积累了更多的资料,确证了气象异常与地震发生的关系。1920 年 12 月 16 日,宁夏海原地震,"未震之前数日,四面天边变黄如火焰,晴空气躁,人均感觉焦灼干燥""月色昏黄,风霾晦暝";1925 年 3 月 16 日云南大理地震,"立春后,黄雾四塞,久旱不雨,晚不生寒,朝不见霞";1966 年 3 月 8 日邢台地震,震前"震区地面解冻早,返潮""春来早";1972 年 1 月 23 日红河地震,震前"当地气温在傍晚一反十几年的规律,异常升高";1970 年 12 月 3 日西吉地震,震前出现"暴发性增温"现象。

1975 年 2 月 4 日 19 时 36 分,辽宁海城发生 7.3 级地震。群众反映,1975 年 1 月天气特暖,震前尤甚。1 月 29 日到 2 月 4 日增温更加显著,平均气温比常年高 5~6℃。2 月 3 日 8 时到 10 时形成了一个以海城为中心的急剧升温区,2 小时内海城升温 12℃。从天气图上看，当时无促使回暖的天气过程的影响，这充分说明这种升温是反常的。震前夜间升温现象十分明显。营口气象台发现 1 月 5 日 23 时到 6 日上午 7 时，温度由零下 22.6℃上升到零下 7.6℃。当夜天空无低云，仅有高云，吹东南风，风速 3～5 米/秒，夜间应该是冷却降温，即使有暖空气移来，夜间升温这么高也是不正常的，更何况附近的地区并没有出现这种现象。

震前为什么会出现"热异常"现象呢？有人认为震前板块已经出现裂缝，地下热能发生剧烈变化，大量释放，输送给大气，所以震前气象热异常是地下热异常的直接反应。

斯芬克司雕像损坏之谜

埃及有一座闻名世界的石雕像——斯芬克司雕像。在神话中，他是一位狮身女人，常蹲在一座悬崖上面，提出各种离奇的问题，询问过路行人。如果过路人回答不出她提出的问题，就会被她吞食。有一次，一位名叫俄狄浦斯的英俊少年，勇敢地爬上这座悬崖，愿意解答各种问题。狮身女人提出自以为难度极高的问题："在早晨用四只脚走路，在中午用两只脚走路，在晚上用三只脚走路。在一切动物中，这是唯一用不同数目的脚走路的动物。脚最多的时候是速度与力量最小的时候。"英俊少年听完这个问题微笑着回答："这就是人。在生命的早晨，人是软弱而无援的孩子，要用两手两脚爬行；在生命的中午，人成为壮年，只要用两脚走路；而到了生命的晚间，老人需要扶持，要用拐杖支撑，拐杖就是第三只脚。"狮身女人听完英俊少年正确的答案后便满脸羞愧，从悬崖上跳了下去。这个传说给斯芬克司雕像蒙上了一层神秘的色彩。

斯芬克司雕像经历了 4000 多年的风雨，表面已经破裂剥落，而且近几十年来损坏得更快。

原来，雕像除狮爪是用石块砌成的以外，整个狮身人面像是在一块天然的大岩石上凿成的。大岩石是多孔结构，渗水性很强。石料中本来就含有一些可溶于水的盐类，后来远处的海风又不断地带来可以溶于水的盐类。在空气十分潮湿时，石中的盐类大量吸收水分，使固体盐变成溶液盐；而当空气变得十分干燥时，溶液盐又变成固体盐。当地的空气湿度变化很大，使固体盐、溶液盐之间变来变去的过程不断地进行。当溶液盐变成固体盐时，岩石微孔中的盐与孔壁相接触，对孔壁产生很大的压力。石料受这种压力作用，天长日久，就逐渐破裂而剥落。

斯芬克司雕像受损竟是当地的天气变化引起的，这是过去人们未曾认识到的。

雷击"阿波罗"飞船

1969 年 11 月 14 日上午，美国总统尼克松、副总统阿格纽以及国务卿基辛格等重要人物，都怀着极大的兴趣来到美国肯尼迪宇航中心第 39A 号发射场。究竟有什么新鲜事把这么多头面人物都吸引到这里来呢？原来，这里就要用"土星 5"号运载火箭发射"阿波罗12"号飞船,这是第二次载人登月飞行,因而格外引人注目。

当时发射场周围虽然低云密布、细雨霏霏,但是,地面风速并不大,大气扰动也不太强,距发射场32千米范围内也无雷击,所有这些气象条件都在发射飞船的允许范围之内。于是,"阿波罗12"号飞船在11时22分正式起飞。起飞后,开始一切正常,可是,意外很快发生了。在雨中观看的观众突然看到从火箭顶部的云层到地面之间,出现了两道蓝色的平行闪光带。与此同时,指令舱中的警铃响了,报警灯也亮了,地面指挥中心传来驾驶长的报告:雷击后3个电池与母线自动切断,造成飞行平台失控等不正常状态。过了16秒钟,又发生一次闪电,舱内进一步遭到破坏。

这时,雨中的观众都惊呆了,生怕飞船失事坠落。还好!由于宇航员采用备用设备排除了故障,从而保证了飞船顺利登月。这就是宇航史上有名的雷击载人飞船事件。

在当时的气象条件下,根本不可能产生自然雷击。那么,"阿波罗12"号飞船为什么会遭到雷击呢?原来,这是一种诱发闪电现象。那是因为飞船和发射飞船的运载火箭是个导体,运载火箭起飞后喷出的火焰气流中有许多带电粒子,带电气流加上运载火箭,总长度约有400米,这相当于一根400米长的"导线"在电场中迅速运动,从而大大改变了大气电场,使得这根"导线"两端与云、地之间的电势迅速增高,并将大气击穿,于是就产生诱发闪电现象。这种现象在其他场合也会产生。

人工影响天气

古人求雨

远古时代,我们的祖先就想掌握呼风唤雨的本领。刀耕火种的农民,在赤热的阳光下跪着祈祷,求天下雨;巫师耍尽花招,时而戴上面具手舞足蹈,时而咿咿呀呀地歌唱,向神灵祭献牛羊;美洲人在篱笆上挂起干瘪的蛇尸求雨;东方人跳龙舞,西方人做祈祷。其中,玛雅族祭祀雨神最为奇妙。

墨西哥南部有个尤卡坦半岛。现今,这个半岛除沿海一带以外,其他地方已没有人居住。可是,在500年前,创造了灿烂的玛雅文化的玛雅族,曾在这儿居住。

玛雅族是一个农业民族。他们靠分散在各地的天然大水池中的水来生活,并在天然水池附近建造了小城。

在一座名叫奇钦——伊扎的小镇附近,有两口直径为60米的天然大水池。当地的玛雅人把一口水池的水用来灌溉和饮用,而把另一口水池奉为圣井,用来祭祀雨神。因为玛雅人认为在这口圣井下面有座宫殿,主宰风雨的雨神就住在里面。

为了表示对雨神的崇拜,玛雅人在圣井旁边建造了一座宏伟高大的神庙。这座神庙呈金字塔形,顶部还盖了一座小庙。在神庙和雨神居住的圣井之间,铺设一条石子路,神庙两侧雕刻了一幅圣像。

玛雅人认为干旱使庄稼枯萎是雨神发怒的缘故。为了宽慰雨神，玛雅人要把一名美丽的少女投入圣井中，让少女去陪伴雨神。玛雅人认为投入圣井中的少女并没有死，而是在与雨神共享安乐。被选中的少女感到十分荣幸。到了祭祀雨神的那一天，玛雅人都不干活，从四面八方赶来，聚集到圣井附近，为美丽的少女送行。那位少女早已穿上华丽的服装，安详地等候在神庙里。祭祀的队伍伴随着海螺号声，以祭司为首，从神庙走向圣井。走完石子路，来到圣井旁的圣坛，祭司开始向雨神祈祷。

在"咚！咚！……"的鼓声伴随下，少女从花轿内缓缓地走出来。6位祭司唱着祭歌，改用一块大白布抬着少女，向圣井走去。当鼓声、笛声、歌声达到高潮时，少女被6位祭司高高地抛向空中，然后坠入黑乎乎的圣井；同时，少女的卫士也跳入圣井，随后人们向圣井投入各种各样的珍宝。

古人不懂科学，以为雨是雨神恩赐的，所以常常做出各种祭祀雨神的蠢事来。

关于人工降水的故事

随着科学技术的发展，人们开始探索用人工的方法催云降水了。

1839年，有人在地面上燃起熊熊大火，以为烟雾能引来雨水。1890年，有人用大炮把炸药送入云中，让炸药在空中爆炸，期待下雨。1918年，有人用小火箭向空中施放一些制冷物质，企图造云致雨。但是，这些试验都失败了。这是因为当时人们不懂得雨的来龙去脉。

直到1933年，瑞典气象学家贝吉隆提出了著名的"冰晶降水"理论，才使人们有了人工催云降水的理论基础。在冰晶和水滴共存的云层中，只要有足够多的冰晶，水滴就会迁移到冰晶上去，使冰晶迅速增大。冰晶增大之后，随着上升、下降的气流在云中运动，互相碰并，进一步增大。冰晶增大到上升气流托不住的时候，就开始降落，经过气温高于0℃的云层时，就融化为雨。贝吉隆的这一理论成为当时人们进行人工催云降水的理论指南。

后来，人们发现低纬度地区夏季的阵雨并不全部产生在温度低于0℃的冷云里，而是常常产生在温度高于0℃的暖云里。贝吉隆的理论没法解释这个现象。而这一事实引起了另外一位科学家霍顿的注意。当时，他正在研究凝结核在成云过程中的作用，发现大气里常有一些吸湿性比较强的微粒，可以使水汽在它上面凝结而成为雨滴。1938年，他提出了暖云降水的理论。这个理论就是云中大小水滴在重力的作用下下降，大水滴沿途赶上和碰并了小水滴，逐渐增大，落到地面，产生降水。

1946年，美国化学家朗缪尔又发现，大小水滴在下降过程中，受上升气流的猛烈冲击，会破碎成许多较小的水滴，形成雨滴大量繁殖的"连锁反应"。这一发现使暖云降水理论更加完善，成为人工影响暖云降水的理论指南。

由于有了正确的理论作为指导，人工催云降水工作便蓬勃开展起来了。

第二次世界大战期间,朗缪尔研究飞机在穿过云层时机翼外表结冰的课题。他和谢弗受命去美国的新罕布什尔州,因为那里终年寒风凛冽、雪暴频繁。

他们在工作中发现了一个奇怪的现象:虽然云中有的地方温度已在 0℃ 以下,但没有一粒冰晶。谢弗想,这大概是云中缺少细小的微粒,因为水汽必须以微粒为中心才能在上面凝华成为冰晶。于是,谢弗制造了一台能产生人工云(冷湿水蒸气)的制冷器。有一天,谢弗往制冷器内呼了一大口气,再逐渐冷却,过一会儿,他又往制冷器内撒了一些面粉,结果没有发现制冷器内有冰晶产生。相同的实验他做了几个月,始终没有成功。看来,面粉不能成为水汽凝华的中心。

有一天上午,炎日当空,谢弗的一位朋友邀请他去吃饭。临走时,他把制冷器盖得好好的,不让冷湿空气散逸出来。谢弗吃完饭后回到制冷器旁,一看里面的温度已在 0℃ 以上,心中很纳闷。他只好重新开始制冷,把盖子盖紧,等待里面的空气降温。他盯着温度表,嫌空气温度下降得太慢,心里有点着急。此时,他转身随手取了一点干冰,想让空气降温的速度加快些。他打开制冷器的盖子,把干冰扔了进去,又向制冷器长长地呼了口气。没想到奇迹突然出现了,他感到眼前一片银色的光芒在闪烁。用手电筒一照,看见了无数晶莹的银白色晶体在滚动。此时,他高兴极了,没想到梦寐以求的冰晶,经过无数次的失败,现在一下子变成了现实。看来,通过冷却也能产生冰晶。他连忙又往制冷器里呼了一大口气,又撒了一大把干冰,结果产生了更多的冰晶,冰晶徐徐下降,互相碰撞,结成了雪花。

他继而又想,既然在实验室中获得了成功,何不上天在云中试验? 11 月的一天,他带了干冰,登上飞机,进入一片云层。他在云中撒干冰,朗缪尔在地面观察。当他把干冰全部撒完后,朗缪尔看见了洁白的雪花从云中徐徐地飘落下来。朗缪尔激动极了。当谢弗回到地面,朗缪尔急忙迎上前去拥抱他,高兴地叫着:"你创造了奇迹。"

用干冰来催云降水,但干冰有不少缺点。后来,美国的化学家冯尼古特经过多次试验,终于找到了一种更为理想的物质——碘化银。

人工催云降水终于成功了,是谢弗和朗缪尔给苦于干旱的人们带来了甘霖。至今,人们还缅怀他们的功绩,传颂着他们勇敢的探索精神。

人工消雾

大雾笼罩机场,飞机便不能起飞和降落。海上大雾弥漫,船只便航向不明,容易引起轮船相撞事故。1977 年,两艘巨轮因海雾而相撞,损失惨重。大雾能使城市交通瘫痪,也会造成空气混浊,使人易患呼吸道疾病。1952 年,伦敦烟雾弥漫,患病人数急增,4 天内有数千人死亡,成为轰动世界的要闻。

由于军事、航空、航海部门的需要,人们很早就将人工消雾提到议事日程上来了。

云为天上之雾,雾为地上之云。既然,人们可以让天上的云降水,当然也可以驱散地上的雾。不过,大面积人工消雾,代价实在太大。目前,人工消雾主要用在机场上,目的是为飞机安全起飞和降落创造良好的天气条件。

雾与云一样，有冷雾与暖雾之分。

消除冷雾比较容易，在地面附近撒播干冰即可。干冰进入雾区后，产生大量的冰晶，经过冰水转化，冰晶不断吸附雾滴而壮大，最后落到地面，达到改善局部地区能见度的目的。有些国家在地面上燃烧制冷剂，也可以收到消雾的效果。

人工消雾

消除暖雾比较困难。早期在机场上燃烧大量的煤油或其他燃料，使机场跑道上的气温升高，雾滴蒸发，能见度改善，保证飞机安全着陆。还有一种方法是用直升飞机在机场上不断地上下飞行，把上面干燥的空气与下面的湿空气搅混，降低湿空气的浓度，使雾滴蒸发，达到消雾的目的。

现在，人工消雾用得比较多的方法是撒播吸湿性物质。吸湿性物质不断吸附水汽，最后碰并增大而落到地面，雾的浓度降低，能见度随之变好。

人工影响雷电

雷电不仅会影响飞机、导弹的安全飞行，干扰无线电通信，而且可击毁建筑物、通信线路的支架、电杆、电气机车，损坏计算机、网络等设备，引起火灾，致人死亡。我国每年有 3000 多人因雷击而伤亡，财产损失达 50 亿~100 亿元人民币。

人们很早就想消除雷电，但是雷电的势力实在太厉害了，因此人工影响雷电现在只是试试看。人们设想的第一个办法是在雷雨云的某些部位撒播一定数量的碘化银。这是因为碘化银能在雷雨云里形成大量的小冰晶，小冰晶的击穿电势要比云滴低，使云体的导电性能增强，使云内的放电次数增加，从而减少云与地面之间的闪电机会。

另外，用飞机将氧化铜粉、黏土之类的物质投入雷雨云内，或者炮击雷雨云，也能抑制闪电。这是因为闪电是雷雨云的产物，而雷雨云的产生与强大的上升气流有关。炮击以后，雷雨云中的上升气流受到干扰；氧化铜粉、黏土之类的物质在降落过程中会产生一股下沉气流，对抗上升气流，上升气流被削弱，雷雨云得不到充分的发展，闪电也就难以产生了。

有人从火箭穿过雷雨云的时候常常遭到雷击得到启发，认为向雷雨云不断发射高速飞行的物体，使雷雨云不断对这些物体放电，以减少雷雨云向地面放电的机会，达到抑制云与地面之间放电的目的。为什么高速飞行的物体能诱发云中闪电呢？因为高速飞行物体进入云中的强电场区后，会感应起电，使云中的电场分布畸形，形成局部的高电场区，使局部云体放电。另外，火箭等物体排出大量高度电离的高温气体，相当于增加了飞行体的有效长度，扩大了云中电场畸变的范围，增加了局部云体放电的机会，减少云与地面之间的放电。还有，喷出的离子化气体使云中的离子数量剧增，改善了云的导电性能。

人工影响台风

1970 年 11 月 12 日,在孟加拉国出现了一次近代史上少有的大悲剧。位于孟加拉国的吉大港,在一个台风的袭击下,30 万人失去了生命。

在气象史上,这样的大悲剧不止一次。据记载,死亡人数在 10 万人以上的,孟加拉国有 3 次,印度有 1 次,日本有 1 次,我国有 1 次。

台风不仅给人们带来死亡,同时也给人们带来了严重的经济损失。据美国 1900~1978 年的统计,损失 5000 万美元以上的台风有 25 次之多,其中 1965 年、1969 年、1972 年 3 次台风造成的损失均在 14 亿美元以上。据资料统计,我国每年遭受台风危害的农作物面积达 300 万公顷,死亡近 500 多人,倒塌房屋 30 多万间,直接经济损失 240 亿元人民币。也就是说,每个登陆的台风可能使 40 多万公顷的农作物受灾,死亡 60 多人,倒塌房屋 4 万间,直接经济损失 30 多亿元人民币。

因此,科学家一直在想方设法人工影响台风,削弱台风的危害。

人工影响台风的试验曾做过几次。其办法是在台风眼周围浓厚的云墙中撒播碘化银。结果就会像人工催云降水那样,云中产生大量的冰晶,经过冰水转化,水滴冻结成冰晶,并释放出大量的热量。

乍看上去,释放出来的大量的热量岂不是为台风增加能量,犹如火上加油了吗? 然而,这正是巧妙地利用了台风本身的能量,"牵一发而动全身",把台风的能量分散开来,达到减弱台风风力的目的。原来,台风中心温度高、气压低,外面气压高,巨大的气压梯度造成了强劲的风力。对台风进行影响,增加外围的热量之后,台风中心附近内外的温差减小了,气压差也跟着减少,风力也就大大地减弱了。也就是说,把台风的能量分配在更大的范围里,这样,台风中心周围的风速减小,达到消灾的目的。

除了在台风云里撒播碘化银外,有人设想用核爆炸的力量来改变台风与它周围的温度场、气压场,诱发台风改变移动路径。

也有人认为,台风既然是热带海洋上的产物,是靠海水蒸发以后形成的水蒸气凝结时释放出来的热量来产生与发展的,那么如果在可能产生台风的洋面上铺上一层油膜,阻止海水蒸发,台风就不容易形成了。

雾中取水

1985 年,有人用 1 毫米粗的尼龙线织了一张网,网长 10 米,宽 4 米,尼龙线之间的距离约 1 厘米,网不是格状而是斜条状,把这张网竖立起来,并面朝着雾来的方向。人们见了感到大惑不解,莫非想利用大雾天来抓飞禽走兽? 不! 他们是在用这张网进行雾中取水的试验。

试验竟然获得了意想不到的成功。他们利用这张网,平均每天从雾中取得 0.4 立方米水,最多的一天取得 2 立方米水。在这个试验地的山下,有个 450 人的村庄,那里异常缺水。1987 年,他们在村后山上建了 60 个这样的尼龙线集水网,并将集水器中得到的水通过管道接到村中,从此,这个村庄摆脱了缺水的困境。

对生活在水乡泽国的人来说,用这种方法取水,未免觉得可笑,但对终年不下雨、滴水贵如油的地方来说,这种方法却解决了他们的用水问题。如南美洲西部的智利,其北部地区基本上终年无雨,严重干旱给那里人们的生活造成极端困难。但是,智利的西面是海洋,西风或西南风常把海上的潮湿空气源源不断地送到这里,受到东部山脉的阻挡后形成低云和雾,这里就有条件用上雾中取水的方法。

雾中取水的奥秘在哪里呢?当雾迎面过来时,碰到网的阻挡后,就有一部分雾滴被网捕获,这部分雾滴就会附着在网的尼龙线上。当雾滴愈积愈多时,就会合并成小水滴,小水滴沿着倾斜的尼龙线流到集水器中,再通过管子把集水器中的水输送到农田。这就是雾中取水的奥秘。

人工播雪

1984 年,第十四届冬季奥运会的滑雪比赛在南斯拉夫萨拉热窝举行。当时,萨拉热窝市已经安排好 5 万张床位、1750 辆大小客车,准备迎接来自世界各地的 3 万余名运动员和宾客,其中有荷兰女王、意大利总统、挪威国王。可是,这里连日来天气晴朗,根本没有下雪的征兆。这可急坏了冬季奥运会的官员。经分析和讨论,他们做出了人工播雪的决定。于是,滑雪场的滑雪道两旁很快架起几十枝雪枪,严阵以待。

暮色渐渐笼罩了山林,此时,播雪机组突然发出的吼叫声冲破山间的寂静,紧接着雪枪喷出无数细小的水花,并以极高的速度喷向 10～22 米的高空。在皓月下,这些水花先是神话般地变幻着色彩,然后在 0℃ 以下的严寒中凝成片片白雪,纷纷扬扬地降落地面。这就是人工播雪。

原来播雪机组是几台大型的空气压缩机,每分钟能把 4200 千克水喷向高空。连续不断地喷,雪就会越积越厚。采取分段播,就可使滑雪道不断延伸。就这样,人工播出的滑雪道保证了第十四届冬季奥运会顺利进行。

那么,他们是怎样发明人工播雪的呢?原来,他们从橘园凝雪得到了启示。有一年冬天,在美国佛罗里达州的一个柑橘园里突然出现了一片"神秘的雪"。许多人对此百思不得其解,还是当园艺师的农场主解开了其中的奥秘。原来头天晚上北方强冷空气袭击了佛罗里达州,气温骤然降到 0℃ 以下,偏偏在夜里收工时,工人忘了关闭灌溉用的水龙头,水管中喷出的水雾在严寒中凝成了细绒般的雪花,正好落到那一小片橘树上,这就是奇雪的原因。想不到这场奇雪给人以启示,使人工播雪获得成功。

人工改造气候

气候环境是人类的生存环境之一。世界上有许多地方的气候环境很恶劣,不适宜人类居住。于是，人们便设想用人工的方法来改造局地的气候。

形成气候的主要因素有：太阳辐射、大气环流、下垫面的性质。对前两个因素进行人工影响，困难较多。相对而言，对后一个因素进行人工影响，较为容易一些。现在，人们已提出以下几个改造气候的设想：

鞑靼海峡填海设想：鞑靼海峡位于俄罗斯萨哈林岛（库页岛）与亚洲大陆之间，是一条比较狭窄的浅海海峡，连接鄂霍次克海和日本海。日本人提出了鞑靼海峡填海设想，目的是阻止发源于鄂霍次克海的亲潮寒流南下，来提高日本海域的温度，使日本北部免受亲潮寒流的影响，气候变暖。这样，日本北部地区将实现由现在的一年一熟制变为一年二熟制的农业改制，可栽培亚热带果类作物，给日本的农业生产带来很大的好处。

白令海峡筑坝设想：白令海峡位于楚科奇半岛与美国阿拉斯加之间。一些学者认为如果将北部的楚科奇海的冷海水以每日500立方千米的流量注入太平洋，使北极海的水位逐年下降。长此下去，大西洋的墨西哥湾暖流所达到的北界将由现在的挪威北岸、新地岛一带向东延伸，影响范围将逐渐扩展到北极海的辽阔的海域。据估计，不到10年的时间，就可使北极海的冰层融化殆尽。冰层融化后，北极海吸收太阳辐射的能力大大加强，从而导致高纬度地区气候变暖，西伯利亚的冻土带消失，俄罗斯北部、美国的阿拉斯加、加拿大北部地区均可栽培温带果类作物。

"乍得海"造海计划：非洲有一条刚果河，是世界上年径流量最大的河流之一。有人建议在刚果河最狭窄的地方筑一条大坝，使刚果河水不再流入大西洋。筑坝后，刚果的低洼地区3~4年后可蓄水成"海"；大小支流汇入上游地区的乍得湖，经5年左右即可形成蓄水量为130万立方千米的"乍得海"。"乍得海"形成后，配上各种水利设施，可以灌溉附近的大片干旱区，扩大农田耕地和绿化面积。

埃尔湖扩展计划：澳大利亚多沙漠，气候干燥。位于南部的埃尔湖三面为沙漠所围。随着沙漠范围不断扩大，埃尔湖的水域面积逐渐缩小，水位逐渐降低。有人主张开挖水道，将南面的托伦斯湖和埃尔湖打通，提引斯潘塞湾的海水来扩大埃尔湖水域。这个工程需要挖掘一条长300千米的水道，再配合相应的水利工程设施，就可以从印度洋提取用之不竭的海水。在气候干燥的沙漠地区，扩大水域范围之后的气候效应是很显著的，降水量将增加，温度可望提高，温度的变化将变得平缓，气候的湿润化有利于植树造林，控制沙漠蔓延，扩大草原牧场和农田耕地。而农田、草原的扩大，反过来又可以改善气候条件。

夸特拉低地蓄水计划：非洲东北部气候比较干燥，雨量不足。尼罗河的入海口是一个低于地中海的沿海低地，即夸特拉低地，但因气候干燥，雨量不足，尼罗河无法为夸特拉低地供水。这对发展该地区的农业是个不利的因素。为了改变这种状况，有人建议修筑一条长数十千米的隧道，将地中海海水引入夸特拉低地。如果夸特拉低地蓄满水，就可以形成一个面积大约1.5万平方公里的水域。他们估计，夸特拉低地蓄水计划完成后，降水量可以增加10%，干燥少雨的状况将大大改观。

上面这些改造气候的巨大工程尚处于设想阶段。历史的经验告诉我们，正确地改造自然可以使一个地方的气候环境得以改善,而盲目地开发则可使一个地方的气候环境变得更加恶劣。因此,在实施某项人工影响气候的大型工程之前,必须进行周密的调查,弄清它的利和弊。

世界气候丰富多彩

走进赤道地区

有一位旅行家曾经这样来描写赤道地区的气候:旭日东升,河谷中飘起轻雾,地面受热后,雾气很快升腾,不久即出现破絮状的积云,接着气温上升得很快,到下午2点最热了。那时万籁俱寂,鸟也倦于歌唱,树叶在早晨还是那么清新,而此时都无精打采地垂挂着,花闭上了瓣。人们躲到大树的浓荫下打盹,话也懒得说。突然间倾盆大雨,夹着雷电,带来稍凉的快感。大雨一直下到傍晚时分,各种东西都是湿漉漉的。入夜之后,雨渐止,除了嗡嗡的蚊虫声外,一切都是寂静的,最微弱的风声也消逝了……这段描述生动、形象地指出了赤道地区的气候特色——热和湿。

赤道地区一年之内太阳两次当头照耀,接收到的太阳热量特别丰富。因此,这儿大部分地区日平均气温在24℃以上,最高气温经常在30℃以上,四时皆夏,没有冬天。

赤道地区海洋环绕,水汽丰富,因此大部分地区常常云遮雾障,人们很少能领略到碧色的晴空。这儿雨量丰沛,大部分地区的年雨量在2000毫米以上。下起雨来,往往是倾盆大雨,顷刻之间遍地水流,势若万马奔腾,同时夹带电闪雷鸣。

赤道地区天气变化比较单调,没有"春温、夏热、秋爽、冬寒"四时交替的规律。这里只有干季和湿季之分,而且干季也不是真正的干季,只能称作"不太潮湿"的季节。

这种湿热的气候,造成了赤道地区别具风韵的自然景观:植物蓬勃生长,树木种类繁多。直干的大树,顶部茂密的树叶,结成了如盖的"天幕",林中不见天日。"天幕"之下,因为没有阳光,矮树很少,大树树干上纠缠着寄生的藤蔓,野草丛生,层层叠叠。旅行者想要穿过这般森林,真难。这种湿热的气候,也为人们创造了巨额的财富。正因为湿热,才使许多具有特殊经济价值的作物蓬勃生长,才能使巴西的咖啡、厄瓜多尔的香蕉、印度尼西亚的金鸡纳霜、索马里的没药、加蓬的黑檀木闻名于世。

农民起得很早,清晨就在田里耕作,下午很少在室外劳作。房屋大都筑成光顶陡椽,使滂沱的大雨得以顺势泻下。有些地方房屋有顶无墙,用一根根树干围成圆形,顶上盖些椰子叶或棕榈叶,使海风四通八达,得以凉快。

赤道地区气候湿热,但不是到处都这样。许多地区比中国长江中下游地区的几只"火炉"凉爽得多,并不酷热。例如,印度尼西亚雅加达和巴西亚马逊河流域的下游地区,近百年来气温从未超过36℃。究其原因,一是赤道地区大部分是海洋,受到海洋的调节;

二是赤道地区林海苍茫,受到森林的调节。郁郁葱葱的热带原始森林阻挡了阳光,吸收了不少热量。同时,林冠的蒸发、蒸腾也耗掉了许多的热量。森林的这种调节作用,使气温降低。另外,赤道地区的许多城市倚天靠海,把城址选择在地势高耸、濒临海洋的地方。这些地方受海风调节,凉风习习。

赤道地区气候资源极为丰富,真是一块宝地。若有机会,请去赤道地区旅行。

去北极地区体验生活

在大西洋北部,北极圈附近有一个名为格陵兰的岛屿,为世界第一大岛。格陵兰岛可谓是冰的世界。这里气候非常寒冷,大部分地区终年白雪皑皑,冰盖的平均厚度达2300米,最厚处竟达3400多米;只有西南沿海等少数地区无永冻层,有少量的树木和绿地。

在这样严酷的气候环境中,生活着一个勤劳、勇敢的民族——因纽特人。

由于这里气候寒冷,植物资源极少,因此因纽特人只能以狩猎海豹等海洋动物为生。

因纽特人天天与冰雪打交道,练就了很强的抗寒能力。南部的因纽特人常以蜜饯和干酪为早餐,午餐和晚餐则以"马塔克"等为主。"马塔克"是当地的土语,是指盘子里的新鲜动物脂肪和鲸肉等。对因纽特人来说,"马塔克"是上等的佳肴,白色的脂肪和红色的生鲸肉甚是可口,可对外面的人来说,鲜红的冻鲸肉硬得根本无法入口。生活在北部的因纽特人,对饮食不很讲究,有什么就吃什么,诸如海豹、海象、海龟、海鸟、麝牛、鳕鱼等,都是现捕现吃,吃不了的就埋进雪堆里,待以后食用。

因纽特人

因纽特人穿什么,如何抵御严寒,度过一个又一个寒冷的季节的呢?他们的服装是用动物骨头制成的骨针,把海豹皮、驯鹿皮、熊皮等缝制成厚实的外衣,内衬海鸟的羽毛。因纽特人的裤子与靴子都以海豹皮为外部材料,内衬羽毛等软质保温材料。穿了这样的衣服,在如此寒冷的气候环境下就能生活自如,狩猎也得心应手。

因纽特人住在哪里呢?他们住冰屋里。冰屋用永不融化的冰块砌成。建造时,因纽特人将屋顶建成拱形,以防冰块倒塌,在屋顶上加盖一层海豹皮,以增加冰屋的保温性,用晒干了的海兽肠子做成透光不透气的窗户,屋内铺上用熊皮或鹿皮制成的地毯。

因纽特人的主要交通工具是海豹皮舟和狗拉雪橇。待气候转暖,有些海湾解冻后,他们就驾驶着海豹皮舟,在冰冷刺骨的海水里围捕海兽和鱼类。用海豹皮做成的皮舟,防水性能和保暖性能都极佳。

雪橇是因纽特人的主要交通工具。你常可看见一队队狗拉雪橇在冰雪覆盖的大地上快速奔走。雪橇的时速可达30千米。他们驯养的狗强壮有力,能在冰上连续奔跑十几个小时。为了满足狗的旺盛的食欲，主人常把海兽的血、内脏，甚至青鲛鱼喂给狗吃。

由于格陵兰地处高纬度，因此每年冷季，不见太阳，一片漆黑，这就是通常所说的极夜；而在暖季，终日阳光普照，这就是通常所说的永昼。

每当极夜来临，因纽特人结伴到冰面上摸黑围猎，熟练的渔民一整夜可捕获 50 条北方鲽。在捕鱼间隙，他们抓紧时间休息。每当永昼来临，因纽特人异常兴奋，成人们整天在外面追捕鸟兽。

如果有机会，你不妨去那里和因纽特人一起体验一下北极地区寒冷气候环境下的生活。

南极考察遇险记

南极洲大陆气候严寒，终年冰天雪地，大陆几乎全被冰层覆盖，冰层平均厚 2000 多米，尚无居民在那里定居。那里，从 11 月份到第二年的 3 月份是暖季。最暖是 1 月份，但平均气温也在 0℃ 以下，只有白天，没有黑夜，太阳总是徘徊在低空中。从 4 月份到 10 月份是寒季，最冷是 7 月份，绝对最低气温曾达零下 94.5℃（极点附近），只有黑夜，没有白天，见不到太阳。南极洲大陆还经常刮狂风暴雪，最大风速达 75 米每秒以上。

尽管如此，几百年来，许许多多勇敢的探险者和科学考察队，冒着生命危险，来到南极，探索南极的奥秘。

1903 年岁末，"高斯"号探险船来到了南极。真不凑巧，恰恰遇上了特大暴风雪。风暴过后，船被冻在一望无际的冰原里，无法航行。这下可急坏了船长，船不能动，而粮食和水总有一天用完，那时全船的人都得饿死冻死。

船长号召全体船员用锯子、铁锤等把船身周围的冰块锯开敲掉，费了好大的功夫，船身虽然能动了，但仍被冰原围着。船长又命令船员用炸药炸开冰层，还是不行。

此时，有一个船员，眯着双眼，久久地望着阳光下坚硬的冰层，突然想起了在他家乡铺在田野里的洁白的雪，在阳光下很长时间融化不掉，可是在村头连泥带灰的积雪，却很快化成了水流。于是，他兴冲冲地来向船长建议："把船上的黑灰、煤渣、垃圾铺到冰上，铺成 2 千米长、10 米宽的一条长带，从船的周围一直延伸到冰原的最近的一条宽裂缝上，请太阳光帮帮忙，或许可以把这条长带下的冰化开。"

船长同意试一试，全体船员很快行动了起来。这时年近岁末，正值南极暖季，太阳一连几个月悬挂在天空中，没有黑夜。几天之后，柔和的阳光，终于使黑灰、煤渣、垃圾下的冰层融化了。"高斯"号摆脱了冰原的围困，恢复了自由。

寒极

世界上最冷的地方在哪里？

1838 年，俄国商人尼曼诺夫途经西伯利亚的雅尔库茨克，无意之中测得零下 60℃ 的气温。当时，谁也不相信这位商人的测量结果。过了47年，1885年2月，人们在北纬64°的奥伊米亚康，测得零下67.8℃的最低温度。奥伊米亚康第一次正式获得了世界"寒极"称号。

1957年5月，位于南极点的美国阿蒙森-斯科特观测站，传出一个惊人的消息，那里的气温降到零下73.6℃，因而世界"寒极"称号由南极极点夺得。同年9月，这里观测到一个更低的温度零下74.5℃。

人们普遍认为南极极点应该是"寒极"了，不料最低气温纪录一再被打破：1958年5月位于南纬72°的"苏联东方"观测站，测得零下76.0℃的最低气温，6月测得零下79.0℃的最低气温，1960年8月测得零下88.3℃的低温新纪录。

正当人们以为东方站才是世界"寒极"的时候，没想到1967年挪威人在南极极点记录到最新的低温纪录零下94.5℃。南极极点重新确保世界"寒极"的称号。

这些被称为"寒极"的地方，都位于极圈之内，且都在高原上，寒季漫长，暖季短暂，太阳斜射，所以得到的太阳热量很少，冰雪难以消融，气温很低。

我国最冷的地方在东北，1969年2月13日黑龙江漠河曾创造最低气温纪录零下52.3℃。后来，有一年的冬天早晨在漠河又出现了零下58.7℃的最低气温纪录。漠河成为我国的"寒极"。

热极

世界上最热的地方在哪里？

我国新疆有个吐鲁番盆地，它是我国的"热极"。20世纪40年代，吐鲁番曾创造了47.8℃的全国最高气温纪录。1986年7月13日，吐鲁番打破了自己的纪录，出现了目前我国的最高气温纪录——49.6℃。这里，夏季阳光灼热，地面温度常达70~80℃，最热的日子里达82.3℃。在这滚烫的地面上，空气受热十分强烈，近地面空气密度变化迅速，所以远望吐鲁番盆地北侧的火焰山，只见缕缕烈焰，好像在燃烧似的。《西游记》中描述的火焰山就是这个炎热的地方。古代人叫这里为"火洲"，说这里"火云满山凝未开，飞鸟千里不敢来"。

但是，吐鲁番的高温纪录在世界上还排不上名次。1879年7月17日，在阿尔及利亚的瓦格拉观测到53.6℃的最高气温。这个高温纪录保持了30多年，直到1913年7月，在美国加利福尼亚州的岱斯谷中测得了56.7℃的最高气温，"热极"从北非移到了美洲。可是，不到10年，"热极"重返非洲。1922年9月3日，利比亚首都的黎波里以南的盖尔扬测得最高气温57.8℃。事隔11年，墨西哥圣路易斯于1933年8月最高气温也达到了57.8℃。后在索马里测得最高气温63.0℃。

这些地方都不在赤道附近，而在副热带地区。这是因为在赤道附近，除南美洲、非洲大陆以外，全是海洋，所以赤道附近的气温不会升得很高。而副热带地区受高气压控制，空气下沉，少云而干旱，加上阳光照射强烈，因而孕育了"热极"。

旱极

在南美智利北部沙漠里，有一个不知名的地方，从 1845 年到 1936 年整整 91 年里，没有落过一点雨。

智利北部濒临大洋，为什么会这样干旱吗？原来那里正好位于副热带高压长年坐镇不动的地区，而靠近智利的海洋，又是秘鲁寒流流经之处。由于寒流的温度较低，使那里的空气十分稳定，即使在海边，水汽也很难进入高空凝结成雨滴，因此成了世界"旱极"。

雨极

1861 年，位于世界屋脊喜马拉雅山南麓的印度阿萨密邦的乞拉朋齐，一年里下了20447 毫米的雨，夺得了世界"雨极"的称号。以后来自世界各大洲的年雨量记录，都远远落后于乞拉朋齐，可望而不可即。时隔 99 年以后，就是 1960 年 8 月到 1961 年 7 月，乞拉朋齐再一次以 26461.2 毫米的雨量，打破了它自己的纪录，蝉联了世界"雨极"的称号。

26461.2 毫米是一个十分惊人的数字，它比台湾地区火烧寮于 1912 年测得的中国最大的年雨量纪录 8408.0 毫米多 18053.2 毫米，比北京 42 年的总降水量还多。

为什么乞拉朋齐能下这么多的雨呢？这是因为印度洋上面潮湿的西南季风经孟加拉湾吹向青藏高原时，由于巍巍的喜马拉雅山的阻挡，湿润空气被迫上升，凝结成大量雨滴，雨滴瓢泼般地降落在乞拉朋齐，使它成为世界"雨极"。

雨天最多的地方

我国贵州省有"天无三日晴"的称号，全年下雨天数有 220 天。贵州省遵义市，全年下雨天数多达 240 天。

可是，贵州省不是世界上下雨天数最多的地方。南美洲智利，北方是世界上下雨最少的卡马沙漠，而南方的巴伊亚菲利克斯雨天之多让你吃惊，一年 365 天竟有 325 天在下雨。

为什么巴伊亚菲利克斯雨天这么多呢？原来，它正处于南半球西风带的控制之下，强劲的西风几乎天天从太平洋带来大量的水汽，加上地形的抬升作用，水汽便升向高空，凝成雨滴，降落至地面，从而使它成了世界上雨天最多的地方。

暴雨最多的地方

气象上把 24 小时雨量超过 50 毫米的降水称为"暴雨"。暴雨常常引起山洪暴发，造成生命和财产的重大损失，是一种常见的灾害性天气。

中国的暴雨最高纪录是 1672 毫米，出现在台湾地区。

值得一提的是，1969 年在美国一个名叫"开密尔"的飓风移到弗吉尼亚州时，5 小时里下了 787.4 毫米的雨，形成了美国一百年内罕见的大暴雨，当地顷刻之间江湖泛滥，一片汪洋。

但是，世界暴雨最大的地方是一个不太著名的小岛——留尼汪岛上的塞路斯。那里的最大 24 小时雨量达 1870 毫米。

留尼汪岛位于非洲南部的印度洋上，属热带海洋气候，那里 5 月至 11 月为冬季，12 月至次年 4 月为夏季。夏季一到，印度洋上潮湿的气流源源而来，加之岛上有一座海拔 3000 多米的活火山，潮湿气流遇上高高的山脉便强烈上升，形成罕见的大暴雨。

降雪最多的地方

"瑞雪兆丰年"，雪为人们造福。但是，雪下得太大了也会造成雪灾。1977 年 2 月，美国伊利湖旁布法鲁港下了一场大雪，掩埋了许多小轿车。当然，布法鲁不是世界上下雪最多的地方。世界上一年中下雪最多的地方是美国首都华盛顿，年降雪量达 1870 厘米。

为什么华盛顿能下这么多的雪呢？下雪要有两个条件，一是气温下降到零摄氏度以下，二是要有充足的水汽。华盛顿离大西洋、五大湖都不远，水汽来源十分充沛；同时，来自格陵兰岛的冷空气常常经过这里，因而使它成为世界上年降雪量最多的地方。

雷雨最多的地方

电闪雷鸣伴以滂沱大雨，这种强对流天气常出现在较低纬度地区，如印度尼西亚、非洲中部、墨西哥南部、巴拿马、巴西中部等。其中，印度尼西亚的爪哇平均年雷雨日数有 220 天，而该岛西部的茂物市，年雷雨日数更多，1916～1919 年 4 年内平均每年有 332 天出现雷雨天气，打雷次数在数千次以上，不愧为世界"雷都"。

茂物地处赤道附近，南面紧挨火山熔岩高原以及多座海拔二三千米的火山，大气的热力对流本已相当旺盛，再加上从爪哇海来到这里的湿热气流被地形猛烈抬升，极易形成积雨云。茂物每日的天气变化很有规律。上午一般天气晴朗，中午天空积雨云越积越厚，午后积雨云状如高耸的山峦，瞬时便雷电交加，暴雨倾盆；雨后，空气特别清新，不久全城又沐浴在骄阳之下，行人身上被淋湿的单薄的衣服很快就被晒干了。

阳光最多的地方

"太阳是大地的母亲"，正是由于太阳光的照耀，才使地面富有生气：疾风劲吹，江水奔流，花开果熟，万物生生不息。太阳是一个取之不尽的能源。目前，人们正在想方设法，利用太阳能。

为了利用太阳能,人们需要了解哪里阳光多,哪里阳光少。20 世纪 60 年代,人们以为南美的波多黎各是世界上太阳光最多的城市。人们在那里连续观测了 6 年,只有 17 个阴天,每年有 362 天阳光普照。

到了 20 世纪 70 年代,气象观测站增多了,人们发现撒哈拉大沙漠东部太阳光最多,那里年平均日照时数达 4300 小时,也就是说,每天大约有 11 小时 45 分钟的时间能见到光辉灿烂的太阳。

撒哈拉大沙漠东部为什么日照时数如此多呢?因为这里是世界上最干燥的地方,没有能遮住阳光的云层;加上这里纬度较低,日照时间长,因而成了世界上太阳光最多的地方。

一日四季的地方

世界上全年冷暖变化最小的地方是拉丁美洲的厄瓜多尔首都基多,全年气温变化幅度只有 0.6℃。

而全年冷暖变化最大的地方是俄罗斯西伯利亚的维尔霍扬斯克,这里最高气温达 36.7℃,最低气温则降到零下 70℃,全年气温相差竟达 106.7℃。

美国蒙大拿州布朗宁城,1916 年有一天,这里的气温从 6.6℃ 降到零下 48.9℃,下降了 55.5℃。美国南达科他州,1943 年 1 月 22 日气温从零下 4℃ 上升到 35℃。

"气温日较差"大,是一种重要的农业气候资源,对农作物的生产具有促进作用。实践表明,在作物生长季节里,气温日较差越大,产量越高,质量越好。新疆的哈密瓜格外香甜,吐鲁番的葡萄名扬四海,长绒棉蜚声东亚,都有它的一份功劳。

不过,"气温日较差"大会危害人体的健康。

"寒冷国"不冷

智利在印加语中,是"雪和寒冷国"的意思。

智利是世界上南北向最狭长的国家。它的东西向宽仅 90~400 千米,而南北向长达 4270 千米,宛如一条彩带绵延在太平洋与安第斯山脉之间。智利的气候从北到南明显地分为三带:北部是热带和副热带的沙漠气候,中部是地中海式气候,南部是温带海洋性气候。

智利北部气候酷热而干燥,那里的阿塔卡马沙漠是世界上最干旱的地区。位于安第斯山麓的卡拉马,还不曾有过下雨的记录!

智利中部气候温和,位于这一地区的首都圣地亚哥,人们只需穿夹衣就可以度过最冷的季节。

智利南部由于受寒流影响,气候才比较寒冷。不过,在最冷季节里这里的平均气温也在 2℃ 以上。

所以,说智利是"寒冷国",其实是名不副实。

赤道国不热

南美洲有一个国家叫厄瓜多尔,首都基多。赤道横穿基多。基多北部有一个小镇,镇上有座闻名世界的赤道纪念碑。

有些人以为厄瓜多尔地处赤道附近,那里的气候一定十分炎热。20 世纪 50 年代,厄瓜多尔贵宾来中国访问,要在中国买皮袄,人们感到奇怪,怎么赤道地区的人也要穿皮袄?

其实,厄瓜多尔有许多地方并不热。厄瓜多尔有五分之三的地区为高原山区,地势高,气温也就较低。东部地区虽然地势较低,但由于受秘鲁寒流影响,气候十分宜人。基多是个山城,海拔 2800 米,附近有许多绵延不断的峻岭,耸立着许多高峰,山顶上云雾缭绕,终年积雪。因此,基多比同纬度平原地区的城市凉快得多了,最热月份的平均气温比我国南京低 10℃。基多一天之中天气变化很大,早晨为春季,中午为夏季,晚上为秋季,子夜为冬季。

人们到基多去旅行,还得带上四季衣服,晚上离不开棉被,那里居民住宅里都安装有壁炉,可随时生火驱寒。

赤道上的冷岛

位于赤道上的科隆群岛本应该与同纬度带的其他地方一样处处是终年高温多雨、植物繁茂的热带风光,可它却呈现一片寒带景象。当你一踏到岛上,一定会有成群的企鹅一摇一摆地来迎接你,还会看到巢居在树干上的信天翁和爬到滨海红树林上的海豹。这些生活在极地或寒带的动物居然跑到骄阳似火的赤道地区来了。这里植物稀疏,有一些寒带植物。太阳一旦被云遮住,你就感到寒气逼人,晚上更甚。只有当骄阳高照时,你才会意识到这里是热带地区;否则,光凭冷热的感觉,你一定以为到了北国。

这种反常现象在赤道地区绝无仅有。出现这种气候反常的主要原因是受极地来的冷海流的影响。源于极地的秘鲁寒流,沿南美洲的西海岸往北流,到布兰科角转向西北流,而科隆群岛正好被滔滔而来的冷海流包围,因此群岛周围的海水温度很低,海面上空的气温受其影响也变得很低;海面上空的冷空气不断地吹到岛上,海岛上的气温也就比较低,大气稳定,很难形成降水。另一个原因是岛的面积小,海域大,空气对流很弱,冷海流的影响远远超过太阳的影响。因此,科隆群岛尽管地处赤道,展现的却是寒带风光。

赤道雪景

大多数赤道地区呈现在人们眼前的是一派热带风光。可是,位于赤道带上的几座高山,山脚下是热带景象,山头却终年白雪皑皑。这里海拔5000米以上的山体被冰雪覆盖。如果我们从上面看下去,几个山头上的雪帽就像撒在翠绿地毯上的几只银盘。大自然巧妙地把酷暑和严寒融合在同一个山体中。

其中最突出的首推离赤道很近、海拔5895米的非洲乞力马扎罗山。从印度洋吹来的潮湿空气以及从地面蒸发的水蒸气,沿着山坡上升,遇冷后就凝成许多小水滴悬浮在空中,因此,山体上部经常是云雾缭绕,很难看清它的真面目。只有夕阳才能撩开它那薄薄的"面纱",人们才能见到它的风采;在柔和的夕阳余晖下,雪白的峰顶晶莹耀眼,还时而呈现出桃红色、紫色、黄色或是银灰色,五彩缤纷,光芒四射。

在长夜无冬的赤道地带之所以能观赏到雪景,是因为这里虽然终年太阳很高,但高山上部空气稀薄,大气中所含水汽、尘埃很少,因此,吸收到的太阳热量就很少。垂直向上每升高1000米,气温就要降低约6℃。因此,到了一定高度,气温降到0℃以下,就会终年积雪。

北极的雪屋

我们住的房屋一般都是用砖木或钢筋混凝土建成的,很少看到过或住过用雪盖成的房屋。可是,在冬天的北极地区,却有许多半球形的雪屋。居住在格陵兰岛和加拿大北部的因纽特人是建造这种雪屋的能工巧匠。

他们用长刀把被风吹得很密实的雪切成一块块宽大厚实的雪砖,选一块背风平整的地方,用雪砖在地基上砌成直径约3米的圆形基础。人站到里面去用砖一层层往上砌,当砌到两三层时,在一侧开一个门供临时出入。每砌一层往里缩小一点,砌到顶上时就剩一个小洞,最后用雪砖把小洞盖住。砖与砖之间的小缝用碎雪作"灰浆",临时出入的门最后也封住。他们再挖一条地下通道便可自由进出。

北极的雪屋

那么,雪屋内是否跟冰窖一样寒冷呢?雪屋内要比外面暖和得多。因为雪屋是全封闭的,严实得连缝隙也没有,外面的冷空气无法钻到里面。雪又不传热,20厘米厚的雪砖便成了很好的隔热材料,使雪屋里的热量不易散发出去。当旅行者被像刀割一样的寒风冻得四肢麻木时,只要一踏进雪屋,就会倍觉温暖。有的还在雪屋中央燃起篝火,那更是温暖如春;若在旁边铺上北极熊皮,一家老少围坐在那里谈笑、喝茶,像是坐在水晶宫里,更是别有一番情趣。因为室外的气温在零下几十摄氏度,因而,里面即使燃着篝火,雪屋也不会融化。

不绿的绿洲

格陵兰是世界上第一大岛，面积达 217 万平方公里。格陵兰在英语中的意思是"绿洲"。传说 14 世纪有一个海盗从冰岛而来，发现南部山谷中有一块草地。于是，他到处说他发现了绿洲。其实格陵兰只是在温暖的季节在其西部、南部海边长着一片薄薄的绿色苔藓。可以说，格陵兰是一个大冰库，大部分地区为厚厚的冰层覆盖，冰盖平均厚度为 2300 米，最厚的地方可达 3400 多米。

岛上的冰层在山谷冰川与重力作用下，渐渐地向海岸滑动，最后滑入海中，冰比水轻，于是浮在海面上，成为冰山。北冰洋、大西洋上漂浮着的冰山多到几万座，大都来自格陵兰。

为什么格陵兰有这么厚的冰层呢？原来，它地处北极圈内，长年低温。近百万年来，这里经历了一次大冰期，气候极为寒冷，大部分地区被冰川覆盖。后来，气候转暖，冰川退却，但因这里地理纬度太高，太阳终年斜射，能得到的太阳热量很少，所以气温仍然很低，冰层难以消融，至今一直保持千里冰封的面貌。另外，从北冰洋南下的洋流，水温低，形成格陵兰寒流，也使岛上的气温变得很低，冰层更难以消融。

无雨的不旱城

秘鲁的首都利马，是南美洲有名的"无雨城"，是一个不用雨伞和雨衣的城市。以前，有许多利马人盖房屋不是用瓦或水泥做屋顶，而只是用芦苇或纸板盖在顶上。利马地处热带沙漠地区，年雨量不到 50 毫米，因此，盖房子时根本用不着考虑防雨，居民家中自然也用不着准备雨伞和雨衣了。

没去过利马的人也许认为那里不是沙浪滚滚便是赤地千里。按一般的规律，是会出现这种景象的。但是，令人惊奇的是利马却经常被雾笼罩着，雾飘忽不定，时浓时淡，终日不散，空气也总是湿漉漉的。雾使道路泥泞，衣服潮湿，土壤得到滋润，也大大减轻干旱对人和植物的威胁，难怪当地人把雾称为"秘鲁的甘露"。

利马的奇特气候与其所处的地理环境密切相关。利马地处热带地区，降水特别少，在强烈的阳光照射下蒸发量又很大，干旱是可想而知的。但是，它又处在热带大陆的西海岸，从南极地区流来的强大的秘鲁寒流流经沿岸海域，使海面上空的气温很低，因此，空气很容易达到饱和。从海上吹向利马的风湿度很大，一旦上了陆地，与高温、干燥的空气相遇后湿度减小，空气中所含的水汽量已不足以形成雨，而只能形成雾。但是，海风把水汽源源不断地向利马输送，于是就形成利马虽无雨但也不干旱的奇特气候。

孟加拉国的洪水

1991 年 4 月 29 日，一股强大的风暴猛烈地袭击了南亚的孟加拉国。风暴以 235 千米每小时的速度卷起 6 米高的巨浪,横扫东南沿海,北起吉大港、南到科克斯巴扎尔的广大地区以及 65 个海岛,时间长达 9 个小时。风灾过后,成千上万的人尸、畜尸漂向海岸,惨不忍睹。生还者在海滩腐臭的尸体堆中寻找失踪的亲人。一位名叫拉曼的 55 岁农夫说,当时看到巨浪"像山一般"涌来,随即被打晕了。当醒来时发现妻子和四个孩子已被海水吞没。这次风暴和洪水造成了 13.8 万人死亡。

孟加拉国是世界上受风暴、洪水之苦最严重的国家。1970 年 11 月 12 日,一股强大的风暴引起大量的海水涌向沿海地区,使 30 万人死亡。1985 年 5 月 25 日夜,孟加拉湾恒河口诺阿卡利及其附近岛屿,突然受风暴袭击,风暴引起暴雨、强风、海啸,一夜之间将这些地区正在憩睡的人们全部卷入大海,受这次风暴之苦的人数达 600 万。

孟加拉国人"谈风色变",谁也不知道哪一天会被风暴引起的洪水卷入大海。风暴、洪水仍将困扰孟加拉国人。这是天气和地形造成的。孟加拉国位于南亚次大陆东北部,南部地势低,而其西面、北面是印度、尼泊尔和高大的喜马拉雅山脉,每当 7~9 月雨季来临,来自南方印度洋的气流向北运动时遇到北部的山脉阻挡,形成暴雨。雨水与喜马拉雅山冰雪消融的雪水一起自西北沿恒河滚滚而下,冲向孟加拉国,而此时热带风暴又时常袭击这些地区。热带风暴会引起海水猛涨,大量的海水由南向北沿河而上。南北洪水汇合,之后又一泻千里,以摧枯拉朽之势将沿海城市摧毁。

冬热夏冷的地方

1946 年炎夏,一位军人牵了一匹大汗淋漓的战马来到辽宁省东部的一个山麓下,然后把战马拴在石洞口外的树上。第二天早晨,发现战马已冻僵在地上。军人觉得奇怪,这么热的天,马怎么会冻僵呢?

原来,从我国辽宁省本溪市东部桓仁县沙尖子镇船营沟向西南延伸到宽甸县的牛蹄山麓,有一条长约 15 千米的地温异常带。上面提到的石洞就位于这个带上的一个山坡下。在最热的夏天,这个洞内的温度却仅零下 2℃,石缝中可低达零下 15℃。于是,夏天这个洞成了天然的冷库,人们把吃的鱼、肉和医院的疫苗、菌种存放在里面,决不会变质,冷冻效果也极好。而到了冬天,外面寒风刺骨,洞内却热气腾腾。

由于地温的异常,也使周围的气温异常。夏天,洞中放出的冷气,可影响周围的气温,站在洞外六七米远,甚至更远的地方,即使在最热的日子,人们也会瑟瑟发抖。冬天,周围白雪皑皑,可是石洞口外的山冈上不仅留不住雪,而且绿草茵茵、豆角满藤,各种蔬菜长势良好,一片翠绿。人们走到那里,也会感到暖烘烘的。这是因为地下冒出的热气提高了周围的气温。

这儿冬天从地下冒出热气,夏天从地下冒出冷气,在世界上确实少见。

20 世纪大灾大难

据报道,全世界由于气象水文灾害而造成的经济损失每年平均达 300 亿美元,死亡

15 万人;20 世纪,虽然死亡人数在逐年减少,但经济损失的绝对数字在增加。在这里,我们向读者介绍 20 世纪发生的最为惨烈的气象水文灾害。

1937 年春季,密西西比河上游暴雨成灾,从俄亥俄河汇入干流的洪水达 1036 亿立方米,河谷低地尽被淹没,造成 75 万人无家可归,直接经济损失 3.5 亿美元。

1943 年,孟加拉国连续暴雨成灾,恒河水位猛涨,一半国土泡在洪水之中,农作物大部绝收或减收。洪水暴发期间,人员伤亡并不多,但因 1944 年又遭洪水、风暴袭击,大部分田地依然荒芜,粮食匮缺,两年中有 300 多万人饿死。

1975 年 8 月 3 号台风窜入中国内陆,在河南南部下起了世界上罕见的暴雨。驻马店、许昌、南阳三个地区 4 天的降雨量相当于全年的总降雨量。4 天降雨量超过 1000 毫米的面积有 1480 平方公里,超过 400 毫米的面积有 20000 平方公里。泌阳县林庄 3 天的降雨量达 1605 毫米,方城县 8 月 7 日的降雨量达 1054 毫米。淮河上游的 62 座水库纷纷崩溃,水头最高达 6~10 米,最大洪峰达 7.81 万立方米每秒。狂风暴雨横扫河南南部,摧毁一个个村镇,73 万公顷的农田绝收,400 多万人流离失所,9 万人死亡,直接经济损失 100 亿元人民币。

旱灾与水灾常交替发生。旱灾致死人数居各类自然灾害之首。例如,第二次世界大战后埃塞俄比亚发生 8 次大旱,累计饿死 400 万人。

1983 年开始非洲出现旱情,1985 年非洲旱情加重,受灾人口超过 1.5 亿。受灾严重的地区河流干涸,田地龟裂,黄沙弥漫,牲畜倒毙,1000 万人背井离乡,100 万人饿死。

1988 年春,美国出现旱情,盛夏又出现高温天气,旱情加重,影响到 38 个州,水库干涸,田地龟裂,禾苗枯死,农业损失逾 300 亿美元。密西西比河水位下降,使 3000 多艘船舶搁浅在途中。因热而死亡的人数近 1 万。

风灾给人类造成的损失仅次于水灾。一次强台风行程数千千米,横扫几个国家,常造成几十亿美元的损失,使人类积累了几十年的财产毁于一旦。据历史记载,造成死亡 5000 人以上的台风有 20 多个,造成死亡 10 万人以上的台风有 8 个。

造成 20 世纪死亡人数最多的台风是 1970 年 11 月袭击孟加拉国的一个台风。1970 年 11 月 12 日晚,一个强台风在孟加拉国的恒河三角洲登陆。此时,恰逢潮汐高潮到来,6 米高的水墙以摧枯拉朽之势,将 26000 平方公里土地上的一切扫荡一空,使 470 万人受灾,100 万人的家园被毁,30 万人死亡,28 万头牛、50 万只家禽毙命,10 万条渔船被毁。风停水退之后,尸横遍野,惨不忍睹。

1988 年 9 月 10 日,飓风"吉尔伯特"在大西洋上形成,向西横扫牙买加、海地、多米尼加、洪都拉斯、墨西哥、美国东南沿海,留下一片片废墟。牙买加政府总理说:"牙买加东海岸好像挨了一颗原子弹。"飓风"吉尔伯特"共造成经济损失 80 多亿美元,使 1000 余人丧命。因其震撼了 20 世纪,所以被称为"世纪飓风"。

1986 年 2 月 5 日,龙卷风突然袭击美国休斯敦以北的胡克斯国际机场,机场上停泊的 400 多架飞机顿时乱舞,互相碰撞,有的飞机被卷起后抛落在附近的湖泊中。风停后,残骸遍地,机库成了废墟。

除水灾、旱灾、风灾外,还有雪灾、雹灾、雷击灾害,它们造成的损失也相当惊人!气象学家预测,由于全球气候变暖,21 世纪极端天气、气候事件将更多。

中国气候

中国气候三大特色

气象爱好者老钟约了几位朋友,在清明节那天,拍一张反映当地气候的彩色照片。住在黑龙江漠河的朋友拍摄到的是白雪皑皑的景色,住在江南水乡的朋友拍摄到的是油菜花盛开的景色,而住在海南岛的朋友拍摄到的是人们在海水中嬉戏的景色。

老钟还曾请一位摄影家在从上海坐飞机去乌鲁木齐的途中航空拍摄几张照片。飞机刚起飞时他拍摄到的是一张江南郁郁葱葱的一片水乡景色,而在他进入新疆时拍摄到的是一张西北沙漠的一片干旱景色。

这些照片反映了中国多种多样的气候景观。中国地域辽阔,地形复杂,因此东南西北气候各不相同。

中国气候的第一个主要特点是东部季风气候显著,而西北大陆性气候显著。

季风气候的特点是:夏季受海洋气流影响,气候湿热;冬季受大陆气流影响,气候干冷。东亚季风造成中国冬冷夏热、冬少雨夏多雨。

中国冬季吹西北风,夏季吹东南风。西北风与东南风的进退,决定了中国降水量的地区分布与时间变化的特点。

从春季开始,中国东部降水量自南向北逐渐增多,出现三个明显的雨季:五六月份的华南雨季,六七月份的江淮雨季,七八月份的华北雨季。9 月份开始,西北风逐渐活跃,东南风逐渐撤退,雨带迅速地从华北向南压到广东、广西沿海,长江南北广大地区出现秋高气爽的天气。

可见,中国东南风到达的时间,南方早,北方迟;而东南风撤退的时间正好相反。这样造成中国降水量自南向北和自东向西递减的分布规律。台湾大部分地区的年降水量2000 毫米,有的地方甚至达到 3000 毫米,例如台湾火烧寮平均年降水量高达 6489 毫米。东南沿海大部分地区的年降水量在 1600 毫米以上,许多地方的年降水量达到 2000 毫米左右。到长江流域年降水量降到 1200 毫米左右。到淮河、秦岭一带,年降水量降到800~1000 毫米。到华北平原、山东半岛一带年降水量已降到 600~800 毫米。东北大部分地区年降水量只有 400~600 毫米。中国西北地区年降水量一般在 400 毫米以下,大部分地区的年降水量不到 100 毫米。

受季风变化的影响,中国年降水量在季节分配上也很不均匀。例如,长江下游 3 月份到 6 月份为雨季,七八月份为伏旱季节,3 月份到 6 月份的降水量大约占全年降水量的

45%;而华北 6 月份到 8 月份的降水量竟占全年降水量的 80%~90%。

大陆性气候的特点是:大陆内部受海洋影响不大。冬季严寒,夏季炎热,气温的年较差与日较差较大。春季气温高于秋季气温。全年降水量集中在夏季,降水量变化大,有些地区全年降水量稀少,形成沙漠。

中国西北地区远离海洋,暖湿的东南风很难到达那里,因此呈现出显著的大陆性气候,干旱少雨,年降水量一般在 250 毫米。冬冷夏热,气温的年变化与日变化都较大。1月份的平均气温通常在 0℃ 以下,北部的富蕴地区冬季连续 3 个月的月平均气温在零下 22℃ 以下。7 月份的平均气温一般都在 20℃ 以上,吐鲁番地区更高,33℃ 以上。气温年较差大,一般都在 36℃ 以上,吐鲁番盆地达 44℃;气温的日较差达 20~25℃,吐鲁番高达 30℃ 以上。难怪有人形容这里的气候是:"早穿棉衣午穿纱,围着火炉吃西瓜。"

中国气候的第二个特点是气候类型多。中国国土辽阔,地形复杂,因而气候类型多种多样,有高山气候、高原气候、盆地气候、森林气候、草原气候、沙漠气候等。

高山气候当属喜马拉雅山地区最典型。在南坡从山脚向上攀登可看到自然景观的变化。海拔 2500 米的地带是繁茂的亚热带阔叶林,河谷地带稻浪滚滚。向上,在海拔 3000~4000 米的地带,常青的阔叶林变成阔叶、针叶混交林,越往上针叶林越多。到海拔 4000~4500 米的地带是"杜鹃世界",许多高大的树木不能在这里生长了。海拔 4500~5300 米的地带,已是寒带气候了,许多农作物不能在这里生长。再往上,是永久积雪带了。

高原气候由于高原地理纬度不同、地面性质不同,也有很大的差别。例如,黄土高原的气候特点:降水量少,雨季短,干季长,干湿季节明显,日照充足,热量条件优越,冬春季节大风多,冬干春旱比较严重。贵州高原则不同,多云雾,日照少,降水量多,有"天无三日晴"的说法。青藏高原因地势高,年平均气温要比同纬度的东部平原低 10℃ 左右,冬半年遍地冰雪,而夏半年凉爽宜人。青海有些地方有"六月暑天犹着棉,终年多半是寒天"的说法。

中国主要有四大盆地。四川盆地冬暖夏热春来早,云雾阴天多,日照晴天少,无霜期长,有利于农业生产。西北的准噶尔盆地、塔里木盆地、柴达木盆地的气候与四川盆地的气候大不相同。除准噶尔盆地因连接伊犁河谷,降水较多,气候比较湿润外,塔里木盆地、柴达木盆地的气候很干燥,冬寒夏热。不过,这里云少,阳光充足,热量资源很丰富。

中国的沙漠主要分布在西北。这里的气候干旱,少雨,风沙多,冷暖变化剧烈,年降水量不到 100 毫米,有的地方甚至几年不下一滴雨。只要一刮风,便黄沙漫天,冬季寒气逼人,夏季高温炎热。

中国气候的第三个特点是多灾害性天气。我国主要的气象灾害有台风、暴雨洪涝、旱灾,给人们造成很大的损失。

春暖

古代,曾有不少诗人以春为题,赋诗作词,留下了许多名句:"野火烧不尽,春风吹又生"，"草树知春不久归"，"春风又绿江南岸"，"春在蒙蒙细雨中"，"春江水暖鸭先知"，"万紫千红总是春"，"满园春色关不住"。足见古人皆以"绿""春雨"作为春到人间的标志。

人们喜欢春是有缘故的。春回大地，冰雪消融，万物复生，一派欣欣向荣。春给人的印象是美好、憧憬、清新、活跃、希望……

过去，曾以"立春""春分"作为冬去春归的始日。这种划分过于粗略，未能反映农事与物候的特色，不甚准确。

现在，气象学家用候温来划分四季，连续 5 天日平均气温的平均值大于或等于 22℃，这 5 天中第一个大于或等于 22℃ 的日期为夏季的始日；连续 5 天日平均气温的平均值小于或等于 10℃，这 5 天中第一个小于或等于 10℃ 的日期为冬季的始日；介于两者之间的分别为春季和秋季。

中国幅员辽阔，地势复杂，环境各异，所以东西南北中，春归人间各不同。

首都北京大致在 4 月初入春。

东北稍迟，沈阳 4 月中旬，哈尔滨 4 月底，黑龙江呼玛县漠河镇要晚到 5 月 20 日前后才春到人间。

西北内陆地区因为气候干燥，因此入春比东部早。新疆吐鲁番 3 月中旬入春，比东部平原早 1 个月。

青藏高原上并不是处处有春季，北部海拔 4000 米以上的地区，南部海拔 4300 米以上的地区，没有春季。随着海拔降低，春从无到有，西宁、拉萨分别在 4 月底和 5 月上旬入春。从青藏高原东部南下，高度渐降，到云南中南部地区，海拔 1500 米，7 月份的平均气温在 22℃ 以下，已无夏天；因为这里纬度较低，1 月份太阳高度角也较大，接收到的太阳热量丰富，加上东部高山阻挡了来自东北方的冷空气，因此这里四季如春。不过，云南中南部地区地形起伏较大，因此那些很高的山上，既无夏季也无春秋，全年皆冬。

四川盆地，因北方冷空气不易侵入，所以 2 月下旬春始。长江中游的武汉比上游入春要晚半个月，3 月中旬春回大地。长江下游的上海更晚到 3 月底春方来。东部沿海由于海洋的影响，春季姗姗来迟，例如浙江嵊泗列岛要晚到 4 月初入春。

江西的南昌、长沙 3 月 10 日前后入春。

华南地区，南岭山脉和武夷山以南，由于山脉阻挡了冷空气侵袭，因此四时常花，长夏无冬，春秋相连。如果一定要分春秋的话，那么 1 月中旬可作为春始的日子。南海诸岛，则四时皆夏。

我国春季天气特点之一是北方春季升温十分迅速。例如，北京 4 月份的平均气温比 3 月份的高 8.4℃，黑龙江漠河地区 5 月份的平均气温比 4 月份的高 9.6℃。"春风一夜，千树梨花"，便是北方春季升温快的生动写照。

北方春季阳光普照。秦岭、淮河以北地区日照百分率高达 60%~70%。西北地区春雨更少，日照多，气温高，气候比较干燥。

西北内陆地区，因为干旱，春季升温要比东部快，因此春来得早去得也早，4 月下旬就入夏了。例如,吐鲁番的春季只有 40 多天,是我国四季俱全的地区中春季最短的地方。

北方春光明媚,而江南春天却是"清明时节雨纷纷"。例如,长沙、南昌 3~5 月平均日照率只有 28%,也就是说,白天 72% 的时间见不到太阳,10 天里有 6 天有雨,3~5 月的总雨量 640 毫米,占年雨量的一半。由于阴雨天多,因此南方春季升温较慢,春季也就比较长了。例如,南昌、长沙 3 月 10 日前后入春,5 月中旬春方去,春长近 70 天,比北京长约半个月。

东部沿海地区春季升温慢,春归更晚,因此春季更长,嵊泗列岛春长 80 多天,比武汉长 10 多天;青岛春长 70 多天,比济南长近 1 个月;大连春长 80 多天,比天津长 1 个多月。

江南春季天气有"春天孩儿脸,一日变三变"之说,时晴时雨,空气湿润。这对经济作物,尤其对高山云雾茶的生长有利;也给一些山水增添了一种神秘的朦胧美。

华南南岭山脉和武夷山以南,即使在 1 月,仍然是万紫千红、春意盎然;从 10 月到来年的 3 月是少雨季节,真正的雨季在 5 月到 9 月。海南岛雨季是 5 月到 10 月。南海诸岛四时皆夏,只有凉爽的早晨才显现一些春意。

青藏高原春长的变化很大。随着海拔的升高,春长缩短。例如,青海西宁春长 80 天左右,而海拔 3700 米的青海玉树地区春长就只有 35 天了。北方大部分地区是雪先止后春到,一些沿海城市终雪之后 20 多天才春至。可是青藏高原有春季的地方,往往是春先到,雪后止,也就是说,春到了还可能雪花飘飘。

云南中南部许多地方虽四季如春,但气温的日变化很大,昼夜气温差有时比冬夏气温差还大,一日之中有四季,一季之中有冬夏。所以,生活在这里的人们入春后还要预防春寒。

夏热

过去,曾以"立夏""夏至"作为夏季的始日,这种划分过于粗略,未能反映农事与物候的特色,不甚准确,为后人所不用。

按照气象学家用候温来划分四季的标准,南海诸岛、台湾南部和海南岛的南部,全年皆夏。4 月初,华南沿海入夏。5 月初,从东部地区南昌、长沙到四川盆地入夏。华北平原因为春季干燥,升温快,所以入夏只比南昌、长沙晚 10 天。6 月初,辽宁西南部夏季开始。东北的大部分地区在 6 月份先后入夏。沿海的一些城市入夏相对要比内陆城市晚一些。例如,青岛 6 月 10 日前后入夏,要比济南晚 1 个月;上海 5 月下旬入夏,比武汉晚半个月。西北地区因为干燥,夏天来得早,吐鲁番 4 月下旬就入夏了。

东北北部夏季很短,8 月上旬就基本结束。辽宁 9 月份夏季结束。长江两岸 10 月初夏季结束。广东、广西一带 11 月初夏季结束。西北地区夏天来得早,去得也早,许多地方 9 月中旬夏季就结束了。高山地区山上山下入夏时间和夏季天气大不一样。例如,庐山入夏时间要比九江晚 45 天,夏季天数要少 85 天;庐山夏季天气要比九江凉爽得多,九江的高温天数有 25 天,而庐山没有高温天气。因此,庐山是我国著名的避暑胜地。

我国东部地区的一些高山,例如泰山、五台山、华山、峨眉山山顶,基本上没有夏天。

我国是夏季世界上同纬度带除了沙漠干旱区外最热的国家。例如,与世界上同纬度其他地区相比,我国东北7月份平均气温要高4℃以上,华北平原高2.5℃,长江中下游地区高1.5℃。夏季热,而且雨水丰沛,使我国的气候资源十分丰富。

我国夏季,像冬季那样的巨大温差已经不复存在。最北的城镇黑龙江漠河7月份的平均气温也有18.2℃,而南方广大地区也不过28℃。哈尔滨与广州1月份的温差为33℃,而7月份的温差只有5~6℃。东西方向的温差要比南北方向的温差大,例如,吐鲁番7月的平均气温为33℃,而同纬度东部地区的吉林省四平市7月的平均气温为23℃。这是因为西部气候干燥,东部气候湿润。东部沿海地区与岛屿,夏季也要比内陆凉爽得多。

最高气温高于35℃的天数,即高温天数,常作为夏季炎热程度的一种指标。长江中下游地区是我国夏季大面积高温区,高温天数20天以上。重庆、武汉、南京是著名的三大"火炉"。还有一些不太出名的"火炉",例如湖南衡阳、江西吉安与贵溪、浙江丽水,高温天数有45天,从重庆到万县的长江河谷地区高温天数有35天。这些地方风小,空气湿度大,因此十分闷热;而且每年还有几天甚至十几天的最高气温高于37℃的酷热天气。我国高温天数最多的地方是吐鲁番,每年要有100天左右。沿海地区与一些岛屿,在海洋的调节下,高温天数不算多。例如,广东韶关高温天数有30多天,而广州只有6天;杭州高温天数有20多天,而嵊泗列岛只有1天;济南高温天数有20多天,而青岛只有半天;天津的高温天数有半个月,而大连根本没有高温天气。所以,北方海滨城市大连、秦皇岛、北戴河、青岛等地就成了避暑的胜地。

我国夏季最热的地方是吐鲁番。这里每年有100天高温日,7月份平均最高气温达到40℃;午后地面温度常常达到65℃左右,有时甚至超过75℃。发烫的地面把空气烤热,下面的热空气上升,空气密度变得不均匀,远看吐鲁番北面由红色砂岩组成的火焰山,好像在燃烧似的,使人更觉得炎热。不过,吐鲁番的夜间并不炎热。

秋爽

古代,曾有不少诗人以秋为题,赋诗作词,留下了许多名句:"秋风萧瑟天气凉,草木摇落露为霜","树树秋声,山山寒色","落霞与孤鹜齐飞,秋水共长天一色","秋阴不散霜飞晚,留得枯荷听雨声","一年好景君须记,最是橙黄橘绿时","山色浅深随夕照,江流日夜变秋声"。

人们喜欢秋,因为"秋高气爽","春华秋实"。

过去,人们习惯将10月份代表秋季。其实,由于我国幅员辽阔,地形复杂,有的地方10月秋季早已过去,有的地方10月份还很炎热。东北的大、小兴安岭10月份就已入冬,地面已经结冰。海拔4500米的藏北高原10月份的气温已达零下5℃,夏季融化的薄薄的一层表土重新冻上了。而台湾、海南岛、南海诸岛10月份的天气还很炎热。

按照气象学家用候温来划分四季的标准,大、小兴安岭无夏季。哈尔滨夏季不长,8月中旬开始就入秋了。沈阳8月底,北京9月初,郑州9月上旬,秋风先后给这些地方带来凉意。武汉、上海9月下旬,感到凉意。长沙、南昌在10月初方感秋凉。广州要到10月底,雷州半岛、海南岛北部要到11月中旬才秋风送爽。秋天来到海南岛的天涯海角,已近元旦了。南海诸岛则全年皆夏,没有秋色了。

高山地区,秋来得早一些。庐山夏季很短,8月中旬已经入秋了,比九江入秋早一个半月。黄山无夏,7、8月也很凉爽。峨眉山最热的时候也相当于东部地区的秋天。青藏高原海拔4500米以上的地区,没有秋季。云南中部、南部,夏天凉爽,冬天温暖,因此可以说"四季如春"或者说"四季如秋"。

秋季短是我国秋季的一大特色。哈尔滨、沈阳秋季不到50天,北京50多天,郑州、武汉、长沙、上海60天左右。在我国四季都有的地方中,吐鲁番的秋季最短,只有1个月,比同纬度的东部吉林省四平市短20多天。我国秋季短的原因是北方的冷空气频频南下,一场秋风一场寒,降温迅速。一场冷空气南下,日平均气温降低10℃以上是常有的事。

古语中有"一阵秋风一阵凉,一场秋雨一场霜"。东北大、小兴安岭山脊,8月底就可见初霜了。沈阳、大同、银川一带,10月初可以见初霜。淮河、秦岭一带,11月初可见初霜。武夷山、鄱阳湖、洞庭湖、大巴山南麓,12月初见初霜。广东、广西、云南南部,要过了元旦方才出现霜。台湾、海南岛、西双版纳和南海诸岛就见不到霜了。四川盆地四周的高大山脉对冷空气的阻挡作用,使得四川盆地很少出现霜,有霜期很短。

秋季里我国大部分地区云雨较少,出现秋高气爽的天气。哈尔滨、北京、上海、武汉、广州、兰州、乌鲁木齐、拉萨10月份天气多晴朗,雨天很少。淮河以南、南岭以北地区10月份是全年雨天最少的季节。华北的秋天,雨季刚过,地面还比较湿润,风沙也少,蓝天红日,凉爽舒适,所以北京人最喜欢秋天。如果你要去北京玩耍,9月底10月初,那是最好的时候。华南秋来得晚,去得也晚,要到10月下旬,天气令人舒适,这时你可以去华南一带走走。

我国秋季的另一个特色就是一些地区秋雨绵绵。四川、贵州为中心的西南地区9~10月份经常下雨,雨天20~30天;不仅下雨天数多,而且下雨的时间也长,例如雅安10月份下雨时间达250多个小时。峨眉山上10月份下雨的时间更长达430个小时,是我国秋雨最多的地方。

冬寒

"一阵秋风一阵凉,一场秋雨一场寒",阵阵凉风,表示秋天即将过去,冬季就要来了。

按照气象学家用候温来划分四季的标准,我国漠河地区9月份就入冬了。哈尔滨在9月末入冬,北京在10月下旬入冬,上海、杭州、南昌、长沙一带在11月下旬先后秋去冬来。南岭、武夷山在1月初进入冬季。福建南部、两广中南部、台湾是我国的无冬区。

高山地区冬季来得早,庐山11月初就入冬了,比山下的九江早20多天;四川峨眉山市在 12 月初入冬,而海拔 3137 米的峨眉山顶此时已经入冬 3 个月了。西部地区有一些比峨眉山更高的山峰,入冬比峨眉山更早,结束得更晚。青藏高原北部海拔 3500 千米和南部海拔 4200 千米以上的地区全年皆冬。

盛夏,从南海诸岛到黑龙江畔,处处大地葱绿,可是到了寒冬,从南到北,大地的景色就大不一样了。黑龙江北部地区是我国冬季最冷的地方,月平均气温达零下 30℃,雪深盈尺。到长城内外,1 月份的平均气温为零下 10℃ 以上,冬小麦为大地缀上片片绿色。长江两岸,1 月份平均气温在 5℃ 上下,田野一片绿色,还显得很有生机。南岭山脉和武夷山以南,由于山脉阻挡了冷空气侵袭,因此四时常花,长夏无冬。西沙群岛、南海诸岛 1 月份的平均气温高达 26℃,和北京 7 月份一样热。

最低气温低于 0℃ 的天数,即寒冷天数,常作为冬季寒冷程度的一种指标。那么,广州历史上极端最低气温为 0℃,基本上无寒冷天气。上海每年有 40 多天寒冷天气,北京有 130 天,黑龙江漠河多达 240 天。最低气温低于零下 10℃ 的天气,上海很少出现,北京每年有 36 天,漠河每年有 175 天。最低气温低于零下 20℃ 的天气,北京很少出现,可是漠河每年有 140 天。

我国是世界同纬度上冬季最冷的地方。以隆冬 1 月份平均气温来说,与同纬度其他地区相比,东北地区偏低 14~18℃,黄河中下游地区要偏低 10~14℃。漠河的纬度与英国的利物浦相近,但利物浦冬季每天的最低气温大都在 0℃ 以上,而漠河冬季每天都会出现零下 35℃ 的低温,最高气温也很少上升到零下 15℃ 以上,黑龙江冰厚 1.5 米左右,封冻期长达半年左右。为什么我国冬季特别冷?这是因为冬季我国是强寒潮南下的主要通道。从 9 月份起我国就受来自西伯利亚的强冷空气的袭击,而且袭击频繁,回暖期很短。

冬季,我国西北、华北、东北和西南的大部分地区天气晴好,而长江中下游以南的江南、华南地区天气多阴雨。

雪是冬天的象征。"一夜北风寒,万里彤云厚。长空雪乱飘,改尽江山旧。仰面观太虚,疑是玉龙斗。纷纷鳞甲飞,顷刻遍宇宙。骑驴过小桥,独叹梅花瘦。"这是《三国演义》中诸葛亮的岳丈黄承彦引吟的一首诗,把冬天下雪时的景色描写得逼真生动。

雪,也为人们造福。苏州有一句农谚:"今年飘大雪,明年收成好";开封农民说:"江南三尺雪,米道十年丰";湖南农民说:"瑞雪久留住,明年好谷收"。一句话,"瑞雪兆丰年"。

我国是一个多雪的国家。降雪的南限纬度要比同纬度其他国家低。在个别极端寒冷的年份,强寒潮爆发时,南方的广州、昆明、贵阳也可以见到雪花飞扬。在正常的情况下,一过南岭,下雪的机会就减少。一般而言,福建南部平均每年下雪日数只有 1.6 天,浙江南部也只有 2 天。向北到长江中下游地区,下雪日数增多,不少地方平均每年下雪日数为 10 天。四川盆地,纬度与长江中下游地区差不多,因为地势的缘故,冬天比较暖和,下雪日数只有 1~3 天。华北平原,因冬季干燥,下雪日数也不过 10 天左右。山东半岛有些地方下雪日数较多,例如,烟台平均每年下雪日数为 30 多天,威海为 20 多天。西北一带,冬季空气干燥,经常处于冷高压控制之下,下雪日数不多,平均每年下雪 10 天。东北是我国下雪日数最多的地方，尤其是长白山和兴安岭下雪日数更多。例如，一面坡平均每年下雪日数为 50 多天。新疆北部也是我国下雪日数较多的地方，例如乌鲁木齐平均每年下雪日数为 42 天。

隆冬季节，如果你从南方广州出发北上，到东北松花江畔，一路上你会发现，过了淮河就可以看到山坡上、田野里都有积雪，越往北积雪越厚。秦岭-淮河以南地区冬季降雪随降随消，不能形成稳定的雪盖；以北地区积雪比较稳定。华北地区平均每年积雪日数为 15～30 天，东北地区和新疆北部平均每年积雪日数为 90 天以上。新疆阿尔泰山、黑龙江最北部和兴安岭山地平均每年积雪日数长达 150 天以上。

东北和新疆北部不仅积雪时间长，而且积雪很深，最大积雪深度在 50 厘米以上，个别地方达 80 厘米。积雪是宝贵的淡水资源，大地回春时冰雪消融，雪水流进千里沃野，滋润万顷良田。新疆北部积雪较多，所以那里春旱很少。伊犁河谷之所以成为新疆的米粮仓，与积雪丰富是分不开的。东北春旱很少发生，也是因为那里的春汛（冰雪融水引起的河水上涨）比较丰富。

何处是春城

我国宋朝诗人叶绍翁在《游园不值》一诗中，对春天做了这样的赞歌："春色满园关不住，一枝红杏出墙来。"由于人们喜爱春天，我国不少地名都含有"春"字，例如，吉林的长春、福建的永春、台湾的恒春等。它们表示了人们希望春天永驻人间的美好愿望。可是，这些地方的春天都不算长：恒春 40 多天，长春 50 多天，永春算是最长的也只有 100 天。

那么世界上有没有四季如春和春天常在的地方呢？

我国云南省省会昆明市，素有"春城"之誉。其实，昆明春天最多只有 300 天，在有些日子里，寒潮还会光临昆明呢。

昆明

那么春城在何处呢？原来，在中纬度的平原地区，春光永远留不住，只有在那些低纬度的高原山谷地带，才会出现"恒春"和"永春"的季节。因为在低纬度地区，北方的冷空气鞭长莫及，在冬季也就无严寒了，而由于高原山谷地带的地势较高，气温逐渐下降，在夏季也就无酷暑了。

我国最标准的春城是云南思茅地区的西盟佤族自治县县城。这里海拔 1900 米，全年各月平均气温在 10～22℃，既无夏也无冬，终年是标准的四季如春而又四时如春的地方。

不仅我国有"春城"，世界上不少国家中也有"春城"。

非洲的埃塞俄比亚首都亚的斯亚贝巴，那里海拔2400米，四季山花烂漫，无怪亚的斯亚贝巴的意思是"新的花朵"了。

亚洲的也门共和国首都萨那，那里海拔2400米，终年气候凉爽宜人，景色秀丽，每天迎送着世界各地观光游览的旅客。

拉丁美洲的墨西哥城、波哥大城和基多城等，都位于海拔2000米以上，气温宜人、空气清新，也都是名副其实的四季如春的"春城"。

三大"火炉"

当人们谈论我国的"火炉"时，自然要联想到《西游记》中的火焰山，并由此而想起在全国冠以"火洲"头衔的吐鲁番盆地了。但是，这里热而不闷。因此，在一年中对我国人民生活、工作影响最大的酷热天气并不出现在吐鲁番，而是在面积广大、人口众多的长江流域。在夏季高温期间，最著名的，"火炉"有三个：南京、武汉和重庆。

南京、武汉和重庆三大"火炉"确实很热，7月的平均气温都在33℃上下，极端最高气温曾达到41℃~44℃。高温延续的时间也很长，高于30℃以上的暑热天数，每年平均70天以上；超过35℃的高温天数分别有15天、21天、35天，并且从早到晚，气温的变化不大，不但白天热，夜间也热不可耐。

形成长江沿岸三大"火炉"的主要原因是高空被副热带高气压带控制着，其次就是地形的影响。重庆、武汉和南京都在较低的长江流域河谷中，河谷的地形特点犹如锅底，四周山地环抱，地面散热困难，使气温不断升高；加上这些地方水田河网密布，水汽多，湿度大，人体出汗后不易蒸发，高温加高湿，更使人感到闷热。

有趣的是，这三大"火炉"还不算热。比如从35℃以上高温天数来说，安庆、杭州都比南京多；九江、黄石比武汉多；涪陵、万县比重庆多。在长江沿岸以外的高温"火炉"就更多了，例如江西贵溪、湖南衡阳、四川开县。那么，为什么把南京、武汉和重庆称为"三大火炉"呢？这是因为它们是知名的大城市，历史上又有许多文人墨客留文著诗广为宣传的结果。

一山之隔两重天

西安与汉中本是近邻，就因为中间隔了秦岭这座大山，把两地分开在山北山南，西安在山北，汉中在山南，于是造成两地完全不同的气候。每到冬天，西安非常冷，有时冷到零下14℃以下，滴水成冰；夏天炎热干燥，一年中又多风沙，完全是北国风光的景象。汉中就不同了，最冷的冬天也很难看到冰雪，盛夏季节反而比西安凉快，一年中很少刮大风，春末到夏秋常常是阴雨连绵，成了北国的江南。北国风光与南国景象本该相隔几千里，由于大山的作用，竟把两种截然不同的景色和气候搬到一起来了。地理上的大山脉，往往是两种不同气候的分界线。

两地相隔不远,可是气候为何差别这么大呢?秦岭海拔1000~3000米,它的北坡较陡,南坡较平缓。岭北的西安处在一望无际的平原上。冬天,当寒流从黄土高原冲下来时,西安首当其冲;因秦岭的阻挡,却影响不到汉中。夏天,从东南海上吹来的暖湿空气沿汉江河谷吹到秦岭,沿着它平缓的南坡缓缓上升,上升到一定高度就成云致雨,使汉中地区阴雨连绵,夏季也不炎热。暖空气即使沿平缓的南坡翻过秦岭,因雨都在山前下了,所以空气中所含水汽已很少,暖空气翻过秦岭在北坡下沉过程中迅速增温,西安吹到的只是干热风,夏天便十分干热。

山下桃花山上雪

如果有人从我国的海南岛乘火车到黑龙江,有时一路上可以经历春夏秋冬四个季节。而"一山有四季"这句谚语,就可能有人不太相信了,但这是真的。

1961年6月3日,有人从海拔3600米以上的四川阿坝出发,当他到达海拔3600米的地方,看到山沟里还结着冰;汽车下到海拔2700米的地方,小麦已返青;到了海拔1530米的地方,小麦已接近黄熟;晚间到达海拔780米的地方,小麦早已收割完毕。他一天之中,从山上到山下竟经历了四个季节。唐朝诗人白居易游庐山时曾写诗《大林寺桃花》:"人间四月芳菲尽,山寺桃花始盛开。常恨春归无觅处,不知转入此中来。"意思是4月份平地上的桃花已凋谢了,山上寺庙处的桃花还刚开,就是说山上的季节要比山下来得晚。

究竟是什么原因使得山上的温度比山下低那么多呢?原来,太阳辐射的热量先是被地面吸收,当地面温度升高以后,地面再以长波辐射的形式把热量传给空气,也就是说空气主要是通过吸收地面的热量来升温的。所以,越靠近地面的底层,获得地面的热量也越多,温度也就越高;越到山上,也就是离地面越高,获得地面的热量也就越少,温度也就越低。山地的这种温度分布,使得许多名山成了人们夏季的避暑疗养胜地。

风城

在我国新疆克拉玛依东北约100千米处,有一座小镇,名叫"乌尔禾"。这里十分荒凉,人烟稀少。每当夕阳西下时,从远处眺望,晚霞之中,它犹如一座中世纪的城堡,古堡林立,形态各异,高低错落。夜间,在淡淡的银白色月光下,古堡阴森可怕,虚虚实实,影影绰绰,并随月光西移而呈千姿百态。每当风起时,古堡中传来凄厉声音,让人毛骨悚然。整个小镇让人感到迷离恍惚,望而生畏。所以,当地人叫它"魔鬼城"。

可是,当你踏进这座小镇,却不见古堡,只见到处是高几十米的石蘑菇、石笋、石兽、石人、石亭,千姿百态,惟妙惟肖,上面还缀满了形状不同、大小深浅不等的孔洞。

这里并无魔鬼,形成这魔鬼城的是风。

原来,这里大都是沉积岩,距今已有2.5亿年了。沉积岩是沙石一层一层叠成的,有些厚,有些薄,有些结实,有些疏松。这里干旱少雨,白天太阳烘烤大地,晚上热量散失很快,所以冷热变化很大。岩石热胀冷缩,天长日久,岩石上出现许多裂缝和孔道。这里又处在大风口,狂风卷起的沙粒如同刀子一样不断刻蚀岩壁,于是形成这种古怪的地貌。所以,这个小镇也叫"风城"。风吹时,气流经过大小不同、形态各异的裂缝和孔道,就会发出各种各样的声音,让人听起来感到可怕。

火洲中的绿洲

清朝,有一位诗人叫肖雄,他在《西疆杂述诗》中有一段:"高昌炎热绝无涛,赢得元时号火洲"的诗句。意思是在元朝,高昌是一个十分炎热的地方,人们称它为"火洲"。而古代的高昌国,就是今日的新疆吐鲁番。

吐鲁番地区是我国夏季最热的地方。那里 7 月份平均气温 33℃,比上海高出 5℃;7 月份平均最高气温 40℃,等于说 7 月份几乎每天都出现 40℃以上的高温;日最高气温在 35℃以上的天数有 100 天;日最高气温在 40℃以上的天数近 40 天。吐鲁番地面温度常达 65℃,有时超过 75℃。1974 年 7 月 14 日,地面温度达 82.3℃,真的可以"沙窝里煮鸡蛋,石板上能烙饼"。发烫的大地把空气烤得猛烈上升,近地面空气很不稳定,远看吐鲁番北面由红色砂岩组成的山峦,缕缕青烟,像在燃烧似的,因而有"火焰山"之称。

吐鲁番夏季白天热不可耐,可一到晚上却很凉快,所以当地有"早穿皮袄午穿纱,围着火炉吃西瓜"的民谣。

可是,在这又干又热的地方,仍有不少绿洲。这儿农作物一年两熟,棉花驰名中外,还是中外闻名的"瓜果之乡"。这儿的葡萄在国际上被誉为"绿色珍珠",这儿的甜瓜在国际市场上被誉为"水果明星"。滋润这些绿洲的水从哪儿来呢?从地下来。原来吐鲁番北面是天山山脉,山上白雪皑皑,冰川纵横,融化了的雪水沿着倾斜的地势而下,在地下长流着。吐鲁番人打了许多水井,并有地下暗渠相连,地下水取之不尽,用之不竭。

吐鲁番以"火洲"与"绿洲"、酷热与干燥、湖光山色与名胜古迹,引来无数中外游客。

戈壁沙漠闹水灾

如果说在赤日炎炎、沙丘绵延、砾石遍地的敦煌,或千里戈壁滩上的吐鲁番地区也闹起水灾,人们一定会认为这是千古奇闻。可是,1979 年夏天,久旱的敦煌确实遭到水灾,敦煌市城一片泽国;1969 年、1973 年、1984 年的夏天,吐鲁番三次遭到洪水的袭击。

敦煌的年降水量只有几十毫米,气候十分干燥。这里是一望无际的沙丘。每到夏天,骄阳似火,酷热难忍,一刮风便飞沙走石,一片昏黄。这是一片贫瘠、荒凉的不毛之地。当时用泥土、芦苇和罗布麻筑成的汉长城和烽火台,虽已有两千年的历史,却依然屹立在那里。吐鲁番的年降水量也很少,千里戈壁上寸草不生,只有在每个山谷的出口处,山上的冰雪融水流下来时携带不少细沙碎石,从而冲积成小块的扇形平原。小平原上土质肥沃,潺潺流下的融水与涓涓流出的地下水把这些小平原孕育成一片片小绿洲。这些绿洲成了吐鲁番葡萄的故乡。

这么干旱的地方怎么会发生水灾呢？敦煌位于群山环抱之中。1979年夏，天气特别炎热，导致祁连山上的雪大量融化，山上流下来的雪水很快装满党河水库，缺水地区的人们视水如命，舍不得打开闸门把水白白放掉。后来，下了一场大雨把水库冲垮，于是洪水无情地冲出水库，敦煌市城一时间变成一片泽国。吐鲁番的水灾原因与敦煌水灾情况类似。

气象灾害

你知道吗，气象灾害给我们造成的经济损失有多大？说给你听，你准会吓一跳！

根据世界气候大会提供的资料，每年全球自然灾害造成的损失达400亿美元。其中暴雨洪涝、热带风暴、旱灾等气象灾害所造成的损失要占到全部自然灾害损失的70%以上。

中国是世界上气象灾害最为严重的国家之一。我国气象灾害所造成的粮食损失占所有自然灾害所造成的粮食损失的97%以上，直接经济损失占总经济损失的76%。一般年份中，干旱造成粮食损失200亿~250亿千克，直接经济损失150亿~200亿元人民币；洪涝造成粮食损失100亿千克，直接经济损失150亿~200亿元人民币；风暴潮造成粮食损失2.5亿~5亿千克，直接经济损失50亿~60亿元人民币；冰雹和低温造成粮食损失15亿~25亿千克，直接经济损失20亿~30亿元人民币；森林火灾造成直接经济损失50亿~100亿元人民币；崩塌、滑坡、泥石流造成粮食损失2.5亿~5亿千克，直接经济损失20亿~30亿元人民币；风沙和沙漠化造成粮食损失2.5亿~5亿千克，直接经济损失20亿~30亿元人民币。

气象灾害还造成大量的人员伤亡。1990年，联合国有关组织公布了1947~1980年全球自然灾害造成的死亡人数。其中，热带气旋、台风、飓风造成49.9万人死亡，地震造成45.0万人死亡，洪水造成19.4万人死亡，雷暴和龙卷风造成2.9万人死亡，雪暴造成1.0万人死亡，火山爆发造成9000人死亡，热浪造成7000人死亡，雪崩造成5000人死亡，山体滑坡造成5000人死亡，风暴潮和海啸造成5000人死亡。据统计，1860~1960年，中国约有500万人在暴雨洪涝中丧生。20世纪90年代以来，中国每年因气象灾害死亡约7000人。

我国主要的气象灾害有：台风、暴雨洪涝、旱灾。

我国是世界上少数几个遭受台风危害最严重的国家之一。平均每年登陆的台风有7个，最多的年份有12个。台风袭击的地区正好是我国经济最发达的地区。根据资料统计，平均而言，每个登陆的台风使40多万公顷的农作物受灾，死亡60多人，倒塌房屋4万多间，直接经济损失30多亿元人民币。

我国东部地区气候属季风气候，全年降水集中在下半年，暴雨洪涝发生频繁，平均每两年就会发生一次严重的洪涝灾害，平均每年有900多万公顷的农作物遭受洪涝灾害。

1954年特大洪涝灾害,受灾农作物面积有1600多万公顷,3.3万人死亡。洪涝灾害东部地区比西北部地区多,沿海地区比内陆地区多,平原、丘陵比高原多,山脉东南坡比西北坡多。

根据资料统计,我国每两年就会发生一次大旱,平均每年因干旱受灾农作物面积有2226多万公顷,粮食损失100亿千克。干旱主要发生在华北平原到黄土高原一带,南岭到武夷山一带,东北西部,云南中北部和四川南部。

为了减轻气象灾害,气象学家建议采取以下的办法:建立和完善综合的现代化的大气监测系统,进一步加强气象业务预报工作,积极开展对灾害的主动防御,开展防灾的科普宣传活动。

气候变迁

几千年前河南气候很温暖

河南,古代称为"豫州",现代简称为"豫"。按象形文字的意思,"豫"表示一个人牵着一头象。有其意必有其实。在从殷墟遗址(今河南省安阳地区)中发掘出来的甲骨文中,发现刻有古人打猎时捕获一头象的文字记载。

在殷墟遗址中,人们还发现了大批当地现代已经灭绝的哺乳动物的残骨,如象、貘、貉、水牛、獐、竹鼠等。

大家都知道,我国现代的象只能自然生存在云南南部的西双版纳密林中。就是说,象是热带森林中的动物。现今,河南地处温带,不仅见不到象,就连其他亚热带类型的动物也很难见到。所以,在河南一带发现象的甲骨文记载和象的化石,表明几千年前象能在河南一带生存,从而说明当时河南一带的气候十分温暖,具有热带气候的特点。

这个例子说明,在漫长的历史长河中,自然界发生过深刻的变化,许多地方的气候也已几经巨变。

了解一个地方气候巨变的历史,可以了解该地气候冷暖、干湿变化的规律。根据这个规律可以为推断未来气候的冷暖、干湿变化情况提供依据,从而为人类的生产活动提供参考。

昔日的撒哈拉一片葱绿

非洲撒哈拉沙漠是世界上最大的沙漠,那儿荒无人烟,天气变化无常。

20世纪40年代,一支筋疲力尽的法国巡逻队在沙漠中部的恩阿杰尔高原北侧的欧德赫拉特峡谷中休息时,在茫茫的沙海中发现了奇迹:这条35千米长的峡谷中有一条色彩斑斓的壁画长廊。壁画是用含铁的矿石，白色的高岭土，赭色、绿色或蓝色的页岩等材料绘制在山崖上的。由于气候干燥，至今还保留着鲜艳的色彩。

更令人惊奇的是，这长长的壁画长廊竟是一本连环画，是由不知多少代人连续完成的，忠实地记载着这里的气候变化。

壁画的一大主题是动物，但各种动物在壁画上出现的时间是有先后的。画中最早出现的野水牛和河马，在后面的画中不见了，代之以长颈鹿、大象、羚羊等草原动物。以后，这些动物也消失了。目前撒哈拉地区主要的动物骆驼在壁画中却始终没有出现过。

壁画内容的变化说明撒哈拉沙漠曾有过迷人的昨天。那么，究竟是什么原因使它变成今天这个样子的呢？是气候的自然变化。科学家经过综合考察后发现：公元前7000年到公元前3500年，撒哈拉地区河流纵横，湖泊成群，气候十分湿润；那时鳄鱼游弋、水牛成群、河马活跃、渔业兴旺，在高原上还生长着繁茂的森林。从公元前3500年起，由于大气环流的变化，南方海洋上的湿润空气愈来愈难吹入这个地区，气候逐渐转为干燥。从此，茂密的森林被草原取代，湖泊逐渐缩小，水牛和河马等消失了，这里成了长颈鹿、羚羊等草原动物的乐园。公元前2000年以后，气候干旱的过程加快，湖泊愈来愈小，河流干涸，植物普遍枯萎，最后草原完全变成了沙漠。

由于草原变成沙漠，原来居住在这里的民族，即画壁画的人们，被迫迁居他乡。而骆驼是在这以后才出现的，所以没有出现在壁画上。

地球在"发烧"

2006年，全球发生了七大灾害性天气事件，其中之一为：2006年是有气象记录以来第六个暖年，2006年全球年平均气温较1961～1990年间30年平均气温明显升高。

每年6月5日是世界环境日。2007年世界环境日的主题是：冰川消融，后果堪忧。南极和北极很多冰川已经岌岌可危。如果全球气候持续变暖，到21世纪末，地球冰川覆盖的面积将缩小40%以上，由此导致的洪水、海水面上升、缺乏淡水等问题将影响全世界10多亿人的生活。全球气候变暖已经引起世人的关注。

2008年7月7日到9日，八国集团同发展中国家领导人对话会议在日本召开。全球气候变化是这次对话会议的主要议题之一。全球气候变暖已经成为一个国际问题。

全球气候确实在变暖。

全球气候变暖的依据之一是全球气温正在上升。根据气象观测记录，在过去的一百年中，全球平均气温上升了约0.56℃。1998年、2002年、2003年、2004年是1861年有气象仪器观测记录以来气候最暖的几年。专家预测今后100年内全球平均气温有可能上升5℃以上。要知道，历史上最后的冰期就是因为气温上升了5.0℃而结束的。

全球气候变暖的依据之二是冰川在退缩和冰盖在消融。全球冰川面积为1600万平方公里，其中96%分布在南极洲和格陵兰。冰川有两类，一类是大陆冰盖，面积1570万平方公里，主要分布在南极洲和格陵兰；另一类山岳冰川，面积30万平方公里，主要分布在中、低纬度地区的高山上。我国是山岳冰川发达国家之一，冰川面积约 6 万平方公里。冰川与人类的生存息息相关。它是许多大江大河的源头，是地球上的固体水库。但是，由于全球气候变暖，冰川在退缩，冰盖在消融。据联合国政府间气候变化委员会报告，1960 年到 2000 年全球冰川冰储量减少了 5000 立方千米。格陵兰冰盖表面消融区面积明显扩大，从 1979 年到 2002 年扩大了 16%。北冰洋在春季提前融化，破冰船可在洋面上航行。南极的融雪期已经延长为 3 个星期。俄罗斯贝加尔湖冬季结冰日期比 100 年前推迟了 10 天。美国蒙大拿州国家冰川公园中的冰川，如果按目前的融化速度继续融化下去，那么到 2070 年就将全部融化。委内瑞拉的一些山顶上，1972 年还有 6 条冰川，而现在只剩下 2 条了。非洲乞力马扎罗山上的冰川由于全球气候变暖在不断退缩，可能在一二百年内全部消融。从上世纪 70 年代到本世纪初，中国青藏高原冰川面积缩小了5400 多平方公里，冰舌退缩，雪线上升。

全球气候变暖的原因有多种，而人类活动产生的大气保温气体加剧了全球气候变暖。保温气体主要是二氧化碳、甲烷、氮氧化物。它们对太阳短波辐射是透明的，而对地面长波辐射是不透明的。也就是说，太阳短波辐射可以透过大气层到达地面，而地面的长波辐射却不能透过大气层射向太空。这样，地面的长波辐射的热量被大气保温气体吸收并储藏在大气中，对地面起了一定的保温作用。

冰川退缩带来的灾难

冰川与人类息息相关。冰川是许多大江大河的源头，黄河和长江就发源于冰川。冰川的融水可以开发干旱地区、改造沙漠。我国西北的河西走廊的绿洲就是靠祁连山冰川的融水而形成的。冰川是地球上的固体水库。人类必需的淡水 85% 储藏在冰川中。目前，冰川融水仍然是优质淡水的重要来源。另外，冰川作为固体水库，通过自身的变化对全球水资源进行调节。

冰川对于人类如此重要，但是随着全球气候变暖，冰川退缩将给人类带来巨大的灾难。

冰川退缩在短期内可能会增加冰川径流，给江河提供更多的水量，但从长远来看，冰川退缩是灾难性的，对生态和经济带来不可估量的损失。

冰川退缩会造成水危机。例如，黄河水的主要来源之一是阿尼玛卿山的冰川。由于该冰川的退缩，黄河的水量、水质和周围的生态环境正在受到威胁。位于黄河源头的玛多县，由于冰川径流减少，地下水位降低，草场正在退化、沙化。

冰川退缩会直接引发其他的自然灾害。冰川退缩使冰碛湖溃决，继发规模巨大的洪水和泥石流灾害。2004 年 3 月，阿尼玛卿山西侧发生了历史上最大的一次冰崩，2649 公顷的草场顷刻间被毁。2005 年 7 月，阿尼玛卿山冰湖溃决，大片牧场和几座桥梁被冲毁。2005 年 7 月 30 日，在波密县古乡境内，冰雪融水引发泥石流，造成护堤被毁，河流改道，国道路基被冲毁，交通中断。

冰川退缩会引起海水面上升,威胁沿海地区人民的生活。2001年,南太平洋岛国图瓦卢无奈宣布,由于全球气候变暖,海水面上升,他们不得不放弃家园,举国迁往新西兰。

冰川退缩会使得海啸、风暴潮等灾害更容易发生,造成的损失更巨大。

冰川退缩会影响到一些依靠海洋积冰为生的物种,像北极熊、海豹、海象等。

冰川退缩会使埋藏在冰盖下的微生物暴露出来,它们的扩散会严重影响人们的健康。

全球气候变暖还在继续,冰川会继续退缩。人类到了必须倾听冰川退缩敲响的警钟声的时候了。

气候变暖使北极熊面临生存危机

北极熊生活在北极冰雪世界中。它是当今陆上的大型猛兽之一,几乎没有天敌,是当之无愧的北极霸主。然而,由于全球气候变暖北极熊正面临生存危机。

全球气候变暖使北极的冰层加快融化,北极熊的生存空间越来越小,寻找食物也更困难。为了寻找食物,它们必须长途跋涉,有时要游100千米才能捕捉到食物。在觅食的路上,有的北极熊因筋疲力尽而被淹死。在美国阿拉斯加北部沿海,人们在一个月内就发现4具北极熊的尸体。由于海面结冰时间推迟,雌性北极熊越来越瘦,使生殖率和幼崽的成活率下降。

北极熊

全球气候变暖,一方面使北极熊的家园越来越小,另一方面其他的某些动物趁机侵占北极熊的地盘。加拿大的一位地理学家在北极地区野外考察时,意外发现了灰熊的足迹。本来,北极熊与灰熊之间互不侵犯,现在,全球气候变暖破坏了他们之间的关系。灰熊的出现,加剧了北极熊的生存危机。

如果人们还是大量排放大气保温气体,全球气候变暖加剧。那么到21世纪末人们还能见到北极熊吗?那时恐怕人们只能在动物园里看到北极熊了。

气候变暖是最大的"物种杀手"

全球气候变暖使大量的物种面临生存危机。例如,北美的熊果树面临枯死;无刺的仙人掌不再显现绿色,而显现出病态的粉红色。哥斯达黎加110种彩斑蛙中,已有三分之二在近30年内消失了。在阿拉斯加冻土带解冻后产生的泥浆涌入河流,掩埋了鲑鱼繁殖所必需的砾石,鲑鱼的数量已经到了危险的境地。北极熊生存的极地海冰再过几十年可能全部消失,那时北极熊有可能跟着消失。

全球气候变暖干扰了生物圈,使大量的物种迁移或蜕变。例如,南非的箭袋树为了躲避越来越热的天气,开始向南迁移。美国加州的矮松鼠正在向海拔高、气候凉爽的高山针叶林迁移。有26种北极鸟被世界自然保护联盟列为受全球气候变暖威胁的动物,其中一半是海鸟,因全球气候变暖而数量锐减;还有一半是陆鸟,因全球气候变暖,海水面上升,栖息地遭到破坏。非洲象因全球气候变暖活动范围缩小。南非的国花帝王花属于普罗梯亚木属,在未来的几十年内,三分之一的普罗梯亚木属植物会消失。北美洲西部的森林由于干旱与热浪的影响而变得很脆弱,大量的寄生植物在这片森林中生长。在已知的5743种蛙类中,有三分之一的蛙类有性命之虞。生活在哥斯达黎加的金色蟾蜍丢弃了原来的家园,迁往高山上。

令人担心的是,现在还处于全球气候变暖的早期,这些生物濒临灭绝或远离原来生活的家园,还只是开始。更严重的后果还在后面,再过几十年,100多万种生物将与人类永别。

人类面对的最大灾难

气候变暖是人类面临的最大灾难。

在全球气候变暖的大背景下,世界上极端天气气候事件将频繁发生。全球气候变暖使大陆地区,尤其是中高纬度地区降水量增加,非洲等一些地区降水量减少。有些地区极端天气气候事件(干旱、洪涝、雷暴、冰雹、风暴、高温天气和沙尘暴等)出现的频率与强度将增加。

全球气候变暖将影响生态环境。首先,导致海水面上升,海岸线被冲蚀,低地被淹,地表水和地下水盐分增加,影响城市供水,地下水位升高,旅游业遭受重创,影响沿海和岛国居民的生存,有些岛国将从地球上消失,某些沿海城市也难逃厄运。冰川融化造成海水面上升将使12亿到30亿人的生存地被海水淹没。

全球气候变暖使许多物种面临生存危机。由于全球气候变暖,生态环境严重恶化,许多植物和动物的栖息地被破坏,物种将大量消失。野生动物专家说,到2060年极地的海冰可能消失,北极熊将遭灭顶之灾。美国研究人员指出,随着全球气候变暖加剧,地球上鸟类栖息地将逐步减少。到21世纪末,全球将有8700种鸟类数量大幅度减少或濒临灭绝。

全球气候变暖将导致降水重新分布,改变当前的世界气候格局,进而影响和破坏生物链、食物链,带来更为严重的恶果。

全球气候变暖会影响人体健康。因全球气候变暖导致患病和死亡人数每年至少增加15万。全球气候变暖直接导致部分地区夏天出现超高温,引发心脏病和各种呼吸系统疾病,每年都会夺去很多人的生命,其中又以新生儿和老人受到的危险最大。全球气候变暖导致臭氧浓度增加,低空中的臭氧是非常危险的污染物,会破坏人的肺部组织,引发哮喘或其他肺病。全球气候变暖还会造成某些传染性疾病传播。

全球气候变暖危及自然景观。如果全球气候变暖无法遏制,大堡礁、加勒比海珊瑚、瓦帝文温带雨林、孙德尔本斯国家公园、长江、亚马逊河、白令海、喜马拉雅冰川、东非海岸雨林等世界著名自然奇观将面临严重的威胁。如果全球平均气温在 1900 年的基础上上升 2~3℃，南美洲亚马逊河流域内 60%的热带雨林将退化。位于智利和阿根廷的瓦蒂文温带雨林是世界上最大的雨林之一，其中生长着许多树龄达 3000 年以上的古树，它们正被不断发生的森林大火烧毁。澳大利亚的大堡礁因海水温度升高而白化。东非海岸不断出现暴风雨等灾害性天气，沿海红树林和珊瑚礁备受打击。世界上的海龟大都因海水面上升淹没母海龟产卵的沙滩而濒临灭绝，其中加勒比海玳瑁的生存危机最大。美国白令海北部本来是世界上鲸、海象和海鸟最适宜的生存区域，然而这里的生态环境因气候变暖而逐渐恶化。中国长江上游的水源青藏高原冰川正在消融，一旦冰川退缩到一定的程度，长江的水量将大大减少。喜马拉雅山的某些冰川正在以 10~15 米每年的速度退缩，导致部分地区洪灾频发。印度恒河三角洲孙德尔本斯国家公园内的河流因全球气候变暖而部分干涸，河流沿岸的生态系统受到破坏。

全球气候变暖威胁人类文化遗址。世界历史遗迹保护基金会公布了《全球 100 个极度濒危遗址观察报告》。报告首次把全球气候变暖列入威胁人类文化遗址的因素之一。气温上升导致冰层融化，正在威胁加拿大赫舍尔岛上的古代因纽特人遗址；在非洲的毛里塔尼亚，不断扩大的沙漠正在蚕食古老的欣盖提清真寺；2005 年遭受飓风袭击的美国新奥尔良市的法式风貌未来仍将受气候变暖的影响。

"圣子"带来的灾难

在智利北端与秘鲁交界的阿里卡附近海域曾出现过一幅异常的图景：死鱼漂满海岸，数百万吨鳀鱼悄然失踪，与鳀鱼相依为命的海鸟因失去生命的伙伴也大量死亡，在海滩上留下了大量的海鸟残骸。大批的两栖类和甲壳类海生动物骤然惨死，海蜇和其他腔肠动物大量繁衍，海水变了颜色。素以捕鱼为生的秘鲁渔民和鱼粉加工厂的工人濒于失业的绝境，而麦田的收成也因鸟粪骤减而大幅度减产。在秘鲁沿海气候出现异常的同时，澳大利亚丛林却因干旱和炎热而不断起火，土壤龟裂，牧草枯死，牛羊瘦得皮包骨头。而美洲加利福尼亚洪水泛滥；洛杉矶连日暴雨，还出现了一天遭两次龙卷风袭击的罕见现象。在非洲南部则持续大旱，赤地千里，饥饿的灾民面临死亡的威胁。以上是 1982~1983 年全球气候异常造成的惨象。

那么，谁是造成这些地区气候异常的罪魁祸首呢？是"厄尔尼诺"。

"厄尔尼诺"在西班牙语中是"圣子"的意思。因为上面所说的那些生态和气候的异常现象都出现在 12 月份圣诞节前后，圣诞节是传说中的上帝之子（就是圣子耶稣）的诞辰日，因此，取了一个原意吉利的名称。但是，事与愿违，"圣子"带来的却是一系列的灾难。

"厄尔尼诺"是指赤道东太平洋海温异常升高的现象。它的出现会对全球天气气候产生严重的影响。

1982～1983 年出现的"厄尔尼诺"使南美洲沿岸的水温比正常高 6～7℃,海水温度升高以后,海面上空的气温也随之升高,于是破坏了正常的热量、水分的动态平衡。这种现象持续一年以上,就会使浮游生物死亡,并产生一连串反应,生态平衡遭到极大的破坏。

　　1986～1987 年又出现了"厄尔尼诺"。1986 年 12 月下旬,巴西南部暴雨成灾。1987 年初,欧洲、北美洲、亚洲北部连续遭强寒潮和暴风雪的袭击,东西伯利亚气温下降到零下 60℃;一向温暖的阿尔巴尼亚南方也下了半米厚的大雪,为几百年来所罕见。1987 年 1 月 3 日到 4 日,位于南太平洋的库克群岛遭受一次特大飓风的袭击,其首府几乎成为一片废墟。1986 年入冬以来,我国大部分地区气温持续偏高,哈尔滨 1986 年 12 月上旬的平均气温比历年同期高 6℃,比 1985 年同期高 14℃;上海 1987 年 2 月 11 日的最高气温高达 26.8℃,为近百年来所少见。

　　"厄尔尼诺"每隔几年出现一次,持续 1～2 年。一个世纪以来,"厄尔尼诺"已经出现了 15 次。它每次出现,都会对全球天气气候产生重大的影响。1982～1983 年出现的"厄尔尼诺"是 1940 年以来影响最严重的一次,它使世界上四分之一地区受到危害,全世界经济损失达 80 亿美元。

　　科学家目前正致力于研究"厄尔尼诺"的发生机制。

世纪大灾难

丁氏奇荒

　　饥荒在战争年代和干旱年代经常发生,纵观中国古代历史中政治黑暗和战争频发的年代,饥荒几乎是常常上演的灾害,无数人饿死路边,食不果腹,衣不蔽体,有的甚至食用观音土,最后惨死。

　　1876 年,山东地区发生严重的旱灾,这次旱灾也覆盖了山西、河南、陕西、河北等省市,并波及江苏、安徽、四川北部及甘肃东部,形成一个广阔的干旱区,甚至连黄河也出现了枯水现象。当时山东整个境内的河流全部干涸了,许多畜生因为缺水而纷纷死亡,到处是枯枝烂木。许多人因为大旱而饿死。树皮草根成为饥民们抢夺的食物。人们眼巴巴地盼望着天空可以掉下一滴雨。但是到了 1877 年又连续两年仍是大旱,仅山西、河南、河北、山东四省,1876 年就有 181 个县受灾,1877 年为 274 个县,1878 年达 285 个县。

　　许多人都听说东北有粮,便举家逃荒到东北,不久东北的粮价也因为逃荒人数的猛增而疯狂的上涨。许多人用树皮树叶来充饥荒,有的甚至去吃观音土,但两天以后因为无法消化导致毙命。随着旱情的发展甚至出现了"人吃人"的惨剧!到了 1877 年,到处都有"人吃人"的现象,吃人肉、卖人肉者到处都是,旱灾将这些地区活活的变成了人间地狱。饥荒还造成了霍乱和鼠疫的流行,在这连续的三年大旱里,受到天灾严重袭击的饥民达 2 亿人,占全国人口的一半,死于饥荒和瘟疫者达 1300 万人,逃荒的人数达 2000 万以上。山西全省的总人数从 1600 多万下降到 1000 多万,直到 20 年后,山西太原人口也才恢复到了 3 万,这可能是太原在历朝和平时期的最低人口。

　　虽然清政府采取了一些措施,但是对灾民来说只是杯水车薪。而进入近代以后,特别是 19 世纪 70 年代中后期,清政府为备荒赈灾所创设的仓储制度已名存实亡,各地常平仓、义仓、社仓亏空严重,因此当大荒来临前清政府的储粮十分的紧张,已经到了捉襟见肘的地步。那么为何一个大清王朝竟然没有丰足的粮食储备呢?这一场悲惨的饥荒完全是天灾所致吗?

　　有人说导致这场大灾荒的直接原因并不是旱灾,而是当时黑暗的政治所致。在晚清时期,农民的遭遇十分的凄凉,官府向农民征收的税种十分的多,这就给本来就贫困的农民雪上加霜。灾荒之后任山西巡抚的张之洞曾说:"晋省虐民之政不在赋敛,而在差徭,所谓差徭者,非

役民力也，乃敛民财也。"而在近代农业技术又十分的落后，生产水平低下，农民本就靠天吃饭，收成好时尚不能温饱，更不要说遇到大灾时了。农民在沉重的赋税和官吏压迫下，失去了最基本的抵御自然灾害的能力，当旱灾来临时，农民就会发生饥荒。

也有人从近代鸦片战争出发，在鸦片战争后，鸦片大量的输入，种植鸦片的方法也传入我国，国内自制鸦片日益增多，也导致了鸦片的泛滥。许多农民为了得到更多的利益，而改种鸦片，当时许多地方种植罂粟的土地比种植粮食还要多，这就造成了粮食的大量减产，而许多吸食鸦片不断地受到鸦片的腐蚀使其劳动能力大减，有的甚至无法劳动。所以有人说鸦片是造成这次大饥荒的一个"幕后凶手"。

还有人认为是不断发生的农民起义造成了粮食的减产。如晚清的太平天国运动从19世纪50年代爆发到60年代后期被清政府残酷镇压，其坚持斗争长达近20年。清政府在镇压这些起义的时候，需要从全国调兵遣将，犒赏三军，这对农业的破坏有时都是致命的。许多青壮年都被拉去当兵，极大的减弱了农民的劳动力量。而农民还要供应军队的钱粮柴草，使他们最后倚赖的一点粮食也要失去，广大的农民随时面临着被天灾人祸所吞噬的困境。再加之战乱时间又长，农民在种地的同时几乎得不到什么，因此当遇到饥荒时，灾民无储粮可食，只能坐以待毙。

另外，有学者说造成"丁戊奇荒"应是这三方面的综合原因。

在历史中，天灾或许并不可怕，人祸才是更可怕的。如何避免人祸带来的灾难是永远值得我们深思的问题。

"生物炸弹"——蝗灾

中国历史上曾发生过多次蝗灾，其地域分布主要集中在今河北、河南、山东三省，陕西、山西、江苏、安徽、湖北等省也有较多的分布。这些蝗灾不但对历代的农业生产造成了很大的危害，而且引发了众多的饥荒、疾疫乃至社会大动乱。因此，治蝗一直是中国从古至今的研究对象。

提起蝗虫也许无人不知无人不晓，它们经常大面积的出现，转眼之间就能将作物一洗而空，所以蝗灾是农业极具危害性的一种自然灾害。蝗灾和干旱、洪涝在一起被人们称为农业生产的三大灾害。世界上大部分的国家几乎都发生过蝗灾。

蝗虫属于直翅目，昆虫纲、蝗科，蝗虫体长约5~11厘米，身体一般绿色或黄褐色，咀嚼式口器，后足大，适于跳跃。起种类很多，在世界是上大约有一万多种，仅我国就由300余种。蝗虫的分布范围很广，全世界的每一个角落几乎都可以看到它们的足迹，但以东南亚和非洲最为普遍。每当蝗灾暴发以来，大量的蝗虫聚集在一起，铺天盖地而来，所过之处，一片惨不忍睹。

1881年，地中海的塞浦路斯岛遭受了最严重一次蝗灾，蝗虫从北非一路袭来，它们停留在塞浦路斯岛上产卵繁殖，对农作物造成了巨大的破坏，上万公顷的农作物被毁之殆尽。在这场巨大的蝗灾中,人们无论用火攻还是水淹土埋都无法阻挡蝗虫的进攻,所到之处,一片植物顷刻间被毁。

唐贞元元年(公元785年),我国陇海一带发生蝗灾,"东白海,西尽河陇,蔽天旬日不息,所至草木叶及畜毛靡有孑遗,饿枕道。"明崇祯十三年(公元1640年),洛阳发生蝗灾,"草木兽皮虫蝇皆食尽,父子兄弟夫妇相食,死尸载道。"

1889年,红海上空出现蝗群,约有蝗虫2500亿只,蝗群飞过时声振数里,遮天蔽日,太阳也为之黯然失色。1979年美国密苏里河西部14个州的农田和牧场,都被蝗虫覆盖,造成的经济损失十分惨重。1988年,非洲的塞内加尔和毛里塔尼亚境内,发生数十年罕见的蝗灾,仅一群蝗虫就可达1000亿只以上。

从蝗灾的形成和形式来看,可分为暴发性蝗灾和慢发性蝗灾两种。暴发性蝗灾主要是由一些具有暴发性、群集性和迁飞性的蝗虫引起。这类蝗灾一旦发生,不仅涉及面广,而且来势凶猛,致灾严重,典型的有沙漠蝗和东亚飞蝗等引起的灾害。慢发性蝗灾主要是由地区性蝗虫或其他非迁移性蝗虫引起。这类蝗灾大多发生在较小的地域范围内,致灾程度相对较轻,典型种类有中华稻蝗、西伯利亚蝗、意大利蝗等。而对农业危害最大的蝗虫种类是沙漠蝗和飞蝗两种。

沙漠蝗是引发非洲蝗灾的主要害虫。它曾造成非洲受灾面积达2900万平方千米,祸及65个国家,占世界陆地面积的20%,受灾人口占全世界人口的10%以上。1958年,索马里一场沙漠蝗灾其扩散面积达1000平方千米,数量约有4亿只,一天就吃掉了相当于40万人一年的粮食总和——8万吨粮食。

飞蝗分布在亚洲、非洲、大洋洲和欧洲的部分地区。飞蝗通常分为两种生态型,即独栖型及迁移型或称"群居型和散居型"。独栖型一般在傍晚稍有迁移习性,但对农作物危害稍轻。迁移型经常集成大群迁移,是严重的害虫。

从世界飞蝗各亚种的分布范围看,东亚飞蝗、亚洲飞蝗和非洲飞蝗这三个亚种的分布范围较为广泛。从暴发频率和致灾程度来看,东亚飞蝗的发生最频繁、成灾最严重。从全球蝗灾的构成成分来看,东亚飞蝗暴发与否,对蝗灾的形成具有十分重要的影响。考证我国历史上发生的940次蝗灾中,有90%以上是由东亚飞蝗引起的。

蝗虫的繁殖能力惊人,每更新一代数量增长10倍,其飞行速度也十分的惊人,平均每小时能飞行4000米左右,能连续飞行几十个小时。所以蝗虫的危害之大让人毛骨悚然。

但是又是什么原因造成蝗虫这么大面积的集体行动呢?

有资料显示蝗虫的大暴发特别易在天旱和森林过量砍伐之后出现,蝗虫适应干旱的能力很强,这是因为其他昆虫和鸟类在此情况下都不能生存,而且能造成蝗虫疾病的一种丝状菌被抑制,故而使其数量大增。此外,干旱还使蝗虫喜食的禾本科植物生长受到限制,因此,凡是遇有好食物时,蝗虫便蜂拥而至。故而,这种地方的蝗虫密度极高,逐渐形成集团化行动。虽然如此,但是蝗虫集团行动的原因却依然迷雾重重。

另一种说法是蝗虫集群是因为雌蝗产卵时能够分泌集群外激素,引诱其他雌蝗前来聚集产卵,而刚孵化出来的跳蝻为了获得生长发育所需的高温,就经常挤到一起。而蝗虫迁飞是由于雌性个体的卵巢没有成熟，需要经过一段时间的迁飞才能发育完全。雄虫虽然已发育成熟，但还是跟随雌虫迁飞。等到雌蝗卵巢成熟才降落下来，交配产卵。

第三种说法认为独栖型和迁移型这两种生态型能相互转变。由于温度、湿度和栖息密度的影响，这两种生态便能互相转变。而据英国《独立报》报道，牛津大学、剑桥大学和悉尼大学共同进行的一项研究发现，在蝗虫体内控制腿部和翅膀的胸部神经系统中积聚着一种叫"血清素"的化学物质，它在数小时内就可以让独居的蝗虫出现群居特性。他们称这种转变通常是在下雨引起蝗虫数量激增之后发生的。在随后的干旱中，蝗虫被迫聚集在尚存的小片植被区生存。认为蝗虫由"独居"变成"群居"是因为饥饿而采取的战略，结群是为了寻找新的草地做出的反应。

另外，科学家发现随着蝗虫密度的增加，个体间身体相互接触传递某种信息，刺激蝗虫体内黑化诱导素大量增加使蝗虫体色由绿变黑。这种黑化诱导素可能成为了解蝗虫集团行动的重要线索。

虽然目前关于蝗虫为何集体行动还没有明确的答案，但是人们很早就开始研究治蝗灾的各种办法了。一些地区为了防治蝗灾通常使用有机磷农药，虽然它有成本低见效快的特点，但有机磷在消灭蝗虫的时候也会将蝗虫的天敌大量的杀死，从而破坏了生物链。而蝗虫由于基因突变，其后代的抗药性会逐渐地增强，那么也导致了有机磷药量的增加，如此循环，将极大地破坏生态平衡和引起环境污染。

从人们治蝗的成果来看，唯有生物技术特别是微生物技术应用其效果显著，其核心是"以毒攻毒"。而美国科罗拉多科学家将一个微小的雷达探测器粘在蝗虫背上，像是一个能放出无线电信号的背包，每个探测器都有自己单一的发射频率，这样研究人员就可以分别跟踪各个蝗虫种群的迁徙路线，利用全球卫星定位系统将其行踪记录下来，以便制定抵御虫害的计划。他们希望能够找出蝗群的移动速度方向以来预测它们的行踪，提高喷洒农药的效率和准确性，在蝗虫群大面积聚集之前消灭它们。

还有人说可以设想变害为"宝"，让蝗虫变成人们的美餐，据研究蝗虫体内含有丰富的蛋白质。

蝗虫是农业的一大灾害，随着科技的发展，人们一定可以找到消灭蝗灾的有效办法。

喀拉喀托火山还会引起巨大灾难吗

喀拉喀托火山是一座活火山，在历史上曾持续不断地喷发，最著名的一次是1883年的大爆发，释放出250亿立方米的物质，远在毛里求斯岛都能够听到这次喷发的剧烈声响，是人类历史上最大的火山喷发之一。这次喷发以及继发的海啸摧毁了数百个村庄和城市，36417人死于非命。原有的喀拉喀托火山的三分之二在爆发中消失，新的火山活动自1927年又产生了一个不断成长的火山岛。

喀拉喀托火山位于印度尼西亚爪哇岛西部和苏门答腊岛东部的巽他海峡，在1883

年 8 月 27 日喷发，一共喷发了四次。喷发所产生的能量是规模最大的氢弹试验的 26 倍。其中第三次喷发发生了巨大的爆炸，整个地区笼罩在一片飞沙走石和有毒气体下，天空一片漆黑，连距其 560 千米之外的爪哇岛卡里蒙都能听到爆炸声。

喀拉喀托火山

其实，早在 1883 年喷发的前一年，火山附近的地震便开始频繁起来。7 月 20 日开始，火山开始喷发，喷发所造成的波动使得停泊中的船只需以铁链加以固定。8 月 11 日更大的喷发发生，火山灰从至少 7 个孔冒出。8 月 24 日喷发变得更频繁。8 月 26 日，火山进入了阵发期，每隔 10 分钟可以听到连续的爆发。8 月 27 日，该火山进入了最后剧烈变动的阶段。每一次喷发都伴随着大海啸，据说海浪超过了 30 米高。连 3500 千米外的澳大利亚与 4800 千米外的罗德里格斯岛都能听到喷发的剧烈声响。

在这次火山大喷发时，爪哇岛上的火山全部都喷发了，这次大喷发导致 100 千米长的坎当斯火山山脉沉入大海，80 平方千米的地面陷入海中，1.5 万人在内格里城消失。火山喷发引起的大浪迅速向苏门答腊、爪哇岛的广大地区猛烈袭去，西印度群岛的三百多个城镇被淹没。据说在距火山 2000 多千米的海上，船只的甲板上都盖着一层厚厚的火山灰。上万具尸体漂浮在水面上，默拉克岛和居住在上面的人们也一起葬入海底，同时，14 个火山口从海中升起，还喷发着炽热的岩浆。连世界瑰宝巴龙布图大寺院也在岩浆下变成一堆废墟，该寺建于公元 790 年，寺中有 4000 多座精美的浮雕。更为可怕的是，海浪虽然不断减弱，但还是席卷了整个世界。喀拉喀托火山引发的地震越过大海，一直波及到 2800 千米外的锡兰（斯里兰卡）首都科伦坡，以及 4300 千米外的印度第二大城市孟买。在 8000 千米外的合恩角，海浪以每小时 500 多千米的速度向陆地扑去。

火山喷发后 4 小时，4800 多千米外的地方仍可以听见类似重机枪的咆哮声。根据《吉尼斯世界纪录大全》提供的数据，全世界有超过十三分之一的人听到喀拉喀托火山的"怒吼"声。喷发过程中，浮石被喷射到 34 英里（约合 55 千米）的高空，火山灰 10 天之后才落到 3000 英里（约合 4828 千米）外的地方。成群的浮石在海上漂浮了几个月，空气中的微粒让全世界的落日变成鲜艳的红色。此后小型的喷发一直持续到了 10 月。喷发过后，原来的火山岛大部分消失，只剩原来的南部，并留下了一个 250 米深的破火山口。

在这场灾难中，共夺走了 3 万多人的生命。许多苏门答腊与爪哇的定居点被毁。许多文件报告发现了人类尸体被冲上了东非海岸。喀拉喀托火山喷发所造成的海啸在 2004 年南亚海啸发生前是印度洋地区所造成死伤最惨重的海啸。一些爪哇部分地区的人口自此就没有再恢复原先的水平，这些地区重新被丛林所占据，并成为库隆角国家公园的一部分。

虽然自此喀拉喀托火山平静了一段时间,但在 1927 年 12 月又沿着先前火山锥的同一路线在海底再次喷发。1928 年初,一座火山锥突出海面,到 1930 年已变成一座小岛,名为阿纳喀拉喀托意为"喀拉喀托之子"。从那时起,火山活动断断续续地发生,这座火山锥现已继续升高到海面以上约 300 米。其高度每周大约增长 12 厘米左右。而据报道印度尼西亚喀拉喀'托子火山在 2007 年 10 月 30 凌晨发生了 37 次小爆发。

有人说喀拉喀托火山按照现在的增长态势,迟早有一天会再次大规模的爆发,那时引发的大灾难,会使全世界可能遭受比 1883 年更严重的灾害。但也有人不同意此观点,关于 1883 年这场最严重的火山大爆发在此之前并没有类似的记载,这说明 1883 年的火山大爆发是偶然性的,现在喀拉喀托火山还在小规模的喷发,以后仍将是小规模的喷发。

虽然我们无法预测喀拉喀托火山在未来是否还会酿成像 1883 年的巨大灾难,但是现在人们已经在密切关注喀拉喀托火山了,在火山频发时禁止游人靠近。而且现在在喀拉喀托火山周围已经无人居住了,这些措施都会在火山再一次喷发时最大限度地减少生命财产损失。

虽然火山喷发可在短期内给人类和生命财产造成巨大的损失,甚至给人类带来灭顶之灾。然而火山喷发后,它能提供丰富的土地、热能和许多种矿产资源,还能提供旅游资源。所以我们在预测火山喷发时,也可以规划其喷发后的经济价值,让火山喷发也为我们服务。

悲惨的大雪崩

雪崩对人类而言是比较严重的自然灾害之一,几乎很少有人能逃脱它的魔掌。当浩荡的雪崩奔腾而下时,它将一切的生命都吞没了,只剩下一片白色,而巨大的白色死神下掩盖着怎样的真相就没有人知道了。

雪崩通常从山顶爆发,以极高的速度呼啸而下,巨大的力量将它所过之处一扫而尽。有些雪崩中还夹带大量空气,这样的雪崩流动性更大,有时甚至可以冲过峡谷,到达对面的山坡上。有些雪崩会产生足以横扫一切的粉末状摧毁性"雪云"。其实在雪崩中,比雪崩本身更可怕的是雪崩前面的气浪。雪流能驱赶着它前面的气浪,而这种气浪的冲击比雪流本身的打击更加危险,气浪所到之处,房屋被毁、树木消失、人会窒息而死。因此有时雪崩体本身未到而气浪已把前进路上的一切阻挡物冲得人仰马翻。

1954 年,美国某车站附近突然发生了雪崩,雪崩产生的气浪将 40 吨重的车厢抛出了百米之外,又将笨重的电动机车撞向车站,整个车站瞬间变成废墟。1991 年 1 月中日联合登山队在梅里雪山海拔 5300 米的 3 号营地不幸遭遇百年不遇的大雪崩,17 名队员在睡梦中被巨大的雪浪卷走,直到 1998 年 7 月 18 日,他们的部分遗体才在海拔 4000 米的大冰瀑下被发现。

贯穿秘鲁境内的安第斯山脉也经常发生雪崩。安第斯山脉的瓦斯卡兰山峰是秘鲁最高的山峰,海拔 6768 米。山上常年积雪,"白色死神"就诞生在这里。1941 年的雪崩产生了一个冰湖，冰湖融化成洪水，淹没了瓦拉斯镇，导致约 5000 人死亡。1962 年 1 月 10 日下午 6 时 13 分，瓦斯卡兰山峰又发生雪崩，瓦拉斯镇又成为这次灾难的牺牲品。镇上的 2000 多居民仅有几十人侥幸逃命，在该镇下方的 5 个村遭受了灭顶之灾。无数的人死在了山坡上。这次大雪崩一共毁灭了 6 座村镇，毁坏 3 座村庄，并使 4000 人死亡，1 万多头牲畜丧生，庄稼损失达 120 万美元。它是世界上造成人员死亡最悲惨的第五大雪崩。

1970 年 5 月 31 日 20 时 23 分该地又发生地震，剧烈的地震波把瓦斯卡兰山峰上的岩石和冰雪震裂、震松和震碎。霎时间，冰雪碎石在强大的气浪下朝山下翻滚。它下面的容加依城遭到了毁灭性的破坏，2 万居民死亡。

惊恐的人们不得不思考雪崩会何时再次出现，行踪诡秘的雪崩使得身处雪山的人们无时无刻不面临着死亡的危险。但是人们目前做的只能是预防，而无法控制雪崩。没有人知道雪崩会何时再来临，雪峰就像一个顽皮的孩子捉弄着人们。

横扫全球的厄尔尼诺现象

厄尔尼诺现象又被称为"圣婴"，自 1950 年以来，世界上共发生 13 次厄尔尼诺现象，其中 1997 年是最为严重的一次。但是厄尔尼诺现象产生的原因却一直没有公认的说法，科学家认为厄尔尼诺现象的发生与人类自然环境的日益恶化有关，是地球温室效应增加的直接结果，与人类向大自然过多索取而不注意环境保护有关。

1997 年对世界来说是一个灾难接连不断的年份，在这一年里，台风、海啸、洪水、暴风雪等自然灾害不断向人类发动进攻。1997 年 8 月，智利、阿根廷、乌拉圭等南美洲国家受到暴雨、冰雹、大雪和飓风的轮番袭击。超强时速的飓风夹裹着暴雨冰雹横扫智利，导致智利洪水泛滥，1 万多人无家可归，20 多万人不能与外界联系。阿根廷和乌拉圭的一些地区也是暴雨成灾，8 万多人受害。美国加利福尼亚州的洛杉矶从 2 月开始连续二百多天干旱。成群的蚂蚁因为无法忍受高温干旱而入侵住宅的厨房和浴室。纽约的气温最高时达 40 摄氏度。在最热的一天，纽约市的日用电量打破该市两年来的最高纪录。

在亚洲，8 月份以来，菲律宾中部和东部地区由于台风和季风关系连降暴雨，以致洪水泛滥，数十万人失去生命，5 万多人无家可归，26 万多人被迫离开家园。

在我国东南沿海地区，7 月初浙江普降暴雨，钱塘江告急，开化、常山等地发生严重洪涝灾害，造成的经济损失达 30 多亿元。一个多月后，一次强台风又猛袭浙江，并波及上海和安徽的一些地方。

为何全世界气候会如此反常呢？自然科学家告诉人们这一世界性气候反常，是"厄尔尼诺现象"在作怪。

"厄尔尼诺"一词来源于西班牙语，原意为"圣婴"。19 世纪初，在南美洲的厄瓜多尔、秘鲁等西班牙语系的国家，渔民们发现，每隔几年，从 10 月至第二年的 3 月便会出现一股沿海岸南移的暖流，使表层海水温度明显升高。南美洲的太平洋东岸本来盛行的是秘鲁寒流,随着寒流移动的鱼群使秘鲁渔场成为世界四大渔场之一,但这股暖流一出现,性喜冷水的鱼类就会大量死亡,使渔民们遭受灭顶之灾。由于这种现象最严重时往往在圣诞节前后,于是遭受天灾而又无可奈何的渔民将其称为上帝之子——圣婴。后来,在科学上此词语用于表示在秘鲁和厄瓜多尔附近几千千米的东太平洋海面温度的异常增暖现象。当这种现象发生时,大范围的海水温度可比常年高出 3~6 摄氏度。太平洋广大水域的水温升高,改变了传统的赤道洋流和东南信风,导致全球性的气候反常。

据专家接受,厄尔尼诺现象早已有之,它平均 3~5 年就会在南太平洋发作一次,20世纪最强的厄尔尼诺现象是在 1982~1983 年。它在全世界造成了大约 1500 人死亡和 80亿美元的财产损失。

那么,究竟是什么造成了厄尔尼诺现象呢?对于这个问题,科学界一直没有明确答案。

传统的观点认为厄尔尼诺现象是太平洋赤道带大范围内海洋与大气相互作用失去平衡而产生的一种气候现象。在东南信风的作用下,南半球太平洋大范围内海水被风吹起,向西北方向流动,致使澳大利亚附近洋面比南美洲西部洋面水位高出大约 50 厘米。当这种作用达到一定程度后,海水就会向相反方向流动,即由西北向东南方向流动。反方向流动的这一洋流是一股暖流,即厄尔尼诺暖流,其尽头为南美西海岸。受其影响,南美西海岸的冷水区变成了暖水区,该区域降水量也大大增加。厄尔尼诺现象的基本特征是:赤道太平洋中、东部海域大范围内海水温度异常升高,海水水位上涨。

但也有人提出相反意见,有两位美国地质学家,用声波定位仪,在夏威夷群岛和东太平洋一带的海底进行测量。他们发现这里的海底有许多的火山,火山正喷发出大量的熔岩。巨大的热流体随着熔岩的喷发涌入海洋,使得海水升高,他们认为东太平洋的厄尔尼诺现象可能与海底火山喷发有关。

还有人认为厄尔尼诺的出现与地球自转减慢有关系。自 20 世纪 50 年代以来,地球的自转速度就破坏了过去十年尺度的平均速度分布的规律,一反常态呈 4~5 年的波动变化,一些较强的厄尔尼诺年平均发生在地球自转速度发生重大转折年里,特别是自转变慢的年份。地转速率短期变化与赤道东太平洋海温变化呈反相关,即地转速率短期加速时,赤道东太平洋海温降低;反之,地转速率短期减慢时,赤道东太平洋海温升高。这表明,地球自转减慢可能是形成厄尔尼诺现象的主要原因。分析指出,当地球自西向东旋转加速时,赤道带附近自东向西流动的洋流和信风加强,把太平洋洋面暖水吹向西太平洋,东太平洋深层冷水势必上翻补充,海面温度自然下降而形成拉尼娜现象。当地球自转减速时,"刹车效应"使赤道带大气和海水获得一个向东惯性力,赤道洋流和信风减弱,西太平洋暖水向东流动,东太平洋冷水上翻受阻,因暖水堆积而发生海水增温、海面抬高的厄尔尼诺现象。

近年来,科学家对厄尔尼诺现象又提出了一些新的解释,即厄尔尼诺可能与海底地震,海水含盐量的变化,以及大气环流变化等有关。

虽然如此,但是厄尔尼诺现象还有许多没有解开的谜团:如,①厄尔尼诺现象发生时，巨大的暖水流何处而来的？热源在哪里？②太平洋发生厄尔尼诺现象有没有自身的规律？例如，它发生的周期长短受什么制约？它的发生与衰弱，以及强度变化，是否有代表性的信号？如果有征兆，反映在哪里？③引起厄尔尼诺的暖水团和北太平洋顺时针大洋环流，以及南太平洋的逆时针大洋环流是否有某种关系？④正因为厄尔尼诺全球性的破坏性极大，能否利用海洋各要素的变化规律预报它呢？⑤南方涛动与厄尔尼诺之间有联系吗？如有，其内在机理又是什么？等问题。

100 多年来，著名的厄尔尼诺年有：1891 年、1898 年、1925 年、1939～1941 年、1953 年、1957～1958 年、1965～1966 年、1972～1976 年、1982～1983 年和 1997～1998 年。进入 20 世纪末期以后，厄尔尼诺现象出现的次数呈递增的趋势，如何减少厄尔尼诺现象和控制它对全球气候的影响还有待科学家做进一步的研究。

印度洋海啸为何发生

海啸是一种具有强大破坏力的海浪。当地震发生于海底，因震波的动力而引起海水剧烈的起伏，形成强大的波浪，向前推进，将沿海地带一一淹没的灾害。

2004 年 12 月 26 日，印度尼西亚苏门答腊岛发生地震引发大规模海啸，造成重大的人员伤亡。据统计，已有超过 30 万人死亡，这可能是近两个世纪以来死伤最为惨重的海啸灾难。海啸发生后，人们纷纷研究海啸发生和造成这么惨重损失的原因，一时间各种猜测横空出世。

阴谋论。阴谋论者认为是一种绝密生态武器的实验引起了地震，这种绝密武器可以通过电磁波控制地震的发生，从而引起海啸。他们认为印度、美国等国预先知道即将发生海啸，却不予以制止，似乎在掩盖什么。因为发生海啸前，美国曾经接到海啸警报，但是美国只是向它在印度洋的军事基地发出了警告，并没有向亚洲国家发出警报，因此美国的军事基地在那场海啸中没有受到损失。有人便问，为什么美国官方对这场即将来到的毁灭性灾难保持缄默呢？但是科学家说世界上还没有一种生态武器可以引起地震或强烈的海啸。而印度洋海啸是由于板块断裂，造成了地震，引发海啸的。况且，人为操纵的爆炸和地震之间有着天壤之别，因此阴谋论根本是无根据之说。

人为原因。科学家对损失惨重的斯里兰卡附近海域进行研究后称，印度洋海啸之所以造成如此大的伤亡与当地珊瑚被大量非法盗走与开采有关。因为珊瑚礁可以有效阻止海浪的冲击并使其明显降低高度，但是斯里兰卡西南部的珊瑚礁群基本上都被破坏，失去了天然的"围墙"，海啸引发的滔天巨浪就可以"乘虚而入"了。而在印度洋沿岸珊瑚礁保护较好的岛屿却没有受到特别惨重的损失。因此有人说，珊瑚礁被破坏是印度洋海啸造成重大灾难的一个原因。此外，为了吸引旅游，很多的房屋建筑被建在离海岸较近的地方，这也让一些看到海啸的人来不及逃脱而被海浪吞没。

地层骤裂，巨能骤释。科学家研究发现，引发印度洋海啸的直接原因是印度洋板块和亚洲板块相互挤压,引发强烈地震;地震又使地层断裂,巨大的能量骤然爆发出来,从而引起了海啸。

有人说印度洋海啸的发生是给人类的提示,如果当时印度拥有较为完善的海啸预报系统,就不会造成这么惨重的损失了。印度洋海啸虽然距今已有几年的时间了,但留给人们的是永远无法忘却的血的回忆,也是永远被记住的人类空前的一场灾难,它时刻提醒着我们要善待自然。

横扫美国的"卡特里娜"飓风

台风和飓风都是产生于热带洋面上的一种强烈的热带气旋,因发生的地点不同而叫法不同,在美国一带称"飓风",在菲律宾、中国、日本、东亚一带叫"台风",在南半球称"旋风"。

2005年以来,大西洋上共形成了26次热带风暴,横扫全球,其中14次威力达到飓风级强度,无情地冲击着沿岸各国,特别是给美国南部及中美地区带来严重灾难。

8月25日,"卡特里娜"飓风横扫美国佛罗里达州及墨西哥湾沿海地区。飓风夹着暴雨,肆虐在海滨城市街道间,所经之处,电力中断,道路淹没,并使美国新奥尔良市防洪堤决口,市内80%的地区成为一片"汪洋",造成1200多人死亡。新奥尔良市所在的墨西哥湾地区是产油区,占美国国内原油生产能力的35%,飓风造成了墨西哥湾附近三分之一以上油田被迫关闭,七座炼油厂和一座美国重要原油出口设施也不得不暂时停工。上万名灾民躲在新奥尔良的超级穹顶体育馆和新奥尔良市的会议中心,为了把这些难民疏散到离这里500多千米的休斯敦临时收容所,州政府动用了400多辆公共汽车。这次天灾还引发了人祸,为了抢夺水和粮食,8月31日,一伙抢掠者冲进一家商店,抢走储存在那里的冰块、水和食物。还有的抢掠者劫持了警方装满了食物的卡车。新奥尔良市的一家疗养院原本准备了足够吃10天的食物,但一群人冲进疗养院,把住在那里的80多名坐着轮椅的人撵走后,把食物据为己有。不过,还有很多抢掠者并非因为饥饿作案,新奥尔良市一家医院的停车场里,很多汽车的电池和音响被人偷走。随后美国派出几百名警察进驻新奥尔良市,全面维持近乎瘫痪的秩序。这场大灾难给美国造成经济损失达340多亿美元,成为美国历史上最严重的一次自然灾害。

到底是什么原因让飓风越来越"猖獗"了呢?人们几乎把目光同时投向了全球变暖上。

一些科学家认为全球变暖可以显著加强台风活动,并且已经导致了更强烈的台风活动。他们的主要依据是:全球热带气旋在过去的30年总体有显著增强的趋势。而且这种趋势与热带气旋发生发展区域的海温升高趋势相吻合;全球热带海温升高似乎是唯一能解释全球强热带气旋(4~5级飓风强度)过去30年在不同海域显著增加的因素;全球热带海温升高可以从理论上说明强热带气旋增加的物理机制;动力模型显示,在全球变暖气候背景下,强热带气旋发生频率有增加的趋势。并且他们认为 2005 年的大西洋飓风的罪魁祸首就是全球变暖。美国国家大气科学研究中心的学者认为,上世纪四五十年代热带飓风的不规则性可以解释为自然波动;而七十年代到九十年代初,二氧化碳排放量的积累改变了自然轨迹,对大气的影响表现为飓风在数量和强度上的变化。

但也有一部分科学家认为,全球变暖对热带气旋的影响没有前者所说的那么明显,至少到目前为止尚无充分的证据表明全球变暖已经造成了更多的强热带气旋。他们的主要依据是:30 年的资料太短,无法说明长期的热带气旋变化趋势;过去 30 年强热带气旋增加的趋势可能是观测手段改变和对气旋强度确定过程中所造成的误差的产物;由于全球变暖同时使对流层上部增暖等因素,将完全或部分抵消海温增暖对热带气旋的强度变化的影响;当前气候系统的内在周期变化可以解释过去 30 年的热带气旋频率及强度变化。

有专家认为全球变暖对台风活动影响的主要问题是:台风历史资料的记载时间和可靠性还不能满足现在的研究需要,由于可靠的历史资料并没有记述详细,使得这些资料对研究全球变暖这样的长过程对台风的影响自然显得十分的牵强。另外,科学界对台风活动强弱的定量计算没有一个公认标准,而对于西太平洋的台风来说,全球变暖所引起的哪些气候变化和台风活动有关系还不明确,因此说全球变暖对台风有影响这个结论还为时过早。

台风是全世界影响力以及破坏力较大的自然灾害,全世界每年因为台风所造成的经济损失难以估计。

恐怖的菲律宾泥石流

泥石流是山区沟谷中,由暴雨、冰雪融水等水源激发的,含有大量的泥沙、石块的特殊洪流。其特征往往突然暴发,浑浊的流体沿着陡峻的山沟前推后拥,奔腾咆哮而下,地面为之震动、山谷犹如雷鸣。它能在很短时间内将大量泥沙、石块冲出沟外,在宽阔的堆积区横冲直撞、漫流堆积,常常给人类生命财产造成重大危害。

菲律宾是泥石流常发区,使得菲律宾各地经常造成大批的人员死亡或失踪。2006 年在菲律宾中部发生的泥石流灾害中,仅菲律宾吕宋岛东海岸的雷亚尔镇就由 306 人丧生,152 人失踪,许多建筑被毁。其附近的纳卡尔城也有 130 多人死亡,100 人失踪。在金萨胡冈村,被泥石流毁灭的房屋约 500 间,还有一所小学校,当时全校还在上课。据一位名叫达里奥·利巴坦的幸存者回忆说:"当时就好像火山发生爆发一样,所有的一切都被泥石流碾碎了,我看到没有一座房子能继续竖立在原地。"

当时菲律宾总统阿罗约在得到台风预报后曾经下令各方都做好应对台风袭击的工作。但是由于谁也没有想到这次台风会是如此严重,当台风袭来时,再加上前一场台风过后留下的泥浆、房屋和桥梁残骸,给菲律宾军方的救灾行动带来了很大困难,一些地区船只和车辆几乎寸步难行,大型的救灾设备无法运进灾区……

而造成这次泥石流的原因,据菲律宾科学家调查后认为可能是由于连降的暴雨所致。还有人说是过度砍伐森林所致。据说当年莱特岛连日暴雨使得山体出现了大面积的滑坡，许多大树甚至被连根拔起。菲环保组织曾指责说，非法砍伐森林的活动进一步加剧当地的水土流失，很可能会酿成新的灾难，但是虽然如此，到最后还是酿成了灾难。

近年来，由于生态环境日益遭到破坏，全球泥石流暴发次数急剧增加。如 1970 年 5 月，秘鲁发生 7.8 级大地震，引发瓦斯卡兰山特大泥石流灾难，使秘鲁容加依城全部被毁，近 7 万人丧生。1998 年 5 月，意大利那不勒斯等地突遭罕见的泥石流灾难，造成 100 多人死亡，2000 多人无家可归。如果说以上两次的泥石流是难以预料的，但是 1985 年 11 月哥伦比亚鲁伊斯火山泥石流的暴发则是早有预兆，但是人类还是难逃厄运。据说在鲁伊斯火山喷发的一年前，当地就已经出现了异常现象，一些专家指出，火山喷发很可能造成大面积的泥石流。但是政府却未能引起重视，以至于当鲁伊斯火山喷发时，泥石流瞬间将距离 50 千米外的阿美罗镇吞没，造成 2.3 万人死亡，13 万人无家可归。但是也有人说虽然这些专家的预言在后来被证明是正确的，但在当时没有人相信也是情有可原的，因为预报泥石流的机制和方法至今仍不完善。

由于泥石流属于较大型的自然灾害之一，故人们还无法控制泥石流的发生，而目前应对泥石流的最主要办法仍是防御。但是在预知泥石流发生的时间方面人类的研究也依然有限。随着时间，我们相信人类一定会找出可以准确预报泥石流的方法。

火灾无情

芝加哥大火

芝加哥地处北美大陆的中心地带,位于美国伊利诺伊州,是美国中西部地区最大城市,有将近 300 万人生活在这里。芝加哥是美国第三大城市,芝加哥及其郊区组成的大芝加哥地区的人口超过 970 万,是美国仅次于纽约市和洛杉矶的第三大都会区。但是在 1871 年,一场无名大火使芝加哥几乎变成一片废墟,然而直到今日,人们也不知道这场大火是如何烧起来的。

1871 年 10 月 8 日,美国芝加哥大街车水马龙,熙熙攘攘,特别的热闹。傍晚时分,突然,芝加哥城东北一幢房子着起火来,消防队接到报警还未来得及出发,又一个火警响了起来:在第一个起火点几千米外的圣巴维尔教堂也着火了!随后,火警以迅雷不及掩耳之势从四面八方袭来。消防队不知道去哪里救才好。

芝加哥被称为"风城",借助风力,火越烧越旺,芝加哥城在接到第一个火警以后就陷入了一片火海中,没有任何力量可以阻止火势的蔓延。芝加哥市民惊慌失措地逃出屋子,东奔西逃。许多人骑马逃向郊外,却由于马受惊,一路上踏死许多人。大火一直燃烧到 10 月 9 日上午才渐渐熄灭,芝加哥城中心变成一片废墟,17000 多座房屋被烧毁,经济损失达 1.5 亿,12 万多人无家可归。全城被烧死和被惊马踩死的有千余人,而侥幸逃出城市的人们,命运也不佳,事后在城外发现几百具尸体。

芝加哥大火

那么这场火灾是由谁引起的呢? 对于这个问题,人们有许多说法。

1.牛棚起火说

一家报纸上说是由于一头母牛碰翻煤油灯,灯火点燃了牛棚,火势遂蔓延全城。这种说法流传甚广,芝加哥市民对此深信不疑。但是在现场指挥救火的消防队队长麦吉尔却不同意此说法,他在调查证词中说:"到处是火。而在短时间内,燃遍全城的这场火灾,是由某间房子开始而蔓延到大面积的,这完全不可能。……如果不是一场'飞火',又怎能在一瞬间使全城燃成一片火海呢?"而目击者称"整个天空都好像烧起来了,炽热的石块纷纷从天而降……""火雨从头上落下"。同一天晚上,芝加哥附近的密歇根州、威斯康星州、内布拉斯加州、堪萨斯州、印第安纳州的一些森林、草原,也都发生了火灾,这些火又是怎么燃烧起来的呢?另外,人们还发现一条小河边有个孤立的金属船架,离它最近的建筑物少说也有100米,周围又没有其他易燃物,但它却不可思议地熔成一块。还有目击者称城内的一尊大理雕像被烧熔了,这需要多么高的温度呢?由木屋引起的火最大不过几百摄氏度,不可能连金属和岩石都融化了。另一些人则说,当一幢房子起火后,紧接着离它较远的房屋也忽然起火,就像有一个隐身人在顺次纵火。这样看来,牛棚起火不能自圆其说。

2.流星雨引火说

美国学者维·切姆别林研究了许多档案,通过比较大气和天灾之间的关系,认为可能是流星雨引火。维·切姆别林认为是由于分裂的"比拉彗星"制造的流星雨引起的。1826年,捷克天文学家维·比拉曾经发现了一颗彗星,并命名为"比拉彗星"。但在1846年擦过地球时,科学家发现比拉彗星的彗核已经分裂成两半。1852年,分裂后的两半彗核相距240万千米,不久后它们就全部失踪了。1871年,分裂的一个彗核擦过地球,交会点正在美国。于是,形成了流星雨。大部分彗星碎片在大气层中会被摩擦烧完,剩余一部分碎片落到地面,因为它们有极高的高温,所以足以使金属和石头融化。芝加哥城是第一个流星碎片坠落的地方。后来碎片又落入芝加哥附近,由之引起森林、草原同时起火。另外,当时城市上空并没有风,仅仅两小时全城就被吞没在一片火海中,这也说明这场火灾非同一般。至于城郊为什么还有几百人死亡,则可能是因彗星在坠落时含有大量致命的一氧化碳和氰,它们污染了郊外的空气,使得逃到郊外的人中毒身亡。

但是此说也有诸多漏洞,因为至今也没有找到证据可以证明维·切姆别林的假设。如:所有天体的坠落几乎都会发现其样本,但是为何在芝加哥却找不到一件呢?

还有科学家认为起火原因是地球与高速运行的彗星尾巴相碰,使地球大气层一下子变得炽热造成的。但是这也引起不少科学家的反对,他们认为彗星上只有各种"冰"和微小坚硬的细尘的松软聚积,并没有什么能引起火灾的东西。地球也曾不止一次地穿越彗星尾巴,每次都没有引起意外,也没有使大气层"感染"有毒气体。

至于陨石,虽说它飞进大气层时也会燃烧和熔化,但只限于陨石表层,陨石内部始终是很冷的,他们认为芝加哥火灾的起因看来还是应该从地面去寻找。所以,有人认为是由短暂的龙卷风造成的。

芝加哥大火至今仍是世界未解之谜。但是相信,随着科学技术的进步,我们会打开这一谜团。

世界著名大火灾

人类能够利用和控制火,是文明进步的一个重要标志。但它在给人类带来文明进步、光明和温暖的同时也带来灾难。所以有人说人类控制火的历史与同火灾斗争的历史是相伴相生的,人们在利用火的同时,也在不断地总结火灾发生的规律,对此,我国古代总结的经验是"防为上,救次之,戒为下"。

谈起火灾会令许多人唏嘘色变,火灾是现在人类生活中最常见的一种灾害,它可以让成千上万的人流离失所,甚至失去生命,所以才有了水火无情的真实写照。在历史的漫长进程中,几乎每一刻都会有火灾的发生。火与我们的生活关系密切,但是带给我们的灾难也是无法承受的。

1.切尔西城如何顷刻间就变成废墟

1908 年 4 月 12 日,一场大火席卷了美国切尔西城,致使数十人死亡,约 2 万人无家可归,被烧死的家畜更是难以计数,市立图书馆近 8 万册藏书和许多宝贵的历史文献也因此化为乌有,物资损失达 600 万美元。

切尔西城的东区本是一片贫民窟,在 4 月 12 日上午 11 点时,东区的一处房子忽然起火,其周围用木头搭建的房子立刻燃烧起来,火势迅速向城内蔓延。大火顷刻间吞没了繁华的商业街,房屋、商店、货物都剧烈的燃烧起来,市中心的贝林哈姆火车站、基督教青年会的六层大楼也无一幸免,切尔西城变成了一座火城。更加惨重的是,通往波士顿的大桥也被烧断,切尔西成的居民无处可逃,有的人在慌乱中自投火网,有的人绝望的开枪自杀……大火烧了一天一夜才渐渐熄灭,昔日繁华的切尔西城一片断壁残垣,惨不忍睹。

2.得克萨斯意外爆炸起火

1947 年 4 月 16 日,一艘停泊在美国得克萨斯州西基城港内的"格兰开普"号货船发生爆炸。该船载有 2300 吨硝酸铵化肥,烈火燃烧了三昼夜,城市三分之一的建筑被炸毁,四分之三的化工企业被毁坏,造成 1500 人死亡。

3.三岁小男童制造的大火灾

1949 年 9 月 2 日,重庆一贫民区的 3 岁小男孩不慎将一根点燃的火柴落在家中的一堆棉絮中,立即引起了扑天大火,火势蔓延,整个贫民区都陷入一片火海中,人们呼喊着逃出家门,许多人都被踩在脚下,哭声、叫声、痛苦的呻吟声充斥着红色的天空。谁也不知道,就在人们逃离火海时,有几个燃烧的木片借助风力落到了市中心的购物中心的屋顶。正当顾客到达顶层时,一块烧着的楼板塌了下来,人们惊叫着四处逃跑。大火从下午 4 点一直烧到午夜,有 1700 人丧生,10000 多幢房屋被烧,10 万人无家可归,损失高达2300 万美元。

4."斯罗科姆号"游船上的火中悲剧

1914 年,"斯罗科姆号"载着 1500 人,其中仅有 83 名男乘客,其余的都是妇女儿童向美国的布朗克斯驶去，他们打算在那里聚餐。船逆流而行大约 1 小时后，来到被称为"鬼门关"的危险河段。上午 10 点，一位妇女突然从船前部的小仓里跑出来，喊着："起火了，起火了！"另一个人从厨房跑出来，面色苍白地说："要出事了，锅炉要炸了"，话还没有说完，便听到一声巨响，船上开始出现骚动。但是这时船长谢克却仍命令将船开向目的地，他没有想到船迎着风会使火越烧越旺。而在刚开始时，火本可以扑灭，但是由于救火皮管多年未用也没有检修，使得在这关键的时刻，它们根本就派不上用场！

当"斯罗科姆号"到达北兄弟海岸时，火焰已经形成了一堵无法逾越的火墙，在火墙的拦截下，船上的旅客没有一个能安全逃出，大部分的人都被活活烧死，虽然有一部分人从约 9 米高的船尾跳入水中，但是这些人都不会游泳，最终被溺死。最悲惨的是，当困在甲板上的乘客由于甲板被烧塌而全部落进海里时，谢克却迅速跳上了留在身边的一条救生艇。

当消防船到达时，船已经被烧毁了，它的周围密密麻麻地挤着许多的尸体，像是在水面上铺了一条厚厚的毯子。

这场大火延续了不到 2 个小时，却有 1021 个人被烧死或淹死，生还者仅 407 人。这次海难是美国历史上自 1880 年 6 月 18 日以来最严重的一次。谢克船长也因此被判十年有期徒刑。但是这次起火的原因却没有人说得清楚。

5.漂浮在海洋上的火场

1965 年 11 月 12 日，370 名乘客乘坐"雅茅斯城堡号"轮船向巴哈马方向进发。但是谁也没有想到这又是一次残酷的死亡之旅。

凌晨 2 点左右，无人居住的 601 室忽然起火，当船员们把门端开时，室内的火苗向他们扑来，但是此时的火势已经无法控制了。"雅茅斯城堡号"的船长拜伦·沃特辛纳斯听到消息后，他立即奔赴现场，但是他由于缺少处理这类事故的经验，他拖拽着火焰，冲上驾驶台，从过道跑过，登上舷梯，火焰蔓延开来。船上的乘客都被惊醒了，顿时一片混乱。乘客们要求放下救生艇，但是接下来的事情，却让他们几乎绝望，因为这艘船根本没有办法进行自救，客舱里没有放置任何的救生用品，灾难的幸存者走到甲板上时还发现缆绳上涂了油漆，他们没办法放下救生艇，甲板上更没有救生圈！

在慌乱中，有两名乘客率先爬上了救生艇，但是却发现这只救生艇根本无济于事，绞车也不能使用。后来，他们又爬上了另外一条救生艇，但艇上却没有桨。最后终于有一只救生艇被放下来了，只有 50 个人幸运的挤了上去。还有人被挤得掉入水里，却惊恐地发现在救生艇的周围全部是鲨鱼，他死死地拉住一只木桨，多亏了艇上的人发现了他，才避免了埋葬鱼腹的危险。

在这危急时刻，船长沃特辛纳斯和几位船员却逃走了。就在人们万念俱灰时，"巴哈马之星号"和"芬帕尔普号"看到火光映照的夜空，都调转船头去营救"雅茅斯城堡号"，此时"雅茅斯城堡号"几乎全部都陷入火海之中。"巴哈马之星号"的布朗船长下令自己的船尽量靠近"雅茅斯城堡号"，后者此时已开始迅速地下沉了。但在布朗船长的从容指挥下，"雅茅斯城堡号"的救援工作开展的十分顺利。直到 11 月 13 日上午 6 时 5 分，燃烧了 4 个多小时的"雅茅斯城堡号"终于完全沉没,虽然大部分乘客被救,但是仍有 89 人遇难。

火灾后,有关部门对此进行了深入调查,认为"雅茅斯城堡号"上的安全设施不太完善,救生设施也不符合要求,但是居然一直没有人对此关心。而在它最后一次航行中,"雅茅斯城堡号"的船舱里放满了易燃家具,睡舱的墙壁上是用厚木板镶成的。在布置舱房时,船尾还放置了地毯、挂毯等易燃的物品。没有人知道为什么船主会对这艘旅游船进行如此设计和在设计中是如何考虑的。而无人居住的空仓为何起火,有人猜测可能是因为其周围都是易燃品,物理反应所至。但究竟如何,却没有人知道了。

火灾的发生多数都是由于人为的原因,在减少火灾次数的方面人们应该了解更多的可能会引起火灾的行为,做到将发生火灾的一切可能扼杀在摇篮里。但是并不是所有的行为都有可预见性,这就需要人们掌握发生火灾时救火和自保的方式方法。而如何才能避免火灾的发生和在火灾发生时保证财产损失最小,还需要人们进一步的研究。

孟买"横火"起何处

孟买港是印度最大的港口,也是南亚大陆桥的桥头堡,东起加尔各答,西至孟买,全长 2000 千米,是印度海陆空的交通枢纽。然而在 1942 年,孟买港却被一场突如其来的大火几乎毁灭。

1942 年 4 月,从英国航至孟买的"斯坦金堡垒号"在孟买港发生了大爆炸,几乎摧毁了半个孟买城,船上所载的每块重二十多千克的金锭也全部被炸飞,"斯坦金堡垒号"也被击沉海底。

"斯坦金堡垒号"是由加拿大制造,它身长 140 米,宽 19 米,排水量达 7000 吨。当时为了避免德国飞机的袭击,船上还备有两门大炮和机枪。1942 年 2 月 24 日,"斯坦金堡垒号"离开英国伯肯里德港,经过 1 个多月的周旋,终于在 3 月 30 日安全抵达卡拉港口。在那里卸下一批弹药后,"斯坦金堡垒号"又被装上约 9000 包的棉花、一些橡胶和硫磺等,还有 155 块金锭前往孟买港。

由于货物的特殊性,在 4 月 12 日,"斯坦金堡垒号"一到达孟买以后,船长就要求当局组织人员卸货。虽然孟买港务局主任曾经因为"斯坦金堡垒号"船上装有 1395 吨烈性炸药和 3000 吨梯恩梯而答应第二天就卸货,但是事情并没有照此发展,第二天根本没有人来卸货。"斯坦金堡垒号"的船长布朗不得不又跑了一趟,在第三天时,才有工人来到"斯坦金堡垒号"的 2 号舱卸下梯恩梯、军火和棉花。由于工人的数量太少,直到下午 2 点,2 号舱内还有不少梯恩梯,4 号舱内的 1370 吨弹药还一点也没有被搬运。

就在工人搬运货物时,一名搬运工忽然发现从 2 号舱的缝隙里冒出一缕一缕的青烟。霎时,整艘船乱成一团,船员们都帮着救火。不久,消防车也赶来了,虽然有很强的水注射向冒烟处,但是烟并没有减缓的趋势。20 多分钟后,青烟变成浓烟;30 分钟后,火苗从浓烟中窜出来,火势逼人;又过了几分钟,滚滚浓烟源源不断地喷出来。连消防队长都有些纳闷:火苗是从哪窜出来的？怎么火势越喷越大？他又调来了8辆消防车,连同原来的2支水枪,共18支水枪一齐向滚滚浓烟喷去,但火势仍没有减弱的迹象。

火势越来越难以控制,甲板已经被炙烤的无法站立,人们不得不从船上撤离出来。2号舱的船壳已经被烧得殷红,船身周围的水面也已被船所冒出的热气烧开,冒着水蒸气。人们意识到"斯坦金堡垒号"的最后时刻到来了。

1942年4月14日下午4点零6分,还未卸完的装在"斯坦金堡垒号"的4吨炸药爆炸,一声巨响,大地颤动,海水翻腾,火光闪耀,"斯坦金堡垒号"爆炸了！与此同时,它附近的26艘正在装卸货物的轮船也全部遭难！孟买港的码头仓库全部被炸毁,大火在海风的推助下,又向孟买市中心咆哮而去,如果不马上采取措施,整个孟买城将不复存在！孟买火灾指挥部立即做出了果断的决定:在港区与市区之间清出一条500米宽的空旷区。经过日夜的抢救,孟买城终于脱密了这场大火的魔掌,但直到当年的5月1日,孟买大火才全部被扑灭。

整个港沸腾了,几千名海陆军官兵投入到这一严峻的战斗中,许多人也自愿加入这一救援工作中来。经过夜以继日的抢救,孟买城终于得救了,一直到5月1日国际劳动节时,罪恶之火才被全部扑灭。

据记载,在这次大爆炸中,被毁的船舶、码头、仓库和城市建筑的总价值高达10亿美元。人员伤亡严重,1500人丧生,300多人受伤,失踪人口不计其数。孟买港在很长的一段时间内处于废墟状态。

然而火灾是从何而起呢？有人说是物质间的化学反应;有人说是工人在搬运过程中使用了明令禁止的火,只要有一点火光,棉花就着了。也有人分析说,梯恩梯是烈性炸药,根本不可能让人们还能抢救这么久,火很可能是从棉花开始燃烧的,但是棉花又是如何起火的？干燥所致？更有人说是法西斯为之,总之说法很多,但是哪一种说法才正确,由于大火将一切都烧毁了,也就无案可查了。

伦敦地铁大火灾

1986年英国伦敦地铁发生大火灾,造成30多人死亡,这也是世界地铁系统第一次发生火灾。这场火灾带给人们深刻的教训。

在英国伦敦有一个十分繁忙的枢纽地铁车站——国王十字地铁车站,它连接着通往英国东北部、苏格兰和约克郡的5条地铁路线,每天都要接纳30多万的乘客。同时也是全世界最古老的地铁,在它长达120多年的历史里,除1975年2月发生意外撞车事故,造成43人死亡,74人受伤外,只有14人死于其他事故,因此,被誉为"世界上最安全的地铁"。可是,1986年的一场特大火灾,却给伦敦地铁的"安全"打上了问号。

1986年11月18日傍晚,正是地铁最繁忙的时间,来往的乘客正在匆忙地上下车。

突然，自动电梯下面的一个机房燃起了大火，由于地铁站的自动扶梯是古老的木质电梯，极为陈旧，已有 40 多年的历史，造成大火的火势迅速蔓延，浓烟滚滚，许多人被烟雾呛得不住的咳嗽、流泪、睁不开眼睛。

大火又迅速进入纵横交错的地下通道，不仅底层站台成了火海，上层的中央大厅也被烟火吞噬。当时在地铁站候车的乘客乱作一团，中央售票大厅到处是混乱奔跑的人。许多人在混乱中被活活烧死，甚至被烧得面目全非，地上都是横七竖八的尸体。这场大火烧了 4 个小时才被扑灭。这次重大的火灾造成 32 人死亡，100 多人受伤，经济损失严重。

地铁火灾发生以后，当时的英国运输大臣保罗·简能立即赶往火场，指挥灭火抢救工作。女王伊丽莎白二世对这一灾难表示震惊。首相撒切尔夫人亲赴事故现场视察，并前往医院探视伤员。有 150 多名消防队员参加了灭火战斗。消防队员由于没有及时获得地铁通道分布图和氧气防护面罩，灭火工作曾一度受阻。为了不让失去理智的乘客自投火海，警察和消防队员堵住一些危险出口，并从地铁站调来一辆列车，把被大火包围着的乘客运走，在整个灭火过程中，许多消防队员没有携带防毒面具，灭火工作异常艰险，但消防队员奋勇顽强并付出重大代价，2 人受重伤，1 人以身殉职。

这次伦敦地铁大火，是有史以来世界地铁系统发生的第一次大火。那么究竟是什么引起了这场火灾呢？有人说大火可能是由于堆在电梯下的垃圾被电梯发动机打出的火星引燃造成的。也有人认为伦敦地铁在此次火灾前没有实行全面禁烟措施，有可能是一个被丢弃的烟头而引起地铁大火的。所以有报道说在火灾后伦敦地铁全面实施禁止吸烟政策，甚至取消香烟广告海报。

还有报道称事发前，地铁公司曾接到一个威胁将在地铁内纵火的恐吓电话，并有可能与南非特工有关，所以有人猜测认为这次地铁火灾是一次恐怖活动的结果。

这场大火使英国全国深受震惊，在英国朝野也引起轩然大波。反对党工党乘机向保守党发难，说这次火灾是由于政府长期对地铁削减开支，管理不善而造成的。

但是撒切尔夫人发表声明说：伦敦交通当局每年用于卫生和安全的费用高达 890 万美元，年总投资已从 1984 年的 2.4 亿美元上升到 1986 年的 3.4 亿美元，这怎么能把大火归罪于经费问题呢！

因此对于伦敦大火的起因至今没有定论，但是伦敦大火却给其他国家很大的警示，许多国家在伦敦火灾后迅速地实行了检查本国的地铁系统和改造地铁环境，禁止吸烟，准备应急预案等举措，及时地消除了火灾发生隐患。

大兴安岭火灾后的神秘现象

大兴安岭位于内蒙古自治区东北部、黑龙江省东北部，全长 1220 千米，宽 200～300 千米。它是原始茂密森林，也是我国重要的林业基地之一。总面积 8.46 万平方千米，相当于1个奥地利或137个新加坡。然而在1987年，大兴安岭却遭到了毁灭性的火灾，使得许多珍贵的树木葬身于火海中。

1987年5月6日下午4点左右，一场中国历史上有记载的最大一次森林火灾在我国北部大兴安岭熊熊燃起。大兴安岭的5个林场：古莲林场、河湾林场、依西林场、兴安林场和盘古林场几乎在同一时刻起火。无情的大火在一夜之间将贮木场近几万方木材化为飞灰，将6万人的漠河县城变成废墟。

大兴安岭火灾

大火从西南北三个方向向漠河县县城合围，一夜之间，全县4.3万多户人家，3600多户被烧，数万人无家可归，51人死难，68人受伤，直接经济损失在亿元以上。随后大火又乘着8级以上的大风，以每小时54千米的速度，向图强、阿尔木等林业局所在地匍匐而去。虽然大兴安岭火灾在广大人民的奋斗下最终被扑灭，却造成了无法预计的损失。

大兴安岭的整个火灾过火面积达133万公顷，外加1个县城、4个林业局镇、5个贮木场。大兴安岭的灭火行动从5月6日开始，一直延续到5月25日林区大范围降雨，才全部不见明火，而后续战斗则到6月2日才最后结束，以防复燃。在这次大火中，100万公顷（其中森林面积70万公顷）地面惨遭火劫，85万立方米木场存材化为灰烬，6万多人的房屋倒塌。从塔河到古莲的几百千米铁路沿线被大火洗劫一空，2488台各种设备，总长1340米的67座桥涵，483千米的通信线路，284千米长的输变电线路，325万千克粮食，61.4万平方米房屋，193人的生命（受伤者不计其数），在这场大火中成为泡影。当地森林资源的1/19在地球上消失了，一场大火改变了大兴安岭森林面积居全国首位的历史地位，成了建国以来毁林面积最大，损失最为惨重的一次大灾难。

大兴安岭火灾的发生直接原因是由于一位林场工人启动割灌机引燃了地上的汽油造成的，灭火时只熄灭明火，却没有打净残火余火，致使火势失控。但在火灾后，人们惊讶地发现有不可思议的现象发生。据资料显示，火灾过后，操场上的旗杆都被烧成麻花似的模样，但是漠河县在火灾后却留下一些没有被烧毁的地方，这就是一片被称为"松苑"的林子（县城中心5公顷的原始森林公园），几乎所有民居的厕所，刚建成的清真寺，城郊的坟地，剩下的全部烧光，化为灰烬。大火几乎吞没了一切，却唯独留下了这几个地方，为此，在松苑的门口还有一块石碑，记载着火灾过后四不烧的传说：松苑不烧，因吉祥之地，火魔不忍也；清真寺不烧，因真主威仪，火魔不敢也；茅厕不烧，因污秽之所，火魔不屑也；坟地不烧，因鬼魅同宗，火魔不犯也。除了这四处没有被烧毁外，被同样神奇保留下来的还有医院。阿尔木医院的锅炉房、家属房、药房全被烧光，病房周围浓烟滚滚，烈火冲天，但病房和病人却安然无恙。再一个神奇是大火过后，房倒屋塌，但县城几乎所有的烟囱没有倒。

难道火动了恻隐之心放过这些地方吗？还是这些地方有什么奇特之处呢？有学者解释了其中的奥秘：燃烧必须有三个条件：可燃物、氧气还有燃点的温度。漠河县的厕所没有被烧是因为其中的粪便受热会发出氨气能够起到阻燃作用；清真寺不燃烧首先是因为它是水泥建筑不易燃烧，承受的是下山火，燃烧速度比较慢，再有就是它的周围没有可燃物；医院不烧的原因是水泥建筑不易燃烧，同时人们搬走了周围的可燃物；而松苑是公园，不烧的原因是游人较多，枯枝落叶少，其中的树龄较大，树皮起到保护作用以及人们的大力扑救；坟地不烧的主要原因是棺木较厚，燃点高，火灾前一个月为清明节，人们上坟时清理了周围的可燃物。

但是另外两个神奇之处到现在也没有明确的说法，我们相信随着时间的推移，这些问题都可以找到合理的科学解释。

火灾一直在严重威胁森林的生长，全世界每年都会爆发数十起森林火灾，许多珍贵的树木在火灾中消失，这也加速了地球森林覆盖面积的锐减。大兴安岭火灾虽然被扑灭了，但是它留给我们的沉思却是永远的。

夜总会缘何意外起火

夜总会是娱乐的地方，引起火灾也是有可能的，但是将夜总会建在博物馆与图书馆之间，如果发生火灾，受难的就不只有夜总会了。那么为何吉林市博物馆会同意它的旁边修建夜总会呢？是缺乏消防常识吗？

1992年，我国吉林市博物馆将中央电影厅出租，随后又和台商合资，将电影大厅改建成了银都夜总会。而在银都夜总会两边就是博物馆和图书馆。这样，夜总会就和博物馆、图书不伦不类地联系在了一起，并由此遭受了一场无妄之灾。

1994年11月15日凌晨1点左右，银都夜总会突然发生大火，在很短的时间内，火势已经蔓延到了楼房顶部，继而向两边的博物馆和图书馆扩散。1点45分，吉林市消防队接到报警，几分钟后赶到现场，此时，夜总会内部已经是火焰冲天，博物馆的二楼窗口燃烧面积已经达1000平方米。到凌晨2点时，夜总会的楼顶轰然崩塌。由于缺少消防设施，一直到下午4点30分大火才被熄灭。在这场大火中号称有文物、资料两万件的馆藏资料室在大火中毁之殆尽，5个吉林历史陈列室被烧成一片瓦砾。总体建筑面积14600平方米的博物馆大楼被烧毁6800平方米，直接经济损失达671万元。15万册图书、32239件明清字画、文物以及1.1万枚世界早期邮票在大火中成了断简残片。更严重的损失是博物馆馆藏的恐龙化石：一具7000万年前长11米，高6.5米的恐龙化石与大火同化；世界现存最大的珍贵陨石"吉林一号"也受到了大火的侵袭。

这场大火虽然来得突然，并不是完全没有征兆。据说在1992年，银都夜总会初建时期其防火安全就没有通过吉林市消防队的检查。当时，消防队曾令其停止施工，但不见成效。在这种情况下，又对银都夜总会多次提出整改意见，但是银都夜总会却一直置若罔闻,不予理会。所以,有人说,银都夜总会的火灾完全是由其导致,作茧自缚。但也有人说并不能将所有的责任都归于银都夜总会,在这方面,博物馆的责任更大,他们当初就不应允诺让夜总会建在博物馆和图书馆之间,因为危险是迟早要发生的。至于起火的原因,有人说是夜总会内某种装置老化造成了火灾,也有人说是夜总会里的人们不小心引着的,总之,这个问题在几种猜测之后也没有答案出来。

旱灾重创

俄罗斯大旱灾

干旱是最严重的自然灾害之一,它可以让江河断流,田地颗粒无收,让人类饱受缺水断粮之难,甚至失去生命。

俄罗斯南部和乌克兰地区都是农业人口十分密集的地区,每平方千米达到 100 人以上。这个地区最西部是喀尔巴阡山,与之相连的是广阔的滨季萨河堆积平原。虽然堆积平原上的气候条件不是十分的理想,但是乌克兰谷物占苏联四分之一,被称为"苏联的粮仓"。这里的土壤是非常肥沃的黑土和栗钙土,这两种土壤都很适宜农作物的生长,但也极容易遭到旱灾的侵袭。

1921 年,苏维埃国内战争刚刚结束,经济萧条,人们生活十分的贫困,农业总产量只相当于战前的 65%,国家经济面临崩溃的境地。为了改善这一局面,列宁提出将斗争的重心逐渐转向经济方向,并通过了新的经济政策。苏联民以极大热情开始投入建设的大潮中,但在这一年,却发生了严重的旱灾。

两年内,在俄罗斯南部和乌克兰地区,干燥的热风横扫大地,黑土地都开始干裂,所种的粮食颗粒无收,3500 万人陷入饥饿中。人们不得不离开这个曾经的"粮仓"。在这次大旱灾中有 500 万人不幸丧生。

在这危急关头,苏维埃党和政府采取了紧急措施,与饥荒和流行性疾病展开斗争,给予灾民提供了社会救济。人民终于克服了艰难困苦,战胜了饥荒。

这场大旱是苏维埃共和国第一场最严重的自然灾害。由于救灾行动及时,使得死亡人数降到了最低。这样不仅抑制了疾病的发生,也遏制了人口的最大流失和可能会发生的社会动乱。

但是这场旱灾是怎么来的呢?有人说是受了厄尔尼诺现象的影响,但究竟和厄尔尼诺现象有无关系,就无人考察了。

甘肃省大旱灾

我国每年几乎都有发生干旱的地方,干旱能导致上万人无家可归。例如,在 20 世纪

20年代末期我国甘肃省发生的大干旱中,就导致无数人死亡,流离失所。

1928年的大旱,让东至陇东,西到河西,南起洮岷,北达宁夏,甘肃一共50多个县都没有逃脱干旱的魔掌。其中,甘谷、武山等16个县的灾情最为严重。

1927年冬天这些地方一直都没有下雨,一直到1928年7月份,还是没有一滴雨降临。

所有人时刻热烈盼望着有一丝雨能从天上落下来,但是人们却发现烈日似乎永远不会下落,一天一天的散射着酷烈的阳光。农民对日渐枯黄的庄稼毫无办法,只得计划在秋收以后四处逃荒,也许可以躲开这场无法预知结束日期的灾难。

1927年,甘肃地区的灾民储存的粮食本就没有多少。干旱以后,他们整日祈盼着老天可以睁开眼睛,掉下一滴眼泪拯救百万苍生。但是秋收以后,情况并没有好转。由于在整个夏日,空气干燥而炎热。在烈日的照耀下,几米甚至十几米的土层都晒干透了。庄稼由于缺水而大多干枯,没有枯萎的也从未结出果实。即便结了果实,也仅仅是一层干掉的外壳,可以吃的部分几乎就没有!

在村子里的人越来越少,而村外的坟地里坟头却与日俱增。每个烟囱里都很难看到飘出做饭的炊烟。每日里,都有人死去。渐渐的,村子里变得一片凄凉,人烟灭绝。

村口路旁,人们会随时看到不断倒下的瘦得皮包骨头一样的尸体。神情呆滞的人机械地迈过刚刚死去的人,他们的脸和四肢都十分的脏,衣服到处是口子。在母亲怀里赤身的儿童活像一具干瘪的僵尸,只是偶尔转动的眼珠说明他还活着。

据统计,1928年一年,甘肃大旱造成的人员死亡高达7万人,这还并没有计算1926年至1927年人口死亡的数目。成千上万的人在这场干旱中死去,可是究竟死了多少人却没有人可以计算清楚。但是什么原因造成这场大旱的呢?为何从1926年甘肃地区就开始不下雨了呢?这在当时并没有科学的解释。

陕西三年大旱灾引起的沉思

干旱和旱灾从古至今都是人类面临的主要自然灾害。即使在科学技术如此发达的今天,它们所造成的灾难性后果仍然是人类无法承受之重。而尤其值得注意的是,随着经济发展和人口膨胀,水资源短缺现象日趋严重,这也直接导致了干旱地区的扩大与干旱化程度的加重,干旱化趋势已成为全球关注的问题。

1928年到1930年,在由黄土累积而成的黄土高原上,除了偶尔可以看见没有了树皮和树叶光溜溜的树干,几乎看不到一颗植物。大地在太阳的炙烤下,曾经热闹的村镇变得甚是凄凉;许多的院落里落满了灰尘,一片萧条,荒无人烟;低矮的窑洞里有的空无一人,有的则有尸体躺在床上。这在那时已经不足为奇,野外,黄土漫漫,看不尽的是连绵的坟地。

在荒凉的村镇道路上,疲惫不堪、蓬头垢面的人们像蜗牛一样挪动着步子。这里面有骨瘦如柴的孩子,衣衫褴褛的女人,挑着破锅的瘦骨嶙峋的男人。在如此悲惨的境地,还有强盗来抢劫,这些靠抢劫生活的人骑着马追赶捕捉稍稍看得上眼的妇女儿童,只要捉到就将被他们扔到马上,然后一声呼哨,人马扬长而去,身后留下惊天动地的哭声和喊声。

三年里,连一向山清水绿有"陕北江南"之称的汉中地区也难逃厄运,以至粮食减产,甚至颗粒无收。而在关中地区干旱情况更加的严重。早在 1928 年 3 月,关中地区就已经进入持续的高温和干燥,但是这一带经常是"十有九旱"。这里的农民认为只要熬过三伏酷暑,一定会有一场畅快淋漓的大雨来缓解旱情,这时候就可以耕种了。但是直到 1928 年底,也没有下一丝雨。当地水量最充沛的滑河也渐渐干涸变浅,干燥的土地,遍布着龟裂的伤口。这样的干旱日子一直持续到 1930 年初,虽然当时连降六场大雪,春雨也随之而来,但是持续两年的大旱已经使灾民失去了种子和牲畜,饥饿让他们无法等待新的粮食生产出来。

陕西最贫困的陕北 20 多个县也陷入更加可怕的旱灾中。自 1928 年进入大旱后,山西方面由于也受灾害影响而无法对陕西提供救济。所以从干旱一开始,陕北就陷入了一片恐慌之中。75 万人口急剧下降,到 1929 年 5 月,就只剩下 30 万人了。随着旱灾的持续,也让"五色怪鼠"变成了灾害。这些满身五彩斑斓的老鼠行动十分迅速凶猛,而且个头还十分的大,在白天里,就敢四处穿梭,连它们的天敌看到它们都唯恐避之不及。它们成群结队的出现,盗走人们的粮食,还引发了致命的鼠疫。许多灾民浑身长出了结核、脓肿溃烂,血肉模糊,最后惨死。由于缺医少药,加上饥弱贫困,疾病迅速蔓延,一发不可收拾。直到 1931 年的 12 月份,这场疫患才勉强得到控制。

大旱的三年里,粮食价格急速上升,即便是炸完油剩下的油渣也成为"美味珍品"。但土地、牲畜、木材等非粮食产品却急剧下滑。有的集市,七元钱就可以买到三头毛驴,土地甚至卖到三四角都没有人要!

为了买到食物,许多灾民可谓是倾家荡产,当一切都卖完时,就开始卖人。由于粮食极度匮乏,人们不得不吃树皮、树叶、草根、棉籽……只要能够入口的都成了"粮食"。大片大片的野草由于过度挖掘已经不能再长出来了。许多人因为误吞了泥土和毒草而毙命。当没有了可以代替粮食的东西,竟然还出现了人吃人的最凄惨的景象!

在灾荒的第二个年头,国民党在陕西省政府成立了赈务会,发放了 200 多万元的赈济款。但是这对 600 万灾民来说根本就是杯水车薪。而且长久以来国民党政府指派的各种苛捐杂税并没有因灾荒而得到减免,相反倒提前预征三年。再加上军队横行、土匪霸道,更令陕西灾民们痛苦不堪,几欲求死。

三年的大旱大荒,据不完全统计陕西 250 多万人饿病而死,600 多万人流离失所,40 余万人逃荒他乡。

天灾人祸孰轻孰重一直是人们讨论的问题,但当同时发生时又该怎么办呢?在干旱面前,人类的力量还是十分微弱的,如何解决干旱问题还需要人们进一步研究。

是厄尔尼诺导致非洲十一国大旱灾吗

1992 年,非洲津巴布韦、南非等十一个国家都遭到了前所未有的旱灾,有几亿人口受灾,其灾情之严重性举世罕见。

这是一场罕见的旱灾,它几乎遍布了南部非洲所有的国家。津巴布韦、赞比亚、南非等国家受灾最为惨重。据联合国粮农组织调查,该地区的十一国 1992 年农业总收入只相当于往年的一半。粮食紧缺,全年需要进口 1000 多万吨粮食,是常年的四倍,需要紧急救援用粮 300 多万吨。

有"粮仓"之称的津巴布韦由于 1992 年粮食收成量还不及上年的 1/3,需要进口玉米150 多万吨,几乎各地都有灾情,受灾人数达 450 万,占总人口的一半。在莫桑比克,全国需要进口 100 多万吨粮食,23 万人受到饥饿威胁。赞比亚缺粮 60 多万吨,因为河流水位急降,迫使赞比亚只得终止电力出口,损失达 1800 万美元。而南非是世界第三大玉米出口国,但也面临着最严重的旱灾。全国有三分之二的地区受灾,粮食低于往年的三分之一,需要进口 450 万吨玉米。马拉维受灾人口达 570 万,约占全国人口的 70%。旱灾也使许多农场主陷入经济绝境,许多农场颗粒无收。

面对如此严峻的形势,1992 年 3 月 6 日,津巴布韦总统穆加贝动员组织国内抗旱并呼吁国际援助,组成了以副总统为首的"保护公民协调委员会",协调全国的抗旱赈灾工作,政府部长还分头到各省进行抗旱赈灾,并决定 4 月 18 日的国庆活动就简。

赞比亚总统奇卢巴号召全国人民存蓄好粮食并呼吁农民换种耐旱品种。赞政府还宣布建立由农业部长斯科特领导的抗旱赈灾工作组,同时拨出 4400 万美元用于救济农村灾民,鼓励农民播种抗旱作物,要求财政金融机构首先向灾民提供贷款。

博茨瓦纳总统马西雷宣称 1992 年是"旱灾年",号召全国人民和国际社会共同来实施旱灾救济计划。

坦桑尼亚政府力争避免灾情扩大,抓紧安排粮食进口,想方设法解决对灾区的运粮问题。

各国还加强合作,共同抵抗灾情,较有效地遏制了灾情的进一步蔓延。

科学家认为这场旱灾是由厄尔尼诺现象引起的气候异常。可是气候异常和人类的活动有多大的关系,又引起了人们不休的争论。

悲惨地震

原因不明的里斯本大地震

里斯本大地震开启了人类对地震研究之门，这次大地震造成了数万人死亡，对哲学思想等都产生了深远的影响。

1755年11月1日上午9时40分发生在葡萄牙首都里斯本大地震是人类史上破坏性最大和死伤人数最多的地震之一，死亡人数高达约6万~10万人，大地震后随之而来的火灾和海啸几乎毁灭整个里斯本。

大地震和海啸让里斯本的85%的建筑物被毁，当中包括一些著名景点、教堂、图书馆和很多16世纪葡萄牙的特色建筑物，如里斯本大教堂和嘉模修院等，而即使在地震中幸存的建筑物最终也被大火摧毁。许多珍贵的资料也被烧毁，其中包括著名航海家瓦斯科·达·伽马的详细航海记录。

里斯本地震约持续了三分半钟至六分钟，大地的颤动使得市中心出现一条大约5米的巨大裂缝。40分钟后，一场海啸又席卷里斯本，葡萄牙海岸最大潮高估计有15米左右。法国、英国和荷兰的港口也遭受损失，远至中

里斯本大地震

美洲海岸也能观测到海啸的影响。而没有受到海啸影响的却也难逃火灾的包围，里斯本大火一直燃烧了5天才被扑灭，而受难的不仅是里斯本，葡萄牙的南部也遭到了前所未有的破坏。

现在的地质学家估计里斯本地震的规模达到里氏震级9级，震中位于圣维森特角之西南偏西方约200千米的大西洋中。而里斯本地震使得人们首次对地震进行大范围的科学化研究，标志着现代地震学的诞生。如现代很多人认为动物能够预测地震，在地震之前就会逃到高处，里斯本大地震前就有人记录了这个现象，这也是欧洲首个对此现象的记录。

当时的首相马卢还对里斯本地震情况进行了咨询：地震持续了多久？地震后出现了

多少次余震？地震如何产生破坏？动物的表现有否不正常？水井内有什么现象发生？马卢也是第一个对地震的经过和结果进行客观科学描述的人，所以他被认为是现代地震学的先驱。

但是关于里斯本地震的形成原因至今仍争论不一，大多数人的看法是里斯本处于从大西洋的亚速尔群岛经直布罗陀海峡至地中海到土耳其、伊朗这条亚欧地震带的西段上。也有人经过与其他涉及隐没带和地震级高于9级的地震比对后认为里斯本大地震和大西洋的隐没带有关。

里斯本大地震对于人类研究地震史来说有着非比寻常的意义，它开创了人类研究地震的先例。

地震之最：

世界历史上最大的地震

1960年5月22日智利接连发生了7.7级、7.8级、8.9级3次大震。震中区几十万幢房屋大多破坏，有的地方在几分钟内下沉2米。在瑞尼赫湖区引起了300万方、600万方和3000万方的3次大滑坡；滑坡填入瑞尼赫湖后，致使湖水上涨24米，造成外溢，结果淹没了湖东65千米处的瓦尔的维亚城，全城水深2米，使100万人无家可归。

这次地震还引起了巨大的海啸，在智利附近的海面上浪高达30米。海浪以每小时600~700千米的速度扫过太平洋，抵达日本时仍高达3~4米，结果使得1000多所住宅被冲走，20000多亩良田被淹没，15万人无家可归。

世界上震源最深的地震

震源深度超过300千米的，称为"深源地震"。目前世界上记录到的震源最深的地震是1934年6月29日发生于印度尼西亚苏拉威西岛东的地震，震源深度720千米，震级为6.9级。深源地震常常发生在太平洋中的深海沟附近。在马里亚纳海沟、日本海沟附近，都多次发生了震源深度达五六百千米的大地震。我国吉林和黑龙江省东部也发生过深源地震，如1969年4月10日发生在吉林省晖春南的5.5级地震，震源深度达到555千米。

世界上死亡人数最多的地震

大约1201年7月，近东和地中海东部地区的所有城市都遭地震破坏，死人最多，现有估算约达110万。1556年1月23日发生在中国陕西华县的8.0级地震造成的死亡人数比前者确凿一些，广大灾民病死、饿死，数百里山乡断了人烟，估计死亡83万余人。

谜团丛生的地震

科学家将地球分为三层：中心层是地核，中间是地幔，外层是地壳。地震一般发生在地壳之中。地震是极其频繁的，全球每年发生地震约500万次。我国目前使用的是国际震级标准，共分9个等级。通常把小于2.5级的地震称为"小地震"，2.5~4.7级地震称为

"有感地震",大于 4.7 级地震称为"破坏性地震"。

地震是对人类危害最大的自然灾害之一,它能让一个城市顷刻间变成废墟,让无数的人失去生命和家园。而到如今,我们对地震还是知之甚少。

一、世界著名的大地震

1.墨西拿市大地震损失有多重

墨西拿市曾经是意大利的第十八大港,也是闻名世界的旅游胜地。但由于意大利处于地震带上,在 1905~1907 年两年的时间就发生了至少 300 多次地震。地震的频发导致西西里岛的墨西拿市几乎完全被摧毁。1908 年 12 月 28 日早晨 5 点 30 分至 6 点,墨西拿市又受到了 7.5 级地震,由此,它被完全毁灭。地震破坏了墨西拿市 90% 的建筑物,许多村庄城镇都遭受了灭顶之灾。数以千计的人跑向街头,烟尘飞舞,水管断裂,水库崩裂,墨西拿市洪水泛滥。豪华的旅馆一一倒塌,变成废墟。艺术宝库——西西里大教堂也毁之殆尽。

圣格利高利修女院以及拥有近 500 年历史的圣母玛利亚像也不复存在。有 200 万美元存款的意大利银行、美国领事馆,都成为一片瓦砾。这次大灾难的损失难以估算,没有谁知道墨西拿市究竟损失了多少,而这也变成了一个永远无法解开的谜团。

2.为何海原地震伤亡惨重

1920 年 12 月 16 日 20 时 6 分 9 秒,中国海原发生 8.5 级大地震。波及范围达 521 万平方千米,约占中国面积的 1/4,是中国历史上波及范围最广的一次大地震,而海原地震持续时间长达十几分钟,这在世界地震史上也很难见到。

海原地震面波竟然在地球表面环绕了两圈,至今在甘肃兰州还有"双球大震"的记载。据统计,在这次地震中一共死亡 23.4 万人,不在唐山大地震之下。地震导致东穴舟山区村镇埋没,山崩地裂,海原、固原等城全毁,大量房屋倒塌,人员伤亡严重。至今记录最大的地震为 8.9 级,迄今为止我国一共有 3 次地震被认为达到 8.5 级,其中就包括海原地震。

在海原地震中的死亡人数是 20 世纪除 1976 年唐山大地震最多的一次。据有关资料显示,在海原地震中一共死亡 234117 万人,其中海原地区死亡 73027 人,占总死亡人数的 31.2%;固原地区死亡 39068 人,占总人数 16.7%;靖远 25679 人,占 11%;隆德死亡 20584 人,占总人数 8.8%;会宁死亡人数 15936 人,占总死亡人数 6.8%;静宁死亡人数 15213 人,占总人数的 6.5%;通渭死亡 18108 人,占总人数 7.7%。震中所在地的海原县,死亡人数占全县总人口的一半以上。

为何海原地震伤亡如此重大呢?有人说除了震级大,高烈度区面积大以外,还由于出现在冬季夜里,使得地质地表变形较大。还有人说是当地的房屋质量较低,更重要的原因是当时的政府没有及时地进行必要的抢救和救济。

海原大地震之所以造成这么惨重的损失,应该是上面综合原因所致。目前人类还不能制止地震的发生,但是有效的预防却能将损失降到最低,但是如何才能预测到地震将要发生呢?

二、地震是如何产生的

也许在人类有文字记载以来，就有对地震的记载。有人说地震是和地球相伴而生的，地震是地球的呼吸，但是却也给人类带来毁灭性的灾难。那么，地震究竟是如何产生的呢？

一些科学家认为地震是由于地球体积不断增大引起的，他们解释说，地球最初的直径只有现在的55%～60%。由于地球内部的原因，如温度的变化，冰层的溶化导致地球体积增加，从而引起地球表面板块破碎并且互相分离。大量的水充溢于板块之间形成海洋，而地球板块破碎分离就产生了地震。但也有人说地球其实是在逐渐缩小，那么这个基于地球的体积不断增大的地震形成理论就不成立了。

现在比较认可的学说是"板块构造说"。这个学说认为，全球岩石圈由六大板块组成，板块的相互作用是地震发生的基本原因。虽然板块构造说为地震成因研究提出了一个新的研究方向，但地震产生、发展的全过程，人们并不清楚。

三、地震预测之谜

1.地震云之谜

有许多人都认为，天空中某些形态的云与地震有关，并把这类云称为"地震云"。

迄今为止，人们所认定的地震云，都是出现在地震发生之前。它们与地震震中似乎有关系，但这种关系又非常复杂。有些地震云出现在距离震中很近的上空，有些地震云却远离震中几千千米，甚至上万千米。

中国古代曾有"天裂"与"土裂"相关的记载。"天裂"，顾名思义指的是把天空分成两半的长条带状的地震云；"土裂"则指土地之裂，也就是地震后大地产生的裂缝。古人是把"天裂"与"土裂"联系在一起的。

中国历史上有关地震的记录也有许多如1815年10月23日，山西平陆地震。"傍晚天南大赤，初昏半天有红色如蝇注下，云如苍狗。""夜有彤云自西北直亘东南，少顷始散，地大震如雷，天地通红。"

1941年5月5日，黑龙江绥化6.0级地震前，西北天空有条云呈赤褐色，其纵面似乎有淡云遮住。万顺地区地雾突起，空中犹如黑带之物，东西向流动。

但也有许多科学家认为地震云根本不存在。因为在唐山大地震中就没有发现有奇特形状的地震云。

那么，究竟有没有地震云？如果有，它与地震究竟是个什么关系？它的形成机制是什么？这都是正在探讨中的问题。

（1）地震云的样子

地震云就是出现于天空的云彩，为什么有的人能从普通的云彩里发现与地震有关的地震云呢？

那么，什么形态的云彩与地震有关呢？

最早记载地震云的历史资料是我国的清代康熙三年编写的《隆德县志》。作者对地震前兆进行了总结，其中有一条就讲了地震云，这是第一次有人把地震和云彩联系在一起。书中写道："天晴日暖，碧空晴净，忽见黑云如缕，宛如长蛇，横亘天际，久而不散，势必地震。"

在清人王士禛所著的《池北偶谈·卷下》中也有关于地震云的记录。1668 年 7 月 25 日，山东郯城发生 8.5 级地震，作者当日记录："淮北沭阳人，白日见一龙腾起，金鳞灿然，时方晴明，无云无气。"这里说的龙，也就是《隆德县志》中"黑云如缕，宛如长蛇"的长蛇状带状云。

（2）地震云真能预报地震吗

日本是世界上地震多发国之一，地震之害使日本人特别注意预报地震的方法，以此来减轻损失。有一个日本人注意到了地震云，并对此非常重视。他多次根据地震云推测了地震的发生。这个人并不是专业地震工作者，他是曾任过奈良市市长的键田忠三郎。

1948 年 6 月 28 日，键田忠市长第一次发现了地震云。那一天，他发现奈良市上空出现一种异常的带状云，天空好像被这种云分成两半，他预感到可能要发生地震，就把他的预感告诉了亲友，结果第二天便传来了福井地震的消息。后来，键田忠又多次根据地震云推测了地震的发生。据说根据这种异常云彩，他在一海之隔的日本竟然预报了我国东部沿海地区的一次 6.7 级地震。

利用地震云来预报地震引起了学术界的重视。由于这种方法观察方便，无须任何设备，因此，许多人都想尝试一下。

但也有专家认为这种靠地震云预报地震的方法没有任何科学价值，只能在社会上引起混乱。东京大学教授荻原尊礼认为，靠地震云所预测的地震纯属巧合。日本气象厅主管地震问题的专家也说键田忠三郎统计的地震，有的远离日本本土，有的发生在海底数百千米深的地方，其前兆不可能在日本本土上空的大气层中有反映。

我国地震研究工作者发现，地震云颜色复杂，多呈复合色，一般有铁灰、橘黄、橙红等。有人经过多年观测发现，地震云多出现在凌晨或傍晚，分布方向与震中垂直。还有人根据这个规律曾经成功地预报了地震的震中位置。

我国地震学者吕大炯汇总了一定范围内的地震云，并以此为根据制成了地震云分布图，在这张分布图上，他确定了地震云垂线交汇点的地面投影位置，认定这里是地震可能发生的地带。我国 20 世纪 70 年代地震研究的实践证实了吕大炯的推测。吕大炯还认为，无论在时间上还是空间上，地震云都可以与近期和远期发生的地震相对应。例如太平洋彼岸的墨西哥发生的 8.0 级地震和西半球的亚速尔群岛地震，有人在地震发生几天前，在北京就观察到了云彩的异常变化。这说明地震运动可以影响到很远地方的大气层。

地震云形态各异，除了常见的条带状地震云外，还有的地震云呈辐射状。这种云从某一点向外呈指状辐射，它主要出现在早晨和傍晚，受霞光的影响可以有不同的颜色。

还有一种云，地震学家给它取名为"肋骨状云"，是因为这种云像是一些排列整齐的肋骨，沿东西方向呈宽带状分布。它可能是长蛇状云的"宽化"，也很可能是由于同时来自大致相同方向的两次地震共同激发的结果。

1923 年 8 月 27 日，低气压出现在日本西南部的石垣岛和冲绳岛之间，并且越来越低，3 天之后形成台风，台风向九州西南部移动。与此同时名古屋市也出现低气压，到 8 月 31 日，这种低气压形成的大风扫荡了江之岛一带。这时出现了些异常情况，天空呈现出奇怪的红色，太阳好像也比平时大了一倍。9 月 1 日早晨，大风刮到了东京北部。上午 10 时，东京上空出现形状特殊的浓云，云体肥大，很像鸡冠花。接着狂风暴雨转瞬而至，云量继续增加，风速进一步增大。后来，当风向突然转向时，东京发生了 8.3 级大地震，还波及横滨及周围许多城镇。这次地震几乎毁灭了整个东京，仅东京一地就有将近 6 万人死亡。受伤者不计其数，财产损失无法估量。于是这种带有不祥征兆的云，又被称为"妖云"。

"妖云"是地震云吗？目前还没有太多的实例对它进行解释。

（3）地震云形成探秘

地震云是怎样产生的呢？

日本九州大学真锅大觉副教授认为，地震之前，地球内部积聚了巨大的能量，促使地热升高，空气升温，成为上升的气流，来到同温层后，呈同心圆状扩散，使 1 万米高空的雨云形成细长的稻草绳状的地震云。

但这个理论中有一些很难自圆其说的地方，我国气象地震研究人员从大气物理角度提出了质疑。

首先，同温层在对流层上面，距海平面高度为 1 万多米。一般上升的气流是达不到这个高度的。就算火山喷发、核弹爆炸，也只能使空气上升到对流层顶附近的高空。而且这种强烈对流，一般都是产生"塔状""柱状""蘑菇状"等垂直方向的对流体，地震前的地壳运动又怎么可能形成沿水平方向展开的横卧状的细长带状云呢？而且这种长条状云为什么呈垂直震源方向分布呢？

其次，按照真锅大觉的理论，地震云应出现在地震震中的上空。然而据有关报道，有人在距离震中几千千米以外看到了地震云，甚至有人隔着半个地球也看到了地震云。这又怎么解释呢？

还有地球岩石的热传导是极其缓慢的，它通过十米厚的岩石至少也要 3 年。那么，地球内部所积聚的能量，又是通过什么机制快速传到地面，加热大气的呢？

我国学者吕大炯认为，地震云除了可能出现在震中区上空外，也可能出现在那些远离震中区而又有应集中的断裂带上空。当远处震中区因震前容积增大时，其应力加本来就很集中的断裂带的应力，这样强应力作用使岩石发生挤压摩擦，造成热量增加，于是，地下热流通过断裂不断逸出地面，并上升到高空，形成条带状地震云。

吕大炯还认为，地热传递给大气，不一定非通过从断裂带逸出不可，还可以通过辐射的方式（如超高频或红外辐射）来加热断裂带上空的各种微粒，从而导致了条带状地震云的产生。由于断裂带大多呈垂直震中的震波传递方向，所以由此产生的条带状地震云也是垂直震中的震波传递方向。

辐射状地震云是怎样形成的呢？吕大炯认为由于震中处于某些应力高度集中的断

裂交汇处,因此当应力随距离而衰减时,便形成了焦点对应震中的辐射状地震云。

我国学者吕大炯的理论,虽然比较好地解释了地震云的某些特征,但这些理论仍然只是推测,至今还没有获得有关的实测数据。而对于那些相隔半个地球的地震云来说,能否把应力传递过去,也实在令人怀疑。尤其是那些发生在海底的地震,人们更加难以相信它们也会引起地震云。

关于地震云的成因,除了上述假说以外,还有一些人从另外的角度提出了猜想。有人认为,我国辽宁海城地震是海水中沉积的锰铁矿在地震前形成了感应性磁场,一旦地震发生,地磁异常明显,就会影响到大气对流层,进而产生地震云;还有人认为,地球内部的巨大能量,会使一些带电粒子高速地冲出脆弱的断裂带,到了一定高度以后,这些带电粒子与气体分子相碰撞就电离成离子,然后这些粒子就成为周围过于饱和的蒸汽的核心,再结合尘粒等形成雾珠。这样在带电粒子通过的路上,便有细条状云体即地震云出现;还有人利用震源电场解释地震云成因,说在5000多米的高空,地面热辐射作用较小,垂直对流微弱,因而云层稳定,雾珠易于保留一定形态。同时,这里离子浓度大,不稳定,在震源静电场作用下顺电场排列,因而形成分布约数百千米的条带状,也就是地震云。

虽然,以上都对地震云的形成做出了一些解释,但大部分是猜测。因此,在学术界对地震云的存在还持有怀疑态度。有人说地震发生与云彩没有任何关系,人们所说的"地震云"都缺乏实际证据,有的是巧合,有的则是纯属杜撰。

地震云究竟存不存在呢?它又是如何形成的,这些都还是暂时难以回答的问题。

2.动物可以预报地震吗

在我们小的时候就知道,地震前大地上会发生一些异常现象,比如"冰天雪地蛇出洞,大鼠叼着小鼠跑。兔子竖耳蹦又撞,鱼跃水面惶惶跳。蜜蜂群迁闹哄哄,鸽子惊飞不回巢。"等等,这些都是地震前动物带给我们的预示,还有大地上的异常表现。那么地震在发生前是否有预兆呢?

有科学家解释不是所有的动物、大地异常的情况都是地震前的预报,也可能是因为洪水、天气、气候等因素发生的。而前人总结的地震前的异常变化虽然有一定的意义,但科学界不认为它们之间有必然的联系。也有人说,现在每天各地都有奇怪的自然现象发生,难道都是地震前的预报吗?那整个世界都要陷于地震的恐慌中了。

也有人说地震前的预兆要分情况来看,如果一个地方处于地震频发区,那就要重视这些预兆。利用以前的地震记录来分析这些预兆发生的原因,而且一个地震经常爆发区的前人总结和经验都是十分重要的。

在许多的报道中,动物可以预报地震几乎是确定无疑的了,但是在现实生活中当真的有动物发生奇特行为时,谁又会相信它们是地震前的预报呢?因此,动物行为是否能预报地震还有待进一步研究,或许当人们动物的"肢体语言"全部破解出来时,才能解开这一谜团吧!

四、南北半球地震为什么次数不一样

有人曾对南北半球的地震总数做过统计,发生在1900年到1980年间6.0级及其以上的地震一共 7936 次,但是在南北半球发生的 6.0 级及其以上的地震次数却有很大差异:北半球共发生了 4634 次,南半球只发生了 3277 次,赤道发生了 25 次。北半球比南半球多出 1357 次。纵观地图,北半球的火山、温泉数量也比南半球高。这是怎么回事呢?

有学者根据南北半球海陆分布的不均衡特征认为,海陆分布情况可能影响到地球内能的释放。我们知道,温泉、火山、地震都是地球释放内能的方式,来自地热流的研究给我们这样的启示:地热流是地球内能释放的最基本的形式,地球的内能通过地热流连续不断地经由地壳释放出来,地壳是地球内能释放的最主要障碍。由地壳均衡假说可知,大陆地壳远厚于大洋地壳,又据有关资料显示,大陆地壳的平均厚度为 35 千米,海洋地壳厚度仅为 6000 米。不难想象,地球的内能通过大陆地壳要比通过海洋地壳困难得多。由于北半球大陆板块面积比南半球要大,而南半球的大洋板块面积比北半球的要大,因此,北半球的内能更多地受阻于大陆板块,通过地热流释放出来的内能就要比南半球少一些,这些受阻的内能在大陆板块下面积聚,并在地球自转的作用下向中低纬度转移。当这些能量积聚到一定的程度,就可能冲破地壳,在一些地壳较薄弱的地带(如板块边缘)以火山、地震等形式释放出来。在一个较长的时期内,南北半球各自释放的总内能应趋于均衡,即北半球通过地热流、温泉、火山、地震等形式释放出来的内能近似等于南半球通过地热流、温泉、火山、地震等形式释放出来的内能。由于北半球通过地热流释放的内能要比南半球少,其累积的能量就通过火山、地震、地热活动释放出来。

不过这种说法还只是一种理论,南北地球的地震次数为什么不一样,仍需科学家进行研究。

唐山大地震之谜

1976 年是中国具有十分重要纪念意义的一年,在那一年,有成千上万的中华儿女被压在倒塌的建筑下,无数的让人心痛的画面永远定格在那一天——7 月 28 日唐山大地震。唐山大地震是 20 世纪十大重大自然灾害之一,有数十万人流离失所。

1976 年 7 月 28 日 3 时 42 分 53.8 秒对中国唐山来说是毁灭性的一天。一场震惊世界的灾难在那里悄然发生,它深深地刻进了无数中华儿女的心中,让人们永远无法忘怀和痛心。

唐山是我国著名的工业城市,它出现中国历史上的第一个煤矿,中国第一台蒸汽机,第一条标准化的铁路……人们在这座充满生机的城市平静地生活着,没有人想到正有一场史无前例的大灾难袭来。当夜晚降临时,人们都安然入睡了,就这样很多人都再也没有醒来。

7 月 28 日 3 时 42 分 53.8 秒,距地表 16 千米处的地壳轰然爆炸,宛若突然炸裂的原子弹。唐山市上空顿时电闪雷鸣,狂风怒吼。顷刻间,这有着百万人口的新型城市瞬间变成平地。而一切又结束得那么迅速,地震后的唐山平静地让人恐怖。

整个华北大地也在剧烈地颤动着,强震波及中国东部的广大地区,北起满洲里,南至漂河,东临渤海湾,西抵名咀山,14 个省、市、自治区,200 多万平方千米土地上居住的几亿人受到扰动。遭受地震破坏的区域约 21 万多平方千米,其中严重破坏区 3 万多平方千米。

地震共造成 24.2 万人死亡,16.4 万人受重伤,仅唐山市区终身残疾的就高达 1700 多人;毁坏公产房屋 1479 万平方米,倒塌民房 530 万间,直接经济损失高达 54 亿元。全市供水、供电、通讯、交通等生命线工程全部破坏,所有工矿全部停产,所有医院和医疗设施全部破坏。地震时行驶的 7 列客货车和油罐车脱轨。蓟运河、滦河上的两座大型公路桥梁塌落,切断了唐山与天津和关外的公路交通。市区供水管网和水厂建筑物、构造物、水源井破坏严重。开滦煤矿的地面建筑物和构筑物倒塌或严重破坏,井下生产中断,近万名工人被困在井下。唐山钢铁公司破坏严重,被迫停产,钢水、铁水凝铸在炉膛内。地震摧毁了方圆 6~8 千米的地区。许多第一次地震的幸存者由于深陷废墟之中后又丧生于 15 小时后的 7.1 级余震。之后还有数次里氏 5.0 至 5.5 级余震。在地震中,唐山 78% 的工业建筑,93% 的居民建筑,80% 的水泵站以及 14% 的下水管道遭到毁坏或严重损坏。

全世界的地震台也都感觉到了来自东方的巨大冲击力,美国加利福尼亚大学称:中国发生 7 级以上地震,震中在北京周围。美国夏威夷地震台:中国发生 8.1 级地震,震中在北京周围。中国新华通讯社于当天向全世界播发这一消息,说:"据我国地震网测定,这次地震为 7.5 级……"几天后,中国又一次公布经过核定的地震震级:里氏 7.8 级。

唐山大地震是 20 世纪以来中国乃至全世界十大自然灾害之一。在唐山大地震发生后,于 7 月 18 日的 7 时 17 分 20 秒和当日 18 时 45 分 34.3 秒,分别于河北滦县和天津汉沽又发生两次较强烈余震,余震的震级分别为里氏 6.2 级和里氏 7.1 级。两次余震加重了唐山大地震造成的经济损失,并使得很多掩埋在废墟中等待救援的人被继续倒塌的建筑物夺去生命。

另外,在唐山地震发生时,建筑物倒塌引起的火灾次数无法计算,而地震后的火灾也从未间断,市区发生的大型火灾就有五起,分别是火柴库和酒库起火、化学晶自燃、高温高压设备受损引起大火,还有一起大火源于使用火炉。火柴库、酒库的大火一直烧了几天方才平息。连受地震波及的天津市都发生了 38 起火灾。唐山地震还发生毒气泄漏。开平化工厂液氯车间因设备阀门损坏致使液氯泄漏,当时就毒死两人。天津也发生了毒气污染事件。

虽然唐山大地震已经过去了 30 多年,但是留给我们的记忆依然如此深刻。尤其是 2008 年 5 月 12 日发生的汶川大地震,更是唤醒了我们对地震的认识。地震是最严重的一种自然灾害之一,它带给我们的往往是巨大的人身财产损失。由于现在对地震的研究并不是十分的深入,因此地震通常都是难以预测的。而且在地震中还伴随着许多神秘的现象,让人无法找到形成这些现象背后的真实原因。

墨西哥大地震

　　墨西哥是美洲大陆印第安人古老文明中心之一,闻名于世的玛雅文化、托尔特克文化和阿兹特克文化均为墨西哥古印第安人创造。但同时墨西哥也是世界地震集中地区之一,1985 年 9 月 19 日,墨西哥发生 8.1 级大地震,造成 30 多万人流离失所。

　　墨西哥是世界地震发生的集中地区之一,仅 20 世纪就发生灾害性地震 21 次,包括 1911 年 6 月 7 日的 7.7 级地震和 1995 年 10 月 9 日的 7.8 级地震,但是最惨重的是 1985 年 9 月 19 日上午 7 时 19 分在墨西哥西南岸外太平洋底发生的 8.1 级强震。

　　震波仅两分钟就到达了墨西哥城,顿时,整个大地猛烈的颤动起来。仅仅一分三十秒,墨西哥市中心的 30%建筑物就变成一片瓦砾。无数的巨大烟柱平地而起,蓝色的天空顿时飞尘弥漫。到处是一片哭声喊声,到处是一幅惨不忍睹的景象。

　　这次大地震其震级之强,续时间之长,受震面积之大,损失之惨重,都是墨西哥城历史上前所未有的。19 日晨发生 8.1 级地震之后,第二天又发生 6.5 级地震,之后又出现 5.5~3.8 级余震 38 次。在这场大地震中,受灾面积 32 平方千米,8000 幢建筑物受到不同程度的破坏,7000 多人死亡,4 万人受伤,30 多万人无家可归,经济损失达 50 亿美元。一位墨西哥史学家说:"1985 年 9 月 19 日,将作为墨西哥城最悲惨的一日载入我们祖国的历史。"

　　地震后,墨西哥政府立即组成了一个由 12 名地震学家组成的委员会,在太平洋沿岸和墨西哥城开始调查地震发生的原因。

　　地质学家猜测 9 月 19 日和以后发生的地震是连续的。造成墨西哥城毁坏惨重的原因与震中向墨西哥城释放的能量最大及墨西哥城的地理位置有关。地质学家解释说,墨西哥城其实是一个由湖泊沉积而产生的封闭式盆地,它的南北都是火山岩。而墨西哥城就坐落在深达 150~300 米的盆地上,盆地表层有 30~50 米的松软沉积物和回填物。而枯竭的湖底属于第三纪火山灰沉积层,地震特点是含水量高,压缩性大,强度低,地下水位浅,致使周期为 2 秒的地震波波长被放大了 5 倍,也就使得市中心方圆 10 千米内成为震中区,酿成了墨西哥的大震灾。

　　也有人说墨西哥城虽在以前一直相安无事,但是随着人口的膨胀,用水量呈直线上升。大量的地下水被抽取,使得地下水位降低,湖底积层更加干涸,地面下沉,墨西哥城的地面建筑也以每年十几厘米的超速度下沉,甚至有些大型建筑由于下沉不均而出现倾斜。另外,由于人口的剧增必然导致住房数量的大量增加,为了解决急需的住房,新建的民用建筑建造标准就会下降,许多的住房都没有将抗震防震因素考虑进去。而建筑物之间的距离又小,使得倒塌的建筑互相冲撞发生多米诺骨牌效应,这些原因都造成了地基不牢靠,在地震时,一起向墨西哥城发难,才会形成如此惨重的一幕。

　　还有人认为,建筑物的自然振动频率、土壤特性和地震这三者的配合形成了墨西哥城大震灾。由于建筑物是否倒塌的主要原因，在于它将地震波放大到何种程度，在这次大地震中，受害最严重的是 8~15 层的细高大楼，由于这些建筑物的自然振动频率及其土壤振动特性，都与传抵墨西哥市的地震波混杂，从而将地震波放大到大大超过其设计所能抵抗的程度。更因地震持续时间较长，足有 4 分钟之久。所以，墨西哥城的破坏性较大。

不过以上原因只是专家的推测，还有没有其他的原因，专家也在进一步探讨中。

日本大阪神户大地震为何灾情严重

日本位于太平洋板块边缘，地处环太平洋带地震活动最强烈的地区。日本面积虽然只有 37.7 万多平方千米，但是全世界大约四分之一的地震会发生在这里。日本还有 168 座活火山，是著名的"火山之国"和"地震之国"，年平均会出现地震 600 余次。虽然，日本民族与地震有长久的斗争，也积累了许多宝贵的经验。但在 1995 年，一场地震灾难还是让日本损失惨重。

1995 年 1 月 17 日凌晨 5 时 46 分，正在人们酣睡时，地面忽然颤抖起来，瞬间，房屋倒塌，地面道路中断，煤气泄漏，大火蔓延。神户这座美丽的城市刹那间变成一片废墟，大部分人还未反应过来就被压在倒塌的房屋下。日本气象厅当日宣布，此次地震为 7.2 级。之后余震不断，7 时 38 分又发生里氏 6 级地震。

据日本政府文化厅调查，地震中关西地区及其附近有 40 多处文化遗产名胜古迹遭到毁坏。仅京都府就有 16 座古寺被震坏。京都市右京区的广隆寺中，安放在灵宝殿内的圣观音像从 1 米高的陈列座上滚落，右臂折断；右京区的清凉寺中，日本国宝如来佛像的光背被震掉一部分；京都市东山区的"三十三间堂"中，安放着 1001 尊木制千手观音立像，其中 6 尊观音像被震倒；东山区的东福寺中，作为日本重要文化遗产的 13 层右塔的宝珠顶折落。

这次强震对日本版神经济区主要城市的神户市，造成了极为严重的震害。据资料反映，全震灾区共死亡 5400 余人（其中 4000 余人系被砸死和窒息致死，占死亡人数的 90% 以上），受伤约 2.7 万人，无家可归的灾民近 30 万人，毁坏建筑物约 10.8 万幢，水电煤气、公路、铁路和港湾都遭到严重破坏。据日本官方公布，这次地震造成的经济损失约 1000 亿美元。总损失达国民生产总值的 1%~1.5%。这次地震死伤人员多、建筑物破坏多和经济损失大，是日本关东大地震之后 72 年来最严重的一次，也是日本战后 50 年来所遭遇的最大一场灾难。

那么为何会造成如此之重大的损失呢？

第一种说法是因为地震强度太大所致。大阪神户地震级数达到 7.2 级，这足以使得一个地方覆灭，在地震后又普降大雨，气温骤然下降，致使流行感冒在 30 万避难灾民中蔓延。地震还切断了电源和煤气管道。当时正处于冬季，人们都使用电炉等取暖，在还未切断电源时地震就发生了,这导致大面积火灾的发生,仅 17~19 日,神户市就发生了 130 多处火灾。

第二种说法是地理环境因素和基础设施较脆弱。城市大都建设在山坡、斜坡和人工填海造地上,经过强震,地基发生形变。城市抗震设防较差,使房屋(大都是 80 年代以前的建筑)、交通设施及生命线工程大量被毁坏,并引起火灾等次生灾害。

第三种说法是因为救援物资没有及时到位。由于灾民量大,食品饮水供应不上,一周后灾民出现营养不良,体质下降。饥饿、寒冷、缺水、疾病威胁着成千上万个生命。由于地震割断了日本关西地区的高速公路和铁路运输大动脉以及神户港,救灾物资很难及时送到灾区,灾区生活相当艰难。但同时,也反映出日本政府对关西震灾准备不到位,估计不足,行动迟缓。在实际救援中,出现了救灾指挥体系不协调、救贫物资供应混乱和火灾无法及时扑救等情况。

当然这都是主要原因,还有其他原因使得阪神大地震灾情严重,但这还需要人们进一步研究。

日本历史上发生的地震:

1923 年 9 月 1 日,东京发生里氏 7.9 级地震,造成是 4 万多人死亡。

1927 年 3 月 7 日,日本西部京都地区发生里氏 7.3 级地震,造成约 3000 人死亡。

1933 年 3 月 3 日,本州岛北部三陆发生里氏 8.1 级地震,造成 3000 多人死亡。

1943 年 9 月 10 日,日本西海岸鸟取县发生里氏 7.2 级地震,造成约 1100 人死亡。

1944 年 12 月 7 日,日本中部太平洋海岸发生里氏 7.9 级地震,造成约 1000 人死亡。

1946 年 1 月 13 日,日本中部名古屋附近三川发生里氏 6.8 级地震,造成 2300 多人死亡。

1946 年 12 月 21 日,日本西部大面积地区发生里氏 8.0 级地震,造成 1400 多人死亡。

1995 年 1 月 17 日,日本西部神户及附近地区发生里氏 7.3 级地震,造成 6000 多人死亡或失踪。

2004 年 10 月 23 日,日本中部新潟发生里氏 6.8 级地震,造成 67 人死亡。

传染病肆虐

君士坦丁堡大瘟疫

瘟疫亦称"大流行病",指大型且具有传染力的流行病,在广大区域或全球多处传染人或其他物种。瘟疫一词最早可能出现在《抱朴子·内篇·微旨》:"经瘟疫则不畏,遇急难则隐形。"瘟疫出现的地方,就是死神来临的地方,从古至今,世界上已经爆发了无数场瘟疫,每一次瘟疫对人类来说都是一场大灾难。

千百年来,瘟疫这一死神已经夺去了无数人的生命。几乎每一次战争过后都会有瘟疫的蔓延,无论是商人、士兵还是统治者都有可能逃不出它的魔掌,有人说瘟疫甚至可以决定一个民族和国家的兴衰。

公元6世纪中期,查士丁尼继承王位成为拜占庭皇帝后,一场罕见的大瘟疫忽然侵袭了拜占庭的首都——君士坦丁堡。这场瘟疫在君士坦丁堡流行了4个月之久,无数的居民在这场瘟疫中死亡。在最严重的时期,每天竟然有一万多人死于瘟疫。就连查士丁尼也没有幸免。当时,君士坦丁堡对皇帝查士丁尼染病的消息守口如瓶,他们害怕一旦皇帝也染上瘟疫的消息传出去,将会给拜占庭带来巨大的灾难和混乱。

但是这场瘟疫究竟是怎样从庶民传给君主的呢?谁也无法找到其中原因,所有人都处于一片极度的恐慌中。据资料显示,这场瘟疫最先出现在埃及的港口城镇,随后又在亚历山大港和埃及的其他城市迅速地蔓延开来,然后瘟疫又向北部地区肆虐,继而向巴勒斯坦和叙利亚伸出魔爪。拜占庭历史学家普罗科匹厄斯在其观察记载的史料中这样写道:"瘟疫从上述地方又迅速蔓延至全世界,瘟疫的流行使整个人类几乎面临大灭绝。"这场大瘟疫可以说是有史以来最早发生的一次世界性流行病。

在这场瘟疫中最痛苦是那些神志还比较清晰的患者,他们全身肿胀,痛苦难忍,几乎是被痛苦折磨而死的。但也有奇迹生还的,不过即使存活下来,也都留下了后遗症:口吃,言语不清甚至变成哑巴。

由于瘟疫的流行,使得君士坦丁堡死尸越来越多,甚至连处理这些尸体的人都没有。普罗科匹厄斯描述:"当事先准备的坟墓已被一具具尸体填满后,城内凡是可以用来埋葬尸体的地方都被用上了,但这还远远不够。后来,因为死亡的人数急剧增加,挖掘墓的人每天挖掘的坟墓已经远远不能满足需要,他们索性掀掉山顶上一座座防御城堡的屋顶,将尸体横七竖八地往里面扔进去,在堆满尸体后又重新盖上。"

瘟疫仍在疯狂蔓延中,8月底,瘟疫才有一点减弱的迹象,但是这场瘟疫彻底摧毁了查士丁尼想要复兴日渐衰亡的罗马帝国的希望。这场灾难几乎使得君士坦丁堡毁灭。那么这场瘟疫的起因又是什么呢?有人说君士坦丁堡的大瘟疫源自埃及的港口城市,很明显,这场瘟疫是随着船只上的老鼠到达埃及港口的,但是带着瘟疫的老鼠又是从哪里上的船呢?这个问题就没有人回答得上来了。

霍乱和伤寒等偶然才会出现的瘟疫在地球的某些地方却是经常发生。尤其是当战争或饥荒出现时,往往伴随的就是瘟疫的出现和大流行。过去由于医学条件的限制,人们对文艺根本束手无策,他们不懂得预防,也不懂得如何治疗,人们对死亡的恐惧在历史记载中随处可见。虽然在现在,我们已经掌握了许多科学的方法可以预防瘟疫,并可治愈某些瘟疫,但瘟疫依然是困扰我们人类的医学难题。因为许多的病毒带有极强的变异性,许多的瘟疫仅仅是受到控制而没有被彻底的打败。

影响人类发展进程的众多因素之中就包括瘟疫,它能使人类的文明毁于一旦,也可以使一个民族从强盛变得衰弱。对待瘟疫,我们必须严密监视,因为不知道什么时候,它就会卷土重来。

神秘消失的"黑死病"

"黑死病"是人类历史上最严重的瘟疫之一,"黑死病"是欧洲人对它的称呼,它曾在14世纪到18世纪横扫欧洲,致使7500多万人死亡,但在18世纪却突然消失。

在14世纪中期,欧洲受到了一场毁灭性的瘟疫侵袭,这场瘟疫被人们称为"黑死病"。它从中亚地区向西扩散,并在1346年出现在黑海地区。它同时向西南方向传播到地中海,然后就在北太平洋沿岸流行,并传至波罗的海。约在1348年,黑死病在西班牙流行,到了1349年,就已经传到英国和爱尔兰,1351年到瑞典,1353年到波罗的海地区的国家和俄罗斯。只有路途遥远和人口疏落的地区才未受伤害。根据今天的估算,当时在欧洲、中东、北非和印度地区,大约有一半的人口死于此病。

有资料显示从1348年到1352年死于黑死病的欧洲人约2500万人。1348年德国编年史学家吕贝克记载死亡了90000人,最高一天的死亡数字高达1500人。在维也纳,每天都有500~700人因此丧命,根据俄罗斯摩棱斯克的记载,1386年只有5人幸存。法国的马赛有56000人死于鼠疫的传染;在佩皮尼昂,全城仅有的8名医生只有一位从鼠疫的魔掌中幸存下来;巴黎的一座教堂在9个月中办理的419份遗嘱,比鼠疫爆发之前增加了40倍。甚至历史上著名的英法百年战争也曾由于爆发了鼠疫被迫暂时停顿下来。

黑死病在以后的数百年又横扫欧洲大陆。较晚的几次大流行包括1629年到1631年的意大利瘟疫、1665年到1666年的伦敦大瘟疫、1679年的维也纳大瘟疫、1720年到1722年的马赛大瘟疫,以及1771年的莫斯科瘟疫。这些大瘟疫使得欧洲人口锐减了25%~

75%。但是大约在 18 世纪,黑死病忽然神秘消失。

黑死病因其可怕的症状而命名,患者会出现大块黑色而疼痛并且会渗出血液和脓汁的肿瘤。受感染的人会高烧不退且精神错乱。很多人在感染后的 48 小时内就死掉,但亦有少数人能够抵抗这个传染病和存活下来。

有关黑死病的最早记载是在 1348 年由一名叫博卡奇奥的佛罗伦萨人记录下来:最初症状是腹股沟或腋下的淋巴肿块,然后,胳膊上和大腿上以及身体其他部分会出现青黑色的疱疹,这也是黑死病得名的缘由。极少有人幸免,几乎所有的患者都会在 3 天内死去,通常无发热症状。而在历史中对黑死病特征记录,有一些是关于淋巴腺肿的描述,与 19 世纪发生于亚洲的淋巴腺鼠疫相似,这使得一些科学家与历史学家推测自 14 世纪开始的黑死病,与鼠疫相同,皆是由一种称为鼠疫杆菌的细菌所造成。这些细菌是寄生于跳蚤身上,并借由黑鼠等动物来传播。不过由于其他疾病也有可能产生淋巴腺肿,因此也有人提出其他不同的观点。

除此之外,黑死病在欧洲横行的起因也一直有争论。通常认为 1346 年,在蒙古军队进攻黑海港口城市卡法(现乌克兰城市费奥多西亚)时,曾用抛石机将患鼠疫而死的人的尸体抛进城内,这是人类历史上第一次细菌战。鼠疫原产中亚,其携带者是土拨鼠。在蒙古帝国之前鼠疫曾多次传入中国,所以虽然中国也曾发生过地区性鼠疫传染,但中国人也逐渐有了对鼠疫的免疫力,而欧洲人则在此之前从未接触过鼠疫。在卡法的一个热那亚商人将带病的跳蚤无意间带到意大利,于是鼠疫在欧洲广泛传播,成为令人闻之色变的"黑死病"。

但也有说法认为鼠疫是丝绸之路上的商人把病菌带到中东,然后又传播到欧洲的。研究瘟疫史的史学麦尼尔曾写道:战争与瘟疫肆虐,造成中国人口巨减。在建立明朝后,官方对人口的估计由 1200 年的 1.23 亿下降至 1393 年的 0.65 亿人。瘟疫沿着欧亚丝路由东往西横行。

还有人说引起瘟疫的病菌是由藏在黑鼠皮毛内的蚤携带来的。在 14 世纪,黑鼠的数量很多。一旦该病发生,便会迅速扩散。

另外据考证,黑死病的大爆发也与中世纪欧洲大量的屠杀所谓女巫有关,因为当时普遍信仰宗教的欧洲人认为猫是女巫的宠物和助手,所以猫被大量的消灭,以至于在当时相当长的一段时间内猫在欧洲绝迹。黑死病重要的传播媒介老鼠则在这条断裂的生物链中以几何数量增长,为黑死病的爆发创造了最重要的条件。

虽然黑死病导致了 2000 多万人死亡,但也有人在黑死病中奇迹般的生存下来。在英格兰德比郡的小村亚姆有一个别号,叫"瘟疫之村"。但这个称呼并非耻辱,而是一种荣耀。1665 年 9 月初,村里的裁缝收到了一包从伦敦寄来的布料,4 天后他死了。后来又有 5 人死亡。村民意识到那包布料将黑死病带来了。在极大的恐慌中,本地教区长却说服村民做出了一个惊人的决定:与外界断绝联系,以免黑死病扩散。一年以后,首次有人来到此地,他们本来以为会看到一座鬼村,但却惊讶地发现,尽管全村 350 名居民有 260 人被瘟疫夺去生命,但是竟还有一小部分人活了下来。

有一位妇人在一星期内送走了丈夫和 6 个孩子,自己却从未发病。村里的掘墓人亲手埋葬了几百名死者,却并未受这种致死率 100% 的疾病影响。这些幸存者接触病原体的机会与死者一样多,是否存在什么遗传因素使他们不易被感染?由于亚姆村从 1630 年代起就实施死亡登记制度,而且几百年来人口流动较少,历史学家可以根据家谱准确地追踪幸存者的后代。以此为基础,科学家于 1996 年分析了瘟疫幸存者后代的基因,发现约 14% 的人带有一个特别的基因变异,因此科学家认为正是这个突变的基因使这些人躲过了黑死病的侵袭。但是有两名英国科学家称黑死病并非通常所认为的腺鼠疫,而是一种由病毒导致的出血热,可能与埃博拉出血热类似,并且推翻了黑死病与变异基因的关系。据相关记载资料显示,公元前 1500 至公元前 1350 年,在法老时代的埃及,尼罗河谷就存在出血热。此后 2000 多年间,地中海东岸不断大面积暴发出血热。其症状与雅典瘟疫和黑死病都很像。他们还认为出血热的来源可能来自位于东非大裂谷的肯尼亚和埃塞俄比亚等地。

是彗星带来欧洲大陆的第一次黑死病?

公元 6 世纪在地球上曾经发生过一次大灾难:由于地球上的农业完全被毁灭,全球爆发了一场灾难性的大饥荒,随后引发了让人闻之色变并在欧洲大陆肆虐的黑死病。而英国的一个最新研究称引起那场灾难的是与地球相撞的一颗小彗星。科学家利用 1994 年从木星上形成的彗星撞击点上取得的信息,彗星撞地球之后,灰尘就会在巨大的冲击力的作用下,在空气中四处传播,并很快笼罩全球。德里克教授说:"这个时期正好与传染病在欧洲的流行时期巧合。当时欧洲在东罗马帝国的统治之下,人们相信那是黑死病第一次在欧洲出现。"缺少阳光的照射,地球上的生物无法进行光合作用,因此普遍歉收,这在生产力不发达的当时给很多人带来了衣食之忧。由于很多饿死的人尸体就流落街头,再加上人们都食不果腹,身体对疾病的抵抗力很弱,因此黑死病立即在欧洲大陆传播开来。

时至今日,人们对横扫欧洲大陆的黑死病仍然有着诸多疑问,而黑死病在肆虐以后为何又突然消失,也让人们百思不得其解。

人类能战胜霍乱吗

在人类诞生以来,就遭遇了无数瘟疫的侵袭,它们常常给人们造成巨大的生命财产损失,虽然人类发展史很漫长,但是直到今日,人们依然对一些瘟疫束手无策。

1817 年,霍乱突然在印度加尔各答地区流行,被感染的人纷纷出现呕吐、腹泻、脱水、高烧不退等症状。由于当时人们从来没有遇到过这种病,而对霍乱毫无办法,死亡人数仍在上升。不久,这种病又从印度北部扩大到阿富汗、波斯和俄罗斯。1831 年,霍乱延伸至英国,之后霍乱又随之印度香料传到了非洲和地中海沿岸,至今仍在肆虐的黑暗之灾再也不能被遏制了。

霍乱正如其名,据有文字资料显示,1830 年每 20 个俄罗斯人就有一人死于霍乱,每 30 个波兰人中就有一人死于该病。1831 年,霍乱传到英国,致使约 8 万余人丧生。当时的一些欧洲国家试图限制旅行者的入境来阻止这个可怕的恶魔,但是效果并不满意。每天,依然有许多的尸体被运走,工厂和商店里没有活动。医生们想尽办法却依然只能眼睁睁地看着许多人死去。1863 年,霍乱又随着传播到达了美洲,美洲大陆立即被霍乱的恐怖所吞噬。

这场瘟疫对于 19 世纪的人类来说发生得十分迅速,并且没有任何的征兆。其传播和控制都是一个谜。霍乱所造成的损失难以计算,仅印度死亡人数就超过 300 万。

霍乱在 1817~1923 年的 100 多年间,在亚、非、欧美各洲,曾先后发生过六次世界性大流行。清嘉庆二十五年(1820 年)霍乱传入中国,至 1948 年为止近 130 年中,大小流行近百次,六次世界性大流行无一不祸及中国。

1961 年,霍乱开始第七次流行,这次起源于印度尼西亚,接着迅速在亚洲其他国家蔓延开来,连欧洲都没有幸免。1970 年,霍乱又在非洲发生大规模的流行,非洲许多地区都遭到毁灭性的摧残。据世界卫生组织统计,2001 年非洲霍乱患者占了全球的 94%;1991 年霍乱袭扰拉丁美洲,1 年内就发现 40 万病例和 4000 名死者,仅秘鲁一个国家经济损失就达 7.7 亿美元。2005 年 8 月,尼日利亚东部的阿达玛瓦州暴发霍乱,有 20 多人死亡,另外还有数十人住院治疗。

即使在 20 世纪 90 年代,医学已经发达的时期,霍乱依旧没有停止作乱,患者数量仍呈上升趋势。这个来自地狱的杀手,为何人类就不能控制它呢?

在第五次霍乱到达埃及时,应埃及政府的邀请,德国细菌学家科勒在当地进行了研究,由此也发现了霍乱的致病菌——霍乱弧菌。这个重大的发现不仅使他在 1905 年获得了诺贝尔医学奖,也成为人类与霍乱抗争的转折点。

由此,人们才对霍乱有了比较完整的认识,霍乱是由霍乱弧菌产生的霍乱毒素引起的急性细菌性肠道传染病。霍乱弧菌大部分是通过食物和水传播。传染源是霍乱患者和带菌者,带菌者无症状却排菌,更容易感染他人。

虽然人们揭开了霍乱的神秘面纱,又掌握了它的传播途径,但是我们是否就此可以战胜霍乱呢?

当今人们治疗霍乱的主要办法是纠正脱水与电解质紊乱,根据病情轻重补液和合理使用抗菌药物。一旦疫情暴发,必须严格隔离治疗。虽然如此,但霍乱有时仍然爆发。

2006 年 2 月安哥拉罗安达省暴发霍乱,到 7 月安哥拉全国因霍乱死亡的人数达到 2003 人,累计霍乱病例为 4817 个,在 24 小时内就新增了 89 个病例,安哥拉全国 14 个省份都遭到霍乱的侵袭。2008 年 8 月津巴布韦暴发霍乱,至 2009 年 2 月,因感染霍乱死亡的患者已上升到 3300 人,共有 6.57 万人染病。

由于霍乱的流行十分的迅速,且流行期间发病和死亡率十分的高,危害极大,所以霍乱引起了国际的高度重视。

在医学发达的今天,我们是否可以找到一个能够彻底解决霍乱的方法,让它向天花一样从人类的生活中消失？这个问题也许在未来会有答案吧！

非洲睡眠病

非洲睡眠病曾经横扫非洲大陆，时至今日依然困扰着许多非洲人民。有数据显示，东非、西非和中非农村地区有6000万民众面临罹患睡眠病的危险。

非洲睡眠病又称"锥虫病"或"嗜睡性脑炎"，是一种由寄生单细胞锥虫经采采蝇叮咬而传播的疾病，在非洲撒哈拉南部肆虐，其中有些流行区患病率高达八成。

1900年非洲睡眠病在非洲地区广泛传染，到1907年找到有效治疗办法的七年间，维多利亚湖畔有20多万人死于这种疾病，占整个地区的三分之二，其中乌干达死亡人数最多。

非洲锥虫病是非洲人畜共患的严重疾病之一，除人外，锥虫还寄生于鱼类、两栖类、爬虫类、鸟类和哺乳类等动物体。但非洲睡眠病与美洲睡眠病截然不同。美洲睡眠病是由一种病毒引起的脑炎，非洲睡眠病则是由一种寄生虫（锥体虫）所致。睡眠病是以昏睡的方式吞食病人的肌体，逐渐导致死亡，其过程可长达数年。此病的初期征兆是头疼、乏力、失眠，并伴有明显的压抑感，然后是患者精神衰落、出现疼痛，夜间失眠，白天则昏昏欲睡。有的病情严重的患者用餐咀嚼时，会不知不觉地昏睡过去，昏迷不醒，直至死去。这种病仅发病于非洲地区，而且已有几个世纪的病史。乌干达是第一个受害的国家，所以又称为"乌干达睡眠病"。睡眠病时至今日已扩散至非洲其他地区和国家，最终成为一种可怕的传染性疾病。而此病的来源，有人说是欧洲人带过来的，但真相如何，就没有人知道了。也有人说史前时代非洲就有睡眠病，但第一个患睡眠病的病例是阿拉伯旅行家伊本·哈勒敦在14世纪时记载下来的：患有睡眠病的病人如此乏力，以至于很容易因饥饿死去。伊本·哈勒敦访问的一个部落首领大部分时间都在睡觉，两年之后他就死掉了，整个部落的人都因睡眠病而死去。

到目前为止还没有一种有效疫苗来预防非洲睡眠病。目前预防非洲睡眠病的关键在于消灭采采蝇和加强个人防护。但是有专家指出驱蚊剂并不适用于采采蝇。由于采采蝇可叮穿轻便衣服，因此最佳的预防方法是避免前往有大量采采蝇的地区。如需前往应该尽量将身体外露的部分遮盖，并且不应穿着会吸引采采蝇的蓝色衣物。

2000年6月，专家在举办的非洲睡眠病研讨会上指出，非洲睡眠病又有在非洲大陆肆虐的迹象，与会专家说，锥体寄生虫产生了抗药性及有些疾病高发区对此病防治不力，是睡眠病卷土重来的主要原因。据2000年统计显示，中部非洲每年约有50万人患这种疾病，是非洲大陆受感染最严重的地区。

2001年3月19日，安哥拉锥体虫防治局人士报道说，自2001年年初以来，在安哥拉境内已经新发现4500例锥体虫病。这些病例主要是在本戈、威热、扎伊尔、南北宽扎、马兰热省和罗安达周围地区发现的。安哥拉在2000年共发现了5500例锥体虫病。

由于非洲睡眠病的病原具有变异性，导致人们在治愈它的同时也面临着新的课题，如何能彻底将非洲睡眠病像战胜天花一样将其从人们的生活中祛除，仍然有待研究。

流感为何不能根除

流感对人类来说并不陌生，自从人类诞生以来，或许流感就已经存在。古代由于没有有效的药物，许多人在患了流感后都死了。在今日，随着科学水平的不断进步，人类也进入了对病毒研究和攻克的新时代，但流感依旧有着许多的谜团无法解开。

在世界第一次大战中，世界处于大动乱中，人类自相残杀，死亡者数十万，成为人类历史上的一场浩劫。然而就在第一次世界大战即将结束时，一场流感的暴发夺去了近500万人的生命，它就是令人闻之色变的西班牙流感，也称为"1918年流感"。

这次流感首发于美国堪萨斯州的芬森军营。军营的一位士兵感到发烧、嗓子疼和头疼，就去部队的医院看病，但医生认为他只患了普通的感冒。但是接下来的情况出乎人们的意料，几天以后，有上百人得了这种"感冒"。很快这种疾病就开始疯狂传播，3月随着美国远征军乘船便将这种疾病带至欧洲前线，4月波及法国、英国军队，5月达到意大利、西班牙、印度等国家，6月由英国远征军传播至英国本土，然后到达俄罗斯、中国、大洋洲等世界各地，不到一年的时间席卷全球。这次流感所造成的灾难是流感历史上最严重的一次，也是历史上死亡人数最多的一次瘟疫，保守估计有约5亿人，发病率约20%～40%，死亡人数达4000多万，比第一次世界大战战亡人数还要多。

美国死亡人数50万，仅10月10日费城就有759人死于流感；西班牙800万人患病，包括国王阿方索三世在内，马德里三分之一市民受感染，一些政府部门被迫关门，电车停运；英国乔治五世也未幸免，英格兰和威尔士死亡达20万，皇家舰队3周无法入海，影响作战；印度孟买死亡700万；一些因纽特人村遭受灭顶之灾，有一村80人死于流感73人；20%的西萨摩亚人死于流感。

但是这次流感呈现出一个奇怪的特征：以往的流感总是容易杀死年老体衰的人和儿童，这次的死亡曲线却呈现出一种"W"形——20到40岁的青壮年人这次也成了死神追逐的对象。而且关于西班牙流感的来源以及发病率和死亡率为何如此之高也是困扰着人们的一个重要问题。

在近一个世纪以后才有科学家找出答案：1918年导致许多人死亡的疾病是一种禽流感。据有关报道称，美国科学家的研究已经显示，西班牙流感病毒很可能源自鸟类。美国科学家在《自然》杂志发表的文章说，他们已经找到1918年病毒与现在亚洲出现的禽流感病毒H5N1的共同的基因变异。美国另一个研究小组也在《科学》杂志发表文章，他们已经在老鼠身上成功再造了1918年的病毒。

虽然如此，但是还是无法解除人们对流感的恐惧，尤其是近年来高频率出现的词汇——禽流感。许多专家都担心不远的将来禽流感会演变成可以在人群中传播的人流感,世界范围内暴发的流感大流行将使上个世纪的惨剧重演。

2003 年的 SARS 病流行时引起的全球性恐慌让人们记忆犹新,有人甚至称它是为了填补天花病毒而诞生的。其实还有一种病肆虐时比 SARS 乃至天花还要可怕,它就是几乎人人得过的流行性感冒。据资料显示,在美国平均每年有 5%～20% 的人感染上流感,20 多万人因病重住院,3 万多人因此死亡。虽然日常遇到的流感性情相对来说比较温和,但是当传染性和毒性都特别强的新型流感病毒出现时,将会给全球都带来灾难。20世纪,曾经暴发过三次流感大流行,都在一年内传遍全世界,导致了大批人死亡。1968～1969 年的流感大流行导致约 75 万人死亡,1957～1958 年的那次则使约 100 万人丧生。最严重的就是 1918 年流感。

流感是由病毒引起的,对付它没有像用于对付病菌的抗生素那样的特效药,目前市场上各种各样的感冒药实际上只是用于减轻感冒症状,并不能消灭病毒。对于流感最好的防御办法还是人体免疫力,如果在近期内患过流感,或注射过流感疫苗,那么再遇到同一类型的流感,身体对它就有了免疫力。但是流感病毒非常容易发生变异,当新的变异种类进入人体后,通常我们的人体免疫系统难以识别、消灭它们,因此得过流感的人也难保不再患上。

随着药物的发展,人们已经生产了许多预防流感的疫苗,但是有科学家说由于流感病毒具有很强的变异性,所以有抗药性的流感病毒毒株极有可能会再出现,而比起 80 多年前,交通的便捷和国际旅游的频繁大大加速了新型传染病的传播速度。曾有专家对下一次流感做出评估,认为下一次流感将会使 200 万至 5000 万人死亡。但是没有人可以预测它会由哪一种流感病毒病株导致,在何时发生以及有多严重。

流行性感冒每隔几年就会传播一次,但是由于药物的发展,它的危险性暂时减轻,不过在近年来却又有汹涌而来之势,这与环境的日渐破坏不无关系。

"世纪绝症"——艾滋病谜一样的身世

每年的 12 月 1 日被国际命名为"艾滋病日",艾滋病自从被发现以来,它就以非常惊人的速度蔓延,时至今日已经成为人类的最重要疾病杀手之一,但是人类从来没有停止过寻找治愈艾滋病方法的脚步。随着艾滋病日益受到全世界的重视并采取积极的预防措施,我们在治疗艾滋病的方面取得了一定的进展。据有关资料显示:2007 年新增的艾滋病病毒感染者比 1998 年低了 320 万,死于艾滋病的患者比 2001 年少了 20 万人。

艾滋病发现于 1981 年的春天,当时在美国洛杉矶市的一家医院收到一名症状十分奇特的患者,患者的咽喉有严重的霉菌感染,但是感染并没有沿着呼吸道蔓延,而是向食道发展,这个病患的食道几乎全部阻塞了,患者的体重显著减轻。医生们想尽了办法也没有治好这个病人,最后这个病人死了。不久以后,又有患了同样病症的人来医院治疗,但结果也是不治而死。面对这种怪病,各种药物都医治无效。他们百思不得其解。带着疑问,医生们进行了一系列的研究,他们发现这5个人都是同性恋患者,全都患上了卡氏肺囊虫肺炎。同年,当地医院又发现了26例卡波氏肉瘤患者,他们的病症有同一个特点:细胞免疫缺陷。在1982年,这种病由美国疾病控制中心正式定义为"获得性免疫缺陷综合征",就是让我们闻之色变的艾滋病。它的名字是由英语缩写AIDS的音译过来的。

自从艾滋病发现以来,全世界至少有2180人死于此病,死亡人数比第一次世界大战的两倍还多。据有关数据显示,仅在2001年就有300万人死于艾滋病,500万人受到感染,其蔓延速度非常的惊人。目前艾滋病病毒感染者和病人中约有三分之一的人年龄在15~24岁,但是直到现在也没有彻底治疗艾滋病的方法。随着社会的进步,人们已经攻克了天花、肺结核等不治之症,但人们对艾滋病却仍然一筹莫展。

1985年,美国好莱坞巨星洛克·哈德森患上了艾滋病,从患病到死亡仅仅数个月的时间里,这位曾经万众瞩目的巨星就变得骨瘦如柴。在他死了以后,人们才知道他也是一名同性恋者。

这些巧合,让人们以为是同性恋导致了免疫系统缺乏症,但是不久,又有人发现流亡在美国的海地人也有人被发现了染上此病,但是他们并不是同性恋患者。而这些染病的人一旦染病,其死亡速度比同性恋者还要快。因此艾滋病只在同性恋者间流行的说法被推翻。

那么这个令全世界胆寒的艾滋病到底是怎么回事呢?它又是如何吞食人们的生命呢?

1.艾滋病的来源之谜

艾滋病是一种由艾滋病病毒即人类免疫缺陷病毒侵入人体后破坏人体免疫能力,使人体发生多种不可治愈的感染和肿瘤,最后导致被感染者死亡的一种严重传染病。但是对艾滋病的来源却有着很多的说法。

关于人类免疫缺陷病毒(HIV)的来源有很多种说法,总结起来有自然说、医源说和人为说。

自然说认为人类免疫缺陷病毒是自然演变而来的,因偶然的机会感染给了人类。其中最广泛的观点是人类免疫缺陷病毒可能来源于黑猩猩,但是科学家却没有证据来证明自己的说法。1999年美国的一个研究小组声称,他们找到了黑猩猩传播人类免疫缺陷病毒的证据。他们说在对一只偶然得到的黑猩猩组织进行研究时发现了在它的组织中存在猿猴免疫缺病毒(SIV),它和人类免疫缺陷病毒同属于灵长类免疫缺陷病毒,科学家认为猿猴免疫缺病毒(SIV)是人类免疫缺陷病毒的祖先。随后,法国的巴斯德研究所的科研人员也宣布发现了被SIV感染的黑猩猩。这些黑猩猩和上面提到的因产后并发症死去的黑猩猩属于同一个亚种,生活在被人们认为是艾滋病发源地的喀麦隆、几内亚等地区。但是同时疑问也随之而来:黑猩猩身上的SIV是如何传给人类的呢?有学者解释说非洲的一些国家有捕猎黑猩猩而后食用的习惯,人类是因为吃黑猩猩的肉而被感染的。但是有些人不同意这一推断。

医源说认为,人类在生产小儿麻痹疫苗时,使用了被人类免疫缺陷病毒或类似 HIV 病毒污染的黑猩猩器官组织,人在疫苗接种时被感染。1999 年据美国新闻记者爱德华·胡珀在其著作《河流》中称,20 世纪 50 年代末期,位于美国费城的威斯塔研究所曾经使用黑猩猩的肾脏生产了几批小儿麻痹疫苗。在 1957~1961 年,这些疫苗被用于预防接种。据估计,大约有 100 多万非洲人接受了接种。爱德华·胡珀断言,艾滋病就是从此开始在人类中传播的。但是此言论遭到了一些科学家的反对,两位曾经在威斯塔研究所从事过非洲疫苗试验的科学家否认他们在生产疫苗的过程中使用过黑猩猩的器官组织。2000 年,威斯塔研究所宣布他们找到了当年的疫苗样本,随后该样本让许多的科学家进行了研究,第一次检验结果表明,疫苗中没有发现任何黑猩猩或人类免疫缺陷病毒的踪迹。但是在第二次分析中,研究人员在样本中却发现了短尾猴的肾脏细胞,不过短尾猴被科学界认为它并不能被 SIV 或人类免疫缺陷病毒感染。

人为说认为人类免疫缺陷病毒是基因工程带来的灾难,还有人认为人类免疫缺陷病毒是生物武器或某些人企图进行种族灭绝,建立"世界新秩序"的产物。但是此说并没有依据。

2.艾滋病究竟是在何时开始感染人类的

据有关资料显示,目前科学家掌握的最早被艾滋病毒感人的人类标本有三个。第一个是 1959 年收集的一位生活在刚果民主共和国的成年男性的血浆,一位是 1969 年在美国圣路易斯死亡的一位非洲后裔的人体组织标本,1976 年收集的一位死亡的挪威海员的人体组织标本。有科学家认为从第一个标本来看,当时人类感染艾滋病的人数并不是太多,这表明,艾滋病病毒感染人类的时间应该还不长,时间大约是 20 世纪 40 年代或者是 50 年代初期。但在 2000 年 1 月,美国洛斯阿拉莫斯国家实验室的贝特·科勃博士在一次学术会议上发表了自己的研究成果。他认为第一例 HIV 感染大约发生在 1930 年,地点是西部非洲。

3.艾滋病何时治愈

艾滋病在人体内的潜伏期相当长,从感染到出现症状平均要 2~10 年。在这个潜伏期中,患者由于症状较轻,而容易被忽视,这就让人们对艾滋病的早期发现和预防造成很大困难,但是在潜伏期,艾滋病病毒仍然在繁殖,具有很强的破坏性。人们在感染艾滋病时,会有发热、淋巴结肿大、全身乏力、恶心等症状,到最后会导致免疫系统的全面崩溃,病人出现各种严重的综合病症,最后死亡。

人们在面对艾滋病时唯恐避之不及。加上吸毒者、同性恋者是艾滋病的高发人群,致使人们往往对艾滋病患者多带有歧视的目光,使得艾滋病患者在社会上得不到公平的对待。最惨的还是那些患了艾滋病人的孩子,一旦被别人得知,邻居和亲戚都会对他们避而远之,连上学都非常的困难。许多感染者不敢将自己的情况告诉别人,一些感染者甚至自杀了。

在艾滋病患者中高达 93.9% 的人年龄在 15~49 岁,这个年龄段无疑是最具有社会创造能力的阶段。而治疗艾滋病的费用也让许多人负担不起。据悉,我国的一位艾滋病病毒感染者用正规的药物治疗的年费用大约是 8 万~10 万元。

　　人类目前对艾滋病还束手无策。虽然如此，人们还是发现了艾滋病的某些"弱点"，如艾滋病病毒对外界的环境抵抗力很弱，一旦离开人体后，它就无法存活，高温、干燥以及常用的消毒药品都可以消灭这种病毒。艾滋病的传染的途径主要是血液传播、性传播和母婴传播。而大量的科学研究证明：在工作和生活中与艾滋病感染者和病人的一般接触，如握手、拥抱、礼节性接吻、共同进餐、共用劳动工具、办公用品、钱币等不会感染艾滋病。

　　艾滋病是一种前所未有的威胁人类的传染病，但是所有的疾病最终还是会被人们征服。治疗艾滋病的路途是漫长的，但也绝对不是没有希望的。随着科学的发展，我们相信艾滋病会被人类攻破！

肆虐流行的疯牛病

　　2002 年，疯牛病再次在欧洲引起轩然大波，联合国的一名官员称，全世界有 100 多个国家面临疯牛病的危险。疯牛病和艾滋病一样可怕，都是人类没有攻克的世界疾病，自在英国发现首个患疯牛病的病例以来，疯牛病就受到人们的高度重视，但是直到今天，人们仍然没有找到治疗疯牛病的行之有效的办法。

　　疯牛病的学名叫作"牛脑海绵状病"，简称"BSE"。1985 年 4 月，英国率先发现了这种病。自此以后，疯牛病迅速蔓延，英国每年有成千上万头牛患上这种神经错乱、痴呆，不久后就死亡的病。疯牛病还蔓延到全世界，如法国、德国、加拿大等地。医学发现疯牛病的潜伏期达 4~6 年，病变过程却只有 14~90 天。疯牛病多发于 4 岁大的成年牛身上，一般症状是牛的行为反常，烦躁不安，对声音和触摸，尤其是对头部触摸尤为敏感，步态不稳，经常乱踢以至摔倒、抽搐。食用了患疯牛病的病牛肉的人有可能染上致命的克罗伊茨费尔德-雅各布氏症（简称克-雅氏症），其典型症状为出现痴呆或神经错乱，视觉模糊，平衡障碍，肌肉收缩等。病人最终因精神错乱而死亡。

　　1996 年 3 月，英国出现首例人类疯牛病，所以现在人们提起疯牛病唯恐避之不及，尤其是当疯牛病疫情暴发时，牛肉价格和市场都会遭到严重的打击。

　　虽然疯牛病一直在世界上肆虐，但是人们至今对英国的牛为何出现疯牛病的原因有所争议。

　　最广泛的说法是牛进食的饲料混有患上羊瘙痒症死去的羊尸。但是有学者认为这个说法存在弊端：利用羊的残骸喂养牛的做法已经有百年的历史，为何在 1985 年才出现疯牛病？因此，有英国科学家认为最初在英国暴发的疯牛病，可能是由于来自印度次大陆的动物饲料出了问题。他们指出这些饲料含有人类尸体的残余物，这些残余物则来自著名的恒河。根据是首先由于南亚国家有一些风俗，就是将人类尸体的残骸扔到他们的圣河恒河，认为这样做能够清除罪孽。但这些残骸有可能被农民收集认为是动物残骸，而卖给饲料制造商。其次科学家已经能够证明使用污染的饲料喂养牲口，可以让它们染上疯牛病。但是印度的研究人员说，有关的推断是因为缺乏对恒河葬礼的常识，另外，如果上面的说法是正确的话，那么疯牛病在印度便早已很流行，为何至今仍没有一个病例发生呢？还有一种说法认为是牛类本身形成了这种疾病，而不是从其他物种传染的。

据有关资料显示因疯牛病死亡的人数将以每年30%左右的速度逐年上升，最终每年可造成成千上万人丧生。迄今为止死于此疫的人数为69人，另有7例死亡事件可能与疯牛病有关。虽然食用了疯牛病的牛肉就有可能被感染，但是这一致命疾病只有在受害者死后通过对大脑的检查才可能确证。因此疯牛病预防和治疗也十分的困难。

由于疯牛病的病原——朊病毒还未完全被人们发现，所以至今人们也没有控制住疯牛病。而且现在的消毒方法都没有办法消灭朊病毒。患者的潜伏期有时竟长达28年，一旦出现病症，必死无疑。所以有科学家预言疯牛病很可能是21世纪医学界最棘手的问题。

疯牛病的传播，一是靠医源性感染，比如输血、医疗器械、脑的手术、器官移植、生物制品感染等。用于治疗某些病症的脑下垂体生长激素和向性腺激素都是从大量尸体中提取的，如果其中一个尸体是克雅氏症，全部制品都会遭污染。二是牛源性药物，患病的牛脑、牛脊髓、牛血、牛骨胶制成的药物都会传染疯牛病。现在进口的药都要被证实来自没有疯牛病的国家也并非容易之事。

据英国科学家统计英国已经有几十万人感染此病，即使是保守说法也是十几万，如果这是真的话，那么英国将面临很大的难题。在被称为脑和知识经济的世纪，人类要解决认知之谜就要靠大脑，而疯牛病却专门侵蚀大脑的神经元细胞，它是大脑的天敌，所以寻找治愈疯牛病的方法是当今医学界迫在眉睫的一个世界性难题。

禽流感病毒传播元凶之谜

禽流感是当今人类谈之色变的传染性疾病，许多被感染者都没有逃脱死神的魔掌。2003年12月暴发的禽流感遍及多国，除越南与泰国以外，中国也出现了类似人类感染病例。人类患上禽流感后，潜伏期一般为7天以内，禽流感早期症状与其他流感非常相似，所以人们对禽流感十分的恐惧。

再继SARS之后又出现了令全世界恐慌的高致性传染病——禽流感，它的全名是鸟禽类流行性感冒，是由病毒引起的动物传染病，通常只感染鸟类。禽流感其实在1900年代早期就被意大利首次确认。1960年1000多只普通燕鸥在南非死亡，这是第一次发现禽流感引发的高死亡率病例，属于H5N3型。而发现人也会感染禽流感是在1997年的香港，此后禽流感就引起全世界卫生组织的高度关注。不过，此病一直在亚洲少数地区暴发。但是在2003年12月开始，禽流感就在越南、韩国、泰国等地严重暴发，并造成越南多名病人丧生。直到现在，禽流感依然时有发生。

禽流感传染给人后的症状于其他流感的症状很相似，有发烧、咳嗽、咽喉疼、肌肉酸痛、结膜炎等，严重者出现呼吸问题和肺炎，这些可能会危及生命。

2006年，有科学家指出，每一种病原体一般只针对特有的某些动物种类。因此就很容易理解2003年暴发的H5N1型禽流感为何对家禽和鹌鹑类等少数几个物种显示出特别的传染性。但是在野外，禽流感病毒却可以传染给各种动物，仅在白鹭、海鸥等30多种动物中都已经发现了禽流感病毒。

那么传播禽流感的元凶到底是什么呢？许多科学家都认为是迁徙的候鸟。有学者指出2003年末到2004年初在东亚暴发的禽流感验证了候鸟传播病毒的假设：疫症先在韩国南部，候鸟的中途站出现，然后途经香港，最后到达越南。由于香港相对卫生环境较好，以及先前已具有对付疫症的经验，病症并未有在当地造成大规模暴发。但卫生环境相对较差的越南，不单使禽鸟死亡，还对人类造成影响。至2004年1月底已有接近20人死亡。然而鸟类学者则指出，根据西伯利亚—东亚—澳大利亚鸟类迁徙通道的规律，早在每年的11月末到12月初候鸟就已经基本完成从北向南的迁徙，此前在香港进行的无线电定位跟踪研究也显示，在仲冬季节几乎没有鸟类迁飞的活动。另据观测，绝大部分水鸟的越冬地位于北纬20度以北地区，只有白眉鸭和针尾鸭会迁至越南，然而其过境时间却在12月初。鸟类学者普遍认为从时间和空间上，2003年底暴发的禽流感与候鸟迁徙并无重叠，故此大部分鸟类学者并不认同候鸟传播病毒的说法。

还有人提出是传播禽流感可能是家禽贸易等人类活动。集中饲养的家禽，极端的饲养环境造成病毒的变异，鸟类贸易、滥用疫苗、运输等人类活动也对禽流感病毒的变异有着推动的作用。野外研究显示，绝大多数罹患禽流感的野生鸟类，都是在迁徙、越冬和繁殖过程中与人类饲养的家禽有近距离接触的物种，而那些自始至终远离人类社会的野生鸟类，即便是水鸟，并且保持很高的种群密度，至今仍未有禽流感暴发的报告。

在2004年和2005年的禽流感疫情中，也有媒体指出禽流感病毒源自野生鸟类并传播至饲养场，进而传给人类。建议加强对候鸟迁徙的监控，少数激进者甚至主张在扑杀家禽之外对迁徙的候鸟进行扑杀，但这种说法并未获得鸟类学者的认可，扑杀候鸟的建议更招致环保团体的反对。

虽然关于候鸟或野鸟在禽流感传播和暴发中扮演的角色，科学家们仍然存在争议。不过，他们存在这样一个共识：应该加强禽流感的监测。

由于目前对禽流感还没有更大的突破性研究，所以至今也没有找到治愈禽流感的有效办法。在当今世界，对禽流感的主要工作就是预防。随着医学的进步，我们相信人类一定可以攻克这一难关。

重大海难

"泰坦尼克"号的冰海悲歌

1912年，人们永远也无法忘记一艘世界顶级的巨轮在这一年沉没的悲惨事件，随同它葬身大海的还有1500多名乘客。这号称永远不会沉没的巨轮为何在第一次航行时就沉没了呢？这是自然对人类的嘲笑，还是当时的人们太过于相信自己了？

所有看过《泰坦尼克》影片的人永远都不会忘记巨大的"泰坦尼克"号撞上冰山的一幕，没有等到救援的人们从断成两截的甲板上掉入深海中，大海上漂浮着无数的尸体，一具挨着一具……这是根据真实的历史改编而成的。

英国皇家邮船"泰坦尼克"号是奥林匹克级邮轮的第二艘邮船，是由英国白星航运公司制造的一艘巨大豪华客轮。"泰坦尼克"号是当时世界上最大的豪华客轮，被称为是"永不沉没的船"或是"梦幻之船"。"泰坦尼克"号共耗资7500万英镑，吨位46328吨，长269.1米，宽28米，从龙骨到四个大烟囱的顶端有53.3米，高度相当于11层楼。当时人们计划与"泰坦尼克"号的姐妹船"奥林匹克"号和"不列颠尼克"号一起为乘客们提供一次快速而且舒适的跨大西洋旅行。

1912年4月10日，"泰坦尼克"号从英国南安普敦出发，途经法国瑟堡—奥克特维尔以及爱尔兰昆士敦，计划中的目的地为美国的纽约，开始了这艘"梦幻客轮"的处女航。4月14日晚11点40分，"泰坦尼克"号在北大西洋撞上冰山，两小时四十分钟后，4月15日凌晨2点20分沉没。由于缺少足够的救生艇，"泰坦尼克"号上2208名船员和旅客中，只有705人生还，1500多人葬身海底，造成了当时在和平时期最严重的一次航海事故，也是迄今为止最为人所知的一次海难。1986年，人们捕捉到了卧在海底的"泰坦尼克"号的信息，轮船的船首与船尾在沉没时被折断了，两部分相距600米。

然而对"泰坦尼克"号是撞冰山遇难的说法很多人都提出疑义，以至于人们至今对"泰坦尼克"号的沉没原因仍是存在诸多疑问。

据英国公布的一份文件称，使"泰坦尼克"号沉没的真正原因是它的船弓和船尾被铁制的铆钉闩住了。报告指出，如果采用的是钢制铆钉，那么"泰坦尼克"号就可以坚持到救援人员到来之时。但是"泰坦尼克"号的建造者却挑选了铁制铆钉。冶金学家杰尼佛·库克·迈斯卡蒂说："这个结果真让人吃惊，如果不是他们在这种虽然小却要求严格的细节(铆钉的选择)上犯了错误,乘客和船员们就不至于丢掉性命了。"但是制造"泰坦尼克"号的哈兰德·沃尔夫船厂却说在"泰坦尼克"号的建造或者用材上绝对没有任何错误和不当。

还有一种新理论认为"泰坦尼克"号之所以在冰山出没的危险水域仍然全速前进,是因为"泰坦尼克"号6号煤仓发生了无法控制的火势,导致这艘邮轮成了一艘漂浮的"定时炸弹"。白星轮船公司总裁JP·摩根担心"泰坦尼克"号还没抵达纽约就可能会发生爆炸,所以密令船长指挥"泰坦尼克号"全速前进,这才导致邮轮无法及时避过冰山,从而引发船毁人亡的惨剧。据一份调查报告称,当时"泰坦尼克"号的速度超过了在该危险水域航行的安全速度。船长和机组人员明知"泰坦尼克"号可能会遇到冰山,但仍然全速前行,这显然不太符合常理。随后,"泰坦尼克"号研究专家波斯顿就有了"泰坦尼克"号6号煤仓起火的结论。他认为6号煤仓的大火是在"泰坦尼克"号邮轮离开英国南安普敦港前10天、在贝尔法斯特港进行速度测试时发生的,直到离开南安普敦港时,火势仍然无法控制,导致摩根十分的担心"泰坦尼克"号可能在还没有达到纽约前就产生爆炸。据说"泰坦尼克"号幸存司炉工J.迪利接受船难调查时也提供证词说,"泰坦尼克"号6号煤仓的确发生了无法控制的火势。

第三种看法来自美国俄亥俄州立大学的研究学者罗伯特。他认为,"泰坦尼克"号的燃料储备间——也就是煤仓里的一处隐燃火是导致这艘豪华巨轮沉睡海底的罪魁祸首。他认为"泰坦尼克"号即使迎面撞上冰山受损也决不会沉没。罗伯特解释道,泰坦尼克号沉没的当天,虽然能见度很差,影响了船员们的观察效果,但是当瞭望员发现冰山时还有400米,如果当时"泰坦尼克"号立即减速,那么即使迎面撞上冰山,它也不会沉没。但是谁也没有料到在这时船舱里会发生隐火事故,而煤仓里出现隐火在当时的蒸汽船上是一个很普遍的问题,处理的办法是向锅炉里提高添煤的频率,以保证整个煤仓的安全,同样,在"泰坦尼克"号上船员们也都采用了这一办法。但是隐火很难扑灭,这样船员就向锅炉里大量添煤,靠煤量的增加使得蒸汽机锅炉里的蒸汽量大量增加,导致"泰坦尼克"号的航行速度骤然加快,这时船员再想减速或避让为时已晚,"泰坦尼克"号径直以高速向冰山撞过去。冰山在船体凿出六个大洞,冰冷的海水汹涌而入,随后船体突然断裂,便沉入海底。为什么"泰坦尼克"号的船体一撞就碎呢?有关人员解释说是因为建造"泰坦尼克"号所用的钢板材料质量非常低劣,夹杂着大量硫化物,如果"泰坦尼克"号是用现在的钢铁制造的,那么它只会被大冰山撞出一个大瘪坑,而绝不会被撞漏沉没。

第四种说法是阴谋论。

据英国研究者加迪诺和牛顿称,"泰坦尼克"号沉没不是天灾,而是人祸!他们说1911年9月11日,"泰坦尼克"号的姐妹船"奥林匹克"号在离开南安普敦出海适航是与另一艘英国海舰发生碰撞,"奥林匹克号"损失惨重,但是白星轮船向保险公司申请理赔时,却由于保险公司调查认定碰撞事故的责任在"奥林匹克"号而拒绝赔付。而修理"奥林匹克"号的费用异常昂贵,还要花上数月时间。当时,白星轮船公司已经陷入非常严重的经济危机。为了摆脱困境,白星轮船将"奥林匹克"号伪装成"泰坦尼克"号进行跨大西洋处女航,并阴谋安排一场事故以骗取巨额保险金。当然,他们不敢拿2000多名乘客去堵,他们安排了一艘"加利福尼亚"号轮船,事先停靠在大西洋上冰山出没的地方等待"泰坦尼克"号的出现,一旦发生沉船事故,"加利福尼亚"号将"及时"出现,将"泰坦尼克"号的所有乘客和船员转移走。据历史记载,当时在大西洋航行的"加利福尼亚"号除了船员和3000件羊毛衫和毯子外,一名乘客竟都没有搭载!

加迪诺和牛顿称,本来一切都会按"计划"进行,然而,"加利福尼亚"号最后却搞错了"泰坦尼克"号的位置和求救信号,没有及时赶到沉船地点进行抢救。于是,近2000名无辜的乘客和船员就付出了葬身海底的惨重代价。为此他们还列举了几个异常时间来证明"泰坦尼克号"是被偷梁换柱的:①"泰坦尼克"号曾经突然改变航线,这可能是"泰坦尼克"号希望与接应的"加利福尼亚"号进行会合的信号;②事故调查报告显示,在船员的船舱里,竟然没有一个双筒的望远镜,这就是说监望员很难及时的发现冰山的踪迹;③白星轮船公司总裁摩根本来也要乘坐"泰坦尼克"号进行处女航行,但是在起航前,却突然取消这趟航行,据说还有55名乘客在最后取消了航行;④最令人匪夷所思的是从"泰坦尼克"号上打捞上来的3600多件物品,竟然没有一样东西上刻着"泰坦尼克"的标记。

但是有人反驳说任何人要设计弄沉这样一艘269.1米长,28米宽,吨位达45324吨的超级巨轮,显然都是一项超级疯狂,绝对匪夷所思的"大手笔"行为,因此,许多英国人都对"泰坦尼克"号阴谋论嗤之以鼻。

"泰坦尼克"号沉没与小说的巧合:

据说1898年,英国作家摩根·罗伯森写了一本名叫《徒劳无功》的小说,其内容也是说一艘永远不会沉没的豪华巨轮在北大西洋沉没,这部小说竟然与1912年沉没的"泰坦尼克"号有许多惊人相似的地方:

(1)在《徒劳无功》中遇难的也是一座豪华客轮,名为"泰坦号"。

(2)两船都是初次出航就沉没,其原因都是撞上冰山,失事地点都在北大西洋。

(3)两船航行的时间都是在4月份,航线都是从英国到美国。

(4)"泰坦号"所写的乘客和船员人数为3000人,"泰坦尼克号"乘客和船员人数为近3000人。

(5)泰坦号设想重量为7万吨,泰坦尼克号实际重量为6.6万吨。

(6)泰坦号长度约为243.8米,泰坦尼克号长度为269.1米。

(7)两船的螺旋桨数均为3个,碰撞冰山的时速均为23节。

(8)两船出事后乘客伤亡惨重的原因都是因为船上的救生艇不够。

有人说这只是巧合,还有人说《徒劳无功》简直就是在描述"泰坦尼克"号的沉没。世界上有许多神秘的事物,我们无法确定它们之间究竟有着怎样的关系,留给人们的是永远的谜团和惊讶。

谜案难解的"莫洛·卡斯"号

在历史上,许多豪华客轮在一次海难或人为灾难中毁于一旦,它们的制作费用在当时可谓首屈一指,但是为何都逃不掉毁灭的命运呢?

"莫洛·卡斯"号是美国伍德凯轮公司的1930年建造的双烟囱班轮,十分的豪华。船身长155米,排水量11500吨。1934年9月5日,"莫洛·卡斯"号巨轮载着318名乘客从古巴的哈瓦那港起航,计划穿过佛罗里达海峡,最后到达纽约。

但是到了傍晚十分,机舱内的一个锅炉出现了问题,供气能力达不到要求,船速明显放慢了。船长对此十分的恼怒,但是他再也没有走出船长室。晚上九点时,轮机长埃鲍脱经过船长室时发现门大开,他好奇地走进去,发现船长死在了浴缸里。埃鲍脱异常震惊,立即打电话通知其他人。船医让人把船长的尸体抬到船上,准备运到纽约进行尸体解剖以查明死因,由大副霍姆斯担任代理船长。

午夜,狂风大作,预示着一场风暴即将来临。代理船长霍姆斯和船医探讨着船长的死因,霍姆斯认为船长是自杀。但是船医很肯定地说船长不会自杀,言外之意就是他杀。船医认为是有人给船长放了毒。他在船长室发现有人曾经在那里喝过威士忌,桌子上放着两个杯子,一个杯子还残留着一些液体,这个杯子被船医收了起来,他打算将杯子交给警察,请他们验证一下杯子里面是否下了毒,以及杯子上的指纹是谁留下的。

但是到了凌晨3点,忽然有人推开驾驶室,慌张地向霍姆斯报告船上冒烟了。烟是从一个柜子里冒出来的,柜子里的化学物品被烧着了。当人们找到货源时,才发现图书馆里的书柜、木质家具、地板、舱壁都已着火了,火焰正向客厅、酒吧和饭厅蔓延,火势令人惊讶。由于船员们很少进行防火演练,所以在这紧要的关头都显得惊慌失措,而霍姆斯第一次遇到这么严峻的事情,在慌乱中竟然忘记了下令减速。这时海风也助燃了大火,整个"莫洛·卡斯"号的上空,一片火光。

霍姆斯这时才下达让全部船员救火的命令,但是为时已晚,全船都处在极度恐慌中。甲板上更是乱作一团,每一个人都想逃命,哭声、喊声充斥着红色的天空。其实船上一共有12只救生艇,每只可载70人,再算上救生筏在内,一共可以坐1000多人,如果组织得当,全船的人都会得救,但是由于人们慌乱没有秩序,使得一只救生艇仅仅有七八个人就被放了下去,而救生筏在当时根本不会起到作用!

后来在其他船只的救助下,414人获救,135人遇难,价值500万元的"莫洛·卡斯"号不复存在。

"莫洛·卡斯"失事后,为了查明失火原因,美国船舶当局组成了一个专门事故委员会,对船上所有的船员和船长突然死亡的原因进行调查。但是一直没有什么深入的进展。直到1959年1月的一天,一位美籍富翁在临死前自称是他杀死了"莫洛·卡斯"号的船长,火也是他放的。难道盘旋了20多年的疑案就这么简单的解开了吗?人们并不这样认为。但事实究竟如何，也许没有人知道了。

巨型船只为何难逃悲惨命运

世界上有许多的体积庞大的船最后都难逃沉没厄运，这是它们必然的结局还是人类无法抵抗自然的力量所致？

在历史上许多的巨型船只都无法逃脱沉没命运，如"泰坦尼克"号，有人说是这些船的体积过于庞大，它们根本无法按照人们的想象进行航海。也有人说沉没的巨型船只是因为在建造或行驶过程中出现的问题所致，并不是其大小的问题。

1.超载潜艇迷途不返

1939年6月1日，"寒特斯"号潜艇在利物浦码头进行适航。"寒特斯"号潜艇的排水量为1100吨，船身有半个足球场那么大，但是潜艇内船员编制却只有53人。而那天，英国潜艇指挥官奥莱姆上校等50人又登上潜艇实习，舱内人数由53人增至103人，顿时使"寒特斯"号超载，这为后来的事故留下了隐患。在潜艇起锚时，码头的钢缆刚解开就被冲进了水里，人们试了好几次才将钢缆拉到船艇上固定好。这次意外也在暗示着此行的危险。

在到达预定海域时，按照事前的计划，"寒特斯"号将马上下潜，接到命令，水兵开始向潜艇里注水，但是半小时后，潜艇仍然没有丝毫下沉的迹象，有人检查后，发现鱼雷发射器没有注水。于是，船长命令由伍兹上尉指挥，向鱼雷发射器注水。伍兹下令打开鱼雷后盖注水，但是水兵报告说后盖打不开。伍兹又亲自和水兵打开5号后盖，但是就在盖子要打开时，海水猛然将盖子冲掉了，海水顷刻间涌了上来。没有多长时间，海水就冲破了两道防水门，虽然勉强关上了第二道防水门，但是由于舱内进水太多，潜艇又超载近一倍，"寒特斯"号开始下沉，在短短的时间内，倾斜角度就达40度！

"寒特斯号"已经进入十分危险的境地，因为潜艇在水下无法补充空气，而舱内的空气仅够53人呼吸3小时，如今竟有103人，大家又能够支持多久？最后，"寒特斯号"内的空气愈加的混浊，许多船员已经呼吸困难了，有些人甚至站不起来了。船长认为不能再等下去了，于是他派一个上校和伍兹穿上潜水服去报告险情。费了很大的困难，他们才浮到水面，但此时他们已经奄奄一息，多亏了一艘经过的船只发现了他们，并且得知了"寒特斯"号遇险消息。但是当救援的船只赶到时已经晚了。除了4人以外，留在"寒特斯"号舱内的99人全部遇难。

据说船长在见到伍兹二人久久没有回音，而舱内情况也更加恶化时，他不得不孤注一掷，命令以4人为一组冒险出舱，但是在第一组中只有两个人跳入水中得以活命，其他的人根本没有力气爬出舱外了。更严重的是，机舱的防水门又被打开了，没有人知道那99个人在最后生命到来时是如何死去的，"寒特斯"号留给后人一个深刻的教训：任何小细节如果不加以认真对待和长远考虑，都有可能酿成一场大悲剧。

2."皇后"号豪华巨轮谜损大海

"皇后"号是英国20世纪初最时髦的客轮,船身长167米,宽20米,排水量高达20000吨。船有5层甲板,可容纳2000人。此外船上还有舒适的卧舱、宽敞的客厅,还有板球场等娱乐设施。

1914年6月1日,薄雾笼罩着大海,海上能见度逐渐减弱,轮船行使近距法吉尔角7海里的诺克·波因特角时,海滩形状的灯标也难以区分了。船员觉得情况有些异常,于是就赶忙去找船长肯达尔,肯达尔船长赶到船舱,在那里,他听到了前桅传来阵阵钟声,嘹望远处,他发现在距"皇后"号的6海里处有一条船。肯达尔船长立刻命令将船向左侧偏26度,他认为这样对面的轮船就会在"皇后"号左侧3~4度处安全驶过去。

向"皇后号"行驶而来的是挪威货轮"斯多尔恩塔德"号,它载着一万多吨煤正在向法吉尔驶进,这时两只船仍然在向前行驶。当肯达尔发现两船的距离只有两海里时,他命令皇后号全速后退。但在"斯多尔恩塔德"号上直到船员发现逼近的"皇后号"才将这一情况告诉了船长。但是此时为时已晚。当两船相距只有100米的时候,货轮仍在前行,一声巨响,"斯多尔恩塔德"号的艏柱以35度倾向插入"皇后"号的右舷。肯达尔立即冲上船让"斯多尔恩塔德"号停止后退,继续向前行。这是由于"皇后"号已经受重创,货船一旦将艏柱从中抽出,海水就会涌入,"皇后"号则必沉无疑。但是"斯多尔恩塔德"此时已经在后退。两分钟后,客轮和货轮终于分离。立即有汹涌的海水涌入船舱内,"皇后"号开始倾斜!有资料显示,"皇后"号被撞出一个面积为32平方米的大窟窿,每秒钟就有30立方米的海水涌入。

许多旅客对船的情况一无所知,许多人在黑暗中被活活踩死,一些人还以为离沉船还有些时间,仍在整理衣物,但还没有走出舱门,就被灌入的海水淹没。船下沉得越来越快,当烟囱也没入水中时,锅炉突然爆炸,数十名司炉工当即死亡。碎片还击中了一艘载着50人的小艇,小艇顷刻间就灰飞烟灭。肯达尔船长也不幸坠入海中。"皇后"号上一共有36艇救生艇,可容纳1869人,但由于船体倾斜,只有六艘被放了下去,其余都随着大船一起沉没了。

"斯多尔恩塔德"号派出4艘救生艇去救援,随后法吉尔无线电台接到求救信号,于是立即向海上的船只转发着"皇后"号遇难信息,当接受到信号的"尤列卡"号和"列季——埃维林"号赶到时,客轮已沉在水中15分钟了,很多人在水中死去。"尤列卡"号救起了32人,"斯多尔恩塔德"号救起了338人。

这一切都是据幸存者记录下来的,然而当时的情况是如何惨烈,也许没有人可以描述出来。随着"皇后"号的沉没,它也带走了无数秘密。

3."瓦拉塔赫"号失踪之谜

1908年,英国蓝锚航运公司委托巴克利与柯尔造船公司建造一艘万吨级的轮船,船长140多米,这艘万吨轮船被取名为"瓦拉塔赫",于1908年11月试航。

在初次适航中,航线是从伦敦到澳大利亚,一共有500多名乘客和150多名船员。但在登上"瓦拉塔赫"号,乘客们就感觉到船体就一直不断的摇晃。有的乘客竟因被摇晃下来的货架上的东西砸伤。有的人本来并不晕船，但是上了"瓦拉塔赫"号却开始晕船。许多乘客发誓不再坐这条船。

1909年7月，"瓦拉塔赫"号的最后一次航行是从伦敦经德班到开普敦去。出航前，有关人员对"瓦拉塔赫"号进行了检查并宣布："瓦拉塔赫"号没有任何问题，完全可以出海。但是"瓦拉塔赫"号的船长却不这么想，他十分害怕，还向父亲写了一封信，称"瓦拉塔赫"号头重脚轻，很不安全，等这次航行结束后，他就辞职。

"瓦拉塔赫"号起锚出海后，乘客索耶却感觉十分的不安。在三个晚上他一直再做一个可怕的噩梦：他梦见一个鬼在喊着他的名字，当他惊醒时，就觉得船要翻了一样，好像船忽然在海中遇到了风浪。当"瓦拉塔赫"号驶过墨尔本时，索耶感觉船在向一边倾斜，并且在很长一段时间内不能恢复，后来在一阵剧烈的晃动后才恢复平稳，许多乘客也因此跌坐在地板上。当"瓦拉塔赫"号开到德班时，索耶就要背着行李下船，他想改乘其他的船，似乎有种强烈的预感让他不要再继续留在"瓦拉塔赫"号上了，索耶在别人的嘲笑中下了船。可是，"瓦拉塔赫"号从德班起航后不久就永远的消失在了这个世界上。

因为"瓦拉塔赫"号没有按时抵达，几天以后，才有人开始重视这个问题，据不定期货轮"哈罗"号反映，7月20日早上，"哈罗"号船员们看到了"瓦拉塔赫"号还在顺着海岸线行驶。但是7月28日，海上刮起了大风暴。被风浪吞没的"克兰麦欣迪"号的船长九死一生，他反映了"瓦拉塔赫"号的情况，在风暴来临之前，他看到"瓦拉塔赫"号的行驶还很顺利。但是那场风暴实在是太大了，它几乎要将大海反过来。"瓦拉塔赫"号很可能已经遇难，而船上的211名乘客与船员也有可能无一生还。但是这引起了不少人的猜测：如果"瓦拉塔赫"号是遇到了风暴而失踪的，最后沉入海底，可是为什么它没有发出求救信号？还是由于风浪太大，人们无法接受到呢？

许多人都怀疑是"瓦拉塔赫"号船有很严重的质量问题，但是至今人们也没有找到它的残骸，所以也就无法确定"瓦拉塔赫"号的沉船真正原因是不是质量问题了。

4."杰尼"号冰漂之谜

1960年9月22日，英国"霍普"号捕鲸船正在南极海上作业，在一阵巨响以后，一座冰山豁然崩塌，在冰山中露出一艘奇怪的船只。船长立即下令向那艘船靠拢，当人们登上船的时候，船上静寂无声。虽然船体已经破碎，但是保持还算完整。而舱内的情景更让人毛骨悚然：八具冻僵的尸体横七竖八的倒在地上，其中有一个是女人，旁边还有一条狗的尸体。在船长室，他们发现了死去的船长，他依然保持着临死前的状态：手握着钢笔，木然的依靠在椅子上。

这究竟是一艘什么船呢？人们为了一探究竟，开始到处搜索，最后发现一本保存完好的航海日记。打开一看，人们不由得一惊，这艘船正是37年前突然失踪的"杰尼"号！

"杰尼"号的船长在最后的一篇日记里写道："到今天……活了71天，现在已没有可吃的东西了，我成了最后的死亡者。"

1923年1月17日，"杰尼"号在驶往秘鲁的途中遇到了浮冰。船陷入了浮冰中再也没有逃脱。在这座漂浮海上的冰山中，船上的人们终于无法忍受饥饿而一一死去。冰山裹着载着 8 具尸体的船在无边无际的海洋中竟然幽灵般地漂流了 37 年。在这 37 年中，"杰尼"号是如何随波逐流的，自然是个难解的谜团。

5. "明亨"号沉沉之谜

"明亨"号是英国上世纪六十年代最为著名的航海运输轮船，这艘 4.5 万吨的现代化集装箱巨轮曾经到过四大洲与五大洋。1978 年 12 月，当"明亨"号从大西洋进入北海时便神秘失踪了，船上 28 人无一幸免。几天后，人们在失事地点发现了"明亨"号上的几个救生圈。为了寻找"明亨"号沉船，航运公司请求英国海军潜艇帮忙寻找。但潜艇将海底巡扫了一遍，却没有发现沉船的踪迹。

1979 年初，布莱梅港海事法庭对"明亨"号失事案件展开调查。最后，他们发现，"明亨"号失事当天整个海区风浪并不大，而且轮船装备先进，即使触礁，仍来得及发出呼救信号。但在船沉没前却没有任何呼救信号发出，这真让人难以相信。

1979 年，英国爱丁堡地理研究所在对北海海底进行考察时发现，北海海底布满了火山口，并且这些火山口排列紧密。虽然这些火山大部分已死，但有一些仍在喷吐熔岩。海洋地理学家推断，"明亨"号失事，很可能是由于它航行在火山口地带的某座活火山口上时，恰遇其熔岩强烈喷吐，引起水团急剧波动，"明亨"号跌入波谷，很快被海浪打沉而隐入火山口中，悬浮岩溶浆覆盖了沉船，至于那几只救生圈，原是挂在船舷外壁上的，船沉时随海水上浮，逃脱了与船同归于尽的厄运。

但是也有人说不管这一推断是真是假，都还很难解开"明亨"巨轮的神秘失踪事件，更不能证明"明亨号"巨轮沉没了。只有当找到"明亨号"残骸体时，才能验证上面的说法是否正确。

文明科技在进步的同时必然也要付出一些代价，不管这些大型船只的失踪是由于天灾还是人祸，它们都将永远被记录在历史档案中，因为它们在当时代表了人类最高的技术和追求。

英国"皇家橡树号"战舰的沉没

"皇家橡树号"是英国海军最强大的主力舰，曾多次作为英王的座舰出访各国，舰上的贵宾室内永久性地放着英王的宝座，墙壁上悬挂着历代英王的画像。在英国国民的眼里，"皇家橡树"号却成了战无不胜的皇家海军的象征。但在 1939 年，"皇家橡树号"却被莫名其妙的击沉了。

"皇家橡树号"是由英伯肯海德的莱尔德船厂制造，排水量 33800 吨，舰长 190.3 米，宽 26.97 米，吃水深 8.27 米，最高航速每小时 24 海里，舰载武器装备有 381 毫米口径主炮 9 门，152 毫米口径火炮 12 门及大量中小口径火炮等。但在 1939 年 10 月 14 日凌晨 2 点，英国皇家海军在本土最大的基地斯卡珀湾偶然响起了巨大的爆炸声，随即，"皇家橡树号"战舰就燃起了熊熊大火，战舰迅速沉入水中，造成 833 人死亡。"皇家橡树号"就这样莫名其妙的被炸沉了，成为二战中英国损失的第一艘战舰。由于这次爆炸比日本偷袭珍珠港早了两年，所以人们把它比喻成英国的"珍珠港事件"。

事后经过专家分析"皇家橡树"号是被德国潜艇发射的鱼雷击沉的，然而许多专家在看到"皇家橡树号"是被鱼雷击沉的报告时起初都觉得难以置信。因为斯卡珀湾的航道狭窄曲折，基地入口处设有浮动炮

"皇家橡树号"战舰

台和封锁船，连一般的水面舰艇通过都需要导航员引导，基地指挥官曾断言："斯卡珀湾不存在来自海洋的威胁！"专家无法想象，德国潜艇是如何在深夜从水下绕过重重障碍进入港内的。当时担任英国海军大臣的丘吉尔得知此事后，十分心痛，但他百思不得其解，将斯卡珀湾海军基地高级军官统统撤职。不过，对外则谎称，"皇家橡树"号是因锅炉爆炸沉没。

二战结束后，此事才有了其他的说法，"皇家橡树号"是被一个叫阿尔雷德·韦林的德国间谍毁灭的。据说韦林在1928年参加德军情报部门以后，就一直呆在被德军认为是德英战争中的战略要地——斯卡帕湾。阿尔雷德·韦林化名为阿尔伯特·奥特尔，精通英、法、德三国语言。他化装成一名瑞士钟表匠，在紧靠斯卡珀湾海军基地的刻尔克华尔开设了一家专门出售瑞士钟表的商店。潜伏了12年后，韦林获得了大量关于斯卡珀湾海军基地设施、航道和停泊舰艇的情报，并及时通报给了上司卡纳里斯。

这个爆炸性的文章是由美国记者科特·瑞斯提出的，他说卡纳里斯根据韦林发来的情报，派遣由王牌艇长冈瑟·普里恩上尉指挥U-47号潜艇夜袭斯卡珀湾。普里恩上尉根据韦林提供的港湾航道图指挥潜艇，神不知鬼不觉地溜进了斯卡珀湾，并在9号锚地找到了"皇家橡树"号。U-47号潜艇在距"皇家橡树"号180米处发射了6枚鱼雷，击中了舰上的弹药库，将这艘3万吨级的巨舰炸成两截。随后趁乱撤出港湾，在约定地点浮出水面，接上早已等候于此的韦林，一起返回了德国。

但是许多英国记者来到奥科内岛，对此事进行调查，结果却没有找到一个认识韦林的人，而他本人似乎也从没有被人见到过，而卡纳里斯也一直没有提到过这个人。所以有人提出质疑：在奥科内岛是否真的存在过一个长期潜伏的德国间谍？还只是人们的一种揣测呢？并没有真凭实据？也许这一切答案都不会有人知道了。

"悉尼号"是被谁打沉的

战争是人类自己酿成的最大灾难，在战争中，人类失去的不仅仅是和平更是无数无辜的生命。

"悉尼号"隶属澳大利亚皇家海军,它是一艘轻型巡洋舰,长 169 米,宽 17.3 米。"悉尼号"曾经多次远赴欧洲执行任务,并屡创辉煌。在二战期间,"悉尼号"被派往地中海,多次在与澳大利亚海军的交战中立下战功。

1940 年 7 月 19 日,"悉尼号"在一艘英国驱逐舰的协助下击沉了意军快速巡洋舰"科尼奥尼号"。以后,它在执行护航任务时又击沉了一艘小型意大利油轮。此后,"悉尼号"多次执行袭击港口和拦截意大利商船的任务,并屡创辉煌战绩。1941 年 2 月,"悉尼号"回到澳大利亚,在印度洋执行巡逻和护航任务。

1941 年 11 月 19 日,"悉尼号"巡洋舰完成任务准备返回弗里曼特港,但在当天下午,"悉尼号"船员通过雷达发现在 20 千米远的海域有一艘可疑的船只,这艘船自称是商业船"马六甲海峡号",但当"悉尼号"距离它只有 1 千米时,才发现这艘伪装的商船实际上是德国舰艇"鸬鹚号"。

"鸬鹚号"和"悉尼号"恶战起来,就在德国"鸬鹚号"炮舰被澳大利亚的"悉尼"号巡洋舰击中,丧失了战斗力,打算缴械投降时,"悉尼"号巡洋舰突然被一枚不知来自何方的鱼雷击中。这一突如其来的打击十分致命,"悉尼"号舰身迅速下沉,舰上 645 名官兵也随之沉没,无一幸免。难道这又是德国人从中要了花招?后来的历史学家们进行了一番考察,结果表明,当时的"鸬鹚号"确实已经处于被动挨打、无法还手的境地了,那枚鱼雷不可能是它发射的。事隔 32 年后,原"悉尼号"巡洋舰领航员之子、英国作家 M·蒙哥马利经过长期的私人调查,提出了自己的看法。他认为,这枚神秘的鱼雷是由前来迎接德国"鸬鹚号"炮舰的日本潜水艇发射的。不过令人奇怪的是,英、美两国首脑在公开场合对这一事件一直保持缄默态度。两国政府即没有就此事件向当时尚未与美国交战的日本提出抗议,至今为止也没有公布有关"悉尼号"巡洋舰被击沉的任何文件。难道其中又有什么玄机不成?

2008 年 3 月,失踪的 67 年的"悉尼号"残骸终于被找到,也许解开这一谜团的日子不远了。

隐藏着惊天秘密的"阿波丸"号

一艘满载着无数财宝的日本油轮"阿波丸"号在 1945 年 4 月 1 日被美国鱼雷击沉,2000 多名乘客除 1 人外全部殒命,所有的财宝也随之沉入大海,数十年来就像一个谜团困扰着所有人。

"阿波丸"号是一艘建造于 20 世纪 40 年代的日本远洋油轮,船长 154.9 米,宽 20.2 米,深 12.6 米,总吨位 11249.4 吨。它负责为日军运送作战物资,往返于日本至东南亚各国的航线上。1944 年下半年,美国及其盟国通过国际红十字会请求日本政府同意他们向日军占领区的同盟国战俘和难民运送人道主义救援物资。日本政府答应了美国的请求,条件是:美国和同盟国必须绝对保证日方运送人道主义救援物资的船只的安全。1945 年

2月中旬,"阿波丸"号起航。之前,日本政府将该船的航行计划向美国政府做了通报。3月28日上午,"阿波丸"号从新加坡起航回国。4月1日午夜时分,该船行至中国福建省牛山岛以东海域,被正在该海域巡航的美军潜水舰"皇后鱼号"发现,遭到数枚鱼雷袭击,3分钟后迅速沉没。除1人外,2009名乘客以及船上的一切全部沉入大海。

既然双方已有约定,为什么美军潜艇还要对"阿波丸"号发起攻击?是有意还是误炸?返回日本时,船上装的到底是什么?为何在轮船被击沉后,日本政府先是剑拔弩张,之后便不了了之,直到今天仍沉默不语,其间有什么不可告人的秘密?……

另外许多资料表明,"阿波丸"号是一艘装满财宝的油轮,但是具体所装的物品是什么却史说不一。

据美国《共和党报》1976年11~12月号特刊报道,"阿波丸"上装载有:黄金40吨,白金12吨,工业金刚石15万克拉,大捆纸币价值不菲,人工制品、工艺品、宝石40箱,价值不明。

而据《中国时报》1976年11月21日报道:"阿波丸"被击沉时载有金锭40吨,白金12吨,未加工的宝石15万克拉,美、英、香港货币数捆,工艺品40箱,锡3000吨,钨2000吨,铝2000吨,钛800吨,橡胶2000吨。

1979年5月2日,日本《读卖新闻》报道,当年的陆军伍长(即下士)森川家光说,"阿波丸"所装的为金条。

日本海湾代表团向中国提供的数字:锡3000吨,生橡胶3000吨,加上锑、钨、水银,总计9812吨。

除了这些金银财宝,"阿波丸"沉船上很可能还有一件无价之宝——"北京人"头盖骨化石。

1977年至1980年,国务院和中央军委决定,由福州军区统一指挥,交通部和海军一起组织力量,对"阿波丸"沉船进行打捞。5月1日,打捞者发现"阿波丸"号沉船,船已经断成两截,前段长44.7米,后段长107.8米,埋入海底泥中9~11米。随后打捞以"清除牛山渔场水下障碍物,保障海上渔业捕捞作业生产安全"的名义正式开工。此次打捞共捞获锡锭2472吨,售价5000余万美元,还有橡胶等货物数千吨。但是并没有发现黄金,也没有发现"北京人"化石的踪影。有人猜测各种传言也许只是日本为了打捞2008具骸骨而故布迷阵?还有人说是日本人在驾驶室内安装了自爆装置,在"阿波丸"遭到鱼雷袭击时,眼看大势已去,为了不使黄金落入敌手,日本船长按下了自爆按钮,装有黄金的箱子即被炸得粉碎。而在打捞发现,"阿波丸"号船从驾驶台以下断成两截,船首位于东南方向,船尾位于西北方向。

那么为何说失踪的"北京人"头盖骨可能会在"阿波丸"号上呢?"北京人"头盖骨是在我国周口店地区发现的远古人类头盖骨,具有十分重要的研究意义。但在1940年12月26日,日军占领了北平,美日战事一触即发,"北京人"头盖骨的安全也岌岌可危,本来"北京人"头盖骨保管人员计划将头盖骨送往美国,但是运往秦皇岛的专列在中途遭到日本袭击,从此"北京人"头盖骨下落不明,成为一桩悬案。后来,我国在对"阿波丸"号打捞时，竟然发现了伪"满洲国"政要郑禹的家藏小官印（玉印）及郑孝胥安葬时分赠后人的圆砚，砚上有"郑公孝胥安葬纪念"字样，而历史记载"阿波丸"乘员全部是日本人。因此有人认为这说明日本人搜罗携带了中国北方的文物宝器上了"阿波丸"，而头盖骨极有可能就在其中。但也有人对此提出疑问：日本人为什么要用几年时间，花费周折将化石从中国北方运到东南亚？打捞结果也说明"北京人"头盖骨不在"阿波丸"号上。

"阿波丸"号至今仍留给人们许多谜团，随着时间的推移，相信人们会解开这一切疑问，还历史一个真相。

命殒大海的"长尾鲨"级攻击核潜艇

虽然"长尾鲨"号是美国海军史上第一艘意外失事的核动力潜艇，但由于它的革命性新设计是以后所有美国潜艇的原型，因此其地位仍不能轻易忽视。在后来数次海底采样中，并未发现躺在海底的"长尾鲨"号造成辐射污染。

美国"长尾鲨"号核潜艇是于 1958 年 5 月 28 日开工，1960 年 7 月 9 日命名下水，1961 年 8 月 3 日正式服役，艇长 84.9米，艇宽 9.6 米，吃水 7.6 米；水上排水量 3750 吨，水下排水量 4310 吨。当时，美国建造的全部常规艇和核潜艇的下潜深度均在 210 米左右，该艇却一跃增加到 396 米，这对于提高其与反防潜兵力的对抗能力无疑将具有重要意义。"长尾鲨"号被看成是美国海军核动力潜艇发展的里程碑，从该

"长尾鲨"级攻击核潜艇

级潜艇以后，美国核动力潜艇在整体工艺科技、静音能力、声呐侦测等方面便遥遥领先其他国家，但是该级艇的首艇"长尾鲨"号却在波士顿以东 220 海里处沉没，不幸成为美国海军史上第一艘失事的核动力潜艇。

1963 年 4 月 10 日，美国攻击性"核潜艇"正在试航，当下潜到 130 米时进行了压载舱的注水试验。但当潜水 200 米以后，水面上接收到舰艇中的声音越来越模糊。不久，潜艇里就从水底报告："出现故障，艇首上翘，目前正向压载舱充……"话音显得十分惊慌，还没讲完便突然中断了，几分钟后，水下传来一声艇体破裂的声音，接着便再也没有声音了。艇上 129 人无一生还。

美国海军经过 6 个月的寻找才找到"长尾鲨"号，但是它已经变成了碎片。

20 世纪 80 年代，海洋学者巴勒德宣称以小型潜艇探测"泰坦尼克"号，但实际上是受了美国海军资助，去详细拍摄长尾鲨号的"陈尸地点"状况。拍摄时发现"长尾鲨"号的残骸分成六大块，各种碎片散布在 334 平方米的范围。后来调查结论称，可能是"长尾

鲨"号的一根海水管道破裂,导致海水大量涌入舱内,一些电线被海水浸泡和冲刷后又影响了电气系统,从而使潜艇丧失动力,坐沉海底。也有学者认为是由于主机舱内海水系统强度不够,造成耐压壳破坏,导致该艇"横尸"海底。

还有人说"长尾鲨"号的失事根源可能是冷战时期美苏武器竞赛中,美在建造潜艇时采用了较快速便捷的方式,而忽略了质量,终究造成了悲剧性的后果。

有资料显示,美国核潜艇的核能动力设施的安全标准一向极为严格,但是"长尾鲨"号的舰艇内的设施却没有按照标准来建造,艇内直径 10.2 厘米以上的水管采用焊接,但10.2 厘米以下的次级管路却采用了溶银衔接,虽然溶银衔接较方便节省,但是其管路没有接牢的概率却很高。由于"长尾鲨"号建造工程紧迫,导致质量检验方面也没有认真执行,工作人员只检查了容易接近的接点,而被挡住的接点则放过。在"长尾鲨"号失事以后,美国海军检查了其他该级的潜艇,发现有许多用溶银衔接的管路没有确实接牢,在深海中,这些管路内流动着高压海水,一旦有了裂缝,高压海水将疯狂地向船艇内部猛灌。

此外,还有人说负责将海水引入反应器冷却系统的海水阀也可能是罪魁祸首,因为"长尾鲨"号的排水阀在电力中断时无法关闭,万一遇到这种情况也会造成大量进水。

总之对"长尾鲨"号的失事原因有很多说法,究竟是哪一种还有待进一步研究。

而在"长尾鲨"潜艇沉没 5 年后,一艘"鲣鱼"级"天蝎"号攻击型核潜艇又在大西洋离奇沉没;而记录显示该舰当时的保养状况极差,这件事故又成了美国海军潜艇失事史上的无头公案。

核潜艇"库尔斯克"号为何"沉尸海底"

俄国战略核潜艇"库尔斯克"号是当今世界上排水量最大,威力最强的核潜艇之一,它代表了当今世界上核潜艇制造技术的最高水平,但在 2000 年 8 月却神秘失事。

"库尔斯克"号是当今世界上排水量最大、威力最强的巡洋导弹核潜艇之一,它代表了俄罗斯,也代表了当今世界上核潜艇制造技术的最高水平。"库尔斯克"号核潜艇艇体长 154 米,宽18.2 米,吃水 9 米,排水量 1.39 万吨,由两个核反应堆提供动力,深海航行速度可达 28 节,水面航行速度超过 19 节,续航能力为 120 天,最大下潜深度为 300 米,编制艇员 107 人,其中包括 48名军官,最多可载 135 人。"库尔斯克"号的外壳用特殊的钢材制造,具有极强的抗撞和抗爆能

核潜艇"库尔斯克"号

力。俄罗斯海军称,如果遭到一枚鱼雷的攻击,它能够继续航行,并能浮出水面。因此,"库尔斯克"号被俄罗斯人骄傲地称为"永不沉没的潜艇"。

但"库尔斯克"号潜艇却在 2000 年 8 月俄罗斯海军举行的一次演习中突然沉没。这次演习开始的时候还十分的顺利。但到了 8 月 12 日晚上 11 点半时,俄国战略核潜艇"库尔斯克"号与指挥舰突然失去联系,任凭如何呼叫,"库尔斯克"号都没有任何回应。次日上午,俄北方舰队司令波波夫在接受新闻采访时还称演习十分的成功,并没有提"库尔斯克"号失踪一事。

俄罗斯海军在等待一天后终于不得不承认"库尔斯克"号失事了。消息传到莫斯科,几乎没有人相信这是真的。被俄罗斯人骄傲地称为"永不沉没的潜艇"怎么会沉没呢!

俄罗斯派潜水员下潜,事实让人们心中一痛:"库尔斯克"号正躺在北冰洋巴伦支海 108 米深的海底。

是什么原因导致"库尔斯克"号沉没的呢?在"库尔斯克"号沉没以后,俄罗斯迅速成立了一个"事故原因调查委员会",该委员会提出了 13 种沉没原因的假设,最后确定可能:

一是碰上了第二次世界大战时留下的水雷,二是艇上发生了意外,三是被不明国籍的船只撞沉。

关于水雷一说,俄罗斯专家认为"第二次世界大战"时的水雷威力并不大,可以抵抗当今水雷攻击的"库尔斯克"号应该不会丧命于水雷之手。而第二种说法又没有证据,人们无法判断它的真假。俄罗斯军方设计制造"库尔斯克"号潜艇的海军红宝石中央武器设计局模拟了多种可能导致"库尔斯克"号沉没的试验,但最终也未能找到令人信服的原因。俄罗斯海军方面认为,"库尔斯克"号被不明国籍的船只撞沉的可能性最大。

"库尔斯克"号沉没后,俄罗斯海军当时就提出碰撞致沉的问题。据说俄罗斯海军在演习时至少有两艘国籍不明的潜艇在监视着俄罗斯海军的行动。而潜水员在水下拍摄的录像显示,"库尔斯克"号核潜艇上有明显的擦痕,俄罗斯方面就更坚持碰撞致沉的说法,俄罗斯国防部部长与美国交涉,要求查看"库尔斯克"号沉没时在其周围游弋的北约潜艇,美国国防部部长断然拒绝,而美国方面的拒绝又坚定了俄罗斯军方碰撞致沉的看法。

俄国方面在库艇周围 60 海里的范围内持续搜索了 4 昼夜,找到了一块金属片。然而事后鉴定,金属片属于第二次世界大战时期的残留物。

如此看来,不将"库尔斯克"号打捞上来,那么这个谜团就永远无法解开了。就在俄国打算打捞"库尔斯克"号时,从英国传来一个消息:英国一个地震研究机构称记录了"库尔斯克"号沉没时爆炸的声波,还说这次爆炸相当于 4 级地震。英国方面出示了"库尔斯克"号爆炸时的声波记录,人们发现,在爆炸留下的声波记录前,声波曾经出现了一次异常。这次异常是不是爆炸呢?英国方面将这次异常声波进行了放大,与库艇爆炸时的声波对比,发现与爆炸声波一致。这就是说,在库艇大爆炸前,曾经发生过一次小爆炸。英国方面据此认为,"库尔斯克"号潜艇上发生了两次爆炸,第一次爆炸诱发了第二次爆炸。第一次爆炸相当于 100 千克 TNT 的威力,第二次爆炸相当于 2000 千克 TNT 的威力。两次爆炸相隔 45 秒钟,此间,潜艇大约前行了约 400 米。

但又是什么使得"库尔斯克"号爆炸呢？英国方面分析有可能是鱼雷。"库尔斯克"号装备的新式鱼雷是一种不安全的鱼雷,鱼雷使用的一种液体燃料已明令禁用。英方认为"库尔斯克"号因为技术故障导致鱼雷发射失败,结果鱼雷在发射筒里的爆炸诱发了潜艇弹药仓的爆炸。但俄方不这么认为,虽然有资料表明,"库尔斯克"号验收时就有军代表对"库尔斯克"号使用鱼雷的安全性表示过疑义,但是由于军费的原因,"库尔斯克"号还是使用了传统的鱼雷。俄军方说,俄罗斯长期使用这种传统的鱼雷并且在演习中发射了数千枚,从未发生过问题。

2001 年 10 月,"库尔斯克"号被拖挂在"巨人-4"号驳船的底部,这艘在北冰洋水下沉睡了 14 个月装载着俄罗斯高度军事机密和 118 位俄国水兵英魂的潜艇终于回到了俄国。人们以为"库尔斯克"号的沉没之谜就可以自此解开。但是,在俄军方对"库尔斯克"号进行调查后,又将"库尔斯克"号的沉没原因回到了最初看法上,即认为那三种可能性中第三种可能最大。

俄罗斯北方舰队参谋长在对打捞出来的"库尔斯克"号进行研究分析后认为库艇可能是由于与外国潜艇发生碰撞而沉没的。他说,有诸多旁证显示,库艇沉没时,其附近有另一艘潜艇。据称俄罗斯"彼得大帝"号潜艇在库艇失事后到失事地点寻访,其水底传声记录发现了另一艘潜艇的踪迹。但美国军方发言人说在"库尔斯克"号潜艇周围有其他潜艇活动并不能说明什么问题。

2002 年 2 月 18 日俄罗斯调查人员终于得出结论:一枚过时的鱼雷爆炸和麻痹大意的安全检查程序可能是"库尔斯克"号核潜艇发生再次爆炸并最后沉没的主要原因。但是,诚如《共青团真理报》所说,"库尔斯克"号遇难原因在潜艇打捞上来实际已经完全揭开,但其中隐藏的秘密可能永远不会向世界公开。

谁为"威望号"油轮沉没"买单"

2002 年 11 月 13 日,已有 26 年历史的挂有巴哈马国旗的"威望号"油轮航行在西班牙西北海岸时搁浅,船体断裂了一条 35 米的裂口。而当时"威望号"上满载着 7 万多吨的燃油,这道裂口致使大量燃油外泄,几日后,威望号沉没海底,给当地的环境造成了巨大的破坏。据官方信息,已经有约 30 万只海鸟和无数的海洋动物死亡。

2002 年 11 月 13 日,晴空万里,装载了 7 万多吨的燃料油的巴哈马籍油轮"威望号"正在西班牙加利西亚省的海域航行,它的目的地是直布罗陀。加利西亚是西班牙的旅游胜地,但同时也是"死亡海岸",因为那里气候多变,经常有沉船事故的发生。"威望号"就是在加利西亚海域触礁断裂成两截而沉入大西洋海底的。"威望号"油轮的沉没造成大量的燃料油泄漏,使大范围的鱼虾贝类遭到灭顶之灾,数十万只野生海鸟被饿死或冻死。更令人恐慌的是,那沉入海底的 7 万多吨燃料油变成了一颗定时炸弹,时刻威胁着人们的生活。

但是灾难到底是如何发生的呢？是天灾还是人祸？

11 月 13 日晚，原本平静的大海忽然变得波涛汹涌，集结而来的乌云和海风正在告诉人们一场海上风暴即将到来。"威望号"船长立即让船员做好防范工作，不久后，海风掀起了高过船头的海浪，甲板上迅速挤满了海水。由于风暴高达 8 级，风速也达到每秒钟 28 秒，海上巨浪滔天，"威望号"就像一叶纸船被风浪随意地摆布着，此时，威望号已经被失去了控制。

随风浪驶入加利西亚 9 千米海域的"威望号"上的船员忽然感觉到剧烈的颤动，随即便发现整个油轮竟向右开始倾斜。船员们不安的猜测到"威望号"可能触礁了。事实的确如此。在这一片海域中，到处是大小不一的礁石，而且离水面较近。"威望号"由于无法看清水面的状况，致使船体的右边和海里的礁石发生剧烈碰撞，船体被撕开一个长达 30 多米的口子，油船上的一个油舱被捅破，舱内近 5000 吨的油料开始外泄，在加利西亚的海岸线上形成一个长长的油膜带，"威望号"上的全体船员的生命受到严重危险，而即将倾泻的 7 万多吨油料所造成的后果更是不可想象。

西班牙政府接到"威望号"的求援信号后，迅速派来了飞机和海上救援船营救，虽然船上的船员都被救了上来，但由于当时风浪太大，人们不可能对"威望号"进行全面的抢救，只能先将"威望号"拖出出事海域，以减少泄油的危险。但是救援工作最后还是失败了，在当地 11 月 19 日 8 时，"威望号"被大风往葡萄牙海域，在离葡萄牙海域约 50 海里处折断并沉入 3600 米的海底。

在"威望号"下沉的时候，已经有 5000 吨的油料外泄，仅泄漏的油料就对环境造成了巨大的危害。在大海上漂浮着一层厚厚的油膜，污染最严重的海域油料有近 40 厘米厚，放眼望去一片黑色。由于燃油比原油更具毒性，也更加的难以清理。泄漏的燃油形成油膜，会使海洋生物缺氧窒息死亡。海鸟等动物粘上油污，失去保暖和飞翔能力，因而饥寒交加、悲惨死亡。燃油的有毒物质经过食物链，最终将危及人类健康。据生态专家确定，这次灾难是世界上最严重的漏油事件，500 千米长的海岸线与 183 处海滩遭到污染一定会蔓延，葡萄牙海域的生物也难逃劫难。而目前，用于清除治理受污染的沙滩，已经花费 10 亿美元，据专家估计当地的生态环境至少要 10 年才有望恢复正常。另外，在这次事故中，一些地区的珍贵物种可能会从此不复存在。

但是这还是冰山一角，最大的潜在危险是沉入海底的 7 万吨燃油。西班牙科学委员会 2003 年 1 月 8 日宣布，到 2003 年 1 月 8 日沉入海底的威望号已经漏油 2.5 万吨，污染范围已从西班牙北部海域扩散到法国和葡萄牙海岸。"威望号"就像一个定时炸弹，时刻都有可能爆发。

那么，"威望号"泄油事件只是一个单纯的意外吗？谁又该为此负责任呢？有人说"威望号"船长应负责任。据调查，在漏油事件发生后，船长连续数小时拒绝前来救援的所有拖船靠近，在此期间与他们不断地讨价还价，还拒绝救援船的缆绳系住自己的油轮。由于船长的不配合，延误了救船的时机。另外，按照远洋船舶气象预报，"威望号"应在 14 天以前就知道他们要通过的海域会有 8 级风浪，但是"威望号"并没有绕航躲避，这也为

"威望号"的失事留下伏笔。

也有人说是"威望号"本身的问题。"威望号"是 20 世纪 70 年代日本生产的单壳油轮。而多年来,单壳油轮的事故发生率是双壳油轮的 10 倍。"威望"号是 10 年来沉没的第 4 艘单壳油轮。据悉,"威望号"在此前已经有 26 年的船龄,在沉没前的一次检查中,它曾被发现船身有缺口性需要维修,但是 2002 年 6 月经过直布罗陀海峡时,当地官员均未再检查便批准放行。这就使得"威望号"沉没是迟早"注定"的了。

其实,早在 20 世纪 90 年代,国际航运组织已要求各国航运公司报废单壳油轮。但船主们对此置若罔闻。事故发生后,日本强调"威望"号是 1976 年投入运营的,应当在 1999年到期报废。而希腊这家运输公司明知有漏油现象仍然多拉快跑,终于闯下大祸。希腊政府则说,"威望"号悬挂的巴哈马国旗,它应该算巴哈马船舶。巴哈马是南美洲的小国,很多油轮都在该国登记注册,该国只管发"营业执照",不管安全检查。事故发生后,西班牙和欧盟指责拉脱维亚和英国违反海上运输安全规定。拉脱维亚将原油装船后轻易放行,罪责难逃。英国明知该船超期服役,却同意它运输燃油。当然,拉脱维亚和英国也相互推脱责任。

海洋是我们共同的家园,但是在人类的肆意破坏下,它已经变得面目全非。我们在面对已经发生和即将发生的灾难时,是否应该仔细思考自己的行为,在获得最大经济利益时,究竟应该如何保护脆弱的生态环境。"威望号"带给西班牙等地区的灾难还在继续,没有人知道将会有多少人,多少动物,多少植物遭受毁灭之灾。

韩国版的"泰坦尼克"号重大沉船事故

一起韩国版的"泰坦尼克"号重大沉船事故于 2014 年 4 月 16 日在韩国西南部海域不幸上演,造成至少 28 人死亡、近 270 人失踪。

本次事发客轮"岁月"号设计吨位为 6825 吨级,属于大型客轮,最多可容纳 921 人、载 220 辆车,而当时船上包括船务人员在内总共 475 人,载有车辆 180 辆,并未超载。该客轮也不是旧客轮,它是 2013 年 3 月在韩国正式启用,不易存在因船只太旧等安全隐患造成事故的问题。再者,该客轮发生事故的海域是仁川前往济州岛的熟悉路线中的海域。相关资料显示,韩国仁川前往济州岛的客船一周至少来回有 6 趟。相关人士表示,在声纳技术发达、近海海域礁石分布的航线图较完备、渡轮路线固定且成熟的当今,"游船在近海发生触礁事件已不多见"。

回顾过去半年韩国发生的两起船只事故,其原因大致可归咎于"意外"和"天灾":2013 年 10 月 15 日韩国浦项巴拿马籍货船沉船事故的原因据信为货船遇到大风,抛锚避风过程中出现走锚导致船与防波堤相撞而沉;2013 年 12 月 29 日的韩国釜山近海的撞船事故属于"意外",且应对及时未造成人员伤亡。而此次"岁月"号沉船事故成为韩国近 20 年来最严重的海上事故,舆论认为"人祸"的因素首当其冲。据韩国海警核实,事故发生时客轮的航行速度并不快,且客轮平时航行的航道中并没有暗礁。

　　一些让人遗憾而痛心的事实随着救援和调查的紧密进行而浮出水面:首先,据韩检方称,事故发生时,掌舵的是该船的三副而非船长,且操舵航海员仅有一年工作经验,这不禁让人对该船乘务人员的职业素质产生疑问;其次,一些已经获救乘客称听到事故发生时撞到物体的巨响,而船上的广播却让他们"请勿动并等待",并未组织乘客们撤离或进行心里安抚等,可见船上相关人员对于海难事故应对的意识能力需要打一个问号。

　　最令人不解的是,代理船长李准实在船只进水时首先弃船逃跑自己逃生,而船上广播却让乘客"勿动",导致一些乘客丧失了获救的机会。李准实在事后露面忏悔说:"我很羞愧",但已经无法挽回造成的人员伤亡。《中国交通报》官方微博发表评论称,"船长最后离开,不光是传统,也是法律。无论原因如何,在沉船事故中,船长弃船逃跑,都是不可原谅的。此外,中国《海商法》规定:弃船时,船长必须组织旅客、船员先安全离船,船长最后离船。"

　　事故已成事实,当给各国的警示却长久深远。从客轮承运方的责任看,承运方应在加强航运安全规定执行力度、险情处置方案完备以及增强乘务人员职业操守监督问责机制和提高人员职业道德方面总结经验、下功夫,切实做到将事故中的人为因素降到最低,以保障乘客的人身安全为己任。而从乘客自身来说,此次事故中多数人是学生,"缺乏逃生经验",他们被告诉不要动就都没动,在船逐渐进水的整个过程中丧失了脱离危险现场和逃生获救的机会。当今许多国家从小对儿童进行安全防范教育,了解沉船等意外事故中如何逃生、如何合理疏散的做法,值得借鉴。

空难迷雾

飞艇时代的结束——"兴登堡"号爆炸

在未发明飞机之前,人类就已经开始尝试各种飞上天空的方法,其中飞艇是最具诱惑力的飞行工具。飞艇也确实在世界流行过一段时间,但是随着"兴登堡"号的爆炸,飞艇时代就宣告结束了。

飞艇时代开始于 1900 年 7 月 2 日,比人类第一架飞机起飞还要早 3 年。然而在 1937 年 5 月 6 日,飞艇时代忽然终结了,其原因就在于"兴登堡"号在新泽西州莱克赫斯特着陆时突然起火燃烧,之后不久,希特勒就下令停止使用这种飞艇。就这样,飞艇载人的方式中断了。此前,"兴登堡"号飞船已经 12 次成功的往返于大西洋两岸之间,共搭载乘客 1000 多人次。虽然 1937 年 5 月 6 日不是"兴登堡"号的首次飞行,但是人们依然着迷于这艘壮观的银色飞艇。

在这次最后的飞行中,由于在大西洋上空逆风而行,再加上下大雨,"兴登堡"号迟到了 12 个小时。它从东海岸上空徐徐下降,以便在傍晚时到达,可是还是因为暴风雨而无法降落,它在机场上空盘旋超过一个小时,等待天气放晴。晚 7 时 20 分,飞艇掷下两根着陆线,并准备着陆,这时长 296 米、重 110 吨的飞艇在离地面 91 米的空中,突然起火燃烧,飞艇尾部发生了两次爆炸。当机组人员将已经湿了的绳子抛下地面准备停泊时,这些绳子却起到了接地线的作用。当飞艇的金属架因接地而充电,机壳便开始升温,高度易燃的涂料开始自燃。当时地面上的人束手无策,10 秒钟后,"兴登堡"号的艇身起火,34 秒钟后,巨大的"兴登堡号"就成了一团巨大的火球,人们只能看着 19.8 万立方米的氢气囊被烈火吞没。"兴登堡号"在浓烟中毁灭。在这场灾难中,兴登堡号上的 97 个人中竟有 61 个人死里逃生,这不得不说是一个奇迹。"兴登堡"号的毁灭引发了人们对整个飞艇产业安全性的质疑。而在此时间发生时,已经着手建造另一艘与"兴登堡号"相同大小的飞艇的齐柏林公司,于 1940 年倒闭了。

但是历史上关于"兴登堡"号起火的原因说法不一。

美国探索频道的"流言终结者"通过实验,得出一个结论:"兴登堡号"的起火失事与其表面的铝热剂涂层一定的关系,它是氧化铁外加防潮功能的醋酸纤维制造而成的。这种高度易燃的混合物几乎等同于火箭的燃料。似乎是为了保证它一定会燃烧起来,覆盖在醋酸纤维上的漆料是靠铝粉硬化的，而铝粉也是高度易燃的物质。与其内部填充的氢气是此失事事件的祸首。但同时他们还得出另一个可能性：由于飞艇晚到，艇长急于降落，在错过了降低时机之后大幅度转向，导致结构破坏，一根固定钢缆断裂划破气囊，氢气外泄，然后因为静电火花引燃了氢气导致的事故。据说"兴登堡"号的设计师胡戈·埃春纳曾要求飞艇的"气球"用较氢气更为安全的氦气充气。可是氦气只有美国生产，而美国人又怕德国可能用它来制造武器，结果外泄的氢气终于引起"兴登堡"号的巨灾。

第三种说法认为有人在"兴登堡"号飞艇内部安放了定时炸弹，他们猜测是由飞艇坪四周的树林子里的农民在盛怒之下做出来的。

直到今日，"兴登堡"飞船着火的原因还是一个谜团。

令人费解的空难

空难是指飞机在飞行中发生故障、遭遇自然灾害或其他意外事故所造成的灾难。有资料显示2000年飞机数量比10年前增加36%，但是空难事故却呈逐年下降的趋势。按每百万次飞行发生的有人员死亡的空难事故的次数计算，1991年是1.7次，1999年首次降到1次以下，2000年再次下降到0.85次。按2000年的概率算，也就是117.65万次飞行才发生一次死亡性空难。也就是说，如果有人每天坐一次飞机，要3223年才遇上一次空难。

自从人类发明飞机以来，空难就从来没有停止过，而有些空难发生的十分离奇，令人费解。

1.东京机场上的离奇空难

1966年3月4日是东京国际机场最倒霉的一天。一架加拿大太平洋航空公司的DC-8飞机正准备降落，但是由于浓雾围绕，它不得不继续在天空盘旋。这时驾驶员向乘客宣布要飞往台湾登陆，这时东京机场向他呼叫说雾气已经变得稀薄，他可以安全着陆了。但是DC-8客机却在着陆时猛然撞上了机场边上的水泥护堤，机头被撞得粉碎，机轮瞬间冲出了跑道，瞬间，飞机也燃起了熊熊大火，64人丧命。按照控制塔上的负责人的说法是飞机的当时降的速度太快所致。

3月5日下午，英国海外航空公司的一架波音-707客机经过东京机场时，富士山突然刮起巨大的旋风，这对于正在上升的波音-707来说可能是致命的。据目击者称，他们看到飞机先释放了一股白烟，随后又冒出黑烟，没过多久，客机就在空中爆炸了，机上124人全部遇难。

2.英国"彗星"客机失事谜团

英国欧洲航空公司的一架四个喷气发动机驱动的"彗星"客机，从雅典飞往塞浦路斯尼科西亚途中，于1967年10月12日清晨4时30分失事，坠入土耳其附近的海域，机上66人全部遇难。

飞机出事前几秒钟,驾驶员一直在同尼科西亚控制塔通话。尽管当时这一地区有暴雨,但这并不是这场事故的原因,因为飞机坠毁前正在 884 米的高度飞行,不可能受到暴雨的影响。

3.英国欧洲航空公司飞机失事

1972 年 6 月 18 日,英国欧洲航空的一架飞往布鲁塞尔的"三叉戟一 1"型客机刚从伦敦希思罗机场起飞,便坠毁在几英里之外的田里,机上 118 人遇难,飞机严重变形。事后有官员称驾驶时已经收好了起落架,这表明起飞是成功的,但是着地时却没有放下起落架,究竟是除了什么事故,很是让人费解。

4.英国米德兰航空公司空难事件

1967 年 6 月 4 日,一架阿尔戈诺特 DC-4 包机载着 84 名乘客从西班牙的马略尔卡岛帕尔马回国,在英国斯托克波特上空突然坠落,飞机变成碎片,机上 72 人丧生。但是令人惊奇的是,飞机掉在了市中心唯一一处没有房屋的空地上,同时让人惊奇的是,竟然有 12 人生还。

5.丹麦航空公司空难

1970 年 7 月 3 日晚,在科斯塔布拉瓦炎热沙滩上站着的人们看见了由英国制造的丹麦航空公司飞机坠入离马塔罗大约 32 千米的海中,机上 112 人全部遇难。

在晚上 7 点的时候,机上的飞行员还曾与飞机目的地巴塞罗那的地面指挥中心通话,说他那时正在 19.2 千米以外,1829 米的高度之上。几分钟后,这架来自英国曼彻斯特、载着寻求日光浴的游客的飞机从雷达屏幕上消失了。机上人员无一幸存,也没发现任何尸体,失事的原因一直无法确定。

6.失踪的飞机神秘再现

1933 年 1 月,一架由菲律宾首都马尼拉飞往民参那峨岛的双引擎客机,起飞以后,突然失踪,不知去向。有关方面四处寻找,也毫无结果,成了民航史上的一大悬案。但是到了 1989 年,人们在新几内亚的一个森林沼泽里发现了这架飞机,它依旧像 50 年前一样干净,闪亮,机身上还有明显的标记,但是机舱内却没有一具尸体,当年的乘客都去哪里了呢?难道他们都获救了?没有人能回答这个问题。

7.突然消失的客机

1985 年 6 月 23 日凌晨,一架满载着 307 名乘客的客机波音 747,从加拿大多伦多机场飞往印度孟买。早晨 7 时 14 分(格林尼治时间)时,飞机正顺利的飞越太平洋上空,窗外徐徐升起的太阳给无边无际的大海披上了一层金色的外衣。突然之间,人们在地面的监控系统中惊愕地发现这架飞机从雷达屏幕上消失得无影无踪,不久,飞机坠毁的噩耗传来。搜索人员在爱尔兰附近的海面上找到了这架飞机的残骸,但机上 307 名乘客和 22 名机组成员无一生还。但是人们却不知道这架没有任何故障的飞机为何会突然坠入海中。

8.是谁炸毁了飞机

1985 年 6 月 23 日,在日本的成田机场发生了一起飞机爆炸事件,据说当机场的一名地勤服务人员从一架加拿大至东京的班机中搬运行李时，突然发生了爆炸。这起同样发生在来自加拿大的飞机上的爆炸事件，使人联想到印度客机的坠毁惨案。这是不是由同一个人干的呢？日本警察从旅客名单上找到了两个名叫"辛格"的可疑分子，一个叫L·辛格，另一个叫A·辛格。他们买了这个航班的机票并且将行李托运上了飞机，可本人却都没有乘坐这次航班。这两个"辛格"究竟是谁？有人认为，他们就是美国联邦调查局正在缉拿的两名嫌疑犯——拉尔·辛格和安芒德·辛格。这两名锡克教恐怖分子曾经企图乘印度总理拉吉夫·甘地访问美国之机，伺机进行刺杀，但阴谋最终没有得逞。是臭名昭著的恐怖分子策划了这次印度客机坠毁事件吗？有关方面直到现在还没能得出明确的结论。

韩国客机为何被苏联落

历史上经常有客机误入他国领地而被击落酿成空难，但其被击落的原因却有很多疑点，至今让人无法解开。

1983年8月31日深夜，韩国一架从美国安克雷奇飞往韩国汉城的波音－747客机在苏联哈林岛上空被苏军击落，震惊了全世界。美国媒体声称，该架客机上共有乘客269名，其中包括69名美国人。1993年6月15日韩国外务部发言人宣布该事件原因已经查明，最后的调查报告认为大韩航空公司007号客机脱离航线原因是因为它没有利用惯航行系统飞行，而是利用罗盘方位固定在245度飞行，导致脱离原来航线。

1993年8月19日，韩国政府向俄罗斯提出赔偿要求，据韩国大韩航空公司统计，该事件造成的人员伤亡损失为1500万美元，飞机及营业损失为8400万美元。

但是1993年8月30日，俄总统办公厅主任、波音747客机事件国家调查委员会主席费拉托夫授权宣布，苏联击落韩国客机并没有责任，而是机组破坏航行规则和一系列不幸情况的偶合导致了飞机被击落。费拉托夫指出，韩国客机偏离航线400千米不可能是偶然发生的，这是破坏当时有效归责和指令的结果。当时苏联空系统已经跟踪这架韩国客机两个多小时，但在夜间条件下无法判定为客机而误认为是侦察飞机。远东军区司令部根据苏联国防部总参谋部关于对入侵飞机采取强制措施的指示而进行攻击是有理由的。在试验导弹的封闭地区，对入侵飞机开火是无须事前发出警告的。他还说，委员会没有足够材料能证实该飞机进行侦察飞行的结论，但是业务极熟练的机组在航行中犯下的一系列严重错误是"令人尴尬的"。

那么韩国客机又为何要偏离原来的航线几百千米呢？苏联军是否是故意射落韩国客机呢？当时那位苏联行员是明知故犯呢，还是将007客机误认为是美式侦察机？

据当年亲自驾驶苏－15战斗机击落韩国客机的格那蒂·奥斯皮维奇说他接到上级命令，要拦截一架身份不明的飞机。当时他看到了这是一架外国飞机，不过他却说自己没有看到乘客，一些专家认为，那是因为大多数窗户在夜里都关上了。尽管奥斯皮维奇已经确知那是一架民用飞机,但是在冷战时代长大的奥斯皮维奇只会把它看成是反苏的一部分,而不认为是一架迷航的商用飞机。由于情况紧急,他没有向地面指挥员详细的报告所看到的一切。一直到今天仍有人认为,是他让自己上司反应激烈。他的上司命令他拦截它迫降,他开了三次火,但都没有起到作用,奥斯皮维奇认为韩国飞行员应该看到了炮火和灯光,这是要求迫降否则就要开火的信号。这时,韩国客机已经飞到了大海,奥斯皮维奇又发出两枚对空导弹,准确地击中了目标,007 客机坠入大海。直到今日奥斯皮维奇还坚持认为它负有特殊使命,而且上面根本没有乘客。

但俄罗斯军事史学家亚历山大·科列斯尼科夫教授在《莫斯科共青团员报》却发表了惊人的研究结论:现在可以断言,这是北约精心策划的一次间谍行动。不论是我们的人还是美国人,大家一开始就知道这是一架间谍飞机。这其实是一场战斗,死亡的不是官方宣布的那 269 名乘客,而是 29 名间谍。据说当时飞机飞临到了苏联潜艇基地上空。该基地装有洲际核弹,是苏军的绝密重地。而飞机失事的原因也出现了另一个版本:飞机内部发生了爆炸。具体经过是这样的:苏联军歼击机发射导弹击中飞机,此后飞机又飞行了 17 千米,到达中立水域上空后爆炸。爆破专家认为,飞机是因内爆而解体的,爆炸威力相当于 4 吨 TNT 炸药。而苏联导弹根本没有如此大的威力。而这架波音-747 也有许多奇怪之处:从安克雷奇起飞时,飞机补充了 4 吨燃油,而飞往汉城根本用不了这么多燃料。而且飞机起飞时间延后了 40 分钟,结果当它飞临苏联时,美国的侦察卫星正好抵达堪察加上空。据说当时的前苏苏联还发现飞机正在向卫星传送密码文件。此外,还有诸多疑问:波音-747 客机装备了现代化导航设备,它大大偏离了航线,为什么机组人员却不知道?也没有能够及时修正航向?为什么机组人员对歼击机发出的信号和警告性射击毫无反应?美国和日本的地面监控人员为什么始终没有采取任何措施,纠正波音飞机的航向错误,坐视悲剧发生?那么这架波音-747 到底有多少人呢?打捞情况表明,机上乘客最多不超过 29 人。可是为什么有 269 人的行李呢?而且奇怪的是,这些行李都被串绑在了一起。此举的目的是为了防止水流将行李冲走,这样就可以证明共有 269 人死亡。而这些乘客在安克雷奇机场起飞前就离开了飞机。因此,有人认为之所以各方没有对苏联提出指控,是因为美国当局和前苏苏联了一个协议:即是美国认定前苏苏联罪,前苏苏联不公布被击落的波音飞机其实是间谍飞机。

但是这些说法都只是一些专家的个人见解,并没有人出来承认或者否认,所以事实究竟如何,还有待进一步研究。

是谁制造了洛克比空难

1988 年 12 月 21 日,美国泛美航空公司的 103 航班在经过英国苏格兰地区洛克比小镇上空时忽然发生爆炸,爆炸的飞机在地面上撞击出一个 15 米深、27 米长的大坑,还引燃了加油站、汽车和房屋,一共有 270 人在此灾难中丧生。苏格兰警方在对飞机爆炸原因进行分析后认为飞机失事前并没有任何故障。后来技术人员发现高性能塑胶炸弹的痕迹,这种塑胶炸弹非常受恐怖分子"青睐",因为一般的检查仪器对它根本起不到任何作用。

1988年12月21日,泛美航空103次班机自伦敦希斯罗机场起飞,飞往目的地纽约。当客机飞抵苏格兰洛克比小镇上空时,一个行李箱突然爆炸,将机身炸了个窟窿,机组人员和259名乘客全部遇难。飞机残骸坠落地面时,还引发民宅及瓦斯管道起火,又导致11名洛克比居民丧生。当时调查人员调查断定,炸药是被装在了一个磁带播放机里,一个瑞士造的电子定时器设置了炸药的爆炸时间。苏格兰警方在空难发生后的3年中以波音机最大的一块残骸为中心,以64千米为半径进行了地毯式搜索收集到了400多万件证物。其中最为关键的一件证物"出现"在洛克比空难发生一年半后,在距坠机地点近129千米远的一片森林中,一位陪爱犬散步的男士在丛林中发现了一小块纤维里藏有残余炸药T恤衫残片。这块残片将矛头指向利比亚。1990年秋天,由美英两国情报机构组成的调查组宣称获得一名利比亚特工人员的日记,认定利比亚航空公司驻马耳他办事处经理费希迈和利比亚特工人员迈杰拉希阴谋在由伦敦飞往纽约的泛美航空公司103航班上放置炸弹。

2000年5月3日,洛克比空难案正式开庭审理,是在中立国荷兰进行。在前美国空军基地宰斯特营成立了苏格兰法庭。根据英荷两国签订的协议,审讯期间苏格兰拥有该处地方的主权,在苏格兰法律下管治。迈格拉希被控将一枚定时炸弹携至马耳他岛密谋炸机,费希列则被控利用关系帮助迈格拉希在机场蒙混过关,将内藏定时炸弹的录音机以非随身携带行李送上航班。

但费希迈和迈杰拉希在审判之初就称,他们与洛克比空难没有任何关系,真正的元凶是名为"巴勒斯坦人民解放阵线总指挥部"和"巴勒斯坦人民斗争阵线"的两个组织。但"巴勒斯坦民族解放阵线总指挥部"在洛克比空难发生后立即声明,恐怖爆炸行为与该组织无关。洛克比空难审理开庭后,该组织再次声明,爆炸行动与该组织无关。

整个审判过程开庭还不到9个月,实际的庭审也只有85天,但已有250多人出庭作证,庭审记录达一万多页。最终,迈格拉希被判处终身监禁,但法庭同时建议他至少服刑20年,并必须在苏格兰的一所监狱里服刑;而费希列则被告之"无罪",可以自由离去。如释重负的费希列鼓起掌来,庆幸自己逃过一劫,并准备立即返回利比亚。而迈格拉希则坚称自己是清白的。而利比亚在2003年承诺向空难遇难者家属提供总共27亿美元的赔偿金。

但是1个月后即6月4日,一名叛逃的伊朗高级情报官员在美国哥伦比亚广播公司的《时事》节目《60分钟》中称:制造洛克比空难事件的幕后黑手是伊朗而不是利比亚。这名伊朗叛逃者自称是阿默德·贝巴哈尼,他至少在过去10年的时间里负责统筹伊朗所有对外的恐怖袭击。他告诉节目制作人,洛克比空难是他一手策划的,他带着初步计划先找到了巴勒斯坦恐怖分子贾布里尔。贾布里尔表示同意,并要求贝巴哈尼提供行动所需的炸药和其他物品。接下来,他们把一批利比亚人带到伊朗,在某个特殊地点集训了 90 天，学习如何安装、放置设计"非常精密"的炸弹。贝巴哈尼的说法更加地让洛克比空难事件扑朔迷离。

而从动机来看，伊朗似乎也有嫌疑。有人说美国海军曾在波斯湾"错误"击落伊朗民航客机、杀害机上 200 多人，这可能是导火索。传闻说美国空军无线电信号截获部门曾报告说，一位强硬派伊朗政府部长亲自命令并悬赏 650 万美元要炸毁一架美国客机作为报复。

相信迈格拉希是无罪的人则说他只是替罪羊，并产生了阴谋论。据说在飞机残骸中发现了一只属于美国中央情报局的皮箱，其中装载着 50 万美元的现钞。

有人暗示美国特工利用泛美航空的客机偷运毒品进入美国本土，恐怖分子利用这一特种活动，轻易地把无人陪同的行李箱在不经检查的情况下，从一架客机上转运到另一架客机上，并制造了洛克比空难。但是此说并无根据。

2006 年英国警方外科专家戴维·菲尔德豪斯博士却称利比亚是洛克比空难的冤大头和替罪羊，洛克比空难之所以发生，是因为美国中情局和叙利亚极端分子"毒品换情报"行动发生了可怕的错误！

菲尔德豪斯曾参加洛克比空难的善后救援工作，在处理尸体时，他们发现并登记了 59 具尸体。但是警方却公布只有 58 具尸体，一具被他登记为"DCFl2"的尸体不见了。在以后的时间里，菲尔德豪斯一直在追查这具尸体的下落，但是却没有结果。菲尔德豪斯认为那具失踪的尸体本来绝不应该出现在泛美客机上，他相信这具失踪的尸体是解开洛克比空难真相的钥匙。菲尔德豪斯称是叙利亚极端分子而不是利比亚人将炸弹安装在了飞机上。因为当时美国中情局正在秘密发起一项"毒品换情报"的计划：允许叙利亚极端分子通过飞机将毒品从欧洲走私到美国，而作为交换条件，叙利亚极端分子得提供被扣押在黎巴嫩的美国人质的下落。

但是这次行动却发生了错误，叙利亚极端分子又受到别国雇佣，将毒品换成了炸弹。其矛头依然指向伊朗。据菲尔德豪斯说在洛克比空难发生后，有几个报告都称一个很像棺材一样的盒子被人送出了卡莱尔，菲尔德豪斯认为其中必然隐藏着一个惊天的阴谋。另外，有消息称，在爆炸的飞机上还载着一些美国特工，爆炸后，一些身穿泛美航空公司制服的美中情局特工在飞机坠毁地点寻找属于这些特工的行李箱。据一名英国警官称她曾在飞机残骸中发现一枚美国中情局的徽章，但是却被告知不要将这个发现记录在案。

这些说法使得洛克比空难的真相更加的迷离，有人甚至称洛克比空难或许成为民航空难史上绝无仅有的谜团。

桂林空难中无法解释的三个疑点

世界上有许多的事情无法用现有的科学来解释，是人们"疑心"所致还是真的有什么奥秘无法解开呢？

1992 年 11 月 24 日，一架由中国广州飞往桂林的波音 737－00 型 252 号客机于上午 7 时 52 分在桂林地区阳朔县土岭镇白屯桥村撞山失事，机上 141 人全部遇难，飞机粉碎性裂解，这是中国民航史上最惨重的一次空难事件。受国务院委托，由中国民航局牵头，与全国安全生产委员会、全国总工会、广西壮族自治区和桂林市人民政府组成联合调查组进行调查。根据《国际民航公约》附件十三的规定，还邀请了美国交通运输安全委员会、美国联邦航空局、波音公司、CFMI 发动机制造厂的专家作为观察员。

据资料显示 252 号飞机 7 时 46 分报告高度 4500 米，据桂林机场 25 海里。到 7 时 50 分 45 秒时，飞机请求高度 2100 米通场加入三边，塔台回答可以；到 7 时 50 分 49 秒，飞机回答明白。此后就失去了联系，根据飞机记录器判断，失事时间大约在 7 时 52 分 04 秒。

但是根据调查情况显示，基本上排除了造成桂林空难的四种可能性：一是气象原因；二是机场导航失误；三是飞机本身故障；四是飞行员技术问题。

在排除了这四个造成空难的可能因素后，呈现在我们面前的，是三个解释不清的疑点：①黑匣子破坏严重。黑匣子是飞行资料记录器，它通常是了解空难发生原因的唯一线索。所以，对它的要求很苛刻，必须经受得起高温、高压、爆炸、震动而不损坏，其牢固性可想而知。然而，在空难后人们找到的黑匣子破损严重，内外两层均被撞开。虽经专家竭力破译，记录内容仍然不完整，空难原因的重要依据不足。②飞机尾翼失踪。按照一般情况，飞机失事，其尾翼大多保存完好。然而，这次空难的波音飞机尾翼没找到，而且，也不见其他大件飞机残骸。令人称奇的是，50 吨重的飞机，仅收集到 2 吨碎片，最大的一块也只有 1 平方米。③乘员全部粉身碎骨。这架飞机上的 133 名乘客和 8 名机组人员全部罹难，全都粉身碎骨，救援人员连一具完整的尸体也没找到。如此严重的程度，在空难中是史无前例的。对于这些疑点，目前还没有科学的解释。

那么造成桂林空难的罪魁祸首是谁呢？有人查阅有关技术材料，上面记载了从 11 月 20 日起，该机右发自动油门反应迟缓，虽经检修，但未能彻底排除。因此这些人认为飞机在下降过程中，出现右发油门不能随动，导致左、右发动机推力不平衡，飞机向右滚转时，机组没有及时发现和采取措施，后又处置错误，以致撞山失事。

也有人从公布的资料看，7 时 50 分飞机在 2400 米的空中飞行；7 时 52 分飞机在 2100 米的空中飞行，与塔台通话并按照桂林机场指挥塔的导航"作方块穿云降落"；7 时 54 分撞击在 200 米高的山坡。他们认为在 1 分钟时间内下坠 1000 米绝非正常现象，显然飞行员失去或不能控制飞机所致。但是飞机又为何失控呢？有专家认为，失控"可能是有爆炸物把飞机操纵系统破坏了"，"也可能是发动机发生意想不到的情况"。但是经公安部门调查，排除了暴力劫持、人为破坏及外来物干扰等因素。还有人说桂林机场"地形复杂些"。有人联想到 1982 年 4 月 26 日有一架飞机在此附近失事，扬堤附近的马岭公路常有车祸，因此推测后山有"奇异的矿石或磁场"。但是桂林机场每天都有飞机出入，为何其他飞机不受影响呢？更有人说这次空难是人类还未知道的力量所致。

由于天空不是人类擅长的领域，所以在天空中发生的一切灾难都难以完整的解释清楚,随着科技的发展,我们相信一切的谜团都会迎刃而解。

德里"11·12"撞机大空难

1996 年 11 月,一架沙特阿拉伯航空公司的飞机与一架哈萨克斯坦的飞机在印度德里相撞,死亡 350 多人。

在 1996 年 11 月 12 日晚,一架沙特阿拉伯航空公司波音-747 与一架哈萨克斯坦航空公司伊尔-76 飞机在印度德里西南 75 千米上空相撞坠毁。当场死亡 350 多人,幸存者中有 4 名在送往医院的途中死亡。

波音-747 在事故前 25 分钟从德里国际机场起飞,机上承载乘客 300 多人,其中机组人员 23 人,乘客大部分是印度人。伊尔-76 当时正与波音-747 迎面飞来,准备降落,该机载有 39 名乘客,包括机组人员 10 名,还有两个儿童。

德里地区的许多居民都亲眼目睹了这场惨剧,他们看到夜空中发生了猛烈爆炸,然后燃烧的飞机碎片散落在地面。一些目击者称,两家飞机相撞之前,其中的一架飞机已经发生了爆炸。而令人费解是两架飞机在飞行走廊之间的高度相差 300 米,几乎不可能相撞。印度专家根据在飞机坠毁地区的调查,以及伊尔-76 飞机的"黑匣子"所提供的信息,认为事故原因大概有两种:一是德里机场未能及时调整迎面飞行的两架飞机的航线;二是尽管飞行走廊的高度差为 300 米,但可能伊尔-76 飞行员想降低飞行高度,缩短降落时间和航线。

但也有人说上面的两种说法并不可信,因为伊尔-76 这架飞机的机组是由高级飞行员组成,他们曾经多次飞往南亚和东南亚各国,况且印度还采用了严格的国际飞行规则。

《法兰克福评论报》认为,调度部门的技术问题可能是造成"11·12"空难的症结所在。因为德里机场调度塔当时正在替换已使用了 8 年的导航用计算机,雷达系统至今尚未全部使用,雷达不能确定飞机飞行的高度,调度员光靠无线电通信指挥起降的飞机。

波恩《总汇报》说,在两机相撞前夕,已升空的波音 747 飞机接到了升至 4200 米高度的指示,伊尔-76 飞机被要求下降到 4500 米高度,两机上下距离为 300 米,这个距离是符合公认的国际标准的。但是,要在这样一个高度保证绝对安全是有条件的。在飞机相向飞行期间,机场应当同其乘务组一直保持无线电联系。

开罗的一家报纸认为,德里附近上空空难事件的原因是机场技术装备不过硬。该报写道:某些机场的飞行控制系统不完善令人越来越不安,技术状况不佳最终造成了这类空难事件。德里机场就属于这种技术状况不佳的机场,它需要进行彻底改造和现代化。

捷克电台的报道认为,印度机场的调度部门应为空难事件负责。

罗马尼亚的专家认为,机场调度员的失误很可能是德里上空空难的原因。但两架飞机的驾驶员也可能出现错误,一是他们投根据气压调整好测高仪,二是没有遵照机场调度员的指令行事。看来,印度上空空难事件的秘密只有在破译出"黑匣子"的记录后才能揭开。

世纪末的最大空难

埃及航空990号班机是埃及航空的定期航班,来往开罗和洛杉矶,中途停纽约。在1998年10月31日,在美国的马萨诸塞州南塔克特岛以南96千米的大西洋海上坠毁。造成270人死亡。

1998年10月31日,一架埃及民航波音767—300客机在美国马萨诸塞州东南部海域楠塔基特岛以南96千米处坠毁,飞机上一共有199名乘客和18名机组人员。

据美国联邦交通安全局主席吉姆·霍尔宣布,这架波音飞机于格林尼治时间31日凌晨6时50分飞升到10000米高空,35秒以后迅速下降到离地面5800米处,下降速度达每分7000多米。6时52分雷达显示屏上找不到该飞机的影子,地面上也没有求救信号。救援队伍进行搜索时只寻找到一具尸体、飞机的一个轮子和几个座椅,一些护照等物品。而飞机失事的海域只有13摄氏度,所以救援队判断,乘客生还希望非常渺茫。据埃航报告,飞机上的217人已经有129人确认是美国人,62名埃及人,2名苏丹人,3名叙利亚人和1名智利人,也就是说217名乘客已经全部遇难。这架航班唯一幸免于难的乘客是在纽约下机的埃及航空公司顾问艾德·麦克罗林。

11月9日,经过调查人员的努力,终于找到了查找飞机失事原因最重要的东西——"黑匣子"。经初步分析,美国调查人员认为埃及航空公司波音767飞机失事同飞机的推进反向器毫无关系。飞机失事前的情形大概是自动驾驶仪突然失控,飞机在人为控制下从9000米高度下降至5700米高度,但此后的5秒到10秒发生了什么就不知道了。美国东部时间11月13日晚上10点,美国海军找到另一个"黑匣子",它是驾驶舱声音记录仪。第二个"黑匣子"显示,在自动驾驶仪被关闭的8秒钟之后,飞机的尾襟翼或是升降舵出现了问题,飞机开始俯冲,空难由此产生。但是在机长检查了飞行情况去洗手间后,副驾驶员巴图提就切断了自动飞行系统,在飞机坠毁之前说:"我现在做出了我的决定,我将我的忠诚交付于上帝之手。"35秒钟之后,升降舵又被移到了相反的方向。调查人员认为大概有一名飞行员在试图重新控制飞机,而另外一名飞行员则力图俯冲向大海。

巴图提的话引起了轩然大波,它使得调查员认为这次空难是一起自杀性事故。美国国家交通安全委员会认为,当时并没有什么机构故障或天气情况需要飞机急剧下降和关闭引擎,因此,除了副驾驶员巴图提自杀造成机毁人亡外没有其他更好的解释。有报道说,巴图提的家庭条件并不是很好,他生前曾将人身保险寄回家。但是巴图提的妻子说,巴图提已经工作了38年,他有着许多的理想,不可能去自杀。埃航一些人认为飞机上的情况假如真像黑匣子所记录的那样,飞行员应该能够很稳定地控制住飞机,进行滑翔。而导致坠机事件的发生只有一种可能就是爆炸,他们猜测是有人将危险的爆炸物放在了飞机驾驶舱后面的厕所里。

11月14日，美国调查小组抵达埃及对失事飞机驾驶员和副驾驶员的健康、背景等进行了调查，最后记录显示他们的心理和身体全部合格。

更富戏剧化的是，11月19日，美国一政府官员称巴特的那句话里并没有前半句"我现在做出了我的决定"，而这句话是否存在将直接影响调查的方向。有关人员并没有解释在后半句之前是否有其他的语句，也没有说这句阿拉伯语是否还有更准确地翻译方法。

另外的一些美国学者认为，副驾驶员巴图提在闭自动飞行系统之前，用阿拉伯语说的那句话，应该理解为遇到麻烦寻求帮助的祈诉语，而不能被视为自杀前的信号。而埃航机师训练学校的负责人认为，如果巴图提真的说了那段话，应该是指飞机有危险。

还有人说飞机在坠毁前发生了爆炸，因为根据打捞上来的飞机残骸分析其面积竟有20千米，而且都变成了碎片，同时还找不到一具完整的尸体。此外，"黑匣子"里并无飞机出现机械故障和乘客在遇到紧急情况时惊呼的记录，说明空难发生的时间非常短暂。但是是飞机内部爆炸还是飞机受到外部袭击突然爆炸也无明确的说法。

从目前的资料来看，还是难以分析出埃航客机坠毁的真正原因，因而也使得这起航天事故更加的扑朔迷离。

纽约皇后区的大空难

据民航业最权威的国际民航组织（ICAO）公布的资料显示，2001年，全世界共发生有人员死亡的空难事故33起，共死亡778人。其中定期航班5起，死亡540人；包机等非定期航班6起，死亡82人；支线航班13起，死亡126人；非客运飞机9起，死亡30人。2001年是过去10年（1992~2001）中空难事故次数最少的一年，其空难死亡人数只比1999年的死亡人数730人多48人，比这10年中安全情况最差的1996年死亡1840人减少了一半多。

美国东部时间2001年11月12日上午9:14，美国航空公司空中客车A-300客机587航班在起飞后3分钟突然坠落，掉在纽约昆斯区罗克韦海滩附近的一个居民区。飞机上251名乘客和9名机组人员全部罹难，其中包括5名婴儿。该事件还造成地面8人失踪，35人受伤。

这架客机是从纽约的肯尼迪机场起飞，目的地是多米尼亚加共和国，但谁也没有想到，几分钟后，这架客机就在纽约皇后区洛克卫海滩附近坠毁。

587航班原定于上午8点从肯尼迪国际机场起飞，但不知是什么原因，飞机延迟至9:14才离开机场。几分钟后，飞机坠毁，其残骸撞毁了居民区至少4栋大楼。由于飞机是刚刚起飞，燃油充足，所以当飞机坠毁后燃起的大火烧着了附近十多座建筑。

由于飞机失事的地点和时间仅距离"9·11"事件2个月，所以许多人起初都认为是恐怖袭击。而这个说法也得到目击者指飞机坠毁前曾经着火的支持。但是调查事故的人员认为下这种结论还为时过早,而且飞机坠毁前,与地面的通讯并没有发现什么异常。纽约州州长乔治·帕他基称,飞行员在飞机失事前倾倒过燃料。他说:"调查表明,飞机坠毁之前飞行员的确在洛克卫海滩附近的上空倾倒过燃油。这表明飞行员已经意识到飞机上有重大的机械故障。"也有报道说联邦调查局有证据显示飞机坠毁前曾经发生爆炸,但是这种说法被白宫发言人否定了。更有人说飞机裂成了几部分,残骸散落在一个很大的范围里,这似乎又为"飞机爆炸"说提供了依据。

一位美国空难专家认为很可能是飞机引擎刚起飞就吸入了一只大鸟,从而造成引擎爆炸以及脱落,并且导致了整架飞机不能安全着陆。大鸟导致空难是并非没有先例,1988 年埃塞俄比亚的一架波音 737 飞机在起飞爬升到 3800 米时,突然遭遇鸟击,结果造成机上 85 人死亡,21 人受伤。

还有一种说法认为事故是由引擎故障造成的。该客机使用的是通用公司制造的 CF6—80C2 引擎,但是早在一个月前,就有联邦安全官员提出,这种引擎安全性能并不稳定,需要进一步检查。据说从 2000 年以来,这种型号的引擎就出现了许多问题,联邦航空管理局开始对其进行细致的检查。2001 年 10 月,航空管理局要求对这种引擎进行强制性的检查。据报道,在这次坠机事故中,A-300 客机的左引擎着火后从机身脱落。该引擎最近刚刚经过了检查,而失事飞机的右引擎原计划在近期内接受检查。

在美国由于引擎脱落而造成的事故并不在少数。1979 年 5 月,美国航空公司一架 DC—10 飞机从芝加哥起飞后不久,它的一个引擎完全松动并脱落,造成飞机坠毁,机上 270 人丧生。

11 月 12 日,调查人员已经找到失事飞机的飞行记录仪,通过对记录的驾驶舱内机师对话的分析,专家认为机舱内并没有发生任何不正常的情况。其意思是在说明这不是一起恐怖劫机而是意外事故。

还有人怀疑是尾翼发生侵蚀,才造成飞机的直尾翼和方向舵在飞机起飞后的数分钟就和机体分离了。

另一方面,由于记录飞机飞行数据的"黑匣子"受损严重,所以为解开飞机失事的原因增添了不少困难。

不久,美国交通安全委员会主席于 2001 年 11 月 15 日说,美航 587 次航班在失事前,曾两次遭遇先于它起飞的日航飞机造成的尾流,而就在 587 次航班坠毁前几秒,一股气流致使飞机严重倾斜。有资料表明,在飞机起飞的几秒钟之内,该机就曾经两次遭到尾流。在第二次后,587 航班的左翼开始倾斜。按照国际标准,一架飞机起飞至少两分钟后,另一架飞机才能起飞,但是 11 月 12 日当日航一架波音 747 客机刚从肯尼迪国际机场起飞 1 分 45 秒后,美航 587 次航班就紧跟其后冲上了天。调查人员说,根据驾驶舱通话记录,587 次航班的一名飞行员曾说,飞机遭遇尾流。这尾流很可能是刚刚起飞的日航飞机造成的。当时,日航飞机在 587 次航班西北上方,垂直距离 244 米,直线距离不足 6 千米,这一数字大大低于航空安全距离标准。但同时美官方也谨慎表示还不能得出结论就是日航飞机的尾流造成了 587 航班坠毁。

美国587航班客机的失事是美国历史上最惨重的空难,有人说大部分空难都是人为造成的,一个微弱的疏忽就能酿成一场大的灾难。在科技日益发展的今天,责任感仍然是最重要的前提。

"哥伦比亚"号航天飞机为何失事

人类在探索宇宙的同时也付出了惨重的代价。美国"哥伦比亚"号航天在2003年进行第二十八次飞行返回地球时突然失事,机上的七名成员全部遇难。这是美国第三次航天飞机失事事故。

美国"哥伦比亚"号航天飞机在1981年4月12日首次发射,是美国的最老的航天飞机。2003年1月16日,"哥伦比亚"号航天飞机进行第二十八次飞行,这也是美国航天飞机22年以来的第一百一十三次飞行。据宇航局的官员介绍,一架航天飞机可以反复使用75到100次,在美宇航局42年的载人飞行史上,航天飞机在返航时还未出现过事故。但是哥伦比亚号在2003年2月1日重返大气层时,与控制中心失去联系。随后科学家发现"哥伦比亚"号在得克萨斯州上空爆炸解体,机上7名宇航员全数罹难。

"哥伦比亚"号航天飞机

这是继美国"阿波罗"号、"挑战者"号后的第三次航天飞机失事事故。许多目击者称,在"哥伦比亚"号航天飞机预定降落发生事故时看到了火焰而且听到窗户被震得哗哗的声音。而"哥伦比亚"号航天飞机失事的原因也成为各国科学家探讨的问题,许多观点纷纷出炉。

一种说法据美国哥伦比亚航天飞机遇难的调查员说,一个计算机的模拟结果在事故前显示,"哥伦比亚"号航天飞机原本可以安全返回地面,但是由于记述人员当时可能使用了错误的模拟数据。

第二种说法认为,"哥伦比亚"的导热系统出现了问题。有人认为,是绝缘材料在航天飞机返回地球时脱落,使航天飞机机体与大气摩擦产生高热并引发大火。

第三种说法认为,航天飞机在进入大气层时,角度出现了偏差。美国科学家称,航天飞机在以8倍音速的速度进入大气层时会受到强大的压力,角度稍有偏差就会对航天飞机造成超负荷的巨大压力。

第四种说法认为,"哥伦比亚"号航天飞机发生事故很可能是机体老化所引起的,使之再次进入大气时无法承担其沉重的负荷。而此前,"哥伦比亚"号曾因多次技术故障等原因而推迟发射。

第五种观点认为"哥伦比亚"号是在返回大气层后出事的,可能是因为机体贴面部分破损,与大气摩擦时产生异常高温造成航天飞机解体。因为航天飞机是多种高技术的结合体,一些看似微不足道的毛病都会在实际运作中酿成严重事故。

第六种观点认为,据"哥伦比亚"号航天飞机事故调查委员的调查报告称,美国"哥伦比亚"号航天飞机外部燃料箱表面泡沫材料安装过程中存在的缺陷是造成整起事故的祸首。报告认为在"哥伦比亚"号航天飞机发射 61 秒后,外部燃料箱表面脱落一块手提箱大的泡沫隔绝材料,它把"哥伦比亚"号航天飞机的左翼撞了一个大洞。宇航局在航天飞机 16 天的任务期中没有发现这一损伤,但这一损伤致使炙热空气在冲入左机翼的同时还可能涌进了机轮所在的起落架舱,并于 2 月 1 日航天飞机再进入地球大气层时造成航天飞机解体,航天飞机上的七名宇航员全部遇难。

此外,还有人认为是太空垃圾撞上了航天飞机。

在这些说法中,最为科学家首肯的是第六种观点,但是这一观点还需要更多证据证明。

"哥伦比亚"号与"挑战者"号航天飞机失事的惊人巧合:

(1)"哥伦比亚"号的升空之间之所以选择是在"挑战者"号升空的时间,其用意就是纪念在"挑战者"号遇难的航天员。

(2)"挑战者"号的七名航天员包括美国各族群与肤色,"哥伦比亚"号的七名航天员也具备不同种族背景,包括一名印度出生的美国人以及以色列第一位航天员。

(3)载着以色列空军上校拉蒙的这个飞行器,在德州东部一个叫作巴勒斯坦的小镇上空爆炸裂解。

(4)据一家电台报道,拉蒙最后一封给家人的电子信件说,太空之旅无限的平静,他真希望"永远待在太空"。这虽不是犹太人第一次参与航天飞机探险任务,不过却是太空总署第一次应拉蒙要求准许航天飞机携带犹太食物上太空。

巴西最大空难是怎样酿成的

巴西 A-320 坠毁事故是巴西航空史上最大的一次事故,造成约 200 人死亡。

巴西时间 2006 年 7 月 17 日下午 6 时许,塔姆航空公司一架从巴西南大河州州府愉港市起飞的空中客车 A-320 民航班机,在位于圣保罗市南区的恭格亚斯机场降落时冲出跑道,撞进了位于机场附近的塔姆航空公司仓库,随后起火爆炸。在这次爆炸中 199 人遇难,包括客机上已经全部遇难的 186 人和地面死亡人员。目击者说,巨大的飞机撞上仓库引发了大火,绝望的人们纷纷从楼上跳窗逃生,现场满目狼藉,充满了死亡的气息。

关于此次事故的原因,有人认为是天气原因,当时巴西正下着雨,可能造成了驾驶员的判断失误。但不少人质疑这一观点,认为是因为孔戈尼亚斯机场跑道过短和湿滑。孔戈尼亚斯机场是圣保罗最繁忙的机场,每天有 600 多架次航班、将近 5 万名乘客在机场起降。但就是这样一个重要的机场,它的跑道却"短得出奇",只有不到 2 千米长,给大型飞机的起降带来了严峻的挑战。许多飞行员戏称，在孔戈尼亚斯机场降落"就像是驾驶客机在航空母舰上降落一样"许多专家认为，鉴于孔戈尼亚斯机场跑道很短，本来应该在跑道上铺特殊水泥，使得飞机降落时能够尽快降低速度。但巴西政府没有尽早加大对基础建设的投资，使得机场的安全性能存在很大的隐患。而此次事故是巴西航空业在不到1年内发生的第二起重大空难悲剧，因此，机场跑道和航空系统的安全隐患引起了巴西人的广泛质疑和批评，反对党领袖更是直接要求巴西国防部长和航空部门主要官员下台。2006年9月29日，巴西一架波音737—800客机与一架小型商务机相撞后坠毁155人罹难。

其实在这起事故前，机场的跑道就饱受质疑，有人指出，这一跑道的距离太短，无法保证大型飞机安全降落。此外，机场主跑道一直以来的积水问题更是加大了飞机降落的安全隐患。据说在这次事故的前一天也就是7月16日，也是在雨天，孔戈尼亚斯机场有两架客机在降落时滑出跑道，所幸没有造成人员伤亡。但巴西塔姆航空公司认为，不能将客机失事全部归罪于"跑道过短和湿滑"。据航空公司一名高官说，事故发生前20分钟，机场对跑道进行了检查，没有发现问题，尽管跑道湿，但上面没有积水。

2006年7月18日，巴搜救人员找到失事客机A-320的"黑匣子"。根据地面塔台的声音，飞机在降落前曾经通知飞行员注意跑道湿滑，而飞行员在冲出跑道之前，听到的最后通话是"转弯！转弯！转弯!"没有人知道"转弯"是什么意思。

另外，在对调查原因调查过程中，一个疑点引起了调查人员的注意。参与调查事故原因的人员表示，经初步调查和分析机场监控录像，失事飞机着陆时操作正常，但是在降落减速后不知为何飞机却奇怪地再次加速。

根据空管人员的推测，一般来说，飞机着陆后再加速有两种可能：一种是飞行员想重新起飞后再次进行着陆操作；另一种是飞机本身出现技术故障，导致突然加速。而之前的初步调查显示，失事飞机累计飞行时间已达两万小时，不久前刚进行了检修，应排除客机故障方面的因素。有专家说飞行员很可能是想再次起飞。因为失事客机当时降落的跑道只有1939米，一般，飞行员会被要求在第一个1000米跑道着路，如果飞机错过这一路段，那么飞行员必须重新起飞，在上空盘旋等待再次着陆的机会。

不久，塔姆航空公司在一份声明中称，失事客机上用于降落减速的右反向装置没有启动。声称还表明飞机还有维护问题和机械问题。但是塔姆航空公司媒体办公室对法新社称，反向装置的故障不会危及飞机的降落。有人认为是塔姆公司在推卸责任。

2007年巴西《阅读》周刊称，导致巴西A-320客机失事的一个重要原因是飞行员失误。周刊援引调查人员的话说，控制飞机涡轮发动机的其中一个控制杆位置没弄对，导致左边的反向推进器在帮助飞机减速，右边的推进器却在为飞机加速。但是也并没有去除跑道过短等原因，而究竟哪一个才是主因，至今也没有定论。

世界航空公司型号A-320的客机坠机事件：

1988年6月26日，法国航空公司一架A-320客机在牟罗兹机场进行飞行表演时因操作不当坠入树林，136名乘客中的3人死亡。

1990 年 2 月 14 日，印度一架 A-320 客机在班加罗尔降落时坠毁，有 92 人遇难。

1992 年 1 月 20 日，法国内陆航空公司的一架 A-320 在从里昂飞往斯特拉斯堡途中因飞行员操作失误坠毁，87 人遇难。

1993 年 9 月 14 日，德国汉莎航空公司一架 A320-200 在华沙降落时，飞机冲出跑道，2 人遇难。

2000 年 8 月 23 日，海湾航空公司一架 A-320 客机在从开罗飞往巴林首都麦纳麦时坠入巴林机场附近的海湾，机上 135 名乘客和 8 名机组人员全部遇难。

2006 年 5 月 3 日，亚美尼亚航空公司一架 A — 320 在黑海旅游胜地索契附近坠毁，机上 105 名乘客和 8 名机组人员全部遇难。

土耳其特大空难事故

蓝色的天空飞过人类的翅膀——飞机，这是我们多么自豪的事情，然而有时，我们会亲眼看到承载着许多人生命的飞机突然爆炸，瞬间一切的欢声笑语变得苍白暗淡，这就是让许多人恐惧飞机的原因——空难。

2007 年土耳其时间 11 月 30 日凌晨 1 时 45 分，土耳其一架从伊斯坦布尔市飞往厄斯帕尔塔市的麦道-83 型客机，降落前夕在机场附近山区坠毁，机上 56 名乘客和机组人员全部遇难。这是土耳其 4 年来首次发生的特大空难事故。

凌晨 1 点 45 分，当客机抵达厄斯帕尔塔市机场附近上空，飞机正准备降落时，却突然和地面的无线电联络中断，雷达信号也随即消失。据机场塔台工作人员透露："飞行员的最后一句话是'伊斯帕尔塔，我已看见跑道，正在进行着陆。'但随后他的信号就消失了。"

飞机失踪后，土耳其军方和航空部门立即派飞机寻找客机的下落，几小时后，人们在距原定降落地苏莱曼·德米雷尔机场 11 千米处的凯奇博尔卢镇山林地带找到了客机残骸。据报道称，飞机机身断成两截，前部和尾部都被撞得粉碎，而乘客的行李七零八落的掉在山林四周，更惨不忍睹的是，遇难者的尸体横七竖八地倒在飞机残骸中。

那么空难的原因是什么呢？有专家推测称空难的第一种原因可能是天气恶劣，因为厄斯帕尔塔位于土耳其多山地带，目前正值严冬，大雪和浓雾天气非同寻常；第二种原因则可能是机械故障。但是这两种推测都遭到了航空公司的否认，阿特拉斯航空公司首席执行官通贾伊·道格拉斯称空难发生时天气条件很好。土耳其运输部长比纳勒·耶尔德勒姆也表示当时飞机没有任何机械故障。有关人员还说坠机地点并不是这架飞机的常规飞行路线，客机神秘的偏离了原来的路线。

一些土耳其专家认为是飞行员错误操作导致该飞机坠毁。土耳其当地报纸也称：飞行员试图缩短航线，以减少五分钟航行时间。当飞机偏离飞行路线后，飞机撞到了山上。

他们说机载导航装置和降落装置在事故发生时停止了工作。这有可能是飞机驾驶员为了使飞机进入降落区域并节省时间有意关掉的。在能见度差的条件下，飞机尾部碰触到了山顶。这直接导致飞机坠落,同时机舱内气压急速降低使飞机内50名乘客和7名机组人员瞬间死亡。飞机如果能再远离山麓半米,这一灾难就可避免。但是也有人说是调度员错误领航造成了这次空难。

世界每年发生的空难每年高达几百起,究其原因,人为导致的空难占最大的百分比。在我们崇尚高科技化和便捷化、智能化的同时,最基本的工作素质和要求是不能忽视的。

马航 MH370 失踪之谜

2014年3月8日凌晨2点40分,马来西亚航空公司称与一架载有239人的波音777-200飞机与管制中心失去联系的,该飞机航班号为MH370,原定由吉隆坡飞往北京。该飞机本应于北京时间2014年3月8日6:30抵达北京,马来西亚当地时间2014年3月8日凌晨2点40分与管制中心失去联系。马航已经启动救援和联络机制寻找该飞机。

失去联络的客机上载有227名乘客(包括两名婴儿)和12名机组人员。其中有154名中国人(其中中国大陆153人,其中成人152人,和1名1岁婴儿,中国台湾1人)。失去联络的原因正在调查之中。2014年3月24日晚10点,马来西亚总理纳吉布在吉隆坡宣布,马航失联航班MH370在南印度洋坠毁,机上无一人生还。愿失联者天堂一路走好。

失踪的MH370为何没能在最后时刻发出求救信号?这是一个谜。特别是最新信息显示,这架飞机在飞行途中可能折返。按照操作程序,飞机不管因何种原因改变航向,都必须马上与地面取得联系。那么,有什么原因可能导致MH370在出事后不能及时向地面通报情况呢?执飞该航班的是马航资深飞行员。《华尔街日报》引述行业专家的话称,马来西亚航空"安全记录卓越"。马航近20年来未出现死亡事故,历史上最大的伤亡事故出现在1977年。马来西亚民航局总监阿扎鲁丁(Datuk Azharuddin Abdul Rahman)在3月9日称,马来西亚皇家空军雷达显示,失联的马航MH370客机航班在飞行途中有折返可能。

在失联55个小时之后,机上乘客生还的可能性已经越来越小,但该航班失联过程仍疑点重重。多位空管员接受财新记者采访,解析了航班与空管联系和过程与规范,并探讨飞行员是否有机会发出求救信号,以及导致飞机不能发出信号的各种可能原因。

1.一架航班在正常飞行时,通过什么途径与空管保持联系?

驾驶舱配有无线电、应答机和发射器等设备,与地方保持联系,这种联系始终要保持"随叫随到"的畅通状态。飞行员随时叫管制员,管制员随时叫飞行员,但并不是你来我往的呼叫,而是在巡航过程中,几分钟或者十几分钟没有通话就会呼叫,对方需立即反应。

应答机是一部能在收到无线电询问信号时,自动对信号做出回应的电子设备。在飞行中,航空管制员会通过无线电通知飞行员分配给他的应答机代号,是一组4位8进制数字。

2.偶尔失去信号的情况是否常见?一般什么原因会导致偶尔失去信号?

通常情况下,无线电失去联系,偶有发生。原因包括设备故障,人员操作失误,以及无线电干扰等原因。但有很多应急处置方式。

比如空管可能正好在地面无线电呼叫的盲区里,信号被山或者电路挡住,空中的飞机很近,也没有障碍物,可以找附近的飞机帮忙呼叫;也有可能是飞行员调错频率,但等他意识过来,他会马上呼叫地面;还会在应急拨道里呼叫,也可以叫到飞机,把暂时失去通讯联络的现象扭转过来。如果是飞着飞着,无线电和雷达目标都消失了,一定是飞机有状况。

3.在发生紧急状况的时候,飞行员有机会发出求救信号吗? 飞机遇险的时候,主要是通过两种途径将险情发给空管:一种是通过甚高频无线电通话,一种是通过应答机。应答机7500代表劫机,7700代表紧急状况,7600代表通信故障。无线电呼叫MAYDAY(求救信号),发出这样的信号顶多需要2秒钟时间。即使在故障发生时,机长先处理特殊情况,副机长发出信号,最长5秒之内就可以把信号发出地面管制部门。但此次马航MH370都没来得及发出信号,可以想见当时情况非常紧急和突然,几秒之内就导致机组无法操控飞机。

网上提及的ELT(Emergency Locator Transmitter,向卫星发送地点信号的传送器)和黑匣子,是发生灾难后,去搜寻飞机残骸时所需要用的。遇到危险情况时,只能通过应答机或甚高频,才能发出求救信号。

4.如果飞机无法发出求救信号,空管有可能通过"失去联系时间过久",来判断飞机出事吗? 当管制员发现某一架飞机反复呼叫都没有消息,也采取了其他备用手段仍然联系不上这架飞机时,可以判断飞机出现了问题。

如果时间超过10分钟左右,管制部门可以认定,这架飞机暂时出于"失去通讯联络"。中国空管的内部处理程序是:1.向相关主管部门报告;2.启动应急管制程序,虽然呼叫不上,雷达还能看到飞行状态,让其他飞机避让它;3.还要和下一步区域的管制部门通报,让他们注意这架飞机;4.和航空公司通报,这架飞机调不出来了。

航空公司在这种情况下,是不会告诉媒体的。通讯虽然失效,但可能一会儿就会恢复,或者飞行员在空中失能,晕过去了,但过一会儿就会恢复正常。如果通知媒体,就会扰乱社会,增加不必要的压力。即使"失联",各方面都需要反复确认,直至用尽各种办法,依然联系不到这架飞机。航空公司何时对外正式发布,有自己的内部程序,毕竟当时飞机上的燃油仍能坚持6-7个小时。

5.马来西亚政府和军方表示,军用雷达和民用雷达记录显示该航班可能转向,有可能折返吉隆坡机场。这能说明当时已经出现异象吗?

正常情况下,从吉隆坡飞北京,有计划航线,不会变化。整个过程都在空管部门的监控和指挥下,按照既定航线和高度去飞。如果在任何情况下,飞行员需要改航,或者就近迫降,或者返航落地,都需要和当时指挥他的当地管制员充分沟通。这6个小时,要过很多个管制区。它当时飞在那个管制区,受那个管制员的指挥,就要和这个管制员沟通。

军方说有返航迹象,但没有详细描述说是返航,还是飞机飞行轨迹有一些不正常的变化,目前信息不全。

要是正常返航，管制部门早就看到了。军方看到的，可能只是飞行轨迹有些偏离，可能是雷达看到目标的动态，但没提到有通话，没提到做这个动作要干什么，军方的说法也是一种猜测。即便这个猜测是准确的，这种返航是一种突发的情况，飞行员没有机会和地面通报。

管制部门有一个大原则，飞机遇到特殊情况，只要不违背"安全原则"，管制员会尽全力满足飞行员的需求。飞行员想怎么样，就给你腾出一条道，让你怎么样。比如返航，或者迫降，会影响其他飞机，管制员会根据情况的紧急程度，指挥其他飞机避让。如果情况不是很紧急，只是一个告警，不耽误事情，会缓一点来。但如果有裂缝，压力急剧下降，就需要紧急避让。这都有一整套的紧急预案。

6.现在网上猜测最多的就是"空中瞬间解体"，什么原因会导致这种情况发生？

内部发生高强度的爆炸，或遭遇外部强力撞击或机体自身金属疲劳，这些都可能对飞机机体结构产生严重破坏。天气非常好的时候，可能会发生"晴空颠簸"。就是大气由于地球自转和太阳辐射的作用下会在某些地方的高空（一般7000米以上）会在形成一个激流带，宽度可以在几十到几百公里不等。当飞行器误入激流带，会造成飞行器突然抬升和下降，轻则人员受伤，重则飞行器损坏而影响飞行安全。

但空间解体只是一种可能，可能一下子就断电了，任何联系渠道都没有。也可能有其他原因，现在很难去分析。

劫机也是一种可能。劫机的话，比方说劫持的人进入驾驶舱，他是一个内行，知道怎么把应答机关掉，让无线电静默，你再叫我我不理你。把飞机开到某一个地方。

现在还是不要过多猜测事情的原因，飞机飞行还是非常安全的方式。民航比较特殊，一旦发生特殊情况，生还可能性很小，所以社会影响很大。

特别提示：

本书在编写过程中，参阅和使用了一些报刊、著述和图片。由于联系上的困难，和部分作品的作者（或译者）未能取得联系，对此谨致深深的歉意。敬请原作者（或译者）见到本书后，及时与本书编者联系，以便我们按照国家有关规定支付稿酬并赠送样书。

联系电话：010-80776121　联系人：马老师